# 2ª fase OAB
## CIVIL

COLEÇÃO
ESQUEMATIZADO®

## HISTÓRICO DA OBRA

- **1ª edição:** ago./2020
- **2ª edição:** fev./2023
- **3ª edição:** jan./2024
- **4ª edição:** fev./2025

**COORDENADOR PEDRO LENZA**

Carla Carvalho
Luiz Dellore

*Inclui* **MATERIAL SUPLEMENTAR**
- Questões extras
- Peças práticas

# 2ª fase OAB

## CIVIL

4ª EDIÇÃO
2025

Coleção **ESQUEMATIZADO**®

- Metodologia Esquematizado
- Projeto gráfico inovador
- Teoria (direito material e processual), peças e questões comentadas, além de modelos de peças

saraiva jur

- Os autores deste livro e a editora empenharam seus melhores esforços para assegurar que as informações e os procedimentos apresentados no texto estejam em acordo com os padrões aceitos à época da publicação, *e todos os dados foram atualizados pelos autores até a data de fechamento do livro*. Entretanto, tendo em conta a evolução das ciências, as atualizações legislativas, as mudanças regulamentares governamentais e o constante fluxo de novas informações sobre os temas que constam do livro, recomendamos enfaticamente que os leitores consultem sempre outras fontes fidedignas, de modo a se certificarem de que as informações contidas no texto estão corretas e de que não houve alterações nas recomendações ou na legislação regulamentadora.

- Data do fechamento do livro: 22/01/2025

- Os autores e a editora se empenharam para citar adequadamente e dar o devido crédito a todos os detentores de direitos autorais de qualquer material utilizado neste livro, dispondo-se a possíveis acertos posteriores caso, inadvertida e involuntariamente, a identificação de algum deles tenha sido omitida.

- Direitos exclusivos para a língua portuguesa
  *Copyright* ©2025 by
  **Saraiva Jur, um selo da SRV Editora Ltda.**
  *Uma editora integrante do GEN | Grupo Editorial Nacional*
  Travessa do Ouvidor, 11
  Rio de Janeiro – RJ – 20040-040

- **Atendimento ao cliente:** https://www.editoradodireito.com.br/contato

- Reservados todos os direitos. É proibida a duplicação ou reprodução deste volume, no todo ou em parte, em quaisquer formas ou por quaisquer meios (eletrônico, mecânico, gravação, fotocópia, distribuição pela Internet ou outros), sem permissão, por escrito, da **SRV Editora Ltda.**

- Capa: Lais Soriano
  Diagramação: Mônica Landi

- **DADOS INTERNACIONAIS DE CATALOGAÇÃO NA PUBLICAÇÃO (CIP)
  VAGNER RODOLFO DA SILVA – CRB-8/9410**

---

S237c    Carvalho, Carla
Coleção Esquematizado® – oab 2ª fase – prática civil / Carla Carvalho, Luiz
    Dellore. – 4. ed. – São Paulo: Saraiva Jur, 2025.

512 p.
ISBN: 978-85-5362-789-9 (Impresso)

1. Direito. 2. Direito civil. 3. Prática civil. I. Dellore, Luiz. II. Título.

|  | CDD 347 |
|---|---|
| 2024-4657 | CDU 347 |

Índices para catálogo sistemático:
1. Direito civil    347
2. Direito civil    347

---

# Apresentação

Durante o ano de **1999**, portanto, **há 25 anos**, pensando, naquele primeiro momento, nos alunos que prestariam o exame da OAB, resolvemos criar uma **metodologia de estudo** que tivesse linguagem "fácil" e, ao mesmo tempo, oferecesse o conteúdo necessário à preparação para provas e concursos.

O trabalho, por sugestão de **Ada Pellegrini Grinover**, foi batizado como *Direito constitucional esquematizado*. Em nosso sentir, surgia ali uma **metodologia pioneira**, idealizada com base em nossa experiência no magistério e buscando, sempre, otimizar a preparação dos alunos.

A metodologia se materializou nos seguintes "pilares" iniciais:

- **Esquematizado:** verdadeiro método de ensino, rapidamente conquistou a preferência nacional por sua estrutura revolucionária e por utilizar uma linguagem clara, direta e objetiva.
- **Superatualizado**: doutrina, legislação e jurisprudência, em sintonia com os concursos públicos de todo o País.
- **Linguagem clara:** fácil e direta, proporciona a sensação de que o autor está "conversando" com o leitor.
- **Palavras-chave (*keywords*):** a utilização do negrito possibilita uma leitura "panorâmica" da página, facilitando a recordação e a fixação dos principais conceitos.
- **Formato:** leitura mais dinâmica e estimulante.
- **Recursos gráficos**: auxiliam o estudo e a memorização dos principais temas.
- **Provas e concursos:** ao final de cada capítulo, os assuntos são ilustrados com a apresentação de questões de provas de concursos ou elaboradas pelo próprio autor, facilitando a percepção das matérias mais cobradas, a fixação dos temas e a autoavaliação do aprendizado.

Depois de muitos anos de **aprimoramento**, o trabalho passou a atingir tanto os candidatos ao **Exame de Ordem** quanto todos aqueles que enfrentam os **concursos em geral**, sejam das **áreas jurídica** ou **não jurídica**, de **nível superior** ou mesmo os de **nível médio**, assim como **alunos de graduação** e demais **operadores do direito,** como poderosa ferramenta para o desempenho de suas atividades profissionais cotidianas.

**Ada Pellegrini Grinover**, sem dúvida, anteviu, naquele tempo, a evolução do *Esquematizado*. Segundo a Professora escreveu em **1999**, "a obra destina-se, declaradamente, aos candidatos às provas de concursos públicos e aos alunos de graduação, e, por isso mesmo, após cada capítulo, o autor insere questões para aplicação da parte teórica. Mas será útil também aos operadores do direito mais experientes, como fonte de consulta rápida e imediata, por oferecer grande número de informações buscadas em diversos autores, apontando as posições predominantes na doutrina, sem eximir-se de criticar algumas delas e de trazer sua própria contribuição. Da leitura amena surge um livro 'fácil', sem ser reducionista, mas que revela, ao contrário, um grande poder de síntese, difícil de encontrar mesmo em obras de autores mais maduros, sobretudo no campo do direito".

Atendendo ao apelo de "concurseiros" de todo o País, sempre com o apoio incondicional da Saraiva Jur, convidamos professores das principais matérias exigidas nos concursos públicos das áreas *jurídica* e *não jurídica* para compor a **Coleção Esquematizado®**.

**Metodologia** pioneira, vitoriosa, consagrada, testada e aprovada. **Professores** com larga experiência na área dos concursos públicos e com brilhante carreira profissional. Estrutura, apoio, profissionalismo e know-how da **Saraiva Jur**. Sem dúvida, ingredientes indispensáveis para o sucesso da nossa empreitada!

O resultado foi tão expressivo que a **Coleção Esquematizado®** se tornou **preferência nacional**, extrapolando positivamente os seus objetivos iniciais.

Depois de 16 anos de muito trabalho, muitos ajustes (sempre escutando o nosso leitor!), surgiu um novo convite da Saraiva Jur para, agora, pensarmos em um **volume único**, focando o **Exame de Ordem Unificado**, executado pela **FGV**. A aceitação foi **extraordinária**!

Como sequência natural, os alunos passaram a solicitar, também, o material para a **2ª fase do exame**, qual seja, a **prova prático-profissional**.

Coincidentemente ou não, a ideia retoma as origens do nosso Esquematizado, mas agora, certamente, com um perfil de Exame de Ordem totalmente diferente.

O exame se tornou extremamente exigente, mas possível de ser superado, bastando, para isso, um estudo **estratégico** e **focado**.

Surgiu, então, a necessidade de **evoluir** a metodologia esquematizado, que, partindo de sua estrutura, foi ampliada para atender, de modo específico, o objetivo deste livro, destacando-se os seguintes pilares complementares:

 **ícone gráfico "apontando":** indica ao leitor os institutos que devem ser estudados com atenção porque normalmente são confundidos pelo aluno. Muitos deles são utilizados dentro da mesma questão por terem elementos parecidos que induzem o leitor ao erro;

 **lupa:** chama a atenção do leitor para pontos cuja incidência é certa e recorrente nas provas do *Exame de Ordem/FGV*. Os autores, especialistas na matéria, selecionaram cuidadosamente estes trechos. Então, fique de olho!;

**conteúdo interdisciplinar:** existem matérias que são comuns a duas ou mais disciplinas, ou que se complementam. Nesse sentido, o estudo interdisciplinar se mostra extremamente rico e, sem dúvida, mais uma importante ferramenta na preparação para o Exame de Ordem;

▪ **artigos de leis:** em alguns casos, recebem destaque próprio para facilitar a leitura e o estudo. Isso porque muitas questões da prova exigem o conhecimento detalhado da "letra da lei";

▪ **súmulas e jurisprudência:** em sua literalidade, as súmulas receberam destaque próprio. Há grande recorrência, especialmente das súmulas vinculantes que, sem dúvida, deverão ser lidas para a prova. Em algumas situações, houve destaque para determinado julgado de tribunal que tenha importância para o tema e a preparação do candidato;

▪ **organogramas e esquemas:** facilitam a memorização do conteúdo, otimizando a fixação da informação;

▪ **questões resolvidas:** retiradas do *Exame de Ordem Unificado*, executado pela FGV. A transcrição do gabarito oficial, assim como os preciosos comentários dos autores, são ferramentas importantes para checar o aprendizado e orientar o aluno em sua preparação.

E agora o mais importante: os **PROFESSORES**! Foram escolhidos com muito critério, após uma impressionante e rigorosa seleção por parte da Saraiva Educação. A avaliação considerou a experiência de cada um na preparação para concursos e exames, a titulação e a formação acadêmica (veja o currículo de cada um na orelha!) e, ainda, a experiência profissional.

Para o **Direito Civil**, contamos com os extraordinários professores **Carla Carvalho**, professora de Direito Civil, professora adjunta da UFMG, mestre e doutora em Direito pela UFMG, pesquisadora visitante na Universidade livre de Bruxelas – Bélgica e advogada, e **Luiz Dellore**, professor de Direito Processual Civil, mestre e doutor em Direito Processual Civil pela USP, mestre em Direito Constitucional pela PUC-SP, *visiting scholar* nas Universidades de Cornell e Syracuse (EUA) e advogado.

Realmente, ficamos muito felizes com o resultado e honrados por ter no projeto pessoas extremamente preparadas e comprometidas com um só objetivo: a aprovação no *Exame de Ordem Unificado*! Mas não vamos nos surpreender se, também, os "concurseiros" do Brasil passarem a ler este trabalho como mais uma ferramenta em sua preparação!

Estamos certos de que este livro será um valioso aliado para "encurtar" o caminho da "OABEIRA" e do "OABEIRO" na busca do "sonho dourado".

Esperamos que a **Coleção Esquematizado®** cumpra plenamente o seu propósito. Seguimos juntos nessa **parceria contínua** e estamos abertos às suas críticas e sugestões, essenciais para o nosso constante e necessário aprimoramento.

Sucesso a todos!

*Pedro Lenza*
Mestre e Doutor pela USP
*Visiting Scholar* na Boston College Law School
✉ pedrolenza8@gmail.com
http://instagram.com/pedrolenza
https://www.youtube.com/pedrolenza
https://www.facebook.com/pedrolenza
https://www.editoradodireito.com.br/colecao-esquematizado

# Nota dos Autores à 4ª edição

O Exame de Ordem Unificado é um dos maiores concursos públicos do país. Realizado em três edições por ano, reúne milhares de candidatos a cada prova. Historicamente, os índices de reprovação são muito elevados, produzindo-se uma média de 80% de examinandos reprovados a cada novo exame.

Entre as razões para uma reprovação tão alta estão as provas longas e cansativas, de conteúdo extenso, baseado na análise de casos práticos, o que demanda elevado grau de conhecimento de textos legislativos e frequentemente também da jurisprudência.

Na 1ª fase são abordadas as disciplinas estudadas em variados momentos do curso de Direito, impondo ao candidato o enorme desafio de revisar e dominar conteúdos tão diversos. Na preparação para a 1ª fase, de nossa coautoria, sugerimos a obra **OAB Esquematizado 1ª fase – volume único**.

Na 2ª fase, etapa prático-profissional, o examinando pode escolher dentre 7 opções a disciplina em que será avaliado, e nela serão cobrados aspectos do direito material e do direito processual, de forma alinhada com o que ocorre na vida do advogado.

A disciplina de **Civil** é das mais escolhidas pelos candidatos, apesar de com frequência ouvirmos sobre os receios de se optar por essa área, considerando o amplo volume de matérias, tanto no direito material quanto no processual, e, especialmente, a suposta possibilidade de serem cobradas muitas peças práticas.

A análise da prova, contudo, mostra que a banca em regra tenta retratar a atuação cotidiana do advogado, focando em algumas peças (especialmente **petições iniciais** e apelações) e abordando temas essenciais da prática forense, como responsabilidade civil nas relações de consumo, alimentos, usucapião, posse, locação de imóveis, entre outros. Ainda em reflexo da prática profissional, a peça e todas as questões discursivas abordam simultaneamente aspectos de direito material e processual.

Depois de trabalharmos durante muito tempo na preparação de alunos para o Exame de Ordem, sentíamos falta no mercado de um livro que pudesse ser único e decisivo na preparação do candidato para a prova. Afinal, o examinando deve, a um só tempo, **(i)** mostrar domínio de aspectos teóricos das disciplinas de civil e processo, para poder responder às **questões discursivas** da prova, e **(ii)** ter desenvoltura prática na identificação e elaboração de petições, alcançando assim o sucesso na elaboração da **peça processual**.

Nosso livro pretende suprir todas as necessidades de preparação do candidato, oferecendo-lhe os subsídios para a aprovação no Exame de Ordem. Tudo isso com a aplicação da metodologia **Esquematizado**, já reconhecida pela qualidade e eficácia na promoção do aprendizado, com utilização de linguagem clara, destaque de palavras-chave e vários outros recursos gráficos que otimizam o processo de estudo.

O livro é dividido em duas partes. A primeira é dedicada a uma revisão teórica dos temas previstos no edital do Exame de Ordem, com ênfase nos mais cobrados na prova, e à separação entre direito material (de responsabilidade da Professora Carla Carvalho) e direito processual (elaborado pelo Professor Luiz Dellore). Já a segunda parte é toda voltada à preparação do candidato para o desenvolvimento da peça prático-profissional e das questões discursivas, com análise, comentários e orientações acerca das peças mais importantes e questões efetivamente pedidas no Exame da OAB. Essa parte foi elaborada em conjunto por ambos os autores, de modo a apresentar total sintonia entre direito processual e material. Afinal, é isso que se vê na prova da 2ª fase e isso que se vê no dia a dia da advocacia.

Esperamos, assim, contribuir para que o leitor obtenha a tão desejada aprovação no Exame de Ordem, ampliando a parceria para o sucesso de nossa missão, afirmada pelo mestre Pedro Lenza, de **ajudar a realizar sonhos!**

*Carla Carvalho*
Professora de Direito Civil.
Professora adjunta da UFMG.
Mestre e Doutora em Direito pela UFMG.
Pesquisadora visitante na Universidade livre de Bruxelas (Bélgica).
Advogada.

*Luiz Dellore*
Professor de Direito Processual Civil da Universidade Presbiteriana Mackenzie
e do IBMEC/SP.
Mestre e Doutor em Direito Processual Civil pela USP,
Mestre em Direito Constitucional pela PUC-SP.
*Visiting Scholar* (pós-doutorado) nas Universidades de Cornell e Syracuse (EUA).
Advogado.

*Apresentação* ............................................................................................................................ V

*Nota dos Autores à 4ª edição* ............................................................................................ IX

## PARTE I – TEORIA

### DIREITO CIVIL
*CARLA CARVALHO*

**PARTE GERAL** ........................................................................................................................ 3

**1. PERSONALIDADE** ............................................................................................................... 3
    1.1. Pessoa natural: início da personalidade civil ............................................................ 3
    1.2. Pessoa natural: extinção da personalidade ............................................................... 4
        1.2.1 Ausência .......................................................................................................... 5
    1.3. Pessoa natural: incapacidade ..................................................................................... 7
    1.4. Individualização da pessoa natural ........................................................................... 8
        1.4.1 Nome ............................................................................................................... 9
        1.4.2 Estado ............................................................................................................ 10
    1.5. Direitos da personalidade ........................................................................................ 10
    1.6. Pessoas jurídicas ...................................................................................................... 13
        1.6.1. Classificação das pessoas jurídicas ............................................................. 15
    1.7. Domicílio .................................................................................................................. 17

**2. BENS** .................................................................................................................................... 18

**3. FATOS JURÍDICOS** ............................................................................................................ 21
    3.1. Negócios jurídicos: classificação ............................................................................ 22

| | | |
|---|---|---|
| 3.2. | Negócio jurídico: existência, validade e eficácia................................................. | 22 |
| 3.3. | Manifestação de vontade e interpretação do negócio jurídico ............................ | 23 |
| 3.4. | Modalidades dos negócios jurídicos: limitação da eficácia ................................ | 24 |
| 3.5. | Vícios dos negócios jurídicos............................................................................. | 26 |
| 3.6. | Teoria das nulidades........................................................................................... | 29 |
| 3.7. | Atos ilícitos......................................................................................................... | 30 |
| 3.8. | Prescrição e decadência ..................................................................................... | 32 |
| 3.9. | Provas ................................................................................................................. | 34 |

**PARTE ESPECIAL**.................................................................................................... **34**

**4. DIREITO DAS OBRIGAÇÕES** ........................................................................... **34**

| | | |
|---|---|---|
| 4.1. | Elementos das obrigações .................................................................................. | 35 |
| 4.2. | Modalidades das obrigações .............................................................................. | 36 |
| | 4.2.1. Obrigações de dar ................................................................................ | 36 |
| |     4.2.1.1. Obrigação de dar coisa certa............................................ | 36 |
| |     4.2.1.2. Obrigação de dar coisa incerta......................................... | 38 |
| | 4.2.2. Obrigações de fazer ............................................................................. | 38 |
| | 4.2.3. Obrigações de não fazer ...................................................................... | 38 |
| | 4.2.4. Obrigações alternativas ....................................................................... | 39 |
| | 4.2.5. Obrigações divisíveis e indivisíveis..................................................... | 40 |
| | 4.2.6. Obrigações solidárias .......................................................................... | 40 |
| |     4.2.6.1. Solidariedade ativa........................................................... | 41 |
| |     4.2.6.2. Solidariedade passiva ...................................................... | 42 |
| 4.3. | Transmissão das obrigações............................................................................... | 43 |
| | 4.3.1. Cessão de crédito ................................................................................. | 43 |
| | 4.3.2. Assunção de dívida .............................................................................. | 44 |
| 4.4. | Extinção das obrigações..................................................................................... | 45 |
| | 4.4.1. Pagamento............................................................................................ | 45 |
| | 4.4.2. Pagamento indireto ou especial........................................................... | 48 |
| |     4.4.2.1. Pagamento em consignação............................................. | 48 |
| |     4.4.2.2. Pagamento com sub-rogação........................................... | 50 |
| |     4.4.2.3. Imputação do pagamento ................................................ | 51 |
| |     4.4.2.4. Dação em pagamento ...................................................... | 51 |
| | 4.4.3. Extinção sem pagamento ..................................................................... | 51 |
| |     4.4.3.1. Novação ............................................................................ | 52 |
| |     4.4.3.2. Compensação................................................................... | 52 |
| |     4.4.3.3. Confusão........................................................................... | 53 |
| |     4.4.3.4. Remissão........................................................................... | 54 |
| 4.5. | Inadimplemento das obrigações......................................................................... | 54 |
| | 4.5.1. Mora..................................................................................................... | 55 |
| | 4.5.2. Perdas e danos...................................................................................... | 56 |
| | 4.5.3. Juros legais........................................................................................... | 57 |
| | 4.5.4. Cláusula penal...................................................................................... | 58 |
| | 4.5.5. Arras ou sinal....................................................................................... | 59 |

**5. DIREITO DOS CONTRATOS** ............................................................................ **60**

| | | |
|---|---|---|
| 5.1. | Princípios contratuais......................................................................................... | 60 |
| | 5.1.1. Princípio da autonomia privada: evolução da autonomia da vontade ...... | 60 |

| | | |
|---|---|---|
| 5.1.2. | Princípio da força obrigatória ou vinculante dos contratos, à luz do princípio do equilíbrio econômico................................................................ | 60 |
| 5.1.3. | Princípio da relatividade do contrato................................................................ | 61 |
| 5.1.4. | Princípio da função social do contrato................................................................ | 61 |
| 5.1.5. | Princípio da boa-fé objetiva................................................................ | 61 |
| 5.2. | Classificação dos contratos................................................................ | 62 |
| 5.3. | Formação dos contratos................................................................ | 65 |
| 5.3.1. | Negociações preliminares................................................................ | 65 |
| 5.3.2. | Proposta ou oferta................................................................ | 65 |
| 5.3.3. | Aceitação................................................................ | 66 |
| 5.3.4. | Conclusão do contrato................................................................ | 66 |
| 5.4. | Interpretação dos contratos................................................................ | 67 |
| 5.5. | Contratos em relação a terceiros................................................................ | 67 |
| 5.6. | Vícios redibitórios................................................................ | 68 |
| 5.7. | Evicção................................................................ | 69 |
| 5.8. | Contrato com pessoa a declarar................................................................ | 70 |
| 5.9. | Extinção dos contratos................................................................ | 71 |

## 6. CONTRATOS EM ESPÉCIE ................................................................ 74

| | | |
|---|---|---|
| 6.1. | Compra e venda................................................................ | 74 |
| 6.2. | Doação................................................................ | 78 |
| 6.3. | Locação................................................................ | 81 |
| 6.3.1. | Locação de imóveis urbanos................................................................ | 82 |
| 6.3.1.1. | Ação de despejo................................................................ | 87 |
| 6.4. | Contratos de empréstimo................................................................ | 88 |
| 6.4.1. | Comodato................................................................ | 89 |
| 6.4.2. | Mútuo................................................................ | 89 |
| 6.4.3. | Alienação fiduciária em garantia................................................................ | 90 |
| 6.5. | Prestação de serviços e empreitada................................................................ | 91 |
| 6.5.1. | Prestação de serviços................................................................ | 91 |
| 6.5.2. | Empreitada................................................................ | 92 |
| 6.6. | Transporte................................................................ | 95 |
| 6.7. | Seguro................................................................ | 97 |
| 6.8. | Fiança................................................................ | 101 |

## 7. RESPONSABILIDADE CIVIL ................................................................ 103

| | | |
|---|---|---|
| 7.1. | Pressupostos da responsabilidade civil................................................................ | 105 |
| 7.1.1. | Culpa................................................................ | 106 |
| 7.1.2. | Nexo de causalidade................................................................ | 107 |
| 7.1.2.1. | Excludentes de nexo de causalidade................................................................ | 108 |
| 7.1.3. | Dano................................................................ | 109 |
| 7.2. | Reparação dos danos: legitimidade e abrangência................................................................ | 111 |
| 7.3. | Liquidação do dano................................................................ | 112 |
| 7.4. | Responsabilidade civil do provedor de conexão à internet (Marco Civil da Internet)............ | 113 |

## 8. DIREITO DAS COISAS ................................................................ 114

| | | |
|---|---|---|
| 8.1. | Posse................................................................ | 116 |
| 8.2. | Direitos reais................................................................ | 118 |
| 8.2.1. | Direito de propriedade................................................................ | 119 |
| 8.2.1.1. | Condomínio................................................................ | 126 |
| 8.2.1.1.1. | Multipropriedade................................................................ | 127 |
| 8.2.1.1.2. | Fundos de investimento................................................................ | 128 |

|  |  |  |  |
|---|---|---|---|
| | | 8.2.1.2. Propriedade fiduciária | 128 |
| | 8.2.2. | Direitos reais sobre coisas alheias | 129 |
| | 8.2.3. | Direitos reais de garantia | 131 |
| | 8.2.4. | Direito real de aquisição | 133 |
| | 8.2.5. | Direito real de laje | 133 |
| | 8.2.6. | Direitos oriundos da imissão provisória na posse, quando concedida à União, aos Estados, ao Distrito Federal, aos Municípios ou às suas entidades delegadas e a respectiva cessão e promessa de cessão | 134 |

## 9. DIREITO DE FAMÍLIA ........ 134

9.1. Casamento ........ 136
    9.1.1. Causas suspensivas e impeditivas do casamento ........ 136
    9.1.2. Habilitação para o casamento ........ 138
    9.1.3. Celebração do casamento ........ 138
    9.1.4. Provas do casamento ........ 139
    9.1.5. Espécies de casamento válido ........ 139
    9.1.6. Invalidade do casamento ........ 140
    9.1.7. Eficácia do casamento ........ 143
    9.1.8. Regime de bens ........ 144
        9.1.8.1. Comunhão parcial de bens ........ 146
        9.1.8.2. Comunhão universal de bens ........ 147
        9.1.8.3. Participação final nos aquestos ........ 147
        9.1.8.4. Separação de bens ........ 148
    9.1.9. Dissolução da sociedade e do vínculo conjugal ........ 149
9.2. União estável ........ 151
9.3. Parentesco ........ 152
    9.3.1. Filiação ........ 154
        9.3.1.1. Adoção ........ 157
        9.3.1.2. Poder familiar ........ 159
        9.3.1.3. Guarda ........ 161
9.4. Alimentos ........ 163
9.5. Bem de família ........ 166
9.6. Tutela e curatela ........ 168
    9.6.1. Tutela ........ 168
    9.6.2. Curatela ........ 170
    9.6.3. Tomada de decisão apoiada ........ 172

## 10. DIREITO DAS SUCESSÕES ........ 172

10.1. Sucessão *mortis causa* ........ 172
    10.1.1. Herança e vocação hereditária ........ 174
    10.1.2. Aceitação e renúncia da herança ........ 176
    10.1.3. Herança jacente ........ 177
    10.1.4. Petição de herança ........ 177
10.2. Sucessão legítima ........ 178
    10.2.1. Herdeiros necessários ........ 179
    10.2.2. Direito de representação ........ 179
    10.2.3. Ordem de vocação hereditária ........ 180
10.3. Sucessão testamentária ........ 182
    10.3.1. Formas de testamento ........ 183
    10.3.2. Codicilo ........ 185
    10.3.3. Disposições testamentárias ........ 185

| | |
|---|---|
| 10.3.4. Legados | 187 |
|     10.3.4.1. Modalidades de legado | 187 |
|     10.3.4.2. Caducidade do legado | 188 |
| 10.3.5. Direito de acrescer entre herdeiros e legatários | 189 |
| 10.3.6. Substituições testamentárias | 190 |
| 10.3.7. Deserdação | 191 |
| 10.3.8. Redução, revogação e rompimento do testamento | 191 |
| 10.3.9. Testamenteiro | 192 |
| 10.4. Inventário e partilha | 193 |
|   10.4.1. Bens sonegados | 194 |
|   10.4.2. Pagamento de dívidas | 195 |
|   10.4.3. Colação | 195 |
|   10.4.4. Partilha | 196 |
|   10.4.5. Garantia dos quinhões hereditários | 197 |
| **11. DIREITO DO CONSUMIDOR** | **198** |
| 11.1. Relação de consumo | 198 |
| 11.2. Princípios e direitos básicos do consumidor | 201 |
| 11.3. Proteção à saúde e segurança do consumidor | 204 |
|   11.3.1. Responsabilidade por fato do produto ou serviço | 206 |
|   11.3.2. Responsabilidade por vício do produto e do serviço | 207 |
|   11.3.3. Prescrição e decadência | 209 |
| 11.4. Oferta e publicidade | 211 |
| 11.5. Práticas abusivas | 212 |
| 11.6. Proteção contratual | 216 |

## DIREITO PROCESSUAL CIVIL
### *LUIZ DELLORE*

| | |
|---|---|
| **1. PETIÇÃO INICIAL** | **219** |
| 1.1. Introdução | 219 |
|   1.1.1. Uso do processo de conhecimento | 219 |
|     1.1.1.1. Procedimentos do processo de conhecimento | 220 |
|   1.1.2. Uso do processo de execução | 221 |
|     1.1.2.1. Procedimentos do processo de execução | 221 |
| 1.2. Requisitos da petição inicial | 221 |
|   1.2.1. Endereçamento (competência) | 222 |
|   1.2.2. Qualificação das partes | 225 |
|   1.2.3. Causa de pedir | 226 |
|   1.2.4. Pedido | 227 |
|   1.2.5. Valor da causa | 230 |
|   1.2.6. Provas | 232 |
|     1.2.6.1. Meios de provas | 233 |
|   1.2.7. Opção pela realização da audiência de mediação ou conciliação | 240 |
|     1.2.7.1 A audiência de conciliação ou de mediação | 240 |
|   1.2.8. Outros requisitos da petição inicial para a peça prática, mas não previstos no art. 319 | 241 |
|     1.2.8.1. Procuração e endereço do advogado | 241 |
|     1.2.8.2. Documentos | 242 |
|     1.2.8.3. Gratuidade ou recolhimento de custas | 242 |
|     1.2.8.4. Prioridade de tramitação | 242 |
|     1.2.8.5. Intimação do MP como fiscal da ordem jurídica | 243 |
|     1.2.8.6. Forma de citação | 243 |

## 2. COMPETÊNCIA, LITISCONSÓRCIO E INTERVENÇÃO DE TERCEIRO ... 245

- 2.1. Jurisdição e competência ... 245
  - 2.1.1. Jurisdição ... 246
  - 2.1.2. Competência ... 247
    - 2.1.2.1. Tipos e espécies de competência ... 248
    - 2.1.2.2. Critérios para fixação da competência territorial ... 249
      - 2.1.2.2.1. Alterações da competência ... 250
- 2.2. Litisconsórcio ... 251
- 2.3. Intervenção de terceiros ... 252
  - 2.3.1. Assistência ... 253
  - 2.3.2. Denunciação da lide ... 254
  - 2.3.3. Chamamento ao processo ... 255
- 2.4. Incidente de desconsideração da personalidade jurídica ... 256
- 2.5. *Amicus curiae* ... 256

## 3. VISÃO GERAL DOS PROCEDIMENTOS ESPECIAIS ... 257

- 3.1. Cabimento dos procedimentos especiais ... 257
- 3.2. Procedimentos especiais na 2ª fase da OAB ... 257
- 3.3. Jurisdição contenciosa e voluntária ... 258
- 3.4. Procedimentos especiais no sistema processual brasileiro ... 258
  - 3.4.1. Ações possessórias ... 259
  - 3.4.2. Ação monitória ... 260
  - 3.4.3. Ações de família ... 262
  - 3.4.4. Ação de alimentos (processo de conhecimento) ... 263
    - 3.4.4.1. Da execução e cumprimento de sentença de alimentos ... 264
- 3.5. Juizados Especiais ... 266
- 3.6. Processo coletivo ... 268
  - 3.6.1. Instrumentos para a tutela coletiva ... 269
  - 3.6.2. Coisa julgada no processo coletivo ... 270
  - 3.6.3. Cumprimento de sentença coletiva ... 270

## 4. CONTESTAÇÃO ... 271

- 4.1. Contestação ... 271
- 4.2. Impedimento e suspeição ... 274
- 4.3. Revelia ... 275

## 5. TUTELA PROVISÓRIA ... 276

- 5.1. Tutela provisória na 2ª fase da OAB ... 276
- 5.2. Visão geral ... 276
- 5.3. Da tutela de urgência ... 277
  - 5.3.1. Do procedimento da tutela antecipada antecedente ... 278
  - 5.3.2. Do procedimento da tutela cautelar antecedente ... 280
- 5.4. Aspectos relativos à tutela de urgência sob a perspectiva da peça prática ... 281
  - 5.4.1. Competência ... 281
  - 5.4.2. Petição inicial ... 281
    - 5.4.2.1. Requerimento de tutela antecipada antecedente ... 281
    - 5.4.2.2. Requerimento de tutela cautelar antecedente ... 282
    - 5.4.2.3. Pedido de liminar ... 282
- 5.5. Da tutela da evidência ... 282

## 6. CUMPRIMENTO DE SENTENÇA E IMPUGNAÇÃO ........... 283
   6.1. Visão geral ........... 283
   6.2. Cumprimento de sentença ........... 284
      6.2.1. Dos requisitos necessários para o cumprimento de sentença ........... 284
      6.2.2. Do título executivo judicial ........... 284
      6.2.3. Das diversas espécies de cumprimento de sentença ........... 285
         6.2.3.1. Do cumprimento de sentença de obrigação de pagar quantia pela Fazenda Pública ........... 285
         6.2.3.2. Do cumprimento de sentença para obrigação de pagar ........... 286
   6.3. Da impugnação ao cumprimento de sentença ........... 288

## 7. EXECUÇÃO E EMBARGOS ........... 290
   7.1. Visão geral ........... 290
   7.2. Dos requisitos necessários para qualquer execução ........... 291
      7.2.1. Do título executivo extrajudicial ........... 291
      7.2.2. Das diversas espécies de execução ........... 293
         7.2.2.1. Da prescrição intercorrente ........... 294
      7.2.3. Da execução para entrega de coisa ........... 295
      7.2.4. Da execução de obrigação de fazer e de não fazer ........... 295
      7.2.5. Da execução contra a Fazenda Pública ........... 295
      7.2.6. Da execução de quantia certa ........... 296
         7.2.6.1. Penhora ........... 297
         7.2.6.2. Impenhorabilidades ........... 299
         7.2.6.3. Procedimento da execução por quantia certa ........... 300
   7.3. Da defesa do executado: embargos ........... 302
      7.3.1. Comparativo entre embargos à execução e impugnação ao cumprimento de sentença ........... 304

## 8. RECURSOS – TEORIA GERAL ........... 305
   8.1. Visão geral ........... 305
   8.2. Conceito ........... 305
   8.3. Cabimento dos recursos ........... 306
      8.3.1. Cabimento dos recursos previstos no CPC ........... 309
         8.3.1.1. Cabimento do recurso adesivo ........... 312
   8.4. Juízo de admissibilidade e juízo de mérito ........... 312
      8.4.1. Requisitos de admissibilidade recursal ........... 313
   8.5. Sucumbência recursal ........... 316

## 9. RECURSOS EM ESPÉCIE ........... 317
   9.1. Visão geral ........... 317
   9.2. Apelação ........... 317
      9.2.1. Elaboração da apelação ........... 320
   9.3. Agravo de instrumento ........... 321
      9.3.1. Elaboração do agravo de instrumento ........... 324
   9.4. Embargos de declaração ........... 324
   9.5. Recurso ordinário (recurso ordinário constitucional) ........... 325
   9.6. Agravo interno ........... 326
   9.7. Agravo em recurso especial e em recurso extraordinário ........... 327
   9.8. Recurso especial (REsp) ........... 329
   9.9. Recurso extraordinário (RE) ........... 332
   9.10. Embargos de divergência ........... 335

# PARTE II – PRÁTICA

## PEÇAS PRÁTICAS

**1. PETIÇÃO INICIAL** ............................................................................................................ **339**
    Gabarito da OAB ............................................................................................................. 339
    Distribuição dos pontos .................................................................................................. 340
    Comentários dos autores ................................................................................................ 341
    Modelo .............................................................................................................................. 342

**2. CONTESTAÇÃO** ................................................................................................................ **344**
    Gabarito da OAB ............................................................................................................. 345
    Distribuição dos pontos .................................................................................................. 345
    Comentários dos autores ................................................................................................ 346
    Modelo .............................................................................................................................. 347

**3. CONTESTAÇÃO E RECONVENÇÃO** ............................................................................ **348**
    Gabarito da OAB ............................................................................................................. 349
    Distribuição dos pontos .................................................................................................. 349
    Comentários dos autores ................................................................................................ 351
    Modelo .............................................................................................................................. 352

**4. AÇÃO DE CONSIGNAÇÃO EM PAGAMENTO** ............................................................ **354**
    Gabarito da OAB ............................................................................................................. 355
    Distribuição dos pontos .................................................................................................. 355
    Comentários dos autores ................................................................................................ 356
    Modelo .............................................................................................................................. 357

**5. EMBARGOS À EXECUÇÃO** ............................................................................................ **359**
    Gabarito da OAB ............................................................................................................. 360
    Distribuição dos pontos .................................................................................................. 360
    Comentários dos autores ................................................................................................ 361
    Modelo .............................................................................................................................. 362

**6. EMBARGOS DE TERCEIRO** ........................................................................................... **365**
    Gabarito da OAB ............................................................................................................. 365
    Distribuição dos pontos .................................................................................................. 366
    Comentários dos autores ................................................................................................ 367
    Modelo .............................................................................................................................. 368

| | |
|---|---|
| **7. REINTEGRAÇÃO DE POSSE** | **370** |
| Gabarito da OAB | 371 |
| Distribuição dos pontos | 372 |
| Comentários dos autores | 373 |
| Modelo | 374 |
| **8. AÇÃO DE IMISSÃO NA POSSE** | **376** |
| Gabarito da OAB | 377 |
| Distribuição dos pontos | 377 |
| Comentários dos autores | 378 |
| Modelo | 379 |
| **9. DIVÓRCIO CONSENSUAL** | **381** |
| Gabarito da OAB | 382 |
| Distribuição dos pontos | 382 |
| Comentários dos autores | 384 |
| Modelo | 385 |
| **10. AÇÃO DE ALIMENTOS** | **387** |
| Gabarito da OAB | 387 |
| Distribuição dos pontos | 388 |
| Comentários dos autores | 389 |
| Modelo | 389 |
| **11. AÇÃO PAULIANA** | **391** |
| Gabarito da OAB | 391 |
| Distribuição dos pontos | 392 |
| Comentários dos autores | 393 |
| Modelo | 393 |
| **12. APELAÇÃO** | **395** |
| Gabarito da OAB | 396 |
| Distribuição dos pontos | 396 |
| Comentários dos autores | 397 |
| Modelo | 398 |
| **13. CONTRARRAZÕES DE APELAÇÃO** | **401** |
| Gabarito da OAB | 402 |
| Distribuição dos pontos | 403 |
| Comentários dos autores | 404 |
| Modelo | 405 |

## 14. AGRAVO DE INSTRUMENTO .................................................................. 40.
Gabarito da OAB ........................................................................................... 409
Distribuição dos pontos ................................................................................ 409
Comentários dos autores ............................................................................. 410
Modelo .......................................................................................................... 411

## 15. RECURSO ESPECIAL ................................................................................... 414
Gabarito da OAB ........................................................................................... 415
Distribuição dos pontos ................................................................................ 415
Comentários dos autores ............................................................................. 416
Modelo .......................................................................................................... 417

## QUESTÕES DISCURSIVAS

1. 41º Exame de Ordem Unificado/FGV ..................................................... 423
2. 40º Exame de Ordem Unificado/FGV ..................................................... 428
3. 39º Exame de Ordem Unificado/FGV ..................................................... 432
4. 38º Exame de Ordem Unificado/FGV ..................................................... 438
5. 37º Exame de Ordem Unificado/FGV ..................................................... 442
6. 36º Exame de Ordem Unificado/FGV ..................................................... 447
7. 35º Exame de Ordem Unificado/FGV ..................................................... 452
8. XXXIV Exame de Ordem Unificado/FGV ................................................ 456
9. XXXIII Exame de Ordem Unificado/FGV ............................................... 461
10. XXXII Exame de Ordem Unificado/FGV ............................................... 466
11. XXXI Exame de Ordem Unificado/FGV ................................................ 471
12. XXX Exame de Ordem Unificado/FGV .................................................. 475
13. XXIX Exame de Ordem Unificado/FGV ................................................ 480

*Referências* .................................................................................................. 487

# Parte I – Teoria

# DIREITO CIVIL

# PARTE GERAL

## 1. PERSONALIDADE

As noções de pessoa e personalidade constituem dados extrajurídicos, decorrendo da realidade dos fatos. O direito, como ciência dos fenômenos, qualifica-as, a partir das repercussões que seu reconhecimento produz no universo jurídico. Nesse sentido, a pessoa constitui, para o Direito, o **sujeito de direito** por excelência, e a **personalidade jurídica ou civil** é a **capacidade ou aptidão para ser sujeito de direitos e deveres**.

> Art. 1º Toda pessoa é capaz de direitos e deveres na ordem civil.

O legislador brasileiro optou por atribuir com **universalidade** a todas as pessoas – que podem ser **naturais** ou **jurídicas** – a **capacidade genérica** de ser titular de direitos e deveres[1].

> De forma específica, ela se traduz na **capacidade de direito ou de gozo**, como aptidão para a aquisição de certos direitos, não se confundindo com a **capacidade de fato ou de exercício**, a qual se refere à aptidão para o **exercício autônomo** dos referidos direitos, independentemente da intervenção de terceiros. **Toda pessoa é capaz, em alguma medida, de direitos, mas há pessoas incapazes de exercer seus direitos.**

### 1.1. Pessoa natural: início da personalidade civil

> Art. 2º A personalidade civil da pessoa começa do nascimento com vida; mas a lei põe a salvo, desde a concepção, os direitos do nascituro.

Sobre o momento do início da personalidade civil da pessoa natural, o texto do art. 2º suscita certa controvérsia, especialmente sobre a extensão do conceito ao nascituro. Primeiramente, é preciso estabelecer distinções terminológicas:

---

[1] Há, na doutrina, divergência sobre a abrangência do termo "capacidade de direito". Para alguns autores, a capacidade de direito é sinônima de personalidade. Para outros, ela exprime a aptidão para adquirir direitos específicos, podendo sofrer variações quantitativas. Ver: GONÇALVES, Carlos Roberto. *Direito civil brasileiro*. São Paulo: Saraiva, 2019. v. 1.

| | |
|---|---|
| Nascituro | ▪ ser já concebido, antes do nascimento |
| Natimorto | ▪ ser que nasceu sem vida, isto é, após a separação do útero materno, **não respirou** ou manifestou outros sinais de vida<br>▪ será feito o assento em livro próprio do registro público (art. 53 da Lei n. 6.015/73 – LRP) |
| Concepturo | ▪ ente que nem sequer fora concebido. Não se cogita da capacidade jurídica, mas pode ser beneficiário de deixas condicionais, como doação e herança, quando é tratado por **prole eventual** de certas pessoas (arts. 546 e 1.799, I) |

Estabelecem-se **três teorias interpretativas** do art. 2º do CC:

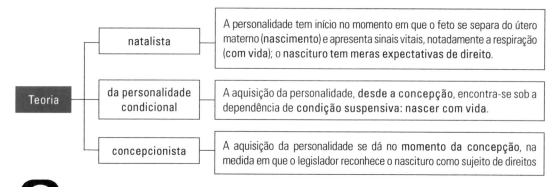

De qualquer forma, entende-se que a **aquisição de direitos patrimoniais** pelo nascituro fica **condicionada ao nascimento com vida**, prevalecendo nesse aspecto uma visão natalista.

Mesmo que a pessoa já concebida ao tempo da abertura da sucessão seja considerada legitimada a suceder, nos termos do art. 1.798, a transmissão do direito patrimonial só se consolidará quando constatado o nascimento com vida. Reconhece-se, todavia, ao nascituro a aquisição de alguns **direitos, independentemente de vir a nascer com vida**, como os **direitos da personalidade**, podendo o nascituro sofrer dano moral (REsp 399.028/SP, STJ), e de ter nomeado um **curador** (art. 1.779).

## 1.2. Pessoa natural: extinção da personalidade

A personalidade civil ou jurídica da pessoa natural **se extingue com a morte** (art. 6º). Em que pese a clareza do dispositivo, é preciso que se compreendam certas qualificações do fenômeno, com relevância para o direito.

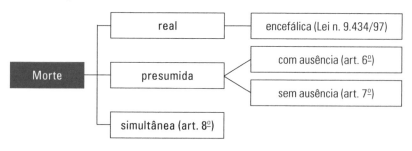

A morte a que se refere o art. 6º, em sua primeira parte, é a **real, natural** ou **biológica**, sendo constatada a partir de **exame médico** de corpo presente, pelo qual se afere a paralisação definitiva, no sujeito, dos sinais vitais, emitindo-se o competente **atestado ou declaração de óbito**, a ser levado a registro no Registro Civil das Pessoas Naturais. Na falta de profissional para o exame, admite a Lei de Registros Públicos que o registro do óbito seja efetuado mediante atestado de duas pessoas qualificadas que tenham verificado o óbito (art. 77 da LRP).

A **morte encefálica**, a que alude o art. 3º da Lei de Transplantes (Lei n. 9.434/97), caracteriza-se pela **perda completa e irreversível das funções encefálicas**, determinada a partir de critérios estabelecidos pelo Conselho Federal de Medicina. Considera-se, para efeitos legais, como uma espécie de morte real.

Há, contudo, situações concretas em que não se verifica a presença do cadáver para a atestação do óbito, sendo demandada ao Direito a fixação de procedimentos alternativos para tal desígnio. Trata-se das hipóteses de **morte presumida**, atualmente prevista na legislação de duas formas:

| | |
|---|---|
| com decretação de ausência (art. 6º) | • certeza do desaparecimento, não do óbito<br>• desaparecimento da pessoa de seu domicílio, sem que se tenha dela notícia<br>• leva-se a registro a sentença declaratória da morte presumida, expedida nos casos em que a lei autoriza a abertura da sucessão definitiva (ver a seguir o item 1.2.1) |
| sem decretação de ausência (art. 7º) | • situações de certeza do óbito, com desaparecimento do corpo<br>• leva-se a registro a sentença declaratória da morte presumida, nas hipóteses do art. 7º: (i) extremamente provável a morte de quem estava em perigo de vida; (ii) pessoa desaparecida em campanha ou feita prisioneira, desde que não seja encontrada em até dois anos do término da guerra<br>• a morte presumida só será declarada após o encerramento das buscas e averiguações<br>• procedimento de justificação de assento de óbito (art. 88 da LRP) |

Finalmente, o Código regula no art. 8º a figura da **comoriência**, que concerne situações em que **duas ou mais pessoas falecem na mesma ocasião, não se podendo averiguar qual delas precedeu a(s) outra(s)**.

> Desprezando soluções presentes em outros ordenamentos que estabelecem artificialmente presunções de que certas pessoas teriam falecido antes de outras, optou o legislador brasileiro pela regra simples de que, **não havendo prova de que um falecimento precedeu ao outro**, consideram-se **simultaneamente mortos**. A regra tem especial relevância em questões sucessórias, na medida em que é requisito da sucessão que o herdeiro tenha sobrevivido ao *de cujus*, não havendo sucessão entre os comorientes.

### 1.2.1 Ausência

Reputa-se **ausente** a pessoa que **desaparece de seu domicílio, sem que dela se tenha notícia**. O legislador lhe defere um regime de tratamento diferenciado, tendo por foco, num primeiro momento, a gestão e a conservação patrimonial, e, posteriormente, a sucessão de seus herdeiros. Estabelecem-se, assim, **três fases**, de tratamento da ausência: **curadoria dos bens**

**do ausente; sucessão provisória; sucessão definitiva.** Tais fases se sucedem e caracterizam-se conforme o esquema a seguir:

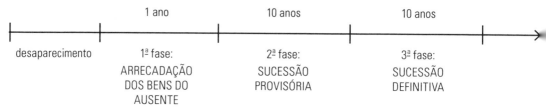

A **declaração da ausência** se dá **judicialmente**, a requerimento de **pessoa interessada** ou do **Ministério Público**, com a verificação de que a pessoa **desapareceu de seu domicílio e não deixou representante** para administrar seu patrimônio, independentemente de prazo mínimo do desaparecimento (art. 22). O juiz determinará a **arrecadação dos bens** do ausente, para serem confiados a um **curador**, nomeando **preferencialmente o cônjuge** não separado judicialmente ou de fato há mais de dois anos, e, em sua falta, os pais e os descendentes, nessa ordem, os mais próximos precedendo os mais remotos (art. 25).

Após **um ano da arrecadação dos bens** do ausente, ou, se o ausente tiver deixado representante, em se passando três anos, os **interessados** listados no art. 27 – cônjuge não separado, herdeiros, titulares de direitos dependentes da morte do ausente, credores – poderão requerer a **abertura da sucessão provisória** (art. 26). A **sentença** que determinar a abertura da sucessão provisória **só produzirá efeito cento e oitenta dias depois de publicada** pela imprensa; mas, logo que passe em julgado, proceder-se-á à abertura do testamento, se houver, e ao inventário e partilha dos bens, como se o ausente fosse falecido (art. 28).

Em regra, na sucessão provisória, a **posse dos bens** será confiada aos herdeiros que prestarem **garantias de restituição em caso de regresso do ausente**, por meio de penhores ou hipotecas equivalentes aos quinhões respectivos (art. 30). Não tendo o herdeiro condições de prestar a garantia, a parte correspondente ao seu quinhão será mantida na administração do curador ou outro herdeiro que possa prestar a garantia em seu lugar (art. 30, § 1º). Podem receber seus quinhões **independentemente da oferta de garantia** os **ascendentes**, os **descendentes** e o **cônjuge** (art. 30, § 2º). Os demais sucessores, além da prestação de caução, deverão capitalizar a metade dos frutos e rendimentos produzidos pelos bens, para a devolução caso o ausente regresse e se verifique que o desaparecimento fora involuntário e justificado (art. 33).

Decorridos **dez anos do trânsito em julgado da sentença concessiva da abertura da sucessão provisória**, poderão os interessados requerer a **abertura da sucessão definitiva**. Com a sentença, a posse dos bens dada aos herdeiros converter-se-á em **propriedade**, levantando-se as cauções prestadas (art. 37). Trata-se, ainda, do momento em que passa a ser **presumida a morte do ausente**, conforme a segunda parte do art. 6º. Se, no prazo de **dez anos após a abertura da sucessão definitiva**, o ausente regressar, terá direito a recuperar seus bens no estado em que se encontrarem, os sub-rogados em seu lugar, ou o preço recebido em caso de alienação, sendo a propriedade dos herdeiros **resolúvel** (art. 39).

De forma especial, estabelece o art. 38 a possibilidade de **requerimento antecipado** da abertura da sucessão definitiva, caso o ausente conte **80 anos** de idade, datando de **cinco as últimas notícias** dele.

**OAB Esquematizado 2ª Fase – Civil**

## .3. Pessoa natural: incapacidade

São **incapazes** as pessoas a quem a lei impõe **restrições ao exercício dos atos da vida civil,** por demandarem **proteção** especial. No direito brasileiro, a regra é a capacidade da pessoa, e a incapacidade é excepcional, apenas se verificando na presença das hipóteses legais. A **incapacidade pode ser absoluta ou relativa**, conforme o grau de comprometimento da aptidão individual para a prática dos atos da vida civil.

A proteção especial se dá por meio do regime da **representação legal**, que admite duas modalidades: **representação** propriamente dita ou **assistência**. O **representante** age **em nome e por conta** do incapaz, substituindo-o na prática dos atos da vida civil. O **assistente** acompanha o incapaz na prática dos mesmos atos, exigindo-se a concorrência da **manifestação de ambos**.

Podem ser representantes legais os **pais, tutores** e **curadores**. Os **pais** são os representantes naturais dos **filhos menores** que estejam sob o seu **poder familiar**. Na falta ou impedimento dos pais, o juiz nomeará **tutor** para o **menor incapaz**. Finalmente, aos **maiores incapazes** é dado um **curador**.

Com a vigência da **Lei n. 13.146/2015** (Estatuto da Pessoa com Deficiência ou Lei Brasileira de Inclusão – EPD), o regime das incapacidades sofreu modificações substanciais, retirando-se da lei civil referências à deficiência como causa de incapacidade (art. 6º do EPD), para estabelecer-se a presença de incapacidade tão somente por razões de **idade, patologia** ou **limitações ao discernimento ou aptidão individual para exprimir vontade** em defesa dos próprios interesses. Ademais, a **incapacidade dos maiores será sempre relativa**, devendo o juiz, assistido por equipe multidisciplinar, estabelecer regimes personalizados de curatela, com vistas à mais ampla preservação possível da autonomia do sujeito.

> **Art. 6º do EPD.** A deficiência não afeta a plena capacidade civil da pessoa, inclusive para:
> I – casar-se e constituir união estável;
> II – exercer direitos sexuais e reprodutivos;
> III – exercer o direito de decidir sobre o número de filhos e de ter acesso a informações adequadas sobre reprodução e planejamento familiar;
> IV – conservar sua fertilidade, sendo vedada a esterilização compulsória;
> V – exercer o direito à família e à convivência familiar e comunitária; e
> VI – exercer o direito à guarda, à tutela, à curatela e à adoção, como adotante ou adotando, em igualdade de oportunidades com as demais pessoas.

Com o advento do EPD, são **absolutamente incapazes** tão somente os **menores de 16 anos**, conhecidos por **menores impúberes** (art. 3º). O rol dos **relativamente incapazes** (art. 4º), por sua vez, foi modificado, passando a contemplar: (i) os jovens **entre 16 e 18 anos** (menores púberes); (ii) os **ébrios habituais** e os **viciados em tóxico**; (iii) aqueles que, por **causa transitória ou permanente, não puderem exprimir sua vontade**; (iv) os **pródigos**.

Salvo nas hipóteses determinadas pela idade, a incapacidade deve ser declarada em **ação própria, de curatela ou interdição**, constituindo-se um curador para representar o incapaz no exercício dos atos da vida civil, com efeitos *ex nunc*. Não se consideram, para efeitos de validade dos atos praticados, intervalos lúcidos por que eventualmente passe o incapaz.

A disciplina sobre a **capacidade dos indígenas** é remetida à lei especial (art. 4º, parágrafo único), aplicando-se as normas do Estatuto do Índio (Lei n. 6.001/73). De acordo com o art. 4º do Estatuto, o índio classifica-se em **isolado**, **em vias de integração** ou **integrado**, conforme o nível de sua integração à comunhão nacional. Apenas o índio integrado será capaz, sendo os demais **representados pela União, por meio do órgão federal de assistência aos silvícolas**, a FUNAI (art. 7º do Estatuto do Índio).

Quando o jovem completa 18 anos, alcança a **maioridade**, ficando habilitado à prática de todos os atos da vida civil (art. 5º). Admite-se, contudo, a aquisição da capacidade antes da idade legal, nas hipóteses de **emancipação**, previstas no parágrafo único do dispositivo:

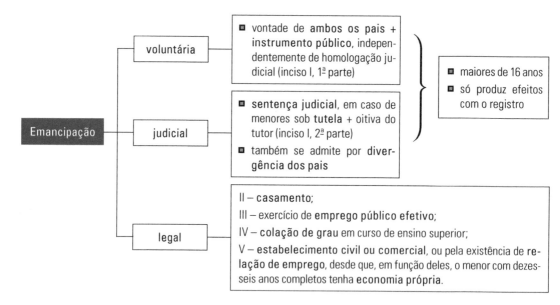

A **emancipação** é **irrevogável**, não se readquirindo a incapacidade pelo desfazimento das causas do art. 5º, parágrafo único. Os **pais mantêm responsabilidade civil**, em caráter solidário, pelos danos causados pelos filhos **emancipados voluntariamente** que continuem sob sua dependência econômica (STJ, AgRg Ag 1239557).

Nas outras hipóteses de incapacidade, a (re)aquisição da capacidade depende de análise judicial, em **ação de levantamento de interdição ou curatela**, demonstrado o desaparecimento das causas que ensejaram a curatela.

## 1.4. Individualização da pessoa natural

A pessoa natural precisa se individualizar em face das outras com quem convive na sociedade, a fim de evitar confusões e tumultos na atribuição e exercício de seus direitos e deveres. Essencialmente a tarefa da individualização se executa a partir de **três elementos**:

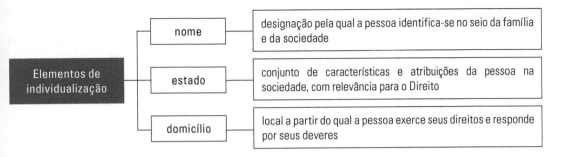

### 1.4.1 Nome

O **nome** é composto de **prenome** e **sobrenome**. O **prenome** ou nome de batismo diferencia a pessoa em relação aos membros de sua família, que carregam o mesmo sobrenome. É, em regra, de **livre escolha dos pais**, podendo ser simples ou composto, conforme seja formado de uma ou mais palavras. A vontade dos pais é limitada, contudo, na medida em que o **oficial deve se opor ao registro de nomes suscetíveis de expor ao ridículo** os seus portadores (art. 55, parágrafo único, da LRP).

O **sobrenome**, apelido de família ou **patronímico**, identifica a pessoa na sociedade indicando sua procedência familiar. Deve necessariamente ser escolhido entre os **patronímicos presentes na família**.

É possível ainda a inclusão de elementos facultativos no nome:

- **partículas**: conectivos como "de", "do", "e";
- **agnome**: expressões que distinguem pessoas da mesma família com o mesmo nome. Ex.: Junior, Filho, Neto, Segundo etc.

A legislação estabelece como regra a **inalterabilidade do nome** (art. 58), que só pode ser **modificado em situações excepcionais**, a partir de motivação relevante, conforme previsão legal ou análise jurisprudencial.

A pessoa pode solicitar **administrativamente**, ou seja, diretamente no cartório: (i) a alteração de seu prenome no **primeiro ano após a pessoa ter atingido a maioridade civil** (art. 56 da LRP); (ii) a alteração do nome em caso de evidente **erro gráfico** (art. 110 da LRP); (iii) o acréscimo do patronímico do outro cônjuge, por ocasião do **casamento** (art. 1.565, § 1º), ou a respectiva subtração, quando do **divórcio**. Em caso de **adoção**, deve haver necessária substituição do sobrenome pelo dos pais adotivos, dependendo a alteração do prenome de requerimento (art. 47, § 5º, do ECA).

Outras situações dependem de **decisão judicial** (art. 57 da LRP), prevendo a lei a possibilidade de **substituição do prenome por apelidos públicos notórios** (art. 58, LRP); alteração do nome de **vítimas e testemunhas** que, ameaçadas, precisem de proteção especial (arts. 58, parágrafo único, e 57, § 7º, da LRP); acréscimo do **patronímico do padrasto ou madrasta** pelo enteado ou enteada, sem prejuízo de seus apelidos de família (art. 57, § 8º, da LRP). Encontra-se na jurisprudência a autorização para **tradução de nomes estrangeiros**, adição de prenome para evitar transtornos decorrentes de **homonímia**, alteração do nome no âmbito do reconhecimento da identidade de **transgêneros** (ADI 4.275, RE 670.422), dentre outros.

### 1.4.2 Estado

O **estado da pessoa natural** consiste no conjunto das qualificações e atributos da pessoa na sociedade, com relevância jurídica, considerado **indivisível, indisponível** – inalienável e irrenunciável – e **imprescritível**.

Por essa razão é que se afirma que as ações de estado são consideradas imprescritíveis, conforme confirma o art. 27 do ECA.

O estado se divide em: **individual, familiar** e **político**.

O **estado individual** representa o modo de ser da pessoa em relação à idade, gênero, cor da pele, altura, saúde, entre outros aspectos que produzam consequências jurídicas.

O STF estabeleceu entendimento pelo direito dos transgêneros à alteração do nome e gênero no registro, independente da realização de cirurgia para redesignação de sexo.

> A tese fixada na ADIn 4.275 e do RE 6.70422 estabelece: "O transgênero tem **direito fundamental subjetivo à alteração de seu prenome e de sua classificação de gênero** no registro civil, não se exigindo para tanto **nada além da manifestação de vontade** do indivíduo, o qual poderá exercer tal faculdade tanto pela **via judicial como diretamente pela via administrativa**". A tese garante ainda o sigilo quanto à alteração, sendo vedadas quaisquer menções no registro.

O **estado familiar** indica a posição da pessoa na família, relacionando-se ao matrimônio ou ao parentesco. Em relação ao **matrimônio**, a pessoa pode ser solteira, casada, separada, divorciada ou viúva. Quanto ao **parentesco**, o sujeito pode ser descendente, ascendente, colateral e parente por afinidade de outra pessoa, em variados graus.

O **estado político** se refere à posição do sujeito na sociedade política: nacional – nato ou naturalizado – ou estrangeiro (art. 12 da CF).

Finalmente, o **domicílio** contribui para a individualização da pessoa natural, na medida em que fixa um ponto de referência a partir do qual a pessoa exerce seus direitos e responde por seus deveres, interessando a vários ramos do Direito. O tema será detalhado após a abordagem das pessoas jurídicas (ver o item 1.7 da seção "Direito Civil").

### 1.5. Direitos da personalidade

**Direitos da personalidade** são direitos subjetivos, ligados à proteção dos aspectos ou **condições essenciais à pessoa humana**, de forma perpétua ou duradoura. Na Constituição de 1988, sua tutela encontra fundamento no **princípio da dignidade da pessoa humana** (art. 1º, III, da CF), considerado uma cláusula geral de proteção, e na previsão, no art. 5º, X, de um elenco de direitos da personalidade específicos. O CC consolida o seu reconhecimento como categoria autônoma de direitos, ao destinar um capítulo especial para o seu tratamento. A doutrina frequentemente os divide conforme a dimensão da constituição da pessoa que visam proteger: física, psíquica/intelectual, moral.

Os direitos da personalidade são **espécie de direitos fundamentais**, destinando-se à proteção da pessoa em suas relações privadas e com o Estado. Consequentemente, caso se verifique hipótese de **colisão entre um direito da personalidade e um direito de caráter não fundamental**, como direitos patrimoniais, deve ser conferida primazia à proteção dos primeiros. Já em caso de **colisão de um direito da personalidade com um direito fundamental**, que pode ser mesmo outro direito da personalidade, a solução deve ser buscada na análise concreta do caso, como o STF já teve oportunidade de se manifestar em mais de uma ocasião, v.g., ADI 4.815, ADPF 54 etc.

Tais direitos caracterizam-se como **extrapatrimoniais, inatos** – apesar de haver corrente que defende haver direitos da personalidade adquiridos –, **absolutos** – no sentido de não relativos, e não de ilimitados –, **imprescritíveis, impenhoráveis** e **relativamente indisponíveis**. São previstos em **número ilimitado ou aberto**, já que o legislador brasileiro, adotando uma postura **pluralista**, optou por reconhecer a existência de direitos distintos para cada aspecto da personalidade sob tutela, ao invés de seguir a orientação **monista**, presente em países como Portugal, segundo a qual há um único **direito geral da personalidade**.

O legislador inaugura a disciplina civil da matéria tratando da **indisponibilidade** dos direitos da personalidade, que engloba sua **intransmissibilidade** e **irrenunciabilidade** (art. 11). Entende-se, porém, que há a **possibilidade de disposição limitada**, de certos atributos e do exercício dos direitos da personalidade, desde que não afete a titularidade mesma do direito, não sendo permanente nem geral (Enunciado n. 4 da I Jornada de Direito Civil do CJF). Os atos de disposição são sempre **revogáveis**, mediante indenização dos prejuízos resultantes.

Os direitos da personalidade podem ser objeto de **tutela preventiva**, quando se busca **evitar a lesão**, fazendo cessar a ameaça, ou **repressiva**, com vistas a fazer **cessar a lesão e buscar a reparação** das perdas e danos, além da aplicação de outras sanções legalmente previstas (art. 12). É devida a indenização por **danos morais**, de **função compensatória**, em razão da lesão a direitos da personalidade, tendo em vista o seu caráter extrapatrimonial.

Estabelece o legislador que, em caso do falecimento do titular dos direitos da personalidade, a **legitimidade para pleitear a tutela *post mortem*** de seus direitos incumbirá ao **cônjuge sobrevivente, ou qualquer parente em linha reta, ou colateral até o quarto grau** (art. 12, parágrafo único). Entende-se que os familiares estarão a defender um direito próprio, ligado à memória do falecido ou sentimento de família, tendo em vista que a personalidade mesma cessou com a morte. Deve-se atentar, contudo, para os prazos prescricionais da pretensão reparatória (art. 206, § 3º).

Regulando alguns direitos da personalidade em espécie, o Código Civil estabelece os direitos ao próprio corpo, ao nome, à imagem, de autor e à vida privada.

O primeiro direito é o **direito sobre o próprio corpo**, cuidando o legislador especialmente de aspectos da sua disposição, em vida (art. 13) ou *post mortem* (art. 14).

Em regra, a pessoa **não pode dispor de seu corpo vivo**, se o ato de disposição importa **diminuição permanente da integridade física**, ou **contraria os bons costumes**, salvo situações de exigência médica (art. 13). O art. 15 prevê que a realização de **tratamento médico ou intervenção cirúrgica** sobre o corpo de uma pessoa depende de seu **consentimento, livre e esclarecido**, mesmo que exista perigo de morte. O dispositivo será objeto de análise no julgamento da **ADPF 618** pelo STF, em que se busca conferir hermenêutica adequada a dispositivos do Código Penal e de normas ético-profissionais da medicina, de modo a consagrar o princípio da autonomia da pessoa, como corolário da dignidade, e afastar a obrigação profissional de intervir contra a vontade do paciente se há risco de morte. Estabelece, ainda, o art. 14 a validade da **disposição do corpo morto**, desde que **gratuita** e feita com **objetivo científico ou altruístico**, em ato caracterizado pela livre revogabilidade.

A **Lei de Transplantes** (Lei n. 9.434/97) complementa o regramento do Código, estabelecendo condições para a doação de órgãos, tecidos e partes do corpo humano.

Em sendo a **pessoa viva**, a lei estabelece **condições para o ato de doação**: (i) doador capaz; (ii) finalidade terapêutica ou de transplantes em cônjuge ou parentes consanguíneos até o quarto grau, inclusive, ou em qualquer outra pessoa, mediante autorização judicial, dispensada esta em relação à medula óssea; (iii) se tratar de órgãos duplos, de partes de órgãos, tecidos ou partes do corpo cuja retirada não impeça o organismo do doador de continuar vivendo sem risco para a sua integridade e não represente grave comprometimento de suas aptidões vitais e saúde mental e não cause mutilação ou deformação inaceitável, e corresponda a uma necessidade terapêutica comprovadamente indispensável à pessoa receptora (art. 9º). Regras especiais são estabelecidas caso o **doador seja juridicamente incapaz ou gestante**, em face da vulnerabilidade dos sujeitos envolvidos, apenas se admitindo a doação de medula óssea, com o cumprimento dos requisitos especiais dos §§ 6º e 7º.

Diversamente, o **transplante de órgãos após a morte** exige o prévio diagnóstico de **morte encefálica**, nos termos da Lei n. 9.434/97 e de resoluções do Conselho Federal de Medicina (art. 3º). Neste caso, a doação depende de **autorização familiar** – do cônjuge ou parente, maior de idade, obedecida a linha sucessória, reta ou colateral, até o segundo grau inclusive (art. 4º) –, inclusive se incapaz o falecido (art. 5º), e o receptor será buscado em lista única organizada pelo Sistema Único de Saúde. Não se removerão órgãos de pessoas não identificadas (art. 6º), podendo o corpo ser destinado para fins de estudos ou pesquisas científicas (Lei n. 8.501/92).

O **direito ao nome** abrange a proteção do prenome e sobrenome da pessoa contra **utilizações não consentidas** (art. 16), especialmente (i) em publicações ou representações que exponham o titular ao **desprezo público**, ainda quando não haja intenção difamatória (art. 17), ou (ii) em propaganda **comercial** (art. 18). A mesma proteção conferida ao nome se dá ao pseudônimo adotado para atividades lícitas (art. 19).

No âmbito do **direito à imagem** contempla-se toda forma de expressão sensível da pessoa, para além da dimensão meramente visual, o que inclui a voz e a palavra. Também a utilização da imagem de uma pessoa **depende de sua autorização**, podendo ser proibida, a seu requerimento e sem prejuízo da indenização que couber, mormente se lhe atingir a **honra, a boa fama ou a respeitabilidade**, ou se se destinar a **fins comerciais** (art. 20). A utilização não autorizada da imagem, com fins econômicos ou comerciais, gera danos morais *in re ipsa*, ou seja, que independem da demonstração de prejuízo (Súmula 403, do STJ). Independentemente de autorização, a imagem pode ser utilizada em caso de interesse público, para administração da justiça ou manutenção da ordem pública. O legislador reafirma que a proteção do direito da personalidade de pessoa falecida ou ausente será feita por meio do cônjuge, ascendentes ou descendentes (art. 20, parágrafo único).

Finalmente, o legislador consagra o **direito à intimidade ou vida privada**, resguardando a pessoa contra intromissões indevidas em aspectos de sua vida que legitimamente deseja ver afastados do conhecimento público. O titular pode requerer **tutela judicial preventiva ou repressiva** da violação de seu direito (art. 21).

Analisando situação de **conflito** entre os **direitos fundamentais à liberdade de expressão** da atividade intelectual, artística, científica e de comunicação e os **direitos à imagem, honra e privacidade** (arts. 20 e 21), estabeleceu o STF, na ADI 4.815, o entendimento de que a **publicação de biografias não depende de prévia autorização** da pessoa biografada – ou de seus familiares, em caso de pessoas falecidas. Eventuais lesões à intimidade, privacidade, honra ou imagem da pessoa serão resolvidas pela via repressiva, mediante indenização.

No que concerne ao **direito à honra** como direito da personalidade, vale destacar o consolidado entendimento jurisprudencial de que basta, para a configuração de dever de indenizar, a lesão à honra em seu **aspecto subjetivo** (apreço que a pessoa tem por si mesma), não sendo requisito que se demonstre lesão à **honra objetiva**, isto é, reputação da pessoa perante a sociedade.

> Assim, a mera inscrição do nome de consumidor em **cadastros restritivos de crédito**, se indevida, gera dever de indenizar (*in re ipsa*), independentemente de prova de constrangimentos públicos e prejuízos adicionais (STJ, AgRg no AREsp 821.839, REsp 1550509).

## 1.6. Pessoas jurídicas

**Pessoas jurídicas** são **entidades** criadas, na forma da lei, para a consecução de fins específicos estabelecidos nos atos constitutivos, recebendo personalidade jurídica própria e distinta da dos seus membros. O **início de sua existência legal**, e aquisição da própria personalidade, dá-se no momento da **inscrição dos atos constitutivos nos registros** próprios, precedido de autorizações eventualmente exigidas (art. 45). O registro tem, pois, **natureza constitutiva**, diferentemente das pessoas naturais.

Os atos constitutivos classificam-se em (i) **contratos sociais**, no caso das sociedades, e (ii) **estatutos**, nas demais pessoas jurídicas. As pessoas jurídicas que exercem atividade empresária serão registradas na **Junta Comercial**, que mantém o Registro Público de Empresas Mercantis, ao passo que os atos constitutivos das demais pessoas jurídicas de direito privado serão registrados no **Cartório de Registro Civil das Pessoas Jurídicas** (art. 1.150 do CC; art. 114 da LRP). Os atos constitutivos de sociedades de advogados são registrados na OAB (Lei n. 8.906/94).

O registro deve abranger os **elementos** listados no art. 46, destacando-se: denominação, finalidades, endereço e modo de administração. As pessoas jurídicas obrigam-se por todos os atos, judiciais ou extrajudiciais, praticados pelos seus representantes e administradores, nos **limites dos poderes definidos nos atos constitutivos** (art. 47). Haverá **sociedade irregular ou de fato** em caso de irregularidade ou ausência do registro dos atos constitutivos da pessoa jurídica, o que enseja a atribuição de **responsabilidade ilimitada dos sócios** pelas obrigações da sociedade (art. 990).

Como regra, vigora o **princípio da autonomia ou separação patrimonial**, que implica a distinção entre o patrimônio da pessoa jurídica e o dos seus membros.

> **Art. 49-A.** A pessoa jurídica não se confunde com os seus sócios, associados, instituidores ou administradores.
> Parágrafo único. A autonomia patrimonial das pessoas jurídicas é um instrumento lícito de alocação e segregação de riscos, estabelecido pela lei com a finalidade de estimular empreendimentos, para a geração de empregos, tributo, renda e inovação em benefício de todos.

Em situações especiais, contudo, permite-se a **desconsideração da personalidade jurídica**, permitindo-se que o patrimônio do sócio seja atingido para a satisfação de débitos da pessoa jurídica. Tal depende de **requerimento do interessado**, nos autos em que o débito estiver sendo discutido, para a instauração de incidente de desconsideração da personalidade jurídica, com a demonstração das hipóteses legais.

O Código Civil traz em seu art. 50 a chamada **teoria maior da desconsideração**, pela exigência da demonstração de situações de abuso da personalidade jurídica, caracterizadas por desvio de finalidade ou confusão patrimonial, nos seguintes termos:

> **Art. 50.** Em caso de **abuso da personalidade jurídica**, caracterizado pelo **desvio de finalidade** ou pela **confusão patrimonial**, pode o juiz, a requerimento da parte, ou do Ministério Público quando lhe couber intervir no processo, desconsiderá-la para que os **efeitos de certas e determinadas relações de obrigações** sejam estendidos aos bens particulares de administradores ou de sócios da pessoa jurídica **beneficiados direta ou indiretamente pelo abuso**.
> § 1º Para os fins do disposto neste artigo, **desvio de finalidade** é a utilização da pessoa jurídica com o **propósito de lesar** credores e para a prática de atos ilícitos de qualquer natureza.
> § 2º Entende-se por **confusão patrimonial** a **ausência de separação de fato entre os patrimônios**, caracterizada por:
> I – cumprimento repetitivo pela sociedade de obrigações do sócio ou do administrador ou vice-versa;
> II – transferência de ativos ou de passivos sem efetivas contraprestações, exceto os de valor proporcionalmente insignificante; e
> III – outros atos de descumprimento da autonomia patrimonial.
> § 3º O disposto no *caput* e nos §§ 1º e 2º deste artigo também se aplica à extensão das obrigações de sócios ou de administradores à pessoa jurídica.
> § 4º A mera existência de grupo econômico sem a presença dos requisitos de que trata o *caput* deste artigo não autoriza a desconsideração da personalidade da pessoa jurídica.
> § 5º **Não constitui desvio de finalidade** a mera expansão ou a alteração da finalidade original da atividade econômica específica da pessoa jurídica.

A desconsideração só produz efeitos em relação aos **débitos especificamente discutidos** no processo, valendo quanto aos demais a separação patrimonial. Admite-se também a **desconsideração inversa** (art. 133 do CPC; art. 50, § 3º, do CC), quando se permite que o patrimônio da sociedade seja atingido na execução de débitos do sócio ou administrador, em casos de abuso.

O Código de Defesa do Consumidor trouxe a **teoria menor da desconsideração**, bastando, para seu requerimento, que a autonomia da personalidade implique **obstáculo ao ressarcimento de prejuízos causados aos consumidores** (art. 28, § 5º).

A **extinção ou dissolução da personalidade** da pessoa jurídica pode se dar de diferentes formas:

| | |
|---|---|
| convencional | ▪ deliberação das partes |
| legal | ▪ causas legais. Ex.: art. 1.034 |
| administrativa | ▪ perda de autorização para funcionamento |
| judicial | ▪ decisão judicial |

O procedimento da dissolução dar-se-á em duas etapas: (1ª) **liquidação**, com o levantamento de ativo e passivo e satisfação dos débitos; (2ª) **extinção propriamente dita**, com o cancelamento da inscrição da pessoa jurídica (art. 51).

De acordo com o art. 52, às pessoas jurídicas se aplica, no que couber, da **proteção dos direitos da personalidade**. Vê-se que a pessoa jurídica não tem propriamente direitos da personalidade, na medida em que lhe falta a essência humana, mas o Direito lhe defere **proteção**

**análoga**, naqueles aspectos em que desta se aproxima – conforme a jurisprudência aponta em relação ao nome, honra, privacidade, propriedade intelectual –, sendo-lhe cabível a **indenização por danos morais**.

> **STF – Súmula 227**
> A pessoa jurídica pode sofrer dano moral.

### 1.6.1. Classificação das pessoas jurídicas

Quanto a sua **nacionalidade**, as pessoas jurídicas podem ser **nacionais ou estrangeiras**, segundo se constituam em conformidade com as regras do direito brasileiro ou de outro Estado. Há limitações à atuação de pessoas jurídicas estrangeiras em certos campos do mercado interno.

A partir de seu campo de atuação, classificam-se em pessoas jurídicas **de direito público ou de direito privado** (art. 40). Aquelas podem ser **de direito público externo**, no caso dos Estados estrangeiros e pessoas regidas pelo direito internacional público (art. 42), ou **de direito público interno**, a englobar os entes da federação (União, Estados, Distrito Federal e Municípios) e órgãos da administração pública dotados de personalidade jurídica autônoma (art. 41). As empresas públicas e as sociedades de economia mista são regidas pelo regime jurídico de direito privado. As pessoas jurídicas de direito público interno **respondem objetivamente pelos atos de seus agentes**, ressalvando o direito de regresso em caso de culpa destes (art. 43)

O rol das **pessoas jurídicas de direito privado** é encontrado no art. 44, compreendendo associações, sociedades, fundações, organizações religiosas, partidos políticos e o empresário individual de responsabilidade limitada (EIRELI). De acordo com o Enunciado 144 da III Jornada de Direito Civil do CJF, a lista trazida no dispositivo é não taxativa.

| ASSOCIAÇÕES | SOCIEDADES | FUNDAÇÕES |
|---|---|---|
| ▫ união de pessoas<br>▫ finalidade não econômica<br>▫ não há entre os associados direitos e obrigações recíprocos | ▫ união de pessoas<br>▫ finalidade econômica<br>▫ há entre os associados direitos e obrigações recíprocos | ▫ patrimônio<br>▫ finalidade não econômica |

As **associações** constituem-se pela **união de pessoas** para a realização **de atividade não econômica, sem constituir, entre si, direitos e obrigações recíprocas** (art. 53). Finalidade não econômica não é sinônimo de atividade não lucrativa, podendo a associação produzir lucros, desde que não destinados à distribuição entre os associados. Os estatutos devem apresentar o conteúdo mínimo estabelecido no art. 54. Os associados devem ter **direitos iguais**, mas os estatutos podem instituir categorias com vantagens especiais (art. 55). Salvo disposição estatutária diversa, a qualidade de associado é **intransmissível** (art. 56). Em caso de **dissolução da associação**, o **patrimônio remanescente** deverá ser destinado à entidade de fins não econômicos designada no estatuto, ou, omisso este, por deliberação dos associados, à instituição municipal, estadual ou federal, de fins idênticos ou semelhantes (art. 61).

As **sociedades** são criadas em torno de um **contrato social**, por meio do qual os **sócios se obrigam reciprocamente a contribuir**, com bens ou serviços, para o exercício de **atividade econômica** e a **partilhar, entre si, dos resultados** (art. 981). As sociedades podem ser **empresárias** – quando tem por objeto o exercício de atividade empresarial –, ou simples – as demais (art. 982).

Atividade empresarial é aquela que envolve o exercício **profissional** de **atividade econômica organizada** para a **produção ou a circulação de bens ou de serviços** (art. 966). Não são empresários, por expressa previsão legal, os profissionais liberais, que exercem profissão intelectual, de natureza científica, literária ou artística, ainda com o concurso de auxiliares ou colaboradores, salvo se o exercício da profissão constituir elemento de empresa (art. 966, parágrafo único). Independentemente de seu objeto, considera-se empresária a sociedade por ações; e, simples, a cooperativa (art. 982, parágrafo único).

As **fundações** se formam a partir da destinação de uma **massa patrimonial** à consecução de **certas finalidades** estabelecidas pelo instituidor. Este realiza, por meio de **escritura pública ou testamento**, **destinação de bens livres de seu patrimônio** para a constituição da fundação, especificando no ato sua finalidade (art. 62), que deve estar entre aquelas previstas na lei, todas de ordem não econômica:

> **Art. 62, parágrafo único.** A fundação somente poderá constituir-se para fins de:
> I – assistência social;
> II – cultura, defesa e conservação do patrimônio histórico e artístico;
> III – educação;
> IV – saúde;
> V – segurança alimentar e nutricional;
> VI – defesa, preservação e conservação do meio ambiente e promoção do desenvolvimento sustentável;
> VII – pesquisa científica, desenvolvimento de tecnologias alternativas, modernização de sistemas de gestão, produção e divulgação de informações e conhecimentos técnicos e científicos;
> VIII – promoção da ética, da cidadania, da democracia e dos direitos humanos;
> IX – atividades religiosas;

Ao constituir a fundação, o instituidor obriga-se a transferir-lhe os bens dotados (art. 64). Em caso de instituição *causa mortis*, a obrigação será das pessoas apontadas pelo instituidor, sendo-lhes exigível a elaboração dos estatutos tão logo tenham ciência do encargo (art. 65). É incumbência do **Ministério Público** velar pelas **fundações situadas no respectivo estado** (art. 66), devendo inclusive promover a elaboração do estatuto, em caso na inércia das pessoas encarregadas. Se os bens dotados forem insuficientes para a constituição da fundação, na ausência de disposição especial do instituidor, deverão ser incorporados em **outra fundação** que se proponha a **fim igual ou semelhante** (art. 63), regra que também se aplica caso ocorra a **extinção da fundação**, por tornar-se ilícita, impossível ou inútil a finalidade a que visa, ou por se ter vencido o prazo de sua existência (art. 69).

Partidos políticos (art. 44, § 3º) e organizações religiosas (art. 44, § 1º) apresentam estrutura associativa, caracterizando-se por principiologia e disciplina legal própria, apartada do Código Civil.

Por fim, o **empresário individual de responsabilidade limitada (EIRELI)** foi incluído na legislação para permitir que **uma só pessoa** possa, como titular da totalidade do capital social, exercer atividade empresária com preservação de seu patrimônio pessoal, por meio da **constituição de pessoa jurídica**. Seu capital social, devidamente integralizado, será maior que 100 salários mínimos, aplicando-se-lhe supletivamente as regras das sociedades limitadas (art. 980-A).

> O **Microempreendedor Individual (MEI)** não se confunde com o EIRELI. O MEI é um profissional autônomo (**pessoa física**) que, exercendo atividade econômica em **nome próprio**, realiza cadastro especial e passa a ter CNPJ para a facilitação de suas atividades econômicas e obtenção de benefícios, **sem**, contudo, gozar de **autonomia patrimonial**.

## 1.7. Domicílio

O **domicílio** é o **local** de onde a pessoa exerce seus direitos e onde pode ser exigida de seus deveres, sendo disciplinado na Parte Geral, com repercussões em toda a legislação. Tanto a pessoa natural quanto a pessoa jurídica apresentam domicílios, que se classificam em várias modalidades:

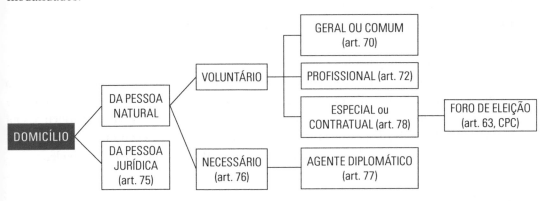

Quanto à **pessoa natural**, o **domicílio voluntário geral ou comum** é o local onde estabelece sua **residência** com ânimo definitivo (art. 70). Admite-se a constituição de **pluralidade de domicílios**, quando ela tem várias residências onde alternadamente vive (art. 71). Pode, ainda, ocorrer a **mudança de domicílio**, quando transfere a residência com intenção manifesta de o mudar. A prova da mudança decorre de declarações às administrações municipais dos locais de origem e destino, ou dos próprios atos que evidenciem a mudança (art. 74). Constitui também **domicílio profissional**, no lugar em que desenvolve suas relações profissionais (art. 72). Finalmente, a pessoa que não tem residência habitual tem **domicílio aparente ou ocasional** no local em que for encontrada (art. 73).

Pode, ainda, a pessoa escolher **domicílio especial ou contratual** para o **cumprimento das obrigações** decorrentes de um contrato (art. 78).

> O **foro de eleição**, previsto no art. 63 do CPC, refere-se à previsão pelas partes, por meio de instrumento escrito, do **juízo perante o qual serão propostas ações** para a discussão de direitos e obrigações decorrentes de determinado negócio jurídico.

A lei estabelece para certas pessoas **domicílio necessário ou legal**, independentemente da vontade (art. 76). Tal domicílio pode ser **exclusivo** ou **concorrente**, conforme se verifique ou não a possibilidade de estabelecimento de outro domicílio. Tem domicílio necessário:

- o **incapaz**, no domicílio do representante ou assistente;
- o **servidor público**, no lugar em que exercer permanentemente suas funções;
- o **militar**, onde servir. Se for da Marinha ou da Aeronáutica, o domicílio será a sede do comando a que se encontrar imediatamente subordinado;
- o **marítimo**, onde o navio estiver matriculado;
- o **preso**, no lugar em que cumprir a sentença.

O **agente diplomático** brasileiro, ao alegar extraterritorialidade, designará o lugar onde tem domicílio, e, se não o fizer, será considerado o Distrito Federal ou último ponto do território brasileiro onde o teve (art. 77).

O **domicílio da pessoa jurídica** está previsto no art. 75, e será:

- da **União**: o Distrito Federal;
- dos **Estados e Territórios**: respectivas capitais;
- do **Município**: lugar onde funcionar a administração municipal;
- das **demais pessoas jurídicas**: lugar onde funcionarem as respectivas diretorias e administrações (estabelecimento principal), ou onde elegerem domicílio especial no seu estatuto ou atos constitutivos. Possuindo a pessoa jurídica **diversos estabelecimentos**, cada um será considerado domicílio para os atos nele praticados. Em caso de **sede no estrangeiro**, será considerado domicílio da pessoa jurídica, no tocante às obrigações contraídas por cada uma das suas agências, o lugar do estabelecimento, sito no Brasil, a que ela corresponder.

## 2. BENS

Controverte a doutrina acerca da diferença entre bem e coisa. Em Silvio Rodrigues[2], considera-se **coisa** tudo que existe objetivamente, com exclusão do homem. Os **bens** constituem espécie de coisas que, por serem úteis e raras, são suscetíveis de **apropriação** e apresentam **valor econômico**. Trata-se de objetos das relações jurídicas. Os bens podem ser **corpóreos ou incorpóreos**, conforme tenham ou não existência física, material, tangibilidade. O **patrimônio**, para além de um mero conjunto de bens, consiste no complexo das relações jurídicas de uma pessoa, com conteúdo econômico, caracterizando-se como **uno** e **indivisível**.

Quando **considerados em si mesmos**, os bens classificam-se em: móveis e imóveis; fungíveis e consumíveis; divisíveis e indivisíveis; singulares e coletivos.

**Bens imóveis** são os que não podem ser transportados, sem destruição, de um lugar para outro. Por definição, são imóveis o solo – **imóveis por natureza** – e suas acessões, ou seja, tudo quanto se lhe incorporar natural – **imóveis por acessão natural** – ou artificialmente – **imóveis por acessão artificial** (art. 79). São **imóveis por determinação legal** ou para os efeitos legais os direitos reais sobre imóveis e as ações que os asseguram; e o direito à sucessão aberta. Certos bens, apesar de perderem a imobilidade, continuam sendo considerados imóveis: as edificações que, separadas do solo, mas conservando a sua unidade, forem removidas para outro local; os materiais provisoriamente separados de um prédio, para nele se reempregarem (art. 81).

---

[2] RODRIGUES, Silvio. *Direito civil*. São Paulo: Saraiva, 2003. v. 1.

**Bens móveis** são os suscetíveis de movimento próprio, ou de remoção por força alheia, sem alteração da substância ou da destinação econômico-social (art. 82). Classificam-se em **semoventes**, quando suscetíveis de movimento próprio, e **móveis propriamente ditos**, quando dependem de força alheia para se locomover. Em relação a materiais de construção, entende o legislador que serão considerados móveis enquanto não forem empregados ou após a demolição do prédio (art. 84), ressalvando-se a hipótese do art. 81, II. **Por determinação legal**, são móveis as energias que tenham valor econômico; os direitos reais sobre objetos móveis e as ações correspondentes; os direitos pessoais de caráter patrimonial e respectivas ações (art. 83); os direitos patrimoniais de autor (art. 3º da Lei n. 9.610/98).

**Bens fungíveis** são os móveis que podem ser substituídos por outros da **mesma espécie, qualidade e quantidade** (art. 85), enquanto os **infungíveis** não se podem substituir por outros em virtude de suas características e da vontade.

**Bens consumíveis** são aqueles cujo uso regular importa sua destruição ou alienação (art. 86). Podem ser **consumíveis de fato**, quando o uso importa destruição imediata de sua substância, e **de direito** quando destinados à alienação. Assim, um mesmo bem pode ser consumível de direito e inconsumível de fato, como um livro na prateleira de uma livraria.

**Bens divisíveis** são aqueles que podem ser fragmentados em partes, sem prejuízo da sua substância, valor ou utilidade (art. 87). Caso as partes não mantenham substância, valor proporcional e utilidade, serão **indivisíveis**. A indivisibilidade pode ser **natural** – também chamada substancial –, **legal** ou **convencional** (art. 88).

**Bens singulares** têm existência independente e autônoma, em relação a outros bens (art. 89), podendo ser **simples**, quando as partes estão ligadas por natureza, e **compostos**, quando as partes encontram-se ligadas por força ou indústria humana. A reunião de bens singulares pode dar origem a um novo bem, considerado no seu conjunto, os chamados **bens coletivos ou universais** ou **universalidades**.

Constitui **universalidades**, pois, a pluralidade de coisas singulares e autônomas que, reunidas, formam um bem distinto, com individualidade e objeto de relações jurídicas próprias. As universalidades podem ser de fato ou de direito. As **universalidades de fato** constituem pluralidades de bens singulares que, pertinentes à mesma pessoa, tenham destinação unitária, como bibliotecas, rebanhos etc. Os bens que a compõem, mantendo sua singularidade, podem ser objeto de relações jurídicas próprias (art. 90). As **universalidades de direito** são complexos de relações jurídicas, de uma pessoa, dotadas de valor econômico, traduzindo massas patrimoniais (art. 91).

Além dos bens considerados em si mesmos, o legislador aborda a relação entre diferentes bens, **reciprocamente considerados**, classificando-os em principais e acessórios.

São **principais** os bens que existem por si mesmos, independentemente de outros bens, e **acessórios** os que têm sua existência dependente da de um principal (art. 92).

São acessórios os **produtos, frutos, benfeitorias** e **pertenças**.

Os **produtos** são utilidades que o bem principal periodicamente produz, e cuja retirada importa sua diminuição. Os **frutos** também traduzem utilidades periodicamente produzidas, mas sua retirada não gera diminuição do principal, que se renova continuamente. Frutos e produtos podem ser objeto de negócio jurídico mesmo antes de separados do principal (art. 95).

Os frutos classificam-se da seguinte forma:

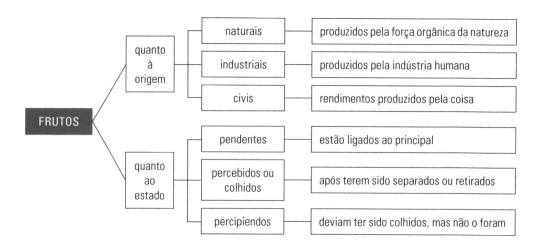

**Benfeitorias** são melhoramentos ou acréscimos feitos sobre o bem principal, em decorrência de intervenção do proprietário, possuidor ou detentor (art. 97). Podem ser, conforme o art. 96:

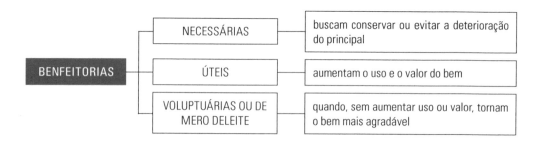

**Pertenças** são **bens móveis** acessórios que, não constituindo partes integrantes, destinam-se, de modo duradouro, ao uso, ao serviço ou ao aformoseamento do principal (art. 93).

Na relação entre bens, vigora o princípio geral de que o **acessório segue o principal**. A regra é excepcionada em relação às pertenças, que não são abrangidas nos negócios jurídicos que têm por objeto o bem principal, salvo disposição legal ou voluntária, ou ainda pelas circunstâncias do caso (art. 94).

Finalmente, **quanto ao titular do domínio**, os bens classificam-se em **públicos** e **particulares**, sendo estes identificados por exclusão daqueles, bens do domínio nacional pertencentes às pessoas jurídicas de direito público interno (art. 98). Como regra, os **bens públicos não são usucapíveis** (art. 102).

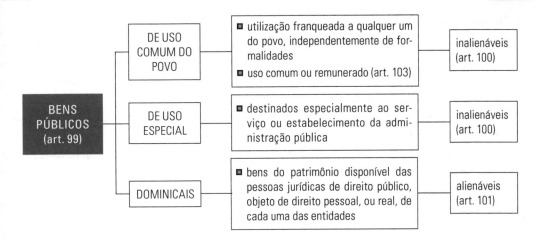

## 3. FATOS JURÍDICOS

O Direito qualifica como jurídicos os fatos que, ocorridos no mundo da vida, lhe são relevantes por fazerem nascer, modificar ou extinguir situações jurídicas. Os **fatos jurídicos em sentido amplo** podem ser da **natureza** – também chamados **fatos jurídicos em sentido estrito** – ou do **homem**, os **atos jurídicos**.

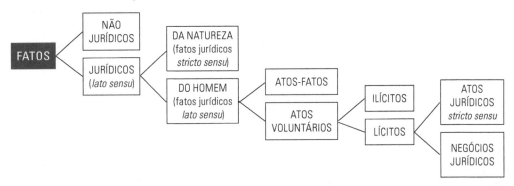

Os **atos jurídicos em sentido amplo**, conforme contenham ou não a presença da vontade como elemento definidor dos efeitos jurídicos, dividem-se em **atos-fatos** e **atos voluntários**. **Atos-fatos** traduzem o agir humano para cujo resultado a **vontade não é relevante**, podendo ser **avoluntários** quando operam os efeitos jurídicos independentemente da vontade do sujeito (p. ex.: ocupação – art. 1.263), e **involuntários** quando os efeitos jurídicos só são admitidos quando não houver vontade (p. ex.: achado de tesouro – art. 1.264).

Os **atos voluntários** podem ser **lícitos** ou **ilícitos**, em função de sua **conformidade com o Direito**. Os atos ilícitos, por contrariar o ordenamento, desafiam por consequência jurídica a aplicação de sanções. Já os atos lícitos atraem os efeitos jurídicos regulares, podendo ser **atos jurídicos em sentido estrito** ou **negócios jurídicos**, de acordo com o **teor de autonomia da vontade**. Nos **atos jurídicos em sentido estrito**, o sujeito age autonomamente definindo se e quando praticar o ato, mas não tem poder de definir os seus efeitos, que se produzem *ex lege*. Nos **negócios jurídicos**, a autonomia é mais ampla, definindo o agente por sua própria vontade os efeitos jurídicos, isto é, os direitos e deveres têm causa *ex voluntate*.

## 3.1. Negócios jurídicos: classificação

Os negócios classificam-se em **unilaterais** ou **plurilaterais**, caso sejam constituídos por **uma ou mais partes** ou interesses intervenientes. Entre os plurilaterais, que contam com duas ou mais partes que estabelecem consensualmente os efeitos jurídicos de suas manifestações, destacam-se os **bilaterais**, aos quais se chama **contratos**.

Os negócios *inter vivos* produzem efeitos durante a vida das partes. Quando celebrados *mortis causa*, como nos testamentos, a produção de efeitos dar-se-á após a morte.

Os negócios classificam-se, quanto à forma, em **consensuais**, bastando a manifestação de vontade e consenso, sob qualquer forma, ou **formais ou solenes**, nos casos em que a lei estabelece forma ou formalidade especial.

Caso a lei não disponha acerca de forma especial, entende-se que a forma será livre (art. 107).

Quanto à existência de contraprestação, os negócios podem ser **onerosos** ou **gratuitos**. Os negócios **gratuitos**, também chamados de **benéficos** ou **liberalidades**, caracterizam-se pela inexistência de contraprestação ou contrapartida patrimonial da prestação atribuída ao sujeito. Os negócios **onerosos** podem ser **comutativos** ou **aleatórios**. Naqueles, as partes conhecem de antemão as prestações que assumem, sem risco de desequilíbrio. Nestes, uma ou ambas as partes assumem de forma voluntária e consciente o risco de desequilíbrio patrimonial, como se opera no contrato de seguro. A álea pode ser **absoluta** ou **relativa**, conforme a parte assuma o risco de não receber nenhuma prestação ou se lhe garanta alguma prestação, ainda que desequilibrada.

Os negócios podem ser **principais**, quando subsistem por si mesmos e independentemente da existência de outros negócios, e **acessórios**, nos casos de negócios cuja existência depende da de um principal, como nos contratos de garantia.

Nesta matéria também vigora o princípio geral de que o **acessório segue o principal**.

Quanto à necessidade de conhecimento da declaração pelo declaratário para o aperfeiçoamento e eficácia do negócio jurídico, este pode ser **receptício de vontade (recipiendos)** ou **não receptício de vontade (não recipiendos)**. Nos últimos, os efeitos jurídicos operam independentemente do conhecimento pela outra parte ou sujeito interessado, como ocorre no testamento.

Os negócios podem apresentar, finalmente, quanto à **duração de seus efeitos**, **efeitos instantâneos**, que se exaurem num ato único, ou **continuados, sucessivos**, quando se executam de forma prolongada no decorrer do tempo. Já no que concerne ao **início da produção** ou cronologia dos efeitos, podem ser de **efeitos imediatos ou execução imediata**, quando os efeitos ocorrem logo depois de sua conclusão, ou **de efeitos diferidos ou execução diferida**, havendo um intervalo entre a conclusão do negócio e o início da produção de seus efeitos.

## 3.2. Negócio jurídico: existência, validade e eficácia

A doutrina, ao analisar o fenômeno do **negócio jurídico**, frequentemente o aborda em relação a três planos: **existência**, **validade** e **eficácia**.

O **plano da existência** diz respeito a elementos básicos sem os quais não se pode cogitar da existência de negócios jurídicos: **manifestação de vontade; intenção negocial; idoneidade do objeto**. Nesse sentido, será **inexistente o negócio** jurídico em caso de **declarações não sérias** (*jocandi causa*), **fictícias**, em que o titular não tem intenção de estabelecer negócio, e **coação física** (*vis absoluta*), quando uma pessoa, sob o emprego de força física irresistível aparenta manifestar vontade que não declarou de fato.

> Sob o prisma da **validade**, questiona-se sobre a **perfeição do negócio jurídico**, verificada quando preenchidos os **requisitos estabelecidos pela lei para a sua validade**, e pela **inexistência de vícios** ou defeitos.

Nesse sentido, exige a lei para a validade do negócio (art. 104):

I) **Agente capaz** – trata-se aqui da **capacidade de exercício**, de modo que o incapaz só poderá assumir negócio jurídico representado ou assistido. Em caso de negócio celebrado por relativamente incapazes, o vício apenas poderá ser arguido em benefício destes, e não da outra parte (art. 105).

II) **Objeto lícito, possível, determinado ou determinável** – o objeto é o conteúdo do negócio, em que se podem estabelecer **obrigações de conteúdo variado** (entrega de coisas, realização de atividades, omissões etc.), **patrimonial e extrapatrimonial**. **Não pode ser contrário à lei, nem impossível** de existir ou se realizar. A impossibilidade, se relativa ou temporária, não afetará o negócio caso já tenha desaparecido até o momento de sua exigibilidade ou cumprimento (art. 106). Quanto à determinação, individualização ou especificação, apenas se admite o **estado de indeterminação transitório**, com elementos para que cesse antes do momento do cumprimento do negócio.

III) **Forma prescrita ou não defesa em lei** – a vontade sempre deverá ser manifestada ou declarada por alguma forma, sendo, **em regra, livres as partes para escolhê-la** (art. 107). No entanto, quando a lei determinar forma especial, proibir determinada forma, ou mesmo quando as partes estabelecerem a necessidade de instrumento público, o negócio não valerá sem a respectiva observância (arts. 109). O art. 108 já traz exigência de forma especial, isto é, **escritura pública**, para negócios que tenham por objeto **direitos reais sobre imóveis** de **valor superior a trinta salários** mínimos.

O **plano da eficácia** diz respeito à **produção concreta de efeitos jurídicos** de um negócio, a qual pode ser afetada ou modulada por razões variadas, como o estabelecimento de condição, termo e encargo pelas partes.

### 3.3. Manifestação de vontade e interpretação do negócio jurídico

A **reserva mental** – situação em que o sujeito manifesta a sua vontade fazendo ressalva de não a querer – **não tem em princípio valor jurídico**, e o sujeito manter-se-á vinculado ao negócio feito com a restrição, **salvo se o destinatário soubesse da reserva** (art. 110).

**Em regra, o silêncio significa ausência de vontade**, apenas havendo **silêncio concludente**, isto é, que se considera manifestação de vontade, quando as **circunstâncias ou os usos o autorizarem**, e **não for necessária a declaração de vontade expressa** (art. 111).

> Tal significa que em Direito a regra "quem cala consente" não tem aplicação como princípio geral.

Ao disciplinar a **interpretação dos negócios jurídicos**, o Código Civil estabelece teoria intermediária entre a **teoria da vontade** (deve prevalecer o sentido correspondente à intenção do declarante) e a **teoria da declaração** (deve prevalecer o sentido literal presente na declaração), estabelecendo a necessidade de se **buscar na declaração o sentido que melhor corresponda à intenção do agente**, tudo isso dentre aqueles que se possa revelar a um destinatário **conforme a boa-fé objetiva** – percepção de um homem médio – e **respeite os usos locais** (arts. 112 e 113). Os parágrafos do art. 113 trazem normas específicas, admitindo inclusive a chamada **interpretação autêntica**, em que as partes convencionam regras de interpretação e integração – solução de omissões –, distintas dos critérios gerais presentes na lei:

> **Art. 113.** Os negócios jurídicos devem ser interpretados conforme a boa-fé e os usos do lugar de sua celebração.
> § 1º A interpretação do negócio jurídico deve lhe atribuir o sentido que:
> I – for confirmado pelo comportamento das partes posterior à celebração do negócio;
> II – corresponder aos usos, costumes e práticas do mercado relativas ao tipo de negócio;
> III – corresponder à boa-fé;
> IV – for mais benéfico à parte que não redigiu o dispositivo, se identificável; e
> V – corresponder a qual seria a razoável negociação das partes sobre a questão discutida, inferida das demais disposições do negócio e da racionalidade econômica das partes, consideradas as informações disponíveis no momento de sua celebração.
> § 2º As partes poderão livremente pactuar regras de interpretação, de preenchimento de lacunas e de integração dos negócios jurídicos diversas daquelas previstas em lei.

Nos **negócios gratuitos**, deve prevalecer uma **interpretação restritiva ou não ampliativa**, menos gravosa ao autor da liberalidade (art. 114).

### 3.4. Modalidades dos negócios jurídicos: limitação da eficácia

Modalidades dos negócios jurídicos são **elementos acidentais e acessórios** que, não sendo essenciais ao negócio, podem **facultativamente ser inseridos** em seu texto pelas partes, destacando-se a condição, o termo e o encargo.

A **condição** caracteriza-se por situação em que a eficácia de um negócio é subordinada a um acontecimento que reúna três qualidades:

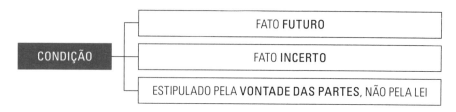

Pode ser **suspensiva**, caso em que a eficácia do negócio fica suspensa enquanto a condição não se implementa (arts. 125, 126), e **resolutiva**, quando a verificação do fato condicionante determina a cessação da eficácia do negócio (arts. 127, 128). A condição **suspende a aquisição do direito ou determina a sua extinção**, sendo proibidas aquelas que submetem uma das partes ao puro arbítrio da outra (art. 122). Enquanto pendente, admite-se às partes a tomada de **medidas conservatórias** para a preservação de seu direito eventual (art. 130), sendo **vedada a interferência para a limitação proposital de sua eficácia** (art. 129).

**Invalidam o negócio jurídico** a fixação de **condições impossíveis, se suspensivas; condições ilícitas; ou condições incompreensíveis ou contraditórias** (art. 123). Têm-se por **inexistentes** as **condições impossíveis ou de não fazer coisa impossível, se resolutivas** (art. 124).

O **termo** consiste em estipulação negocial que sujeita a eficácia do negócio, ou de parte dele, a **acontecimento futuro e certo**.

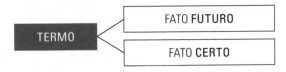

**Prazo** é o **intervalo entre dois termos**: (i) o **termo inicial**, também chamado suspensivo ou *dies a quo*, que determina o início da eficácia; e (ii) o **termo final**, resolutivo ou *dies ad quem*, que marca a cessação da eficácia.

O **termo** pode ser, ainda, **certo ou incerto**, conforme haja ou não certeza quanto ao momento de sua ocorrência. O termo apenas **afeta o exercício, não a aquisição do Direito** (art. 131).

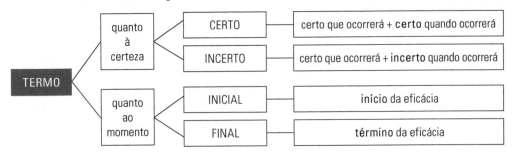

O legislador estabeleceu regras gerais para a **contagem dos prazos civis**, as quais se aplicam na ausência de norma especial:

> **Art. 132.** Salvo disposição legal ou convencional em contrário, computam-se os prazos, excluído o dia do começo, e incluído o do vencimento.
> § 1º Se o dia do vencimento cair em feriado, considerar-se-á prorrogado o prazo até o seguinte dia útil.
> § 2º Meado considera-se, em qualquer mês, o seu décimo quinto dia.
> § 3º Os prazos de meses e anos expiram no dia de igual número do de início, ou no imediato, se faltar exata correspondência.
> § 4º Os prazos fixados por hora contar-se-ão de minuto a minuto.

Constitui o **encargo ou modo** a estipulação, em **negócios gratuitos**, de uma **obrigação para o beneficiário da liberalidade**, sem que se caracterize contrapartida da gratuidade. Por exemplo, tem-se a doação de terreno para uma associação, estipulando-se nele a construção de uma escola. O encargo **não suspende a aquisição nem o exercício do direito**, salvo quando estabelecido expressamente como condição suspensiva (art. 136). **Encargos ilícitos ou**

**impossíveis** não nulificam a liberalidade, tendo-se por **não escritos**, salvo se constituírem seu motivo determinante (art. 137).

## 3.5. Vícios dos negócios jurídicos

Para além da observância dos requisitos do art. 104, a validade de um negócio jurídico é afetada pela presença de **vícios ou defeitos**, que comprometem a **liberdade**, **esclarecimento ou informação** e a **boa-fé**, atributos que devem caracterizar a emissão da vontade pelas partes.

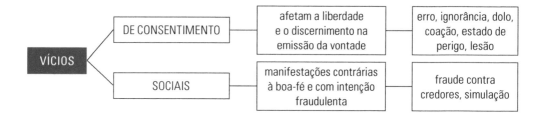

Prevê o legislador seis vícios de consentimento e dois vícios sociais no CC:

| VÍCIO | CONCEITO | REGRAS |
|---|---|---|
| ERRO e/ou IGNORÂNCIA | ▫ ignorância: **falta a informação** ou esclarecimento adequado para a manifestação da vontade<br>▫ erro: **informação falsa**, equivocada, falha na **percepção da realidade** | ▫ erro e ignorância devem ser **espontâneos** e não provocados<br>▫ só vicia o negócio se for:<br>(a) **substancial ou essencial** (≠ acidental): sem o vício o negócio não se teria realizado – ver hipóteses do art. 139<br>(b) **cognoscível ou perceptível** a um destinatário de boa-fé, de diligência normal (art. 138)<br>▫ **princípio da conservação do negócio jurídico:**<br>  ▪ **erro de indicação da pessoa ou da coisa**: se for possível identificar a coisa ou pessoa cogitada, pelo contexto e circunstâncias (art. 142)<br>  ▪ **erro de cálculo**: retificação da declaração de vontade (art. 143)<br>  ▪ se a pessoa a quem a manifestação de vontade se dirige se **oferecer para executá-la na conformidade da vontade real** do manifestante (art. 144) |
| DOLO | ▫ espécie de **erro provocado**, atuando um sujeito para maliciosamente enganar o declarante, induzindo-o ou mantendo-o em erro | ▫ deve ser **substancial**: em sua falta o negócio não se teria realizado<br>▫ **dolo acidental** só obriga à satisfação de perdas e danos (art. 146)<br>▫ pode haver dolo **por ação** ou **por omissão** (art. 147)<br>▫ pode haver dolo **da contraparte** ou **de terceiro**<br>  ▪ **dolo de terceiro**: apenas invalida o negócio se a parte a quem aproveite dele tivesse ou devesse ter conhecimento; do contrário, apenas obriga o terceiro à satisfação de perdas e danos (art. 148) |

| | | |
|---|---|---|
| | | ▫ **dolo do representante** (art. 149):<br>▪ **legal**: representado (incapaz) só responderá civilmente até a importância do proveito que teve<br>▪ **convencional**: representado responderá solidariamente por perdas e danos<br>▫ **dolo cruzado** = de ambas as partes: impede a sua alegação por qualquer delas (art. 150) |
| **COAÇÃO (MORAL)** | ▫ declaração de vontade é manifestada por **medo**, em virtude de ameaça | ▫ deve haver **ameaça fundada** de **dano iminente e considerável à pessoa, à família, ou aos bens** do coato (art. 151)<br>▪ ameaça dirigida a **pessoa não pertencente à família**: de apreciação judicial<br>▫ **exercício regular de direito, temor reverencial** ≠ coação (art. 153)<br>▫ coação **pela contraparte** ou **por terceiro**<br>▪ **coação por terceiro**: apenas vicia o negócio se dela tivesse ou devesse ter conhecimento a parte a que aproveite (art. 154); caso contrário, o terceiro responderá pelas perdas e danos causados ao coato. |
| **ESTADO DE PERIGO** | ▫ pessoa **se aproveita de situação causada por terceiro ou pelo meio** para obter declaração | ▫ essencial o **dolo de aproveitamento**<br>▫ perigo **sempre pessoal**: contra o declarante ou pessoa de sua família<br>▪ **pessoa não pertencente à família**: apreciação judicial (art. 156, parágrafo único) |
| **LESÃO** | ▫ pessoa realiza negócio **desproporcional** ou **contra seus interesses** por **inexperiência ou necessidade** (deficiência em suas condições psicológicas) (art. 157) | ▫ não exige **dolo de aproveitamento**<br>▫ **aferição** da desproporção: **momento da celebração do negócio** (§ 1º)<br>▪ desproporção superveniente não caracteriza lesão, atraindo a teoria da imprevisão<br>▫ **princípio da conservação do negócio jurídico**: caso a outra parte, favorecida, oferecer suplemento ou concordar com a redução do proveito (§ 2º) |
| **FRAUDE CONTRA CREDORES** | ▫ prática pelo devedor de negócio jurídico em **prejuízo do interesse de seus credores**, por meio da **diminuição da garantia patrimonial** de pagamento dos créditos | ▫ vício em **negócio jurídico gratuito**/remissão de dívidas: análise objetiva – quando **gerar ou agravar a insolvência** do devedor, ainda que este o ignore (art. 158)<br>▫ vício em **negócio jurídico oneroso**: análise subjetiva – insolvência deve ser **notória** (art. 159)<br>▫ vício por **pagamento de dívida não vencida** (art. 162) ou **concessão de garantias de dívidas** (art. 163): basta ser o devedor insolvente<br>▫ ação pauliana – **legitimidade ativa**:<br>▪ credores **quirografários**<br>▪ credores com garantia real: só se a **garantia se tornar insuficiente** (art. 158, § 1º)<br>▪ apenas os credores que **já o eram ao tempo da celebração** do negócio fraudulento (art. 158, § 2º) |

|  |  |  |
|---|---|---|
|  |  | ▫ ação pauliana – **legitimidade passiva** (art. 161):<br>▪ **devedor insolvente**<br>▪ **pessoa que com ele celebrou o negócio**<br>▪ **terceiros adquirentes** que hajam procedido de **má-fé**<br>▫ vantagem resultante reverterá em proveito da massa patrimonial sobre a qual incidirá o concurso de credores (art. 165)<br>▫ **princípio da conservação do negócio jurídico** (art. 160):<br>▪ se adquirente ainda **não pagou o preço + preço corrente** → depósito em juízo com citação dos interessados<br>▪ preço inferior: **depósito do valor real** |
| SIMULAÇÃO | ▫ **declaração falsa de vontade**, visando aparentar negócio diverso do efetivamente desejado (art. 167)<br>▪ **negócio aparente/simulado** = nulo<br>▪ **negócio oculto/dissimulado** = subsiste se válido na substância e na forma | ▫ **hipóteses** de simulação (art. 167, § 1º):<br>(i) **simulação *ad personam*** – interposta pessoa<br>(ii) **simulação do conteúdo** – ocultação da verdade na declaração<br>(iii) **falsidade de data** – antedata e pós-data<br>▪ proteção de **terceiros de boa-fé** (art. 167, § 2º) |

Alguns vícios se aproximam, sendo importante que se afaste o risco de confusão:

| ESTADO DE PERIGO | LESÃO |
|---|---|
| ▫ a vítima se submete a negócio iníquo por **risco pessoal** (vida, saúde, integridade física)<br>▫ **exige dolo de aproveitamento** (outra parte) | ▫ **risco** provém da iminência de **danos patrimoniais**<br>▫ **não exige dolo de aproveitamento** (outra parte) |

| ESTADO DE PERIGO | COAÇÃO |
|---|---|
| ▫ pessoa **se aproveita de situação causada pelo meio ou por terceiro.**<br>▫ situação de **perigo à pessoa, não bens** | ▫ coator ameaça causar o dano<br>▫ ameaça à pessoa, sua família ou seus bens |

| FRAUDE CONTRA CREDORES | FRAUDE À EXECUÇÃO |
|---|---|
| ▫ defeito do negócio – ação pauliana<br>▫ não existe ação ou execução em andamento<br>▫ consequência: **anulação do negócio** | ▫ incidente processual – simples petição nos autos<br>▫ pressupõe demanda em andamento<br>▫ consequência: **ineficácia da alienação** quanto ao credor |

## 3.6. Teoria das nulidades

A **invalidade** do negócio jurídico pode se dar a partir de **dois regimes**:

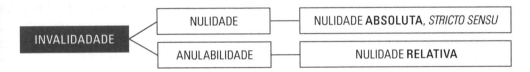

Tanto na nulidade quanto na anulabilidade, a **lei estabelece situações de invalidade** do negócio, variando apenas a **gravidade ou reprovabilidade** do vício, que se entende maior nas causas de nulidade. A **nulidade** ocorre nas **hipóteses dos arts. 166 e 167**, e outras previstas expressamente pelo legislador, ao passo que a **anulabilidade** se dá nas hipóteses do art. 171, e outras declaradas na lei.

> **Art. 166.** É **nulo** o negócio jurídico quando:
> I – celebrado por pessoa absolutamente incapaz;
> II – for ilícito, impossível ou indeterminável o seu objeto;
> III – o motivo determinante, comum a ambas as partes, for ilícito;
> IV – não revestir a forma prescrita em lei;
> V – for preterida alguma solenidade que a lei considere essencial para a sua validade;
> VI – tiver por objetivo fraudar lei imperativa;
> VII – a **lei taxativamente o declarar nulo, ou proibir-lhe a prática, sem cominar sanção.**
>
> **Art. 167.** É nulo o negócio jurídico simulado, mas subsistirá o que se dissimulou, se válido for na substância e na forma. (...)
>
> **Art. 171. Além dos casos expressamente declarados** na lei, é **anulável** o negócio jurídico:
> I – por incapacidade relativa do agente;
> II – por vício resultante de erro, dolo, coação, estado de perigo, lesão ou fraude contra credores.

Devem ser decretadas pelo juiz por meio de ação própria (**ação declaratória de nulidade** vs. **ação de anulação**), produzindo o negócio seus efeitos até a declaração da invalidade. Havendo em ambas **defeito na formação** do negócio, a sentença que reconhecer a causa de invalidade produzirá **efeitos retroativos** (*ex tunc*), restituindo as partes ao estado em que se encontravam antes do negócio jurídico (art. 182).

| INVALIDADE | NULIDADE | ANULABILIDADE |
|---|---|---|
| ▫ interesse violado: | ▫ público | ▫ particular |
| ▫ quem pode alegar: | ▫ qualquer interessado e o Ministério Público, quando lhe couber intervir (art. 168) | ▫ diretamente interessados – aproveita apenas aos que a alegaram (art. 177) |
| ▫ decretação de ofício: | ▫ sim (art. 168, parágrafo único) | ▫ não (art. 177) |
| ▫ ratificação/confirmação do negócio: | ▫ não (arts. 169, 168, parágrafo único) | ▫ sim, desde que não prejudique terceiro (art. 172) |
| ▫ efeito do tempo (validação do ato): | ▫ não convalesce com o passar do tempo (art. 169) | ▫ há prazo decadencial para pleitear a anulação (arts. 178, 179) |

A **confirmação de negócio jurídico anulável** deve ser feita por meio de ato que contenha a **substância do negócio celebrado e a vontade expressa de mantê-lo** (art. 173). A confirmação pode ser ainda **tácita**, quando o negócio já foi cumprido em parte pelo devedor, ciente do vício que o inquinava (arts. 174). Expressa ou tácita, a confirmação importa **extinção das ações e exceções** do devedor em relação ao negócio (art. 175). Nas situações em que a anulabilidade decorre de **falta de autorização de terceiro** – ex.: outorga conjugal –, basta sua concessão posterior (art. 176).

O **negócio nulo não convalesce pelo decurso do tempo**, podendo o vício ser declarado a qualquer tempo (art. 169). Já em relação aos negócios **anuláveis**, estabelece o legislador **prazo de natureza decadencial para sua anulação**:

| HIPÓTESE | PRAZO | TERMO *A QUO* |
|---|---|---|
| coação (art. 178, I) | 4 anos | data em que cessar a coação |
| erro, dolo, fraude contra credores, estado de perigo ou lesão (art. 178, II) | 4 anos | data da celebração do negócio |
| atos de relativamente incapazes (art. 178, III)[3] | 4 anos | data em que cessar a incapacidade |
| hipóteses de anulação sem cominação de prazo específico – ex.: falta de autorização (art. 179) | 2 anos | data da conclusão do ato |

Em homenagem ao **princípio da conservação dos negócios jurídicos**, se o **negócio nulo contiver os requisitos de outro**, podendo-se presumir que as partes o teriam querido, este prevalecerá (art. 170). Da mesma forma, a **invalidade parcial** não afeta o negócio em sua parte válida, nem a **invalidade de obrigações acessórias** afeta a obrigação principal (art. 184).

Em se tratando da **anulação de negócio que envolve incapaz**, só é possível à outra parte reaver o que pagou ao incapaz se **provar que a importância paga o beneficiou** (art. 181). Contudo, se o relativamente incapaz **maliciosamente ocultou sua idade**, passando-se por maior, quando da elaboração do negócio jurídico, não poderá invocar seu defeito de idade para pleitear a anulação, aplicando-se aqui o princípio de que *a malícia supre a idade* (art. 180).

### 3.7. Atos ilícitos

**Atos ilícitos** são aqueles que se praticam em **desconformidade com o Direito**, atraindo a aplicação de **sanção**. O ilícito civil está caracterizado no art. 186, tendo por **elementos**:

(i) ação com **culpa em sentido amplo**, elemento subjetivo que abrange o **dolo** – intenção de lesar – e as figuras de **culpa em sentido estrito** – imprudência, negligência e imperícia;

(ii) **dano ou prejuízo**, que admitem modalidades **material e moral**;

(iii) **nexo de causalidade**, traduzindo o liame entre o comportamento culposo e o dano.

O legislador equipara ao ilícito o ato praticado em **abuso de direito**, quando, no exercício de um direito, seu titular **excede manifestamente os limites** decorrentes dos valores

---

[3] Negócios praticados por absolutamente incapazes são nulos (art. 166, I).

undamentais do sistema, notadamente os decorrentes da **função social e econômica do direito, da boa-fé e dos bons costumes** (art. 187).

> A **responsabilidade pelo abuso é aferida de forma objetiva**, não dependendo da verificação de culpa do agente (Enunciado 37 da I Jornada de Direito Civil do CJF). Será aferida, assim, a razoabilidade e proporcionalidade da conduta do titular no exercício de seus direitos. O **ato emulativo**, correspondente ao exercício de um direito com finalidade (dolo) de prejudicar o outro, é tipo de abuso de direito.

Quando da aferição de se um sujeito comportou-se regularmente no exercício de um direito ou posição jurídica, ou, contrariamente, cometeu abusos, parte-se da análise do comportamento normal e esperado das pessoas comuns no exercício de seus direitos (art. 187). Nesse sentido, o ordenamento repele **comportamentos contraditórios**, em violação da boa-fé, entre os quais alguns se destacam, sendo conhecidos por **figuras parcelares da boa-fé**:

- *nemo potest venire contra factum proprium*: comete abuso o sujeito que se comporta de modo contraditório em relação a seu comportamento anterior, frustrando as justas expectativas da outra parte;
- *supressio*: é abusivo o comportamento que pretenda exercer um direito e exigir de outrem sua observância, após um longo lapso de tempo sem o ter exercido, ou seja, uma omissão prolongada que gera no outro a expectativa de que não mais se exerceria;
- *surrectio*: a prática reiterada de determinada conduta faz surgir o direito de exigir sua continuidade, baseada na preservação das expectativas;
- *tu quoque*: não se pode exigir do outro a observância de deveres que o próprio sujeito deixou de observar, traduzindo-se pelo ditado comum "não faça com o outro aquilo que não gostaria que fizessem com você". A exceção de contrato não cumprido (art. 476) constitui uma aplicação da figura do *tu quoque* consagrada na lei.

A prática de atos ilícitos determina a **responsabilidade civil do agente**, nos termos do art. 927 e seguintes (ver o item 7 da seção "Direito Civil").

O legislador estabelece **excludentes de ilicitude** no art. 188:

> **Art. 188.** Não constituem atos ilícitos:
> I – os praticados em legítima defesa ou no exercício regular de um direito reconhecido;
> II – a deterioração ou destruição da coisa alheia, ou a lesão a pessoa, a fim de remover perigo iminente.
> Parágrafo único. No caso do inciso II, o ato será legítimo somente quando as circunstâncias o tornarem absolutamente necessário, não excedendo os limites do indispensável para a remoção do perigo.

Não há ilicitude se o ato for praticado em **legítima defesa** ou no **exercício regular de um direito** reconhecido, neste compreendido também o **estrito cumprimento de dever legal** (art. 188, I). Nessas situações, o agente **não será responsabilizado** por danos decorrentes de sua conduta.

A **legítima defesa** consiste em modalidade de **autotutela** pela qual a vítima se volta contra o próprio agente, buscando repelir injusta agressão dirigida a si ou a terceiro. Quando atuar em **legítima defesa de terceiro**, terá o sujeito ação regressiva contra aquele em defesa de quem se causou o dano (art. 930, parágrafo único). O **exercício regular de direito**, por oposição ao abuso, implica que o sujeito agiu amparado, e não em contrariedade ao Direito, de modo que eventuais danos e transtornos decorrentes de sua conduta não serão imputados. A ele se assimila a conduta praticada no **estrito cumprimento de dever legal**, exonerando-se o agente da responsabilidade pelos danos, os quais poderão, contudo, ser imputados ao Estado (art. 37, § 6º, da CF). Em todas as situações acima **responde o agente em caso de excesso** em sua conduta, nos termos do art. 186.

Também é excluída a ilicitude em caso de **ato praticado em estado de necessidade**, caracterizado como a **deterioração ou destruição da coisa alheia, ou a lesão a pessoa**, a fim de **remover perigo iminente** (art. 188, II). O ato deverá ser praticado **sem excessos**, guardando proporcionalidade ao que se faça necessário para a remoção do perigo (art. 188, parágrafo único).

> Neste caso, em que pese a ausência de ilicitude, **não haverá exclusão do dever de indenizar**, salvo se o lesado pelo ato for também culpado do perigo (art. 929). Ao agente que reparar o dano provocado em situação de necessidade assistirá, contudo, **direito de regresso contra o culpado pelo perigo** (art. 930).

### 3.8. Prescrição e decadência

O **direito subjetivo** (*facultas agendi*) confere ao seu titular a **pretensão de exigir** do sujeito passivo certa **prestação**, positiva ou negativa. A **inércia do titular** no exercício da pretensão causa ao devedor e à sociedade de maneira ampla, insegurança e incerteza, repelidos pelo Direito pela aplicação de institutos como a **prescrição e a decadência**. São, assim, requisitos da prescrição e decadência:

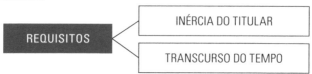

Diferenciam-se, contudo, a partir das regras legais e consequências da verificação:

| PRESCRIÇÃO | DECADÊNCIA |
|---|---|
| ▪ **perda da pretensão**, mas não do direito | ▪ **perda do próprio direito** |
| ▪ eventual pagamento pelo devedor será válido | ▪ eventual pagamento será indevido |
| ▪ prazos **sempre legais** (não cabe convenção), não podem ser alterados pelas partes (art. 192) | ▪ prazos podem ser **legais** (decadência legal) ou **convencionais** (decadência convencional) |
| ▪ cabe suspensão e interrupção do prazo | ▪ não se sujeita a suspensão/interrupção/impedimento, salvo previsão legal |

Só se pode **renunciar à prescrição**, de forma **expressa ou tácita** – por meio de atos do interessado incompatíveis com a alegação –, **após a sua consumação** (art. 191). A alegação de prescrição não preclui, podendo ser **alegada em qualquer grau de jurisdição** (art. 193). Pode inclusive o juiz **declarar de ofício** a prescrição, nos termos dos arts. 332, § 1º, e 487, parágrafo único, do CPC. A prescrição iniciada contra uma pessoa **continua a correr contra o seu sucessor** (art. 196).

A lei prevê no art. 206 e na legislação esparsa **prazos especiais** de prescrição. Na falta de previsão específica, aplica-se o **prazo geral** do art. 205, de **dez anos**. A contagem do prazo tem início, em regra, na data da violação do direito e surgimento da pretensão, adotando o legislador brasileiro a teoria da *actio nata* (art. 189).

Há, contudo, exceções, estabelecidas pela lei e pela jurisprudência, como nos casos seguintes:

> **Art. 27, CDC:** Prescreve em cinco anos a pretensão à reparação pelos danos causados por fato do produto ou do serviço prevista na Seção II deste Capítulo, **iniciando-se a contagem do prazo a partir do conhecimento do dano e de sua autoria.**

> **Súmula 278, STJ:**
> O termo inicial de fluência do prazo prescricional é a **data em que o acidentado teve efetiva ciência de sua enfermidade ou do fato incapacitante**, e não a partir do laudo médico que serviu para instruir a execução.

| IMPEDIMENTO OU SUSPENSÃO | INTERRUPÇÃO |
|---|---|
| ▫ causa: proteção de **determinadas pessoas** ou ocorrência de **circunstâncias especiais** | ▫ causa: **situações de comportamento ativo** do credor que afastam a inércia |
| ▫ efeito: **impede** que o prazo da prescrição **comece a fluir** ou determina **suspensão** desta fluência | ▫ efeito: **paralisa-se o curso** do prazo prescricional |
| ▫ **APROVEITA-SE O PRAZO ANTERIOR** | ▫ **NÃO SE APROVEITA O PRAZO ANTERIOR** |
| ▫ hipóteses: arts. 197, 198, 199 | ▫ só pode ocorrer **uma vez** |
| | ▫ hipóteses do art. 202 |

Em relação aos **absolutamente incapazes, não corre a prescrição** (art. 198, I). Já em se tratando de **relativamente incapazes** ou pessoas que não estão na administração dos seus bens, a lei permite a consumação da prescrição, mas confere **ação regressiva contra os representantes** que deram causa ou deixaram de alegar a prescrição (art. 195).

Finalmente, o art. 206-A foi acrescentado ao Código Civil para prever a chamada **prescrição intercorrente**, que atinge a pretensão executiva, diante da frustração de tentativas de se encontrar o devedor ou bens penhoráveis:

> **Art. 206-A.** A prescrição intercorrente observará o mesmo prazo de prescrição da pretensão, observadas as causas de impedimento, de suspensão e de interrupção da prescrição previstas neste Código e observado o disposto no art. 921 da Lei n. 13.105, de 16 de março de 2015 (Código de Processo Civil).

A decadência, cujo prazo se conta a partir do nascimento do próprio direito potestativo, não se sujeita, salvo disposição legal em contrário, a causas impeditivas, suspensivas e interruptivas, como ocorre como a prescrição (art. 207). O próprio Código já prevê exceção, determinando a **suspensão da decadência em relação aos absolutamente incapazes,** ao mesmo tempo que atrai o regime de proteção dos relativamente incapazes previsto para a consumação da prescrição (art. 208). No CDC há também importante previsão de paralisação do prazo decadencial, no art. 26, § 2º.

No que tange à **decadência legal**, cabe o **reconhecimento de ofício** (art. 210), além **ser nula a renúncia** (art. 209). Já na **decadência convencional não** se admite **alegação de ofício**, e a parte a quem aproveita pode alegá-la em **qualquer grau de jurisdição** (art. 211).

### 3.9. Provas

A prova dos fatos jurídicos pode se dar por qualquer das **formas previstas no art. 212**, salvo nos **negócios formais ou solenes**, que devem ser provados pela forma estabelecida em lei. Os meios de prova previstos na lei civil são: (i) confissão; (ii) documento; (iii) testemunha; (iv) presunção; (v) perícia. O tema é tratado com maior profundidade junto à matéria processual.

# PARTE ESPECIAL

# 4. DIREITO DAS OBRIGAÇÕES

As **relações privadas** podem envolver **direitos patrimoniais** e **não patrimoniais**. Os direitos patrimoniais subdividem-se em duas classes: **direitos das obrigações e direitos reais**.

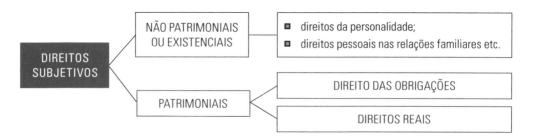

Em sentido jurídico civil, estrito, a obrigação consiste num **vínculo jurídico** pelo qual uma pessoa, o **credor**, pode exigir de outra, o **devedor**, o **cumprimento de uma prestação economicamente apreciável**. Ela se diferencia da **obrigação natural**, imperfeita, em que, apesar de presentes os sujeitos e o objeto, falta a exigibilidade ou poder de exigir – ex.: obrigação de pagar dívida prescrita.

Os direitos obrigacionais e reais, pertencentes à categoria dos direitos patrimoniais, diferenciam-se por uma série de características, dentre as quais se destacam:

| DIREITO OBRIGACIONAL | DIREITO REAL |
|---|---|
| 1) natureza jurídica **relativa** – ***inter partes*** | 1) natureza **absoluta** – oponibilidade ***erga omnes*** |
| 2) objeto da relação é um **fato/prestação**: dar, fazer, não fazer | 2) objeto é uma **coisa** |
| 3) **relação entre dois sujeitos**, com reflexos sobre **coisas**/patrimônio (*ius ad rem*) | 3) **relação** de subordinação direta **da coisa a seu titular**, sem intermediários (*ius in re*) |
| 4) caráter **transitório**, temporário | 4) **perpétuo**/temporário |
| 5) **rol exemplificativo** – as partes têm autonomia para criar diferentes obrigações | 5) ***numerus clausus*** (previsão legal taxativa) |

**Obrigações *propter rem*** são aquelas decorrentes do fato de uma pessoa ser titular de direito real sobre uma coisa, caracterizando-se como ambulatórias ou reipersecutórias, na medida em que se transferem junto com a coisa ao atual proprietário.

> A **obrigação de pagar débitos condominiais**, conforme o STJ, tem caráter ***propter rem*** (art. 1.345). O adquirente do imóvel assume os débitos, ressalvado o direito de regresso contra o antigo proprietário. Além disso, as "**obrigações ambientais possuem natureza *propter rem***, sendo admissível cobrá-las do proprietário ou possuidor atual e/ou dos anteriores, à escolha do credor" (Súmula 623 do STJ).

## 4.1. Elementos das obrigações

Em toda obrigação, verifica-se a presença de três **elementos essenciais**: (i) subjetivo, (ii) objetivo, (iii) imaterial.

(i) O **elemento subjetivo** diz respeito aos sujeitos que participam da obrigação: de um lado o **sujeito ativo ou credor**, que tem direito de exigir a prestação; de outro o **sujeito passivo ou devedor**, que tem o dever de prestar. Há sempre **duplicidade subjetiva**, visto não ser possível o estabelecimento de uma obrigação sem os dois polos, credor ou devedor.

> A **duplicidade subjetiva não se confunde com a pluralidade subjetiva**, típica das obrigações plurais, em que no polo ativo ou passivo comparecem mais de uma pessoa, podendo caracterizar-se como pluralidade ativa ou passiva.

(ii) O **elemento objetivo ou material** refere-se ao **objeto da obrigação**, consistente em uma **prestação** debitória. Trata-se de uma conduta humana, que pode ser comissiva (objeto positivo ou obrigação positiva) ou omissiva (objeto negativo ou obrigação negativa). O **objeto imediato** da obrigação é a **prestação**. A **coisa**, por sua vez, constitui o **objeto mediato** da obrigação ou simplesmente o objeto da prestação.

O **objeto** imediato ou **prestação** deve ser **lícito** – conforme o Direito –, **possível** – quanto à existência ou realização –, **determinado ou determinável** – até o momento do cumprimento deve estar perfeitamente individualizado. Deve, ainda, apresentar **conteúdo patrimonial** ou ser economicamente apreciável.

(iii) O terceiro elemento, de caráter imaterial, é o **vínculo jurídico**, consistente no liame que liga o dever de prestar do devedor ao poder de exigir do credor, podendo ser oriundo da **lei**, da **vontade** ou do **ato ilícito** (**fontes das obrigações**). Há duas grandes teorias para a compreensão do vínculo obrigacional: **monista** e **dualista**.

Para os **monistas** ou **clássicos**, o vínculo é uno e mantém-se o mesmo, seja diante do cumprimento voluntário da prestação pelo devedor, seja na execução forçada, em caso de inadimplemento.

Para os **dualistas**, divide-se o vínculo obrigacional em **duas fases ou situações distintas**: na primeira, há o **débito** (*schuld*), tendo o devedor o dever de prestar, a ser cumprido de forma espontânea; descumprida a obrigação, nasce a **responsabilidade** (*haftung*), que confere ao credor a faculdade de mobilizar o aparelho coercitivo do Estado para compelir o devedor ao cumprimento.

## 4.2. Modalidades das obrigações

As obrigações dividem-se ou classificam-se em modalidades.

Há **obrigação de meios** quando o devedor se compromete apenas a **executar diligentemente** a prestação estabelecida, **sem se vincular** ao alcance de um **resultado**. É, por exemplo, a obrigação assumida por médicos em tratamentos e advogados na defesa de seus clientes. Na **obrigação de resultados**, o devedor **promete ao credor um resultado**, restando inadimplente caso não o apresente. Veja-se que nesta a obrigação **não se torna objetiva**, havendo, contudo, inversão do ônus da prova, para que o devedor demonstre que a falta do resultado não decorreu de culpa sua. Acontece, por exemplo, no transporte de mercadorias e cirurgia plástica meramente estética (STJ).

De acordo com o seu objeto ou prestação, as obrigações podem ser:

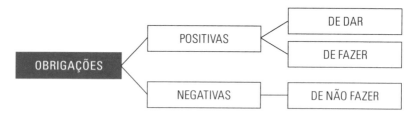

### 4.2.1. Obrigações de dar

Nas obrigações de dar, a prestação consiste na **entrega ou restituição de uma coisa** pelo devedor ao credor.

Quando traz a **entrega da coisa**, pode haver a **transmissão da propriedade**, caso em que o devedor, que era antes o **dono da coisa**, deixa de o ser, assumindo o credor a posição – ex.: compra e venda. Pode também o devedor simplesmente **transmitir o uso ou a posse** com a entrega da coisa, mantendo consigo a titularidade da coisa, como ocorre na locação ou no comodato. Neste caso, ao final do contrato, haverá obrigação de **restituir a coisa** pelo devedor-possuidor, que não é, contudo, dono da coisa.

> É importante que se identifique quem é o **dono da coisa**, para que se possa solucionar situações de melhoria ou perecimento desta, uma vez que, em regra, lucros e prejuízos sobrevindos à coisa serão incorporados/suportados pelo dono.

#### 4.2.1.1. Obrigação de dar coisa certa

A obrigação tem por objeto a entrega de coisa determinada, individualizada, vigorando o **princípio da identidade da coisa devida**, não sendo o credor obrigado a aceitar, nem devedor a entregar, coisa diversa do objeto da prestação (art. 313). Ainda, aplica-se o princípio de que o acessório segue o principal, de modo que na prestação entendem-se abrangidos os acessórios da coisa devida, salvo disposição no título ou circunstâncias do caso (art. 233).

Releva observar situações em que a **coisa certa** a ser entregue se modifica, para melhor (**melhorias, acréscimos, frutificação**) ou pior (**perda e deterioração**), na obrigação de dar ou restituir.

| DIREITO AOS MELHORAMENTOS E ACRÉSCIMOS |
|---|
| **OBRIGAÇÃO DE DAR + MELHORAMENTO/ACRÉSCIMO antes da tradição (art. 237):** |
| **a)** devedor tem direito de **exigir o aumento de preço** correspondente |
| **b)** se credor não anuir, tem a **faculdade de resolver a obrigação** |
| **OBRIGAÇÃO DE RESTITUIR + MELHORAMENTO/ACRÉSCIMO antes da tradição (arts. 241, 242)** |
| **a)** aumento/melhoria **sem trabalho/dispêndio** do devedor → credor (dono) lucra |
| **b)** aumento/melhoria **com trabalho/dispêndio** do devedor → direitos do possuidor de boa e má-fé quanto a benfeitorias (arts. 1.219, 1.220 – ver efeitos da posse – item 8.1 da seção "Direito Civil") |

| DIREITO AOS FRUTOS |
|---|
| **OBRIGAÇÃO DE DAR + ENTREGA DOS FRUTOS (art. 237, parágrafo único)** |
| **a)** devedor tem direito aos frutos percebidos (antes da tradição) |
| **b)** credor tem direito aos frutos pendentes |
| **OBRIGAÇÃO DE RESTITUIR + ENTREGA DOS FRUTOS (art. 242, parágrafo único)** |
| ▪ direito à indenização pelos frutos → direitos do possuidor de boa e má-fé aos frutos (arts. 1.214 a 1.216 – ver efeitos da posse – item 8.1 da seção "Direito Civil") |

A **perda** implica **desaparecimento ou completa inutilização** da coisa, ao passo que na **deterioração** há destruição ou inutilização **apenas parcial**. Aplica-se à matéria a **teoria dos riscos**, a partir de dois princípios básicos: (i) o **caso fortuito ou força maior** desonera o devedor da obrigação e **impede as perdas e danos** (art. 393); (ii) *res perit domino* – a coisa perece para o dono (art. 492).

| PERDA DA COISA |
|---|
| **OBRIGAÇÃO DE DAR + PERDA ANTES DA TRADIÇÃO (art. 234)** |
| **a) sem culpa** do devedor → resolve-se a obrigação (há perda para o devedor, dono) |
| **b) com culpa** do devedor → devedor deve pagar o equivalente pecuniário da coisa perdida + perdas e danos |
| **OBRIGAÇÃO DE RESTITUIR + PERDA ANTES DA TRADIÇÃO (arts. 238, 239)** |
| **a) sem culpa** do devedor → resolve-se a obrigação (há perda para o credor, dono) |
| **b) com culpa** do devedor → devedor deve pagar o equivalente pecuniário da coisa perdida + perdas e danos |

| DETERIORAÇÃO DA COISA |
|---|
| **OBRIGAÇÃO DE DAR + DETERIORAÇÃO DA COISA (arts. 235, 236)** |
| **a) sem culpa** do devedor → credor tem alternativa: |
| ▪ resolver a obrigação |
| ▪ aceitar a coisa no estado em que se encontra, com abatimento no preço |

| |
|---|
| b) **com culpa** do devedor → credor tem alternativa: |
| ▫ exigir o equivalente pecuniário da coisa + perdas e danos |
| ▫ aceitar a coisa no estado em que se encontra + perdas e danos |
| **OBRIGAÇÃO DE RESTITUIR + DETERIORAÇÃO DA COISA (art. 240)** |
| a) **sem culpa** do devedor → credor fica obrigado a receber a coisa no estado em que se acha |
| b) **com culpa** do devedor → credor tem alternativa: |
| ▫ exigir o equivalente pecuniário da coisa + perdas e danos |
| ▫ aceitar a coisa no estado em que se acha + perdas e danos |

#### 4.2.1.2. Obrigação de dar coisa incerta

A **coisa certa** é determinada pelos aspectos da **quantidade**, **gênero** e **qualidade**. Na **obrigação genérica** ou de **dar coisa incerta, no mínimo quantidade e gênero** devem estar indicados, podendo a qualidade ser relegada para determinação posterior (art. 243).

Até o momento da entrega deve ser feita a escolha da qualidade, **convertendo-se a coisa de incerta em certa** (art. 245). Caso o **título** da obrigação não indique forma especial de escolha, esta caberá ao **devedor**, que deverá entregar uma **coisa de qualidade média** entre as disponíveis no gênero, não podendo entregar a pior nem se lhe exigir a melhor (art. 244).

**Não se discute perda e deterioração** da coisa na obrigação de dar coisa incerta, já que antes da escolha não se pode falar em impossibilidade de entrega, enquanto puder ser encontrado um exemplar entre as coisas do gênero (art. 246).

### 4.2.2. Obrigações de fazer

A **obrigação de fazer** tem por objeto um ato do devedor. Pode constituir-se *intuitu personae debitor* (**obrigação personalíssima** ou infungível), quando leva em conta as condições pessoais do devedor, ou não. É por regra, contudo, **fungível** ou **não personalíssima**, interessando ao credor a prestação em si, independentemente de quem a executou. A infungibilidade pode decorrer do título ou das circunstâncias.

Aplica-se à obrigação de fazer o **princípio do respeito à liberdade humana**. Assim, em sendo a prestação **infungível**, diante da **recusa do devedor**, o credor apenas terá direito às **perdas e danos** (art. 247). Caso seja **fungível**, pode requerer o credor autorização judicial para que **terceiro execute a prestação** a expensas do devedor, sem prejuízo das **perdas e danos**. Se houver **urgência**, poderá o credor obter a **imediata execução**, indo depois a juízo para obter o ressarcimento (art. 249).

Se a prestação se tornar **impossível**, apenas responderá o devedor por **perdas e danos caso tenha agido com culpa**. Na **ausência de culpa,** apenas **se resolve a obrigação** (art. 248).

### 4.2.3. Obrigações de não fazer

Nas **obrigações de não fazer**, o devedor se obriga a uma **abstenção**, comportamento omissivo. Nessa situação, a prática do ato implica **descumprimento**, tendo o credor ação para exigir do devedor o **desfazimento**, sob pena de se **mandar desfazer por terceiro** a suas expensas, sem prejuízo das **perdas e danos**. Se houver **urgência**, poderá o credor desfazer ou mandar desfazer imediatamente, indo depois a juízo para obter o ressarcimento (art. 251).

Caso sobrevenha a **impossibilidade de o devedor abster-se do fato, sem culpa**, resolve-se a obrigação (art. 250).

### 4.2.4. Obrigações alternativas

A obrigação pode ser **simples** ou **composta**, caracterizando-se esta quando se verifica pluralidade de sujeitos ou objetos, mantendo-se um único vínculo. A **obrigação composta** é **cumulativa** ou conjuntiva – conectivo "E" –, quando os diversos objetos são devidos conjuntamente, e **alternativa** ou disjuntiva – conectivo "OU" –, quando apenas um dos objetos estabelecidos deve ser cumprido.

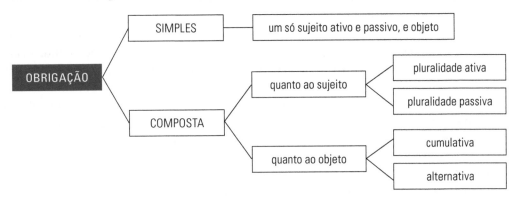

Na **obrigação alternativa**, há uma **pluralidade de prestações**, liberando-se o devedor mediante o cumprimento de apenas uma delas. A **escolha** caberá ao **devedor**, se não houver disposição diversa no **título** (art. 252). Em caso de **pluralidade de optantes**, não alcançando eles a **unanimidade ou acordo**, a questão deve ser levada ao **juiz** (§ 3º). O mesmo ocorrerá caso se estipule a **escolha por terceiro**, e este não quiser ou puder realiza-la (§ 4º). **Não cabe a entrega de parte** em uma prestação e parte em outra (§ 1º). Em caso de **prestações periódicas**, a faculdade de escolha se renova **a cada período** (§ 2º).

A escolha é **irrevogável e indivisível**, tornando-se simples a obrigação. A **teoria dos riscos** (perda do objeto) apresenta peculiaridades na obrigação alternativa:

| OBRIGAÇÃO ALTERNATIVA |
|---|
| 1) **perda de uma das prestações** (alternativas) + **sem culpa** do devedor → subsiste o débito quanto à outra = concentração automática (art. 253) |
| 2) perda de **uma das prestações** + **com culpa** do devedor + **escolha do credor** → alternativa para o credor:<br>▫ exigir a prestação subsistente + perdas e danos<br>▫ exigir o valor da outra + perdas e danos (art. 255, 1ª parte) |
| 3) perda de **todas as prestações** + **sem culpa** do devedor → obrigação se extingue (art. 256) |
| 4) perda de **todas as prestações** + **com culpa** do devedor + **escolha do devedor** → pagamento do valor da que se impossibilitou por último + perdas e danos (art. 254) |
| 5) perda de **todas as prestações** + **com culpa** do devedor + **escolha do credor** → credor poderá exigir o valor de qualquer das prestações + perdas e danos (art. 255, 2ª parte) |

A obrigação alternativa não se confunde com a **obrigação facultativa**. Apesar de esta não ter sido prevista expressamente no ordenamento brasileiro, pode ser objeto de estipulação em virtude da autonomia das partes. Na obrigação facultativa, que se caracteriza como **obrigação simples**, faculta-se ao devedor **substituir o objeto da obrigação por outra prestação**, no momento do cumprimento, ou seja, existe um só vínculo e uma só prestação em seu objeto, com cláusula permissiva ao devedor de se exonerar mediante o pagamento de prestação diferente.

### 4.2.5. Obrigações divisíveis e indivisíveis

**Obrigação divisível** é aquela cujo objeto é suscetível de **cumprimento fracionado**, enquanto **obrigação indivisível** é aquela cujo objeto é **insuscetível de divisão**, já que as partes **perdem as características essenciais** do todo, sofrem **depreciação econômica**, ou em virtude da **razão determinante do negócio** (art. 258).

O problema da divisibilidade adquire relevância jurídica em caso de obrigações com pluralidade subjetiva, já que nas **obrigações simples**, independentemente da possibilidade de se fracionar o objeto, vigora o **princípio da integralidade ou unidade da prestação**, não sendo o credor obrigado a aceitar o pagamento por partes (art. 314).

Se a **prestação for divisível**, com **pluralidade subjetiva**, a regra será o **cumprimento fracionado** entre os sujeitos, de modo que **cada devedor apenas se obriga a prestar sua parte**, exonerando-se após o pagamento, e **cada credor tem direito de exigir apenas sua parte** (art. 257). Caso não se convencione de forma distinta, a prestação se fracionará em partes iguais entre os sujeitos.

Se a **obrigação for indivisível**, torna-se impossível o cumprimento por partes. Em caso de **pluralidade passiva** (de devedores), cada devedor poderá ser demandado pela dívida toda (art. 259). Se houver **pluralidade ativa**, cada credor pode exigir o crédito na sua integralidade, mas o devedor, ao pagar, deve certificar-se de **pagar a todos conjuntamente** ou, em pagando a um só, de que este apresente **caução de ratificação dos demais** (art. 260).

O devedor que tiver pago o todo se **sub-rogará no direito do credor** em relação aos demais (art. 259, parágrafo único). Da mesma forma, o credor que receber a integralidade da prestação **torna-se devedor das respectivas partes** em dinheiro dos demais (art. 261).

Caso um dos credores realize **remissão**, **transação**, **novação**, **compensação** ou **confusão** em relação ao débito do devedor comum, apenas vinculará a sua parte, que se extinguirá, mantendo-se o direito dos demais credores à cobrança, descontada a parte daquele (art. 262).

Caso a obrigação indivisível se **converta em perdas e danos**, passa a suscetível de fracionamento, **tornando-se divisível** (art. 263). Se o perecimento decorrer de **culpa de todos**, a obrigação de pagar as perdas e danos será por eles dividida igualmente, mas, se for só **de um só a culpa**, este responderá de forma integral, exonerando-se os demais (art. 263, §§ 1º e 2º).

### 4.2.6. Obrigações solidárias

A solidariedade constitui um **vínculo** subjetivo estabelecido entre uma **pluralidade de devedores** ou **de credores** de uma mesma obrigação, pelo qual **cada devedor obriga-se a pagar a dívida toda** e **cada credor tem o direito de exigir o crédito todo** (art. 264).

> No direito brasileiro, a **solidariedade** não se presume, decorrendo da **lei** ou da **vontade** (art. 265).

A solidariedade é compatível com todo gênero de obrigações, podendo a obrigação ser pura e simples para um dos cocredores ou codevedores, e condicional, ou a prazo, ou pagável em lugar diferente, para os demais (art. 266).

Na obrigação solidária coexistem **duas ordens de relação**:

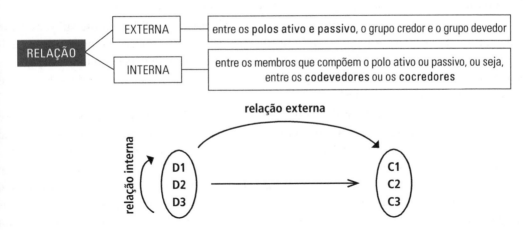

Tanto a solidariedade quanto a indivisibilidade aparecem em obrigações com pluralidade subjetiva, levando ao cumprimento da prestação em sua integralidade. É importante que se diferenciem:

| INDIVISIBILIDADE | SOLIDARIEDADE |
|---|---|
| CAUSA: **natureza** da prestação, em regra<br>▪ objeto em si mesmo insuscetível de fracionamento | CAUSA: **título**<br>▪ resultado da **lei ou vontade** |
| Cada devedor paga o todo porque é **impossível repartir** em quotas a coisa devida | Cada devedor paga o todo, porque **se obrigou pelo todo** |
| RELAÇÃO **OBJETIVA** – objeto indivisível | RELAÇÃO **SUBJETIVA** – aumenta a garantia de satisfação do crédito |
| **Subsiste** enquanto a prestação a suportar | **Cessa com a morte** dos devedores |
| **Cessa** quando a obrigação se converte em **perdas e danos** | **Conserva-se** quando a obrigação converte-se em **perdas e danos** |

### 4.2.6.1. Solidariedade ativa

Na **solidariedade ativa** ou **solidariedade de credores**, cada um dos credores tem **direito a exigir a prestação por inteiro**, e independentemente de caução de ratificação dos demais (art. 267). O devedor comum pode **pagar a integralidade da prestação a qualquer dos credores**, faculdade que se extingue quando um dos credores tomar a iniciativa da cobrança (art. 268). O pagamento feito pelo devedor a qualquer dos credores solidários **extingue a dívida até o respectivo montante** (art. 269). Uma hipótese é a da Lei n. 8.245/91, que estabelece a solidariedade entre os **diversos locadores** num contrato de locação.

Caso a prestação se **converta em perdas e danos**, a **solidariedade se mantém**, distintamente do que ocorreria em caso de indivisibilidade (art. 271). Qualquer dos credores solidários pode **receber** o pagamento ou mesmo **perdoar** a **integralidade** do débito do devedor comum.

**Responderá** então, **internamente**, perante os demais pela quota-parte que cabia a cada um (art 272), considerando-se no caso da remissão como se tivesse recebido o todo.

Se houver o **falecimento de um dos credores** solidários, a **solidariedade subsiste** entre os demais credores vivos (art. 270). **Cada herdeiro**, contudo, não poderá individualmente exigir mais do que a quota do **crédito correspondente ao seu quinhão hereditário**, salvo se todos os herdeiros se reunirem para a cobrança, quando poderão exercer os direitos do credor solidário como se o falecido vivo estivesse.

Vindo a ser cobrado por um dos credores solidários, o devedor comum apenas poderá se defender pela apresentação de **exceções oponíveis** a todos os credores, de forma comum, ou aquelas que sejam pessoais ao credor que especificamente esteja requerendo o pagamento (art. 273). Por exemplo, só se pode alegar a compensação de débitos para impedir a cobrança em relação àquele credor titular do crédito compensável. De forma análoga, em havendo **litígio entre o devedor comum e um dos credores solidários**, sem a participação dos demais, eventual decisão desfavorável só atinge aquele credor, enquanto as decisões favoráveis valem para todos, salvo se o devedor tenha direito de invocar alguma exceção pessoal em relação a qualquer destes (art. 274).

### 4.2.6.2. Solidariedade passiva

A **solidariedade passiva** ou **solidariedade de devedores** traduz um vínculo pelo qual **cada um dos devedores se obriga a cumprir integralmente o débito**, pagando a parte dos demais. A cobrança judicial pelo credor comum contra apenas um dos devedores **não implica renúncia** à solidariedade (art. 275).

Se ocorrer **pagamento parcial** por um dos devedores, mantém-se a **solidariedade pelo saldo**, não se presumindo renúncia à solidariedade (Enunciado n. 348 da IV Jornada de Direito Civil do CJF). O mesmo ocorre caso um dos devedores obtenha a **remissão de seu débito**, só aproveitando aos demais até a concorrência da quantia perdoada (art. 277).

> Diferente da **remissão ao débito** é a **renúncia à solidariedade**, pela qual o credor libera um ou alguns dos devedores da solidariedade, sem, contudo, liberá-los do cumprimento de sua parte na obrigação. Subsiste nesse caso a solidariedade dos demais, com abatimento no crédito da parte renunciada (art. 282).

Na hipótese de **falecimento de um dos devedores solidários, subsiste a solidariedade** entre os demais devedores, mas os **herdeiros individualmente** considerados apenas respondem pela parte no débito correspondente ao seu **quinhão hereditário**, sem solidariedade. No entanto, se os herdeiros forem reunidos para a cobrança, responderão solidariamente aos demais devedores, como se o falecido vivo estivesse (art. 276).

O devedor que, demandado, cumpriu a obrigação em sua integralidade tem direito a exigir dos outros devedores, na **relação interna**, as respectivas quotas-partes (art. 283, 1ª parte), **salvo** se a dívida solidária **interessar exclusivamente a um dos devedores**, caso em que este responderá pelo todo (art. 285). Se, na relação interna, algum dos devedores estiver **insolvente**, sua **parte será rateada** pelos demais devedores solidários (art. 283, 2ª parte). Neste caso, mesmo os devedores exonerados da solidariedade pelo credor serão chamados a participar do rateio (art. 284).

Estipulações entre um dos devedores solidários e o credor comum não podem agravar a posição dos demais devedores, dependendo do seu consentimento (art. 278). Na hipótese de **impossibilidade da prestação**, todos os devedores mantêm a **solidariedade pelo pagamento do equivalente** pecuniário, mas pelo pagamento das **perdas e danos só responde o culpado** (art. 279).

Se houver **mora no cumprimento** da obrigação, **todos os devedores responderão** pelos juros, mesmo que a ação só tenha sido proposta contra um. O culpado, contudo, responderá aos codevedores pelo acréscimo (art. 280). Caso venha a ser cobrado pelo credor comum, o devedor demandado apenas poderá se defender pela apresentação de **exceções comuns a todos** os devedores, ou aquelas que sejam **pessoais a si mesmos,** não podendo alegar exceções pessoais a outro credor. Por exemplo, não pode o devedor demandado apontar a compensação do débito com o crédito de outro devedor solidário que não ele mesmo (art. 281).

## 4.3. Transmissão das obrigações

Pode o sujeito, ativo ou passivo, de determinada obrigação transmitir sua posição a outrem, passando este a ocupar o lugar daquele que originalmente participava do vínculo. A **transmissão das obrigações** pode se dar a partir de:

■ **cessão de crédito** – transferência da qualidade de credor;
■ **assunção de débito** – transferência da qualidade de devedor;
■ **cessão de contrato** – transferência da posição ativa e passiva em todos os direitos e obrigações decorrentes de um contrato.

### 4.3.1. Cessão de crédito

A **cessão de crédito** consiste em **negócio jurídico bilateral** pelo qual o **credor (cedente) transfere a outrem (cessionário) seus direitos** na relação obrigacional. Em regra, o credor tem autonomia para ceder seu crédito, ressalvada a existência de impedimento legal, convencional ou decorrente da natureza da obrigação. A **proibição convencional da cessão**, caso não conste no título, não é oponível ao cessionário de boa-fé (art. 286).

O devedor ou cedido **não** precisa figurar como **parte** na cessão, mas deve ser dela **comunicado**, para que contra ele venha a mesma tenha eficácia. A **notificação** pode ser **expressa** ou **presumida**, por meio de espontânea declaração de ciência do devedor, em escrito público ou particular (art. 290). No momento em toma conhecimento da cessão, o devedor deve opor eventuais exceções pessoais que tenha contra o cedente, sob pena de preclusão (art. 294). É **válido** o **pagamento efetuado pelo devedor ao cedente, antes de notificado** da cessão, assim como, em caso de mais de uma cessão notificada, o pagamento ao cessionário que apresentar, junto ao título de cessão, o da obrigação cedida (art. 292).

Para alcançar **eficácia contra terceiros**, a cessão deve celebrar-se mediante instrumento público, ou instrumento particular que contenha a indicação do lugar onde foi passado, a qualificação do cedente e do cessionário, a data e o objetivo da cessão com a designação e a extensão dos poderes conferidos (art. 288). O **cessionário de crédito hipotecário** tem o direito de fazer averbar a cessão no registro do imóvel (art. 289).

A **responsabilidade do cedente** em relação ao cedido (devedor) varia conforme o tipo de cessão:

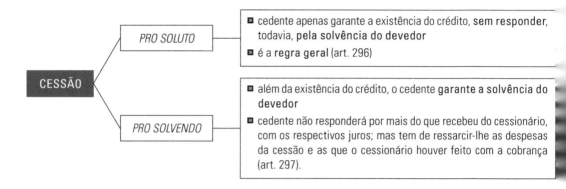

Quanto à **origem** ou causa, admite-se seja a cessão:

| | |
|---|---|
| **CONVENCIONAL** | <ul><li>decorre de **acordo** entre cedente e cessionário</li><li>pode ser **total** (totalidade do crédito) ou **parcial** (parte do crédito)</li><li>em regra, na cessão de um crédito abrangem-se todos os seus acessórios (art. 287)</li><li>pode se dar a título **oneroso** ou **gratuito** – na primeira, o cedente deve garantir a existência e titularidade do crédito no momento da transferência, ao passo que na segunda apenas responderá em caso de ter procedido de má-fé (art. 295)</li></ul> |
| **LEGAL** | <ul><li>por força de lei. Ex.: devedor solidário que paga o todo sub-roga-se no crédito</li></ul> |
| **JUDICIAL** | <ul><li>determinada pelo juiz. Ex.: penhora de créditos do devedor</li></ul> |

Na **penhora de créditos**, tendo o credor sido cientificado, fica **impedido de transferi-lo**. Fica, contudo, exonerado o devedor do crédito penhorado que paga ao credor original, não tendo sido notificado da penhora, subsistindo somente contra o credor os direitos de terceiro (art. 298).

### 4.3.2. Assunção de dívida

A **assunção de débito** decorre de **negócio jurídico bilateral** pelo qual uma **pessoa (assuntor) assume a posição de devedor em determinada obrigação**, no lugar de outra, com a **concordância do credor**. O **devedor primitivo se exonera** da obrigação, salvo se o novo devedor era, ao tempo da assunção, insolvente e o credor o ignorava (art. 299). Admite-se a **assunção cumulativa** da dívida por dois ou mais devedores (Enunciado n. 16 da I Jornada de Direito Civil do CJF).

Exige-se, em regra, **consentimento expresso do credor**, interpretando-se o silêncio, decorrido prazo assinado pelas partes, como recusa (art. 299, parágrafo único). A lei admite excepcionalmente o **consentimento tácito** na hipótese:

> **Art. 303.** O adquirente de imóvel hipotecado pode tomar a seu cargo o pagamento do crédito garantido; se o credor, notificado, não impugnar em trinta dias a transferência do débito, entender-se-á dado o assentimento.

A assunção de dívida pode se dar por:

A assunção pode incluir **todas as dívidas**, presentes e futuras, salvo as que devem ser pessoalmente cumpridas pelo devedor. Pode ainda, ser:

Sendo o devedor primitivo liberado da obrigação, o novo devedor não pode opor ao credor as exceções pessoais relacionadas àquele (art. 302). Da mesma forma, as garantias especiais dadas pelo devedor primitivo ao credor serão extintas, salvo concordância expressa deste (art. 300). Em caso de **invalidade da substituição**, contudo, retorna o devedor primitivo ao polo passivo, restaurando-se o débito, com todas as suas garantias, salvo aquelas que deveriam ser prestadas e foram exoneradas a terceiros de boa-fé (art. 301).

## 4.4. Extinção das obrigações

As obrigações têm por destino natural a **extinção pelo cumprimento**. Contudo, este não é o único modo pelo qual se dá a extinção, prevendo o legislador situações de **pagamento indireto ou especial** e mesmo de **extinção sem pagamento**.

### 4.4.1. Pagamento

O **pagamento direto**, **adimplemento** ou simplesmente **pagamento** consiste no **cumprimento voluntário ou espontâneo** da obrigação, correspondendo ao modo por excelência pelo qual a obrigação se extingue. O efeito extintivo depende do cumprimento de condições:

**(i) Legais:** referem-se à existência do vínculo obrigacional. Assim é que o pagamento de obrigação inexistente faz configurar o chamado **pagamento sem causa ou indevido**, conferindo àquele que pagou direito ao reembolso ou repetição do indébito (art. 876).

**(ii) Subjetivas:** identificam quem pode realizar o pagamento e quem pode recebê-lo.

Em princípio, o pagamento deve ser feito pelo **devedor** ou seu representante. É possível também que haja **pagamento por terceiros**, interessados ou não na satisfação do débito. O interesse jurídico surge sempre que o terceiro esteja por alguma razão vinculado à obrigação, podendo esta repercutir ou ser cobrada sobre o seu patrimônio, como no caso de codevedores de obrigação indivisível, fiadores etc.

O pagamento por terceiro atrai diferentes consequências, conforme a existência de interesse jurídico e em nome de quem seja feito:

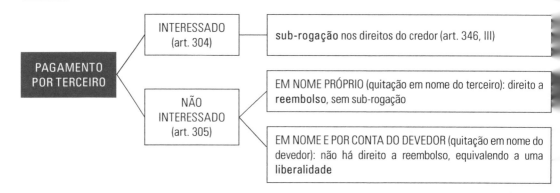

Pagando o terceiro antes do vencimento, só terá direito ao reembolso após o advento do termo (art. 305, parágrafo único). Se o terceiro realizar o pagamento sem que o devedor tome conhecimento ou contra a sua vontade, **perderá o direito ao reembolso** caso se demonstre que o devedor tinha defesas ou exceções para afastar a cobrança pelo credor (art. 306). Se o pagamento depender de transmissão da propriedade, só será eficaz quando feito por quem possa alienar o objeto em que ele consistiu. Mas, dado em pagamento bem fungível, não se poderá reclamar do credor de boa-fé que a recebeu e consumiu (art. 307).

De outro lado, importa estabelecer aqueles **a quem se deve pagar**, aplicando-se o princípio geral de que **"quem paga mal paga duas vezes"**. Caso o devedor realize o pagamento a pessoa não legitimada a recebê-lo, não poderá opô-lo se for demandado pelo verdadeiro legitimado, devendo desembolsar duas vezes o débito e propor em separado ação para a repetição do que indevidamente pagou.

Em regra, o pagamento deve ser feito ao **credor** ou a pessoa que o represente, legal ou voluntariamente. O pagamento feito a terceiro não autorizado só valerá se o credor posteriormente o **ratificar** ou **provado que reverteu** em seu proveito (art. 308). É válido o pagamento feito de boa-fé ao **credor putativo**, isto é, aquele que aparenta ser o credor, para todos, objetivamente (art. 309). Já o pagamento feito cientemente a **pessoa incapaz de dar quitação** só valerá se for demonstrado que reverteu efetivamente em seu benefício (art. 310). Presume-se autorizado a receber o pagamento ao **portador da quitação**, como se este tivesse mandato para receber a prestação (art. 311). Caso o **débito tenha sido penhorado** na execução de dívida do credor ou **impugnado por terceiros**, o devedor, uma vez intimado do fato, fica impedido de pagá-lo ao diretamente credor, sob pena de ter de pagar novamente, assistindo-lhe direito de regresso em virtude do pagamento indevido (art. 312).

(iii) **Objetivas:** questões relativas à prestação, local, tempo e prova do pagamento.

Quanto ao **objeto do pagamento**, vigoram dois princípios basilares, que se aplicam à falta de convenção em contrário:

- princípio da **identidade da coisa devida**: o credor não é obrigado a aceitar prestação diversa da que lhe é devida, ainda que mais valiosa (art. 313);
- princípio da **integralidade da prestação**: o credor não é obrigado a receber, nem o devedor a pagar, por partes (art. 314).

Dívidas em dinheiro devem ser pagas no seu vencimento, em **moeda corrente**, no Brasil o Real, e pelo **valor nominal** (art. 315). É **nula** a fixação de **pagamento em ouro ou moeda estrangeira**, ou disposições para compensar a diferença entre o valor desta e o da moeda nacional, excetuados os casos previstos na legislação especial (art. 318). Podem as partes ajustar o aumento progressivo de prestações sucessivas (art. 316).

O art. 317 chama a aplicação da chamada **teoria da imprevisão** (cláusula geral de revisão das prestações) no direito das obrigações, estabelecendo que, diante de uma ruptura imprevista do equilíbrio entre as partes, com a **superveniência de desproporção manifesta** entre o valor da prestação devida e o do momento de sua execução, poderá o juiz, mediante pedido da parte, revisar o débito para restaurar o equilíbrio de valores.

> A **desproporção** tratada no dispositivo deve ser **superveniente**, pois se for **originária** se resolverá pela anulação em virtude de lesão (art. 157).

Presumem-se a cargo do devedor as **despesas** com o pagamento e a quitação, mas o credor deverá suportar o valor de acréscimos por ele provocados em tais despesas (art. 325). Em caso de **pagamento por medida ou peso**, considerar-se-ão os do lugar da execução, salvo convenção diversa (art. 326).

Em relação ao **lugar do pagamento**, os débitos classificam-se em:

- **quesíveis:** pagáveis do **domicílio do devedor**;
- **portáveis:** pagáveis no **domicílio do credor**.

No Brasil, as **obrigações são em regra quesíveis**, salvo convenção diversa das partes ou em virtude da lei, natureza da obrigação ou circunstâncias. Havendo **pluralidade de locais** designados para o pagamento, a escolha incumbe ao credor (art. 327). No caso de obrigação de entrega ou **relacionada a imóvel**, o pagamento será feito no local onde este estiver situado (art. 328). O legislador prevê situações em que o **pagamento** poderá validamente ser feito em **local diverso** do determinado: (i) quando houver motivo grave que impeça ser feito naquele (art. 329); (ii) quando feito reiteradamente em outro local (art. 330).

Sobre o **tempo do pagamento,** dispõe o art. 331 que a obrigação terá **exigibilidade imediata**, ausente disposição legal ou convencional em contrário. Caso a obrigação esteja pendente de condição suspensiva, deverá ser paga na data do respectivo implemento, devendo o credor provar que o devedor deste teve ciência (art. 332).

O legislador estabelece no art. 333 hipóteses de vencimento antecipado das obrigações:

> **Art. 333.** Ao credor assistirá o direito de cobrar a dívida antes de vencido o prazo estipulado no contrato ou marcado neste Código:
> I – no caso de falência do devedor, ou de concurso de credores;
> II – se os bens, hipotecados ou empenhados, forem penhorados em execução por outro credor;
> III – se cessarem, ou se se tornarem insuficientes, as garantias do débito, fidejussórias, ou reais, e o devedor, intimado, se negar a reforçá-las.
> Parágrafo único. Nos casos deste artigo, se houver, no débito, solidariedade passiva, não se reputará vencido quanto aos outros devedores solventes.

A **prova do pagamento** se faz, como regra, pela **apresentação do recibo ou quitação regular**, assistindo ao devedor **direito de reter o pagamento** até que lhe seja dado (art. 319). O **conteúdo da quitação**, que pode ser dada por instrumento particular, é estabelecido no art. 320, devendo conter o valor e a espécie da dívida quitada, o nome do devedor, ou quem por este pagou, o tempo e o lugar do pagamento, com a assinatura do credor, ou do seu representante. Será, contudo, válida a quitação sem tais requisitos, se apta a demonstrar o pagamento da dívida (art. 320, parágrafo único). Em caso de dívidas inscritas em títulos de crédito, a quitação se presume pela **devolução do título** ao devedor. A presunção é relativa, sendo ilidida pela prova, no prazo de sessenta dias, da falta do pagamento (art. 324). Se o **título** a ser devolvido na quitação **se extraviar**, tem direito o devedor a uma declaração do credor que o inutilize, podendo por isso reter o pagamento (art. 321). Sendo o **pagamento em quotas periódicas**, a quitação da última faz presumir a das anteriores, salvo prova em contrário (art. 322). Também haverá **presunção de quitação dos juros** caso se dê **quitação do capital** sem a reserva daqueles (art. 323).

### 4.4.2. Pagamento indireto ou especial

O **pagamento indireto ou especial** traduz situações em que se dá liberação da obrigação sem pagamento direto:

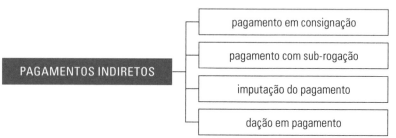

### 4.4.2.1. Pagamento em consignação

O **pagamento em consignação** ocorre quando o devedor, para liberar-se da obrigação, **deposita em juízo ou estabelecimento bancário** a coisa devida, nas hipóteses e formas legais (art. 334).

> A modalidade especial de pagamento é regulada no Código Civil, que traz regras de direito material (arts. 334 a 345 do CC), e no Código de Processo Civil, que estabelece regras para o procedimento especial (arts. 539 a 549 do CPC). As normas frequentemente se cruzam e repetem.

Admite-se nas **situações previstas no art. 335**, em que o devedor não tem condições de efetuar o pagamento com validade e segurança, servindo para que ele possa liberar-se da obrigação:

> **Art. 335.** A consignação tem lugar:
> I – se o credor não puder, ou, sem justa causa, recusar receber o pagamento, ou dar quitação na devida forma;
> II – se o credor não for, nem mandar receber a coisa no lugar, tempo e condição devidos;
> III – se o credor for incapaz de receber, for desconhecido, declarado ausente, ou residir em lugar incerto ou de acesso perigoso ou difícil;
> IV – se ocorrer dúvida sobre quem deva legitimamente receber o objeto do pagamento;
> V – se pender litígio sobre o objeto do pagamento.

O objetivo da consignação é permitir ao devedor **se liberar da dívida**, em situações em que o pagamento não pode ser feito por razões alheias à sua vontade. Para tanto, a consignação deve observar os requisitos subjetivos (a quem se deve pagar) e objetivos (objeto, modo, tempo e lugar) da obrigação (arts. 336 e 337). O não cumprimento dos requisitos pode ser alegado pelo réu, para obter a improcedência da consignação (art. 544 do CPC). Uma vez realizado, **cessarão** para o depositante os **juros da dívida** e os **riscos**, salvo se for julgado improcedente.

Uma das situações que autorizam a consignação é a da existência de **litígio entre pretensos credores**, tendo o devedor dúvidas sobre quem deva legitimamente receber (art. 335, IV). Neste caso, se pagar a um deles, assumirá o risco do pagamento, podendo ser compelido a pagar novamente (art. 344). Logo, para se precaver, o devedor deve requer o depósito e a citação dos possíveis titulares do crédito (art. 547 do CPC) e, em caso de comparecimento de mais de um, o juiz declarará extinta a obrigação, continuando o processo a correr unicamente entre os presuntivos credores (art. 548, III, do CPC).

Na inicial, o devedor deve requerer o **deferimento para o depósito da coisa devida e a citação** do credor para levantar o depósito ou contestar os pedidos, nos termos do art. 542 do CPC. Na situação do art. 341 do CC, sendo a **coisa imóvel ou corpo certo** – individualizado – que deva ser entregue no lugar onde está, o credor será chamado para receber a coisa no lugar em que se encontra, sob pena de depósito. Da mesma forma será o **credor chamado a escolher** a coisa em **obrigações genéricas** quando lhe cabe a escolha, sob pena de o devedor depositar a coisa conforme sua própria escolha (art. 342).

**Até que o credor se manifeste acerca do depósito**, aceitando-o ou impugnando-o, pode o devedor promover o **levantamento**, pagando as respectivas despesas, caso em que o débito se restaura como se depósito não tivesse havido (art. 338). **Após a procedência** da ação de consignação, com extinção da dívida, **não pode mais o devedor levantar o depósito**, salvo se obtiver consentimento do credor, demais devedores e garantidores (art. 339). O credor que autorizar o levantamento, nessas condições, perde a preferência e garantia sobre a coisa consignada, e os codevedores e fiadores que não tiverem consentido ficam liberados (art. 340).

O pagamento das despesas do depósito segue as regras gerais da **sucumbência**: em caso de **procedência do depósito**, pagará o **credor** (réu) suas despesas, e na **improcedência** correrão estas pelo **devedor** (autor, art. 343).

### 4.4.2.2. Pagamento com sub-rogação

**Sub-rogação** é substituição. Pode se dar de forma **real**, em bens, quando uma coisa é substituída por outra, a exemplo dos bens adquiridos por um dos cônjuges em sub-rogação de bens componentes do patrimônio pessoal ou particular (art. 1.659, II). Pode, ainda, ser **pessoal**, diante da **transferência da qualidade creditória** para aquele que solveu obrigação de outrem ou emprestou o necessário para isso, **não apenas em relação ao principal**, abrangendo também os acessórios, isto é, direitos, ações, privilégios e garantias do devedor primitivo, em relação à dívida, contra o devedor principal e os fiadores (art. 349). Esta última é a sub-rogação tratada nos arts. 346 a 351 do Código.

A sub-rogação pode ser **legal** ou **convencional**.

A **sub-rogação legal**, que opera nas **hipóteses do art. 346**, não permite que o credor sub-rogado exija do devedor mais do que a soma que tiver desembolsado para desobrigá-lo (art. 350). Em outras palavras, não serve como fonte de lucros e especulação.

> **Art. 346.** A sub-rogação opera-se, de pleno direito, em favor:
> I – do credor que paga a dívida do devedor comum;
> II – do adquirente do imóvel hipotecado, que paga a credor hipotecário, bem como do terceiro que efetiva o pagamento para não ser privado de direito sobre imóvel;
> III – do terceiro interessado, que paga a dívida pela qual era ou podia ser obrigado, no todo ou em parte.

A **sub-rogação convencional** se origina em uma **declaração de vontade** pela qual fica expressa a sub-rogação do terceiro na situação do credor, independentemente de forma especial, nos termos do art. 347:

> **Art. 347.** A sub-rogação é convencional:
> I – quando o credor recebe o pagamento de terceiro e expressamente lhe transfere todos os seus direitos;
> II – quando terceira pessoa empresta ao devedor a quantia precisa para solver a dívida, sob a condição expressa de ficar o mutuante sub-rogado nos direitos do credor satisfeito.

A **sub-rogação se diferencia da cessão de crédito** em face de sua causa:

| SUB-ROGAÇÃO | CESSÃO DE CRÉDITO |
|---|---|
| ▫ **em razão do pagamento**, independentemente da vontade das partes na substituição<br>▫ há a **extinção do crédito** para o credor primitivo, em face do pagamento por terceiro | ▫ originada numa **declaração de vontade** (do cedente), sem que haja pagamento há **transferência de crédito** existente<br>▫ na hipótese do art. 347, I, a sub-rogação equivale a uma cessão de crédito, aplicando-se-lhe as disposições respectivas (art. 348) |

Caso a **sub-rogação** se refira apenas a **parte do débito**, eventual conflito de preferências no momento da cobrança se resolverá em **benefício do credor originário** cujo débito não fora integralmente satisfeito, a menos que este renuncie (art. 351). Em caso de **insolvência do devedor**, o novo credor não tem ação contra o sub-rogante para reembolso, salvo se for convencionada garantia quanto ao pagamento.

#### 4.4.2.3. Imputação do pagamento

Dá-se a **imputação do pagamento** em situações em que o devedor que é obrigado a mais de uma prestação ao mesmo credor, e oferece pagamento que não é suficiente para solver todas, fazendo-se necessário estabelecer qual das prestações será considerada extinta. Seus requisitos de configuração são:

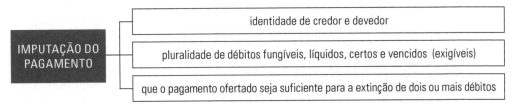

Em primeiro lugar, é **direito do devedor** indicar o débito que deseja ver extinto (art. 352). Em falta do apontamento, considera-se válida a **imputação feita pelo credor**, pela identificação do débito na quitação que oferece e o devedor aceita, sem contestar (art. 353).

Caso nem devedor nem credor façam a indicação, opera-se a imputação a partir dos **critérios legais**, previstos no art. 354:

1º) dívidas **líquidas e vencidas em primeiro lugar**;

2º) dívida **mais onerosa**, se todas forem líquidas e vencidas ao mesmo tempo.

Por exemplo, se o locatário está em débito dos aluguéis referentes aos meses de agosto e setembro, e deposita na conta bancária do locador o valor de apenas um deles, sem qualquer indicação, considera-se quitada a dívida relativa a agosto. Havendo capital e juros, o pagamento imputar-se-á **primeiro nos juros vencidos**, e depois no capital, salvo estipulação em contrário, ou se o credor passar a quitação por conta do capital (art. 354).

#### 4.4.2.4. Dação em pagamento

A partir do **princípio da identidade da coisa devida**, o credor não é obrigado a receber coisa diversa daquela estabelecida na obrigação. É, contudo, possível que o credor **consinta em receber em pagamento prestação diversa**, configurando-se uma **dação em pagamento** (art. 356). Exemplo corrente é o de dívida em dinheiro, em que o credor aceita receber bem móvel ou imóvel em pagamento.

A dação não pressupõe correspondência de valor entre a prestação original e a coisa dada em pagamento, regulando-se as relações, em caso de determinação do preço, pelas regras do contrato de compra e venda (art. 357). Se a coisa dada em pagamento for **título de crédito**, a **dação implicará cessão** (art. 358). Em caso de **evicção da coisa recebida** por dação em pagamento, **anula-se a quitação**, ressurgindo a obrigação primitiva, ressalvados os direitos de terceiros (art. 359).

### 4.4.3. Extinção sem pagamento

Há situações em que as obrigações se **extinguem sem ter havido pagamento**:

### 4.4.3.1. Novação

Por meio da **novação**, dá-se a criação de uma **nova obrigação** com a **finalidade** de substituir e extinguir a original. A forma de extinção depende do cumprimento de três requisitos:

**(i)** a **existência de uma obrigação**, admitindo-se inclusive as de caráter natural ou anulável, mas não as nulas (art. 367);

**(ii)** criação de uma **obrigação nova**;

**(iii)** *animus novandi* ou intenção de novar, expresso ou tácito mas inequívoco, pois na falta deste a nova obrigação apenas confirmará a primeira (art. 361).

A novação pode ser **objetiva** ou **subjetiva**.

Na **novação objetiva**, estabelece-se entre os **mesmos sujeitos nova dívida** para extinguir e substituir a anterior (art. 360, I).

Na **novação subjetiva**, **mantendo-se o objeto**, há **substituição** de um dos **sujeitos**, podendo ser **passiva**, quando novo devedor substitui o antigo, que fica exonerado da obrigação (art. 360, II); ou **ativa**, quando novo credor substitui o antigo, por meio de obrigação nova (art. 360, III). A novação subjetiva por substituição do devedor **não depende de consentimento** deste (art. 362), mas, se o novo devedor for **insolvente**, não tem o credor, que o aceitou, ação regressiva contra o primeiro, salvo se este obteve por má-fé a substituição (art. 363).

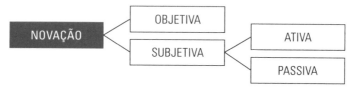

A novação implica **extinção automática da obrigação antiga**, como também de seus **acessórios**, salvo estipulação diversa. Para que se mantenham garantias reais sobre bens pertencentes a terceiros, estes deverão ser parte na novação, prestando consentimento (art. 364). O **fiador** que não consente com a novação fica exonerado (art. 366). A **novação entre o credor comum e apenas um dos devedores solidários** implica extinção da obrigação para os demais, apenas subsistindo as preferências e garantias do crédito novado sobre o patrimônio daquele que participou do acordo (art. 365).

### 4.4.3.2. Compensação

A **compensação** consiste na extinção proporcional das obrigações, quando duas pessoas forem, reciprocamente, credora e devedora (art. 368). Para serem compensáveis (art. 369), as dívidas devem ser:

- **recíprocas**;
- **exigíveis** – líquidas e vencidas;
- **fungíveis** entre si.

Tais pressupostos podem ser dispensados pelas partes, dando origem à **compensação convencional**. Havendo várias dívidas compensáveis de uma mesma pessoa, a identificação do débito compensado obedecerá às regras da **imputação do pagamento** (art. 379).

Para que se considerem fungíveis, as coisas objeto das prestações devem ser de **mesmo gênero e qualidade**, não se compensando quando diferirem na qualidade, especificada no contrato (art. 370). Não se exige tenham a mesma quantidade, haja vista que a **compensação pode ser total ou parcial**, subsistindo a obrigação quanto ao saldo na segunda. Em regra, **obrigações a termo e condicionais** não são exigíveis, e portanto não serão compensáveis, ressalvando-se aquelas em que se fixam meros prazos de favor (art. 372). Sendo as **dívidas pagáveis em locais distintos**, deverão ser deduzidas as despesas para o pagamento, a fim de que se dê a compensação (art. 378).

Quando uma pessoa **se obriga em favor de terceiro** – ex.: contratação de seguro de vida em favor de um beneficiário –, não haverá compensação entre a dívida feita em relação ao terceiro e o crédito contra o estipulante, por falta de reciprocidade entre os sujeitos das obrigações (art. 376). O **fiador**, contudo, pode compensar sua dívida com a de seu credor ao afiançado (art. 371). Em caso de **cessão de crédito**, se o **devedor tiver créditos em relação ao cedente**, deve imediatamente opor a compensação, assim que notificado, sob pena de não a poder alegar posteriormente. Se não for notificado, poderá a qualquer tempo opor a compensação ao cessionário (art. 377).

**Exclui-se a compensação** por **acordo das partes ou renúncia unilateral** (art. 375), e quando ela se der em **prejuízo de direito de terceiro**, como no caso do devedor que se torne credor do seu credor, depois de penhorado o crédito deste, ficando impedido de opor ao exequente a compensação (art. 380). A **diferença de causas das dívidas** não impede a compensação, salvo se uma delas provier de esbulho, furto ou roubo (art. 373, I); se originar de comodato, depósito ou alimentos (art. 373, II); for de coisa não suscetível de penhora (art. 373, III).

**Dívidas fiscais** são compensáveis, na medida em que o art. 156, II, do CTN prevê a compensação como forma de extinção do crédito tributário. Há, contudo, regulamentação especial para a matéria.

### 4.4.3.3. Confusão

A **confusão** decorre da reunião, na mesma pessoa, das qualidades de credor e devedor, tendo por consequência a extinção da obrigação (art. 381). Pela confusão, afasta-se a duplicidade subjetiva, essencial às obrigações, tendo em vista que **uma pessoa não pode ser credora de si mesma**.

Pode ser **total** ou **parcial**, conforme abranja a integralidade ou fração da dívida (art. 382). A **confusão na pessoa do credor ou devedor solidário** será parcial, só extinguindo a obrigação em relação à sua fração no crédito ou no débito. Quanto ao restante subsiste a solidariedade (art. 383). Se a **confusão cessar**, como no caso de anulação do fato que a gerou, restabelece-se a obrigação, com todos os seus acessórios (art. 384).

#### 4.4.3.4. Remissão

A **remissão ou perdão da dívida** é o negócio jurídico bilateral pelo qual o credor libera graciosamente o devedor da obrigação, extinguindo-a. Para que produza o efeito extintivo, deve ser **aceita pelo devedor** e não ocasionar prejuízo para terceiros (art. 385).

Pode ser **expressa**, decorrente de manifestação de vontade do credor por escrito, público ou particular; ou **tácita**, em virtude de comportamento do credor incompatível com a conservação de sua qualidade creditória, como prevê o legislador para o caso de **entrega voluntária do título** da obrigação, quando por escrito particular, por credor capaz de alienar a devedor capaz de adquirir (art. 386). Na hipótese de **devolução voluntária do objeto empenhado**, presumir-se-á renúncia tão somente à garantia real (penhor), e não à dívida como um todo (art. 387).

A remissão pode ser **total ou parcial**, conforme abranja a totalidade ou fração da dívida. Quando concedida em favor de um dos devedores solidários, implicará extinção tão somente da parte da dívida que a ele correspondia, subsistindo a solidariedade para os demais, com dedução da parte remitida (art. 388).

### 4.5. Inadimplemento das obrigações

O **inadimplemento** é o descumprimento, falta da prestação devida, gerando extinção anormal da obrigação. Assim como na impossibilidade, a prestação não é executada pelo devedor, diferenciando-se as respectivas razões:

| INADIMPLEMENTO | IMPOSSIBILIDADE |
|---|---|
| há uma **falta cometida pelo devedor** que deixa de pagar sendo-lhe possível | o devedor deixa de pagar por **não ser possível** o cumprimento |

| INADIMPLEMENTO | | |
|---|---|---|
| | ABSOLUTO | DEFINITIVO: não é mais possível nem útil realizar a prestação |
| | RELATIVO | MORA: possível o cunprimento retardado |

O inadimplemento pode ser **absoluto** ou **relativo**. No primeiro, há a **falta completa** da prestação, **não** sendo mais **possível** executá-la a destempo, ou, ainda que possível, tendo a prestação se tornado **inútil** ao credor. Há inadimplemento **relativo** ou **mora**, em caso de inexecução apenas parcial ou quando, não se tendo cumprido oportunamente a obrigação, **ainda seja possível o cumprimento**.

> O inadimplemento ou inexecução nem sempre se refere à prestação objeto da obrigação, podendo se referir também aos **deveres laterais**, derivados da probidade e da boa-fé objetiva (art. 421), configurando-se a **violação positiva do contrato**, tema que será aprofundado no conteúdo de contratos.

O inadimplemento gera **responsabilidade contratual**, de caráter **subjetivo**, com **presunção relativa de culpa** do devedor ou inversão do ônus da prova de culpa (Enunciado 548 da VI ornada de Direito Civil do CJF). Responderá o devedor inadimplente por **perdas e danos**, mais **juros** e **atualização monetária** e **honorários** de advogado (art. 389), salvo se a inexecução resultar de **caso fortuito ou força maior**. A atualização monetária deve ser calculada, salvo fixação distinta pelas partes ou lei específica, pela variação do Índice Nacional de Preços ao Consumidor Amplo (IPCA), apurado e divulgado pela Fundação Instituto Brasileiro de Geografia e Estatística (IBGE), ou do índice que vier a substituí-lo (art. 389, parágrafo único).

Caso fortuito ou de força maior é entendido, nos termos do art. 393, como o "fato necessário, cujos efeitos não era possível evitar ou impedir". Observe-se que o legislador não faz diferença entre caso fortuito ou força maior, estabelecendo como elemento básico de ambos a **inevitabilidade do evento**, que supera as forças do devedor mais cauteloso. Não há que se falar, pois, em culpa do devedor, diante de caso fortuito ou força maior.

É relevante aferir se o inadimplemento decorre ou não de culpa do devedor, pois se não houver culpa, em princípio, dar-se-á tão somente a resolução da obrigação, restituindo-se as partes ao *status quo ante*, tal como ocorre em caso de impossibilidade da prestação. Ressalva-se a pactuação da cláusula de responsabilidade pela ocorrência de caso fortuito ou de força maior (art. 393).

No direito brasileiro, a **responsabilidade** civil tem **caráter patrimonial**, de modo que a responsabilidade pelo inadimplemento incidirá sobre os bens do devedor (art. 391). Também será **subjetiva** a responsabilidade, dependendo de culpa do devedor.

> Pela jurisprudência do STJ, o inadimplemento não gera por si só danos morais, sendo necessário que se demonstre "circunstância especial capaz de atingir os direitos da personalidade" (REsp 1.599.224).

Nos **contratos benéficos**, o contratante a quem o contrato aproveite responderá por culpa ou dolo, e aquele a quem não favoreça apenas por dolo. Nos **contratos onerosos**, responde cada uma das partes por culpa ou dolo, salvo as exceções previstas em lei (art. 392). Nas **obrigações de não fazer**, configura-se o inadimplemento a partir da execução do ato pelo devedor (art. 390).

### 4.5.1. Mora

A **mora** consiste no **atraso ou retardamento injustificado da prestação**, podendo ser causada **pelo devedor ou credor**. A prestação deve continuar sendo **possível e útil**, sob pena de se configurar inadimplemento absoluto.

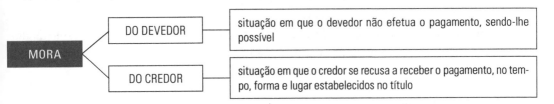

A mora do devedor só ocorre se a **obrigação for exigível imediatamente** – líquida, certa e vencida –, e a inexecução decorrer de **fato imputável** ao devedor, isto é, culpa (art. 396). **Sem culpa não há mora!**

É preciso a constituição do devedor em mora, o que pode se dar de duas formas:

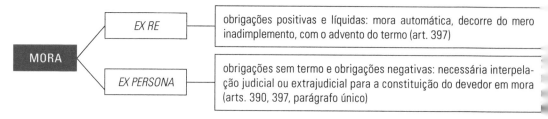

Em caso de **obrigações decorrentes de ilícito** – extracontratual –, o devedor é constituído em mora desde a prática do ato (art. 398).

O devedor **responderá pelos prejuízos** a que a sua mora der causa, acrescidos de **juros** e **atualização monetária** segundo índices oficiais regularmente estabelecidos, e **honorários** de advogado (art. 395). Também se responsabilizará se a prestação **se tornar inútil**, caso em que o credor poderá enjeitá-la, pedindo a reparação dos danos (art. 395, parágrafo único).

Responde, por fim, pela **impossibilidade** da prestação ocorrida **após o atraso, mesmo quando decorra de caso fortuito ou de força maior**, salvo se demonstrar que o dano sobreviria mesmo se oportunamente cumprida a obrigação (art. 399).

A **mora do credor** ocorre quando, após a oferta pelo devedor do pagamento de obrigação vencida, o **credor se recusa injustificadamente** a recebê-lo. É que ao devedor de prestar do devedor corresponde um direito de se desobrigar, cumprindo a obrigação no tempo, lugar e modo devido, de modo que, se o inadimplemento decorre de recusa injustificada do credor, não incidirão sobre aquele os efeitos da mora. A mora do credor implica **isenção da responsabilidade do devedor**, que não age com dolo, **pela conservação da coisa**, sofrendo o credor os prejuízos decorrentes de eventual perda ou deterioração. Ainda, se o valor da coisa oscilar entre o tempo do contrato e o do pagamento, o credor deverá recebê-la pela estimação mais favorável ao devedor (art. 400).

Finalmente, o legislador trata no art. 401 da **purgação da mora**, consistente em atos do devedor ou credor que afastam seus efeitos. Dá-se em caso de:

☐ **mora do devedor** – purgação pela **oferta da prestação mais os valores dos prejuízos** gerados desde a constituição em mora;
☐ **mora do credor** – purgação pelo **oferecimento para receber o pagamento**, sujeitando-se aos efeitos da mora até a mesma data, isto é, recebendo a coisa no estado em que se encontra, com ressarcimento dos prejuízos do devedor.

### 4.5.2. Perdas e danos

As perdas e danos são divididas em **danos emergentes** e **lucros cessantes**, tratadas pelo legislador, respectivamente, como aquilo que o credor efetivamente perdeu e o que razoavelmente deixou de lucrar, diante do inadimplemento (art. 402).

| DANOS EMERGENTES | LUCROS CESSANTES |
|---|---|
| ▪ danos negativos, por **diminuição patrimonial** | ▪ **deixa de haver um acréscimo patrimonial**, não há redução |

> O binômio **danos emergentes – lucros cessantes** reflete a incidência de **danos materiais**, não danos morais. Estes devem ser objeto de prova especial de que o inadimplemento gerou situação de ofensa a direitos da personalidade, não sendo consequência natural da falta da prestação.

A **responsabilidade contratual** ou pelo inadimplemento segue as **regras da responsabilidade civil em geral**, que é **subjetiva**, calculando-se o valor da indenização a partir da extensão do dano e não do grau de culpa do devedor. Para fixar nexo de causalidade e danos indenizáveis, o art. 403 acolhe a **teoria dos danos diretos e imediatos**, não se imputando ao devedor a responsabilidade por danos remotos ou que não decorram diretamente do inadimplemento.

Nas **obrigações de pagamento em dinheiro**, as perdas e danos englobarão o valor do **débito monetariamente atualizado**, mais **juros**, **custas** e **honorários** de advogado, sem prejuízo da **pena convencional** (art. 404), que a seguir será tratada. Se os **juros de mora, que se contam desde a citação inicial** (art. 405), não forem suficientes para a cobertura do prejuízo, e não havendo cláusula penal que complemente a indenização, o juiz poderá determinar indenização suplementar (art. 404, parágrafo único).

### 4.5.3. Juros legais

De acordo com sua **função**, os juros podem ser:

▪ **Compensatórios:** destinados à **remuneração** pela aplicação de certo capital junto a terceiro. Tais juros dependem de **expressa previsão contratual**, salvo no mútuo destinado a fins econômicos, que se presume oneroso.
▪ **Moratórios:** devidos em caso de retardamento ou descumprimento de obrigação (**inadimplemento** relativo ou absoluto), **independentemente de previsão contratual e prova de prejuízo**.

Podem, ainda, quanto à **origem**, ser:

▪ **convencionais:** ajustados por acordo das partes;
▪ **legais:** estabelecidos em lei.

O legislador trata dos **juros moratórios legais**, aplicáveis na **falta de convencionamento** da taxa pelas partes no contrato ou em caso de imposição legal, determinando que "a taxa legal corresponderá à taxa referencial do Sistema Especial de Liquidação e de Custódia (Selic), deduzido o índice de atualização monetária de que trata o parágrafo único do art. 389 deste Código (art. 406, § 1º). Caso o cálculo resulte em taxa negativa, esta será considerada zero (art. 406, § 2º).

O pagamento dos juros de mora em virtude do inadimplemento **não depende da alegação e prova de prejuízo**, seja em caso de dívidas em dinheiro ou de prestações de outra natureza, bastando a fixação do valor pecuniário por sentença judicial, arbitramento ou acordo entre as partes (art. 407).

### 4.5.4. Cláusula penal

A **cláusula penal**, também chamada **pena convencional** ou **multa contratual**, constitui obrigação acessória pela qual se estabelece uma **prestação adicional para o caso de inadimplemento** ou retardamento da obrigação como um todo ou de cláusulas específicas (art. 408). Pode ser fixada **conjuntamente com a obrigação principal ou em ato posterior**, referindo-se ao inadimplemento completo da obrigação, de alguma cláusula especial ou à mora (art. 409). A cláusula penal tem **dupla função**: (i) **meio de coerção**, estimulando o cumprimento para evitar sua incidência; além de (ii) **prefixação do valor das perdas e danos**, já que a sua incidência independe da demonstração específica dos danos sofridos.

Pode ser **compensatória** ou **moratória**, conforme se refira ao descumprimento total ou parcial do contrato:

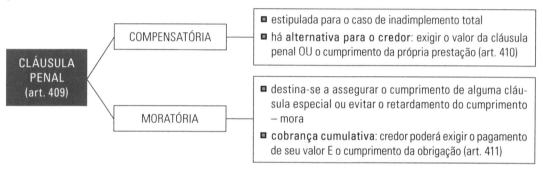

O **valor** fixado a título de cláusula penal **não pode exceder o da obrigação principal** (art. 412), nem outros **limites estabelecidos para relações contratuais específicas**, como no caso de fornecimento de produtos ou serviços que envolva outorga de crédito ou concessão de financiamento ao consumidor, quando a multa não poderá ultrapassar dois por cento do valor da prestação (art. 52, § 1º, do CDC). Estabelece o legislador a **redução equitativa de seu montante** pelo juiz, em homenagem à proporcionalidade e vedação ao excesso, em caso de cumprimento parcial da obrigação ou fixação em montante abusivo, tendo-se em vista a natureza e a finalidade do negócio (art. 413).

Se a cláusula penal for fixada para o descumprimento de **obrigação indivisível**, todos os devedores por ela responderão. Contudo, cada um responderá no limite de sua quota na obrigação, apenas se podendo cobrar a totalidade do devedor culpado pelo inadimplemento. Os **devedores não culpados** têm **direito de regresso** contra aquele que deu causa à aplicação da pena (art. 414). Se a **obrigação for divisível, só o culpado responderá pela cláusula penal**, na **proporção** de sua parte na obrigação, já que cada devedor assumiu o ônus de cumprir sua parte (art. 415).

A cláusula penal importa uma vantagem expressiva para o credor, na medida em que gera uma **presunção absoluta de danos**. Não é, pois, necessário demonstrar o valor dos prejuízos sofridos para que se configure o direito à cobrança de seu valor, nem é possível que o devedor alegue inexistência de danos ou que o valor destes é inferior ao da pena convencional, para reduzi-la. Por outro lado, a imposição de cláusula penal implica regra de **limitação da responsabilidade do devedor** ao seu valor, não se permitindo a cobrança de valor suplementar (art. 416).

Há **duas exceções**: (i) quando ocorre **dolo do devedor**, seja na fixação da pena convencional, a menor, seja na causação do dano, valendo-se da limitação da responsabilidade – tendo em vista que "a ninguém é dado beneficiar-se da própria torpeza"; (ii) se as **partes tiverem convencionado** a possibilidade de se exigir indenização suplementar, caso em que a cláusula penal servirá de mínimo indenizatório (art. 416, parágrafo único).

### 4.5.5. Arras ou sinal

As **arras ou sinal** consistem na entrega, por ocasião da conclusão do contrato, de **quantia em dinheiro ou coisa** móvel por uma das partes à outra, como **confirmação do acordo de vontades** e **princípio de pagamento ou para permitir arrependimento**. Trata-se de estipulação de **caráter acessório** e **real**, na medida em que apenas se aperfeiçoa com a efetiva entrega da coisa. Em caso de execução do contrato, as arras servem como **começo de pagamento**, devendo ser **devolvidas ou computadas na prestação devida** (art. 417).

Há dois tipos de arras:

- **confirmatórias**: servem para confirmar ou tornar obrigatório o contrato;
- **penitenciais**: estabelecidas como contrapartida para o exercício de **direito de arrependimento**, quando previsto no instrumento (art. 420).

As **arras confirmatórias** valem como **mínimo de indenização** para o caso de inadimplemento, sendo **retidas**, caso a parte que as forneceu deixe de cumprir o contrato, ou, se o inadimplemento for da parte que as recebeu, devendo ser **devolvidas acrescentadas do equivalente em dinheiro**, com atualização monetária, juros e honorários de advogado (art. 418). Neste caso, o prejudicado terá a **opção** de (i) **pleitear a resolução** do contrato com o pagamento das arras ou (ii) **exigir a execução** do contrato, também com direito às arras, que valem como mínimo indenizatório (art. 419).

> **Distintamente da cláusula penal**, as **arras servem de mínimo indenizatório**, permitindo o art. 419 expressamente que a parte prejudicada pelo inadimplemento requeira **indenização suplementar**, mediante prova do prejuízo excedente.

As **arras penitenciais** são fixadas no contrato para estabelecer **direito de arrependimento** para as partes. Neste caso, o **arrependimento será lícito**, não podendo a outra parte pleitear o cumprimento da obrigação, perdas e danos ou cláusula penal, mas tão somente o valor das arras, as quais serão **retidas** caso o direito de arrependimento seja exercido por quem as prestou, ou **devolvidas com acréscimo do equivalente**, se exercido o direito por quem as recebeu. Em nenhum dos casos assiste direito a indenização suplementar (art. 420). As arras penitenciais **devem estar expressas no contrato**, de modo que, na dúvida, as arras serão compensatórias.

> Segundo a jurisprudência (STJ, REsp 1.617.652), tendo as **arras confirmatórias e a cláusula penal** natureza semelhante, de prefixação de perdas e danos, **não podem ser cumuladas** na hipótese de inexecução do contrato. Deve o credor optar entre um dos mecanismos, com a aplicação dos regimes respectivos – ex.: possibilidade de cobrança de indenização suplementar.

# 5. DIREITO DOS CONTRATOS

O **contrato** é o **acordo de vontades** pelo qual as partes, de forma autônoma, definem os efeitos jurídicos a ser produzidos. Trata-se de um **negócio jurídico bilateral**, importante fonte de obrigações, tendo evoluído de um conceito clássico, individualista e autonomista, cujo diploma marcante fora o CC/1916, para um conceito contemporâneo, que busca equilibrar os interesses das partes com os da sociedade de forma mais ampla, presente no CC/2002.

## 5.1. Princípios contratuais

A principiologia atual dos contratos parte dos princípios clássicos, com adaptações segundo valores contemporâneos:

### 5.1.1. Princípio da autonomia privada: evolução da autonomia da vontade

O contrato é instrumento de manifestação da vontade dos sujeitos, que exercem a **liberdade de contratar** em todos os momentos de sua existência, desde a **fase pré-contratual**, na definição da conveniência e interesse na celebração, passando pela **estipulação de seu conteúdo** e o seu **cumprimento** ou execução, quando as partes têm iniciativa para exigir as prestações estipuladas.

A **autonomia da vontade**, como princípio clássico, tinha **caráter absoluto**, fundamentada numa suposta **igualdade formal** entre as partes, que agiam livremente e sem intervenção do Estado. Contudo, não havendo a **igualdade no plano substancial**, o exercício da liberdade de contratar acabava frequentemente redundando em abuso, com exploração da parte economicamente mais frágil. A autonomia da vontade é assim **substituída pela autonomia privada**, que se exerce de forma **limitada**, com a obediência de princípios e regras estabelecidos para promover o **equilíbrio entre as partes e terceiros**. O fenômeno da intervenção do Estado na vida privada, e especialmente nos contratos, para estabelecer limites ao exercício da autonomia, ficou conhecido por **dirigismo estatal**.

Com a Lei da Liberdade Econômica (Lei n. 13.874/2019), procurou-se acentuar o valor da liberdade de contratar no ordenamento brasileiro, consignando-se que, "nas relações contratuais privadas, prevalecerão o **princípio da intervenção mínima** e a **excepcionalidade da revisão contratual**" (art. 421, parágrafo único). Os mecanismos de intervenção do Estado e revisão contratual, que devem sempre se aplicar de forma parcimoniosa, são relevantes para garantir a força vinculante do contrato e a observância de normas jurídicas, contribuindo para a conservação e o fortalecimento dos vínculos privados.

### 5.1.2. Princípio da força obrigatória ou vinculante dos contratos, à luz do princípio do equilíbrio econômico

O **princípio da força obrigatória** é reflexo da tradicional expressão *pacta sunt servanda* (os pactos devem ser cumpridos), e determina que o contrato torna-se **lei entre as partes**, as quais se vinculam pelo seu conteúdo, só podendo dele se desligar ou modificar seus termos a partir de novo acordo de vontades.

Modernamente, contudo, consagrou-se a busca pelo **equilíbrio entre as partes**, pela qual se reconhece que, diante da ocorrência de **acontecimentos extraordinários e imprevisíveis** às partes, que acarretem mudanças nas circunstâncias em que se baseava o contrato e **desequilíbrio ou desproporção** entre as prestações estabelecidas, atenua-se a vinculação ao contrato, o qual deve ser revisto. Nesta situação de quebra das circunstâncias iniciais (cláusula *rebus sic stantibus*), pode o juiz intervir no contrato para promover revisão de seu conteúdo a fim de reestabelecer o equilíbrio, de modo a evitar sua resolução (arts. 478 a 480 – ver o item 5.9 da eção "Direito Civil").

### 5.1.3. Princípio da relatividade do contrato

Regra geral, só aquele que presta seu consentimento sofrerá os efeitos jurídicos de um pacto. Pelo **princípio da relatividade dos contratos**, os efeitos dos contratos só afetarão e vincularão as partes que participaram com sua vontade da respectiva elaboração (efeitos *inter partes*), não aproveitando ou prejudicando terceiros. A este princípio, que trata da função individual do contrato, contrapõe-se o princípio contemporâneo da função social do contrato. Várias normas do Código refletem o princípio, como aquelas que tratam da promessa de fato de terceiro (arts. 436 a 438) e da exoneração do fiador por transações não consentidas (art. 844, § 1º).

### 5.1.4. Princípio da função social do contrato

O contrato, para além da função individual de satisfazer o interesse das partes e promover a circulação de riquezas, deve assumir e respeitar uma **função ou utilidade social**, promovendo uma conciliação entre a vontade das partes e o interesse social mais amplo, como **instrumento do desenvolvimento social**. O legislador erigiu a função social em **razão e no limite da liberdade de contratar** (art. 421), sendo abusivo o exercício dos direitos das partes contratantes em detrimento de tal função (art. 187). Diferentemente do tratamento da função social da propriedade, na Constituição, o Código não delineia de forma precisa, contudo, o conteúdo do princípio, que deve ser aferido diante do caso concreto

### 5.1.5. Princípio da boa-fé objetiva

O **princípio da boa-fé** admite dois sentidos: **subjetivo** e **objetivo**. A **boa-fé objetiva** estabelece o comportamento esperado de um homem normal e mediano, diante de determinada situação, que deve servir de **padrão de conduta leal e confiável**. É esse o sentido atribuído à boa-fé no Código Civil de 2002, em geral. A **boa-fé subjetiva**, por sua vez, significa um estado psicológico – portanto, de análise subjetiva – de **ausência de má-fé** ou intenção prejudicial, sendo apenas residualmente utilizado no direito civil, como exemplifica o art. 1.201, que trata da posse de boa-fé.

No direito brasileiro, o princípio assume três funções principais:

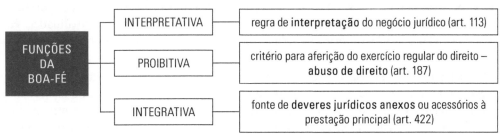

Na **interpretação dos contratos** e negócios jurídicos em geral, deve-se buscar a atribuição do sentido que que atendam de forma mais ampla a lealdade e a confiança entre as partes, ou seja, conforme a boa-fé objetiva (art. 113). Como **cláusula geral de abuso de direito**, a boa-fé

objetiva impede o exercício de direito ou posição jurídica em que o titular se afaste do padrão de conduta esperado entre as partes (art. 187).

Finalmente, na **função integrativa**, supletiva ou criadora, a boa-fé estabelece deveres entre as partes de um contrato, independentemente de pactuação, os chamados **deveres laterais ou anexos** de conduta, dentre os quais se destacam:

- **dever de proteção:** as partes devem razoavelmente empreender esforços para evitar ou reduzir danos à outra parte, tanto na esfera patrimonial quanto na moral. Neste ponto, a lealdade e a proteção implicam também um dever de **agir para mitigar o próprio prejuízo** (*duty to mitigate the loss*), tomando as medidas necessárias e possíveis para impedir ou reduzir o agravamento dos danos, sob pena de responder por este (STJ, REsp 758.518);
- **dever de informação** ou esclarecimento: as partes devem partilhar todos os dados e informações que possam ser relevantes ou influenciar a vontade umas das outras, permitindo uma apreciação correta das circunstâncias do contrato e dos sujeitos envolvidos;
- **dever de lealdade** ou cooperação: as partes devem agir honestamente, colaborando para o alcance das finalidades do contrato, otimizando os resultados e reduzindo os ônus.

Mesmo se houver cumprimento da prestação pactuada entre as partes, o descumprimento destes deveres inerentes ao contrato caracteriza a chamada **violação positiva do contrato**, considerada uma forma moderna de inadimplemento, ensejador de **responsabilidade contratual**, na forma do art. 475.

A boa-fé objetiva deve ser observada não apenas na conclusão e execução do contrato, mas em todos os momentos em que se dê relação entre as partes, incluindo as **fases pré-contratual** – negociações preliminares – e **pós-contratual**, quando a violação do comportamento ético pode ensejar **responsabilidade civil** das partes.

## 5.2. Classificação dos contratos

A doutrina estabelece algumas classificações de contratos, assimilando-os a partir de características comuns, para melhor compreensão e sistematização:

- **típicos ou nominados e atípicos ou inominados:** a lei disciplina de modo específico os chamados contratos típicos, mas as partes, no exercício da liberdade de contratar, podem criar contratos inominados, distintos dos padrões legislativos, desde que obedeçam às normas gerais fixadas no Código (art. 425);
- **consensuais e formais:** em regra (art. 107), os contratos são consensuais, aperfeiçoando-se a partir do simples consenso das partes, independentemente de formalidades. Pode, contudo, a lei estabelecer forma ou solenidades essenciais, sem as quais o contrato não será válido (contratos formais);
- **obrigacionais e reais:** os contratos, em regra, instituem para as partes obrigações, que serão cumpridas em sua execução, podendo envolver a entrega de coisas ou não (contratos obrigacionais). Excepcionalmente, a lei estabelece o caráter real para certos contratos, condicionando a sua conclusão ou aperfeiçoamento à entrega de coisa, como ocorre no comodato;
- **onerosos e gratuitos:** nos contratos onerosos, há um sistema de prestação e contraprestação, assumindo ambas as partes ônus e vantagens patrimoniais em virtude do acordo. Já nos **gratuitos ou benéficos**, somente uma das partes aufere vantagens decorrentes do contrato, dando-se uma atribuição patrimonial unilateral;

◻ **unilaterais, bilaterais e plurilaterais:** os contratos podem criar obrigações apenas para um dos contratantes (unilaterais), para ambos (bilaterais ou sinalagmáticos) ou para mais de duas partes distintas (plurilaterais). Observe que a **classificação diz respeito aos efeitos**; já que no que tange a sua formação o contrato é sempre bilateral.

Fala-se em contratos **bilaterais imperfeitos** quando, em contratos unilaterais, atribui-se alguma obrigação acessória ao beneficiário da liberalidade, como ocorre na doação com encargo.

◻ **comutativos e aleatórios:** os contratos bilaterais são regra geral comutativos, pois as partes estabelecem prestações equilibradas e de antemão conhecidas. São aleatórios os contratos de risco, em que uma ou ambas as partes assume o risco de eventual desequilíbrio das prestações decorrentes do contrato. Neste último caso, não terá a parte prejudicada ação para reclamar do desequilíbrio entre as prestações, salvo se demonstrar dolo ou culpa da contraparte (arts. 458, 459).

A **álea** ou risco assumida em contratos que tenham por objeto **coisas ou fatos futuros** pode ser **absoluta** (art. 458) ou **relativa** (art. 459), conforme as partes tenham assumido **risco total** quanto à existência da coisa ou fato, ou apenas **risco quanto à quantidade**. Na álea absoluta, assume-se o risco de que nada do contratado venha a existir, enquanto, na álea relativa, garante-se que a coisa venha a existir em alguma quantidade, ainda que inferior ao avençado. Em outras palavras, na álea relativa, rescinde-se o contrato caso a coisa em nada vier a existir, devendo o alienante restituir o preço recebido (art. 459, parágrafo único).

No contrato aleatório que tenha por objeto coisas já existentes, mas expostas a risco, assumido pelo adquirente, este terá de pagar o preço integral mesmo que a coisa não mais exista, no todo ou em parte, na data do contrato (art. 460). Neste caso, constatado dolo do alienante, que "não ignorava a consumação do risco, a que no contrato se considerava exposta a coisa", poderá o adquirente prejudicado demandar a anulação do contrato (art. 461).

◻ **paritários e de adesão**: nos contratos paritários, ambas os sujeitos participam da elaboração de seu conteúdo, em acordo sobre seus termos e cláusulas. Nos contratos de adesão, uma das partes estipula previamente o conteúdo, cabendo à outra apenas aderir a tal conjunto de disposições ou recusar, sem que possa discutir ou modificar substancialmente seu conteúdo. A Lei da Liberdade econômica inseriu no Código **presunção de que os contratos sejam paritários e simétricos**:

> Art. 421-A. Os contratos civis e empresariais presumem-se paritários e simétricos até a presença de elementos concretos que justifiquem o afastamento dessa presunção, ressalvados os regimes jurídicos previstos em leis especiais, garantido também que:
> I – as partes negociantes poderão estabelecer parâmetros objetivos para a interpretação das cláusulas negociais e de seus pressupostos de revisão ou de resolução;
> II – a alocação de riscos definida pelas partes deve ser respeitada e observada; e
> III – a revisão contratual somente ocorrerá de maneira excepcional e limitada.

Os **contratos-tipo** não se confundem com contratos de adesão, pois, apesar de terem conteúdo pré-redigido, admitem discussão e alteração do conteúdo, destinando-se a pessoas ou grupos de pessoas identificáveis, sem necessária desigualdade entre as partes.

■ **de execução imediata e diferida:** nos contratos de execução imediata, os efeitos se produzem ou têm início tão logo se aperfeiçoe a avença; nos contratos de execução diferida, o cumprimento ocorre em momento futuro;

■ **de execução instantânea e continuada:** nos contratos de execução instantânea, o cumprimento se dá em ato único; nos contratos de trato sucessivo ou continuado, os efeitos se prolongam no tempo;

■ **personalíssimos e impessoais:** em regra, os contratos são impessoais, interessando ao credor o cumprimento, independentemente da pessoa a realizar as prestações. Os contratos personalíssimos são constituídos *intuitu personae debitor*, só sendo válido o cumprimento pelo próprio contratante;

■ **individuais e coletivos:** nos contratos individuais, todas as pessoas envolvidas manifestam sua vontade, vinculando-se ao conteúdo; nos contratos coletivos, há a formulação de acordo por entidades representativas de categorias profissionais, vinculando os sujeitos pertencentes à categoria ao seu cumprimento, independentemente da vontade individual;

■ **principais e acessórios:** os contratos principais existem por si mesmos, de forma autônoma; os contratos acessórios têm sua existência vinculada ou dependente da de outro contrato, como ocorre com o contrato de fiança;

■ **preliminares e definitivos:** os contratos de modo geral buscam a criação de obrigações, em definitivo, para as partes. Há contratos, contudo, que têm por objeto a celebração de um contrato futuro, definitivo, sendo chamados de preliminares, pré-contratos ou *pactum in contrahendo*.

**Contrato preliminar não é o mesmo que negociações preliminares**. Naquele, há propriamente um contrato, que estabelece para as partes obrigação de fazer, consistente na celebração de um novo contrato. As negociações preliminares concernem às tratativas entabuladas entre as partes antes de sua vinculação contratual.

O **contrato preliminar** deve apresentar os **mesmos requisitos do contrato definitivo, salvo quanto à forma** (art. 462). Por exemplo, uma promessa ou compromisso de compra e venda deve conter a individualização da coisa a ser entregue e o preço a ser pago, o que permitirá a execução específica do contrato, caso uma das partes se recuse a celebrar o contrato definitivo de compra e venda. É que, nos termos do art. 463, não tendo as partes pactuado direito de arrependimento, qualquer delas poderá **exigir a celebração do contrato definitivo**, conferindo à outra prazo para efetivação. Apesar de o parágrafo único estabelecer que o contrato preliminar deve ser levado a registro, entende-se que o **registro** é importante apenas para que tenha **eficácia contra terceiros** (Enunciado n. 30 da I Jornada de Direito Civil do CJF; Súmula 239 do STJ).

Não atendendo a outra parte à notificação no prazo assinalado, poderá o interessado demandar ao juiz a **execução específica**, com o suprimento da vontade do inadimplente na elaboração do contrato definitivo (art. 464). Apenas não será possível a execução específica quando o impedir a natureza da obrigação, como ocorre nas obrigações personalíssimas. Em vez de promover a execução específica, a parte prejudicada poderá, diante do inadimplemento da obrigação de celebrar o contrato definitivo, optar pela **resolução do contrato preliminar**, e cobrar **perdas e danos** (art. 465).

O legislador cogita também da elaboração de **promessa unilateral de contratar** ou **contrato preliminar unilateral**, quando apenas uma das partes (promissário ou devedor) se compromete a celebrar contrato definitivo, permitindo-se à outra (promissário ou credor) manifestar futuramente sua vontade. Neste caso, o credor deve manifestar sua vontade no prazo assinalado no contrato ou, em sua falta, no prazo razoavelmente estabelecido pelo devedor, sob pena de se tornar ineficaz a proposta (art. 466).

## 5.3. Formação dos contratos

Os contratos se formam a partir do acordo de vontades das partes. A **manifestação de vontade** pode ser **expressa** ou **tácita**, entendida esta como a que deflui do **comportamento concludente** do sujeito, a partir de condutas que indicam inequivocamente sua opção, não exigindo a lei seja expressa. Regra geral, o **silêncio** será interpretado como **ausência de vontade**, salvo em circunstâncias especiais, nos termos do art. 111.

O contrato é o resultado de uma série de fases:

### 5.3.1. Negociações preliminares

Nas negociações preliminares, os sujeitos, sem ainda constituir vínculo, entabulam primeiros contatos para aferir os interesses num contrato futuro. Apesar de não estarem ainda vinculados, há **responsabilidade civil** daquele que **quebra as expectativas ou confiança** razoavelmente incutidas no outro, rompendo injustificadamente as negociações, em infração da boa-fé objetiva.

### 5.3.2. Proposta ou oferta

**Proposta** é **a declaração receptícia de vontade** em que o **policitante ou proponente** estabelece os **elementos essenciais do contrato** que deseja celebrar. A proposta deve ser **séria e precisa** – clara, completa e inequívoca –, **vinculando** o proponente a partir do momento em que chegar ao conhecimento do **oblato ou destinatário** da proposta. Se este manifestar seu aceite, o contrato se formará independentemente de nova manifestação do primeiro. A proposta **não obrigará** o proponente se em seus termos houver previsão que lhe retira a obrigatoriedade, se a natureza do negócio ou as circunstâncias do caso retirarem sua força vinculante (art. 427).

O art. 428 estabelece regras sobre o **perda da eficácia da proposta**, quando ela deixa de obrigar o proponente:

> **Art. 428.** Deixa de ser obrigatória a proposta:
> I – se, feita **sem prazo a pessoa presente**, não foi **imediatamente** aceita. Considera-se também presente a pessoa que contrata por telefone ou por meio de comunicação semelhante;
> II – se, feita **sem prazo a pessoa ausente**, tiver decorrido **tempo suficiente** para chegar a resposta ao conhecimento do proponente;
> III – se, feita a **pessoa ausente**, não tiver sido expedida a resposta dentro do **prazo** dado;
> IV – se, antes dela, ou simultaneamente, chegar ao conhecimento da outra parte a **retratação do proponente**.

A proposta pode **se dirigir a sujeito específico ou ao público**, sem identificação do destinatário. Neste último caso é denominada **oferta ao público**, a qual se torna obrigatória se contiver os requisitos essenciais do contrato, podendo ser revogada pela mesma via de divulgação, se houve ressalva dessa faculdade (art. 429).

A oferta no Código de Defesa do Consumidor dirige-se normalmente a pessoas indeterminadas e vincula o fornecedor em relação a qualquer informação publicada sobre produtos ou serviços (art. 30 do CDC). A recusa no cumprimento permite ao consumidor (i) promover execução específica; (ii) exigir produto ou serviço equivalente; (iii) rescindir o contrato, com restituição da quantia atualizada e pagamento de perdas e danos (art. 35 do CDC). Entende-se que o comerciante se encontra em estado de oferta permanente, nos limites do estoque, apenas podendo manifestar recusa mediante justo motivo.

### 5.3.3. Aceitação

A **aceitação** é a declaração pela qual o oblato manifesta sua concordância com os termos da proposta, **transformando a oferta em contrato**. A aceitação pode ser **expressa ou tácita**, por meio de **comportamento concludente** do oblato, que demonstre de forma inequívoca sua aquiescência à proposta. Admite-se, excepcionalmente, o **silêncio concludente**, quando, não sendo costume em certo negócio a aceitação expressa, ou tendo o proponente a dispensado, a falta do recebimento da recusa dentro do prazo importa aceitação (art. 432).

A aceitação deve ser **pura, simples e oportuna** – feita dentro do prazo –, sob pena de caracterizar contraproposta. Isso significa que, sendo **tardia, modificativa ou com ressalva**, a aceitação configurará nova proposta, convertendo-se o oblato em proponente (art. 431).

Em duas situações, a **aceitação** não faz surgir contrato entre as partes:

- se a aceitação chegar **fora do prazo** ao proponente, devendo este **comunicar imediatamente** ao aceitante, sob pena de responder por perdas e danos (art. 430);
- se o aceitante fizer sua **retratação** chegar ao conhecimento do proponente **antes ou junto à própria aceitação**, caso em que será ineficaz (art. 433).

### 5.3.4. Conclusão do contrato

O momento da conclusão varia conforme se trate de **contrato entre presentes ou ausentes**. Entre **partes presentes**, o contrato se aperfeiçoa no momento em que o **oblato manifesta sua aceitação**, o qual coincide com a recepção dessa manifestação pela outra parte. Entre **partes ausentes**, há que se considerar a existência de um intervalo entre a emissão da aceitação e sua recepção pelo proponente, surgindo a necessidade de se determinar em que momento o contrato se forma.

Pela redação do art. 434, extrai-se que o CC/2002 adotou a teoria da expedição, com ressalvas, ou a **teoria da expedição mitigada**. Pela teoria da expedição, que se contrapõe à teoria da recepção [pelo proponente], a formação do contrato ocorre no momento em que a aceitação é expedida, isto é, transmitida pelo oblato, independentemente da recepção pelo proponente. A mitigação decorre das **três exceções** estabelecidas no dispositivo: I – quando a **retratação do oblato** chegar ao proponente antes ou junto da aceitação, conforme previsão do art. 433; II – se proponente se houver **comprometido a esperar resposta**; III – se a aceitação **não chegar no prazo** convencionado.

O **local da celebração do contrato**, relevante para se determinar a legislação aplicável a ele, será aquele **onde foi proposto**, entendendo a doutrina ser este o local onde reside o proponente (art. 435). O entendimento harmoniza-se com o disposto no art. 9º, § 2º, da LINDB, que, tratando de **relações internacionais privadas**, estabelece que a "obrigação resultante do contrato reputa-se constituída no lugar em que residir o proponente".

## 5.4. Interpretação dos contratos

O contrato é uma espécie de negócio jurídico, e, portanto, a ele se aplicam as regras interpretativas gerais dos negócios (conforme visto no item 3.3 da seção "Direito Civil"), acrescidas de regras especiais trazidas no livro próprio e na legislação esparsa.

No art. 421-A, I, o legislador resguarda às partes a possibilidade de estabelecer normas de **interpretação autêntica**, com a fixação de "parâmetros objetivos para a interpretação das cláusulas negociais e de seus pressupostos de revisão ou de resolução".

Além disso, dispõe o legislador que, na interpretação dos **contratos de adesão**, deve-se privilegiar o **sentido mais favorável ao aderente**, que não redigiu suas cláusulas (art. 423), entendendo-se que tal regra se aplica a todas as suas cláusulas e não apenas as ambíguas ou contraditórias. Esses contratos frequentemente se aplicam a **relações de consumo**, atraindo a aplicação das **regras especiais** do art. 54 do CDC (ver o item 11.6 da seção "Direito Civil").

## 5.5. Contratos em relação a terceiros

O **princípio da relatividade dos contratos** estabelece que estes **não produzirão efeitos em relação a terceiros** que não tenham manifestado vontade de vincular-se a seu conteúdo. A disciplina pelo CC da **estipulação em favor de terceiro** e **promessa de fato de terceiro** traz regras especiais para situações em que os contratos trazem previsões relacionadas a terceiros, sem, contudo, negar o princípio básico acima enunciado.

Na **estipulação em favor de terceiro**, o **promitente** assume perante o **estipulante** uma obrigação cujo cumprimento favorecerá pessoa estranha à convenção, o **terceiro ou beneficiário**. Exemplo comum pode ser encontrado no contrato de seguro de vida. Não se exige seja o beneficiário capaz, admitindo-se inclusive estipulação de pessoa indeterminada e futura, desde que possa ser identificada até o momento do cumprimento.

Em regra, **estipulante e beneficiário podem exigir o cumprimento da obrigação**, e a exclusão da pretensão do beneficiário caracteriza, conforme a doutrina, uma **estipulação em nome de terceiro imprópria**. Caso o beneficiário, que tem a faculdade de recusar a estipulação, opte por exigi-la, ficará sujeito às condições e normas do contrato, se a ele anuir e o estipulante não o tiver substituído (art. 436).

Caso se estipule **direito ao beneficiário de exigir o cumprimento**, perde o estipulante o direito de liberar o promitente, tornando-se a **estipulação irrevogável** (art. 437). Como esse direito corresponde à regra geral, entende-se que apenas quando afastado expressamente no contrato o exercício da pretensão pelo beneficiário é que o estipulante poderá exonerar o devedor-promitente.

Também é princípio geral o de que o **estipulante não pode livremente substituir o beneficiário**, se não nas situações expressamente previstas na **lei** ou quando for **expressamente pactuado** no contrato tal direito. Neste último caso, a substituição do beneficiário não depende de concordância do promitente ou do próprio favorecido, podendo ser feito por ato *inter vivos* ou *mortis causa* (art. 438).

Na **promessa de fato de terceiro** ou **contrato por outrem**, uma parte (**promitente**) promete à outra (**promissário**) a execução de obrigação por **terceiro**, estranho ao acordo. Em face do princípio da relatividade, não há como compelir o terceiro ao cumprimento da obrigação, de modo que a única solução caso haja recusa à execução é a das perdas e danos, com **responsabilidade civil do promitente**. O promitente assume, pois, uma **obrigação de resultado**. Entretanto, se o **terceiro for o cônjuge** do promitente, e o **fato prometido for sua outorga ou anuência** ao ato a ser praticado, não responderá o promitente por perdas e danos se, pelo regime do casamento, a indenização, de algum modo, puder recair sobre os seus bens (art. 439). Se o **terceiro ratificar posteriormente o acordo**, manifestando sua concordância, torna-se o devedor principal, caso em que o **promitente se libera** da obrigação de garantir o cumprimento (art. 440).

### 5.6. Vícios redibitórios

Os vícios redibitórios constituem **defeitos ocultos na coisa** entregue em virtude de **contrato oneroso comutativo**, tornando-a **imprópria ao uso** a que se destina, ou lhe **diminuindo o valor**. O legislador estabelece uma **garantia legal** do cumprimento perfeito da obrigação de dar, em relação ao uso e valor da coisa adquirida, sob pena de se configurar o inadimplemento contratual.

O vício deve ser, cumulativamente:

- **oculto** e desconhecido do adquirente – não há direito a reclamar de vícios aparentes, no CC;
- **existente no momento da entrega** – vícios que surgirem depois de a coisa se incorporar ao patrimônio do adquirente serão por este suportados (*res perit domino*).

Também podem ser alegados vícios nas **doações onerosas** (art. 441, parágrafo único), até o limite do encargo, e mesmo em contratos aleatórios, se o vício se verifica em elementos não aleatórios do contrato (Enunciado 583 da VII Jornada de Direito Civil).

Diante se sua verificação, o Código Civil oferece uma alternativa ao adquirente, no âmbito das chamadas **ações edilícias: ação redibitória ou estimatória**.

Se a **coisa perecer** em poder do adquirente, em razão do vício oculto, **apenas será possível a ação redibitória**, buscando o pagamento do equivalente (art. 444).

Apenas se exige que o defeito seja desconhecido pelo adquirente. No caso do **alienante**, o legislador apenas faz variar a extensão da responsabilidade caso tenha conhecimento do vício. Assim é que, se **entregou a coisa sabendo da existência do vício**, o alienante arcará com a **restituição que recebeu, acrescida de perdas e danos**. Se estiver de **boa-fé**, tomada aqui no sentido subjetivo de ignorar o defeito, responde **apenas pelo valor recebido** e **despesas do contrato** (art. 443).

O art. 445 estabelece **prazo decadencial** para a reclamação do vício, conforme a natureza do bem:

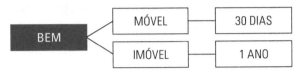

O prazo se **conta da data da entrega da coisa**, salvo se o vício, por sua natureza, só **puder ser constatado mais tarde**, caso em que o prazo se **iniciará da ciência do vício**, desde que revelado no prazo máximo de **180 dias**, para bens móveis, e **1 ano**, para imóveis (art. 445, § 1º). Os prazos serão **reduzidos à metade** se o adquirente já se encontrava na posse dos bens no momento da alienação, contando-se deste (art. 445). Em caso de venda de animais, o prazo será estabelecido por lei especial ou pelos usos locais, aplicando-se supletivamente o art. 445.

O prazo poderá ser ampliado por convenção, caso em que o prazo de garantia legal apenas se contará com o término da **garantia convencional**. Contudo, o adquirente perderá o direito de reclamar do vício se não o **denunciar ao alienante nos 30 dias após o descobrimento** (art. 446).

Nas **coisas vendidas conjuntamente**, o defeito oculto de uma não autoriza a rejeição de todas (art. 503).

> Se os vícios redibitórios forem identificados em **relações de consumo**, o legislador estabelece disciplina especial, atribuindo-se ao fornecedor **prazo de 30 dias para sanar o vício**, somente após o qual se reconhecerá ao consumidor as alternativas, que são ampliadas para três, com a previsão da possibilidade de se **exigir a substituição do produto** (art. 18, § 1º, do CDC). Também os prazos para o exercício do direito pelo adquirente são estabelecidos de forma distinta, além de se permitir a reclamação de vícios aparentes, nos termos do art. 26 do CDC (conforme será visto nos itens 11.3.2 e 11.3.3 da seção "Direito Civil").

## 5.7. Evicção

> A **evicção** consiste na **perda de coisa alienada**, em virtude de **decisão judicial** ou **ato administrativo** que reconhece direito a outrem (evictor) sobre ela, preexistente à alienação. O **alienante** em **contratos onerosos** responde pela **evicção** da coisa, mediante a indenização da perda sofrida pelo adquirente (evicto), ainda que a alienação tenha sido feita em **hasta pública** (art. 447). O instituto constitui, assim, outra modalidade de **garantia legal** dada ao adquirente de coisas, ao lado da responsabilidade por vícios redibitórios.

Tal garantia pode ser ampliada, reduzida ou mesmo extinta por acordo expresso das partes (art. 448), já que **não decorre de norma de ordem pública**. **Afasta-se**, contudo, a **eficácia da cláusula de exclusão** da garantia contra a evicção, conferindo-se ao evicto direito ao reembolso do preço pago pela coisa, caso (i) este ignorar a existência do risco da evicção ou, (ii) uma vez informado, não o tenha assumido (art. 449).

O **cálculo do valor da coisa**, para fins de restituição ao adquirente, será feito com base no valor do bem na **data da evicção** – não da alienação –, reduzido proporcionalmente em caso de **evicção parcial** (art. 449, parágrafo único). Neste último caso, sendo a **evicção considerável,** o evicto terá duas **alternativas**: (i) demandar a **restituição proporcional** do preço (art. 450, parágrafo único) ou (ii) a **rescisão do contrato** (art. 455). Além da restituição do preço ou quantias pagas, o evicto tem direito a outras verbas previstas no art. 450:

> **Art. 450.** Salvo estipulação em contrário, tem direito o evicto, além da **restituição integral do preço** ou das quantias que pagou:
> I – à **indenização dos frutos** que tiver sido obrigado a restituir;
> II – à indenização pelas **despesas dos contratos** e pelos **prejuízos** que diretamente resultarem da evicção;
> III – às **custas judiciais** e aos **honorários do advogado** por ele constituído.

Haverá responsabilidade integral do alienante ainda que a **coisa evicta esteja deteriorada**, salvo se a deterioração resultar de dolo do adquirente (art. 451). Se, todavia, o adquirente tiver lucrado com as deteriorações, e não tiver sido condenado a indenizar o terceiro reivindicante (evictor), o valor respectivo será deduzido das verbas a receber (art. 452). Se o evicto tiver realizado **benfeitorias necessárias ou úteis** sobre a coisa, e não tiver obtido do reivindicante sua indenização nos termos do art. 1.219, poderá exigir a compensação pelo alienante (art. 453). Caso o evicto seja indenizado por benfeitorias empreendidas pelo alienante, e não por si, o valor delas será deduzido das verbas a que faz jus (art. 454).

Se o evicto tinha **ciência de que a coisa era alheia ou litigiosa**, considera-se que **assumiu o risco** de uma futura evicção da coisa, não lhe assistindo o direito a ser indenizado (art. 456).

### 5.8. Contrato com pessoa a declarar

No **contrato com pessoa a declarar**, um dos contratantes (**estipulante**) reserva-se o direito de **indicar outra pessoa** (*electus*), que, em seu lugar, assumirá os direitos e obrigações dele decorrentes (art. 467). Estabelece-se previamente entre as partes um direito à cessão da posição contratual, a qual não dependerá de aceitação da outra parte.

A nomeação da pessoa é feita por meio de uma **manifestação unilateral e receptícia de vontade**, devendo ser **comunicada à outra** parte no prazo estipulado ou, em sua falta, no de cinco dias da conclusão do contrato (art. 468). A aquisição dos direitos pelo terceiro nomeado, após sua **aceitação** pela mesma forma usada para o contrato, operará **efeitos retroativamente à data da sua celebração** (arts. 468, parágrafo único, e 469). Haverá, portanto, duas fases ou momentos: num primeiro momento, antes de o nomeado manifestar sua aceitação, o estipulante comparece em caráter provisório junto ao outro contratante; após, o nomeado assume a posição contratual, liberando-se o estipulante.

O contrato **manterá sua eficácia em relação aos contratantes originários**, (i) caso não ocorra a indicação de pessoa ou o nomeado a recusar; (ii) caso a pessoa nomeada seja insolvente ao tempo da nomeação e a outra desconhecesse o fato quando da indicação; (iii) caso a pessoa nomeada seja incapaz no momento da nomeação (arts. 470 e 471).

## 5.9. Extinção dos contratos

Os contratos constituem **vínculos transitórios ou temporários**, constituindo o cumprimento das suas disposições o modo normal ou natural de sua extinção. Neste caso, a **quitação** constitui a **prova do pagamento**, e consequente extinção do contrato. Excepcionalmente, contudo, pode o contrato ser **extinto sem que ocorra o cumprimento**, por diversas causas, que podem ser anteriores, contemporâneas ou supervenientes à formação do contrato. A expressão **rescisão** é usada para fazer referência a formas variadas de extinção do contrato, seja por inadimplemento, seja pela constatação de vícios que afetem sua validade.

São **causas extintivas** do contrato:

☐ **Nulidade absoluta ou relativa:** a invalidade pode decorrer do não preenchimento dos requisitos essenciais do art. 104, quanto ao sujeito, objeto e forma do negócio jurídico, ou da verificação de vícios da vontade e da declaração (ver o item 3.2 da seção "Direito Civil"). A **declaração judicial**, seja da nulidade, seja da anulabilidade, tem por efeito a **desconstituição do contrato**, com o desfazimento do que já se produziu, **restituindo-se as partes ao estado** em que se encontravam antes de sua celebração.

☐ **Cláusula resolutiva:** trata-se de estipulação segundo a qual o **descumprimento das obrigações** por um dos contratantes confere ao outro a **faculdade de resolver o contrato**. Pode ser **expressa**, quando a cláusula é também conhecida por **pacto comissório**, ou **tácita**, na medida em que em todo contrato bilateral a lei faz presumir a existência de cláusula resolutiva. Assim, diante do inadimplemento da outra parte, tem o contratante lesado a **alternativa** de resolver o contrato ou exigir-lhe o cumprimento, de forma específica, sem prejuízo da reparação dos prejuízos sofridos (art. 475).

A resolução produz **efeitos liberatório** das partes, que se desobrigam em relação ao contrato, e também **restitutório**, com eficácia *ex tunc*, na medida em que as partes serão restituídas ao *status quo ante*, devolvendo o que foi recebido em virtude do contrato. Em caso de **cláusula resolutiva expressa**, a **resolução opera de pleno direito**, observando-se os requisitos e procedimentos estabelecidos no dispositivo. Já na **cláusula resolutiva tácita**, a resolução depende de **interpelação judicial** em que se verifiquem os requisitos, tendo a sentença caráter constitutivo (art. 474).

Há uma tendência de relativização do direito à resolução do contrato, quando as prestações se mantenham possíveis e úteis ao credor, o inadimplemento seja ínfimo ou de menor importância e o desfazimento do contrato constitua medida desproporcional.

> Aplica-se, nesse sentido, a **teoria do adimplemento substancial**, de origem doutrinária e jurisprudencial, segundo a qual, diante do **cumprimento quase integral** (substancial) das obrigações pactuadas, e **descumprimento de parte insignificante**, a resolução unilateral não se afigura razoável, tendo em vista a boa-fé e a função social do contrato. Essa teoria vem sendo aplicada pela jurisprudência especialmente em contratos de longo prazo, como financiamentos de veículos.

■ **Resolução:** ocorrendo o descumprimento do contrato por uma das partes, a outra pode optar pela resolução da avença, rompendo o vínculo.

Se a **inexecução for voluntária ou culposa**, além do desfazimento com **restituição das partes ao *status quo* anterior**, o inadimplente tem dever de pagar as **perdas e danos**. Se houver pactuação de cláusula penal, seu pagamento será devido. Em caso de **contratos de trato sucessivo**, preservam-se as prestações já cumpridas, produzindo a resolução efeitos apenas em relação às prestações futuras. O devedor inadimplente pode apresentar **defesas** que justifiquem seu atraso, por exemplo, a ocorrência de prescrição ou o fato de que não cumpriu em virtude do descumprimento anterior da prestação pela outra parte.

Pode ocorrer **resolução por inexecução involuntária** quando houver impossibilidade superveniente, ou o **inadimplemento decorrer de fato não imputável às partes**, como o caso fortuito ou de força maior e o fato de terceiro. A **impossibilidade deve ser total**, pois se parcial pode haver interesse na manutenção do contrato, e **definitiva**, operando-se apenas suspensão do contrato em caso de impossibilidade temporária. O pronunciamento judicial, de natureza declaratória, terá por efeito a **restituição das partes ao *status quo ante* sem o pagamento de perdas e danos**, salvo se o sujeito estiver em mora ou expressamente se obrigou a pagar os prejuízos decorrentes de caso fortuito ou de força maior (arts. 393, 399).

A **exceção de contrato não cumprido** (*exceptio non adimpleti contractus*) é **defesa** que pode ser alegada em **contratos bilaterais**, com prestações recíprocas, interdependentes e equilibradas, caso em que o **descumprimento por um dos obrigados autoriza a recusa pelo outro**, retirando a causa para o cumprimento da prestação que lhe incumbe (art. 476). Trata-se de defesa indireta contra a pretensão, **não tendo por objetivo extinguir o vínculo contratual**, mas tão somente **suspender a exigibilidade** pela parte inadimplente enquanto esta não cumprir a prestação a seu cargo.

> Em outras palavras, apesar de tratada no capítulo sobre extinção do contrato, a ***exceptio* não conduz à sua resolução**, mas somente à suspensão de exigibilidade. Tão logo seja cumprida a prestação pelo inadimplente, a outra parte deve cumprir sua prestação.

Admite-se validamente a pactuação da **cláusula *solve et repete***, pela qual as partes renunciam ou restrinjam o direito de alegar a exceção de contrato não cumprido.

A exceção de contrato não cumprido pode ser alegada por qualquer das partes em contrato cujas **prestações sejam simultâneas** ou, sendo **sucessivas**, por aquela a quem incumbia prestar em segundo lugar. Se aquele que deveria **prestar em primeiro lugar** tiver, em face de **alterações na situação patrimonial**, fundadas razões para duvidar do posterior adimplemento da outra parte, pode recusar-se à prestação que lhe incumbe, até que o **outro cumpra ou preste garantias** de execução da sua obrigação (art. 477).

A **resolução por onerosidade excessiva** é prevista para os casos em que os **contratos comutativos**, de **execução continuada ou diferida**, se tornem, em função de **alterações extraordinárias das circunstâncias, posteriores e imprevisíveis**, de **cumprimento muito oneroso**, perdendo sua equivalência ou equilíbrio. Em tal situação, a ocorrência de acontecimentos extraordinários permite que se excepcione o princípio do *pacta sunt servanda*, pleiteando-se a **resolução do contrato**, com base na **teoria da imprevisão** (art. 478).

Entende-se, contudo, em homenagem ao princípio da conservação dos negócios jurídicos, que a **resolução apenas se legitima quando não for viável a revisão do pacto**, de maneira a recuperar o equilíbrio das atribuições das partes (art. 479). Se o contrato estabelecer **obrigações apenas a uma das partes**, a parte prejudicada em virtude de desequilíbrio ou onerosidade excessiva poderá pleitear a redução das prestações ou alteração do modo de executá-las, a fim de evitar a extinção por onerosidade excessiva (art. 480).

☐ **Resilição:** trata-se da **extinção pela manifestação de vontade das partes**, independente Súmula 278, STJ:

☐ O termo inicial de fluência do prazo prescricional é a data em que o acidentado teve efetiva ciência de sua enfermidade ou do fato incapacitante, e não a partir do laudo médico que serviu para instruir a execução. nte do descumprimento de prestações, produzindo efeitos *ex nunc*. Pode ser:

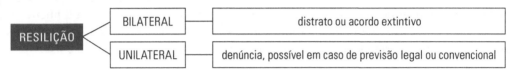

O **distrato** consiste em **novo contrato**, negócio jurídico bilateral, com efeito liberatório em relação ao vínculo anterior, sendo celebrado pelas mesmas partes e pela **mesma forma** prevista na lei para o contrato (art. 472). Seus **efeitos** se produzem *ex nunc*, preservando-se o que já se produziu.

A **resilição unilateral** consiste na extinção do contrato pela **vontade de uma só das partes**, quando a **lei** o permitir de forma expressa ou implícita, em virtude da natureza do contrato. Exemplo corrente se encontra nos contratos que envolvem confiança, como mandato e comodato. Também é permitida, em regra, nos **contratos por prazo indeterminado**, e quando as partes fizerem a **previsão contratual** de tal faculdade, pactuando, por exemplo, direito de arrependimento.

O art. 49 do CDC estabelece uma **hipótese legal** de direito de arrependimento, no prazo de 7 dias, em favor do consumidor que contratou **fora do estabelecimento comercial**.

A resilição unilateral não depende de pronunciamento judicial, produzindo efeitos *ex nunc*, por meio de **notificação à outra parte** – declaração receptícia de vontade (art. 473). A notificação caracteriza a **denúncia do contrato**.

Na hipótese em que uma das partes tenha efetuado **investimentos consideráveis** para a execução do contrato, o legislador, em vez de simplesmente determinar o pagamento de perdas e danos em caso de denúncia, estabelece a **manutenção do vínculo contratual por prazo compatível** com a natureza e o vulto dos investimentos (art. 473, parágrafo único).

No contrato de **mandato**, contratos fiduciários cuja extinção pode ser determinada *ad nutum* ou independentemente de justificativa e prazos, a resilição unilateral receberá a denominação **revogação ou renúncia**, conforme a iniciativa da extinção seja do mandante ou do mandatário, respectivamente. Na enfiteuse, a liberação unilateral do ônus se faz por meio do resgate.

■ **Morte de um dos contratantes**. A morte de uma das partes apenas determina a **extinção** em caso de **contratos personalíssimos** ou constituídos *intuitu personae*, não se transmitindo as obrigações aos herdeiros.

# 6. CONTRATOS EM ESPÉCIE

Além de tratar das regras gerais aplicáveis aos contratos, o legislador se debruça sobre a tarefa de regular as principais espécies contratuais, estabelecendo as figuras típicas ou nominadas. Abordam-se aqui figuras típicas previstas no CC e mais abordadas no Exame de Ordem, sem pretensão de esgotamento.

## 6.1. Compra e venda

A **compra e venda** constitui um contrato pelo qual um dos contratantes **se obriga a transferir o domínio** de certa coisa, e o outro, a **pagar-lhe certo preço** em dinheiro (art. 481). Saliente-se que, no direito brasileiro, o contrato por si só não tem o condão de transferir a propriedade, apenas criando a obrigação de realizar a entrega ou tradição da coisa.

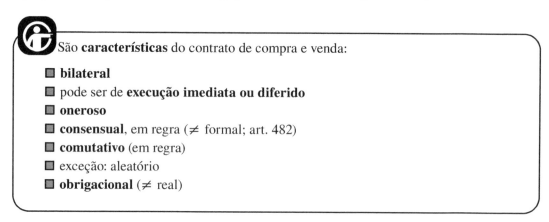

São **características** do contrato de compra e venda:

■ **bilateral**
■ pode ser de **execução imediata ou diferido**
■ **oneroso**
■ **consensual**, em regra (≠ formal; art. 482)
■ **comutativo** (em regra)
■ exceção: aleatório
■ **obrigacional** (≠ real)

Há três **elementos essenciais** sem os quais não se pode falar de compra e venda (art. 482):

■ A **coisa** deve ser **existente**, **individualizada** e **disponível**. Em se tratando de coisa incorpórea, a compra e venda passa a ser chamada **cessão**, como ocorre em relação a direitos autorais ou direitos hereditários. Sendo o objeto **coisa futura**, caso ela não venha a existir, o contrato perderá sua eficácia, exceto se pactuado com natureza aleatória (art. 483). A **determinação ou individualização** da coisa pode ser feita após a celebração do contrato, desde que antes do cumprimento. Por disponível, entende-se a coisa **passível de alienação**. A **venda** *a non domino*, de coisa alheia ou por quem não é o proprietário da coisa, é em princípio **ineficaz** contra o proprietário, podendo produzir seus efeitos caso o alienante adquira a coisa antes do momento da entrega.

■ O **preço** deve ser **sério, real e justo**. **Não** se admite, assim, o estabelecimento de **preço vil**, exigindo-se uma proporcionalidade mínima em relação ao valor da coisa. Deve ser pago em **dinheiro**, sob pena de se caracterizar contrato de troca ou permuta.

É em regra **fixado pelas partes**, por acordo, sendo **nulo** o contrato se a fixação do preço for deixada ao **arbítrio exclusivo de apenas uma** delas (art. 489). Podem as partes estabelecer a **fixação por terceiro**, hipótese em que a recusa deste torna o contrato sem efeito, salvo se os contratantes acordarem na designação de outra pessoa (art. 485). A lei admite ainda a **fixação do preço à taxa de mercado ou de bolsa**, em certo e determinado dia e lugar (art. 486), e também **em função de índices ou parâmetros**, desde que suscetíveis de objetiva determinação (art. 487). Na **falta de fixação de preço ou de critérios** para a sua determinação, inexistente tabelamento oficial, aplica-se o **preço corrente** nas vendas habituais do vendedor (art. 488).

■ O **consentimento** é o **acordo sobre coisa e preço**. Para tanto, as partes devem apresentar **capacidade civil em geral** e **legitimidade** específica para o ato, elencando o legislador certas situações em que pessoas ficam impedidas de comprar certos bens:

---

**Art. 497.** Sob pena de nulidade, não podem ser comprados, ainda que em hasta pública:
I – pelos tutores, curadores, testamenteiros e administradores, os bens confiados à sua guarda ou administração;
II – pelos servidores públicos, em geral, os bens ou direitos da pessoa jurídica a que servirem, ou que estejam sob sua administração direta ou indireta;
III – pelos juízes, secretários de tribunais, arbitradores, peritos e outros serventuários ou auxiliares da justiça, os bens ou direitos sobre que se litigar em tribunal, juízo ou conselho, no lugar onde servirem, ou a que se estender a sua autoridade;
IV – pelos leiloeiros e seus prepostos, os bens de cuja venda estejam encarregados.

---

O legislador estabelece norma supletiva para a repartição das despesas, aplicável à falta de disposição em contrário no contrato: **despesas com escritura e registro** são arcadas pelo **comprador**; **despesas com a tradição** pelo **vendedor** (art. 490). Eventuais **débitos** sobre a coisa **anteriores à tradição** serão suportados pelo **vendedor** (art. 502).

No que concerne aos **riscos incidentes sobre a coisa**, o art. 492 fixa que, "**até o momento da tradição**, os riscos da coisa correm por conta do **vendedor**, e os **do preço** por conta do **comprador**". A regra se harmoniza com o princípio geral *res perit domino*.

Salvo convenção distinta, a entrega se dará no **local onde a coisa se encontrava ao tempo da venda** (art. 493). Quanto ao **momento**, considera-se que em regra a compra e venda é feita à vista, devendo as prestações ser realizadas simultânea e imediatamente, salvo se as partes estabelecerem regra especial. Não sendo a venda a crédito, prevê o legislador o direito de o vendedor **reter a coisa** até que o **preço lhe seja integralmente pago**, em aplicação da exceção de contrato não cumprido (art. 491). No mesmo sentido, caso o **comprador se torne insolvente** antes da entrega, poderá o vendedor reter a coisa até que se lhe preste caução do cumprimento regular da obrigação (art. 495).

O Código estabelece importantes limitações à compra e venda:

1) A **venda de ascendente a descendente** deve contar com a anuência ou **consentimento expresso dos demais descendentes e cônjuge**, sob pena de **anulabilidade.** Dispensa-

-se o consentimento do cônjuge se o regime de bens for o da separação obrigatória (art. 496). Cabe **suprimento judicial** da autorização que for denegada arbitrariamente. A **anulação** por falta de consentimento pode ser requerida no **prazo decadencial de 2 anos**, contados da conclusão do negócio (art. 179), **convalidando-se o vício** caso a autorização seja dada posteriormente (art. 176). Também será anulável a compra e venda feita de forma dissimulada, por meio de interposta pessoa, ocultando-se a participação do descendente.

> Não se confundem os regimes legais da **doação e compra e venda de ascendente a descendente**. A doação entre ascendentes e descendentes é válida, independentemente da vontade dos outros herdeiros, mas será considerada um adiantamento da legítima (art. 544). A compra e venda entre os mesmos sujeitos depende da anuência dos herdeiros, não produzindo impactos sucessórios.

2) Apenas se admite a **compra e venda entre cônjuges** em relação a **bens excluídos da comunhão** (art. 499).

3) Em caso de **venda de coisa indivisível com** diversos titulares em **condomínio**, assiste aos demais condôminos **direito de preferência** na aquisição, em relação a terceiros (art. 504). O direito, que só existe em caso de alienações onerosas, tem por objetivo evitar conflitos pela inclusão de estranhos na relação entre os condôminos.

> Em caso de **preterição do direito**, o condômino prejudicado tem **ação de preempção,** com pedido de **adjudicação compulsória,** em face do vendedor e do adquirente, a fim de haver para si a coisa, mediante o **depósito do preço**. A ação deve ser ajuizada no **prazo decadencial de 180 dias**, durante o qual a propriedade do comprador será considerada resolúvel (art. 1.359).

Havendo concorrência de condôminos interessados na adjudicação do bem, preferirá o que tiver benfeitorias de maior valor e, na falta destas, o de quinhão maior. Se as partes forem iguais, haverá o rateio entre os condôminos que depositarem o preço (art. 504, parágrafo único).

O legislador prevê algumas modalidades especiais de compra e venda, com destaque para:

☐ **venda mediante amostra:** a coisa deve ter as qualidades da amostra, mesmo distinta do que se prevê no contrato (art. 484);

☐ **venda** *ad corpus* **e venda** *ad mensuram***:** na primeira, dá-se a aquisição do todo, como corpo certo e determinado, enquanto na segunda importa na aquisição a medida de extensão (art. 500).

| VENDA *AD CORPUS* | VENDA *AD MENSURAM* |
|---|---|
| ☐ aquisição do todo, como **corpo certo e determinado** | ☐ por **medida de extensão** |

| | |
|---|---|
| ▫ área **meramente enunciativa**<br>▫ **não se discute falta ou excesso** de área (art. 500, § 3º) | ▫ entrega de **área inferior** (art. 500):<br>1º) comprador pode exigir complemento de área<br>2º) se impossível o complemento: rescisão ou abatimento no preço<br>▫ **excesso de área** + ignorância do vendedor (art. 500, § 2º) – alternativa para comprador: completar o valor ou devolver o excesso |
| ▫ presume-se que dimensão foi meramente enunciativa se a **diferença não ultrapassa 5%** da área total (art. 500, § 1º, do CC) | ▫ **prazo decadencial** para discussão da área: um ano (art. 501) |

Além disso, as partes podem pactuar **cláusulas especiais à compra e venda**:

▪ **retrovenda**: o vendedor reserva-se o **direito de reaver o imóvel** que está sendo alienado, no prazo máximo de **decadência de 3 anos**, restituindo o preço e despesas efetuados pelo comprador. O direito de retrato é cessível e transmissível a herdeiros e legatários, e pode ser exercido contra o terceiro adquirente. Cabe o ajuizamento de **ação de adjudicação compulsória** para o exercício do direito de resgate, quando negado pelo comprador, mediante o **depósito judicial** das quantias devidas (arts. 505 a 508).

▪ **venda a contento**: contrato estabelecido sob **condição suspensiva** da manifestação, pelo adquirente, do **agrado**. Comprador tem as obrigações de um comodatário até a aceitação pelo adquirente (arts. 509, 511, 512);

▪ **venda sujeita a prova**: contrato estabelecido sob **condição suspensiva** de ter a coisa as **qualidades asseguradas pelo vendedor** e **idoneidade para o fim a que se destina**. Comprador tem as obrigações de um comodatário até a aceitação pelo adquirente (arts. 510 a 512);

▪ **preempção, prelação ou preferência**: comprador de coisa móvel ou imóvel obriga-se a, no caso de **futura disposição do bem**, dar **preferência na aquisição ao vendedor**. O prazo decadencial máximo para exercer o direito de preferência é de cento e oitenta dias, se a coisa for móvel, ou dois anos, se imóvel. Em caso de **desrespeito da cláusula**, com preterição do direito de preferência na aquisição, o vendedor apenas terá **direito à reparação das perdas e danos** sofridas, não lhe assistindo pretensão à adjudicação do bem (arts. 513 a 520);

> É frequente a confusão entre os **direitos de preferência** na aquisição estabelecidos nos arts. 504 e 513. O direito de preferência na aquisição da parte do condômino (art. 504) é estabelecido pela lei e, uma vez desrespeitado, enseja o ajuizamento de ação de adjudicação compulsória. A preferência estabelecida no art. 513 tem natureza contratual, e sua preterição apenas gera obrigação de pagar perdas e danos.

▪ **venda com reserva de domínio**: as partes condicionam a **efetiva transferência do domínio** ou propriedade de bem móvel ao **pagamento integral do preço**. Dá-se o **desmembramento da posse**, com a transferência da posse direta para o comprador, reservando-se ao vendedor a posse indireta e **propriedade resolúvel** sobre a coisa, até que ocorra o pagamento (arts. 521 a 528);

▪ **venda sobre documentos**: a tradição da coisa é substituída pela **entrega do seu título representativo** ou outros documentos estabelecidos no contrato, que dão direito ao adquirente de recebê-la posteriormente (arts. 529 a 532). Permite, por exemplo, a transferência de mercadorias depositadas sem o deslocamento físico destas.

## 6.2. Doação

Pelo contrato de **doação**, uma das partes (doador), por **liberalidade**, transfere do seu patrimônio bens ou vantagens para o da outra (donatário). São elementos essenciais ao contrato (i) a **atribuição patrimonial**, com transferência de bens ou vantagens a uma das partes; (ii) o *animus donandi* ou intenção de realizar uma gratuidade, independentemente do motivo; (iii) a **aceitação** do donatário.

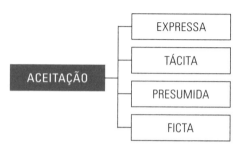

**Aceitação expressa** ocorre por declaração de vontade do donatário, que afirma seu interesse em receber o bem. **Tácita** é a aceitação que decorre de **comportamento concludente** do beneficiário, incompatível com a recusa, como quando ele começa a fazer uso da coisa, como dono. Considera-se **presumida** a aceitação, em virtude de **silêncio concludente**, quando o doador fixa prazo ao donatário, para declarar se aceita ou não a liberalidade, e este, ciente do prazo, não declara sua vontade, presumindo-se que aceitou (art. 539). A aceitação do beneficiário incapaz é dispensada pela lei, que considera haver **aceitação ficta** (art. 543). Na **doação ao nascituro**, a aceitação é feita pelo representante legal (art. 542).

São **características** do contrato de compra e venda:
- **unilateral**
- **gratuito**
- **formal**: forma escrita – **escritura pública** ou **instrumento particular** (art. 541)
- exceção: **doação manual** (bens móveis de pequeno valor) – caráter real e verbal (art. 541, parágrafo único).
- *inter vivos*

A doação pode ser feita nas seguintes modalidades:

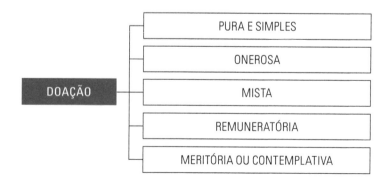

A doação **pura e simples** ou típica é aquela que envolve apenas e entrega de uma coisa por autêntica liberalidade, sem o estabelecimento de condição, encargo, intenção remuneratória ou de contemplação por mérito. Doação **onerosa**, modal, com encargo ou gravada é a que, junto à atribuição patrimonial do doador, se estipula para o donatário uma **obrigação acessória**, que não constitui contraprestação, podendo consistir no estabelecimento de uma finalidade para o uso do bem ou de uma prestação a cargo do beneficiário (art. 553). O encargo não suspende a aquisição e o exercício do direito decorrente da doação (art. 136), e pode ser estabelecido **em favor do próprio doador, de terceiro ou do interesse geral**. Neste último caso o Ministério Público terá legitimidade para exigir-lhe o cumprimento, após a morte do doador (art. 553, parágrafo único). A doação **mista** consiste na inserção de uma liberalidade em um contrato oneroso, a exemplo da venda de um bem por valor reduzido. **Remuneratória** é a doação feita em retribuição a serviços cujo pagamento não é exigível e **meritória ou contemplativa** aquela feita em contemplação do merecimento do donatário (art. 540).

Regra geral, o doador não sofrerá os ônus do inadimplemento, **não** sendo obrigado a pagar **juros moratórios**, nem estando sujeito às consequências da **evicção** ou do vício redibitório (art. 552). Ressalva-se a existência de responsabilidade pela evicção nas doações para casamento com certa e determinada pessoa (art. 552) e pelos vícios redibitórios nas doações onerosas (art. 441, parágrafo único).

O legislador regula de forma especial a doação feita a certas pessoas:

| | |
|---|---|
| doação a entidade futura (art. 554) | ▫ deve observar o **prazo decadencial de dois anos** para a constituição (art. 554) |
| doação conjuntiva (art. 551) | ▫ em comum a mais de uma pessoa<br>▫ presume-se **distribuição por igual**, salvo disposição em contrário<br>▫ em caso de doação conjuntiva para cônjuges, haverá **direito de acrescer** para o consorte sobrevivo |
| doação ao concubino (art. 550) | ▫ **anulável**, a pedido do cônjuge e herdeiros necessários<br>▫ prazo decadencial: **2 anos** da dissolução da sociedade conjugal |
| doação *propter nuptias* (art. 546) | ▫ em contemplação de casamento futuro com certa e determinada pessoa<br>▫ estabelecida sob **condição suspensiva da realização do casamento**<br>▫ dispensa aceitação, bastando a realização do casamento |
| doação de ascendentes a descendentes / entre cônjuges (art. 544) | ▫ válida, independentemente de anuência dos herdeiros<br>▫ regra: **adiantamento da herança**<br>▫ exceção: **dispensa da colação**, no próprio título ou testamento, desde que não ultrapasse a metade disponível (arts. 2.005 e 2.006) |

Estabelece, ainda, limitações à doação em face de certas circunstâncias. A primeira se refere à **doação em forma de subvenção periódica**, quando o doador se obriga a periodicamente transferir vantagens ou dinheiro ao donatário. Tal doação se extinguirá com a morte do doador, salvo convenção diversa, e não pode ultrapassar a vida do donatário (art. 545).

A **doação universal**, em que o doador dispõe de todos os bens de seu patrimônio, sem fazer reserva de parte ou renda suficiente para a sua subsistência, é **nula**, nos termos do art. 548. O dispositivo traz a aplicação da **teoria do patrimônio mínimo**, não havendo nulidade se o sujeito guarda para si usufruto vitalício dos bens ou tem renda que lhe permita subsistência digna.

> Também se opõe o legislador à prática da chamada **doação inoficiosa**, que excede a metade patrimonial disponível via testamento pela pessoa que tem herdeiros necessários. Neste caso, o art. 549 estabelece a **nulidade** apenas **do excedente**, por meio do ajuizamento pelos herdeiros preteridos de **ação de redução**, preservando-se a doação naquilo que não ofende a legítima.

Podem as partes estabelecer no contrato a chamada **cláusula de reversão ou retorno**, pela qual se estabelece o **retorno dos bens ao patrimônio do doador** se este sobreviver ao donatário, com natureza de condição resolutiva. Veda-se a estipulação de reversão em favor de terceiros (art. 547).

Nos termos do art. 555, a doação pode ser revogada por duas causas: **ingratidão do donatário** e **inexecução do encargo**.

Quando o donatário **descumpre o encargo**, a revogação depende da caracterização de **mora**. Não havendo prazo para cumprimento da obrigação – mora *ex re*, automática com o vencimento –, é preciso constituição em mora do donatário – mora *ex persona*, por meio de notificação judicial com fixação de prazo razoável para o cumprimento (art. 562).

O legislador enunciou hipóteses em que se pode pleitear a revogação da doação por **ingratidão do donatário** nos arts. 557 e 558, prevalecendo atualmente o entendimento de que o **rol tem caráter exemplificativo** (Enunciado n. 33 da I Jornada de Direito Civil do CJF, aplicado pelo STJ, REsp 1.597.857). **Não cabe renúncia antecipada** ao direito de revogar por ingratidão (art. 556).

**Art. 557.** Podem ser revogadas por ingratidão as doações:
I – se o donatário **atentou contra a vida** do doador ou cometeu crime de **homicídio doloso** contra ele;
II – se cometeu contra ele **ofensa física**;
III – se o **injuriou** gravemente ou o **caluniou**;
IV – se, podendo ministrá-los, **recusou ao doador os alimentos** de que este necessitava [nesta hipótese, devem se conjugar os requisitos: necessidade do doador + ausência de obrigados legais].

**Art. 558.** Pode ocorrer também a revogação quando o ofendido, nos casos do artigo anterior, for o cônjuge, ascendente, descendente, ainda que adotivo, ou irmão do doador.

A revogação da doação se faz por meio do ajuizamento de **ação revocatória**, que, nos termos do art. 560, tem natureza **personalíssima**, apenas tendo legitimidade o próprio **doador**. Seus **herdeiros** apenas poderão prosseguir na ação já ajuizada pelo doador em vida (art. 560), salvo no caso em que o ato de ingratidão se refira à prática de homicídio doloso consumado do doador, quando os herdeiros terão legitimidade (art. 561). A ação deve ser ajuizada no **prazo decadencial de 1 ano**, contados do conhecimento dos fatos e autoria (art. 559).

Por fim, o legislador estabelece situações em que a doação **não se revogará por ingratidão**:

**Art. 564.** Não se revogam por ingratidão:
I – as doações **puramente remuneratórias**;
II – as oneradas com **encargo já cumprido**;
III – as que se fizerem em **cumprimento de obrigação natural**;
IV – as feitas **para determinado casamento** [a fim de que não se prejudique o cônjuge que não cometeu o ato de ingratidão].

## 6.3. Locação

Pelo contrato de **locação**, uma das partes (locador) se obriga a ceder à outra (locatário), por **tempo determinado ou não**, o uso e gozo de **coisa não fungível**, mediante certa **retribuição** (art. 565). O Código Civil traz a disciplina geral do contrato, não se aplicando a situações reguladas em lei especial: **locação de prédios urbanos** (Lei n. 8.245/91) e **rurais** (Estatuto da Terra – Lei n. 4.504/64).

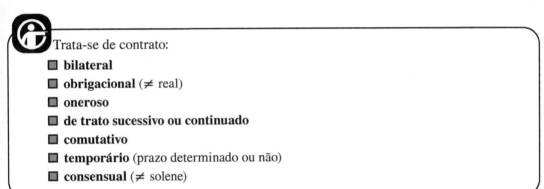

Trata-se de contrato:
- **bilateral**
- **obrigacional** (≠ real)
- **oneroso**
- **de trato sucessivo ou continuado**
- **comutativo**
- **temporário** (prazo determinado ou não)
- **consensual** (≠ solene)

Para que se configure uma doação, devem estar presentes essencialmente os elementos: **objeto, preço, consentimento** e **temporariedade**. O **objeto** da locação é o bem entregue para uso do locatário, que pode ser **coisa móvel ou imóvel**, mas deve ser **infungível e inconsumível**. O **preço**, também chamado aluguel ou remuneração, é em regra fixado por **consenso das partes**, podendo também a fixação se dar por **arbitramento judicial** ou **ato governamental**. Deve ser **sério** e **real, determinado** ou **determinável**, sendo lícito que se fixe variação conforme índices estabelecidos por lei. O pagamento é feito em regra em dinheiro, de forma periódica, mas admite-se o estabelecimento de remuneração mista, como em caso do pagamento em dinheiro e benfeitorias. O **consentimento** consiste no acordo das partes sobre os outros elementos, podendo ser **expresso** ou **tácito**. O locador não precisa ser o proprietário da coisa, bastando que ele tenha sobre a mesma poderes de administração. Em caso de **coisa objeto de condomínio** e natureza indivisa, a locação depende de deliberação da maioria dos condôminos, assistindo **direito de preferência** ao condômino para o aluguel (art. 1.323). Por fim, o contrato deve ser **temporário**, seja por prazo determinado ou indeterminado, pois a cessão definitiva da coisa caracterizaria compra e venda.

As principais **obrigações do locador** são estabelecidas no art. 566, incluindo o dever de entregar ao locatário a coisa, com suas pertenças, em condições de uso, e manter a coisa no mesmo estado, pelo tempo do contrato, efetuando os reparos necessários para a normal utilização (inc. I); e garantir uso pacífico da coisa (inc. II). O locador **não deve molestar a posse** do locatário, obrigando-se a **resguardá-lo contra atos de terceiros** e **responsabilizando-se por vícios e defeitos anteriores** à locação (art. 568). A Súmula 492 estabelece solidariedade entre locatário e locadora e veículos por danos a terceiros:

> A empresa locadora de veículos responde, civil e solidariamente com o locatário, pelos danos por este causados a terceiros, no uso do carro locado.

São **obrigações do locatário** (art. 569): (i) servir-se da coisa alugada para os usos convencionados e a tratá-la como se sua fosse, sob pena de rescisão do contrato com pagamento de perdas e danos (art. 570); (ii) pagar o aluguel nos prazos ajustados ou conforme os costumes do lugar, na falta de ajuste; (iii) levar ao conhecimento do locador as turbações de terceiros, fundadas em direito; (iv) restituir a coisa, finda a locação, no estado em que a recebeu, salvas as deteriorações naturais.

No que concerne à **extinção ou término do contrato de locação**, deve-se, em primeiro lugar, verificar o prazo avençado entre as partes.

Em sendo o **prazo determinado**, o contrato se extinguirá no seu término, independentemente de notificação ou aviso (art. 573), obrigando-se as partes a aguardar o vencimento. Na hipótese de **rescisão antecipada** pelo locador, este deve ressarcir as perdas e danos sofridas pelo locatário, a este assistindo direito de retenção até o ressarcimento; se demandada pelo locatário, deve ser paga proporcionalmente a multa prevista no contrato (art. 571). Findo o prazo, se o locatário permanecer na posse sem oposição do locador, presume-se a **prorrogação por prazo indeterminado** (art. 574).

A locação por **prazo indeterminado** pode ser **extinta a qualquer momento** por iniciativa de um dos contratantes, mediante prévia notificação do locatário. Caso este se mantenha **inerte** e não promova a restituição da coisa após notificação, ficará sujeito ao pagamento do **aluguel arbitrado pelo locador**, respondendo também pelas **perdas de danos** causadas, ainda que provenientes de caso fortuito ou de força maior (art. 575).

Em qualquer das situações, assiste ao locatário **direito de retenção pelas benfeitorias** necessárias, bem como pelas úteis, se realizadas com o consentimento expresso do locador (art. 578).

### 6.3.1. Locação de imóveis urbanos

Trata-se de um subtipo de contrato de locação, regulado de maneira especial pela Lei do Inquilinato (Lei n. 8.245/91), tendo por objeto a locação de prédios urbanos (art. 1º). Por revisão expressa, a lei não se aplica a certas locações:

> Art. 1º A locação de imóvel urbano regula-se pelo disposto nesta lei:
> Parágrafo único. Continuam **regulados pelo Código Civil e pelas leis especiais**:
> a) as locações:
> 1. de imóveis de **propriedade da União, dos Estados e dos Municípios**, de suas autarquias e fundações públicas [Decreto-lei 9.760/46];
> 2. de **vagas autônomas** de garagem ou de espaços para estacionamento de veículos [Código Civil];
> 3. de espaços destinados à **publicidade** [Código Civil];
> 4. em **apart-hotéis, hotéis-residência ou equiparados**, assim considerados aqueles que prestam serviços regulares a seus usuários e como tais sejam autorizados a funcionar [Código Civil];
> b) o **arrendamento mercantil**, em qualquer de suas modalidades [Lei n. 6.099/74].

No caso das **vagas de garagem**, caso sejam objeto de locação conjuntamente ao apartamento residencial, será o contrato regido pela Lei n. 8.245/91, em face de sua acessoriedade.

O legislador estabelece regras especiais para a realização de sublocação e cessão do contrato de locação. A **sublocação** consiste na realização de novo contrato de locação entre locatário (sublocador) e terceiro (sublocatário), tendo por objeto a integralidade ou parte do bem locado. O locatário continua obrigado em relação ao locador. Na **cessão da locação**, modalidade de cessão do contrato, dá-se transferência da posição contratual, com todos os direitos e obrigações da parte, liberando-se o cedente. Ambas as operações, assim como o empréstimo do imóvel, dependem do **consentimento prévio e escrito do locador** (art. 13). O consentimento posterior do locador importa ratificação do contrato. De acordo com a Súmula 411 do STF:

> O locatário autorizado a ceder a locação pode sublocar o imóvel.

A sublocação tem **caráter acessório** ao contrato de locação, extinguindo-se junto a ele (art. 15). Estabelece o art. 16 a **responsabilidade subsidiária** do sublocatário perante o locador, limitada aos valores que aquele dever ao sublocador (art. 16).

O **valor do aluguel** pode ser livremente fixado pelas partes (art. 17), a quem assiste a faculdade de fixar, também em acordo, novo valor para o aluguel ou cláusula de reajuste (art. 18). Não chegando a um acordo, e passado o prazo de 3 anos do contrato ou do último acordo para revisão, qualquer das partes poderá demandar **revisão judicial do aluguel** para ajuste ao preço de mercado, por meio de ação revisional (art. 19). **Proíbe-se**, em regra, a exigência de **pagamento antecipado dos aluguéis**, salvo em locações por temporada e na hipótese do art. 42 (art. 20). A prática do ato proibido configurará contravenção penal (art. 43, III).

O legislador elenca, no art. 47, as **modalidades de garantia** cuja inserção é permitida no contrato de locação: **caução; fiança; seguro de fiança locatícia, cessão fiduciária de quotas de fundo de investimento**. É **defesa** a inserção de **mais de um tipo de garantia** no mesmo contrato (art. 47, parágrafo único).

Em regra, a garantia se estende **até a efetiva devolução do imóvel**, ainda que prorrogada a locação por prazo indeterminado (art. 39). Tal não ocorrerá em caso de **fiança ajustada por prazo certo**, caso em que o locador poderá exigir substituição da garantia extinta pelo vencimento do prazo (art. 40, V). Se houver a **prorrogação do contrato de locação por prazo indeterminado**, o fiador deve ser notificado, **podendo se exonerar** do gravame, caso em que o locador também terá direito à substituição da garantia (art. 40, X; art. 835 do CC). O STJ reconheceu a **ineficácia da cláusula de renúncia ao direito de exoneração do fiador**, após se dar a prorrogação do contrato de fiança por prazo indeterminado (REsp 1.673.383).

> **STJ – Súmula 214**
> O fiador na locação não responde por obrigações resultantes de aditamento ao qual não anuiu.

Pode o locador **exigir novo fiador ou a substituição da garantia** em todas as hipóteses do art. 40, mediante notificação do locatário para fazer a **indicação em 30 dias**, sob pena de resolução da locação, com o ajuizamento de ação de despejo (art. 40, parágrafo único).

Na **falta de garantia**, poderá o locador exigir do locatário **pagamento antecipado** do aluguel e encargos, até o sexto dia útil do mês vincendo (art. 42).

Na determinação do prazo da locação, as partes podem fixar em acordo **prazo determinado ou indeterminado**.

No primeiro caso, pode ser ajustado **qualquer prazo**, exigindo-se a **vênia conjugal** em caso de prazos a partir de 10 anos (art. 3º). Neste caso, a lei impede que o locador retome o imóvel antecipadamente, admitindo, contudo, a resilição antecipada por parte do locatário, mediante o pagamento proporcional da multa estabelecida no contrato (art. 4º), que tem natureza de cláusula penal compensatória (art. 416). Dispensa-se o pagamento da multa em caso de **transferência do local de trabalho** do locatário, desde que este notifique por escrito o locador com antecedência mínima de 30 dias (art. 4º, parágrafo único).

Estipulando-se o contrato por **prazo indeterminado**, poderá ser rescindido unilateralmente pelo locatário, por meio aviso por escrito ao locador, também com antecedência mínima de 30 dias (art. 6º).

O tratamento legal varia, ainda, conforme se trate de locação residencial, para temporadas ou não residencial.

Na **locação residencial**, estabelecida por **prazo igual ou superior a 30 meses**, dá-se a resolução independentemente de notificação ao fim do prazo (art. 46). Neste momento, qualquer das partes pode colocar fim ao contrato, independentemente de motivação (**denúncia vazia**). Caso o locatário continue na posse do bem por mais de 30 dias após o término do prazo, sem oposição do locador, haverá a **prorrogação por prazo indeterminado** do vínculo (art. 46, § 1º). Para evitar a prorrogação, então, deve o locador ajuizar a competente ação de despejo no prazo de 30 dias. Tendo sido prorrogado o contrato por prazo indeterminado, pode o locador denunciar o contrato a qualquer tempo, mediante notificação com prazo de 30 dias para desocupação (art. 46, § 2º).

Sendo a **locação residencial** ajustada por escrito e **prazo inferior a 30 meses**, ou verbalmente, dar-se-á **prorrogação automática por prazo indeterminado,** ao fim do prazo, e o locador só poderá retomar o imóvel caso apresente uma das motivações previstas na lei (**denúncia cheia**, art. 47):

---

**Art. 47.** Quando ajustada verbalmente ou por escrito e como prazo inferior a trinta meses, findo o prazo estabelecido, a locação prorroga-se automaticamente, por prazo indeterminado, somente podendo ser retomado o imóvel:
I – nos casos do art. 9º;
II – em decorrência de extinção do contrato de trabalho, se a ocupação do imóvel pelo locatário relacionada com o seu emprego;
III – se for pedido para uso próprio, de seu cônjuge ou companheiro, ou para uso residencial de ascendente ou descendente que não disponha, assim como seu cônjuge ou companheiro, de imóvel residencial próprio;
IV – se for pedido para demolição e edificação licenciada ou para a realização de obras aprovadas pelo Poder Público, que aumentem a área construída, em, no mínimo, vinte por cento ou, se o imóvel for destinado a exploração de hotel ou pensão, em cinquenta por cento;
V – se a vigência ininterrupta da locação ultrapassar cinco anos.

**Art. 9º** A locação também poderá ser desfeita:
I – por mútuo acordo;
II – em decorrência da prática de infração legal ou contratual;
III – em decorrência da falta de pagamento do aluguel e demais encargos;
IV – para a realização de reparações urgentes determinadas pelo Poder Público, que não possam ser normalmente executadas com a permanência do locatário no imóvel ou, podendo, ele se recuse a consenti-las.

Nas hipóteses dos incisos III e IV do art. 47, concordando o locatário em sua contestação, terá prazo de 6 meses para desocupação e não arcará com ônus da sucumbência (art. 61).

A **locação para temporada** é conceituada no art. 48 como "aquela destinada à **residência temporária** do locatário, para prática de lazer, realização de cursos, tratamento de saúde, feitura de obras em seu imóvel, e outros fatos que decorrem tão-somente de determinado tempo, e contratada por **prazo não superior a noventa dias**, esteja ou não mobiliado o imóvel". Diferentemente das outras modalidades de locação de imóveis urbanos, é possível que se estipule o **pagamento antecipado dos aluguéis** e encargos, podendo-se exigir quaisquer das modalidades de garantia previstas no art. 37 (art. 49). Ao fim do prazo contratado, permanecendo o locatário na posse por mais de 30 dias, sem oposição do locador, considera-se o contrato **prorrogado por prazo indeterminado**, caso em que o locador somente poderá denunciar o contrato após trinta meses de seu início ou nas hipóteses do art. 47 – **denúncia cheia** (art. 50).

Finalmente, o legislador estabelece regras distintas para o **contrato de locação para fins não residenciais**, por **prazo determinado**, conforme o uso que se pretenda dar ao imóvel.

■ **Uso para comércio:** neste caso, ocorre a especial **proteção ao ponto,** por meio do reconhecimento ao locatário do direito à renovação compulsória do contrato por igual prazo, desde que atendidos os requisitos cumulativos do art. 51:

**Art. 51.** Nas locações de imóveis destinados ao comércio, o locatário terá **direito a renovação do contrato**, por igual prazo, desde que, cumulativamente:
I – o contrato a renovar tenha sido celebrado **por escrito e com prazo determinado**;
II – o **prazo mínimo** do contrato a renovar ou a **soma dos prazos ininterruptos** dos contratos escritos seja de **cinco anos**;
III – o locatário esteja explorando seu comércio, no **mesmo ramo, pelo prazo mínimo e ininterrupto de três anos.**

Para o exercício do direito previsto no art. 51, deve o locatário ajuizar **ação renovatória**, pelo rito previsto nos arts. 71 e seguintes, no **prazo decadencial de 1 ano a 6 meses antes do fim do contrato** (art. 51, § 5º). Afasta-se o direito à renovação nas hipóteses previstas no art. 52 (**denúncia cheia**).

☐ **Uso por hospitais, unidades sanitárias oficiais, asilos, estabelecimentos de saúde e de ensino, entidades religiosas:** em face do interesse público que permeia as atividades desenvolvidas nos estabelecimentos, o contrato só poderá ser extinto diante das hipóteses restritas previstas no art. 53, caracterizando-se **denúncia cheia.**

☐ **Locações de espaços em *shopping centers*:** prevalece ampla liberdade de contratar entre as partes (art. 54), que poderão pactuar valores de aluguel, reajustamento, periodicidade, prazo, cláusulas resolutivas, denúncia, mudança de ramo no comércio, entre outras regras. O aluguel, neste caso, é comumente formado de uma **parte fixa** (valor mínimo, com previsão de reajuste) e outra uma **parte variável** (percentual sobre o movimento de vendas). O **direito à renovação** segue a regra geral do art. 51, com a ressalva do art. 52, § 2º.

☐ **Outros usos:** dá-se a **resolução de pleno direito ao fim do prazo**, independentemente de notificação ou aviso – **denúncia vazia**. Contudo, se ao término do prazo o locatário permanecer na posse do imóvel por mais de 30 dias, sem oposição do locador, presume-se a prorrogação por prazo indeterminado (art. 56).

Se a **locação não residencial** vigorar **por prazo indeterminado**, o locador pode denunciar o contrato a qualquer tempo, por meio de notificação prévia e escrita com antecedência mínima de 30 dias para desocupação – **denúncia vazia** (art. 57).

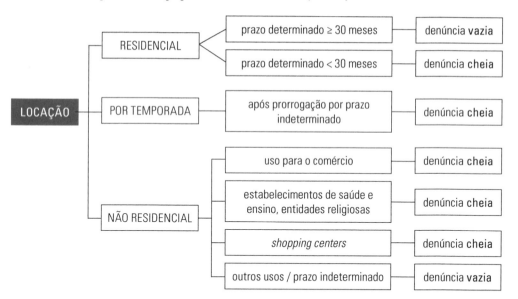

Em caso de **morte do locador**, dá-se a **transferência do contrato aos herdeiros** (art. 10). Se o locador dá a coisa em locação por ser dela **usufrutuário ou fiduciário** (propriedade resolúvel), o contrato de locação cessará com sua morte, em regra (art. 7º). Se a **morte** for **do locatário**, ficam sub-rogados nos seus direitos os sujeitos apontados no art. 11:

> **Art. 11.** Morrendo o locatário, ficarão sub-rogados nos seus direitos e obrigações:
> I – nas locações com finalidade residencial, o cônjuge sobrevivente ou o companheiro e, sucessivamente, os herdeiros necessários e as pessoas que viviam na dependência econômica do *de cujus*, desde que residentes no imóvel;
> II – nas locações com finalidade não residencial, o espólio e, se for o caso, seu sucessor no negócio.

Ocorrendo a **separação, divórcio ou dissolução de união estável dos locatários**, dar-se-á a sub-rogação no **consorte que permanecer no imóvel**, devendo ser feita notificação por escrito ao locador e fiador. O **fiador poderá**, então, **se exonerar** no prazo de 30 dias do recebimento da comunicação, ficando responsável pelos efeitos da fiança durante 120 dias após a notificação ao locador (art. 12).

Se ocorrer a **alienação do imóvel locado**, poderá o adquirente **denunciar o contrato** (denúncia vazia), com o **prazo de noventa dias para a desocupação**, desde que o faça no **prazo decadencial de noventa dias contados do registro** da venda ou do compromisso (art. 8º).

> Contudo, assistirá ao locatário direito à manutenção do contrato, caso preencham os requisitos: (i) locação por **prazo determinado**; (ii) pactuação de **cláusula de vigência em caso de alienação**; (iii) contrato **averbado junto à matrícula** do imóvel (art. 8º).

Observe, ainda, que na alienação do imóvel locado deve ser conferido **direito de preferência para o locatário**, devendo o locador dar-lhe conhecimento do negócio (art. 27). Em caso de preterição de tal direito, o locatário terá a **alternativa** de: (i) exigir a satisfação de **perdas e danos**; (ii) pleitear a **adjudicação do imóvel**, depositando preço e outras despesas da transferência, desde que o faça no **prazo decadencial de 6 meses do registro** do ato no cartório de imóveis, e o **contrato** de locação esteja **averbado pelo menos 30 dias antes da alienação** junto à matrícula do imóvel (art. 33).

No que concerne às obrigações das partes, o **locador** deve, entre outras obrigações estabelecidas no art. 22, **assegurar e não perturbar o uso e o gozo** do prédio locado, **custeando as despesas necessárias** para a manutenção das condições iniciais. As **obrigações do locador** estão elencadas no art. 23, destacando-se o **pagamento** pontual dos aluguéis, **uso adequado** do imóvel e **realização de reparos de desgastes não naturais,** causados por si, seus familiares, prepostos e visitantes (art. 23, V). O locatário é obrigado a **permitir a realização de reparos urgentes**, de responsabilidade do locador, que o imóvel necessitar. Todavia, se os reparos durarem **mais de 10 dias**, o locatário terá direito a **abatimento proporcional do aluguel**; se **mais de trinta 30 dias**, direito a rescisão do contrato. Em caso de incêndio do prédio, presume-se a culpa do locatário, ressalvada a possibilidade de prova em contrário.

As **benfeitorias necessárias** feitas pelo locatário, **independentemente de autorização** do locador, e as **benfeitorias úteis**, feitas **com autorização**, serão **indenizáveis**, com reconhecimento de **direito de retenção** para o locatário (art. 35). Já as **benfeitorias voluptuárias** seguem a regra geral do CC: não tem o locatário direito à sua indenização, mas pode **levantá-las**, se o puder, sem detrimento do imóvel (art. 36).

### 6.3.1.1. Ação de despejo

A lei de locações traz no art. 58 **regras gerais para as ações locatícias** (despejo, consignação em pagamento de aluguel e acessório da locação, revisionais de aluguel e renovatórias de locação), com destaque para a fixação do **foro competente** no lugar da situação do imóvel (inciso II), estabelecimento do **valor da causa** em 12 meses de aluguel (inciso III) e determinação de que os recursos interpostos contra as sentenças terão **efeito somente devolutivo** (inciso V).

Enuncia o art. 5º que, "seja qual for o fundamento do término da locação, a ação do locador para reaver o imóvel é a de despejo". A ação seguirá o rito ordinário, com as regras especiais estabelecidas nos arts. 59 a 66.

No **despejo por falta de pagamento**, o **pedido de rescisão da locação pode vir cumulado com o de cobrança** de aluguéis e encargos, hipótese em que o locatário será citado para responder ao pedido de rescisão, e o locatório, juntamente aos fiadores, serão citados para responderem ao pedido de cobrança, devendo ser apresentado, com a inicial, cálculo discriminado do valor do débito (art. 62, I). Os aluguéis que forem vencendo até a sentença também devem ser depositados em juízo (art. 62, V).

Poderão o locatário e o fiador **purgar a mora** e evitar a rescisão da locação efetuando, no **prazo de 15 dias**, contado da citação, promovendo o **pagamento do débito atualizado**, independentemente de cálculo e mediante depósito judicial, incluindo aluguéis que se vencerem até a sua efetivação, multas, juros, custas e honorários advocatícios (art. 62, II). **Não será admitida a emenda** da mora se a faculdade já foi utilizada nos **vinte e quatro meses** anteriores à propositura da ação.

Nos pedidos de desejo com base no art. 46, § 2º, e art. 47, III e IV, se o locatário manifestar, no prazo da contestação, **concordância com a desocupação do imóvel**, o juiz acolherá o pedido fixando **prazo de 6 meses para a desocupação**, ao final do qual será expedido o mandado de despejo em caso de não restituição.

O **despejo** pode se dar **liminarmente**, no **prazo de 15 dias** e independentemente da oitiva da parte contrária, e mediante a prestação de **caução** no valor equivalente a três meses de aluguel, nas situações elencadas nos **incisos do art. 59**.

A mera desocupação do imóvel não tem o condão de extinguir o contrato, nem de liberar o locatário do pagamento dos aluguéis, tendo em vista que o contrato apenas se considera extinto com a **efetiva entrega das chaves do imóvel** ao locador.

Regra geral, **procedente** a ação de despejo, este será efetivado por meio da expedição de **mandado de despejo**, com o **prazo de 30 dias** para a desocupação voluntária, prazo este diminuído para **15 dias nas hipóteses do § 1º do art. 63**. Os demais parágrafos do art. 63 preveem prazos mais elásticos (entre 6 e 12 meses) para o despejo em locações utilizadas para atividades especiais, de interesse público (ensino, saúde etc.).

As demais ações locatícias têm suas regras especiais estabelecidas nos dispositivos seguintes: ação de consignação de aluguel e acessórios da locação (art. 67); ação revisional de aluguel (arts. 68 a 70); ação renovatória (arts. 71 a 75).

### 6.4. Contratos de empréstimo

O empréstimo de coisas pode se realizar por meio dos **contratos de comodato e mútuo**, que apresentam algumas distinções elementares:

| COMODATO | MÚTUO |
|---|---|
| empréstimo para **uso** | empréstimo para **consumo** |

| devolução da própria coisa emprestada = **coisa infungível** | devolução de coisa do mesmo gênero, quantidade e qualidade = **coisa fungível** |
| **gratuito** | **gratuito** ou **oneroso** |
| **não** transfere o **domínio**, apenas a posse | transfere o **domínio** |

### 6.4.1. Comodato

Por meio do contrato de **comodato**, uma pessoa (comodante) **empresta gratuitamente** a outra (comodatário) **coisa não fungível**, para **uso** e restituição ao fim do prazo. O contrato apenas se aperfeiçoa com a tradição do objeto, caracterizando-se como **real**.

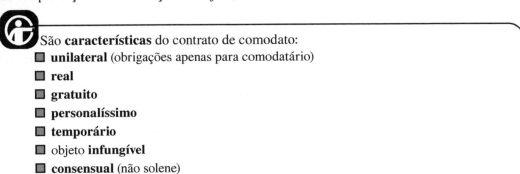

São **características** do contrato de comodato:
- **unilateral** (obrigações apenas para comodatário)
- **real**
- **gratuito**
- **personalíssimo**
- **temporário**
- objeto **infungível**
- **consensual** (não solene)

Não só o proprietário pode dar a coisa em comodato, reconhecendo-se a **legitimidade** a outros que sobre ela tiverem **posse**, como os titulares de direito de uso ou usufruto. Os administradores de bens alheios em geral, incluindo tutores e curadores, precisam de autorização especial (art. 580). Estabelece o legislador **solidariedade** no caso de **pluralidade de comodatários** (art. 585).

O comodato pode ser fixado por prazo **determinado** ou **indeterminado**, presumindo-se este último ser o **necessário ao uso concedido**. O juiz não poderá determinar a devolução da coisa antes do fim do prazo, salvo em caso de necessidade imprevista e urgente – denúncia cheia (art. 581)

O contrato estabelece para o **comodatário** as **obrigações** de:

- **conservar a coisa**, "como se sua própria fora" (art. 582). Responderá, assim, o comodatário pelas **despesas ordinárias**, de uso e gozo (art. 584). Em caso de **risco ao objeto do comodato** juntamente com outros do comodatário, este deverá **salvar primeiro os bens do comodante** que os seus próprios, sob pena de responder pelos danos sofridos, ainda que decorrentes de caso fortuito ou força maior (art. 583);
- **usar a coisa** de forma adequada (art. 582);
- **restituir** a coisa ao fim do prazo. O comodatário em mora responde pela coisa, devendo pagar o **aluguel arbitrado pelo comodante** (art. 582).

### 6.4.2. Mútuo

O **mútuo** é o **empréstimo de coisas fungíveis**, empréstimo para **consumo**, na medida em que o mutuário se obriga a **restituir** ao mutuante coisa do **mesmo** gênero, qualidade e quantidade (art. 586). Apresentando caráter **real**, o mútuo **transfere o domínio** da coisa ao mutuário, que assume os riscos sobre ela, em aplicação da regra *res perit domino* (art. 587).

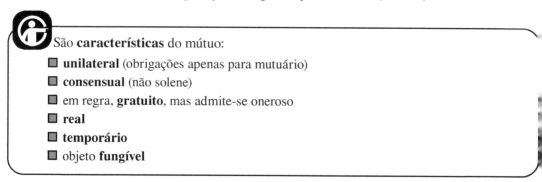

São **características** do mútuo:
- **unilateral** (obrigações apenas para mutuário)
- **consensual** (não solene)
- em regra, **gratuito**, mas admite-se oneroso
- **real**
- **temporário**
- objeto **fungível**

Em virtude da transferência de propriedade, apenas os **proprietários**, com capacidade para dispor da coisa, têm **legitimidade** para estabelecer contrato de mútuo.

**Mútuo oneroso:** sendo destinado a **fins econômicos, presumem**-se devidos **juros**, denominado mútuo **oneroso** ou **feneratício** (art. 591). O exemplo mais comum é o empréstimo de dinheiro. A limitação à taxa de juros do art. 406 se aplica quando não houver regra especial para a atividade.

O mútuo é **temporário**, podendo ser estabelecido por prazo determinado ou indeterminado. Neste último caso aplicam-se os prazos do art. 592:

> **Art. 592.** Não se tendo convencionado expressamente, o **prazo do mútuo** será:
> I – até a **próxima colheita**, se o mútuo for de produtos agrícolas, assim para o consumo, como para semeadura;
> II – de **trinta dias**, pelo menos, se for de dinheiro;
> III – do **espaço de tempo que declarar o mutuante**, se for de qualquer outra coisa fungível.

Em regra, o **mútuo feito a pessoa menor, sem autorização** da pessoa sob cuja guarda estiver, **não pode ser reavido** do mutuário, nem de seus fiadores (art. 588). Contudo, a regra é **excepcionada** no art. 589, que permite que se cobre o mútuo do menor se (i) houver **ratificação posterior** da pessoa de cuja autorização necessitava; (ii) este contraiu **empréstimo para sua subsistência**, na ausência do guardião; (iii) este tiver **bens ganhos com seu trabalho**, no limite destes; (iv) o empréstimo reverteu em seu benefício; (v) este obteve o empréstimo **maliciosamente**.

A principal **obrigação do mutuário** é de **restituir** no prazo convencionado coisas do mesmo gênero, quantidade e qualidade. Assiste ao mutuante **direito de exigir garantia de restituição** se o mutuário sofrer instabilidade econômica antes do vencimento (art. 590).

### 6.4.3. Alienação fiduciária em garantia

Pelo contrato de **alienação fiduciária em garantia,** realiza-se a **transferência do domínio** de bem **ao credor** (fiduciário), em garantia do pagamento de débito, próprio ou de terceiro, permanecendo o devedor (fiduciante) na **posse direta da coisa**. Em sua formação, ocorre a **tradição ficta** da coisa ao fiduciário, tornando-se o devedor seu **depositário**.

O contrato tem natureza **acessória** em relação ao contrato cujo cumprimento visa garantir, e **formal**, estabelecendo o art. 1.361, § 1º, a celebração por **instrumento público ou particular,** om registro "no Registro de Títulos e Documentos do domicílio do devedor, ou, em se tratando de veículos, na repartição competente para o licenciamento, fazendo-se a anotação no certificado de registro". A anotação da alienação fiduciária no Certificado de Registro do veículo automotor é requisito de sua eficácia contra terceiros da alienação (Súmula 92 do STJ).

O contrato faz surgir para o credor **propriedade fiduciária** sobre o bem dado em garantia, regulada por:

- bens móveis – arts. 1.361 a 1.368-B do CC; Decreto-lei n. 911/69 (normas processuais);
- bens imóveis – Lei n. 9.514/97.

Trata-se de modalidade de **propriedade resolúvel**, que se **resolve automaticamente** com a quitação integral do débito, momento em que a propriedade retorna ao devedor.

Em caso de **inadimplemento do devedor**, determina o legislador obrigação para o credor de **vender da coisa** dada em garantia para a satisfação de seu crédito, restituindo-se eventual saldo ao devedor (art. 1364). Nesse sentido, é **nula** a estipulação de **pacto comissório**, cláusula que permite ao credor ficar com a coisa tomada em garantia, em caso de inadimplemento (art. 1.365).

Nos termos do art. 2º, § 3º, do Decreto-lei n. 911/69, o inadimplemento importa **vencimento antecipado** de todas as obrigações. A ação cabível é a de **busca e apreensão** do bem alienado fiduciariamente (art. 3º do Decreto-lei n. 911/69), sendo imprescindível a comprovação da mora do devedor, que pode ser feita mediante carta registrada com aviso de recebimento (art. 2º, § 2º, do Decreto-lei n. 911/69; Súmula 72 do STJ).

## 6.5. Prestação de serviços e empreitada

Prestação de serviços e empreitada são tipos contratuais que apresentam como elemento comum a contratação de uma **obrigação de fazer**. Diferenciam-se, contudo:

| PRESTAÇÃO DE SERVIÇOS | EMPREITADA |
|---|---|
| objeto da contratação = **atividade** em si | objeto da contratação = **obra** executada, **resultado** final |
| obrigação de **meios** | obrigação de **resultados** |
| **direção** e riscos pelo tomador | **autonomia** e riscos pelo empreiteiro |

### 6.5.1. Prestação de serviços

Na **prestação de serviços**, uma das partes (prestador) se obriga para com a outra (tomador) a fornecer-lhe a **prestação de sua atividade**, mediante **remuneração**.

Seu objeto pode ser composto de **qualquer serviço lícito**, material ou imaterial (art. 594), estipulando o art. 601 que, "não sendo o prestador de serviço contratado para certo e determinado trabalho, entender-se-á que se obrigou a todo e qualquer serviço compatível com as suas forças e condições".

As regras do contrato de prestação de serviços previstas no Código Civil têm **aplicação residual**, quando não incidirem as leis trabalhistas ou outras leis especiais, com destaque para o Código de Defesa do Consumidor.

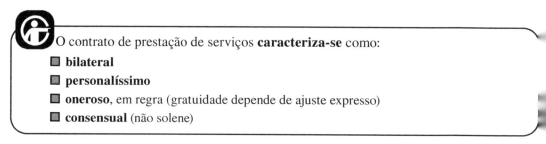

O contrato de prestação de serviços **caracteriza-se** como:
- **bilateral**
- **personalíssimo**
- **oneroso**, em regra (gratuidade depende de ajuste expresso)
- **consensual** (não solene)

Não cabe subcontratação, sendo o contrato **intransferível ou incessível**, salvo autorização (art. 605). Tendo **forma livre**, frequentemente aparece sob a forma verbal ou escrita, estabelecendo o art. 595 a possibilidade de **assinatura a rogo** com subscrição de **duas testemunhas**, quando qualquer das partes não souber ler, nem escrever.

A **remuneração** pode ser estabelecida em **pecúnia** ou outras espécies, salvo outra prestação de serviços. Na **falta de estipulação** e acordo entre as partes, haverá **arbitramento** conforme costumes do lugar, tempo de serviço e sua qualidade (art. 596). O pagamento será devido **após o serviço**, salvo convenção (art. 597). Regra geral, o **prestador não habilitado** não fará jus à retribuição normalmente cobrada pelo serviço. Terá, contudo, direito a compensação razoável se tiver prestado o serviço de boa-fé, com benefício para o tomador (art. 606).

De acordo com o art. 598, o contrato poderá ser estabelecido pelo prazo **máximo de 4 anos**. Não há vedação, contudo, para que as partes realizem novo ajuste ao fim do prazo. Sendo o prestador contratado por **tempo certo ou obra determinada, não cabe denúncia imotivada**, sob pena de perdas e danos (art. 602). Se for **demitido sem justa causa**, o prestador faz jus ao pagamento das retribuições vencidas, somada à metade da retribuição faltante (art. 603)

**Não havendo prazo no contrato**, nem se podendo inferir da natureza do contrato ou do costume do lugar, qualquer das partes poderá denunciá-lo, mediante **aviso prévio, com antecedência mínima** de (i) 8 dias, se o salário se houver fixado por tempo de um mês, ou mais; (ii) 4 dias, se o salário se tiver ajustado por semana, ou quinzena; (iii) de véspera, quando se tenha contratado por menos de sete dias (art. 599).

As causas extintivas são estabelecidas no art. 607:

> **Art. 607.** O contrato de prestação de serviço acaba com a **morte** de qualquer das partes. Termina, ainda, pelo **escoamento do prazo,** pela **conclusão da obra**, pela **rescisão do contrato** mediante aviso prévio, por **inadimplemento** de qualquer das partes ou pela **impossibilidade** da continuação do contrato, motivada por força maior.

O prestador tem direito a **declaração** de que o contrato está findo (art. 604).

### 6.5.2. Empreitada

Na **empreitada,** uma das partes (empreiteiro) se obriga, sem subordinação ou dependência, a **executar uma obra ou prestar certo serviço** à outra parte (dono da obra), mediante **remuneração global ou proporcional** ao trabalho realizado. O contrato pode ter por objeto **qualquer obra ou produção**, como obras materiais, criações intelectuais, artísticas, artesanais etc.

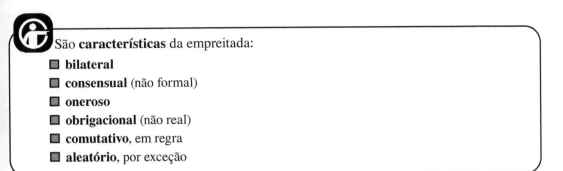

Diferentemente da prestação de serviços, o contrato de empreitada **não** se presume **personalíssimo**. Cabe, assim, subempreitada, mas o empreiteiro responderá pela má execução pelo terceiro.

São várias as **espécies de empreitada**. Quanto à **abrangência do contrato**, pode ser:

Quanto à **remuneração,** elemento essencial à empreitada, ela pode ser por:

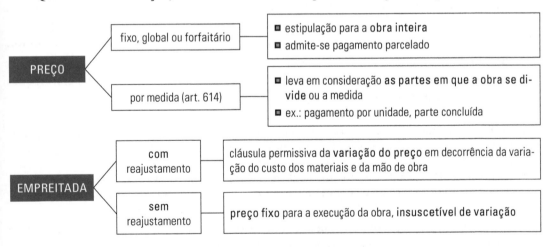

Na omissão das partes, a empreitada **presume-se sem reajustamento**, mesmo se houver modificações no projeto, salvo (i) se as modificações resultarem de **instruções escritas** do dono da obra; (ii) se dono da obra assiste **sem protestar** modificações no projeto, visíveis e que importem **inequívoco aumento** da obra (art. 619). Ocorrendo **redução do preço** dos materiais ou da mão de obra **superior a 10%** preço global convencionado, o dono da obra terá direito à revisão do valor contratado (art. 620).

Ainda, a empreitada pode ser estabelecida:

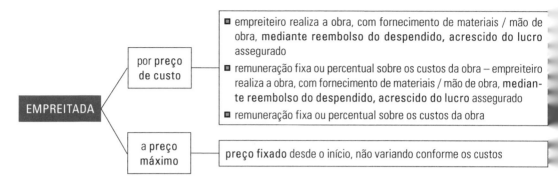

Entre as principais **obrigações do dono da obra** está a de **receber a obra** executada em conformidade com o ajuste das partes ou o costume do lugar, podendo consignar a coisa em caso de recusa arbitrária. Diante do descumprimento das especificações contratuais ou normas técnicas, assiste ao dono a alternativa de **rejeitar** a obra (art. 615) ou recebê-la com **abatimento no preço** (art. 616).

O recebimento e pagamento da obra faz presumir **aprovação e liberação do empreiteiro**, tendo este, quando a obra for recebida por partes, direito a que também se verifique por partes ou medida (art. 614). Presume-se a verificação do que se mediu, se o dono da obra não denunciar os vícios e defeitos da obra, em 30 dias a contar da medição (art. 614, § 2º).

Deve, ainda, o dono da obra **pagar o preço** estipulado, na época ajustada; **indenizar** o empreiteiro por **rescisão sem justa causa**; e **fornecer os materiais** em tempo oportuno, na **empreitada de lavor**.

Da parte do **empreiteiro**, as principais **obrigações** são de (i) **executar a obra** de acordo com as especificações e normas regulamentares, entregando-a na forma e nos prazos estipulados; (ii) corrigir vícios e defeitos apresentados pela obra; e (iii) **pagar os materiais que culposamente inutilizar**, quando fornecidos pelo dono da obra (art. 617). Além disso, **responderá pela solidez e segurança** da obra que entregar, em caso de empreitada mista de construções consideráveis, nos termos do art. 618:

> **Art. 618.** Nos contratos de empreitada de edifícios ou outras construções consideráveis, o empreiteiro de materiais e execução **responderá**, durante o **prazo irredutível de cinco anos**, pela solidez e segurança do trabalho, assim em razão dos materiais, como do solo.
> Parágrafo único. **Decairá do direito** assegurado neste artigo o dono da obra que não propuser a ação contra o empreiteiro, nos **cento e oitenta dias seguintes ao aparecimento do vício** ou defeito.

Havendo o **perecimento da coisa antes da entrega**, a responsabilidade varia conforme o tipo de empreitada. Na **de lavor**, o dono da obra suportará a perda do material (art. 612) e o empreiteiro a perda da retribuição, salvo se a perda for decorrente de defeitos do material e o empreiteiro tiver reclamado oportunamente (art. 613). Na **mista**, todos os riscos correm pelo empreiteiro até a entrega da coisa, se o dono da obra não estiver em mora de recebe-la (art. 611).

O **projetista** (autor do projeto) nem sempre fará sua execução ou fiscalização. Sendo a execução confiada a terceiros, apenas responderá pela solidez e segurança da obra, naquilo que decorre das características do projeto (art. 622). Terá, ainda, direito a se opor à introdução de modificações substanciais no projeto aprovado pelo proprietário, "a não ser que, por motivos supervenientes ou razões de ordem técnica, fique comprovada a inconveniência ou a excessiva onerosidade de execução do projeto em sua forma originária" (art. 621).

## 6.6. Transporte

Na definição do art. 730, "pelo contrato de **transporte** alguém [transportador] se obriga, mediante retribuição, a transportar, de um lugar para outro, pessoas ou coisas".

Aplicam-se aos contratos de transporte em geral os preceitos constantes da **legislação especial** (p. ex., CDC) e de **tratados e convenções internacionais**, que não contrariem o CC (art. 732). No que concerne ao transporte aéreo, fixou o STF a tese: "Nos termos do art. 178 da Constituição da República, as normas e os tratados internacionais limitadores da responsabilidade das transportadoras aéreas de passageiros, especialmente as Convenções de Varsóvia e Montreal, têm prevalência em relação ao Código de Defesa do Consumidor" (RE 636.331).

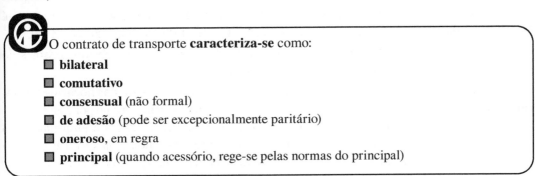

O contrato de transporte **caracteriza-se** como:
- **bilateral**
- **comutativo**
- **consensual** (não formal)
- **de adesão** (pode ser excepcionalmente paritário)
- **oneroso**, em regra
- **principal** (quando acessório, rege-se pelas normas do principal)

A **remuneração**, que pode se dar de forma **direta** ou **indireta**, é **essencial** ao contrato, não se submetendo às suas regras o transporte feito em caráter gratuito, por amizade ou cortesia (art. 736). De acordo com a Súmula 145 do STJ: "No transporte desinteressado, de simples cortesia, o transportador só será civilmente responsável por danos causados ao transportado quando incorrer em dolo ou culpa grave".

O transportador tem a **obrigação de transportar pessoa ou coisa**, incólume, ao seu destino, assumindo **obrigação de resultado**. O descumprimento desse dever, seja pela prestação de transporte incompleto, seja pela violação da integridade da coisa ou pessoa transportada, gera responsabilidade objetiva do transportador. Nem mesmo a **culpa de terceiro** afasta a responsabilidade no transporte de pessoas, cabendo ao transportador regresso contra o causador do dano (art. 735). A **cláusula de incolumidade** é inerente ao contrato, considerando-se nula qualquer cláusula excludente de responsabilidade (art. 734; Súmula 161 do STF).

Em caso de pluralidade de transportadores, o transporte pode ser **cumulativo** ou **sucessivo**. No primeiro, verifica-se **unidade de contratação**: cada transportador se obriga a cumprir um determinado percurso da viagem, mas todos **respondem solidariamente** pela totalidade do percurso (arts. 733, § 2º, e 756). No segundo, há uma cadeia de **contratos independentes**, respondendo cada transportador exclusivamente pelo trecho sob sua responsabilidade.

O Código traz regras diferenciadas para transporte de pessoas e de coisas:

|  | TRANSPORTE DE PESSOAS | TRANSPORTE DE COISAS |
|---|---|---|
| **REMUNERAÇÃO** | ▪ valor da passagem | ▪ frete ou porte |
| **PARTES** | ▪ transportador e passageiro/contratante | ▪ expedidor ou remetente, transportador e destinatário |

No que concerne ao transporte de pessoas, destaca-se a **proibição da recusa de passageiros**, salvo em casos previstos nos regulamentos ou em virtude das condições de higiene ou de saúde do interessado (art. 739).

O **passageiro** que **desistir** do transporte **antes de iniciada a viagem** tem **direito a reembolso** do valor da passagem, desde que realize a comunicação ao transportador em tempo de renegociá-la (art. 740). Mesmo **após iniciada a viagem**, terá direito à restituição do valor correspondente ao trecho não utilizado, se provar que outra pessoa foi transportada em seu lugar (§ 1º). Não terá direito a qualquer devolução, contudo, caso **simplesmente deixe de embarcar** – situação conhecida pela expressão *no show* – , salvo se provado que outra pessoa foi transportada em seu lugar (§ 2º). Nas situações de desistência, o transportador terá direito de reter até **5%** da importância a ser restituída ao passageiro, a título de **multa compensatória** (§ 3º).

O transportador tem **direito de retenção** sobre a bagagem e outros objetos pessoais do passageiro, pelo pagamento da remuneração (art. 742).

O transportador **responsabiliza-se objetivamente** pelo **cumprimento dos horários e itinerários**, salvo força maior (art. 737). Em caso de **interrupção da viagem**, mesmo por causa imprevisível, obriga-se a **concluir o transporte e custear as despesas** de estada e alimentação do usuário (art. 741). A responsabilidade do transportador só será **excluída** pela verificação de (i) caso fortuito ou de força maior ou de (ii) fato exclusivo da vítima, como pode ocorrer em situações de desrespeito às regras estabelecidas pelo transportador (art. 738). Havendo culpa concorrente, haverá a redução da indenização, na medida em que a vítima houver concorrido para a ocorrência do dano (art. 738, parágrafo único).

O fato de terceiro não exclui a responsabilidade do transportador, ressalvando seu direito de regresso (art. 735; Súmula 187 do STF).

No **transporte de coisas**, a coisa transportada deve ser perfeitamente **individualizada**, emitindo o transportador **conhecimento de transporte** (arts. 743 e 744). **Poderá** o transportador **recusar a coisa** em virtude de embalagem inadequada; risco para a saúde das pessoas; ou risco de danificação do veículo e outros bens (art. 746). Deverá recusar a coisa cujo **transporte ou comercialização não sejam permitidos**, ou que venha **desacompanhada dos documentos** exigidos por lei ou regulamento (art. 747). Antes da entrega da coisa, o remetente tem **direito de desistir do transporte** ou ordenar seja ela entregue a outro destinatário, mediante o **pagamento das despesas adicionais** e perdas e danos eventuais (art. 748).

O transportador tem **responsabilidade objetiva** pela **entrega da coisa** em bom estado e no prazo (art. 749). Tal responsabilidade, que se limita ao valor declarado no conhecimento, tem início no momento em que transportador recebe a coisa, e fim quando realiza a entrega ao destinatário (art. 750). Em caso de **impossibilidade do transporte** ou de **longa interrupção**, deve o transportador solicitar instruções ao remetente, responsabilizando-se pela conservação da coisa, salvo força maior (art. 753).

## .7. Seguro

"Pelo contrato de **seguro**, o segurador se obriga, mediante o pagamento do **prêmio**, a garantir **interesse legítimo** do segurado, relativo a pessoa ou a coisa, contra **riscos** predeterminados" (art. 757).

O seguro tem como **características**:
- **bilateral**
- **de adesão** (excepcionalmente paritário)
- **oneroso**
- **consensual** (não formal)
- **aleatório**

Compõe-se dos elementos essenciais: risco, sinistro, prêmio, indenização. O **risco** é o objeto do contrato, sempre presente, referindo-se a interesse legítimo, relativo a **pessoa ou coisa**. O **sinistro** constitui o **fato eventual** que faz nascer direito a indenização. O **prêmio** é a remuneração paga pelo segurado ao segurador pela assunção do risco, sendo fixado a partir de **cálculo atuarial**, conforme o risco e o valor do interesse. Pode ser pago à vista ou em prestações, e é devido independentemente da consumação do risco (art. 764). A **indenização** consiste no valor pago pelo segurador ao segurado ou beneficiário, em caso de ocorrência do sinistro.

Três sujeitos podem estar envolvidos no contrato de seguro:

- **segurador:** pessoa jurídica legalmente autorizada pela Superintendência de Seguros Privados (SUSEP) ao exercício da atividade empresária de segurador (art. 757, parágrafo único; Decreto-lei n. 73/66);
- **segurado:** pessoa física ou jurídica que contrata o seguro;
- **beneficiário:** pessoa a quem se paga o valor do seguro, podendo ser o próprio segurado ou terceiro.

Em princípio, o **risco**, essencial ao contrato de seguro, pode incidir sobre qualquer **interesse legítimo, material ou moral**. A lei estabelece, contudo, certas restrições. Será **nulo** o contrato para garantia de risco proveniente de **ato doloso do segurado ou do beneficiário** (art. 762).

**Proíbe-se** a contratação de **sobresseguro**, quando se estabelece garantia por valor superior ao interesse segurado no momento da conclusão do pacto (art. 778). Pode, contudo, a coisa ser segurada por **valor inferior ao do interesse**, promovendo-se a redução proporcional da indenização, em caso de sinistro parcial (art. 783). A contratação de **seguro cumulativo** – pluralidade de seguros sobre o mesmo interesse – depende de comunicação ao primeiro segurador para a verificação da observância do teto estabelecido no art. 778, em caso de seguro de coisas (art. 782). As limitações não se aplicam ao seguro de pessoas, cuja garantia pode ser contratada por qualquer valor, sem limitação quanto ao número de seguradores (art. 789).

> O **seguro cumulativo** não se confunde com o **cosseguro**, quando dois ou mais seguradores partilham a responsabilidade sobre um mesmo seguro direto (art. 761), com respaldo na lei.

Em regra, a **variação do risco** não implica alterações no contrato de seguro. Todavia, ocorrendo **agravamento não intencional** e **considerável do risco**, deve o segurado comunicar imediatamente ao segurador, ao qual caberá a faculdade de resolver o contrato. A resolução só será eficaz 30 dias após a notificação, devendo ser restituída pelo segurador a diferença do prêmio (art. 769). A **redução do risco**, quando **considerável**, autoriza o segurado a demandar a revisão do prêmio ou a resolução do contrato (art. 770).

O contrato de seguro tem **forma livre**, tendo a **apólice** – instrumento escrito do contrato de seguro – função meramente probatória, que pode ser suprida por outros meios comprobatórios do pagamento do prêmio (art. 758).

A **apólice** estabelece de forma expressa as condições específicas do contrato, devendo ser precedida de proposta assinada (art. 759). Deve mencionar os riscos assumidos; o início e o fim de sua validade; o limite da garantia e o prêmio devido; e, quando for o caso, o nome do segurado e o do beneficiário (art. 760). Em face do caráter de adesão, comum no contrato de seguros, a **interpretação** se dará em **benefício do aderente** (art. 423).

A apólice pode ser:

- **nominativa**, se menciona o nome do segurado, caso em que a transferência se dará via cessão da posição contratual. Pode-se inserir a "cláusula à ordem", que torna possível a transferência por meio de endosso;
- **ao portador**: transferência por meio da entrega da apólice (tradição simples). É proibida a emissão de apólice ao portador no seguro de pessoas (art. 760, parágrafo único).

Os contratos de seguro regem-se pelos **princípios da boa-fé** e da **mutualidade**. O primeiro se refere à manutenção da eticidade e veracidade na relação negocial, devendo ser seguido pelas partes na conclusão e na execução do contrato (art. 765). São atos de **má-fé do segurado**, que geram **perda do direito à garantia**: omissão de informações relevantes ou prestação de declarações inexatas (art. 766); agravamento intencional do risco objeto do contrato (at. 768). Caracteriza **má-fé do segurador** a contratação de seguro, e expedição a respectiva apólice, sabendo ser inexistente o risco cuja cobertura se pretende. Neste caso, o segurador deverá **pagar em dobro** o prêmio estipulado (art. 773).

O **princípio da mutualidade** é responsável pelo equilíbrio da relação contratual no seguro. É que, no seguro, os prêmios pagos por todos são utilizados para indenizar os sinistros sofridos por alguns. O **valor do prêmio varia**, assim, **conforme a probabilidade de incidência do sinistro**, sendo estabelecido a partir de um cálculo atuarial, salvo no seguro obrigatório, em que ocorre tarifação do *quantum*.

O **segurado obriga-se a pagar o prêmio** conforme pactuado, independentemente da concretização do risco (art. 764). Em regra, o atraso no pagamento gera perda total do direito à indenização (art. 763). Contudo, o STJ estabeleceu a necessidade de **notificação do segurado para a configuração de mora**, mesmo nas obrigações a termo:

> **STJ – Súmula 616**
> A indenização securitária é devida quando ausente a comunicação prévia do segurado acerca do atraso no pagamento do prêmio, por constituir requisito essencial para a suspensão ou resolução do contrato de seguro.

Tão logo saiba, deve o segurado **comunicar ao segurador da ocorrência do sinistro** e tomar as providências para minorar os danos, sob pena de perder a garantia (art. 771).

A principal **obrigação do segurador** é a de **pagar a indenização**, em dinheiro, salvo se convencionada a reposição da coisa (art. 776).

O **segurador tem direito de regresso** contra o causador do dano, com sub-rogação nos direitos do segurado, sendo **ineficaz** qualquer **ato de dispensa ou perdão** pelo segurado (art. 786).

> **STF – Súmula 188**
> O segurador tem ação regressiva contra o causador do dano, pelo que efetivamente pagou, até ao limite previsto no contrato de seguro.

Contudo, **não haverá sub-rogação**:

- no **seguro de coisas**, em caso de dano causado pelo cônjuge (companheiro), ascendentes e descendentes do segurado, de forma não dolosa (art. 786, § 1º);
- no **seguro de pessoas**, em nenhuma hipótese (art. 800).

> No que tange à **prescrição**, as pretensões do **segurado contra o segurador, e deste contra aquele**, prescreverão no prazo de **1 ano** (art. 206, § 1º, II). Já a pretensão do **beneficiário contra a seguradora**, no seguro de pessoas, prescreve em **10 anos**, conforme entendimento do STJ (Jurisprudência em Teses n. 98).

Há várias **espécies de seguro**, regulados no CC e legislação especial, com destaque para:

O **seguro de danos** compreende todos os prejuízos resultantes do sinistro, incluindo as despesas para evitar o sinistro, salvar a coisa ou minorar o dano (art. 779).

Na modalidade seguro **de responsabilidade civil,** o segurador garante o pagamento de perdas e danos devidos pelo segurado a terceiro (art. 787). Neste caso, o segurado deve, tão logo saiba das consequências, **comunicar ao segurador** do fato que possa acarretar responsabilidade (art. 787, § 1º). É **defeso** ao segurado **reconhecer** sua responsabilidade ou **confessar** a ação, bem como **transigir** com o terceiro prejudicado, ou **indenizá-lo** diretamente, sem anuência expressa do segurador (art. 787, § 2º). Contudo, entende-se que tais atos serão apenas ineficazes contra a seguradora, se o segurado os praticou de boa-fé (STJ; Enunciados 373, 546, CJF). Deve, ainda, o segurado dar ciência da lide ao segurador, cabendo **denunciação da lide** (art. 787, § 3º, do CC; art. 125, II, do CPC). Em caso de **falência do segurador**, subsiste a responsabilidade do segurado (art. 787, § 4º)

> No seguro de responsabilidade civil facultativo, não cabe o **ajuizamento** da demanda reparatória direta e exclusivamente contra a seguradora, devendo o **segurado participar da demanda**, sozinho ou em litisconsórcio com o segurador (Súmula 529 do STJ). Demandado sozinho, o segurador poderá alegar em sua defesa **ilegitimidade passiva**.

Caso aceite a denunciação da lide para integrar a lide, a seguradora poderá ser condenada direta e solidariamente com o segurado:

**STJ – Súmula 537**
Em ação de reparação de danos, a **seguradora denunciada, se aceitar** a denunciação **ou contestar** o pedido do autor, pode ser **condenada, direta e solidariamente** junto com o segurado, ao pagamento da indenização devida à vítima, nos limites contratados na apólice.

O **seguro de pessoas** não visa à indenização de danos sofridos em virtude de sinistro, mas ao pagamento de valores para:

- **a própria pessoa**, em situações de acidentes pessoais, problemas de saúde etc.;
- **herdeiros/protegidos** (beneficiários), após sua morte.

Não há limitação para o valor do capital segurado, sendo livre a estipulação de pluralidade de seguros (art. 789).

**Art. 794.** No seguro de vida ou de acidentes pessoais para o caso de morte, o capital estipulado não está sujeito às dívidas do segurado, nem se considera herança para todos os efeitos de direito.

No **seguro de vida**, é lícita a estipulação de **prazo de carência**, durante o qual o segurador não responderá por sinistros. Se, contudo, o sinistro ocorrer durante o período de carência, o segurador é obrigado a devolver ao beneficiário o montante da reserva técnica já formada (art. 797). Em caso de suicídio, há entendimento sumulado do STJ, que estabelece uma carência legal de 2 anos:

**STJ – Súmula 610**
O suicídio **não é coberto nos dois primeiros anos de vigência** do contrato de seguro de vida, ressalvado o direito do beneficiário à devolução do montante da reserva técnica formada.

É **vedada a exclusão** de cobertura em virtude de **prática de atividades arriscadas**, tais como a utilização de meio de transporte mais arriscado, a prestação de serviço militar, a prática de esporte, ou de atos de humanidade em auxílio de outrem (art. 799).

Os beneficiários são, em regra, **escolhidos livremente pelo segurado**, estabelecendo o legislador, supletivamente, que à falta de indicação, o capital segurado será pago por metade ao cônjuge não separado judicialmente, e o restante aos herdeiros do segurado, obedecida a ordem da vocação hereditária (art. 792). Pode haver a **substituição dos beneficiários** por ato *inter vivos* ou *causa mortis* (art. 791).

## 6.8. Fiança

A **fiança** consiste no contrato pelo qual uma das partes (fiador) **garante satisfazer ao credor uma obrigação** assumida pelo devedor (afiançado), caso este não a cumpra (art. 818). Trata-se de modalidade de garantia (caução) **fidejussória** ou **pessoal**, juntamente com o aval:

| FIANÇA | AVAL |
| --- | --- |
| garantia a **qualquer tipo de obrigação** | garantia a obrigações consignadas em **título de crédito** |
| natureza **contratual** | basta a **assinatura do avalista** |
| responsabilidade **subsidiária** | responsabilidade **solidária** |

O **abono** é uma espécie de fiança ao fiador, em que terceiro se compromete a pagar a dívida caso o fiador não o faça.

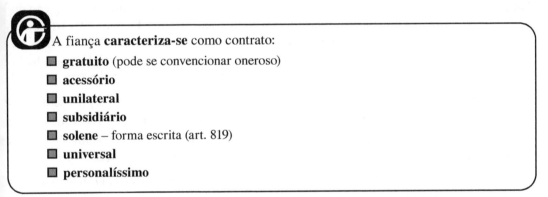

A fiança **caracteriza-se** como contrato:
- **gratuito** (pode se convencionar oneroso)
- **acessório**
- **unilateral**
- **subsidiário**
- **solene** – forma escrita (art. 819)
- **universal**
- **personalíssimo**

Sendo **gratuito**, aplica-se ao contrato de fiança a regra que **impede a interpretação extensiva** (arts. 114, 819).

Como um contrato **acessório** e **subsidiário**, sua existência e execução vinculam-se a um contrato principal, na medida em que dá-se a execução da fiança diante do **descumprimento do principal**. Pode ser dada fiança **a qualquer tipo de obrigação válida**, no todo ou em parte. Assim é que as **obrigações nulas não são suscetíveis de fiança** (art. 824) e a garantia prestada **não pode exceder o valor ou ser mais onerosa** que o principal, sob pena de nulidade do excesso (art. 823). É, ainda, **universal**, na medida em que o fiador **responde por todos os acessórios do débito principal**, salvo o estabelecimento de limitações no instrumento (art. 822).

Na fiança de **dívidas futuras**, o fiador só poderá ser demandado quando obrigação for líquida e certa (art. 821). De forma análoga, em sendo as **obrigações** afiançadas **condicionais**, a responsabilidade do fiador só surge caso obrigação se torne eficaz.

Pode ser **fiador**, em regra, aquele que tem **capacidade geral** para a prática dos atos da vida civil, **livre disposição sobre seus bens** e **não é impedido pela lei** – por exemplo, o Decreto n. 21.981/1930 comina de nulidade a fiança prestada por leiloeiros (art. 30).

A fiança por pessoa casada depende de **vênia conjugal**, salvo no regime da separação absoluta (art. 1.647, III). No entendimento do STJ, a exigência **não se aplica à união estável**

(REsp 1.299.894). A falta da outorga uxória ou marital, quando necessária, torna o ato **anulável**, a pedido do cônjuge preterido, no prazo decadencial de 2 anos contados do término da sociedade conjugal, nos termos dos arts. 1.649 e 1.650 (STF, RE 70.760).

A anuência do cônjuge **não se confunde com fiança conjunta**, que se caracteriza quando ambos os cônjuges prestam fiança a uma mesma dívida. Na fiança por um consorte, com autorização do outro, apenas o patrimônio do primeiro reponde pela obrigação, assistindo ao outro, que apenas anuiu, **proteção da sua meação**.

A fiança pode ser estipulada **contra a vontade do devedor** (art. 820), sendo importante a aceitação do fiador pelo credor. Este, por sua vez, pode **recusar o fiador indicado**, quando não idôneo, domicílio em outro município, ou com patrimônio insuficiente (art. 825). Pode também o credor exigir a **substituição do fiador** que se tornar insolvente ou incapaz (art. 826).

O fiador acionado pelo credor para o pagamento do débito tem direito à alegação do **benefício de ordem ou excussão** e exigir, **até a contestação da lide**, que primeiro sejam excutidos os bens do devedor principal. Para tanto, deve nomear bens do devedor, sitos no **mesmo município, livres e desembargados**, quantos bastem para solver o débito (art. 827).

**Afasta-se o benefício de ordem**, (i) se o fiador renunciou expressamente; (ii) se o fiador se obrigou como principal pagador, ou devedor solidário; (iii) se o devedor for insolvente ou falido (art. 828). Em caso de **pluralidade de fiadores**, que conjuntamente prestam fiança a um só débito, estes presumem-se **solidários**, salvo se pactuarem benefício de divisão (art. 830).

Quando o credor realiza a cobrança do **fiador em contrato de locação, não** pode este alegar a **impenhorabilidade do bem de família**, em virtude da exceção estabelecida no art. 3º, VII, da Lei 8.009/90, e confirmada pela jurisprudência:

> **STJ – Súmula 549**
> É válida a penhora de bem de família pertencente a fiador de contrato de locação.
> STF – RE 1.307.334, com repercussão geral (Tema 1.127): É constitucional a penhora de bem de família pertencente a fiador de contrato de locação, seja residencial, seja comercial.

O fiador que paga integralmente a dívida se **sub-roga nos direitos do credor**, mas somente poderá demandar cada um dos demais cofiadores por respectiva quota. Em caso de insolvência de algum dos fiadores, sua quota será rateada entre os demais (art. 831). Poderá demandar do devedor **todas as despesas efetuadas**, incluindo o valor da dívida, perdas e danos que pagar e que sofrer em razão da fiança, juros do desembolso pela taxa estipulada na obrigação principal, e, não havendo taxa convencionada, aos juros legais da mora (arts. 832, 833). Assiste ao fiador, ainda, o **direito de promover o andamento da execução** iniciada pelo credor, se este, por justa causa, portar-se com inércia (art. 834).

Em regra, o fiador pode opor ao credor as **exceções** que lhe forem **pessoais**, e as **extintivas** da obrigação **que competem ao devedor principal** (art. 837). Em relação à compenação, o legislador estabeleceu expressamente exceção à reciprocidade das dívidas, admitindo que o fiador compense sua dívida com a de seu credor ao afiançado (art. 371).

Tendo a fiança sido prestada **por prazo determinado**, o fiador se responsabiliza até o termo final, não lhe assistindo a faculdade de se exonerar da obrigação. Ocorrendo, contudo, novação entre credor e devedor, o fiador que não consentiu fica desobrigado (STJ; art. 844, § 2º). Se a fiança for prestada **por prazo indeterminado**, contrariamente, o fiador **poderá se exonerar**, sempre que lhe convier, ficando obrigado por todos os efeitos da fiança, durante 60 dias após a notificação do credor (art. 835).

É comum, na fiança locatícia, a inclusão de **"cláusula de entrega das chaves"**, pela qual o fiador se compromete a garantir o cumprimento das obrigações do contrato até sua extinção definitiva, aceitando a prorrogação automática da garantia, junto à do principal. No entendimento do STJ, a cláusula é **válida**, mas não afasta o direito do fiador de se exonerar, após a prorrogação do contrato por prazo indeterminado. Ainda, entende o STJ pela **nulidade da cláusula de renúncia do direito de exoneração** da fiança após a prorrogação por prazo indeterminado (REsp 1.673.383).

**Extingue-se a fiança pela morte do fiador.** Os herdeiros responderão apenas pelos débitos vencidos até o momento do falecimento, nos limites das forças da herança (art. 836).

Caso o **devedor** recaia em **insolvência, após a invocação do benefício de ordem**, com indicação de bens suficientes à solução da dívida, o fiador ficará exonerado, não sendo prejudicado pela demora na execução pelo credor (art. 839).

Finalmente, a fiança se extingue pelas **causas gerais de extinção dos contratos**, e pelas **causas especiais** do art. 838:

Art. 838. O fiador, ainda que solidário, ficará **desobrigado**:
I – se, sem consentimento seu, o **credor conceder moratória** ao devedor;
II – se, por fato do credor, for **impossível a sub-rogação** nos seus direitos e preferências;
III – se o credor, em pagamento da dívida, **aceitar** amigavelmente do devedor **objeto diverso** do que este era obrigado a lhe dar [dação em pagamento], ainda que depois venha a **perdê-lo por evicção**.

# 7. RESPONSABILIDADE CIVIL

A responsabilidade civil tem por finalidade **restaurar o equilíbrio moral-patrimonial** rompido nas relações civis em virtude da violação de norma ou dever jurídico preexistente, estabelecido pela lei ou pela vontade. No CC, recebe disciplina difusa, entre a Parte Geral (arts. 186 a 188), inadimplemento das obrigações (arts. 389 a 420) e responsabilidade civil propriamente dita (arts. 927 a 954).

A **responsabilidade em sentido amplo** pode se dar nas **esferas cível, penal e administrativa**, decorrendo esta última do cometimento de infrações no exercício de cargos, funções e profissões. Importa diferenciar as duas primeiras:

| RESPONSABILIDADE CIVIL | RESPONSABILIDADE PENAL |
|---|---|
| ▫ infração de norma de direito/**interesse privado**<br>▫ reparação depende de **iniciativa da vítima**<br>▫ responsabilidade **patrimonial**<br>▫ pode haver **responsabilidade por ato alheio**<br>▫ previsão genérica de **ato ilícito**<br>▫ pode haver responsabilidade por **culpa e dolo**<br>▫ **menores de 18 anos** podem ser civilmente responsabilizados de forma excepcional (art. 928) | ▫ infração de norma de direito/**interesse público**<br>▫ **persecução pública**<br>▫ responsabilidade **pessoal**<br>▫ **pessoalidade** da pena (art. 5º, XLV, da CF)<br>▫ previsão de hipóteses **típicas**<br>▫ em regra, exige-se **dolo**<br>▫ menores de 18 anos não sofrem responsabilidade penal – medidas de proteção |

Como regra, a **responsabilidade civil é independente da criminal**, decorrendo cada uma da verificação de requisitos e procedimentos próprios. Pode haver dupla ilicitude. Contudo, o legislador relativiza a independência ao estabelecer que a **decisão penal** que traz definição sobre **existência e autoria do fato vinculará o juízo civil**, que não a poderá questionar (art. 935). Observe-se que a decisão penal que absolve por insuficiência de provas da autoria não impede o reexame da questão na esfera cível, da mesma forma que aquela que não reconhece categoricamente a inexistência material do fato (art. 66, CPP). A decisão penal condenatória torna certa a obrigação de indenizar os danos decorrentes do crime (art. 91, I, do CP), fazendo coisa julgada no cível de modo a constituir **título executivo judicial** para que se pleiteie em sede de **cumprimento de sentença** a indenização das perdas e danos sofridos (art. 515, VI, do CPC; art. 63 do CPP). Pode inclusive o juiz **prefixar na sentença penal o *quantum* indenizatório**, sem prejuízo da possibilidade de o lesado promover a liquidação para que se apure o valor exato dos danos sofridos (arts. 63, parágrafo único, e 387, IV, do CPP). Em face da vinculação a certos aspectos da decisão penal, pode o juiz cível determinar a **suspensão do processo** até que se pronuncie a justiça criminal, nos termos do art. 315 do CPC.

A responsabilidade civil, por sua vez, costuma ser classificada quanto ao **tipo de dever jurídico violado e à exigência de culpa** para sua configuração.

No primeiro aspecto, divide-se a responsabilidade em **contratual e extracontratual**. Modernamente, relativiza-se tal distinção, que nasceu no direito francês, a partir da compreensão de que as duas modalidades apresentam os mesmos requisitos e efeitos, devendo ser aplicadas em conjunto.

| RESPONSABILIDADE CONTRATUAL | RESPONSABILIDADE EXTRACONTRATUAL |
|---|---|
| ▫ descumprimento de **dever contratual** | ▫ descumprimento de **dever legal** |
| ▫ há **vínculo jurídico preexistente** entre as partes<br>▫ **presume-se a culpa** do inadimplente (inversão do ônus da prova) | ▫ **não há vínculo jurídico anterior** entre as partes<br>▫ lesado deve **provar a culpa** do agente, em regra (art. 373, I, do CPC). |

Por fim, a responsabilidade civil pode ser **subjetiva ou objetiva**, conforme dependa ou não da verificação de culpa do agente para sua configuração. Tradicionalmente, a responsabilidade era apenas **subjetiva**, isto é, fundamentada na culpa do agente, como se estabeleceu nas origens romanas e consolidou com o Código Civil francês de 1804. A regra, presente no CC/1916, gerava injustiça concreta na medida em que muitos sujeitos, vulneráveis especialmente sob o ponto de vista econômico, não conseguiam demonstrar a culpa dos que os tinham lesado, ficando sem reparação. Após a inserção nas legislações de culpa presumida, estabeleceu-se uma nova modalidade de reparação, **objetiva**, fundada na **teoria do risco**, em certas situações estabelecidas na lei.

No CC, a responsabilidade mantém-se, **em regra, subjetiva** (arts. 186 c/c 927, *caput*), admitindo-se a modalidade objetiva em duas situações: (i) **previsão legal específica** (ex.: arts. 931, 932 c/c 933, 936, 937, 938 do CC, arts. 12 e 14 do CDC, art. 37, § 6º, da CF, art. 4º da Lei n. 6.453/77); (ii) **previsão abstrata** de atividades que, normalmente desenvolvidas pelo autor do dano, impliquem por sua natureza risco para os direitos de outrem (art. 927, parágrafo único).

Importa destacar que, nas **relações de consumo**, a responsabilidade dos **fornecedores** é, em regra, **objetiva** (arts. 12 e 14 do CDC), com ressalva daqueles que desenvolvem suas atividades como **profissionais liberais**, como é o caso de médicos e advogados, os quais respondem **subjetivamente** pelos danos causados, ou seja, mediante a verificação de culpa (art. 14, § 4º, do CDC). No caso do **médico**, a regra é reforçada no art. 951, que trata da responsabilidade por danos causados a pacientes em virtude de culpa no exercício de atividade profissional.

A compreensão da hipótese abstrata das atividades de risco levou a doutrina a criar teorias para determinar sua amplitude, destacando-se:

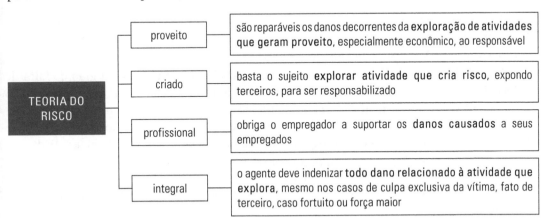

## 7.1. Pressupostos da responsabilidade civil

Considerando a regra geral presente no art. 186 do CC, de que a responsabilidade é subjetiva, elencam-se como seus pressupostos **conduta, culpa, dano e nexo de causalidade**. Por ser a culpa, elemento subjetivo, buscada na conduta do agente, serão tratados como um só requisito: ação ou omissão culposa.

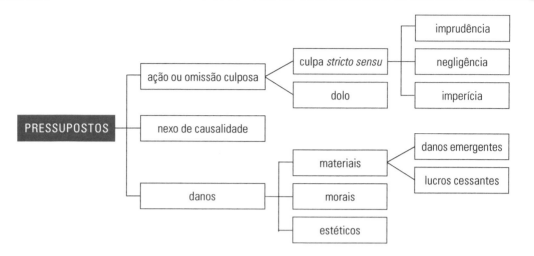

### 7.1.1. Culpa

O agente que se **comporta, comissiva** (ação) **ou omissivamente** (omissão), com **culpa em sentido amplo**, provoca uma reação de censura do Direito. A culpa em sentido amplo comporta as figuras específicas do **dolo**, quando há proposito de lesar a vítima, e a **culpa *stricto sensu***, ou simplesmente culpa, em que se verifica uma violação do dever de diligência esperado das pessoas.

A **culpa *stricto sensu*** pode se manifestar ou exteriorizar de três formas:

- **imprudência**: conduta positiva açodada, precipitada;
- **negligência**: omissão ou falta de cuidados que evitariam o dano;
- **imperícia**: falta de habilidade ou aptidão técnica para o ato.

A culpa pode ser **leve**, diante de uma falta evitável com atenção ordinária, **levíssima**, quando há uma falta evitável com atenção extraordinária, e **grave**, caracterizando um descuido injustificável e extremo, incomum entre as pessoas.

A **gravidade da culpa** varia conforme a **previsibilidade do evento** e o grau da **falta de diligência** pelo causador do dano, mas não gera, em regra, consequências para a verificação do dever de indenizar, para o qual não importa o tipo de culpa. Ainda, não impacta no cálculo da indenização, que se mede pelo dano, salvo se houver excessiva desproporção entre a gravidade da culpa e o dano, quando o juiz poderá reduzir, equitativamente, a indenização (art. 944).

Também se classifica, quanto ao tipo de conduta do sujeito, em:

- culpa *in eligendo*, pela má escolha de **prepostos ou representantes**, que praticam o ato culposo;
- culpa *in vigilando*, pela falta de fiscalização ou vigilância na **guarda de pessoas**, sob a responsabilidade do agente;
- culpa *in custodiando*, pela falta de atenção ou cuidado em relação a **coisa ou animal sob os cuidados** do agente.

A lei e a jurisprudência estabelecem situações de **culpa presumida** (culpa *in re ipsa*), quando, para facilitar a demonstração do ilícito, **inverte-se o ônus da prova de culpa** em favor da vítima do dano, como nas situações de colisão em traseira de veículo, atropelamento de pessoas sobre a calçada e inadimplemento de obrigações. A **presunção** é, pois, **relativa ou *juris tantum*.**

> A culpa presumida **não se confunde com a responsabilidade objetiva**, uma vez que naquela, diante da demonstração concreta da inexistência de culpa, afasta-se o dever de indenizar.

As situações de **culpa exclusiva e concorrente da vítima** serão analisadas no próximo item, uma vez que consistem em excludentes de nexo de causalidade, sem afetar a culpa do agente.

### 7.1.2. Nexo de causalidade

O **nexo de causalidade** é o liame pelo qual se verifica uma **relação necessária entre fato e prejuízo**. Sua presença é indispensável, uma vez que o sujeito não pode ser responsabilizado pela reparação danos para os quais não deu causa ou contribuiu. Além de pressuposto da responsabilidade civil, também estabelece o limite da obrigação de indenizar.

Se o resultado danoso decorre de um fato simples, a análise da relação causal não apresentará maiores complexidades. Todavia, a maior dificuldade da discussão sobre o nexo decorre do fato de que frequentemente o evento danoso não resulta apenas de uma condição, surgindo o problema das **concausas** ou **causalidade múltipla**, quando há uma pluralidade de causas que contribuem para o dano.

Quando forem **concausas simultâneas, duas ou mais causas atuam concomitantemente** para gerar o dano, de forma indivisível, numa situação conhecida como **causalidade comum**, estabelecendo o legislador a **responsabilidade solidária** entre os diversos agentes (art. 942).

> Ligada à ideia de causalidade comum, encontra-se a teoria da **causalidade alternativa**, aplicável em situações em que o **dano é causado por uma pessoa integrante de um grupo** determinado, mas **não se consegue descobrir quem**, dentre os vários participantes, com o seu ato causou o dano. A responsabilidade será, então, atribuída ao grupo, de forma **solidária**, cabendo regresso contra o causador individual do dano. É o que acontece, por exemplo, na responsabilidade do condomínio por danos causados por coisas caídas ou lançadas do prédio, sem que se possa identificar a unidade de onde provieram.

Na situação de **concausas sucessivas**, dá-se uma cadeia de causas e efeitos, as quais vão se sobrepondo no tempo com a modificação do resultado final danoso. Na busca de identificação do dever de indenizar de cada causador, três teorias principais são aventadas:

- **Teoria da equivalência das condições ou da condição *sine qua non*:** o fato antecedente será considerado causa se, uma vez retirado da cadeia de eventos, verificar-se que o resultado não se produziria.
- **Teoria da causalidade adequada:** busca-se num juízo de probabilidades, entre as diversas causas, o fator mais idôneo, que altera de forma decisiva o curso normal das coisas e interfere para o resultado danoso, desconsiderando os demais fatos. Causa é a **condição por si só apta** a produzir o dano.

- **Teoria da causalidade direta e imediata:** deve haver, entre conduta e dano, relação de **causa e efeito necessária**, direta e imediata, não havendo outras causas que expliquem o dano.

Apesar de o art. 403 estabelecer que o agente responderá pelos danos que decorrerem direta e imediatamente do inadimplemento, não se pode afirmar que o legislador ou a jurisprudência adotou uma das teorias em sua forma pura, variando a interpretação concreta em torno da aplicação das duas últimas.

Pode acontecer que entre as diversas condições que de forma relevante tenham contribuído para o resultado danoso esteja o comportamento culposo da própria vítima, como no caso de um sujeito que trafega imprudentemente em rodovia e atinge motociclista sem capacete, causando-lhe a morte, por traumatismo craniano.

> Em que pese a doutrina tradicional nomear a situação como **culpa concorrente**, a questão jurídica não se cinge ao elemento culpa, e sim ao nexo de causalidade, verificando-se na verdade uma modalidade de **concorrência de causas**. A consequência, estabelecida no art. 945, é a **redução do *quantum indenizatório***, não em proporção à culpa da vítima, mas sim da contribuição de sua conduta para o resultado ou seu agravamento.

### 7.1.2.1. Excludentes de nexo de causalidade

Certos fatos concretos podem interferir no regular desenvolvimento dos acontecimentos de modo a afastar a relação de causalidade entre a conduta e o resultado danoso, afastando também, via de consequência, a responsabilidade civil. **Não haverá nexo de causalidade** quando se verificarem acontecimentos ou circunstâncias que, superando as forças do agente, tenham sido determinantes para o resultado danoso. Neste caso, ainda que o agente se comporte de forma culposa, observa-se que o prejuízo não fora determinado por sua conduta e sim por outra conduta ou fato estranho, o qual constitui uma **excludente de nexo de causalidade**. As principais excludentes de nexo são:

- **Culpa exclusiva da vítima ou fato exclusivo da vítima:** apesar de o agente aparentar ser o causador do dano, este resultou de comportamento da vítima, que constituiu o fato decisivo do evento.

A excludente apresenta relação com o já observado sobre a **culpa concorrente da vítima** (ver o item 7.1.2 da seção "Direito Civil"), havendo uma variação no grau de contribuição da vítima para o resultado danoso. Na culpa concorrente, as condutas de agente e vítima determinam conjuntamente o resultado; na culpa exclusiva, a conduta da vítima determina sozinha o resultado, tornando irrelevante a conduta do agente.

- **Caso fortuito ou de força maior:** dá-se um acontecimento necessário, completamente estranho à vontade do agente e que lhe ultrapassa as forças, sendo-lhe **incontrolável e inevitável**. A distinção entre caso fortuito e de força maior suscita enormes controvérsias na doutrina, tendo o legislador optado por assimilá-los num só conceito, que tem por elemento-chave, conforme o parágrafo único do art. 393, a impossibilidade de evitar ou impedir seus efeitos.

A partir da construção jurisprudencial em torno da responsabilidade nas atividades que envolvem risco, passou-se a distinguir a figura em **fortuito interno** e **fortuito externo**, conforme, respectivamente, o fato seja ou não conexo à atividade normalmente desenvolvida pelo agente.

> **Apenas o fortuito externo ensejará a exclusão da responsabilidade**, nestes casos, entendendo-se que os fatos qualificados como fortuitos internos estão abrangidos no risco do empreendimento (Enunciado 443 da V Jornada de Direito Civil do CJF).

A título exemplificativo, considera-se a ocorrência de fortuito externo na situação de um passageiro que, usando transporte público, é atingido por um projétil disparado do exterior, ao passo que há fortuito interno na situação de uma pessoa que sofre danos em virtude de desvio de valores de sua conta bancária por meio de fraude na internet.

**STJ – Súmula 479**
As instituições financeiras respondem objetivamente pelos danos gerados por **fortuito interno** relativo **a fraudes e delitos** praticados por terceiros no âmbito de **operações bancárias**.

■ **Fato ou culpa de terceiro:** situação em que um terceiro, isto é, pessoa diferente da vítima e do agente responsável, atua como causa exclusiva do dano. O fato de terceiro, para excluir a responsabilidade, deve ser **equiparado a um fortuito externo**, sendo o causador estranho à atividade do agente, de modo que não se exclui a responsabilidade, por exemplo, quando o terceiro for seu empregado ou preposto.

A exclusão da responsabilidade por fato de terceiro deve ser diferenciada das situações em que o agente se conduz em **estado de necessidade**:

| FATO DE TERCEIRO | ESTADO DE NECESSIDADE |
|---|---|
| ▫ é a conduta do terceiro diretamente responsável por gerar o resultado danoso, não a do agente | ▫ após o fato de terceiro, que por si não causa dano, o agente reage, adotando conduta que leva ao resultado danoso |
| Ex.: ciclista que cai em buraco, causado por falha de manutenção da via, e é atropelado por ônibus que está passando | Ex.: ônibus que, ao sofrer uma fechada no trânsito, faz uma manobra brusca e atinge a vítima |

### 7.1.3. Dano

**Dano** é lesão a bem ou interesse jurídico, patrimonial ou moral. Para que haja dever de indenizar, é necessário primeiramente que o dano seja certo e atual. **Certo** é o dano fundado em fato preciso, e não hipotético ou eventual. **Atual** é o dano que já existe ou se produziu. Admite-se, contudo, a reparação de **danos futuros** quando decorrentes de acontecimentos presentes, a partir do critério de razoabilidade previsto no art. 402. Diferenciam-se, contudo, de **danos meramente hipotéticos**, pois verifica-se uma probabilidade objetiva de sua concorrência.

Tradicionalmente, os danos dividem-se em:

■ **materiais ou patrimoniais:** afetam o patrimônio do sujeito, sendo aferíveis em pecúnia.

> Os danos materiais abrangem os **danos emergentes** – prejuízos efetiva e imediatamente experimentados, com diminuição patrimonial – e os **lucros cessantes** – o que a pessoa razoavelmente deixou de ganhar por força do ocorrido, deixando de haver um acréscimo patrimonial (art. 402).

Os lucros cessantes se **diferenciam dos danos hipotéticos** ou remotos, não indenizáveis, na medida em que nos primeiros há uma razoável certeza de sua ocorrência, com base na expectativa de curso normal das coisas.

- **morais ou extrapatrimoniais:** atingem o sujeito em sua dimensão existencial, caracterizando lesões a **direitos da personalidade**. Sua configuração não depende de prova de dor ou sofrimento. Devem apresentar razoável gravidade, não constituindo danos morais **meros dissabores** presentes na vida cotidiana. Também podem ser indenizados por danos morais a pessoa jurídica (art. 52 do CC; Súmula 227 do STJ) e o nascituro. A indenização dos danos morais tem **caráter compensatório**, já que a lesão não atinge o patrimônio do sujeito, para que seja reparável em pecúnia.

A jurisprudência traz hipóteses de **dano moral *in re ipsa***, cuja caracterização independe de prova do prejuízo subjetivamente experimentado pela vítima, como nos casos de inserção indevida do nome em cadastros de inadimplentes, conclusão de curso superior sem reconhecimento pelo MEC e quando a pessoa leva à boca alimento industrializado com corpo estranho, independentemente da ingestão.

O STJ acrescentou, ao lado das categorias acima, uma terceira espécie:

> **Danos estéticos**, caracterizados quando a lesão se projeta na dimensão plástica do indivíduo, podendo se verificar cumulativamente aos danos materiais e morais (Súmula 387 do STJ).

Os danos também se classificam em:

- **diretos:** causado diretamente ao lesado ou seu patrimônio.
- **indiretos, reflexos ou em ricochete:** situação em que uma pessoa, que não fora diretamente atingida pela conduta, sofre danos decorrentes do dano causado a outrem.

> Modernamente, novas espécies de dano e responsabilização têm sido consagradas na doutrina e na jurisprudência. Tal ocorre, por exemplo, na **responsabilidade pela perda de uma chance**, quando a conduta do agente retira da vítima a chance de obter um ganho – vantagem futura –, ou evitar um prejuízo. Para que não se configure dano meramente hipotético, é necessário que se demonstre a existência de uma **probabilidade séria e real de ganho** prejudicada pela conduta do agente, devendo a indenização, que pode apresentar caráter material ou moral, ser calculada com base em tal probabilidade.

Casos notáveis na jurisprudência do STJ são (i) o da candidata que, em virtude de erro na elaboração das perguntas no programa televisivo *Show do Milhão*, perdeu a chance de alcançar o prêmio máximo do concurso – REsp 788.459-BA; (ii) o do candidato a vereador em cidade do interior que, em virtude da veiculação nos jornais locais de notícia desonrosa e falsa, às vésperas da eleição, perdeu o certame por uma diferença de 8 votos – REsp 821.004/MG; (iii) os de erros de diagnóstico por médicos, retirando do paciente a chance de cura ou de melhoria em seu quadro de saúde (REsp 1.291.247/RJ).

Cresce, também, a discussão acerca da reparação dos **danos coletivos** *lato sensu*, por oposição aos danos meramente individuais. Tais danos decorrem de situações que afetam uma coletividade de pessoas, atraindo uma modalidade especial de tutela, por meio das ações coletivas. Há três espécies de danos coletivos *lato sensu*, conforme previsão do parágrafo único do art. 81 do CDC:

|  | Sujeito ativo | Relação jurídica | Divisibilidade do objeto |
|---|---|---|---|
| **DIREITOS DIFUSOS** | Indeterminado e indeterminável | Sujeitos se ligam por **circunstâncias de fato** | Indivisível |
| **DIREITOS COLETIVOS** | Indeterminado, mas determinável | Titulares ligados entre si ou com a parte contrária por uma **relação jurídica base** | Indivisível |
| **DIREITOS INDIVIDUAIS HOMOGÊNEOS** | Sujeitos determinados | Relações jurídicas têm **origem comum** | Divisível |

Entre estes, destaca-se o **dano moral coletivo**, decorrente de ofensa a valores coletivos, lesão a sentimentos da coletividade, como o verificado em virtude do incêndio do Museu Nacional no Rio de Janeiro ou do rompimento da barragem de rejeitos da exploração minerária em Brumadinho.

## 7.2. Reparação dos danos: legitimidade e abrangência

O ressarcimento dos danos pode ser pleiteado pela **própria vítima ou seus herdeiros**, bem como pelas **pessoas sob dependência econômica** da vítima, em caso de danos reflexos. Em princípio, responderá o **próprio agente** pela reparação dos danos causados, podendo ser chamados seus **herdeiros**, já que, além do direito de exigir a reparação, também a obrigação de prestá-la transmite-se hereditariamente, nos limites das forças da herança (art. 943 c/c art. 1.792).

Em certas situações, **terceiros** podem ser chamados a indenizar por danos que não causaram, como nas hipóteses de **responsabilidade por fato de terceiros** (ex.: arts. 932, 43), **responsabilidade por fato de coisas** (ex.: arts. 931, 936 a 938), e na solidariedade em caso de concurso de agentes na prática do ilícito (art. 942).

> A responsabilidade por fato de terceiros, nas hipóteses do art. 932, prescinde da demonstração de culpa do responsável, tendo **caráter objetivo** (art. 933). Nesta situação, o terceiro tem **direito de regresso** contra o verdadeiro causador, salvo quando este for descendente seu, absoluta ou relativamente incapaz (art. 934).

Sobre a possibilidade de se responsabilizar os **incapazes**, adotou o CC/2002 a teoria da **responsabilidade subsidiária e mitigada**, de forma condicional, permitindo que respondam se os responsáveis não tiverem obrigação de fazê-lo ou não dispuserem de meios suficientes, contanto que tenham condições de suportar os valores, fixados de forma equitativa, sem prejuízo de sua subsistência (art. 928).

O valor da indenização deve ser **atualizado monetariamente**, segundo índices oficiais, a partir da data do prejuízo (arts. 389, 395; Súmula 43 do STJ). Em caso de pensão indenizatória, entendeu o STF pela conveniência de sua conversão em salários mínimos para que ocorra o reajuste automático, preservando-se o seu valor (Súmula 490 do STF). Além das perdas e danos, responde o agente por **juros de mora**, os quais incidirão, na **responsabilidade extracontratual**, a partir do fato danoso (art. 398; Súmula 54 do STJ), e na **responsabilidade contratual**, a partir da citação inicial no processo (art. 405). Responderá também por honorários advocatícios, arbitrados na forma da lei processual (art. 85 do CPC).

O legislador estabelece regras especiais para a **responsabilidade civil em caso de cobrança de dívidas**. Caso o credor cobre a dívida **antes do vencimento**, fora das hipóteses legais, deverá esperar o tempo que faltava para o vencimento, descontar os juros e pagar as custas em dobro (art. 939). Se cobrar **dívida já paga**, deverá pagar ao devedor o dobro do que cobrar (art. 940). Se cobrar **mais do que lhe é devido**, deverá pagar o que exigiu indevidamente (art. 940). Em todos os casos, não se aplicam as penalidades caso o autor desista da ação antes de contestada a lide (art. 941).

### 7.3. Liquidação do dano

A **liquidação do dano** consiste no cálculo do valor ou *quantum* indenizatório. Calcula-se a indenização, como regra, com base na **extensão do dano**, não se levando em conta o grau de culpa. Permite o legislador apenas a **redução equitativa da indenização** em caso de desproporção entre a gravidade da culpa e o dano (art. 944). Caso ocorra **culpa concorrente da vítima**, situação em que a vítima por seu comportamento contribui para o dano, o valor da indenização será fixado na proporção em que o comportamento do agente concorreu para o resultado (art. 945).

Deve-se buscar primeiramente a **reparação específica ou natural** do dano, por meio da entrega ou restauração do próprio bem jurídico lesado, com o objetivo de restituir a vítima ao *status quo ante*, como estaria se não tivesse ocorrido a ação. Em não sendo possível, far-se-á a reparação pelo pagamento, em moeda corrente, do **equivalente pecuniário** do bem lesado ou, nos danos morais, por meio da fixação de indenização que compense o abalo sofrido (art. 947). Sendo a obrigação indeterminada, e não havendo disposição legal ou contratual (cláusula penal) fixando o valor da indenização, a apuração será feita a partir dos procedimentos de liquidação previstos no CPC (art. 946 do CC; art. 509 do CPC):

- **liquidação por arbitramento:** quando houver necessidade de **avaliação por perito**, conforme determinado pela sentença, convencionado pelas partes ou exigido pela natureza do objeto da liquidação;
- **liquidação pelo procedimento comum:** quando houver necessidade de alegar e provar fato novo.

Após estabelecer as regras gerais para a liquidação, o legislador prevê critérios para **tipos específicos de dano**, em casos de:

| MORTE | LESÃO CORPORAL/ À SAÚDE | USURPAÇÃO/ ESBULHO | INJÚRIA, DIFAMAÇÃO, CALÚNIA | OFENSA À LIBERDADE PESSOAL |
|---|---|---|---|---|
| Art. 948 | Arts. 949, 950 | Art. 952 | Art. 953 | Art. 954 |
| ▫ despesas com tratamento, funeral<br>▫ pensão indenizatória em favor de dependentes<br>▫ outras reparações | ▫ despesas de tratamento<br>▫ lucros cessantes, e, se a lesão for incapacitante, pensão indenizatória<br>▫ outras reparações | ▫ restituição da coisa ou seu equivalente pecuniário (valor ordinário + valor de afeição)<br>▫ valor das deteriorações<br>▫ lucros cessantes | ▫ danos morais<br>▫ danos materiais | ▫ danos morais<br>▫ danos materiais |

Em havendo **morte**, calcula-se a **pensão a ser paga aos dependentes** a partir da renda auferida pela vítima quando do falecimento, abatida de 1/3 – quantia que o falecido presumidamente gastaria consigo mesmo –, sendo devido 13º salário e outras verbas trabalhistas. Há direito a pensão em caso de morte do cônjuge do lar, conforme a jurisprudência. A pensão será paga pelo tempo provável de tempo da vítima, presumido em 65 anos na jurisprudência do STJ, devendo ser dividida entre o cônjuge ou companheiro e os filhos incapazes e dependentes do falecido. O cônjuge que estabelece nova união perde o direito à pensão.

Em caso de **lesão incapacitante**, o cálculo da pensão será feito a partir da renda que a vítima auferia no trabalho específico para o qual se inabilitou, e, em caso de **diminuição da capacidade laborativa**, a pensão será fixada proporcionalmente ao grau de depreciação sofrida no trabalho (art. 950), tendo, em ambas as hipóteses, caráter **vitalício**. Estabelece o legislador a possibilidade de **pagamento** da pensão **em verba única**, mediante simples requerimento do beneficiário (art. 950, parágrafo único), entendendo doutrina e jurisprudência, contudo, que o deferimento do pedido dependerá de aferição da capacidade econômica do réu (Enunciado 381 da IV Jornada de Direito Civil do CJF).

Caso as lesões dos arts. 948 a 950 do CC sejam causadas por médicos ou outros profissionais de saúde a pacientes, no exercício da atividade profissional, a responsabilidade depende da configuração de culpa.

As **hipóteses de ofensa à liberdade pessoal** previstas no parágrafo único do art. 954 são meramente exemplificativas, destacando-se a reparabilidade da lesão decorrente de erro judiciário (art. 5º, LXXV, da CF; art. 630 do CPP).

## 7.4. Responsabilidade civil do provedor de conexão à internet (Marco Civil da Internet)

Na sociedade contemporânea, os danos sofridos em virtude de condutas desenvolvidas no ambiente virtual, da internet, ganham relevância, em virtude de sua farta incidência e envolvimento de diferentes atores. A Lei n. 12.965/2014 (Marco Civil da Internet) foi elaborada com o objetivo de estabelecer princípios, garantias, direitos e deveres para o uso da Internet no Brasil, regulando, entre outros aspectos, a questão da responsabilidade civil do provedor de internet. Entre os princípios consagrados em seu art. 3º, destaca-se a **garantia da liberdade de expressão, comunicação e manifestação de pensamento** (inc. I); a **proteção da privacidade** (inc. II); a **proteção dos dados pessoais** (inc. III); e a **responsabilização dos agentes** de acordo com suas atividades (inc. VI).

O regime de responsabilização pelos conteúdos disponibilizados na rede deve, pois, promover um equilíbrio entre, de um lado, a garantia de liberdade de expressão e combate à censura, e, de outro, a proteção da privacidade e dos dados pessoais.

> Neste sentido, o legislador **afasta, como regra geral, a responsabilidade civil do provedor** de conexão à internet por conteúdos postados por terceiros (art. 18). A regra é excepcionada, todavia, nos termos do art. 19, que prevê o **dever do provedor de tornar indisponível conteúdos** irregulares publicados, mediante **ordem judicial específica**, sob pena de responsabilização civil:

> **Art. 19.** Com o intuito de assegurar a liberdade de expressão e impedir a censura, o provedor de aplicações de internet somente poderá ser responsabilizado civilmente por danos decorrentes de conteúdo gerado por terceiros se, após ordem judicial específica, não tomar as providências para, no âmbito e nos limites técnicos do seu serviço e dentro do prazo assinalado, tornar indisponível o conteúdo apontado como infringente, ressalvadas as disposições legais em contrário.
> § 1º A ordem judicial de que trata o *caput* deverá conter, sob pena de nulidade, identificação clara e específica do conteúdo apontado como infringente, que permita a localização inequívoca do material. [...]
> § 3º As causas que versem sobre ressarcimento por danos decorrentes de conteúdos disponibilizados na internet relacionados à honra, à reputação ou a direitos de personalidade, bem como sobre a indisponibilização desses conteúdos por provedores de aplicações de internet, poderão ser apresentadas perante os juizados especiais.
> § 4º O juiz, inclusive no procedimento previsto no § 3º, poderá antecipar, total ou parcialmente, os efeitos da tutela pretendida no pedido inicial, existindo prova inequívoca do fato e considerado o interesse da coletividade na disponibilização do conteúdo na internet, desde que presentes os requisitos de verossimilhança da alegação do autor e de fundado receio de dano irreparável ou de difícil reparação.

Distinta é a previsão do art. 21, a tratar especificamente da **divulgação não autorizada** de imagens e materiais contendo **pornografia** – cenas de nudez ou atos sexuais de caráter privado. Para a responsabilização civil subsidiária do provedor, neste caso, basta que deixe de atender **notificação, judicial ou extrajudicial** do participante das cenas, solicitando a remoção do conteúdo. Em todos os casos, **a notificação deve trazer a identificação clara e específica do conteúdo** apontado como violador.

## 8. DIREITO DAS COISAS

Os **direitos reais ou das coisas** regulam o poder jurídico exercido de forma direta por uma pessoa sobre **coisas suscetíveis de apropriação**, de forma **plena** (propriedade) ou **limitada** (direitos reais sobre coisas alheias, podendo ser **direitos de gozo e direitos de garantia**), em caráter absoluto ou não relativo. O legislador tratou de forma preliminar o fenômeno da **posse**, que, apesar de não constituir um direito real, trata do exercício fático de certas faculdades do dono, recebendo também proteção jurídica.

O **direito real** (*jus in re*) reflete um **poder jurídico exclusivo e imediato do titular sobre a coisa**, implicando para os demais um dever universal (*erga omnes*) de respeito e abstenção. Opõe-se, assim, aos **direitos pessoais** (*jus ad rem*), caracterizados por uma **relação intersubjetiva**, com a fixação de deveres obrigacionais que têm eventualmente na coisa seu objeto indireto.

Os direitos reais regem-se por alguns **princípios fundamentais**:

- **aderência, especialização ou inerência:** o direito real adere à coisa, estabelecendo-se uma relação direta de senhoria entre sujeito e coisa, independentemente de outras pessoas;
- **absolutismo:** o direito real tem caráter *erga omnes*, gerando para todos dever de respeitar o direito do titular;
- **sequela ou *jus persequendi*:** o titular do direito real pode perseguir e reivindicar a coisa em poder de quem ela esteja;
- **publicidade ou visibilidade:** os direitos reais se adquirem mediante o **registro ou a tradição**, conforme seu objeto seja bens imóveis ou móveis, a fim de que se dê ampla publicidade da titularidade;
- **taxatividade ou *numerus clausus*:** as hipóteses de direitos reais são taxativamente previstas na lei, podendo ser extraídas do art. 1.225 e outros dispositivos do Código e legislação esparsa;
- **tipicidade:** a lei estabelece tipos legais correspondentes às hipóteses de direitos reais;
- **perpetuidade ou temporariedade:** a propriedade, principal direito real, é **perene**, não se perdendo pelo mero não uso. Os demais direitos reais, contudo, são **temporários**, extinguindo-se com a concentração das faculdades transferidas no dono;
- **preferência:** característica dos direitos reais de garantia (penhor, hipoteca e anticrese), confere preferência do titular de garantia real em relação aos outros credores, em caso de concurso;
- **exclusividade:** não haverá dois direitos reais idênticos e distintos sobre a mesma coisa, admitindo-se porém a cotitularidade, quando cada titular faz jus a frações ideais, distintas e exclusivas.

Para além da dicotomia direito real – direito obrigacional, há **figuras híbridas**, que se posicionam numa zona intermediária, com características das duas categorias jurídicas:

- **obrigações *propter rem*:** são obrigações que, apesar de terem por objeto uma prestação, decorrem do direito real, acompanhando a coisa de modo a poder ser sempre exigidas do atual titular, com ambulatoriedade. Ex.: obrigação de concorrer para as despesas condominiais (art. 1.345); obrigação de concorrer para as despesas de divisões ou demarcações de prédios confinantes (art. 1.297);
- **ônus reais:** gravames ou obrigações que, com aderência à coisa, limitam o exercício das faculdades do proprietário, tendo este por devedor. Ex.: renda constituída sobre imóvel;
- **obrigações com eficácia real:** obrigações que, apesar de criadas por meio de contratos, recebem especial proteção pela lei, de modo que, uma vez anotadas no Registro de Imóveis, passam a ter eficácia real, sendo oponíveis a terceiros adquirentes do bem. Ex.: o registro do contrato de locação o torna oponível ao adquirente da coisa locada (art. 576); direito do promitente comprador, quando a promessa de compra e venda é registrada (arts. 1.417 e 1.418)

## 8.1. Posse

A posse é um instituto jurídico complexo e controverso, dando origem historicamente a duas teorias para explicá-la:

1) **Teoria subjetiva (Savigny)**: A posse é resultado da **soma de elementos objetivo e subjetivo**: *corpus* (poder sobre a coisa) e *animus* (intenção de ser tornar dono).
2) **Teoria objetiva (Ihering)**: A posse depende **apenas da verificação do *corpus***, consistente na visibilidade do domínio. O possuidor comporta-se como proprietário, exercendo alguma de suas faculdades, de modo a dar ao bem destinação econômica.

O CC/2002 optou pela **teoria objetiva da posse**, ao estabelecer no art. 1.196 que é possuidor aquele que tem de fato o **exercício, pleno ou não, de algum dos poderes inerentes à propriedade**. Contudo, a doutrina atual, fundada numa perspectiva civil-constitucional, questiona o fundamento da proteção possessória estabelecido em Ihering – defesa da propriedade –, concebendo uma tutela da **posse independente da propriedade e marcada por uma função social** (Enunciado 492 da V Jornada de Direito Civil do CJF). Assim é que a posse recebe uma proteção autônoma, que se pode exercer até mesmo contra o proprietário.

**Possuidor** é, pois, aquele a quem se reconhece o exercício de uma das faculdades do proprietário, referentes ao uso, gozo ou disposição do bem. Contudo, há situações em que o ocupante do bem, apesar de ter de fato o *corpus*, não será considerado possuidor, havendo mera **detenção** ou posse juridicamente desqualificada. Tal acontece em hipóteses legais em que a lei não confere a qualidade de possuidor ao ocupante, como nos casos de:

- **fâmulo da posse**, quando o detentor, subordinado ao verdadeiro proprietário ou possuidor, em nome e sob as ordens deste, ocupa o bem (art. 1.198). Ex.: empregados do proprietário. Observe-se que, uma vez extinto o vínculo de subordinação, haverá conversão da ocupação em posse;
- **ocupação por atos de violência e clandestinidade**, enquanto se mantiverem tais atributos, pois, uma vez cessados, surgirá a posse, ainda que injusta (arts. 1.200 e 1.208);
- **atos de mera permissão ou tolerância**, quando o ocupante recebe do verdadeiro possuidor ou proprietário autorização expressa (permissão) ou tácita (tolerância) para exercer poder sobre a coisa (art. 1.208);
- **ocupação de bens insusceptíveis de posse**, a exemplo dos bens públicos.

Admite-se o **desdobramento ou desmembramento da posse**, quando diferentes faculdades inerentes ao domínio são transferidas a sujeitos distintos, que exercem posses paralelas. Nesta situação, o sujeito que transfere ao outro o poder direto sobre a coisa passa a ser um **possuidor indireto**, e o que o recebe será o **possuidor direto**. A posse direta será **temporária** e **subordinada** ao possuidor indireto, que lhe delimita poderes e alcance, mas adquire autonomia em relação a sua posse, podendo inclusive ser contra ele protegida (art. 1.197). O desmembramento da posse dá origem ao fenômeno das **composses**, uma vez que um mesmo bem será objeto de posses distintas e simultâneas em favor de pessoas diversas (art. 1.199).

Quanto à **existência de vício** no modo de aquisição, considera-se a **posse justa**, por eliminação das hipóteses de **posse injusta**, cuja aquisição decorre de (i) atos de **violência** – agressão à pessoa do antigo possuidor –, (ii) **clandestinidade** – de forma escondida e escusa – e (iii) **precariedade** – por abuso de confiança de um sujeito que retém o bem que deveria devolver (art. 1.200). Apesar de injusta, pode ser defendida contra terceiros, que não o proprietário.

Quanto ao **estado subjetivo ou anímico do agente** que possui a coisa, a posse pode ser de **boa-fé** ou de **má-fé**, aplicando-se neste ponto, de forma excepcional, o conceito de **boa-fé subjetiva**. Possuidor de boa-fé é aquele que ignora os vícios que maculam a posse e impedem a aquisição da coisa (art. 1.201), presumindo-se a boa-fé diante da presença de um **justo título** (título formalmente perfeito, mas materialmente viciado). Posse de má-fé é aquela ostentada por sujeito que conhece a existência de vícios que impedem a aquisição do domínio.

Quanto à **proteção**, a posse pode ser *ad interdicta*, permitindo ao possuidor o uso das tutelas possessórias, sem, contudo, induzir a usucapião, e *ad usucapionem*, apta à contagem para aquisição originária da propriedade.

A **interversão da posse** (*interversio possessionis*) consiste na transformação ou inversão no título da posse, que se opera quando o possuidor direto afronta o proprietário ou possuidor indireto, rompendo o princípio da confiança, caracterizando *animus domini* e posse *ad usucapionem* (Enunciado n. 237 da III Jornada de Direito Civil do CJF).

Podem adquirir a posse a própria pessoa que a pretende ou seu representante; terceiro sem mandato, dependendo de ratificação (art. 1.205). A aquisição se dá no **momento em que se torna possível o exercício**, em nome próprio, de qualquer dos poderes inerentes à propriedade (art. 1.204), classificando-se a posse em **nova e velha**: é **nova** a posse que se exerce há **menos de ano e dia**, e **velha**, além desse prazo.

**A posse nova** abre espaço à concessão da **tutela liminar** em caráter especial prevista no art. 562 do CPC, com flexibilização dos requisitos da tutela provisória regular (arts. 294 a 304 do CPC).

A posse **transmite-se aos sucessores** do possuidor, admitindo-se a **união das posses** para os efeitos legais, entre os quais o cálculo do prazo da usucapião (arts. 1.206 e 1.207).

A **perda da posse** pode decorrer da cessação do exercício fático dos poderes inerentes à propriedade, independentemente da vontade do possuidor (art. 1.223), ou, em caso de esbulho sem que o possuidor estivesse presente, quando este deixa de praticar ou não obtém sucesso nos atos de legítima defesa da posse (art. 1.224).

A posse confere ao titular quatro grandes **efeitos**:

- **proteção possessória:** trata-se dos meios especiais de tutela disponibilizados ao titular que sofre lesão em sua posse, em caso de **esbulho** – quando o possuidor é privado do bem, total ou parcialmente; **turbação** – quando terceiro intervém ou causa incômodos à normal utilização do bem pelo possuidor; ou **ameaça** – quando o possuidor manifesta justo receio de ser turbado ou esbulhado ilicitamente de sua posse;

> Terá o possuidor, conforme o tipo de lesão, respectivamente, ação de **reintegração de posse**, ação de **manutenção de posse** e **interdito proibitório**, buscando neste último inibir a concretização das ameaças (art. 554 e s. do CPC).

Nas duas primeiras situações de violação da posse, esbulho e turbação, em que há lesão consumada, pode o possuidor usar de meios privados para repelir a injusta agressão, a **autotutela**, desde que o **faça logo e de maneira proporcional e indispensável** à manutenção ou restituição da posse (art. 1.210).

- **direito aos frutos:** enquanto estiver de **boa-fé**, o possuidor tem **direito aos frutos colhidos**, devendo restituir aqueles **pendentes** no momento em que cessar a boa-fé, bem como os **colhidos com antecipação**. Assiste-lhe, porém, direito de **deduzir as despesas** de custeio e produção (art. 1.214). Os frutos naturais e industriais consideram-se colhidos quando se separam do bem principal, e os frutos civis, a cada dia (art. 1.215). O **possuidor de má-fé responde pelos frutos colhidos e percipiendos** – deixou de perceber por sua culpa –, também lhe assistindo direito de **reembolso das despesas** de produção e custeio (art. 1.216);
- **direito às benfeitorias:** o **possuidor de boa-fé** tem direito a ser **indenizado** do valor das **benfeitorias necessárias e úteis**, tendo **direito de retenção** do bem até que lhe sejam pagas. Quanto às **voluptuárias**, poderá levantá-las se for possível fazê-lo sem detrimento do bem principal (art. 1.219). Ainda que esteja de **má-fé**, ao possuidor assistirá o direito de ser **indenizado pelas benfeitorias necessárias**, mas não tem direito de retenção pelo seu pagamento, nem direito de levantar as voluptuárias (art. 1.220);
- **responsabilidade pela perda e deterioração:** o **possuidor de boa-fé** apenas responde pela perda ou deterioração decorrente de sua **culpa** (art. 1.217), ao passo que o **possuidor de má-fé** responderá em **qualquer situação**, mesmo acidental, salvo se demonstrar que aquela se daria mesmo se o bem estivesse em poder do reivindicante (art. 1.218).
- **direito à usucapião**: trata-se de **aquisição originária da propriedade**, pelo possuidor, após o cumprimento de prazos e requisitos estabelecidos na lei.

## 8.2. Direitos reais

Os **direitos reais** são enumerados de forma taxativa na lei, encontrando-se suas principais hipóteses no art. 1.225. Os incisos XI e XII do dispositivo foram acrescentados pela Lei n. 11.481/2007, que acresceu os direitos sem criar títulos específicos no Código para seu tratamento:

- **Concessão de uso especial para fins de moradia.** O instituto fora acrescido em 2007 ao rol taxativo de direitos reais para atender à necessidade de garantia do direito social à moradia, regularizando a ocupação de imóveis da União, nos termos da MP n. 2.220/2001, alterada pela Lei n. 13.465/2017. Traz os mesmos requisitos da usucapião urbana individual, com a peculiaridade de **incidir sobre imóveis públicos**, podendo o direito ser transmitido *causa mortis* ou *inter vivos*.
- **Concessão de direito real de uso.** Trata-se de direito real constituído por meio de ato administrativo vinculado ao Poder Público, sobre **imóvel de propriedade da União**, sendo levado a registro no Registro de Imóveis.

No mesmo sentido, a Lei n. 14.620, de 13 de julho de 2023, determinou a inclusão no art. 1.225 do inciso XIV, prevendo no rol do dispositivo "os direitos oriundos da imissão provisória na posse, quando concedida à União, aos Estados, ao Distrito Federal, aos Municípios ou às suas entidades delegadas e a respectiva cessão e promessa de cessão". A Lei n. 14.620 traz as novas regras sobre o Programa Habitacional "Minha Casa, Minha Vida", regulando o novo direito real criado.

### 8.2.1. Direito de propriedade

Trata-se da espécie de direito real mais importante e complexa, conferindo a seu titular as **faculdades de usar, gozar ou fruir, dispor e reivindicar ou reaver** a coisa, com respeito a sua função social (art. 1.228):

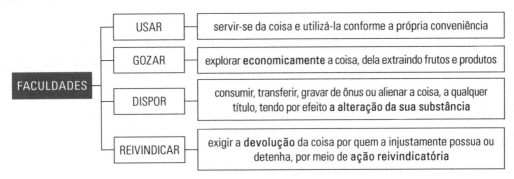

À reunião de todas essas faculdades em uma só pessoa atribui-se a denominação **propriedade plena**. É possível, porém, pela sua **elasticidade**, que a propriedade seja **limitada**, destacando-se uma ou mais de suas faculdades para a atribuição de direito a terceiro, o que caracteriza os chamados **direitos reais sobre coisa alheia**. Também será limitada em caso de **propriedade resolúvel**.

Os direitos reais sobre coisa alheia, por sua vez, podem se manifestar como **direitos reais de gozo ou de fruição**, no caso da superfície, servidões, usufruto, uso, habitação, direito do promitente comprador do imóvel, concessão de uso especial para fins de moradia e concessão de direito real de uso, **e direitos reais de garantia**, no caso de penhor, hipoteca e anticrese. Certo é que sem a propriedade não se pode cogitar dos outros direitos reais, já que estes nascem da decomposição das faculdades do proprietário. A propriedade, além da **elasticidade**, caracteriza-se por **exclusividade**, porque, ainda que em condomínio, cada titular pode fazer uso exclusivo de suas faculdades, e **perpetuidade**, não se perdendo pelo não uso.

A **propriedade do solo** abrange a do **espaço aéreo e subsolo** correspondentes, em altura e profundidade úteis ao seu exercício, não podendo o proprietário opor-se a atividades que sejam realizadas, por terceiros, a uma altura ou profundidade tais que não tenha ele interesse legítimo em impedi-las (art. 1.229). Não abrange, contudo, as jazidas, minas e demais recursos minerais, os potenciais de energia hidráulica, os monumentos arqueológicos e outros bens referidos por leis especiais (art. 1.230)

O direito de propriedade **não mais se considera ilimitado**, sendo certo que, no exercício de suas faculdades, o titular sofre uma série de restrições estabelecidas pela lei, em respeito à

**ordem pública**, obrigando-se ao cumprimento da **função social**, bem como de obrigações *propter rem*, dentre outras. O reconhecimento de uma função social decorre da superação do individualismo extremo do século XIX, entendendo-se que, além de atender aos **interesses individuais econômicos** do proprietário, o exercício do direito de propriedade deve respeitar o **interesse social mais amplo**, sob pena de configurar **abuso de direito**, com aplicação de sanções. No que tange aos bens imóveis, coube à Constituição disciplinar seu conteúdo ou função social e os efeitos do descumprimento, conforme sejam **urbanos** (art. 182, § 4º, da CF) ou **rurais** (art. 184 da CF).

A **ação reivindicatória** constitui a mais importante espécie de **ação petitória**, tendo por fundamento ou causa de pedir a violação do direito de propriedade, requerendo-se a posse como decorrência do direito do proprietário. Trata-se de **ação real**, exigindo outorga uxória para o ajuizamento, ou citação de ambos os cônjuges (art. 73 do CPC), **e imprescritível**, podendo o possuidor, contudo, elidir o pedido com base na defesa de usucapião (Súmula 237 do STF).

> Distingue-se das **ações possessórias**, em que, apesar de também se formular pedido de posse, a causa de pedir é a própria posse e sua violação. **Não há fungibilidade** entre ações petitória e possessória, mas tão somente entre os tipos de possessória, e a decisão em sede de tutela possessória **não faz coisa julgada material** perante o juízo petitório.

Na ação reivindicatória, deve o proprietário atender aos **requisitos**: (i) comprovar sua condição, por meio da apresentação de um **título de propriedade**, no caso de imóveis a certidão do registro; (ii) **individualizar** perfeitamente o bem reivindicado, com indicação de localização, limites e confrontações; (iii) **demonstrar a posse injusta** do réu, entendida esta como a posse desprovida de título ou causa jurídica.

A reivindicatória depende ainda da **inexistência de ação possessória** em curso, já que na pendência de ação possessória é vedado, tanto ao autor quanto ao réu, propor ação de reconhecimento do domínio (art. 557 do CPC). No condomínio, cada condômino tem legitimidade para, sozinho, ajuizar ação para reivindicar a totalidade da coisa em face de terceiros, em virtude da **exclusividade** (art. 1.314).

A **aquisição da propriedade** pode se dar de **forma derivada ou originária**, conforme ocorra ou não transmissão do domínio entre o atual proprietário e o anterior. Na aquisição originária, os **vícios** que maculavam o antigo vínculo não afetam o proprietário atual, ao contrário da aquisição derivada em que, verificada uma cadeia de proprietários, os atributos e eventuais limitações que recaiam sobre a propriedade se transmitem junto à titularidade. Ainda, na aquisição originária não há incidência de impostos de transferência de bens, pela ausência do fato gerador.

As principais formas de **aquisição da propriedade** são:

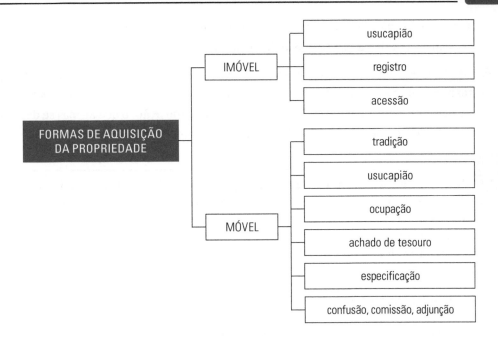

O direito hereditário é modo de aquisição da propriedade de móveis e imóveis. A propriedade pode ser **perdida pela vontade** (alienação, renúncia ou abandono) ou em virtude de **causas legais** (perecimento, desapropriação), nos termos do art. 1.275, que estabelece rol exemplificativo.

I) **Usucapião.** A usucapião, por muitos chamada **prescrição aquisitiva**, é forma originária de aquisição da propriedade ou outros direitos reais a partir do **exercício de posse mansa, pacífica e prolongada no tempo**, pelos prazos estabelecidos na lei, mediante o cumprimento de requisitos legais para cada uma de suas modalidades. Distingue-se do instituto da prescrição propriamente dita, em que a inércia conduz à perda e não surgimento de pretensão, aplicando-se-lhe, contudo, as mesmas regras acerca da **suspensão e interrupção dos prazos** (art. 1.244).

São **pressupostos da usucapião**, em qualquer de suas modalidades:

▣ **coisa hábil ou suscetível de usucapião**, entendidas como aquelas que estejam **no comércio**. Bens fora do comércio, em virtude da natureza, lei ou vontade, não são usucapíveis. Os bens públicos, por estarem **fora do comércio**, não se adquirem por usucapião (art. 102 do CC; Súmula 340 do STF), podendo contudo ser objeto de concessão de uso especial para fins de moradia (art. 1.225, XI).

É **possível a usucapião de bem de família**, voluntário ou legal, em face da desídia do titular. No caso de **condomínio**, importa distinguir se este tem caráter *pro indiviso* (sem divisão de área exclusiva para cada um dos condôminos) ou *pro diviso* (cada um tem sua parte demarcada). Naquele pode haver usucapião se um dos condôminos passa a exercer a posse exclusiva, com exclusão dos demais. Neste, basta que um dos condôminos ocupe a parte destinada ao uso do outro. No **condomínio edilício**, a ocupação de área comum não gera usucapião, sendo o ocupante mero detentor. Só será possível usucapir **vaga de garagem** que tenha matrícula autônoma no registro;

☐ **exercício de posse *ad usucapionem***, assim entendida a posse qualificada pela **intenção de tornar-se dono** (*animus domini*), mesmo que o sujeito ignore não ser o proprietário. Tal posse deve ser **mansa e pacífica**, isto é, exercida **sem oposição**, o que apenas se descaracteriza pela tomada de providências judiciais sérias e procedentes pelo titular.

> Deve também ser **contínua ou ininterrupta**, admitindo-se a **união de posses** (arts. 1.207 e 1.243), quando se soma ao prazo de posse do atual possuidor aquela exercida por seu antecessor, seja na sucessão a título singular, quando a união é facultativa *(acessio possessionis)*, seja na sucessão a título universal, quando opera de pleno direito em virtude da transmissão hereditária do patrimônio do *de cujus (sucessio possessionis)*.

☐ **decurso do tempo**, variável conforme a modalidade de usucapião.

Os dois outros requisitos são próprios da **usucapião ordinária**:

☐ **justo título**, entendido como aquele que, aos olhos do homem comum, aparenta ser perfeito e hábil a transferir o domínio, ignorando-se a existência de vícios que ensejam anulabilidade;

☐ **boa-fé**, em sentido subjetivo, por ignorar o possuidor o vício que impede a aquisição da coisa. O justo título estabelece presunção relativa de boa-fé (art. 1.201, parágrafo único).

> **Art. 1.202.** A posse de boa-fé só perde este caráter no caso e desde o momento em que as circunstâncias façam presumir que o possuidor não ignora que possui indevidamente.

Baseando-se sempre no exercício de forma mansa, pacífica e prolongada da posse, o legislador estabelece uma série de **modalidades específicas de usucapião**, cada qual exigindo o implemento de condições peculiares para que se reconheça a aquisição originária da propriedade. São **seis** as principais modalidades previstas na legislação, cujos requisitos são sintetizados no quadro abaixo:

| MODALIDADES DE USUCAPIÃO ||||||
|---|---|---|---|---|---|
| **EXTRAOR-DINÁRIA** | **ORDINÁRIA** | **ESPECIAL RURAL** | **ESPECIAL URBANA** | **URBANA COLETIVA** | **FAMILIAR** |
| Arts. 1.238 e 1.260 do CC | Arts. 1.242 e 1.260 do CC | Art. 1.239 do CC, Lei n. 6.969/81, art. 191 da CF | Art. 1.240 do CC, art. 9º da Lei n. 10.257/2001, art. 183 da CF | Arts. 10 a 14 da Lei n. 10.257/2001 (Estatuto das Cidades) | Art. 1.240-A do CC |

| ■ *Animus domini*<br>■ 15 anos (*caput*) para imóveis<br>■ 5 anos para móveis<br>**REDUÇÃO DE PRAZO**<br>■ cumprimento de função social: finalidade habitacional ou exploração econômica<br>■ 10 anos (art. 1.238, parágrafo único) | ■ Justo título e boa-fé<br>■ 10 anos (*caput*) para imóveis<br>■ 3 anos em caso de móveis<br>**REDUÇÃO DE PRAZO**<br>■ cumprimento de função social: finalidade habitacional ou exploração econômica<br>■ aquisição onerosa + registro cancelado posteriormente<br>■ 5 anos (art. 1.242, parágrafo único) | ■ não exige boa-fé ou justo título<br>■ uso para moradia e trabalho<br>■ área rural de até 50 hectares<br>■ não ser proprietário de outro bem imóvel urbano ou rural<br>■ 5 anos | ■ não exige boa-fé ou justo título<br>■ uso para moradia<br>■ área urbana de até 250 m²<br>■ não ser proprietário de outro bem imóvel urbano ou rural<br>■ 5 anos | ■ não exige boa-fé ou justo título<br>■ núcleos urbanos informais<br>■ área urbana + menos de 250 m²<br>■ por possuidor (inferior ao módulo urbano)<br>■ não ser proprietário de outro bem imóvel urbano ou rural<br>■ 5 anos | ■ moradia<br>■ imóvel urbano de até 250 m²<br>■ posse exclusiva por um dos ex-cônjuges ou ex-companheiros<br>■ propriedade em regime de condomínio entre ex-consortes<br>■ abandono do lar pelo ex-consorte<br>■ não ser proprietário de outro bem imóvel urbano ou rural<br>■ não pode ter sido beneficiado pelo mesmo instituto anteriormente (art. 1.240-A, § 1º)<br>■ 2 anos, contados da separação de fato |

A usucapião tem dupla natureza: de um lado, é **sanção** ao antigo titular em face de sua inércia, e, de outro, **prêmio** ao possuidor que, com sua posse prolongada, contribuiu para o cumprimento da função social do bem.

> A aquisição da propriedade ocorre de **forma automática** em virtude do preenchimento dos requisitos, independentemente de constituição judicial. A **ação de usucapião** tem, assim, natureza **declaratória**, e não constitutiva, conferindo ao novo proprietário segurança jurídica pela **regularização do registro**. Segue o rito ordinário, de acordo com o CPC, com a peculiaridade prevista no art. 246, § 3º, a respeito da citação pessoal dos confinantes do imóvel.

Em se tratando de imóveis, é possível que todas as modalidades de usucapião sejam reconhecidas via **procedimento extrajudicial**, junto ao Cartório de Registro de Imóveis onde matriculado o bem, mediante o procedimento do art. 216-A da Lei n. 6.015/73 (LRP).

II) **Aquisição pelo registro do título.** No direito brasileiro, a aquisição da propriedade não se dá como regra pelo mero acordo de vontade dos sujeitos, sendo necessária a **tradição** ou entrega, em se tratando de **coisa móvel** (art. 1.226), ou o **registro** do título, em se tratando de **coisa imóvel** (arts. 1.227, 1.245). Ressalva-se aqui a **transmissão** *causa mortis*, que, fundada no **princípio da** *saisine*, opera seus efeitos de forma automática com a morte, independentemente de formalidades (art. 1.784).

O **registro** traz **presunção *iuris tantum*** de domínio, que pode ser ilidida mediante ajuizamento de ação para reconhecimento de invalidade e consequente cancelamento (art. 1.245, § 2º). A propriedade nasce no momento da apresentação do título a registro, ato que representa uma espécie de **tradição solene** (arts. 1.245, § 1º, e 1.246). São princípios do registro imobiliário:

- **publicidade:** o registro torna público o seu conteúdo, que passa a ser oponível a todos;
- **fé pública:** presume-se que o direito real registrado pertence à pessoa em cujo nome se fez o registro, salvo prova em contrário. Apenas no chamado **Registro Torrens** (art. 27 da LRP), admitido apenas para imóveis rurais, concebe-se uma presunção absoluta de domínio a partir da instauração de procedimento de jurisdição voluntária;
- **legalidade**: o oficial de registro deve, de ofício, verificar se o título obedece a requisitos legais de validade, suscitando dúvida ao juiz em caso de discordância do particular (art. 198 da LRP);
- **territorialidade:** o registro deve ser feito na circunscrição imobiliária da **situação do imóvel**, diferentemente da escritura pública, que pode ser feita em qualquer Cartório de Notas;
- **continuidade:** o alienante, no título, deve figurar como proprietário no registro, garantindo assim a formação de uma cadeia de proprietários;
- **prioridade ou preferência:** no momento em que o título é protocolizado, faz-se sua **prenotação**, assegurando-se prioridade àquele que primeiro teve o título prenotado. A efetivação do registro, após a análise de sua regularidade no prazo de 30 dias, retroage à data da prenotação (art. 191 da LRP);
- **especialidade:** o bem a ser registrado deve ser minuciosamente registrado, com indicação precisa de características, confrontações e localização (art. 225 da LRP);
- **unitariedade:** cada imóvel deverá ter sua matrícula individual, não se admitindo o registro de imóveis diferentes sob a mesma matrícula, nem que um mesmo imóvel tenha mais de uma matrícula;
- **veracidade:** sempre que houver inexatidão dos lançamentos, deverá ser realizada retificação, judicial ou administrativamente, conforme os arts. 212 a 241 da LRP (art. 1.247 do CC; arts. 212 a 214 da LRP).

III) **Aquisição por acessão.** Ocorre a acessão quando **algo se incorpora a um bem**, passando a pertencer ao proprietário deste. Surge a partir da verificação de (i) **conjunção entre duas coisas** que estavam separadas e (ii) **acessoriedade** de uma das coisas em relação à outra. Pela vedação do enriquecimento sem causa, assistirá ao proprietário desfalcado direito de indenização. A acessão pode ser natural ou industrial, conforme a incorporação decorra ou não de trabalho humano. São formas de acessão previstas no CC:

- **formação de ilhas (art. 1.249).** Em se tratando de correntes ou **rios particulares**, as ilhas formadas em virtude de **força natural** terão sua propriedade atribuída conforme sua **situação ou posição no leito do rio**. Formando-se no **meio do rio**, acrescerão aos terrenos ribeirinhos das duas margens, dividindo-se na proporção das respectivas testadas, até a linha que dividir o álveo ou leito em duas partes iguais. Se formadas **entre a linha que divide o rio em duas partes e uma das margens**, serão acréscimos do terreno situado no mesmo lado;
- **aluvião (art. 1.250).** Aquisição da propriedade das porções de terra que, **natural, sucessiva e vagarosamente**, acumulam-se às margens das correntes, pelos donos dos terrenos marginais, **independentemente de indenização**;

■ **avulsão (art. 1.251).** Aquisição da propriedade das porções de terra que, por **força natural violenta**, se desprendem de um prédio indo se acumular a outro, pelo titular deste, **mediante indenização** ao dono do prédio desfalcado, ou passado o prazo decadencial de 1 ano sem que se reclame indenização;

■ **álveo abandonado (art. 1.252).** Sendo o álveo o leito do rio, torna-se abandonado quando as águas secaram ou sofreram desvio de curso. A propriedade será repartida entre os proprietários dos terrenos das margens, independentemente de indenização;

■ **construções e plantações.** Tratando-se de acessões industriais ou artificiais, presumem-se feitas pelo proprietário do terreno, e à sua custa, salvo prova em contrário (art. 1.253). O proprietário do terreno adquirirá, assim, a titularidade da construção ou plantação, regulando o legislador o direito de indenização em favor daquele que a custeou, conforme esteja de boa ou má-fé (arts. 1.254 a 1.257). Também disciplina o legislador as consequências da **invasão de solo alheio por construção**, a depender de (i) valor da construção, (ii) se a invasão é ou não considerável (superior à vigésima parte do terreno invadido) e (iii) o construtor está de boa-fé (arts. 1.258 e 1.259).

IV) **Aquisição pela tradição.** A tradição é a entrega da coisa pelo alienante ao adquirente, com intenção de transferir o domínio, em execução do que se contratou. Sem ela não há transferência da propriedade (art. 1.267), podendo ser **real**, **simbólica**, ou **ficta**.

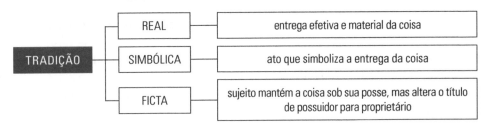

Na **tradição ficta**, a coisa já está na posse do adquirente, que passa de possuidor a proprietário, como ocorre nas situações do parágrafo único do art. 1.267:

■ no **constituto-possessório** aquele que possuía a coisa em nome próprio (proprietário) passa, em virtude de negócio jurídico, a possuí-la em nome alheio;

■ na *traditio brevi manu*, aquele que era apenas possuidor adquire a propriedade, passando a possuir a coisa em nome próprio.

Como regra, não opera a transferência da propriedade a tradição que tem por base **negócio nulo** ou feita **por quem não é proprietário**, salvo se a coisa, oferecida ao público, em leilão ou estabelecimento comercial, for transferida em circunstâncias tais que, ao adquirente de boa-fé, como a qualquer pessoa, o alienante se afigurar dono. Também se ressalva a possibilidade de o alienante adquirir posteriormente a propriedade, considerando-se realizada a transferência desde o momento em que ocorreu a tradição (art. 1.268).

V) **Ocupação (art. 1.263).** Trata-se da aquisição da propriedade por pessoa que toma para si **coisa sem dono** (*res nullius*) ou **abandonada** (*res derelicta*), independentemente da sua vontade (**ato-fato**). Não se ocupa coisa meramente perdida, em que não há intenção de descartar ou se despojar pelo proprietário.

VI) **Achado de tesouro (arts. 1.264 a 1.266).** Quando alguém, **casualmente**, isto é, de forma não intencional, encontrar em prédio alheio um **tesouro** – deposito antigo de coisas preciosas, oculto e cujo se desconheça –, **dividirá a propriedade** com o dono do prédio.
VII) **Especificação (arts. 1.269 a 1.271).** Adquire-se a propriedade de bem por especificação, quando alguém produzir **algo novo** a partir de matéria-prima em parte própria e em **parte alheia**, não sendo possível a restituição à forma anterior. Caso a matéria-prima seja integralmente alheia, a consequência jurídica dependerá da boa ou má-fé do especificador.
VIII) **Confusão, comissão e adjunção (arts. 1.272 a 1.273). Confusão** é a mistura de coisas líquidas. **Comissão** é a mistura de coisas sólidas ou secas. **Adjunção** é a justaposição de uma coisa a outra. Em todos os casos, se for possível separar as matérias-primas, mantém-se a propriedade individual sobre cada uma. Em não sendo possível, haverá condomínio entre os donos, cabendo a cada qual quinhão proporcional ao valor da coisa com que contribuiu para a espécie nova. Se uma das coisas for principal em relação às outras, assistirá a propriedade ao seu dono, com indenização dos demais.

**8.2.1.1. Condomínio**

Configura-se **condomínio**, ou domínio comum de um bem, quando uma coisa pertence ao mesmo tempo a mais de uma pessoa, cabendo a cada um uma **quota ou fração ideal**.

O **condomínio geral ou tradicional** pode ser, quanto à **origem**:

☐ **voluntário**, decorrendo da vontade de pessoas que adquirem conjuntamente o mesmo bem;
☐ **eventual,** quando resulta da vontade de terceiros, como no caso de doações ou deixas testamentárias gravadas com indivisibilidade;
☐ **legal ou necessário**, nos casos de imposição legal, diante de meação de paredes, cercas, muros e valas (art. 1.327).

Pode, ainda, quanto à **forma**, caracterizar-se como:

☐ *pro diviso*, em que cada condômino tem exclusividade sobre uma parte demarcada;
☐ *pro indiviso*, sem divisão de área para cada condômino;
☐ **transitório,** no caso de condomínio voluntário e eventual, que pode ser extinto pela vontade dos condôminos;
☐ **permanente**, subsistindo enquanto persistir a causa de condomínio legal.

Por fim, quanto ao **objeto**, admite-se:

☐ **universal**, a abranger um conjunto de bens, incluindo frutos e rendimentos. Ex.: espólio;
☐ **singular**, incidindo sobre coisa determinada.

Os principais **direitos dos condôminos** referem-se ao (i) uso da coisa conforme sua destinação, (ii) exercício de direitos compatíveis com a indivisão, (iii) defesa da posse, (iv) reivindicação perante terceiros, (v) alienação das respectivas partes ideais, assegurado o **direito de preferência aos demais condôminos** (art. 504), e (vi) estabelecimento de gravame sobre as respectivas partes ideais (art. 1.314).

Cada condômino deve concorrer para as **despesas de conservação ou divisão da coisa**, na proporção de sua parte, assumindo **responsabilidades pelas dívidas** contraídas em proveito da comunhão, nos termos dos arts. 1.315 a 1.318.

A **extinção do condomínio**, no caso de **bens divisíveis**, pode se dar de forma **amigável** – por acordo de condôminos capazes – ou **judicial** (arts. 1.320 e 1.321). Se o **bem** for **indivisível**, e os condôminos não acordarem na adjudicação a um só dos condôminos, indenizando os outros, o condomínio será desfeito pela **venda da coisa comum**, repartindo-se o apurado (art. 1.322). As decisões sobre a **administração do condomínio** serão tomadas pela maioria dos condôminos, calculada com base no valor dos quinhões (arts. 1.323 a 1.326).

O **condomínio edilício ou por edificações**, regulado pelo CC e pela Lei n. 4.591/64, caracteriza-se pela coexistência de uma **propriedade comum** e **propriedades privativas** de cada condômino. Assim, casa condômino é titular de sua unidade autônoma, de forma exclusiva, e de fração ideal das áreas comuns. Trata-se de **ente despersonalizado** que, apesar de não ter personalidade jurídica própria, tem legitimidade para atuar em juízo, ativa e passivamente, representado pelo administrador ou síndico (art. 75, XI, do CPC). Constitui-se por meio de **convenção dos condôminos**, complementada pelo **Regimento Interno**, para a regulação do uso das coisas comuns. A administração é feita pelo síndico, assessorado por Conselho Consultivo formado por três condôminos, todos eleitos para mandatos de até 2 anos, admitida a reeleição. A assembleia geral é o órgão deliberativo máximo do condomínio, devendo ser convocada pelo síndico pelo menos uma vez ao ano.

O condomínio edilício pode ser **instituído por ato entre vivos ou testamento**, registrado no Cartório de Registro de Imóveis, devendo constar daquele ato, além do disposto em lei especial, a individualização das unidades autônomas, determinação da fração ideal de cada condômino no terreno e partes comuns, finalidade a que as unidades se destinam (art. 1.332). As **unidades autônomas**, que devem sempre contar com acesso a vias públicas, são de utilização independente e exclusiva, podendo os titulares aliená-las, cedê-las ou gravá-las independentemente da autorização dos demais, aos quais não assiste direito de preferência. As áreas comuns são insuscetíveis de alienação separada da unidade, podendo ser utilizada por cada condômino, desde que não cause incômodo ou embaraço ao uso pelos demais.

#### 8.2.1.1.1. Multipropriedade

O legislador inseriu no CC, por meio da Lei n. 13.777/2018, os arts. 1.358-B a 1.358-U, para tratar da **multipropriedade**, como regime especial de condomínio:

> **Art. 1.358-C.** Multipropriedade é o regime de condomínio em que cada um dos **proprietários de um mesmo imóvel** é **titular de uma fração de tempo**, à qual corresponde a faculdade de **uso e gozo, com exclusividade, da totalidade do imóvel**, a ser exercida pelos proprietários de **forma alternada**.

A típica aplicação do regime, que traduz um direito real limitado, é a da constituição de residência de férias, em cidade de praia, por exemplo, com partilha do tempo de utilização (*time-sharing*, na expressão original inglesa) entre diversas famílias, às quais não interessa a manutenção da propriedade individual e exclusiva.

O condomínio em multipropriedade pode ser **instituído** por **ato entre vivos ou testamento**, registrado no cartório de registro de imóveis, com a previsão da duração dos períodos correspondentes a cada fração de tempo (art. 1.358-F). O **prazo mínio** para a repartição do tempo de uso e fruição da unidade pelo condômino é de **7 dias**, que podem ser (i) seguidos ou intercalados; (ii) fixos e determinados no mesmo período de cada ano, ou flutuantes, mediante escolha objetiva; (iii) mistos e combinados (art. 1.358-E, § 1º). O conteúdo mínimo da **convenção de condomínio em multipropriedade** é estabelecido no art. 1.358-G.

Cada multiproprietário será condômino, coproprietário de uma **fração ideal**, e só exercerá o poder exclusivo sobre a unidade durante o tempo fixado no pacto. Aplicam-se à multipropriedade **supletivamente** as demais disposições do CC, a Lei n. 4.591/64 e o Código de Defesa do Consumidor (art. 1.358-B). Entre as principais peculiaridades, destaca-se ser o condomínio **indivisível, incluindo-se no imóvel as pertenças** destinadas a seu uso e gozo:

> **Art. 1.358-D.** O imóvel objeto da multipropriedade:
> I – é indivisível, não se sujeitando a ação de divisão ou de extinção de condomínio;
> II – inclui as instalações, os equipamentos e o mobiliário destinados a seu uso e gozo.

Os **direitos e obrigações dos multiproprietários** são estabelecidos nos arts. 1.358-I e 1.358-J. A alienação do direito de multipropriedade deve obedecer às normas civis em geral, não dependendo de anuência ou cientificação dos demais titulares, a quem **não assiste direito de preferência** (art. 1.358-L)

A **administração** é atribuída à pessoa indicada no instrumento de instituição ou na convenção de condomínio em multipropriedade, ou, na falta de indicação, de pessoa escolhida em assembleia geral dos condôminos, cabendo-lhe o exercício das atribuições previstas no § 1º do art. 1.358-M. Pode ser fixada uma **fração de tempo destinada à realização de manutenção e reparos** essenciais para a conservação do imóvel e exercício normal do direito de multipropriedade (art. 1.358-N).

#### 8.2.1.1.2. Fundos de investimento

A Lei da Liberdade Econômica (Lei n. 13.874/2019) inseriu no Código Civil os arts. 1.368-C a 1.368-F, a fim de trazer regulamentação especial para os **fundos de investimento**, que foram então erigidos em modalidade de **condomínio de natureza especial**. Trata-se de uma **comunhão de recursos**, destinado à **aplicação em ativos financeiros, bens e direitos de qualquer natureza**, não se lhe aplicando as normas previstas entre os arts. 1.314 e 1.358-A, ou seja, as normas previstas para o condomínio em geral.

Seu registro, com a consequente oponibilidade perante terceiros, deve ser feito na Comissão de Valores Mobiliários (art. 1.368-C, § 3º). O art. 1.368-E trata da responsabilidade dos fundos de investimento, seus prestadores de serviço e seus investidores perante as obrigações legal e contratualmente assumidas, permitindo o art. 1.368-D a limitação da responsabilidade por meio do regulamento do fundo de investimentos.

### 8.2.1.2. Propriedade fiduciária

A **propriedade fiduciária** se estabelece pela transferência pelo devedor ao credor, de coisa móvel infungível, constituindo propriedade resolúvel, com o objetivo de garantir o pagamento do débito. O contrato (ver o item 6.4.3 da seção "Direito Civil"), que pode ser feito por instrumento público ou particular, deve ser levado a registro no Registro de Títulos e Documentos, para alcançar eficácia contra terceiros (art. 1.361). Apesar da transferência ao credor (**fiduciário**), o devedor (**fiduciante**) mantém a posse direta sobre o bem, como depositário (art. 1363).

Vencida a dívida, o credor promoverá a venda do bem, utilizando o produto para o pagamento de seu crédito, com a restituição do saldo ao devedor (art. 1.364).

### 8.2.2. Direitos reais sobre coisas alheias

Os direitos reais sobre coisas alheias classificam-se em:

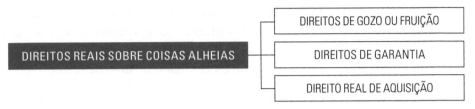

Os **direitos de gozo ou fruição** previstos no CC são:

I) **Superfície (arts. 1.369 a 1.377):** substituindo a figura da enfiteuse presente no CC/1916, consiste na atribuição ao superficiário, de forma gratuita ou onerosa, de **direito de construir ou de plantar** em terreno do proprietário, por tempo determinado, mediante escritura pública devidamente registrada no Cartório de Registro de Imóveis, não abrangendo em regra o subsolo. O superficiário responde pelos encargos e tributos que incidem sobre o imóvel. Ele poderá transferir seu direito a terceiros, o que também ocorrerá, *causa mortis*, em favor de seus herdeiros, sendo vedada a cobrança de taxas pelo concedente.

II) **Servidões (art. 1.378 a 1.389):** direito real instituído em favor de um prédio (**dominante**) sobre outro (**serviente**), permitindo-se ao proprietário daquele o uso ou fruição de vantagens deste. Trata-se de relação entre dois prédios distintos (serviente e dominante), pertencentes a proprietários diversos, pela qual uma coisa passa a servir à outra, constituindo-se por declaração expressa dos proprietários ou testamento, sem possibilidade de presunção. Caso a coisa passe a servir a uma determinada pessoa, e não a uma coisa, haverá uma **servidão irregular.**

Caracteriza-se como **direito real**, **acessório** – ligada à utilidade do prédio dominante –, de **duração indefinida** – não pode ser estabelecida por tempo limitado –, **indivisível** – não se adquire nem se perde por partes – e **inalienável** – deve ficar ligada ao prédio dominante, para atender a sua necessidade.

Podem ser:

a) **convencionais e legais:** podem surgir da declaração de vontade das partes, *inter vivos* ou *causa mortis,* complementada pelo registro; ou decorrer de imposição abstrata da lei, caso em que não haverá propriamente servidão, mas direito de vizinhança. Constituem-se também por meio da usucapião, diante do exercício incontestado e contínuo de uma servidão aparente, por dez anos;

b) **contínuas e descontínuas:** aquelas se exercem independentemente de ação humana, de forma ininterrupta, enquanto estas têm o exercício condicionado a algum ato humano atual;

c) **positivas e negativas:** naquelas, o proprietário do prédio dominante passa a ter poder de praticar algum ato no prédio serviente, ao passo que nestas impõe-se ao proprietário do serviente uma abstenção. Envolvendo a servidão positiva a realização de obras no prédio serviente, as despesas correrão em regra pelo titular do prédio dominante, como beneficiário direto. Caso o custeio incumba ao dono do prédio serviente, este poderá exonerar-se, abandonando a propriedade, total ou parcialmente, ao dono do dominante;

d) **aparentes e não aparentes:** aquela é a servidão que se manifesta por meio de obras exteriores, visíveis e permanentes, do contrário verificando-se servidões não aparentes. Apenas as servidões aparentes, com visibilidade, podem ser objeto de ações possessórias, bem como de aquisição por usucapião;

e) **urbanas e rústicas**, conforme recaiam sobre prédios urbanos ou rurais.

**Extinguem-se as servidões**, a partir do respectivo cancelamento do registro, em face de: (i) **renúncia** à servidão por seu titular, (ii) **cessação**, para o prédio dominante, **da utilidade** ou comodidade que determinou sua constituição; (iii) **resgate** pelo dono do prédio serviente, desde que previsto pelas partes; (iv) **confusão**, reunindo-se os dois prédios na propriedade de uma mesma pessoa; (v) **supressão das obras** realizadas, por efeito de contrato, ou de outro título expresso; (vi) **não uso, durante 10 anos contínuos**. O prazo conta-se, no caso das servidões positivas, da prática do último ato da servidão, e nas negativas, da prática do último ato a que deveria se abster.

III) **Usufruto (arts. 1.390 a 1.411):** direito real que permite ao **usufrutuário** usar e gozar de coisa alheia, com a preservação de sua substância. Desmembram-se, assim, os poderes inerentes ao domínio entre usufrutuário, que passa a ter as faculdades de usar e gozar, e nu-proprietário, que mantém as faculdades de dispor e reivindicar. Trata-se de **direito real** sobre coisa alheia, exercido em caráter **temporário, impenhorável, intransmissível e personalíssimo**, sendo constituído para favorecer pessoas determinadas. Seu exercício pode, todavia, ser cedido a terceiros, podendo ser objeto de locação e arrendamento, quando o usufrutuário fará a extração de frutos civis a partir da respectiva remuneração. Os frutos e produtos, uma vez extraídos, também serão plenamente alienáveis.

Veda-se a constituição de **usufruto sucessivo**, que se transmite a terceiro com a morte do usufrutuário. Admite-se, porém, o **usufruto simultâneo ou conjuntivo**, em favor de dois ou mais usufrutuários, caso em que o falecimento de um deles importará extinção parcial do usufruto, correspondente à parcela do falecido, não ocorrendo o direito de acrescer, salvo estipulação diversa quando de sua instituição.

O usufruto constitui-se por determinação legal (**usufruto legal**) ou por manifestação de vontade (**usufruto convencional**), podendo ter por objeto um ou mais bens, móveis ou imóveis, o patrimônio inteiro ou parcial de um sujeito. O usufruto convencional pode decorrer de negócio *inter vivos*, estipulado via contrato, ou *causa mortis*, via testamento.

Pode, ainda, constituir-se por alienação ou por retenção. No **usufruto por alienação**, o proprietário do bem permanece com a nua propriedade e transfere para terceiro o usufruto, e, no **usufruto por retenção**, o proprietário transfere a terceiro a nua propriedade, mantendo para si o usufruto do bem, como é comum na doação de pais para filhos, com reserva de usufruto. O legislador atribui **usufruto legal dos pais em relação aos bens dos filhos menores** (art. 1.689).

Quanto a sua duração, o usufruto pode ser **temporário**, quando estabelecido por prazo certo, ou **vitalício**, perdurando enquanto viver o usufrutuário.

É **próprio** o usufruto sobre bens inconsumíveis e infungíveis, cuja substância deve ser conservada para restituição ao nu-proprietário, e **impróprio** aquele incidente sobre bens consumíveis e fungíveis, fazendo-se a restituição, em caso de desaparecimento do objeto original, a partir de bens equivalentes do mesmo gênero ou, não sendo possível, pelo equivalente pecuniário.

Extingue-se o usufruto em virtude de (i) **renúncia** ou desistência, de forma expressa e por escritura pública, caso o valor do bem ultrapasse aquele indicado no art. 108; (ii) **morte do usufrutuário**, quando vitalício, já que o direito é intransmissível; (iii) **advento do termo** de sua duração, quando temporário; (iv) **extinção da pessoa jurídica beneficiária** do usufruto, ou, em não se extinguindo, com o decurso do prazo de 30 anos do início do exercício; (v) **cessação do motivo** pelo qual se originou; (vi) **destruição da coisa**, não sendo fungível; (vii) **consolidação**, quando na mesma pessoa reúnem-se as qualidades de usufrutuário e nu-proprietário; (viii) **culpa do usufrutuário**, a partir de sentença que reconheça sua falta no dever de zelar pela coisa; (ix) **não uso ou fruição** da coisa objeto do direito de usufruto; (x) **implemento de condição resolutiva** estabelecida pelo instituidor.

IV) Uso (arts. 1.412 e 1.413): direito real que confere ao usuário a **faculdade restrita de utilização da coisa** e percepção de seus frutos naturais, para atender **suas necessidades e de sua família**. A ele se aplicam, no que for cabível, as disposições sobre o usufruto.

V) Habitação (arts. 1.414 a 1.416): direito real que confere ao titular a faculdade de, **gratuitamente**, **usar o bem**, para a finalidade específica de nele estabelecer sua **moradia**, bem como de sua família, em caráter intransferível. Também se lhe aplicam, no que couber, as normas do usufruto. O direito real de habitação pode ser **voluntário** ou **legal**, concedido este em favor do cônjuge ou companheiro supérstite sobre o imóvel em que residia com o falecido (art. 1.831).

### 8.2.3. Direitos reais de garantia

Nos **direitos reais de garantia**, grava-se um bem, que fica afetado, por **vínculo real**, ao cumprimento de uma obrigação, em proteção do credor contra a insolvência do devedor (art. 1.419). Diante do inadimplemento, o credor poderá executar o bem dado em garantia, servindo-se do seu **valor** ou dos seus **rendimentos** para a satisfação do crédito.

Trata-se de direitos **acessórios**, cuja existência fica vinculada ao crédito principal garantido, de modo que a extinção deste provoca a extinção das garantias reais. Caracterizam-se, ainda pela **especialização**, que impõe a individualização ou descrição pormenorizada tanto da obrigação principal quanto do bem dado em garantia (art. 1.424). A eficácia perante terceiros depende da **publicidade** do direito real, registrando-se o título constitutivo no Registro de Imóveis ou no Registro de Títulos e Documentos, conforme se trate de garantia sobre bens imóveis ou móveis.

Os direitos reais de garantia também têm por efeitos:

- **direito de preferência ou prelação** em favor do credor, sobre o valor do bem gravado, preterindo aos demais credores. No que superar o valor do bem onerado, o crédito será quirografário, sem privilégio (art. 1.430). Na anticrese, a preferência assume a figura correlata de um **direito de retenção** sobre o bem, para dele extrair frutos, em satisfação do crédito (art. 1.423);

- **direito de sequela**, podendo o credor reclamar e perseguir a coisa dada em garantia contra o devedor e terceiros adquirentes, em poder de quem esteja. O adquirente de imóvel hipotecado, por exemplo, assume o risco da venda judicial do bem em caso de inadimplemento do crédito garantido;
- **direito de excussão**, consistente na faculdade atribuída ao credor pignoratício ou hipotecário de promover a venda do bem em hasta pública, por meio de processo de execução. Havendo **mais de uma hipoteca** sobre o mesmo bem, apenas após a satisfação da dívida garantida por aquela registrada em primeiro lugar poderá o outro credor demandar a execução de sua garantia (art. 1.422);
- **indivisibilidade do direito real**, de modo que o pagamento parcial da dívida garantida não implica liberação proporcional da garantia, mesmo que incidente sobre vários bens, salvo convenção em contrário (art. 1.421).

Podem constituir direito real de garantia pessoas que tenham **capacidade geral** para os atos da vida civil, e, de modo **especial, capacidade para alienar** os bens que serão dados em garantia (art. 1.420), sejam ou não devedoras da obrigação. Em regra, apenas aquele que tem livre disposição do bem poderá dá-lo em garantia. A constituição de garantia por mandatário depende de **poderes especiais** para tanto (art. 661). Pessoas casadas dependerão de **outorga conjugal para gravar os bens imóveis**, salvo se casadas no regime da separação absoluta (art. 1.647), sendo possível o suprimento judicial na forma do art. 1.648.

A lei prevê o **vencimento antecipado da dívida** nas hipóteses do art. 1.425, que evidenciam a proteção do credor ante a ocorrência de **riscos à garantia**: I – deterioração ou depreciação do bem, com desfalque à garantia, desde que, após intimação, o devedor não a reforce ou substitua; II – falência ou insolvência do devedor; III – impontualidade das prestações, caso em que o recebimento posterior da prestação atrasada importa renúncia ao direito de execução antecipada; III – perecimento do bem gravado, sem substituição; V – desapropriação do bem dado em garantia, devendo haver o depósito da parte do preço necessária ao integral pagamento do credor.

**Veda-se, sob pena de nulidade, a estipulação de cláusula comissória**, pela qual pactua-se que, em caso de inadimplemento, o bem transfere-se imediatamente à propriedade do credor. É possível, contudo, após o vencimento da dívida, que o credor aceite a oferta do bem em pagamento pelo devedor, configurando-se **dação em pagamento** (art. 1.428).

O legislador prevê três **modalidades de direito real de garantia**: penhor, hipoteca e anticrese.

O **penhor** constitui garantia sobre **bem móvel**, constituindo-se a partir da **transferência da posse do bem ao credor** pignoratício, até que seu crédito seja satisfeito. Excepcionalmente, o penhor agrícola e o penhor industrial podem recair sobre imóveis. A impontualidade do devedor permite que o bem gravado seja levado à hasta pública, destinando-se o produto da alienação preferencialmente ao pagamento do credor pignoratício. O penhor pode ser **convencional** ou **legal**, conforme decorra da vontade ou da lei.

A **hipoteca** é garantia sobre **bem imóvel, navio ou avião**, cuja **posse se conserva, como regra, em poder do devedor ou garantidor**. Faltando o pagamento, pode o credor hipotecário promover a venda judicial do bem, tendo preferência sobre o produto da alienação para a satisfação de seu crédito. Pode ser, quanto à origem, **convencional** – em prazo não superior a 30 anos –, **legal** ou **judicial** – estabelecida por sentença para a garantia da efetividade do provimento.

Na **anticrese**, o **credor recebe a posse do bem** gravado, sendo autorizado a **perceber seus frutos** a fim de utilizá-los no pagamento de seu crédito. Não poderá promover a venda do bem, mas tão somente retê-lo, auferindo seus frutos, até que a dívida seja paga.

### 8.2.4. Direito real de aquisição

O **direito do promitente comprador (arts. 1.417 a 1.418)** caracteriza-se como direito real à **aquisição de imóvel**, fruto de contrato escrito de promessa de compra e venda, em caráter **irretratável**, registrado no Cartório de Registro de Imóveis. No contrato, o **promitente vendedor** se obriga a vender ao **compromissário comprador** determinado imóvel, pelo preço, condições e modo estabelecidos, e a reiterar sua vontade na outorga de escritura definitiva, sob pena de **adjudicação compulsória**. Uma vez registrado, o proprietário fica impedido de realizar novas alienações sobre o bem, podendo o compromissário comprador reivindicá-lo perante terceiros.

A Lei n. 4.591/64 regula as **incorporações imobiliárias**, conceituando-as como "atividade exercida com o intuito de promover e realizar a construção, para alienação total ou parcial, de edificações ou conjunto de edificações compostas de unidades autônomas" (art. 28, parágrafo único). O **incorporador**, por sua vez, é a pessoa física ou jurídica que efetua as vendas das frações ideais de terreno objetivando a vinculação de tais frações a unidades autônomas, **responsabilizando-se pela entrega**, a certo prazo, preço e determinadas condições, das obras concluídas (art. 29).

### 8.2.5. Direito real de laje

O **direito real de laje ou sobrelevação** constitui inovação legislativa, tipicamente brasileira, decorrente da inclusão de dispositivos no CC pela Lei n. 13.465/2017, com o objetivo de contribuir para a regularização fundiária, enfrentando o problema das ocupações irregulares de terras.

Trata-se da instituição de **direito real sobre bem próprio**, paralelo ao direito de propriedade, tendo por objeto a **superfície superior (laje) ou inferior (subsolo)** de uma construção-base, de modo a manter o titular da laje **unidade distinta** daquela originalmente construída sobre o solo, com **matrícula própria no Registro de Imóveis** (art. 1.510-A). Haverá, assim, duas propriedades superpostas: o **imóvel-base** e aquele **objeto do direito de laje**.

O direito **real de laje pode ser aéreo ou subterrâneo,** por **prazo determinado ou indeterminado, conferindo ao seu titular todas as faculdades** inerentes à propriedade (§ 3º). Assume o seu titular as obrigações que incidem sobre sua unidade, em caráter *propter rem* (§ 2º). Diferentemente do condomínio, o titular do direito de laje não terá direito a fração ideal do terreno ou áreas edificadas (§ 4º). Caso haja **autorização do titular da construção-base**, cabe a constituição de direitos de laje sucessivos, sobre a superfície da laje já construída (§ 6º).

O exercício do direito de laje sofre **limites**, não podendo prejudicar com obras novas ou com falta de reparação a segurança, a linha arquitetônica ou o arranjo estético do edifício (art. 1.510-B). As **despesas** necessárias à conservação e fruição das partes que sirvam a todo o edifício e ao pagamento de serviços de interesse comum serão rateadas entre os titulares da construção-base e da laje, na proporção que venha a ser estipulada em contrato, se não puderem ser especificadas individualmente (art. 1.510-C).

Os titulares da construção-base e da laje têm, em caso de venda de quaisquer das unidades **direito de preferência na aquisição**, podendo o proprietário preterido exigir a adjudicação do bem no prazo decadencial de 180 dias, mediante o depósito do preço pago (art. 1.510-D).

Extingue-se o direito de laje, estabelecido na superfície superior ou ascendente, se houver a **ruína da construção-base** e esta não for reconstruída no **prazo de 5 anos**, sem prejuízo da responsabilização civil do causador da ruína (art. 1.510-E).

### 8.2.6. Direitos oriundos da imissão provisória na posse, quando concedida à União, aos Estados, ao Distrito Federal, aos Municípios ou às suas entidades delegadas e a respectiva cessão e promessa de cessão

O novo direito real, previsto na lei que trata das regras do Programa Habitacional "Minha Casa, Minha Vida", permite que a Administração Pública exerça, desde a imissão provisória na posse no processo de desapropriação, todos os poderes de proprietária que terá com a conclusão do processo expropriatório, podendo desde logo transferir, ceder, emprestar, alugar, dar em garantia, os direitos oriundos deste novo direito real.

Prevê, ainda, o legislador, que tal direito real oriundo da imissão provisória na posse, quando concedida à União, aos Estados, ao Distrito Federal, aos Municípios ou às suas entidades delegadas e a respectiva cessão e promessa de cessão, podem ser objeto de hipoteca (art. 1.473, XI), e de alienação fiduciária em garantia (art. 22, §1º, da lei 9.514/1997). Da mesma forma, alterou-se a Lei de Registros Públicos (Lei 6.015/1073) para se prever o assento, no Registro de Imóveis, dos direitos oriundos da imissão provisória na posse em favor do Administração Pública e, também, dos direitos de cessionário ou de promitente cessionário (art. 167, I, 36, LRP).

# 9. DIREITO DE FAMÍLIA

A **família** é tradicionalmente definida como uma instituição **formada pelos pais e sua prole**, com base em um casamento ou união estável, a partir da qual se estabeleceriam vínculos ou relações conjugais, de parentesco e de afinidade.

Atualmente, a família passa a ser reconhecida como local do desenvolvimento da personalidade de seus membros. Após a Constituição de 1988, consagra-se no direito brasileiro a existência de uma pluralidade de entidades familiares, com reconhecimento da igualdade entre homens e mulheres. A noção de família é, então, revista e ampliada, com base nas relações de afeto, reconhecendo-se outras formas de entidades familiares, distintas do casamento, tais como:

| FAMÍLIA | COMPOSIÇÃO |
|---|---|
| MATRIMONIAL | casal unido pelo matrimônio e sua prole |
| INFORMAL | união estável |
| MONOPARENTAL | apenas um dos pais e a prole |
| ANAPARENTAL | grupos familiares em que não há a figura dos pais |

| | |
|---|---|
| **MOSAICO ou RECONSTITUÍDA** | formadas a partir de uma segunda união de pessoas que levam consigo suas proles de relacionamentos anteriores |
| **UNIPESSOAL** | núcleos individuais compostos por sujeitos que não mantêm relações com outros familiares |
| **EUDEMONISTA** | famílias formadas a partir de laços de afeto |
| **MULTIESPÉCIE** | formada por pessoas e animais – divergência jurisprudencial |

Fala-se também da constituição de famílias poliafetivas e famílias paralelas ou simultâneas. A **família poliafetiva**, no âmbito do fenômeno que ficou conhecido por **poliamor**, estabelece-se um agrupamento conjugal por mais de duas pessoas. À falta de regulação da possibilidade jurídica de sua constituição, no CC, o CNJ estabeleceu, em sede de julgamento de pedido de providência, que os cartórios brasileiros não podem registrar uniões poliafetivas, formadas por três ou mais pessoas, em escrituras públicas (CNJ, Pedido de Providências n. 0001459-08.2016.2.00.0000, Rel. Min. João Otávio de Noronha, j. 26-6-2018). Distinta do poliamor é a figura das **famílias paralelas ou simultâneas**, em que uma mesma pessoa pretende estabelecer relações conjugais distintas e concomitantes com pessoas diversas. O STF firmou entendimento, em tese com repercussão geral, contrário ao reconhecimento dos efeitos jurídicos às uniões estáveis paralelas, nos seguintes termos: "A preexistência de casamento ou de união estável de um dos conviventes, ressalvada a exceção do artigo 1.723, § 1º, do Código Civil, impede o reconhecimento de novo vínculo referente ao mesmo período, inclusive para fins previdenciários, em virtude da consagração do dever de fidelidade e da monogamia pelo ordenamento jurídico-constitucional brasileiro" (STF, RE 1.045.273/SE, Rel. Min. Alexandre de Moraes, j. 21-12-2020 – Tema 529).

O direito de família tem por objeto o complexo de **normas de caráter pessoal e patrimonial** destinadas ao tratamento das relações estabelecidas nas **entidades familiares**.

Constituem princípios básicos aplicáveis à matéria, segundo Carlos Roberto Gonçalves (2019, v. 3):

- princípio da **dignidade da pessoa humana**;
- princípio da **igualdade** jurídica dos **cônjuges e companheiros**;
- princípio da **igualdade** jurídica entre os **filhos**, independentemente de origem;
- princípio da **paternidade responsável** e do **planejamento familiar**, o qual será objeto de livre decisão do casal, com dever do Estado de propiciar recursos educacionais e científicos;
- princípio da **comunhão plena de vida**, com base no **afeto**;
- princípio da **liberdade de constituir** uma união de vida familiar, a envolver a escolha do modelo de entidade familiar, bem como o momento de sua criação e extinção, livre de interferências externas (art. 1.513).

> A família, tendo em vista especialmente o interesse de crianças e adolescentes, classifica-se em natural, extensa e substituta. A **família natural** é a formada por pelo menos um dos pais e seus descendentes, nos termos do art. 25, *caput,* do ECA. **Extensa ou ampliada** é a família formada pela criança ou adolescente e parentes próximos com quem conviva, para além dos pais, estabelecendo vínculos de afinidade e afetividade (art. 25, parágrafo único, do ECA). A **família substituta** é reconhecida de forma excepcional, nas situações em que se afigure inviável a manutenção do menor junto à família natural ou original, por meio dos institutos da guarda, tutela ou adoção (art. 28 do ECA).

## 9.1. Casamento

O **casamento** tem uma natureza jurídica mista, consistindo a um só tempo em um **negócio jurídico público e solene** e uma **instituição jurídica.** Celebra-se entre **duas pessoas** que estabelecem na forma da lei uma comunhão plena de vida, com base na igualdade de direitos e deveres, constituindo uma família (art. 1.511). **Não** mais **se exige diversidade de sexos** entre os membros do casal (STJ, Resolução CNJ n. 175/2013).

O casamento se aperfeiçoa por meio da manifestação pelos nubentes da vontade de estabelecer vínculo conjugal, perante o juiz, que os declara casados (art. 1.514). A celebração é, assim, conduzida por um juiz, autoridade competente, no Cartório de Registro de Pessoas Naturais, devendo ser **gratuita** (art. 1.512). É competente para a celebração do casamento o **juiz de paz**, indicado conforme as regras da Lei de Organização Judiciária do Estado, à falta de norma federal sobre a matéria (art. 98, II, da CF). Admite-se a realização de casamento religioso com efeitos civis (arts. 1.515 e 1.516).

Legalmente, possuem **capacidade para o casamento** homens e mulheres em **idade núbil**, isto é, a partir dos **16 anos**. No caso dos jovens entre 16 e 18 anos e relativamente incapazes, será necessária **autorização** dos pais ou responsáveis legais (arts. 1.517, 1.525, II), dispensando-se a autorização em caso de menor emancipado. Tal autorização é revogável até a celebração do casamento (art. 1.518).

> A lei não estabelece **limite etário máximo** para a capacidade núbil, mas apenas limitação ao regime de separação de bens a partir dos 70 anos (art. 1.641, II).

Não mais se admite a **suplementação de idade**, com a realização do casamento dos menores de 16 anos, em qualquer hipótese (art. 1.520). Admite-se também o **suprimento do consentimento** de um ou ambos os representantes, em caso de recusa injustificada, por decisão judicial, caso em que o casamento será realizado pelo regime da separação obrigatória de bens (arts. 1.517, parágrafo único, 1.519, 1.641, III).

### 9.1.1. Causas suspensivas e impeditivas do casamento

A lei elenca causas **impeditivas** e **suspensivas** do casamento.

| IMPEDIMENTOS | INCAPACIDADE |
|---|---|
| ▫ em regra, retira da pessoa a legitimidade para se casar com **pessoas determinadas** | ▫ pessoa não tem capacidade para se casar com **qualquer pessoa** |

Os **impedimentos ou dirimentes absolutos**, identificados expressamente no art. 1.521, obstam o casamento entre certas pessoas, por razões de ordem pública:

> **Art. 1.521.** Não podem casar:
> I – os ascendentes com os descendentes, seja o parentesco natural ou civil;
> II – os afins em linha reta;
> III – o adotante com quem foi cônjuge do adotado e o adotado com quem o foi do adotante;
> IV – os irmãos, unilaterais ou bilaterais, e demais colaterais, até o terceiro grau inclusive[4];
> V – o adotado com o filho do adotante;
> VI – as pessoas casadas;
> VII – o cônjuge sobrevivente com o condenado por homicídio ou tentativa de homicídio contra o seu consorte [apenas modalidade dolosa, independentemente de conluio].

A proibição estabelecida nestas hipóteses **não se pode suprir**, sendo nulo o casamento realizado com preterição das mesmas.

As **causas suspensivas**, que têm por fundamento a proteção de terceiros, de modo a evitar a ocorrência de confusão sanguínea, confusão patrimonial e casamento de pessoas que mantenham relação de subordinação, **suspendem a celebração** do casamento quando arguidas tempestivamente, mas **não geram invalidade** se não se alegou.

> Uma vez preteridas as causas suspensivas na celebração, o casamento será **irregular**, aplicando-se-lhe o regime da separação obrigatória de bens.

Permite-se, contudo, ao **juiz suprir as causas suspensivas**, provada a inexistência de prejuízo para os nubentes e terceiros. As hipóteses são elencadas no art. 1.523:

> **Art. 1.523.** Não devem casar:
> I – o viúvo ou a viúva que tiver filho do cônjuge falecido, enquanto não fizer inventário dos bens do casal e der partilha aos herdeiros;
> II – a viúva, ou a mulher cujo casamento se desfez por ser nulo ou ter sido anulado, até dez meses depois do começo da viuvez, ou da dissolução da sociedade conjugal;
> III – o divorciado, enquanto não houver sido homologada ou decidida a partilha dos bens do casal;
> IV – o tutor ou o curador e os seus descendentes, ascendentes, irmãos, cunhados ou sobrinhos, com a pessoa tutelada ou curatelada, enquanto não cessar a tutela ou curatela, e não estiverem saldadas as respectivas contas.
> Parágrafo único. É permitido aos nubentes solicitar ao juiz que não lhes sejam aplicadas as causas suspensivas previstas nos incisos I, III e IV deste artigo, provando-se a inexistência de prejuízo, respectivamente, para o herdeiro, para o ex-cônjuge e para a pessoa tutelada ou curatelada; no caso do inciso II, a nubente deverá provar nascimento de filho, ou inexistência de gravidez, na fluência do prazo.

---

[4] No caso de casamento entre tios e sobrinhos, o Decreto-lei n. 3.200/41 prevê a admissibilidade após a submissão de ambos os nubentes a perícia médica pré-nupcial que ateste sanidade mental e inexistência de inconvenientes para a saúde, do casal e da prole.

Os **impedimentos** podem ser opostos **até o momento da celebração** do casamento, por **qualquer pessoa capaz**, admitindo-se a declaração **de ofício** (art. 1.522), tendo por consequência a suspensão da habilitação ou celebração. **Apenas os parentes em linha reta dos nubentes e seus colaterais em segundo grau** podem, **durante o processo de habilitação**, arguir as **causas suspensivas**, referentes a interesse da família (art. 1.524). Ambos devem ser opostos em **declaração escrita e assinada**, instruída com as provas do fato alegado, ou com a indicação do lugar onde possam ser obtidas (art. 1.529). Em face do contraditório, os nubentes serão notificados da oposição, a fim de fazer prova contrária ao alegado (art. 1.530).

### 9.1.2. Habilitação para o casamento

O **processo de habilitação** tem por finalidade a verificação do cumprimento dos requisitos legais para o casamento (capacidade, causas impeditivas e suspensivas) e a garantia de ampla publicidade.

Os noivos devem **requerer a habilitação** para o casamento no Cartório de Registro Civil das Pessoas Naturais do seu domicílio, se comum, ou de qualquer deles, se diverso, instruindo o pedido com os **documentos** listados no art. 1.525. Destaque-se, neste ponto, a previsão no inciso II da juntada da "autorização por escrito das pessoas sob cuja dependência legal estiverem, ou ato judicial que a supra", remetendo-se ao item 9.1 da seção "Direito Civil", sobre a capacidade núbil.

Se estiver em ordem a documentação, o oficial de registro dará publicidade, em meio eletrônico, à habilitação e extrairá, no **prazo de até 5 (cinco) dias**, o **certificado de habilitação** (§ 1º do art. 67 da Lei n. 6.015/73 – entende-se que o dispositivo do art. 1.527 do CC ficou revogado por incompatibilidade, após a alteração legislativa promovida pela Lei n. 14.382/2022). Apenas se submeterá o processo de habilitação ao juiz em caso de impugnação pelo oficial, Ministério Público ou terceiro (art. 1.526, parágrafo único). Nesse caso, os nubentes terão prazo para se defender da oposição (art. 1.530). Não havendo oposição de impedimentos (art. 1.531) ou superado o embaraço, será expedido o **certificado de habilitação**, que tem **eficácia por 90 dias** (art. 1.532). **Dispensam-se as formalidades** em caso de manifesto risco de vida para um dos contraentes (art. 1.540), com a realização posterior das formalidades do art. 1.541.

### 9.1.3. Celebração do casamento

A lei estabelece **formalidades essenciais** (*ad solemnitatem*) e **probatórias** (*ad probationem tantum*) para o casamento. Constituem formalidades essenciais para a celebração do casamento, cuja ausência importa nulidade:

- **Petição** dos contraentes habilitados à **autoridade competente** para designação de dia, hora e local para celebração (art. 1.533).
- **Publicidade** da celebração, em local público ou particular, a portas abertas (art. 1.534).
- **Presença dos contraentes**, em pessoa ou por procurador especial, de **duas testemunhas, do oficial do registro e do juiz do casamento** (art. 1.535).
  - Em caso de casamento em edifício particular ou de nubente que não saiba ler ou escrever, o número de testemunhas será ampliado para quatro.
- **Afirmação dos nubentes** de que pretendem casar por livre e espontânea vontade (art. 1.535), suspendendo-se a celebração em caso de recusa ou hesitação. Em caso de suspensão da cerimônia, **não** será admitido ao nubente **retratar-se no mesmo dia** (art. 1.538).

☐ **Declaração de aperfeiçoamento** do casamento pelo presidente do ato, conforme os termos estabelecidos no art. 1.535, momento em que se considera o casamento realizado (art. 1.514).

A **lavratura do assento** do casamento no livro de registro, **assinado** pelo presidente do ato, pelos cônjuges, as testemunhas e o oficial do registro, constitui **formalidade probatória** (art. 1.536), cuja falta não implica invalidade.

Admite-se a celebração de **casamento por meio de procuração** por **instrumento público**, com **poderes especiais** para o ato. Os **mandatários** devem ser **diversos**, tendo o mandato **eficácia** pelo prazo máximo de **90 dias**, ressalvada sua **revogação por instrumento público**. A revogação se faz por **declaração não receptícia de vontade**, sendo **anulável** o casamento celebrado sem ciência da revogação, desde que não sobrevenha a coabitação (art. 1.542).

### 9.1.4. Provas do casamento

Prova-se o casamento celebrado no Brasil por meio da **certidão do registro** (art. 1.543). Caso **celebrado no exterior**, a prova far-se-á pelo documento emitido conforme a lei do local e autenticado pela autoridade consular brasileira, ou pela certidão de assento no registro do consulado, devendo tais documentos ser **registrados no Brasil** no prazo de **180 dias do retorno** de um ou ambos os cônjuges ao País (art. 1.544).

De forma supletória, diante da justificada **falta ou perda do registro civil**, o casamento poderá ser provado por **outros meios** (art. 1.543, parágrafo único). O novo registro, após ação declaratória da existência do casamento, produzirá **efeitos retroativos** desde a data do casamento (art. 1.546)

Considera-se provado também o casamento, na impossibilidade de apresentação do registro, em caso de **posse do estado de casados**, quando os sujeitos vivem publicamente e são reconhecidos socialmente como casados. Caracteriza-se pelos **elementos**:

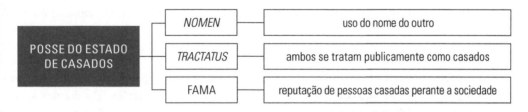

A **posse do estado de casados** serve à prova do casamento de **pessoas falecidas ou que não possam manifestar vontade**, em **benefício da prole**, na impossibilidade de produção de prova direta (art. 1.545). Serve ainda para fundamentar o **julgamento contrário à impugnação do casamento**, havendo dúvida entre provas favoráveis e contrárias, caso em que o registro da sentença produzirá os efeitos civis desde a data do casamento (arts. 1.546 e 1.547).

### 9.1.5. Espécies de casamento válido

Além do casamento civil, com o cumprimento das formalidades acima, considera-se válido o casamento em caso de moléstia grave, o casamento nuncupativo, o casamento religioso com fins civis, o casamento consular e a conversão da união estável em casamento, respeitados os requisitos legais respectivos.

### ■ Casamento em caso de moléstia grave e nuncupativo

Em ambos, há flexibilização do rito previsto na lei para o casamento, diante de **enfermidade de um dos nubentes**. Diferenciam-se, contudo:

| CASAMENTO EM CASO DE MOLÉSTIA GRAVE | CASAMENTO NUNCUPATIVO OU *IN EXTREMIS* |
|---|---|
| ▫ dispensa de formalidades da celebração<br>▫ prévia habilitação<br>▫ celebração por autoridade competente ou substituto legal<br>▫ **2 testemunhas**<br>▫ registro: em até 5 dias, diante de 2 testemunhas<br>▫ art. 1.539 | ▫ dispensa a prévia habilitação<br>▫ dispensa celebração por autoridade competente<br>▫ **6 testemunhas** sem parentesco<br>▫ depende de **homologação judicial**, após verificação de habilitação e confirmação das testemunhas<br>▫ juiz determina registro<br>▫ ratificação pelo enfermo convalescente<br>▫ arts. 1.540 e 1.541 |

### ■ Casamento religioso com efeitos civis

Não há propriamente uma nova espécie de casamento, mas sim a substituição da celebração civil pela religiosa, após a qual será realizado o **registro civil**, com **eficácia** retroativa à **data da celebração** (art. 1.515). O registro submete-se aos requisitos do casamento civil (art. 1.516), sendo que em caso de:

1) **Habilitação prévia:** registro deve ser promovido no prazo de **90 dias** da celebração do casamento religioso, sob pena de se exigir nova habilitação (art. 1.516, § 1º).

2) **Habilitação** relegada a momento **posterior**: registro poderá ser requerido a qualquer tempo, com apresentação da certidão do ato religioso e documentos do art. 1.525. Após a homologação da habilitação, lavrar-se-á o assento civil, com efeitos a partir da celebração religiosa (art. 1.515).

Em ambos os casos, será nulo o registro, em caso de existência de casamento civil anterior.

### ■ Casamento consular

Trata-se de casamento de brasileiro, celebrado no **estrangeiro**, perante as respectivas **autoridades ou os cônsules brasileiros**, devendo ser registrado no cartório do domicílio dos cônjuges no prazo de **180 dias do retorno** de um ou de ambos os cônjuges ao Brasil (art. 1.544).

### ■ Conversão da união estável em casamento

A Constituição prevê a facilitação da conversão da união estável em casamento (art. 226, § 3º). Estabelece o legislador, neste sentido, que a conversão da união estável em casamento se dará por meio de pedido dos companheiros ao oficial de registro civil de pessoas naturais de sua residência, dispensando-se a autorização judicial, bem como a realização de ato de celebração do matrimônio (art. 70-A, § 3º, da Lei n. 6.015/73, que revogou tacitamente o art. 1.726 do CC).

#### 9.1.6. Invalidade do casamento

A **existência** do casamento pressupõe **consentimento** e **celebração** na forma da lei, **não se exigindo** hodiernamente o requisito da **diversidade de sexo** (STJ: REsp 1.183.378; CNJ:

Resolução n. 175/2013. Tem competência para a celebração de casamentos o **juiz de paz**, cidadão eleito na forma da lei (art. 98, II, da CF; Lei de Organização Judiciária do Estado).

A ação para verificação de casamento inexistente é a de **cancelamento do registro**.

Em proteção da **aparência**, no âmbito da boa-fé objetiva, "subsiste o casamento celebrado por aquele que, sem possuir a competência exigida na lei, **exercer publicamente as funções** de juiz de casamentos e, nessa qualidade, tiver registrado o ato no Registro Civil" (art. 1.554).

Uma vez existente, pode o casamento ser analisado do ponto de vista da sua **validade**, enumerando o legislador defeitos que a comprometem, tornando o casamento **nulo ou anulável**. A aplicação da teoria das nulidades em sede de casamento apresenta três **peculiaridades**: (i) regra geral, a declaração da nulidade ou anulabilidade produz efeitos *ex tunc*, mas, no casamento putativo, resguardam-se os efeitos civis produzidos em relação ao cônjuge de boa-fé e aos filhos (art. 1.561); (ii) decretação mediante ação direta, em caráter ordinário (art. 1.549); (iii) não cabe declaração de ofício.

> As **ações declaratória de nulidade e de anulação** constituem ações de estado, versando direitos indisponíveis. Portanto, não se aplicam a elas os efeitos da revelia (art. 345, II, do CPC). O juízo competente é previsto de forma especial no art. 53, I, do CPC.

O art. 1.561 trata do **casamento putativo ou aparente** que, mesmo **nulo ou anulável**, terá seus **efeitos preservados até o dia da sentença anulatória**, em relação aos filhos e ao(s) cônjuge(s) que estejam de boa-fé. Nesse sentido, o cônjuge de boa-fé terá direito à meação dos bens trazidos pelo outro, ao passo que o cônjuge de má-fé sofrerá a perda das vantagens econômicas que obteve (art. 1.564). A declaração da putatividade pode se dar de ofício ou a requerimento das partes.

São diferenças entre nulidade e anulabilidade do casamento:

| NULIDADE | ANULABILIDADE |
|---|---|
| ▪ Ação declaratória de nulidade | ▪ Ação anulatória |
| ▪ Efeitos *ex tunc* | ▪ Efeitos *ex tunc* |
| ▪ Hipóteses: infringência dos impedimentos para o casamento (art. 1.548) | ▪ Hipóteses: art. 1.550 |
| ▪ Vício insanável | ▪ Possibilidade de convalidação/ratificação |
| ▪ Imprescritível | ▪ Prazo decadencial (art. 1.560) |
| ▪ Legitimidade: interessados e MP (art. 1.549) | ▪ Legitimidade varia conforme a hipótese |

Com a vigência do Estatuto da Pessoa com Deficiência (Lei n. 13.146/2015), a **ausência de discernimento por enfermidade mental deixa de ser causa de nulidade do casamento**. A nulidade será reconhecida por meio de ação declaratória de nulidade, com efeitos *ex tunc*, podendo ser ajuizada por qualquer interessado ou pelo Ministério Público (art. 1.549).

Dá-se a anulabilidade do casamento pelas causas estabelecidas no art. 1.550:

| HIPÓTESE | LEGITIMIDADE | PRAZO | TERMO *A QUO* |
|---|---|---|---|
| I) **menor** de 16 anos<br>▫ art. 1.520 | Cônjuge menor, representantes legais, ascendentes (art. 1.552) | 180 dias | ▫ menor: data em que completou 16 anos<br>▫ demais: data da celebração<br>▫ (art. 1.560, § 1º) |
| II) **menor** em idade núbil **sem autorização** | Incapaz, representantes legais, herdeiros necessários | 180 dias | ▫ incapaz: data em que completou 18 anos<br>▫ representante legal: data da celebração<br>▫ herdeiros: data do óbito (antes dos 18 anos)<br>▫ (art. 1.555) |
| III) **vícios** da vontade<br>▫ erro: arts. 1.556, 1.557<br>▫ coação moral: art. 1.558<br>Obs.: coabitação convalida o vício | Apenas cônjuge que incorreu no vício (art. 1.559) | ▫ 3 anos: erro<br>▫ 4 anos: coação | data da celebração (art. 1.560, III e IV) |
| IV) **incapaz de consentir** (art. 4º) | Interessados (art. 177 do CC) | 180 dias | data da celebração (art. 1.560, II) |
| V) realizado pelo mandatário com **desconhecimento da revogação do mandato**/também invalidade judicial (art. 1.550, § 1º)<br>Obs.: coabitação convalida o vício | Mandante | 180 dias | data em que o mandatário tem conhecimento da celebração (art. 1.560, § 2º). |
| VI) **incompetência territorial** da autoridade celebrante (*ratione loci*) | Interessados (art. 177 do CC) | 2 anos | data da celebração (art. 1.560, II) |

A anulabilidade será decretada via **ação anulatória**, a partir de cuja procedência cessa a produção de efeitos do casamento.

Em relação às hipóteses de **casamento de menor de idade**, o legislador faz duas ressalvas. Em primeiro lugar, se do casamento tiver resultado **gravidez**, o vício se convalida, não se podendo anular (art. 1.551). Além disso, ao completar a idade núbil (inciso I), o menor poderá **confirmar seu casamento**, com a autorização de seus representantes legais ou com suprimento judicial (art. 1.553).

Entre os **vícios da vontade** no casamento, o Código reserva tratamento especial para o **erro sobre a pessoa**, que deve ser **essencial**, **preexistente** ao casamento e **ignorado pelo cônjuge**, além de **tornar insuportável a vida em comum** (art. 1.556). Constituem hipóteses de **erro essencial sobre a pessoa** do outro cônjuge (art. 1.557):

> **Art. 1.557.** Considera-se erro essencial sobre a pessoa do outro cônjuge:
> I – o que diz respeito à sua identidade, sua honra e boa fama, sendo esse erro tal que o seu conhecimento ulterior torne insuportável a vida em comum ao cônjuge enganado;
> II – a ignorância de crime, anterior ao casamento, que, por sua natureza, torne insuportável a vida conjugal;
> III – a ignorância, anterior ao casamento, de defeito físico irremediável que não caracterize deficiência ou de moléstia grave e transmissível, por contágio ou por herança, capaz de pôr em risco a saúde do outro cônjuge ou de sua descendência.

A redação do art. 1.557 foi alterada com a Lei n. 13.146/2015 (EPD), para que a verificação de deficiência, de ordem física e mental, deixasse de ser considerada hipótese de erro essencial sobre a pessoa. Sobre as anomalias de natureza sexual, no âmbito dos defeitos físicos irremediáveis, entende-se que a impotência *coeundi* (para o ato sexual) torna o casamento anulável, mas não a impotência *generandi* (para ter filhos). Não se exige que a moléstia grave seja incurável, nem ela se limita a hipóteses de doenças sexualmente transmissíveis.

A **anulação por coação** (moral) ocorre quando o "consentimento de um ou de ambos os cônjuges houver sido captado mediante **fundado temor** de **mal considerável e iminente para a vida, a saúde e a honra**, sua ou de seus familiares" (art. 1.558). Ressalte-se que o **termo *a quo*** da contagem do prazo de anulação é a celebração do casamento, e não a data em que cessou a coação.

O **incapaz de consentir** a que se refere o inciso IV do art. 1.550 considera-se aquele do art. 4º, relativamente incapaz, com a ressalva de que a **deficiência por si só não afeta a capacidade da pessoa**, especialmente para contrair casamento (art. 6º, I, do EPD). Pode, então, a pessoa com deficiência mental ou intelectual, em idade núbil, contrair matrimônio, expressando sua vontade diretamente ou por meio de seu responsável ou curador, conforme seja considerada capaz ou não (art. 1.550, § 2º). O **pródigo** não é impedido de casar, mas depende de autorização, sendo essencial a assistência em caso de pacto antenupcial.

### 9.1.7. Eficácia do casamento

O casamento produz uma série de **efeitos** concretos, de ordem social, pessoal e patrimonial.

Do ponto de vista **social**, o principal efeito do casamento é a **constituição de família** (art. 226 da CF), alterando o **estado** civil dos membros do casal, que assumem mutuamente a condição de consortes, companheiros e responsáveis pelos encargos da família (art. 1.565). Assegura-se ao casal a livre **decisão sobre o planejamento familiar**, com amparo do Estado (art. 1.565, §§ 1º e 2º). Ainda, cada cônjuge passa a estabelecer **parentesco por afinidade** com os parentes do outro.

No âmbito **pessoal**, a partir do casamento os cônjuges estabelecem **comunhão plena de vida**, com base na igualdade entre os membros (arts. 1.511, 1.565). Nesse sentido, a lei confere a eles faculdade recíproca de **acréscimo do sobrenome** do outro (art. 1.565, § 1º). Determina o art. 1.567 a **igualdade na direção da sociedade conjugal**, não se admitindo mais a chefia exclusiva do varão – poder marital. Apenas será conferida a um só dos cônjuges a exclusividade da direção da família em caso de desaparecimento, interdição, privação de consciência ou prisão por mais de 180 dias do outro (art. 1.570). Também são efeitos pessoais do casamento a **emancipação** do cônjuge menor de 18 anos (art. 5º, parágrafo único) e o estabelecimento de **presunção da paternidade** dos filhos concebidos em sua constância (art. 1.597).

O casamento faz surgir uma série de **deveres comuns** entre os cônjuges, estabelecendo-se expressamente o de fidelidade; vida comum, no domicílio conjugal; mútua assistência; sustento, guarda e educação dos filhos; respeito e consideração mútuos (art. 1.566). Tais deveres apenas produzem efeitos *inter partes*, não havendo que se falar em vinculação de terceiros, a exemplo de um pleito indenizatório contra o cúmplice de adultério (STJ, REsp 1.122.547).

Não há infração do dever de fidelidade recíproca pelo estabelecimento de **união estável por pessoa separada de fato** (art. 1.723, § 1º). O dever de **coabitação não** é **absoluto**, admitindo limitações em razão de profissão, doenças, entre outras (art. 1.569), casos em que a ausência do cônjuge da residência comum não importará **abandono do lar**. Com efeito, o abandono do lar se caracteriza pela existência de *animus* ou voluntariedade, além de prazo de um ano contínuo (art. 1.573, IV). A mútua assistência não se resume a prestações de caráter **material**, também sendo exigível o amparo **moral e espiritual**. No que tange ao sustento, guarda e educação dos filhos, exige-se de ambos os cônjuges a prestação de auxílio moral e material, considerando-se presumida a necessidade material em relação aos filhos menores. Sob o aspecto material a obrigação é repartida na **proporção do patrimônio e rendimentos** de cada um, **não se alterando** com a superveniência de **divórcio** nem de **novo vínculo** conjugal (arts. 1.568, 1.579). Finalmente, o respeito e consideração mútuos envolvem aspectos morais de resguardo da individualidade e **direitos da personalidade** do outro.

No campo **patrimonial**, o casamento tem por efeito o estabelecimento do **regime de bens**, de caráter irrevogável, somente podendo ser **modificado** mediante **autorização judicial** em **pedido motivado** de ambos os cônjuges, apurada a procedência das razões invocadas e ressalvados os **direitos de terceiros** (art. 1.639, § 2º). Faz também nascer para os cônjuges **direitos sucessórios** recíprocos, como herdeiros necessários, apesar de variáveis conforme o regime de bens (art. 1.829). A lei prevê, ainda, a **suspensão** do curso da **prescrição** entre os cônjuges (art. 197, I).

### 9.1.8. Regime de bens

O **regime de bens** disciplina as relações patrimoniais estabelecidas entre os cônjuges ou entre estes e terceiros, vigorando desde a data do casamento (art. 1.639). Constituem princípios básicos do regime de bens:

Assim é que, em regra, as partes têm autonomia ou **liberdade para fixar** o regime de bens, conforme sua conveniência, desde que não violem normas de ordem pública (art. 1.655). Excepcionalmente, a lei torna obrigatória a adoção do regime da separação de bens, nas hipóteses do art. 1.641. Pela **variedade dos regimes**, os nubentes podem escolher entre os quatro regimes regulados de forma típica na lei, ou mesmo estabelecer regimes peculiares, com a fixação de regras próprias. A **irrevogabilidade** ou **imutabilidade**, que tinha caráter absoluto no CC/1916, foi transformada em **mutabilidade condicionada**, mediante **requerimento de ambos** os cônjuges, com a devida **motivação**, seguida de **autorização judicial**, ressalvados os **direitos de terceiros** (art. 1.639, § 2º). São razões relevantes para a mudança do regime, por exemplo, a superação de causas suspensivas, a adequação de casamentos celebrados sob o CC/1916 e a constituição de sociedade empresarial (art. 977).

A **mudança do regime de bens não produz, em regra, efeitos retroativos,** salvo nas situações em que o novo regime adotado amplia as garantias patrimoniais por meio de uma ampliação do patrimônio comum, com maior consolidação da sociedade conjugal (STJ, Resp 1.671.422, Rel. Min. Raul Araújo, *DJe* 30-5-2023).

O Código Civil disciplina quatro regimes de bens: comunhão parcial, comunhão universal, participação final nos aquestos, separação. A comunhão parcial de bens foi eleita como **regime legal ou supletivo**, aplicando-se na falta de convenção diversa, invalidade ou ineficácia da mesma.

> Para estabelecer regime diverso, devem os nubentes elaborar **pacto antenupcial**, documento solene, por meio de **escritura pública** (requisito de validade), ficando a sua **eficácia condicionada à realização do casamento** (arts. 1.640 e 1.653).

Exige-se ainda a **inscrição do pacto no registro de imóveis** do domicílio dos cônjuges para que tenha **eficácia contra terceiros** (art. 1.657). A elaboração de pacto por menores depende da assistência dos representantes legais, salvo na hipótese de aplicação do regime de separação obrigatória (art. 1.654). O empresário deve promover o arquivamento do pacto no Registro Público de Empresas Mercantis (art. 979).

Entende-se que a separação de fato, em qualquer hipótese, rompe a comunhão de vida e, em consequência, o regime de bens, de modo que os bens adquiridos a partir de então não serão objeto de meação.

Independentemente do regime de bens, qualquer dos cônjuges pode praticar de forma autônoma, isto é, **independentemente de autorização, os atos** listados no art. 1.642:

---
**Art. 1.642.** Qualquer que seja o regime de bens, tanto o marido quanto a mulher podem livremente:
I – praticar todos os atos de disposição e de administração necessários ao desempenho de sua profissão, com as limitações estabelecida no inciso I do art. 1.647;
II – administrar os bens próprios;
III – desobrigar ou reivindicar os imóveis que tenham sido gravados ou alienados sem o seu consentimento ou sem suprimento judicial;
IV – demandar a rescisão dos contratos de fiança e doação, ou a invalidação do aval, realizados pelo outro cônjuge com infração do disposto nos incisos III e IV do art. 1.647;
V – reivindicar os bens comuns, móveis ou imóveis, doados ou transferidos pelo outro cônjuge ao concubino, desde que provado que os bens não foram adquiridos pelo esforço comum destes, se o casal estiver separado de fato por mais de cinco anos;
VI – praticar todos os atos que não lhes forem vedados expressamente.

---

Podem, ainda, mesmo sem autorização do outro, **comprar as coisas necessárias à economia doméstica** e obter, por empréstimo, as quantias que a aquisição dessas coisas possa exigir (art. 1.643), caso em que as **dívidas obrigam solidariamente** os membros do casal (art. 1.644).

**Dependem de autorização do outro cônjuge**, porém, **exceto no regime da separação absoluta**, os atos listados no art. 1.647, com a ressalva de seu parágrafo único:

---
**Art. 1.647.** Ressalvado o disposto no art. 1.648, nenhum dos cônjuges pode, sem autorização do outro, exceto no regime da separação absoluta:
I – alienar ou gravar de ônus real os bens imóveis;
II – pleitear, como autor ou réu, acerca desses bens ou direitos;
III – prestar fiança ou aval;
IV – fazer doação, não sendo remuneratória, de bens comuns, ou dos que possam integrar futura meação.
Parágrafo único. São válidas as doações nupciais feitas aos filhos quando casarem ou estabelecerem economia separada.

---

O pacto antenupcial pode estabelecer liberdade de disposição de bens imóveis particulares, no regime de participação final nos aquestos (art. 1.656).

A autorização deve seguir a mesma **forma do ato principal** a ser praticado (art. 220). Sua **falta pode ser suprida** pelo juiz quando injustificada ou na impossibilidade da sua concessão por um dos cônjuges (art. 1.648). O **ato praticado sem a outorga ou suprimento judicial** será **anulável**, a pedido do cônjuge preterido ou seus herdeiros, no prazo de **2 anos contados do término da sociedade conjugal**, ressalvada a possibilidade de **convalidação ou aprovação** por instrumento público ou particular, autenticado (arts. 1.649 e 1.650).

Em caso de impossibilidade de um dos cônjuges para a administração, os bens próprios e os comuns ficarão sob a **administração exclusiva do outro**, dependendo de **autorização judicial** a prática de atos de alienação de imóveis comuns, além de móveis e imóveis do outro (art. 1.651). O art. 1.652 trata da responsabilidade do cônjuge que está na posse dos bens particulares do outro.

> **STJ – Súmula 134**
> Embora intimado da penhora em imóvel do casal, o cônjuge do executado pode opor **embargos de terceiro para defesa de sua meação**.

### 9.1.8.1. Comunhão parcial de bens

A **comunhão parcial** foi estabelecida como **regime legal ou supletivo**, aplicável na ausência ou invalidade de pacto antenupcial (art. 1.640). Nesse regime, os bens que cada cônjuge possuía antes do casamento constituirão patrimônio particular de cada um, estabelecendo-se comunhão quanto aos bens adquiridos na constância do casamento (art. 1.658).

Constituem **patrimônio particular** ou pessoal de cada cônjuge, **incomunicável**, os bens listados nos arts. 1.659 e 1.661:

> **Art. 1.659. Excluem-se da comunhão:**
> I – os bens que cada cônjuge possuir ao casar, e os que lhe sobrevierem, na constância do casamento, por doação ou sucessão, e os sub-rogados em seu lugar;
> II – os bens adquiridos com valores exclusivamente pertencentes a um dos cônjuges em sub-rogação dos bens particulares;
> III – as obrigações anteriores ao casamento;
> IV – as obrigações provenientes de atos ilícitos, salvo reversão em proveito do casal;
> V – os bens de uso pessoal, os livros e instrumentos de profissão;
> VI – os proventos do trabalho pessoal de cada cônjuge;
> VII – as pensões, meios-soldos, montepios e outras rendas semelhantes.
>
> **Art. 1.661.** São **incomunicáveis** os bens cuja aquisição tiver por título uma causa anterior ao casamento.

São comunicáveis, integrando o **patrimônio comum** do casal, os bens indicados no art. 1.660, presumindo-se adquiridos na constância do casamento os bens móveis, salvo prova em contrário (art. 1.662):

> **Art. 1.660. Entram na comunhão:**
> I – os bens adquiridos na constância do casamento por título oneroso, ainda que só em nome de um dos cônjuges;
> II – os bens adquiridos por fato eventual, com ou sem o concurso de trabalho ou despesa anterior;
> III – os bens adquiridos por doação, herança ou legado, em favor de ambos os cônjuges;

IV – as benfeitorias em bens particulares de cada cônjuge;
V – os frutos dos bens comuns, ou dos particulares de cada cônjuge, percebidos na constância do casamento, ou pendentes ao tempo de cessar a comunhão.

A **administração do patrimônio comum** compete, em regra, a qualquer dos cônjuges, e as **dívidas decorrentes** vinculam (i) os bens comuns, (ii) os bens particulares do cônjuge que praticou o ato e (iii) os bens particulares do outro, na medida do proveito obtido. A prática de atos de liberalidade tendo por objeto bens comuns depende da anuência de ambos os cônjuges (art. 1.663). Além disso os bens comuns pelas obrigações contraídas por qualquer dos cônjuges para atender aos encargos da família, às despesas de administração e às decorrentes de imposição legal (art. 1.664). No entendimento dos tribunais, as dívidas contraídas por um dos cônjuges beneficiam presumidamente à família, cabendo, no entanto, prova em contrário. Os **bens particulares** são **administrados pelo cônjuge proprietário**, respondendo pelos débitos contraídos nesta administração, sem vinculação dos bens comuns (art. 1.665).

### 9.1.8.2. Comunhão universal de bens

Sob o regime da **comunhão universal, todos os bens e dívidas**, presentes e futuros, dos cônjuges, se comunicam, integrando o **patrimônio comum** (art. 1.667). Apenas **se excluem da comunhão** os bens elencados no art. 1.668:

Art. 1.668. São **excluídos da comunhão**:
I – os bens doados ou herdados com a cláusula de incomunicabilidade e os sub-rogados em seu lugar;
II – os bens gravados de fideicomisso e o direito do herdeiro fideicomissário, antes de realizada a condição suspensiva;
III – as dívidas anteriores ao casamento, salvo se provierem de despesas com seus aprestos, ou reverterem em proveito comum;
IV – as doações antenupciais feitas por um dos cônjuges ao outro com a cláusula de incomunicabilidade;
V – os bens referidos nos incisos V a VII do art. 1.659.

Os **frutos dos bens incomunicáveis**, percebidos na constância do casamento, integram o **patrimônio comum** (art. 1.669). A **administração dos bens** segue as regras da comunhão parcial (art. 1.670).

### 9.1.8.3. Participação final nos aquestos

A **participação final nos aquestos** constitui **regime misto**, pelo qual **durante o casamento** se aplicam as regras da **separação total**, deferindo-se a cada cônjuge patrimônio próprio, aplicando-se as regras da **comunhão parcial** no **momento da dissolução** da sociedade conjugal, quando cada cônjuge fará jus à meação dos bens adquiridos onerosamente pelo casal, na constância do casamento (art. 1.672).

Durante o casamento, cada cônjuge tem **exclusiva administração dos bens** que compõem seu patrimônio pessoal (art. 1.673), assim como **responde pelas dívidas** respectivas, salvo prova de que reverteram em favor do outro (art. 1.677). As dívidas de um dos cônjuges, quando superiores à sua meação, não obrigam ao outro, ou a seus herdeiros (art. 1.686). No caso de bens adquiridos pelo trabalho conjunto, terá cada um dos cônjuges uma quota igual no condomínio ou no crédito por aquele modo estabelecido (art. 1.679).

> Art. 1.682. O direito à meação **não é renunciável, cessível ou penhorável** na vigência do regime matrimonial.

A **apuração dos aquestos** faz-se no momento da dissolução da sociedade conjugal, na **data em que cessou a convivência** (art. 1.683), quando **se excluem da soma dos patrimônios pessoais:** I – os bens anteriores ao casamento e os que em seu lugar se sub-rogaram; II – os recebidos por sucessão ou liberalidade; III – as dívidas relativas a esses bens. Bens móveis presumem-se adquiridos durante o casamento (art. 1.674). Somam-se ainda o valor dos bens alienados em detrimento da meação (art. 1.676). Em caso de indivisibilidade de bens, serão os respectivos valores repostos em dinheiro ao cônjuge não proprietário, à metade (art. 1.684).

As mesmas regras de apuração dos aquestos se aplicam em caso de **dissolução da sociedade conjugal por morte**, deferindo-se a meação do cônjuge falecido aos herdeiros, na forma da lei (art. 1.685)

### 9.1.8.4. Separação de bens

No regime da **separação de bens não há comunicação entre os patrimônios** dos cônjuges, conservando cada qual a plena propriedade, a administração exclusiva e a fruição dos bens, os quais podem ser livremente alienados ou gravados de ônus reais (art. 1.687). Pode ser:

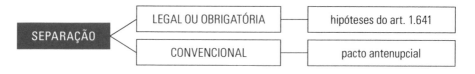

> Art. 1.641. É **obrigatório o regime da separação** de bens no casamento:
> I – das pessoas que o contraírem com inobservância das causas suspensivas da celebração do casamento;
> II – da pessoa maior de 70 (setenta) anos;
> III – de todos os que dependerem, para casar, de suprimento judicial [art. 1.517, parágrafo único].

O STF analisou em julgamento com repercussão geral a constitucionalidade da imposição do regime de separação de bens aos maiores de 70 anos, hipótese do inciso II do art. 1.641, também aplicável à união estável (Súmula 655 do STJ), fixando a seguinte tese:

> Portanto, nos casamentos e uniões estáveis com pessoa maior de 70 anos, o regime da separação de bens pode ser afastado pelo casal se ambos estiverem de acordo. Nesse caso, um outro regime deve ser estabelecido em escritura pública, firmada em cartório, ou em manifestação perante o juiz, para as pessoas já casadas. O novo regime de bens valerá dali em diante, não afetando o patrimônio anterior. Por outro lado, se não for feita a escolha de um outro regime, valerá a regra da separação de bens (art. 1.641, II, do Código Civil). (Tema 1.236 – ARE 1.309.642, Rel. Min. Luís Roberto Barroso, *DJE* 2-4-2024).

O STF estabeleceu a Súmula 377, à luz do CC/1916, com a seguinte redação:

**STF – Súmula 377**
No regime de separação legal de bens, comunicam-se os adquiridos na constância do casamento.

À luz do CC/2002, o STJ firmou a moderna compreensão da Súmula 377 do STF, no sentido de que, "no regime de separação legal de bens, comunicam-se os adquiridos na constância do casamento, **desde que comprovado o esforço comum para sua aquisição**" (EREsp 1.623.858-MG). A presunção de esforço comum, presente na jurisprudência que originou a súmula, revela-se incompatível com o Código Civil de 2002, por conduzir à ineficácia do regime da separação legal de bens. Logo, em entendimento aplicável à separação obrigatória ou legal, a prova do esforço comum é necessária para que se caracterize a formação de sociedade de fato e comunicação dos bens. Entende, ainda, o STJ ser possível que os noivos estabeleçam, via pacto antenupcial, termos ainda mais protetivos ao enlace, determinando o afastamento da incidência da Súmula 377 do STF, evitando qualquer discussão sobre a meação de bens (REsp 1922347, Rel. Min. Luis Felipe Salomão, 4ª T, *DJe* 1º-2-2022).

A **separação convencional** pode ser **absoluta ou relativa**, atingindo aquela todos os bens e frutos, anteriores e posteriores ao casamento, enquanto esta se limita à parte dos bens dos cônjuges, admitindo-se a comunicação de outros.

Na separação de bens, cada cônjuge terá a **fruição e administração exclusiva** dos bens componentes de seu patrimônio particular (art. 1.687), dispensando-se a outorga do outro para a alienação de imóveis (art. 1.647). As **despesas do casal** serão **repartidas** entre os cônjuges, na **proporção** dos rendimentos de seu trabalho e de seus bens, salvo estipulação em contrário no pacto antenupcial (art. 1.688).

### 9.1.9. Dissolução da sociedade e do vínculo conjugal

O casamento estabelece a um só tempo a sociedade conjugal e o vínculo conjugal.

A **sociedade conjugal** compõe-se do conjunto de direitos e deveres decorrentes da vida em comum, enquanto o **vínculo conjugal** trata, se forma mais ampla, da relação jurídica decorrente da constituição de um casamento válido. Aquela sociedade cessa pelas causas previstas no art. 1.571, e o vínculo se dissolve pelo divórcio ou pela morte de um dos cônjuges, momento em que os cônjuges tornam-se aptos a contrair novas núpcias (art. 1.571, § 1º). A declaração da invalidade do casamento gera desfazimento do vínculo, com efeitos retroativos, e não mera dissolução (ver o item 9.1.6 da seção "Direito Civil").

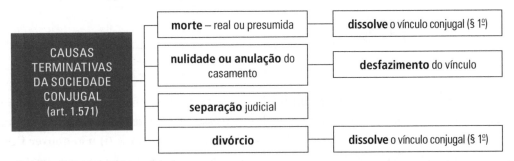

A **EC n. 66/2010 suprimiu todos os requisitos** anteriormente estabelecidos **para o divórcio**: prévia separação judicial por mais de 1 ano ou prévia separação de fato por mais de 2 anos, e imputação de culpa a um dos cônjuges. Atualmente, exige-se para o **divórcio direto apenas a exibição da certidão de casamento**. O STF consolida tal entendimento na decisão do RE 1.167.478 (Tema 1.053 da Repercussão Geral):

> Após a promulgação da EC n. 66/2010, a separação judicial não é mais requisito para o divórcio nem subsiste como figura autônoma no ordenamento jurídico. Sem prejuízo, preserva-se o estado civil das pessoas que já estão separadas, por decisão judicial ou escritura pública, por se tratar de ato jurídico perfeito (art. 5º, XXXVI, da CF)

A **separação** – que remanesce apenas nos casos em que já havia sido decretada, anteriormente ao advento da EC n. 66/2010 – importa **dissolução da sociedade conjugal**. Atualmente, não mais se cogita do elemento culpa na separação, a qual decorre da falência de uma relação, não imputável exclusivamente a um só de seus membros. Ela traz por efeitos principais a extinção dos deveres de fidelidade e coabitação, além do regime de bens, promovendo-se a sua partilha, sob a forma consensual ou judicial (arts. 1.575 e 1.576). Não operando, contudo, a extinção do vínculo, **subsistem os deveres** de mútua assistência, sustento, educação e guarda dos filhos, respeito e consideração mútuos, tanto que é possível que se pleiteiem alimentos contra o outro cônjuge, após a separação e antes do divórcio. É possível, em caso de separação, o **restabelecimento da sociedade conjugal**, por ato regular em juízo (art. 1.577) ou mediante escritura pública (art. 48 da Resolução n. 35 do CNJ).

O **divórcio** traz a **dissolução do vínculo conjugal**, podendo ser resultado de um **divórcio direto** ou de **conversão da separação em divórcio.** Trata-se de procedimento de **caráter personalíssimo**, pois apenas os cônjuges têm competência para promovê-lo, salvo na hipótese de incapacidade, quando poderá ser pedido pelo curador, ascendente ou irmão (art. 1.582). Admite-se a concessão de **divórcio sem prévia partilha de bens** (art. 1.581; Súmula 197 do STJ), caso em que incidirá causa suspensiva da realização de novo casamento. Outras questões correlatas, como guarda, não influenciam a análise do divórcio, mas, no caso dos alimentos, estes apenas poderão ser mantidos se estabelecidos antes do divórcio.

O **divórcio** pode ser:

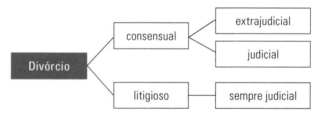

O **divórcio extrajudicial** ou **administrativo** pode ser feito por meio de **escritura pública**, **independentemente de homologação judicial**, sendo essencial a **assistência de um advogado**. As partes poderão optar pela realização do procedimento no cartório se (i) **não houver filhos menores ou nascituro** (art. 733 do CPC)[5]; e (ii) estiverem de **acordo sobre os seus termos**.

---

[5] O CNJ estabeleceu nova redação ao art. 34, § 2º, do Prov. 35/2007, permitindo o divórcio extrajudicial diante da existência de filhos menores ou incapazes, "desde que devidamente comprovada a prévia resolução judicial de todas as questões referentes à guarda, visitação e alimentos deles".

O **divórcio judicial** pode ser **consensual ou litigioso**. Tem-se a primeira hipótese em caso de não preenchimento dos requisitos para o divórcio extrajudicial ou por escolha das partes. O procedimento de divórcio consensual (art. 1.574) tem natureza de jurisdição voluntária, buscando a homologação judicial do acordo formulado, conforme as regras dos arts. 731 e seguintes do CPC. Na falta de consenso sobre o próprio divórcio e questões correlatas, este torna-se **litigioso**, aplicando-se-lhe as normas dos arts. 693 e seguintes do CPC.

Pode-se requerer a **conversão da separação em divórcio** a qualquer tempo (EC n. 66/2010), de forma consensual ou litigiosa.

Reconhece-se a possibilidade de **desconsideração inversa da personalidade jurídica** no divórcio, com aplicação do incidente de desconsideração da personalidade jurídica previsto nos arts. 133 a 137 do CPC, permitindo-se que a partilha dos bens do casal alcance o patrimônio societário, formado em virtude de confusão patrimonial e desvio de finalidade.

Por fim, tem-se cogitado da realização de **divórcio unilateral ou impositivo**, via declaração unilateral de vontade de um dos cônjuges, por meio de escritura pública. O procedimento colocaria fim no vínculo conjugal, independentemente da vontade do outro cônjuge, sem abranger questões que dependem de consenso. Em pedido de providências, o CNJ recomendou a suspensão dos provimentos estaduais, para aguardar lei federal, por ser de competência exclusiva da União tratar de matéria atinente ao Direito Civil e ao Processual Civil, por meio de lei federal, nos termos do art. 22, I e XXV, da CF.

## 9.2. União estável

As **uniões informais** podem se caracterizar como **união estável** e **concubinato**, sendo à primeira reconhecido o caráter legítimo, com a formação de entidade familiar. O **concubinato** se forma entre pessoas impedidas de casar (art. 1.727), as quais também ficam impedidas de constituir entre si união estável, salvo, no caso do inciso VI do art. 1.521, se a pessoa estiver separada de fato (art. 1.723, § 1º). Eventuais efeitos patrimoniais serão alcançados pelas regras de sociedades de fato.

**União estável** é a entidade familiar que se constitui a partir da **convivência pública, contínua e duradoura** entre duas pessoas e estabelecida com o **objetivo de constituir família** (art. 1.723 do CC, art. 226, § 3º, da CF). Com o julgamento da ADIn 4.277 e da ADPF 132, o STF julgou **inconstitucional a exigência de diversidade de sexo** dos membros da união estável, que também pode constituir-se em relacionamentos homoafetivos.

**Não se estabeleceu período mínimo** para a constituição de união estável, devendo-se observar com razoabilidade o tempo necessário para verificação de seus requisitos. Também **não é requisito da união estável a coabitação** entre seus membros, visto que não há a previsão da exigência no art. 1.723. Trata-se de família **informal**, sendo facultativo o registro da união, contrato e distrato de convivência (Provimento CNJ n. 37/2014).

A existência de **causas impeditivas do casamento** (art. 1.521) afasta a possibilidade de constituição de união estável, salvo em relação à causa correspondente ao inciso VI, pois o legislador admite expressamente a união estável no caso de pessoa casada que se encontre **separada de fato**. A constatação de causas suspensivas do casamento não impede o reconhecimento de união estável (art. 1.723, §§ 1º e 2º).

Segundo o art. 1.724, as relações pessoais entre os companheiros obedecerão aos **deveres de lealdade, respeito e assistência, e de guarda, sustento e educação dos filhos**, entendendo-se que o dever de lealdade e respeito implica dever de fidelidade.

O **regime de bens** estabelecido entre os companheiros, ressalvada a existência de contrato escrito com disciplina diversa, corresponde ao da **comunhão parcial de bens** (art. 1.725), de modo que são comuns os bens adquiridos onerosamente na constância da união estável. Com efeito, é possível que os companheiros estabeleçam, por meio de contrato escrito, independentemente de maiores formalidades, regulação especial dos reflexos patrimoniais da união estável, com a limitação estabelecida na Súmula 655 do STJ: "Aplica-se à união estável contraída por septuagenário o regime da separação obrigatória de bens, comunicando-se os adquiridos na constância, quando comprovado o esforço comum". A **administração dos bens** segue as regras do regime de comunhão parcial de bens no casamento, não sendo exigível a anuência do companheiro para os atos de disposição de imóveis e outros bens do art. 1.647, salvo prova de má-fé do adquirente (STJ, REsp 1.299.894, REsp 1.424.275).

STF e STJ reconheceram a **equiparação da união estável ao casamento**, aplicando-se aos companheiros os direitos e deveres previstos para os cônjuges, tais como direito de alimentos, direitos sucessórios (RE 646.721 e 878.694), presunção de paternidade dos filhos (REsp 1.194.059), eficácia da união estável putativa em relação ao companheiro de boa-fé.

Estabelece o legislador, em obediência ao disposto no § 3º do art. 226 da CF, a facilitação da conversão da união estável em casamento, por meio de pedido dos companheiros ao oficial de registro civil de pessoas naturais de sua residência, dispensando-se a autorização judicial, bem como a realização de ato de celebração do matrimonio (art. 70-A, § 3º, da Lei n. 6.015/73, que revogou tacitamente o art. 1.726, do CC).

> A **ação declaratória da existência e dissolução da união estável** é o meio adequado para a obtenção do reconhecimento do vínculo, em face de sua informalidade, sendo necessária caso não haja consenso entre os companheiros acerca da partilha dos bens, guarda dos filhos, alimentos etc. Também se faz necessária em outras situações em que seja necessária a declaração do vínculo, como em pedidos de pensão e outras questões previdenciárias. A ação pode ser **promovida em face do espólio** do falecido.

### 9.3. Parentesco

O **parentesco** denota o conjunto de relações entre pessoas vinculadas entre si por **consanguinidade, afinidade, adoção ou outras origens**, com relevância para o Direito, a partir da atribuição de direitos e deveres entre os parentes, de ordem pessoal e patrimonial. Pode ser:

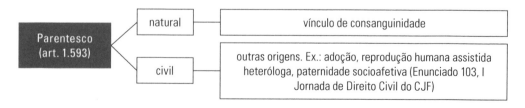

Os vínculos de parentesco estabelecem-se nas **linhas reta** e **colateral**, contando-se em cada linha por graus. Constitui um **grau** a distância de uma geração entre um parente e outro.

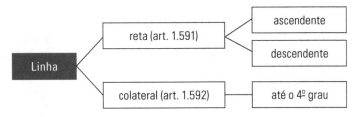

São **parentes em linha reta** as pessoas que estabelecem entre si vínculos de **ascendência e descendência, sem limitação de grau** (art. 1.591). Na linha reta ascendente, buscam-se os antepassados de um sujeito (pais, avós etc.), ao passo que na linha reta descendente se buscam aqueles que procedem do sujeito, em geração futura (filhos, netos etc.). A **linha reta ascendente** divide-se em **materna ou paterna**, conforme se cogite das relações do sujeito com os ascendentes de seu pai ou mãe.

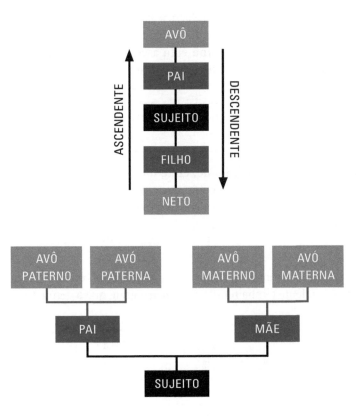

Na **linha colateral,** transversal ou oblíqua, encontram-se os parentes que provêm de um **tronco comum**, sem relação de descendência, no **limite do quarto grau**, como irmãos, tios, sobrinhos, primos etc. (art. 1.592). Os irmãos são chamados **germanos** ou **bilaterais**, por oposição a **unilaterais**, quando têm os dois genitores em comum.

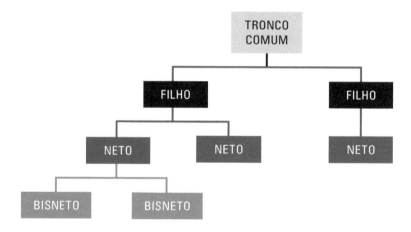

Na linha reta, assim como na colateral, os **graus de parentesco contam-se pelo número de gerações**. Na linha colateral, contudo, contam-se os graus subindo de um dos parentes **até o ascendente ou tronco comum** e descendo pela outra linha até encontrar o outro parente (art. 1.594).

Há **parentesco por afinidade** nas relações originadas no casamento ou união estável. Entende-se por afinidade o vínculo de um dos cônjuges ou companheiros em relação aos parentes de seu consorte. Estabelece-se na **linha reta** ascendente e descendente **sem limitação de graus**, e na **linha colateral** até o **segundo grau**, ou seja, irmãos.

> O parentesco por afinidade em linha reta não se extingue pela dissolução do casamento ou união estável (art. 1.595).

O **grau de parentesco por afinidade**, entre uma pessoa e os parentes de seu cônjuge ou companheiro, será o mesmo estabelecido entre este diretamente com seus parentes. Exemplificativamente, o padrasto é parente por afinidade na linha reta ascendente, em primeiro grau, em relação ao enteado.

### 9.3.1. Filiação

Entre as relações de parentesco, destaca-se a de **filiação**, como aquela estabelecida entre uma pessoa e seu ascendente (linha reta) em primeiro grau, que a gerou ou recebeu por filho. A filiação pode ser:

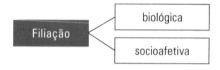

**Não** se admite **discriminação** entre filhos de **origens distintas** (arts. 1.596 do CC e 227, § 6º, da CF).

A filiação pode se estabelecer por meio de (i) **presunção legal**, nas hipóteses do art. 1.597, (ii) manifestação de vontade pelas formas previstas no art. 1.609 – **reconhecimento voluntário** – ou (iii) judicialmente, por **ação de investigação de paternidade**.

Há **presunção legal da paternidade** nas hipóteses do art. 1.597, em relação à família constituída pelo casamento:

**Art. 1.597.** Presumem-se concebidos na constância do casamento os filhos:
I – nascidos cento e oitenta dias, pelo menos, depois de estabelecida a convivência conjugal;
II – nascidos nos trezentos dias subsequentes à dissolução da sociedade conjugal, por morte, separação judicial, nulidade e anulação do casamento;
III – havidos por fecundação artificial homóloga, mesmo que falecido o marido;
IV – havidos, a qualquer tempo, quando se tratar de embriões excedentários, decorrentes de concepção artificial homóloga;
V – havidos por inseminação artificial heteróloga, desde que tenha prévia autorização do marido.

A jurisprudência do STJ reconhece a existência de **presunção de paternidade** em relação aos filhos concebidos na **constância de união estável**, por analogia à previsão em relação ao casamento, em face da equiparação constitucional das entidades familiares.

Trata-se **de presunção relativa**, que admite prova em contrário, por meio de **ação negatória de paternidade**, em caráter imprescritível e de **iniciativa privativa do marido** e pai presumido, podendo continuação pelos herdeiros se iniciada em vida (art. 1.601). É legitimado passivo o filho, representado ou assistido, se menor.

Ilide a presunção da paternidade a prova da impotência do cônjuge para gerar *(generandi)*, à época da concepção (art. 1.599), mas não a mera prova de adultério da mulher, nem a mera confissão materna (arts. 1.600 e 1.602). Reconhece-se ao **filho a legitimidade** para intentar **ação de impugnação da paternidade** a fim de demonstrar erro ou falsidade no registro (art. 1.604).

**Não será desconstituída a paternidade** caso se demonstre que, apesar da inexistência de vínculo biológico entre os sujeitos, construiu-se **vínculo socioafetivo**, defendendo-se a preservação do melhor interesse do filho (STJ, REsp 1.383.408, REsp 1.088.157).

O STF estabeleceu a possibilidade de configuração da **multiparentalidade**, permitindo que se reconheçam de forma **concomitante vínculos de paternidade socioafetiva e paternidade biológica**, com os efeitos jurídicos próprios:

"A paternidade socioafetiva, declarada ou não em registro público, não impede o reconhecimento do vínculo de filiação concomitante baseado na origem biológica, salvo nos casos de aferição judicial do abandono afetivo voluntário e inescusável dos filhos em relação aos pais" (STF, RE 898.060, Min. Luiz Fux, j. 22-9-2016).

A **prova da filiação** é feita pela **certidão de nascimento** expedida pelo Registro Civil (art. 1.603), presumindo-se sua veracidade, salvo prova de erro ou falsidade (art. 1.604). Em caso de falta ou defeito do registro, provar-se-á a filiação por qualquer meio de prova admissível em direito (art. 1.605), notadamente o documental, pericial e testemunhal. A **ação de prova da filiação** é de iniciativa do filho, enquanto viver, passando aos herdeiros, se ele morrer menor ou incapaz (art. 1.606).

**Reconhecimento de filho** é o ato jurídico em sentido estrito, de caráter personalíssimo pelo qual se declara a filiação, estabelecendo-se vínculo jurídico de parentesco entre o pai ou a mãe e seu filho. Comporta duas espécies:

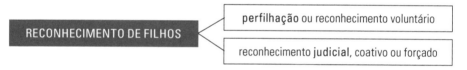

Pode haver **reconhecimento voluntário**, nas formas previstas pelo art. 1.609:

> **Art. 1.609. O reconhecimento dos filhos havidos fora do casamento** é irrevogável e será feito:
> I – no registro do nascimento;
> II – por escritura pública ou escrito particular, a ser arquivado em cartório;
> III – por testamento, ainda que incidentalmente manifestado;
> IV – por manifestação direta e expressa perante o juiz, ainda que o reconhecimento não haja sido o objeto único e principal do ato que o contém.
> Parágrafo único. O reconhecimento pode preceder o nascimento do filho ou ser posterior ao seu falecimento, se ele deixar descendentes.

A **declaração** deve ser **pura e simples** – não se pode estabelecer condições ou termos (art. 1.613) –, produzindo **efeitos retroativos** à data do nascimento. Tem, ainda, caráter **irrevogável**, mesmo quando manifestado em testamento (art. 1.610). O reconhecimento de **filho maior** depende do seu consentimento. Se for **menor**, assiste ao filho o direito de ajuizar **ação de impugnação do reconhecimento** nos 4 anos seguintes à maioridade ou emancipação (art. 1.614; art. 4º da Lei n. 8.560/92).

Para a **desconstituição do reconhecimento** voluntário, a ação cabível será a **anulatória do reconhecimento**, também com base na alegação de erro ou falsidade conforme o art. 1.604. Pode haver também **contestação da maternidade**, nos termos do art. 1.608, mediante prova da falsidade do termo ou das declarações nele contidas.

Judicialmente, o reconhecimento de filho realiza-se via **ação de investigação de paternidade ou maternidade** (art. 1.616; art. 2º, § 5º, da Lei n. 8.560/92), de natureza declaratória e imprescritível (art. 27 do ECA). Tratando de **direito personalíssimo e indisponível**, apenas pode ser proposta pelo filho (art. 1.606), representado pela mãe ou tutor, se incapaz. A Lei n. 8.560/92 prevê, ainda, o ajuizamento pelo Ministério Público, no interesse de menores (art. 2º, § 4º). Há legitimidade passiva do suposto pai, ou seus herdeiros, em caso de pai falecido. Qualquer interessado pode contestar a ação (art. 1.615).

**Todos os meios de prova** admitidos em direito e moralmente legítimos podem ser empregados, havendo especial destaque para o **exame de código genético – DNA**. Em relação a este, a recusa do réu em se submeter ao exame gerará a **presunção da paternidade**, a ser apreciada em conjunto com o contexto probatório (art. 2º-A, parágrafo único, da Lei n. 8.560/92; Súmula 301 do STJ; art. 232 do CPC).

A ação, espécie de ação de estado, não apresenta, em regra, conteúdo patrimonial. Contudo, vem frequentemente associada a pedidos dessa natureza, decorrentes dos efeitos patrimoniais do reconhecimento de relações de parentesco, como a **cumulação à pretensão de investigação de paternidade de pedido de alimentos ou petição de herança**.

Assiste, ainda, aos filhos o direito a pleitear a alteração do registro para fazer constar os nomes dos pais socioafetivos, por meio de **ação declaratória de paternidade ou maternidade socioafetiva**. A ação pode ser manejada **em vida dos pais ou *post mortem***, em face dos herdeiros. Além disso, caso o sujeito tenha em seu registro a inscrição dos pais biológicos, poderá cumular o pedido com (i) o de **retificação do registro**, a fim de que sejam excluídos os nomes que constavam originariamente, caso em que o pai registral também deve ser incluído no polo passivo, ou (ii) o de **reconhecimento da multiparentalidade**, com base na citada jurisprudência do STF no RE 898.060.

As ações de estado, acima referidas, são imprescritíveis (art. 27 do ECA), não se aplicando os efeitos da revelia, por versarem direitos indisponíveis (art. 345, II, do CPC). Haverá intervenção do Ministério Público quando houver interesse de incapaz (arts. 176 e 178 do CPC). Trata-se, ainda, de ações de natureza declaratória, buscando o reconhecimento de uma relação jurídica preexistente, já que o vínculo familiar em questão, ou sua ausência, sempre existiu, apenas carecendo de consagração judicial para a produção de efeitos. Seguem o rito das ações de família previsto no CPC (arts. 693 a 699), em que se deve empreender esforços para a solução consensual.

Atualmente, a jurisprudência vem se consolidando pela **relativização da coisa julgada nas ações de investigação de paternidade e afins**, tendo em vista especialmente a superação de obstáculos técnicos à prova do vínculo biológico entre as partes, por exemplo, em situações em que ação de investigação anterior fora julgada improcedente por insuficiência de provas quando não havia ainda exame de DNA disponível ou as partes não estavam aptas a custeá-lo. Com efeito, decidiu o STF, com repercussão geral:

> "Deve ser relativizada a coisa julgada estabelecida em ações de investigação de paternidade em que não foi possível determinar-se a efetiva existência de vínculo genético a unir as partes, em decorrência da não realização do exame de DNA, meio de prova que pode fornecer segurança quase absoluta quanto à existência de tal vínculo" (STF, RE 363.889, Min. Dias Toffoli, *DJe* 16-12-2011).

### 9.3.1.1. Adoção

A **adoção** é um **ato jurídico complexo**, a um só tempo consensual e judicial, que tem por fim o estabelecimento de vínculo de filiação, no âmbito do parentesco civil. Tem fundamento constitucional no art. 227, § 5º, da CF. De acordo com o art. 1.618, a **adoção de crianças e adolescentes** é regida pelo Estatuto da Criança e do Adolescente, Lei n. 8.069/90 (arts. 39 a 52). As normas do Estatuto também se aplicam, no que couber, à **adoção de maiores de 18 anos** (art. 1.619).

Estabelece-se, primeiramente, **negócio jurídico bilateral e solene**, por meio do qual alguém estabelece para com outrem, de maneira irrevogável, vínculo jurídico de filiação, independentemente de consanguinidade ou afinidade. Além do ato de vontade, exige-se **sentença judicial**, de natureza constitutiva.

Trata-se de **medida irrevogável e excepcional**, apenas se admitindo quando esgotados os recursos de manutenção da criança ou adolescente na família natural ou extensa (arts. 25 e 39, § 1º, do ECA).

Independentemente da idade, a adoção depende de **procedimento judicial**, culminando em sentença de natureza constitutiva (arts. 47 do ECA e 1.619 do CC). Para a adoção de **menores de 18 anos**, tem competência o **Juiz da Infância e da Juventude**, e de **maiores de 18 anos** o **Juízo de Família e Sucessões**. Criou-se **Cadastro Nacional de Adoção**, que reúne crianças e adolescentes em condições de serem adotados e pessoas habilitadas à adoção, a fim de facilitar o procedimento (art. 50, § 5º, do ECA).

A adoção, que deve ser precedida por decisão de extinção do poder familiar, gera **desconstituição dos vínculos anteriores** (art. 41 do ECA), em caráter definitivo, de modo que a morte dos adotantes não restabelece os vínculos com família natural (art. 49 do ECA). Mantêm-se, contudo, os impedimentos matrimoniais em relação aos parentes biológicos (art. 41 do ECA).

Na **adoção unilateral por padrasto ou madrasta**, excepcionalmente, mantêm-se os vínculos de filiação natural entre o adotado com o pai ou mãe, consorte do adotante (art. 41, § 1º, do ECA). De acordo com o STJ, o padrasto tem legitimidade para formular pedido de destituição do poder familiar em face do pai biológico, para posteriormente proceder à adoção do menor com quem estabeleceu vínculos de paternidade social (REsp 1.106.637).

> Constituem os principais requisitos para a adoção, além da realização de procedimento judicial: I – **efetivo benefício** para o adotando (art. 43 do ECA); II – **adotante com no mínimo 18 anos** de idade (art. 42 do ECA); III – **diferença de 16 anos** entre adotante e adotado (art. 42, § 3º, do ECA); IV – **consentimento dos pais ou representantes legais** do adotando, salvo se desconhecidos ou destituídos do poder familiar (art. 45 do ECA); IV – **consentimento do adotando que contar mais de 12 anos de idade**, colhido em audiência (art. 45, § 2º, do ECA), devendo o menor ser sempre ouvido (art. 28, § 1º, do ECA).

Não há qualquer óbice à adoção por membros de **união homoafetiva**, conforme jurisprudência consolidada do STJ (REsp 1.281.093, REsp 889.852). **Não podem adotar os ascendentes e os irmãos do adotando** (art. 42, § 1º, do ECA). Também são **vedados** a **adoção por procuração** (art. 39, § 2º, do ECA), bem como a **adoção do nascituro**, na medida em que a lei exige que o consentimento dos pais seja colhido após o nascimento (art. 166, § 6º, do ECA).

A **adoção à brasileira** ou **simulada**, operada de forma irregular, pelo registro de filho alheio recém-nascido como se próprio fosse, não tem respaldo legal. Contudo, a jurisprudência responde negativamente a eventual pretensão negatória de paternidade posterior pelo sujeito que reconheceu, voluntária, publica e solenemente, a paternidade, caso se tenha estabelecido vínculo socioafetivo com o filho (STJ, REsp 1.383.408). Entendimento diverso se estabelece caso a pretensão tenha por sujeito ativo o filho adotado irregularmente (STJ, REsp 1.352.529).

> A prática de adoção à brasileira é considerada **causa de perda do poder familiar** (art. 1.638, V, do CC).

Em caso de **adoção conjunta**, exige-se a comprovação de estabilidade da família, formada pelo casamento civil ou união estável, não importando se hétero ou homoafetiva (art. 42, § 2º, do ECA). Podem adotar conjuntamente, ainda, os divorciados, os judicialmente separados e os ex-companheiros, desde que acordem sobre a guarda e o regime de visitas e o estágio de convivência tenha sido iniciado durante a relação (art. 42, § 4º, do ECA). Pode haver **adoção pelos tutores e curadores** em relação aos pupilos e curatelados, após prestação de contas (art. 44 do ECA).

Se houver **grupos de irmãos**, devem ser adotados preferencialmente pela mesma família substituta (art. 28 do ECA). **Não se admitem restrições** à adoção por motivo de **deficiência dos adotantes** (art. 5º, VI, do EPD). Admite-se a **adoção póstuma**, mediante a comprovação inequívoca da vontade do *de cujus* em adotar, isto é, de que este tratava publicamente o adotando como se filho fosse.

A **adoção por estrangeiros** ou **adoção internacional** apenas será deferida na **falta de brasileiros habilitados** interessados, tanto residentes no país quanto no exterior (arts. 50, § 6º, 51, § 1º, II, e § 2º, do ECA), após prazo de convivência mínima de 30 dias no Brasil (art. 46, §§ 3º e 5º, do ECA). Os adotantes devem requerer a **habilitação perante autoridade no país de origem**. Somente a expedição de relatório por esta, atestando a aptidão para adotar, farão o pedido de adoção perante o Juízo da Infância e da Juventude brasileiro (art. 52 do ECA).

A adoção produz efeitos de ordem pessoal e patrimonial após o trânsito em julgado da sentença. Na **ordem pessoal**, a adoção constitui **relação de parentesco civil**, transferindo o **poder familiar** ao adotante. A **alteração do sobrenome** é obrigatória e a do prenome facultativa, desde que não cause transtornos ao adotando, o qual será ouvido se maior de 12 anos (art. 47, §§ 5º e 6º, do ECA). Na **ordem patrimonial**, a adoção gera **direito a alimentos** entre adotante e adotado (art. 1.694 do CC), bem como **direitos sucessórios** em igualdade de condições com os demais filhos (art. 41, § 4º, do ECA), além de estabelecer para os pais o **usufruto e administração dos bens dos filhos menores** (art. 1.689 do CC).

A Lei n. 13.509/2017 incluiu no ECA o art. 19-B, para permitir que a criança e o adolescente em programa de acolhimento institucional ou familiar participem de **programa de apadrinhamento**, que consiste em "estabelecer e proporcionar à criança e ao adolescente vínculos externos à instituição para fins de convivência familiar e comunitária e colaboração com o seu desenvolvimento nos aspectos social, moral, físico, cognitivo, educacional e financeiro" (art. 19-B, § 1º, do ECA).

O ECA prevê, ainda, o **direito ao conhecimento da origem ou ascendência biológica**, no âmbito do direito à identidade como direito da personalidade, não se operando a reconstituição dos vínculos com os genitores. Tal direito pode ser reconhecido de maneira analógica em favor dos filhos gerados a partir de procedimento de reprodução assistida heteróloga, com doação de gametas.

> **Art. 48.** O adotado tem direito de conhecer sua origem biológica, bem como de obter acesso irrestrito ao processo no qual a medida foi aplicada e seus eventuais incidentes, após completar 18 (dezoito) anos.
> Parágrafo único. O acesso ao processo de adoção poderá ser também deferido ao adotado menor de 18 (dezoito) anos, a seu pedido, assegurada orientação e assistência jurídica e psicológica.

### 9.3.1.2. Poder familiar

**Poder familiar** e **guarda** são expressões que frequentemente se confundem, por se tratar ambos do cuidado e proteção em relação a menores.

| PODER FAMILIAR | GUARDA |
|---|---|
| ▫ **conjunto de direitos e deveres** atribuídos aos pais, em conjunto, ou a um só deles na falta ou impedimento do outro, **em relação à pessoa e ao patrimônio dos filhos menores** (arts. 1.630 e 1.631), ligado ao dever de sustento, guarda e educação dos filhos menores (art. 1.566, IV) | ▫ **posse de fato sobre o menor**, com a consequente prestação de assistência material, moral e educacional (art. 33 do ECA)<br>▫ **é uma das atribuições do poder familiar**, podendo ser atribuída a ambos ou apenas um dos pais e mesmo a terceiros<br>▫ legaliza a permanência do menor, podendo o detentor opor-se contra terceiros, inclusive os pais |

O **poder familiar** constitui um **múnus público**, de caráter **irrenunciável, indelegável** e **imprescritível**, implicando uma **relação de autoridade**, incompatível com a tutela.

O conteúdo do poder familiar comporta competências de ordem pessoal e patrimonial. Quanto à **pessoa dos filhos**, competem aos pais as prerrogativas estabelecidas no art. 1.634:

> **Art. 1.634.** Compete a ambos os pais, qualquer que seja a sua situação conjugal, o pleno exercício do poder familiar, que consiste em, quanto aos filhos:
> I – dirigir-lhes a criação e a educação;
> II – exercer a guarda unilateral ou compartilhada nos termos do art. 1.584;
> III – conceder-lhes ou negar-lhes consentimento para casarem;
> IV – conceder-lhes ou negar-lhes consentimento para viajarem ao exterior;
> V – conceder-lhes ou negar-lhes consentimento para mudarem sua residência permanente para outro Município;
> VI – nomear-lhes tutor por testamento ou documento autêntico, se o outro dos pais não lhe sobreviver, ou o sobrevivo não puder exercer o poder familiar;
> VII – representá-los judicial e extrajudicialmente até os 16 (dezesseis) anos, nos atos da vida civil, e assisti-los, após essa idade, nos atos em que forem partes, suprindo-lhes o consentimento;
> VIII – reclamá-los de quem ilegalmente os detenha;
> IX – exigir que lhes prestem obediência, respeito e os serviços próprios de sua idade e condição.

Quanto ao **patrimônio**, incumbem aos pais, em igualdade de condições, o **usufruto legal e a administração dos bens** dos filhos menores (art. 1.689). Depende de **análise judicial** a prática de atos de alienação, constituição de ônus real e obrigações que ultrapassem a mera administração (art. 1.691), assim como situações de divergência entre os pais (art. 1.690, parágrafo único). Em caso de **colisão de interesses** entre o menor e o detentor do poder familiar, determina a lei a nomeação de **curador especial** (art. 1.692).

> **Art. 1.693. Excluem-se do usufruto e da administração** dos pais:
> I – os bens adquiridos pelo filho havido fora do casamento, antes do reconhecimento;
> II – os valores auferidos pelo filho maior de dezesseis anos, no exercício de atividade profissional e os bens com tais recursos adquiridos;
> III – os bens deixados ou doados ao filho, sob a condição de não serem usufruídos, ou administrados, pelos pais;
> IV – os bens que aos filhos couberem na herança, quando os pais forem excluídos da sucessão.

**Extingue-se o poder familiar** pelas causas previstas no art. 1.635, ressalvando-se que a emancipação voluntária não afeta a responsabilidade dos pais pelos danos causados pelos filhos, no entendimento do STJ (Ag 1.239.557):

> **Art. 1.635. Extingue-se o poder familiar:**
> I – pela morte dos pais ou do filho;
> II – pela emancipação, nos termos do art. 5º parágrafo único;
> III – pela maioridade;
> IV – pela adoção;
> V – por decisão judicial, na forma do art. 1.638.

Em caso de cometimento de **faltas no exercício do poder familiar**, pode haver sua **perda ou suspensão**, em decorrência de **decisão judicial** em procedimento contraditório para apuração das hipóteses (arts. 24 e 155 do ECA).

A **perda** é **permanente**, **imperativa**, abrangendo **toda a prole**, decorrendo de **faltas graves**, identificadas no art. 1.638:

> **Art. 1.638. Perderá por ato judicial o poder familiar** o pai ou a mãe que:
> I – castigar imoderadamente o filho;
> II – deixar o filho em abandono;
> III – praticar atos contrários à moral e aos bons costumes;
> IV – incidir, reiteradamente, nas faltas previstas no artigo antecedente.
> V – entregar de forma irregular o filho a terceiros para fins de adoção.
> Parágrafo único. Perderá também por ato judicial o poder familiar aquele que:
> I – praticar contra outrem igualmente titular do mesmo poder familiar:
> a) homicídio, feminicídio ou lesão corporal de natureza grave ou seguida de morte, quando se tratar de crime doloso envolvendo violência doméstica e familiar ou menosprezo ou discriminação à condição de mulher;
> b) estupro ou outro crime contra a dignidade sexual sujeito à pena de reclusão;
> II – praticar contra filho, filha ou outro descendente:
> a) homicídio, feminicídio ou lesão corporal de natureza grave ou seguida de morte, quando se tratar de crime doloso envolvendo violência doméstica e familiar ou menosprezo ou discriminação à condição de mulher;
> b) estupro, estupro de vulnerável ou outro crime contra a dignidade sexual sujeito à pena de reclusão.

Diante de **infrações menos graves**, **suspende-se** o poder familiar, a fim de proteger o menor. A suspensão é **temporária, facultativa**, podendo referir-se **apenas a determinado filho**, ocorrendo em caso de abuso de poder, falta aos deveres paternos, dilapidação do patrimônio do filho, condenação por sentença irrecorrível a mais de 2 anos de prisão, prática de maus exemplos e atos atentatórios à moral, segurança e saúde do filho (art. 1.637).

A verificação de carência material não justifica perda ou suspensão do poder familiar (art. 23 do ECA). Da mesma forma, o divórcio e a dissolução da união estável não alteram o poder familiar (art. 1.632), nem a constituição de nova sociedade conjugal, quando apenas haverá proteção contra interferências do novo consorte (art. 1.636).

#### 9.3.1.3. Guarda

A **guarda** é regulada em capítulo destinado à **proteção da pessoa dos filhos**, no âmbito da dissolução da sociedade e do vínculo conjugal (arts. 1.583 a 1.590)

> Em regra, a guarda é fixada por **acordo dos cônjuges**, nos procedimentos de separação e divórcio, sendo submetida a **homologação judicial**, a qual deve ser recusada caso não se atenda adequadamente aos interesses dos filhos menores ou incapazes (arts. 1.574, parágrafo único, 1.590). Na falta de acordo, será **decretada pelo juiz**, em atenção a necessidades específicas do filho, ou em razão da distribuição de tempo necessário ao convívio deste com o pai e com a mãe (art. 1.584).

Em homenagem ao **princípio do melhor interesse da criança**, o guardião deverá ser aquele que reunir melhores condições para a função, devendo ser ouvidos os menores, conforme seu grau de compreensão (art. 161, § 3º, do ECA). O estabelecimento de novas núpcias por si só não afeta o direito de guarda do pai ou da mãe (art. 1.588).

A guarda pode ser, de acordo com o art. 1.583:

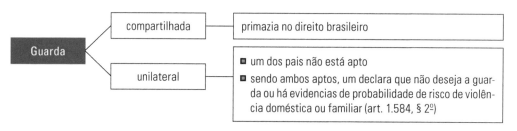

A **guarda compartilhada** implica responsabilização conjunta de **ambos os genitores** (art. 1.583, § 1º), não havendo mera alternância no exercício da função. Nela, o **tempo de convívio** com os filhos deve ser distribuído de forma equilibrada entre a mãe e o pai, estabelecendo-se as respectivas atribuições e períodos de convivência, podendo-se fazer recurso a orientação técnico-profissional para a fixação da adequada divisão (arts. 1.583, § 2º, e 1.584, § 3º). Em caso de pais habitando **locais distintos**, deve ser considerada base de moradia dos filhos a cidade que melhor atender aos seus interesses (art. 1.583, § 3º).

A **guarda unilateral** é atribuída a **um só dos genitores ou alguém que o substitua** (art. 1.583, § 1º). O pai que não detenha a guarda unilateral tem o **dever de supervisionar** os interesses dos filhos, podendo solicitar a informações e a prestação de contas em assuntos do seu interesse (art. 1.583, § 5º). No entendimento da terceira turma do STJ, não cabe, para essa finalidade, o uso reiterado de pedidos de prestação de contas acerca dos alimentos prestados em favor dos filhos, visto que o genitor que detém a guarda unilateral não é mero gestor de coisa alheia (REsp 1.637.378).

Excepcionalmente, a **guarda** pode ser deferida **a terceiro**, caso o juiz considere inadequado o deferimento ao pai ou à mãe, tendo em conta preferencialmente para a escolha o grau de parentesco e as relações de afinidade e afetividade (art. 1.584, § 5º).

Além da guarda, regula o legislador o **direito de visita** atribuído ao **pai não detentor da guarda**, que envolverá o direito a ter os filhos em companhia e fiscalizar sua manutenção e educação, conforme o que se fixar por consenso ou judicialmente. Também assiste **direito de visita aos avós**, a critério do juiz (art. 1.589).

Nos termos do art. 2º da Lei n. 12.138/2010:

> **Art. 2º** Considera-se ato de **alienação parental** a **interferência na formação psicológica** da criança ou do adolescente promovida ou induzida por um dos genitores, pelos avós ou pelos que tenham a criança ou adolescente sob a sua autoridade, guarda ou vigilância para que **repudie genitor** ou que cause **prejuízo ao estabelecimento ou à manutenção de vínculos** com este.

O parágrafo único do dispositivo traz **lista exemplificativa** de atos caracterizadores de alienação parental. As sanções para a prática podem variar desde a advertência ao alienador até a fixação cautelar do domicílio da criança ou adolescente e a alteração da guarda, sem prejuízo da **responsabilidade civil e criminal** (art. 6º).

A **responsabilidade civil por abandono afetivo ou abandono paterno-filial** consiste em criação jurisprudencial, a partir da qual pessoas que sofreram consequências psíquicas em razão de omissão dos pais em sua criação, cuidado e auxílio ao desenvolvimento são contempladas com indenização pelos danos morais sofridos. Em julgado paradigmático sobre o tema, a Min. Nancy Andrighi fundamenta a condenação a partir da ideia de cuidado como valor jurídico (arts. 1º, III, 227 e 229 da CF/88): "Amar é faculdade, cuidar é dever" (STJ, REsp 1.159.242, DJ 10-5-2012).

Mais recentemente, surge na jurisprudência o reconhecimento da possibilidade de ocorrência de **abandono afetivo inverso**, em que a falta ao dever de cuidar é praticada pelos filhos em relação aos pais, especialmente os idosos.

## 9.4. Alimentos

**Alimentos** consistem em prestações devidas a fim de satisfazer as **necessidades de subsistência**, com a **manutenção das condições sociais** do cônjuge, parente ou companheiro que não consegue provê-las por si mesmo (art. 1.694). Tem, no direito de família, caráter **assistencial e não indenizatório**, marcando-se pela **reciprocidade**. São regulados por **normas de ordem pública**, inderrogáveis por convenção.

O **conteúdo** do direito a alimentos abrange tudo o que é **indispensável ao sustento**, além de vestuário, habitação, assistência médica e instrução, por analogia às disposições sobre legado de alimentos (art. 1.920). Cabe a **prestação *in natura*** – ex.: pagamento da mensalidade escolar, aluguel – ou em **dinheiro** (art. 1.701 do CC).

> A obrigação alimentar fundamenta-se no **binômio necessidade-possibilidade**, entre pessoas ligadas entre si por **relação de parentesco, casamento** ou **união estável**, buscando-se uma fixação que guarde a **proporcionalidade** entre as necessidades do alimentado e a possibilidade econômica do alimentante (arts. 1.694, § 1º, e 1.695).

Em caso de **culpa do necessitado**, os alimentos serão reduzidos ao indispensável para a subsistência (art. 1.694, § 2º). Trata-se de obrigação **transmissível aos herdeiros** do devedor (art. 1.700) – pagamento de parcelas vencidas –, **divisível** e **não solidária**, respondendo cada devedor apenas por sua quota-parte (art. 1.698).

O direito a alimentos tem caráter **personalíssimo**, reconhecendo-se ao Ministério Público a legitimidade ativa para pleitear alimentos em favor de crianças e adolescentes (Súmula 594 do STJ).

> É **imprescritível**, sendo necessário diferenciar a imprescritibilidade do direito em relação à prescritibilidade das parcelas vencidas. Com efeito, não se opera a perda ou enfraquecimento do direito a alimentos quando o sujeito deixa de exercê-lo por período prolongado, o mesmo não se podendo dizer em relação às prestações já fixadas, cuja pretensão de cobrança prescreve no prazo de 2 anos contados do vencimento (art. 206, § 2º). Na cobrança das parcelas alimentares é muito comum, contudo, a aplicabilidade da causa suspensiva da prescrição, em relação a absolutamente incapazes (art. 198, I).

O direito é, ainda, **irrenunciável**, **incessível**, **impenhorável** e **incompensável** (art. 1.707). É ainda **intransacionável**, por traduzir norma de ordem pública, **atual** e **irrepetível** ou irrestituível (Súmula 621 do STJ).

Os alimentos classificam-se em várias **espécies**, quanto a sua natureza, causa jurídica, finalidade e ao momento em que são reclamados:

Quanto à **natureza**, os alimentos classificam-se em naturais e civis. São **naturais** ou necessários os alimentos destinados ao custeio do indispensável para a satisfação das necessidades primárias da vida. São **civis** ou côngruos os relativos às parcelas destinadas à manutenção da condição social.

Quanto à **causa jurídica**, os alimentos podem ser legítimos, voluntários e indenizatórios. Alimentos **legítimos** são devidos por determinação legal, em virtude de parentesco, casamento ou união estável (art. 1.694). **Voluntários** são aqueles assumidos por manifestação de vontade pelo sujeito, podendo ser obrigacionais ou *inter vivos* e testamentários ou *causa mortis*. Os alimentos voluntários podem tomar a forma jurídica de renda vitalícia, usufruto ou capital vinculado. Alimentos **indenizatórios ou ressarcitórios**, ou mais propriamente **pensão indenizatória**, consistem em parcelas devidas a título de indenização pela prática de ato ilícito, desprovidos de caráter assistencial.

Quanto à **finalidade**, os alimentos dividem-se em definitivos, provisórios e provisionais. Alimentos **definitivos** ou regulares são fixados em caráter permanente, podendo ser revistos judicialmente (art. 1.699). Antes da sentença que os fixa, pode o titular pleitear o seu deferimento **liminar**, sob a forma de **alimentos provisórios** ou **provisionais**.

> Alimentos **provisórios** são determinados liminarmente no despacho inicial da **ação de alimentos** (procedimento especial), em face da existência de **vínculo familiar pré-constituído** (parentesco, casamento ou união estável), a partir da exposição da necessidade dos requerentes, "salvo se o credor expressamente declarar que deles não necessita" (art. 4º da Lei 5.478/68). Caso a ação também busque o **reconhecimento da situação jurídica base** que confere ao sujeito o **direito de pleitear os alimentos**, cabe o pedido de alimentos **provisionais ou *ad litem***, por meio de **tutelas de urgência**, em caráter preparatório ou incidental, como ocorre ações de investigação de paternidade e de reconhecimento e dissolução de união estável. Visam manter a parte que os pleiteia no curso da lide (*ad litem*), seguindo o procedimento comum, com os requisitos do art. 300 do CPC.

Quanto ao **momento** em que são reclamados, admitem-se alimentos **pretéritos, atuais e futuros**, conforme se estabeleça o pagamento retroativo a período anterior, a partir do ajuizamento tão somente, ou a partir da sentença, respectivamente. **Não são devidos, no ordenamento brasileiro, alimentos pretéritos.**

No que tange à previsão legal de direito a alimentos (**alimentos legais**), há direito em razão do parentesco ou de casamento ou união estável.

Entre os **parentes**, os alimentos são devidos com **reciprocidade**, não importando a origem do parentesco. Não são devidos, contudo, alimentos entre os parentes por afinidade, conforme doutrina e jurisprudência (STJ, RMS 957/BA). O legislador estabelece uma espécie de **ordem preferencial** entre os diversos parentes obrigados a prestar alimentos (arts. 1.696, 1.697), em **caráter sucessivo** – por impossibilidade integral dos anteriores – e **complementar** – por impossibilidade parcial dos primeiros obrigados:

- **1º) Pais e filhos**, entre si (art. 1.696). Neste caso, há **presunção de necessidade** em favor dos filhos **menores de 18 anos**, podendo haver prova de que a necessidade se mantém após o alcance da maioridade, como ocorre em razão de estudos e incapacidade laboral. O STJ já sumulou que a **maioridade não gera exoneração automática** do dever alimentar (Súmula 358 do STJ), devendo ser manejada a competente ação de exoneração, com a demonstração da ruptura do binômio necessidade-possibilidade.
- **2º) Os ascendentes.** Os avós, e demais ascendentes em grau superior, só serão chamados a prestar alimentos em caso de impossibilidade dos pais, conforme Súmula 596 do STJ. Deve haver a diluição da obrigação entre avós maternos e paternos, mas não há obrigatoriedade de litisconsórcio (art. 1.698)
- **3º) Descendentes**, na ordem de sucessão, o grau mais próximo excluindo o mais remoto (art. 1.697).
- **4º) Irmãos**, colaterais de segundo grau, seja **germanos**, seja **unilaterais** (art. 1.697). Observe que a norma não guarda simetria com aquela que estabelece que o parentesco na linha colateral se estende até o 4º grau, para fins sucessórios, entendendo a doutrina e jurisprudência pela não aplicação de interpretação extensiva.

Os **alimentos gravídicos** são devidos pelo pretenso pai, diante de indícios da existência de filiação, para ajudar a gestante a custear as despesas adicionais do período de gravidez, **convertendo-se após o nascimento** com vida em pensão alimentícia em favor do menor (Lei n. 11.804/2008).

Entre **cônjuges ou companheiros**, o sujeito passivo da obrigação de alimentos é o outro consorte, cessando o dever caso o alimentando se case, estabeleça união estável ou concubinato, ou se proceda com indignidade (art. 1.708).

Nesta situação, os alimentos assumem geralmente o caráter **compensatório ou transitório**, sendo fixados com o objetivo de **evitar o brusco desequilíbrio econômico** do consorte dependente, pela queda dos rendimentos operada a partir da ruptura da comunhão de bens. Como regra, tem caráter transitório ou temporário, por prazo razoável para que o ex-consorte recupere a autonomia financeira após o término do vínculo (STJ, REsp 1.205.408, REsp 1.290.313). Pode o ex-cônjuge, contudo, ser contemplado com alimentos por prazo indeterminado, caso não tenha condições de reconstruir sua independência financeira, como em casos de incapacidade laboral permanente, saúde fragilizada e impossibilidade prática de reinserção no mercado de trabalho.

Na interface entre o direito processual e material, apontam-se dois grupos de ações com especial relevância, tendo por objeto a obrigação alimentar:

**a)** de um lado, ações que buscam discutir a **existência do direito**: **ação de alimentos** (rito especial da Lei n. 5.478/68, cumulada ou não com outras demandas, como divórcio e investigação de paternidade), **ação revisional de alimentos, ação de exoneração de alimentos** (art. 1.699 – alimentos são estabelecidos com a cláusula *rebus sic stantibus*);

**b)** de outro, ações que têm por objetivo promover a **execução de alimentos** já vencidos e não pagos. Fixados via título executivo judicial ou extrajudicial, abrem-se duas possibilidades ao credor: b1) seguimento pelo rito que autoriza a **prisão civil** (arts. 528 e 911 do CPC); b2) ou pelo procedimento comum, com a **penhora de bens** (art. 528, § 8º, do CPC).

> A lei estabelece **mecanismos especiais de cobrança** dos alimentos fixados em título judicial ou extrajudicial:
> - **desconto em folha** de pagamento do devedor, em importe de até 50% de seus ganhos líquidos (art. 529 do CPC);
> - **protesto** do pronunciamento judicial (art. 528, § 1º, do CPC);
> - **prisão civil** do devedor de alimentos (art. 528, § 3º, do CPC).

A **prisão**, que **não tem função satisfativa**, mas somente coercitiva, pode ser fixada pelo **prazo de 1 a 3 meses**, devendo ser cumprida em **regime fechado**, com separação dos presos comuns (art. 528, §§ 3º e 4º, do CPC)

> **Art. 528, § 7º, do CPC.** O débito alimentar que autoriza a prisão civil do alimentante é o que compreende até as 3 (três) prestações anteriores ao ajuizamento da execução e as que se vencerem no curso do processo [reprodução da redação da Súmula 309 do STJ].

### 9.5. Bem de família

A proteção do **bem de família** destina-se à garantia do **direito de moradia** dos entes familiares, durante a vida dos cônjuges e a menoridade dos filhos, por meio da **afetação do bem residencial** a tal destinação, com o estabelecimento de **impenhorabilidade** pelas dívidas contraídas após sua aquisição (arts. 1.715 e 1.716). A disciplina da impenhorabilidade e suas exceções é relegada para lei especial, a Lei n. 8.009/90.

A proteção legal, em consagração do princípio da dignidade da pessoa humana (art. 1º, III, da CF/88), refere-se a **dívidas contraídas "pelos cônjuges ou pelos pais ou filhos** que sejam seus proprietários e nele residam" (art. 1º da Lei n. 8.009/90). A jurisprudência, contudo, alargou o rol dos sujeitos merecedores da tutela, de modo a englobar inclusive aquele integrante de **família unipessoal**, conforme estabelece a Súmula 364 do STJ: "O conceito de impenhorabilidade de bem de família abrange também o imóvel pertencente a pessoas solteiras, separadas e viúvas" (STJ, EREsp 182.223/SP).

A delimitação objeto de proteção é encontrada no art. 1.712:

> **Art. 1.712.** O bem de família consistirá em **prédio residencial urbano ou rural**, com suas **pertenças e acessórios**, destinando-se em ambos os casos **a domicílio familiar**, e poderá abranger **valores mobiliários**, cuja renda será aplicada na conservação do imóvel e no sustento da família.

Os valores mobiliários não poderão exceder o valor do prédio (art. 1.713). No caso das **vagas de garagem**, entende o STJ que a acessoriedade existe quando **não** forem registrados sob **matrícula própria**, caso em que serão impenhoráveis (Súmula 449 do STJ). Estendeu o STJ a proteção ao único imóvel residencial da família, **ainda que se encontre alugado**, se a renda obtida for utilizada para a subsistência ou moradia familiar (Súmula 486 do STJ).

O bem de família pode ser:

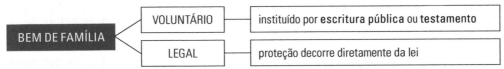

O bem de família **voluntário** é instituído voluntariamente mediante **escritura pública** ou **testamento**, em valor não superior à terça parte do patrimônio líquido do instituidor (art. 1.711). Sua instituição torna-se necessária quando o casal quer gravar um de seus diversos imóveis, utilizados como residência, **sem ficar restrito ao de menor valor**.

É **involuntário ou legal**, nos termos do art. 1º da Lei n. 8.009/90, o bem de família cuja proteção decorre diretamente da lei, de ordem pública, independentemente de manifestação de vontade e formalidades legais. Se a família for possuidora de vários imóveis utilizados como residência, a **impenhorabilidade recairá sobre o de menor valor** (art. 5º, parágrafo único, da Lei n. 8.009/90).

A **impenhorabilidade** refere-se a **qualquer tipo de dívida** civil, comercial, fiscal, previdenciária ou de outra natureza, contraída pelos cônjuges ou pelos pais ou filhos que sejam seus proprietários e nele residam (art. 1º). A lei prevê, **excepcionalmente**, que certos bens sejam **excluídos da impenhorabilidade** (art. 2º), e que a certas dívidas não se **pode opor a impenhorabilidade** (art. 3º):

> **Art. 2º Excluem-se da impenhorabilidade** os veículos de transporte, obras de arte e adornos suntuosos.
> Parágrafo único. No caso de imóvel locado, a impenhorabilidade aplica-se aos bens móveis quitados que guarneçam a residência e que sejam de propriedade do locatário, observado o disposto neste artigo.
>
> **Art. 3º A impenhorabilidade é oponível** em qualquer processo de execução civil, fiscal, previdenciária, trabalhista ou de outra natureza, **salvo se movido:** (...)
> II – pelo titular do crédito decorrente do financiamento destinado à construção ou à aquisição do imóvel, no limite dos créditos e acréscimos constituídos em função do respectivo contrato;
> III – pelo credor da pensão alimentícia, resguardados os direitos, sobre o bem, do seu coproprietário que, com o devedor, integre união estável ou conjugal, observadas as hipóteses em que ambos responderão pela dívida;
> IV – para cobrança de impostos, predial ou territorial, taxas e contribuições devidas em função do imóvel familiar;
> V – para execução de hipoteca sobre o imóvel oferecido como garantia real pelo casal ou pela entidade familiar;
> VI – por ter sido adquirido com produto de crime ou para execução de sentença penal condenatória a ressarcimento, indenização ou perdimento de bens.
> VII – por obrigação decorrente de fiança concedida em contrato de locação.

> No julgamento do Tema 1.127, o STF consolidou o entendimento de que é "constitucional a penhora de bem de família pertencente a fiador de contrato de locação, seja residencial, seja comercial".

**Extingue-se o bem de família** com a **morte de ambos** os cônjuges e a **aquisição de capacidade pelos filhos**, perdurando, todavia, caso algum dos filhos seja submetido a curatela (art. 1.722). Os valores do bem de família podem ser sub-rogados em outros bens diante da impossibilidade da manutenção do bem de família original (art. 1.719).

## 9.6. Tutela e curatela

**Tutela** e **curatela** constituem **regimes protetivos da pessoa incapaz**, destinados ao resguardo de sua pessoa e patrimônio, conforme suas necessidades individuais. Consistem em **múnus público**, de caráter assistencial, delegado pela lei a agente capaz, estando fora do alcance da vontade dos sujeitos.

| TUTELA | CURATELA |
|---|---|
| ▫ Proteção de menores de 18 anos, na falta dos pais | ▫ Proteção de maiores incapazes |
| ▫ Pode haver nomeação de tutor pelos pais ou pelo juiz | ▫ Nomeação pelo juiz |
| ▫ Poderes em relação à pessoa e ao patrimônio do pupilo | ▫ Restringe-se, em regra, à administração do patrimônio |
| ▫ Poderes amplos | ▫ Poderes específicos definidos pelo juiz |

### 9.6.1. Tutela

A **tutela** consiste na **representação do menor incapaz**, em caso de ausência, falecimento ou perda do poder familiar pelos pais (art. 1.728). Há vários **tipos de tutela**:

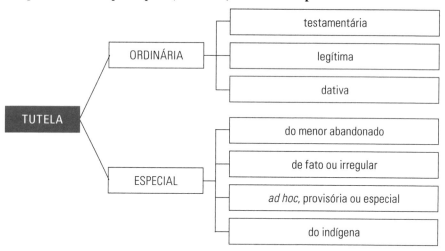

A **tutela testamentária** decorre da **nomeação de tutor pelos pais**, em conjunto, ou por um só deles, na falta do outro, por meio de **testamento** ou **outro documento autêntico**, como escritura pública ou codicilo (art. 1.729). Apenas os pais detentores de poder familiar podem fazer a nomeação (art. 1.730).

A **tutela legítima** é a **determinada pelo juiz**, conforme a **ordem legal** dos tutores estabelecida no art. 1.731, **em caráter preferencial**, sendo todos parentes consanguíneos do menor: I – ascendentes, preferindo o de grau mais próximo ao mais remoto; II – colaterais até o terceiro grau, preferindo os mais próximos aos mais remotos, e, no mesmo grau, os mais velhos aos mais moços. Em que pese ser preferencial, não se trata de ordem absoluta, devendo o juiz nomear o representante segundo o **melhor interesse do incapaz**.

A **tutela dativa** é a que se constitui, em **caráter subsidiário**, na falta ou impedimento dos tutores testamentários ou legítimos, recaindo sobre **pessoa idônea e residente no domicílio do menor** (art. 1.732).

Em caso de **irmãos órfãos**, deve ser nomeado **preferencialmente um só tutor**, entendendo-se, em caso de nomeação de vários no testamento, que serão chamados sucessivamente. Quem institui herdeiro ou legatário menor pode **nomear curador especial** para os bens deixados (art. 1.733).

A **tutela do menor abandonado** – casos de pais falecidos, desaparecidos, destituídos do poder familiar – será exercida por **pessoa nomeada pelo juiz**, devendo o jovem ser incluído em programa de colocação em família substituta (art. 1.734). A **tutela de fato ou irregular** ocorre quando um sujeito, **não tendo sido nomeado tutor**, passa a cuidar do menor e de seus bens, não produzindo efeitos jurídicos. A **tutela *ad hoc*, provisória ou especial** consiste na nomeação de **tutor para a prática de ato específico**, em paralelo ao poder familiar dos pais. Por fim, a **tutela do índio**, quando **não plenamente integrado à comunhão nacional**, é disciplinada na legislação especial (Lei n. 6.001/73), sendo exercida pela União, por meio do competente órgão federal de assistência aos silvícolas, qual seja, a FUNAI.

**Não podem exercer a tutela**, por incapacidade ou inaptidão, aqueles mencionados no art. 1.735:

Art. 1.735. Não podem ser tutores e serão exonerados da tutela, caso a exerçam:
I – aqueles que não tiverem a livre administração de seus bens;
II – aqueles que, no momento de lhes ser deferida a tutela, se acharem constituídos em obrigação para com o menor, ou tiverem que fazer valer direitos contra este, e aqueles cujos pais, filhos ou cônjuges tiverem demanda contra o menor;
III – os inimigos do menor, ou de seus pais, ou que tiverem sido por estes expressamente excluídos da tutela;
IV – os condenados por crime de furto, roubo, estelionato, falsidade, contra a família ou os costumes, tenham ou não cumprido pena;
V – as pessoas de mau procedimento, ou falhas em probidade, e as culpadas de abuso em tutorias anteriores;
VI – aqueles que exercerem função pública incompatível com a boa administração da tutela.

Constituindo a tutela um múnus público, que independe da vontade, **não pode haver recusa** pelo tutor nomeado, **exceto** se verificadas as **escusas** previstas no art. 1.736. Caso exista **parente apto**, a escolha deve primeiramente recair neste, e não sobre terceiros (art. 1.737). A escusa, que consiste em faculdade conferida a certos sujeitos que ostentam capacidade para exercer a tutela, deve ser submetida à **apreciação judicial** (arts. 1.738 e 1.739).

Art. 1.736. Podem **escusar-se da tutela**:
I – mulheres casadas;
II – maiores de sessenta anos;
III – aqueles que tiverem sob sua autoridade mais de três filhos;
IV – os impossibilitados por enfermidade;
V – aqueles que habitarem longe do lugar onde se haja de exercer a tutela;
VI – aqueles que já exercerem tutela ou curatela;
VII – militares em serviço.

O exercício da tutela aproxima-se de um **poder familiar limitado e fiscalizado** pelo juiz (art. 1.742), com atribuições sobre a pessoa e o patrimônio do pupilo. Constituem as **principais obrigações do tutor**, quanto à pessoa do pupilo: (i) dirigir a educação, defender e prestar alimentos ao menor; (ii) reclamar ao juiz que aplique medidas corretivas ao menor; (iii) adimplir os demais deveres que normalmente cabem aos pais, ouvida a opinião do menor, se este já contar 12 anos de idade (art. 1.740). No âmbito patrimonial, deve **administrar os bens do tutelado**, em proveito deste (art. 1.741). Eventual **alienação de bem imóvel** do menor sob tutela deve ser precedida de avaliação judicial e aprovação do juiz, quando se verificar manifesta vantagem (art. 1.750).

Os arts. 1.747 e 1.748 trazem **outras competências do tutor**; nas hipóteses do segundo, a validade dos atos depende de autorização judicial. Por outro lado, **proíbe-se ao tutor** a realização dos atos previstos no art. 1.749:

> **Art. 1.749.** Ainda com a autorização judicial, **não pode o tutor**, sob pena de nulidade:
> I – adquirir por si, ou por interposta pessoa, mediante contrato particular, bens móveis ou imóveis pertencentes ao menor;
> II – dispor dos bens do menor a título gratuito;
> III – constituir-se cessionário de crédito ou de direito, contra o menor.

Para a **garantia da tutela**, pode o juiz exigir do tutor a prestação de **caução**, real ou fidejussória (art. 1.745, parágrafo único). Estabelece também o legislador a **responsabilidade do juiz**, em caráter direto e pessoal, pela falta ou inoportunidade da nomeação do tutor, ou subsidiário, diante da dispensa de garantia legal ou não remoção de tutor suspeito (art. 1.744). Art. 1.752. O tutor **responde pelos prejuízos** que, por **culpa, ou dolo**, causar ao tutelado; mas tem direito a ser pago pelo que realmente despender no exercício da tutela, salvo no caso do art. 1.734, e a **perceber remuneração** proporcional à importância dos bens administrados (art. 1.752).

Os tutores devem apresentar **balanços anuais** (art. 1.756) e **prestar contas** de sua administração, em juízo, **bianualmente,** quando **solicitados** ou ao **deixar o exercício do múnus** (art. 1.757). É inválida qualquer dispensa manifestada pelos pais em relação aos deveres de prestar contas (art. 1.755). Havendo saldo, o tutor deve recolhê-los imediatamente (art. 1.757, parágrafo único). A **responsabilidade do tutor**, com o término da tutela, **subsiste até que as contas sejam aprovadas** pelo juiz (art. 1.758). A obrigação de prestar contas **transmite-se aos herdeiros e representantes do tutor**, em caso de morte, ausência ou interdição (art. 1.759).

**Cessa a tutela** pela morte, maioridade, emancipação ou superveniência do poder familiar para outrem, em relação ao menor (art. 1.763). **Cessa a função do tutor** ao expirar o termo em que era obrigado a servir [prazo de 2 anos do art. 1.765], sobrevir escusa legítima ou ser removido (art. 1.764). Será **destituído o tutor**, quando negligente, prevaricador ou incurso em incapacidade (art. 1.766).

### 9.6.2. Curatela

A **curatela** é o encargo conferido a sujeito capaz para a **representação de maiores incapazes**, na forma da lei. Eventualmente, a lei fixa curadoria em relação a menores, e mesmo o nascituro. Tratando-se também de regime protetivo de pessoas incapazes, aplicam-se **subsidiariamente** à curatela **as disposições concernentes à tutela** (art. 1.774).

O art. 1.767 elenca aqueles que podem ser submetidos à curatela, em redação que remonta ao art. 4º:

> **Art. 1.767. Estão sujeitos a curatela:**
> I – aqueles que, por causa transitória ou permanente, não puderem exprimir sua vontade; (...)
> III – os ébrios habituais e os viciados em tóxico; (...)
> V – os pródigos.

A disciplina da curatela foi profundamente alterada pelo **Estatuto da Pessoa com Deficiência** (Lei n. 13.146/2015), com o objetivo de reconhecer a autonomia do deficiente, reforçando o **caráter residual da incapacidade**. O estabelecimento da curatela, em sua forma ordinária, deve ser feito por meio de **ação judicial** para a declaração da incapacidade e definição dos termos da curatela, diante da constatação de existência de hipótese de incapacidade relativa do art. 4º, com exceção da incapacidade por idade (art. 1.767). Observa-se que a **deficiência em si deixa de ser considerada causa ou razão de incapacidade**, transferindo-se o foco da análise para a verificação de limitações na aptidão para exprimir vontade, a partir do discernimento individual. Ademais, no novo regime protetivo, a incapacidade, salvo por idade, será sempre relativa, criando-se para o juiz o **encargo de detalhar para quais atos** o incapaz precisa de representação, assistência ou pode atuar de maneira autônoma, numa espécie de **regime customizado** de curatela.

Prevê a lei a possibilidade de estabelecimento de **curatela do nascituro**, quando se nomeia um **curador ao ventre** para a defesa dos interesses daquele que já foi concebido mas ainda não nasceu, caso o pai tenha falecido e a mãe não tenha poder familiar (art. 1.779). A Lei n. 13.146/2015 revogou a segunda modalidade especial de curatela prevista: curatela do enfermo ou portador de deficiência física.

A **ação de curatela ou interdição** consiste em **procedimento especial de jurisdição voluntária**, regulado entre os arts. 747 a 758 do CPC. São **legitimados ativos** para sua propositura I – o cônjuge ou companheiro; II – os parentes ou tutores; III – o representante da entidade em que se encontra abrigado o interditando; e IV – o Ministério Público (art. 747 do CPC).

O legislador estabelece no art. 1.775 uma **ordem preferencial** para a nomeação dos curadores: 1º) cônjuge ou companheiro; 2º) pais; 3º) descendente mais apto; 4º) curador dativo. Na curatela dativa, o juiz nomeia pessoa idônea, na falta dos indicados pela lei, podendo inclusive ser estranha à família.

> **Art. 1.775.** O **cônjuge ou companheiro**, não separado judicialmente ou de fato, é, de direito, curador do outro, quando interdito.
> § 1º Na falta do cônjuge ou companheiro, é curador legítimo o **pai ou a mãe**; na falta destes, o **descendente** que se demonstrar mais apto.
> § 2º Entre os descendentes, os **mais próximos precedem aos mais remotos**.
> § 3º Na falta das pessoas mencionadas neste artigo, **compete ao juiz a escolha do curador**.

Pode o juiz estabelecer **curatela compartilhada** a mais de uma pessoa (art. 1.775-A).

Sobre o **exercício da curatela**, aplicam-se no que couber as **normas da tutela** (art. 1.781), com as limitações dos arts. 1.782 e 1.783, que estabelecem que a **interdição do pródigo** só afetará o exercício dos atos de disposição patrimonial e que fica **dispensado da prestação de contas o cônjuge** casado com o curatelado pelo regime da **comunhão universal**.

Cessando a causa que determinou a declaração de incapacidade do sujeito, deverá ser ajuizada **ação para levantamento da interdição ou curatela**, podendo o pedido ser manejado pelo incapaz, seu curador ou o Ministério Público (art. 756, § 1º, do CPC).

### 9.6.3. Tomada de decisão apoiada

A **tomada de decisão apoiada** constitui nova modalidade de auxílio no exercício dos direitos por pessoas em situação de vulnerabilidade, somando-se aos tradicionais institutos da tutela e curatela, ressignificados com o advento do Estatuto da Pessoa com Deficiência. Destina-se a promover o **auxílio ao adequado exercício dos direitos por pessoas com deficiência sem, no entanto, restringir-lhes a capacidade civil.** Apesar de o regime dever ser privilegiado concretamente, quando seus requisitos se verificarem, não cabe a instituição de tomada de decisão apoiada em caso de notória incapacidade da pessoa com deficiência.

Constitui-se mediante **procedimento judicial** por meio do qual a **pessoa com deficiência plenamente** capaz elege pelo menos **duas pessoas idôneas**, com as quais mantenha vínculos e que gozem de sua **confiança**, para prestar-lhe **apoio na tomada de decisão sobre atos da vida civil**, fornecendo-lhes os elementos e informações necessários para que possa exercer sua capacidade (art. 1.783-A).

Em caso de **divergência entre apoiado e apoiadores**, a questão será submetida a **apreciação judicial**, ouvido o Ministério Público (art. 1.783-A, § 6º).

**Extingue-se** o regime mediante solicitação da pessoa apoiada (art. 1.783-A, § 9º) ou solicitação de desligamento pelo apoiador, ficando este último condicionado à manifestação do juiz (art. 1.783-A, § 10).

# 10. DIREITO DAS SUCESSÕES

**Sucessão**, em sentido amplo, é a continuação de uma relação jurídica em outro sujeito, por meio da **transmissão de direitos e deveres**.

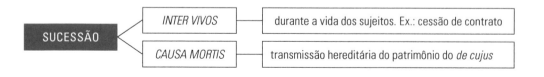

O **direito das sucessões** é o ramo do direito civil que disciplina especificamente a sucessão decorrente do falecimento da pessoa.

### 10.1. Sucessão *mortis causa*

Com a morte do sujeito, seu patrimônio se transfere aos herdeiros, que, em conjunto, exercem a titularidade da herança até que se faça a partilha. O **princípio da *saisine*** representa, no direito brasileiro, a ficção de **transferência direta e imediata**, independentemente de formalidades, da propriedade e da posse da herança aos herdeiros, **com a abertura da sucessão** (art. 1.784 do CC).

A legislação aplicável à sucessão é a vigente ao tempo da respectiva abertura (art. 1.787). O testamento é regido pela lei vigente ao tempo de sua elaboração.

O local de abertura da sucessão é último domicílio do falecido (art. 1.785), que constitui também, em regra, o **foro competente** para o inventário e **juízo universal** para todas as ações em que o espólio for réu (art. 48 do CPC). O **inventário** deve ser instaurado no prazo de **2** meses da abertura da sucessão e ser finalizado nos **12 meses,** salvo prorrogação pelo juiz (art. 611 do CPC). Entende-se que o prazo de 30 dias do art. 1.796 foi derrogado pelo CPC.

A sucessão pode ser:

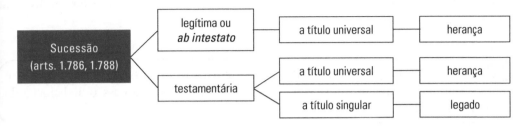

A **sucessão legítima** é deferida em virtude da lei, na ausência de testamento válido ou em caso de bens não contemplados em testamento. Contrapõe-se à **sucessão testamentária**, que é deferida por disposição de última vontade, o testamento.

Pode a sucessão dar-se **a título universal**, quando os herdeiros sucedem na totalidade ou partes ideais da herança, sem individualização de bens, ou **a título singular**, quando o beneficiário recebe bem certo e determinado, o legado. A sucessão legítima sempre se dá a título universal, enquanto a sucessão testamentária pode se dar a título universal ou singular, conforme a vontade do testador.

Quando a sucessão se dá a título universal, transfere aos sucessores a chamada **herança**, constituída pela universalidade do patrimônio do *de cujus* ou quota-parte desta. Já o **legado** é composto de bens certos e determinados, integrantes da herança, destinados ao sucessor por pela via testamentária. O **herdeiro** é quem recebe herança, podendo ser **legítimo** (contemplado na vocação hereditária estabelecida na lei: descendentes, ascendentes, cônjuge e colaterais) ou **testamentário** ou instituído (recebe a deixa por força de testamento). **Legatários** são sucessores a título singular, sendo contemplados com legados no testamento. **Herdeiro único ou universal** é aquele que recebe a totalidade da herança, por ato de **adjudicação**.

**Herdeiros necessários**, legitimários ou reservatários são aqueles que, em virtude de vínculo familiar, recebem especial proteção pela lei, **não podendo ser excluídos da sucessão pela vontade** do *de cujus*. Ante a sua existência, o autor da herança apenas poderá dispor pela via testamentária de **metade da herança**, sendo que a metade resguardada de pleno direito aos herdeiros necessários constitui a **legítima** ou reserva (art. 1.789). São herdeiros necessários (art. 1.845):

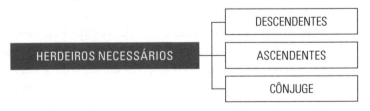

Logo, os **colaterais** são os únicos herdeiros legítimos que **não são necessários**, bastando, para sua exclusão da sucessão, que o *de cujus* disponha da integralidade do patrimônio em favor de terceiro, via testamento.

### 10.1.1. Herança e vocação hereditária

A **herança** compõe-se de um **todo unitário e indivisível**, de titularidade dos herdeiros em **condomínio**, até o momento da partilha. É considerada **imóvel, para efeitos legais** (art. 80, III do CC). A **transmissão patrimonial**, que envolve ativo e passivo, opera-se nos **limites das forças da herança** (art. 1.792).

> Qualquer **disposição sobre direitos sucessórios, antes da abertura da sucessão**, é eivada de **nulidade**, caracterizando *pacta corvina,* com a imoral discussão de herança de pessoa viva (art. 426).

Após a morte, e ainda pendente a indivisibilidade, o herdeiro apenas pode **ceder seu quinhão hereditário ou o direito à sucessão aberta**, em caráter **aleatório**, por meio de **escritura pública**, sendo ineficaz a **alienação de bens singularmente considerados** pertencentes ao acervo, salvo com autorização judicial (art. 1.793). Na cessão por um herdeiro, têm **preferência na aquisição os demais coerdeiros** (art. 1.794). Em caso de preterimento do direito, pode o herdeiro fazer valer seu direito por meio de **ação de preempção**, no prazo de **180 dias** da transmissão, mediante **depósito judicial** do preço. Se houver concurso de herdeiros, todos interessados no exercício do direito à preferência, o quinhão objeto da cessão será dividido entre todos, proporcionalmente às quotas respectivas (art. 1.795).

A **vocação hereditária** estabelece a legitimação para invocar a titularidade da herança, indicando os sujeitos **aptos a suceder**. Como regra, abrange **pessoas naturais, já nascidas ou concebidas** ao tempo da abertura da sucessão, de onde se extrai a legitimidade sucessória do **nascituro**, sob condição suspensiva do nascimento com vida (art. 1.798).

> Para estar apto a suceder, o sucessor deve **sobreviver ao autor da herança.** Com isso, em caso de **comoriência** (ver o item 1.2 da seção "Direito Civil"), não ocorre sucessão entre aqueles que se presumem simultaneamente mortos (art. 8º).

As **pessoas jurídicas, já constituídas ou por constituir**, no caso de fundações com instituição *post mortem*, podem ser contempladas via sucessão testamentária. Questiona-se a respeito da possibilidade de se beneficiar outras pessoas jurídicas ainda por constituir ou mesmo sociedades de fato, conforme a doutrina anterior ao CC/2002 admitia. Pela mesma via, admite-se ainda seja contemplada a **prole eventual de certas pessoas** – prole ainda não concebida de pessoas indicadas pelo testador –, desde que **vivas estas ao abrir-se a sucessão** (art. 1.799). Neste último caso, estabelece o legislador o prazo de **2 anos**, contados da abertura da sucessão, para que ocorra a **concepção**, sob pena de os bens reservados serem distribuídos entre os herdeiros legítimos. Os bens correspondentes à quota dos filhos eventuais serão **reservados sob a guarda de curador** nomeado pelo juiz, aplicando-se as disposições concernentes à curatela dos incapazes (art. 1.800).

**Falta legitimação para suceder** às pessoas indicadas no art. 1.801, vedando-se sua nomeação como herdeiros testamentários ou legatários, sob pena de **nulidade**:

**Art. 1.801. Não podem ser nomeados herdeiros nem legatários:**
I – a pessoa que, a rogo, escreveu o testamento, nem o seu cônjuge ou companheiro, ou os seus ascendentes e irmãos;
II – as testemunhas do testamento;
III – o concubino do testador casado, salvo se este, sem culpa sua, estiver separado de fato do cônjuge há mais de cinco anos;
IV – o tabelião, civil ou militar, ou o comandante ou escrivão, perante quem se fizer, assim como o que fizer ou aprovar o testamento.

Tais pessoas não podem ser beneficiadas em determinado testamento, mas mantêm sua capacidade para suceder, em geral, fora das situações do art. 1.801. A **nulidade** da disposição se estende às **disposições simuladas** sob a forma de contrato oneroso, bem como aquelas feitas mediante interposta pessoa, como se presume expressamente nos casos de disposição em favor de ascendentes, descendentes, irmãos e cônjuge ou companheiro do não legitimado a suceder (art. 1.802). É permitida, contudo, **deixa ao filho do concubino**, quando descendente comum com o testador (art. 1.803; Súmula 447 do STF).

A falta de legitimação não se confunde com a **exclusão da sucessão**, popularmente conhecida como **exclusão por indignidade**. Aquela decorre da verificação de que o sujeito ocupa uma especial posição ou relação com o *de cujus*, em condições de limitar-lhe a liberdade de testar, ou da imoralidade de se beneficiar o concubino. A **exclusão da sucessão**, por sua vez, é pena aplicada a sucessores, legítimos ou testamentários, que, sendo aptos e legitimados a suceder o *de cujus*, cometeram contra ele **atos de ingratidão**, previstos entre as hipóteses legais (art. 1.814). As hipóteses de exclusão são taxativas:

**Art. 1.814.** São **excluídos da sucessão** os herdeiros ou legatários:
I – que houverem sido autores, coautores ou partícipes de homicídio doloso, ou tentativa deste, contra a pessoa de cuja sucessão se tratar, seu cônjuge, companheiro, ascendente ou descendente;
II – que houverem acusado caluniosamente em juízo o autor da herança ou incorrerem em crime contra a sua honra, ou de seu cônjuge ou companheiro;
III – que, por violência ou meios fraudulentos, inibirem ou obstarem o autor da herança de dispor livremente de seus bens por ato de última vontade.

Com a inclusão do art. 1.815-A pela Lei n. 14.661/2023, a exclusão do herdeiro ou legatário indigno passou a operar imediatamente, como efeito do trânsito em julgado da sentença penal condenatória, independentemente da sentença prevista no *caput* do art. 1.815 do Código Civil.

Os **efeitos da exclusão são pessoais**, atingindo apenas o indigno, havendo direito de representação para seus sucessores, como se morto fosse aquele ao tempo da abertura da sucessão (art. 1.816). Veda-se o benefício indireto para o indigno, na forma de direito de usufruto ou à administração dos bens destinados a seus sucessores, bem como a partir da sucessão eventual nesses bens (art. 1.816, parágrafo único). Em respeito à boa-fé de possíveis adquirentes, reputam-se **válidos os atos** de administração e alienação onerosa praticados pelo indigno, como **herdeiro aparente**, antes da sentença de exclusão, caso em que os prejudicados poderão demandar do excluído indenização dos prejuízos sofridos. O excluído deve **restituir os frutos e rendimentos** produzidos pelos bens antes da exclusão, assistindo-lhe o direito a ser indenizado pelas despesas realizadas para a respectiva conservação (art. 1.817).

A vítima pode **perdoar o autor do ato de ingratidão**, reabilitando-o para a sucessão desde que o faça **expressamente**, em **testamento ou outro ato autêntico**, consistente em declaração, por instrumento público ou particular, autenticada pelo escrivão. Admite-se a **reabilitação tácita** quando o testador, ciente da causa da indignidade, contempla o indigno em testamento, permitindo que este compareça à sucessão, no **limite da disposição testamentária** (art. 1.818).

### 10.1.2. Aceitação e renúncia da herança

De acordo com o **princípio da** saisine, a transferência da herança ocorre automaticamente com o falecimento do *de cujus*. Em **momento posterior**, contudo, dá-se ao herdeiro a possibilidade de **aceitar ou recusar a herança**, de maneira **irrevogável** (art. 1.812), confirmando ou repudiando a transferência anteriormente realizada. Em caso de **falecimento do herdeiro antes da declaração do aceite**, a faculdade passa aos seus herdeiros (art. 1.809), os quais poderão aceitar ou renunciar a primeira herança, separadamente, se tiverem concordado em receber a segunda.

**Aceitação ou adição** da herança é o ato de vontade pela qual o beneficiário manifesta anuência em receber a herança, tornando definitiva a transmissão (art. 1.804). A aceitação pode ser (arts. 1.805 e 1.807):

| | |
|---|---|
| Expressa | por escrito (art. 1.805) |
| Tácita | comportamento concludente, incompatível com a intenção de renunciar (art. 1.805) |
| Presumida | silêncio concludente, após o transcurso de prazo judicial para manifestação, não superior a 30 dias (art. 1.807) |

A **renúncia** constitui ato **formal** ou solene (por **instrumento público ou termo judicial**) pelo qual o herdeiro declara não aceitar a herança para a qual fora chamado a suceder, reputando-se a transmissão por não verificada, retroativamente (arts. 1.806, 1.804, parágrafo único). Tendo o herdeiro renunciado, seus sucessores não receberão sua quota por representação (arts. 1.810 e 1.811).

A renúncia só se admite na **forma abdicativa** ou em favor do monte mor (art. 1.805, § 2º), não se admitindo a prática de **renúncia translativa** ou em favor de determinada pessoa. Caso tenha sido manifestada desta última forma, considerar-se-á que houve aceitação, seguida de cessão da herança.

Por fim, quando a renúncia por um herdeiro importar **prejuízo a seus credores**, prevê o art. 1.813, a possibilidade de estes **aceitarem em nome do renunciante**, mediante **autorização judicial** nos próprios autos do inventário, desde que se habilitem no prazo de **30 dias** do conhecimento do fato.

O quinhão do renunciante acrescerá aos herdeiros de mesma classe, e, se for o único da classe, aos da seguinte (art. 1.810). **Não há direito de representação em favor dos herdeiros do renunciante** (art. 1.811).

> Renúncia ou aceitação, ambas operam por meio de **declaração pura e simples, não se admitindo** seja feita de forma **parcial, condicional ou a termo**. Excepcionalmente, quando o sujeito **sucede a dois títulos diversos** (p. ex., a título universal e a título singular; como herdeiro testamentário e herdeiro legítimo), pode ele aceitar ou renunciar à herança recebida a cada um título de forma independente (art. 1.808).

### 10.1.3. Herança jacente

**Herança jacente** é aquela de cujos herdeiros não se tem conhecimento. Diante da aparente falta de titular, os **bens da herança serão arrecadados** e entregues para serem guardados por um **curador**, até que se dê a habilitação de sucessor ou, na sua falta, a declaração da vacância (art. 1.819).

À arrecadação seguir-se-á o **inventário dos bens** e a publicação de editais para a convocação de herdeiros à habilitação, na forma da lei processual (art. 741 do CPC). Durante a jacência, podem os credores exigir o **pagamento das dívidas**, nos limites das forças da herança (art. 1.821).

Passado **1 ano da primeira publicação** sem que se verifique habilitação de herdeiro ou pedido em análise, será a **herança declarada vacante** (art. 1.820), sendo proclamada de ninguém. A declaração de vacância será, todavia, **imediata** caso todos os herdeiros, conhecidos, renunciem à herança (art. 1.823).

Constitui efeito da declaração de vacância a **exclusão dos colaterais**, que não mais poderão se habilitar na sucessão (art. 1.822, parágrafo único). Outros herdeiros, após o trânsito em julgado da sentença que declara a vacância, apenas poderão se habilitar por ação direta, de petição de herança (art. 743, § 2º, do CPC)

Se, nos **5 anos após a abertura da sucessão**, não se habilitarem herdeiros, os bens **arrecadados** passarão ao **domínio do poder público**: do Município ou do Distrito Federal, se localizados nas respectivas circunscrições; da União, quando situados em território federal (art. 1.822). O Estado, assim, não é herdeiro dos bens, recebendo-os por arrecadação.

### 10.1.4. Petição de herança

A **ação de petição de herança** (*petitio hereditatis*) é o meio processual para que o herdeiro preterido busque o reconhecimento de seu título sucessório, assim como a restituição da herança pelos seus possuidores (art. 1.824).

Trata-se de ação de **natureza cognitiva**, com **pretensão declaratória**, em relação ao título sucessório, **e condenatória**, da restituição da herança. Caracteriza-se, ainda, como **ação real imobiliária e universal**, por discutir direito à sucessão aberta, imóvel para efeitos legais. A procedência da ação produz o reconhecimento da **ineficácia de partilha** anteriormente realizada em relação ao autor da ação.

Tem **legitimidade ativa**, em regra, o **herdeiro preterido**, legítimo ou testamentário, ou seus sucessores. Seu pedido poderá contemplar **todo o acervo hereditário**, mesmo que não seja o único herdeiro, na medida em que seu direito refere-se a quota-parte em uma universalidade (art. 1.825). São **legitimados passivos** os **possuidores da herança**, sejam ou não herdeiros, estejam de boa ou de má-fé, sendo certo que a partir da citação cessa a boa-fé.

O **herdeiro aparente** exerce em princípio posse de boa-fé. Nessas condições, reconhece o legislador a **eficácia das alienações** de bens do monte por ele feitas, **a título oneroso, a terceiros de boa-fé**, cabendo àquele apenas a restituição do valor dos bens (art. 1.827). Fica o herdeiro aparente também **dispensado de responder por legados que de boa-fé pagou**, em cumprimento do testamento, devendo o herdeiro verdadeiro agir diretamente contra o legatário (art. 1.828).

> O legislador não estabelece regra específica sobre a prescrição da ação de petição de herança. Com base na Súmula 149 do STF, entende-se que a **pretensão declaratória, de reconhecimento de estado, é imprescritível**, ao passo que à **pretensão condenatória**, relativa aos direitos patrimoniais decorrentes de tal reconhecimento, aplica-se o prazo prescricional geral de **10 anos** (art. 205), contados da abertura da sucessão, no entendimento do STJ (EAREsp 1.260.418/MG).

## 10.2. Sucessão legítima

A **sucessão legítima** opera por força de **lei**, em caso de falecimento sem que se tenha deixado testamento válido, ou quando o testamento não contempla a integralidade do patrimônio. Nesse caso, a herança será deferida conforme a **ordem de vocação hereditária** estabelecida no art. 1.829, que deve ser buscada na lei em vigor no momento da abertura da sucessão, correspondendo a uma presumível vontade do sujeito:

> **Art. 1.829.** A sucessão legítima defere-se na ordem seguinte:
> I – aos **descendentes**, em concorrência com o cônjuge sobrevivente, salvo se casado este com o falecido no regime da comunhão universal, ou no da separação obrigatória de bens (art. 1.640, parágrafo único); ou se, no regime da comunhão parcial, o autor da herança não houver deixado bens particulares;
> II – aos **ascendentes**, em concorrência com o cônjuge;
> III – ao **cônjuge** sobrevivente;
> IV – aos **colaterais**.

O cônjuge sobrevivente pode receber bens como **meeiro** e **herdeiro**. Assiste-lhe, em qualquer caso e independentemente do regime de bens, **direito real de habitação** sobre o imóvel destinado à residência da família, desde que seja o único daquela natureza a inventariar (art. 1.831). O cônjuge não será chamado a suceder se estiver separado administrativamente, judicialmente ou de fato há mais de 2 anos, salvo prova, neste último caso, de que a convivência se tenha impossibilitado sem culpa sua (art. 1.830).

Tendo em vista o desacerto no estabelecimento do regime sucessório do companheiro, inserido nas disposições gerais à sucessão e sem qualquer observância à equiparação constitucional ao casamento, o STF entendeu pela inconstitucionalidade do art. 1.790, por violação dos princípios da dignidade da pessoa humana, da igualdade e da proteção da família. Na decisão do RE 878.694, aprovou-se a tese segundo a qual:

> "No sistema constitucional vigente é inconstitucional a diferenciação de regime sucessório entre cônjuges e companheiros **devendo ser aplicado em ambos os casos o regime estabelecido no artigo 1.829** do Código Civil" (RE 878.694)

### 10.2.1. Herdeiros necessários

**Herdeiros necessários**, legitimários ou reservatários são aqueles que, em virtude de disposição legal, **não podem ser afastados da sucessão** por disposição de última vontade, fazendo jus à reserva ou **legítima**, ou seja, ao resguardo de metade dos bens da herança (art. 1.846). **São eles os descendentes, ascendentes e cônjuge** (art. 1.845).

A legítima corresponde à **metade do espólio**, que compreende o valor dos bens existentes ao tempo da abertura da sucessão, somado ao valor dos bens sujeitos à colação, e abatido do montante referente às dívidas e despesas de funeral (art. 1.847).

**Limita** o legislador a possibilidade de o autor da herança estabelecer **cláusulas limitativas** aos direitos dos titulares dos bens da legítima, apenas admitindo, diante da existência de **justa causa declarada em testamento**, a imposição de cláusulas de inalienabilidade, impenhorabilidade e incomunicabilidade (art. 1.848):

- **Inalienabilidade:** determina que o bem transmitido não poderá ser alienado ou transmitido a outrem, pelo sucessor, compreendendo a incomunicabilidade e impenhorabilidade. Pode ser **absoluta** (em relação a qualquer pessoa) ou **relativa** (em relação a pessoas determinadas), **temporária** ou **vitalícia**, mas nunca perpétua.

Poderá haver a **alienação dos bens gravados**, excepcionalmente, mediante **autorização judicial** e demonstração de **justa causa**, situação em que os bens adquiridos com o produto da alienação ficarão sub-rogados nos ônus dos primeiros (art. 1.848, § 2º)

- **Incomunicabilidade:** estabelece que a legítima do herdeiro necessário não fará parte da comunhão de bens estabelecida em virtude do casamento.
- **Impenhorabilidade:** impede que os bens da legítima sejam executados e penhorados para o pagamento de dívidas do herdeiro. Os efeitos da cláusula não abrangem os frutos e rendimentos dos bens transmitidos.

No entendimento do STJ, os **efeitos das cláusulas cessam com a morte**, de modo que o bem poderá ser livremente inserido em testamento do herdeiro, apesar da inalienabilidade, assim como o cônjuge do herdeiro poderá se habilitar em sua sucessão, apesar da incomunicabilidade (REsp 1.641.549). **Não se admite** a imposição de **cláusula de conversão dos bens da legítima** em outros de espécie diversa (art. 1.848, § 1º).

### 10.2.2. Direito de representação

O herdeiro pode **suceder por direito próprio** ou **por direito de representação**. Na primeira situação, também conhecida como **sucessão por direito próprio**, o sujeito é chamado a suceder em virtude de sua **relação direta** de parentesco, casamento ou união estável com o *de cujus*, e ocorre quando os descendentes são de mesmo grau. Na segunda, caracterizando **sucessão por estirpe**, o representante comparece à sucessão em **substituição de ascendente pré-morto**, que sucederia por direito próprio caso fosse vivo (art. 1.851). Serão chamados a suceder, assim, descendentes em graus distintos.

---

**Art. 1.851.** Dá-se o direito de representação, quando a lei chama certos parentes do falecido a suceder em todos os direitos, em que ele sucederia, se vivo fosse.

O quinhão correspondente à estirpe do herdeiro representado será **partilhado por igual** entre os diversos representantes (arts. 1.854 e 1.855).

O direito de representação, presente apenas no âmbito da sucessão legítima, configura-se na **linha descendente** e, excepcionalmente, na linha colateral, em relação aos **filhos de irmãos em concorrência com tios** (art. 1.853). **Não há direito de representação na sucessão dos ascendentes.** O fato de ter o sujeito **renunciado à herança** de uma pessoa não a impede de **representá-la na sucessão de outra** (art. 1.856).

### 10.2.3. Ordem de vocação hereditária

Os herdeiros serão chamados a suceder, na ordem estabelecida no art. 1.829, só se chamando os herdeiros da classe seguinte caso não haja nenhum da anterior.

1) **Sucessão do descendente, em concorrência com o cônjuge**

A concorrência do cônjuge varia conforme o regime matrimonial de bens (art. 1.829, I). O cônjuge sobrevivente pode receber bens como **meeiro e herdeiro**.

Quando tiver **bens comuns** com o *de cujus*, receberá a **meação** sobre eles, e em regra não herdará sobre a outra metade, em concorrência com descendentes. **Não concorrerá** com os descendentes se for casado pelos regimes da **comunhão universal, separação obrigatória, e, na comunhão parcial, se o falecido não tiver deixado bens particulares** – terá apenas meação dos bens comuns.

Entende-se que o cônjuge casado sob o **regime da separação voluntária** não é afastado da sucessão, concorrendo com os descendentes em relação a todo o patrimônio do *de cujus* (STJ, REsp 1.472.945).

Na sucessão, a existência de **descendentes em grau mais próximo** afasta a sucessão dos mais remotos, salvo direito de representação (art. 1.833). Sendo os **descendentes de mesmo grau**, herdando por direito próprio, sucedem por cabeça, dividindo-se a herança em **partes iguais** conforme o número de herdeiros (art. 1.834). Havendo **descendentes em graus diversos**, haverá herdeiros que herdam por direito próprio (por cabeça), e outros que herdam por representação de herdeiro premorto, sucedendo por estirpe. Nesse caso, **cada estirpe fará o rateio por cabeça da quota que caberia ao representado**, se vivo fosse (art. 1.835).

O cônjuge herdará **quinhão igual aos que sucedem por cabeça**. Além disso, resguarda-se a ele a **fração mínima de 1/4 da herança** se for **ascendente comum**, dos herdeiros com quem concorre. De acordo com o Enunciado n. 527 do CJF, afirmado no julgamento do REsp 1.617.501 pela terceira turma do STJ, não haverá o resguardo da quarta parte em caso de concorrência do cônjuge com **filiação híbrida** (filhos comuns e unilaterais).

A Constituição **proíbe a diferenciação dos filhos**, em virtude da origem ou natureza da filiação (art. 227, § 6º, da CF). Assim, na concorrência com o cônjuge, os **quinhões dos filhos serão iguais**, mesmo que alguns sejam comuns (filhos do *de cujus* com o cônjuge supérstite) e outros unilaterais (apenas do *de cujus*). O legislador prevê diferenciação apenas entre irmãos unilaterais e bilaterais, na sucessão dos colaterais.

### 2) Sucessão dos ascendentes, em concorrência com o cônjuge

Os ascendentes são chamados a suceder, em concorrência com o cônjuge supérstite, na falta de descendentes na linha sucessória (art. 1.836).

Na sucessão dos ascendentes, **n**ão há direito de representação (art. 1.852). Os ascendentes **de grau mais próximo excluem os de grau mais remoto**, sem distinção de linhas (paterna e materna). No cálculo das quotas, a **herança divide-se primeiramente por linha** – e não por cabeça –, à fração de **metade para cada linha**, dividindo-se o acervo de cada linha entre os componentes de mesmo grau (art. 1.836).

No que tange à concorrência do cônjuge, que no caso dos ascendentes **independe do regime matrimonial de bens** (art. 1.837), se este concorrer com **ascendentes em 1º grau**, a herança será dividida em **partes iguais** conforme o número de pessoas: 1/3 para cada um, se concorrer cônjuge e dois ascendentes; metade para cada, se concorrer o cônjuge com um único ascendente sobrevivo. Se concorrer com **ascendentes em 2º ou maior grau**, caberá ao **cônjuge a metade da herança** e a outra metade será repartida entre os ascendentes, conforme a regra acima.

### 3) Sucessão do cônjuge

O cônjuge sobrevivente receberá a **totalidade da herança**, na falta de descendentes e ascendentes, independentemente do regime de bens (art. 1.838).

### 4) Sucessão dos colaterais

Os **colaterais até o 4º grau** sucederão o *de cujus*, na falta de herdeiros das classes superiores (art. 1.839). Cuida-se de herdeiros legítimos, mas **não necessários**, de modo que o *de cujus* poderá, em vida, excluí-los da sucessão, contemplando a terceiros com a herança.

Na sucessão colateral o **grau mais próximo exclui o mais remoto**, não havendo em regra direito de representação, **salvo** em favor dos **filhos de irmãos, em concorrência com tios** (art. 1.840). Na falta dos irmãos, defere-se a herança na linha colateral na seguinte ordem, sucessiva: **sobrinhos e tios** (art. 1.843).

Para o cálculo dos quinhões, estabelece o legislador **diferenciação entre irmãos bilaterais ou germanos**, isto é, filhos de mesmo pai e mesma mãe, **e irmãos unilaterais**, com apenas um ascendente comum. A herança do irmão unilateral corresponderá à **metade da herança dos irmãos bilaterais** (art. 1.841).

Em caso de **sucessão** apenas **por sobrinhos** (filhos de irmãos falecidos, colaterais de 3º grau), estes herdarão por cabeça. Também releva observar tratar-se de **filhos de irmãos unilaterais ou filhos de irmãos bilaterais**, pois o quinhão deferido a cada um dos primeiros equivalerá à **metade do quinhão** entregue a cada um dos segundos (art. 1.843, § 1º).

### 5) Arrecadação pelo Estado

Na **falta de parentes sucessíveis**, ou tendo **todos renunciado** à herança, o acervo será deferido ao Estado: ao **Município ou Distrito Federal**, se a herança se localizar nas respectivas circunscrições; à **União**, se herança em território federal (art. 1.844). Veja-se que, na sistemática do Código atual, o Estado não herda, mas apenas arrecada os bens.

## 10.3. Sucessão testamentária

**Sucessão testamentária** é a que deriva da **declaração de última vontade** do *de cujus*, expressa em **testamento ou codicilo**. Por meio dela, podem ser instituídos **herdeiros e legatários**, conforme os bens sejam destinados a título universal ou singular, respectivamente.

> O testamento constitui um **negócio jurídico** pelo qual alguém dispõe de bens do seu patrimônio para depois de sua morte, caracterizando-se como (arts. 1.857 e 1.858):
> - **unilateral**
> - **gratuito**
> - *causa mortis*
> - **solene**
> - **personalíssimo**
> - **revogável**

Sendo **unilateral e personalíssimo**, não se admite a participação de terceiros no ato de manifestação de vontade, razão pela qual o legislador **proíbe expressamente** a elaboração de **testamento conjuntivo** ou de mão comum, entendido como aquele cujo conteúdo envolve a vontade de dois ou mais testadores no mesmo instrumento, por quaisquer de suas formas (art. 1.863):

| TESTAMENTO CONJUNTIVO | |
|---|---|
| SIMULTÂNEO | disposição conjunta em favor de terceiro |
| RECÍPROCO | instituição de benefícios mútuos |
| CORRESPECTIVO | disposições em retribuição de outras correspondentes |

Pode incluir disposições de **cunho patrimonial**, versando a totalidade ou parte dos bens, **e não patrimonial**, como o reconhecimento de filho, indicação de tutor aos filhos menores e perdão do indigno, entre outras (art. 1.857, § 2º). No que diz respeito ao patrimônio, deve se **limitar à parte disponível** da herança, sendo vedada a ofensa à legítima (arts. 1.857 e 1.858).

Para estar apto a dispor de bens por testamento, deve o **agente** ser **capaz** (art. 1.857), ou **maior de 16 anos**, independentemente de assistência neste último caso (art. 1.860, parágrafo único). São, assim, **impedidos de testar** os juridicamente **incapazes**, bem como aqueles que **não tiverem pleno discernimento no ato** (art. 1.860). A capacidade será **aferida no momento da elaboração** do testamento (art. 1.861), não se anulando o testamento em caso de incapacidade superveniente, nem se convalidando caso o incapaz adquira posteriormente a capacidade.

A **validade do testamento** se afere pelas regras gerais dos negócios jurídicos, diante do cumprimento dos pressupostos do art. 104, inexistência de vícios ou defeitos e observância das outras vedações estabelecidas na Parte Especial, sob a cominação de invalidade. Eventual impugnação deve ser manifestada no **prazo decadencial de 5 anos** do seu registro (art. 1.859), **salvo** nas hipóteses do art. 1.909, que estabelece que o direito de anulação de disposições testamentárias por erro, dolo e coação decai em 4 anos, contados do conhecimento do vício.

Aplica-se aqui, ainda, o **princípio da conservação do negócio jurídico**, permitindo-se que se aproveite o testamento na parte válida ou como um negócio distinto (ex.: codicilo ou testamento por outra forma), estando presentes os seus requisitos e entendendo-se pela correspondência à vontade do *de cujus* (art. 170).

### 10.3.1. Formas de testamento

Tratando-se o testamento de **negócio jurídico solene**, não há liberdade de forma para a sua confecção, estabelecendo a lei três **formas ordinárias** (art. 1.862) e três **formas especiais** (art. 1.886).

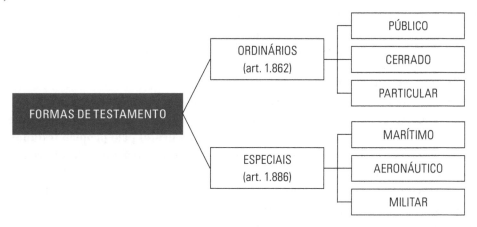

Os **testamentos ordinários** são as formas normalmente exigíveis para a elaboração de testamentos, podendo ser **públicos, cerrados ou particulares**:

■ **Testamento público**

O **testamento público** é **lavrado** pelo tabelião, conforme declarações do testador, permitindo-se a utilização por este de minutas e anotações (art. 1.864, I). Cabe **escrita manual ou mecânica** (art. 1.864, parágrafo único), mas sempre em **língua nacional**, obrigatória em atos do registro público. Após a lavratura, segue-se a **leitura** pelo tabelião ou testador, perante **duas testemunhas** (art. 1.864, II), e a **assinatura** pelo testador, duas testemunhas e tabelião (art. 1.864, III). Cabe **assinatura a rogo** por uma das testemunhas instrumentárias (art. 1.865).

Só podem testar sob a forma pública o **cego** e o **analfabeto**. No testamento do cego, o legislador determina a realização de duas leituras, em voz alta, pelo tabelião e uma das testemunhas (art. 1.867). Há vedação da elaboração de testamento cerrado (art. 1.872) e particular (art. 1.876, § 1º) pelo analfabeto, o qual deve testar pela forma pública, com lançamento de assinatura a rogo (art. 1.865). O **surdo** que desejar testar sob a forma pública fará ele mesmo a leitura do testamento ou, se não souber ler, designará quem o faça (art. 1.866).

■ **Testamento cerrado**

No **testamento cerrado**, também conhecido por secreto ou místico, a **cédula testamentária** será escrita pelo próprio testador, ou pessoa a seu rogo, e **assinado** (art. 1.868). A escrita pode ser **manual ou mecânica** (art. 1.868, parágrafo único), em **língua nacional ou estrangeira** (art. 1.871), podendo ser feita a rogo, inclusive pelo tabelião (arts. 1.870 e 1.871). Em seguida, o testador fará a **entrega ao tabelião**, na presença de **duas testemunhas**, declarando ser seu testamento e que deseja sua aprovação. O tabelião procederá à lavratura e leitura do **auto de aprovação**, também perante as duas testemunhas, seguindo-se a **assinatura** pelo tabelião, testemunhas e testador (art. 1.868). O instrumento aprovado será, então, **cerrado e cosido** (art. 1.869) e entregue ao testador (art. 1.874), ficando o conteúdo resguardado até a abertura em juízo, após a morte. O **sigilo das disposições é meramente facultativo** ao testador.

Há, para o testamento cerrado, também formalidades a serem cumpridas **após a morte** do testador: o testamento deverá ser **aberto em juízo**, determinando o juiz o seu registro e cumprimento. A constatação de **violações externas** gera a nulidade do testamento (art. 1.875), considerando-se que o rompimento do lacre pelo próprio testador, de forma voluntária, importa revogação do instrumento.

Proíbe-se a elaboração de testamento cerrado, conforme acima abordado, a quem não possa ler (art. 1.872). Se o testador for **surdo-mudo**, deve escrever todo o testamento e assinar, além de escrever na face externa que é seu testamento e requer sua aprovação (art. 1.873).

### ▣ Testamento particular

O **testamento particular** é o único cuja elaboração não inclui ato a ser realizado no cartório, e, por isso, a lei exige número superior de testemunhas, três, para garantia contra atentados à liberdade e fraudes. Deve ser inteiramente **escrito (hológrafo) pelo próprio testador (autógrafo)**, de forma **manual ou mecânica** (art. 1.876), em **língua nacional ou estrangeira**, desde que, neste último caso, as testemunhas a compreendam (art. 1.880). Haverá a **leitura e assinatura** pelo testador e **três testemunhas** (art. 1.876, §§ 1º e 2º), não cabendo assinatura a rogo.

Após a morte, deve ser **publicado em juízo** (art. 1.877), chamando-se as testemunhas para sua **confirmação** (art. 1.878). Faltando testemunhas, se ao menos uma remanescer, poderá haver a confirmação a critério do juiz (art. 1.878, parágrafo único). Excepcionalmente, pode haver **dispensa de testemunhas**, confirmando o juiz o testamento elaborado sem a presença destas, em **circunstâncias especiais declaradas na cédula** (art. 1.879).

**Testamentos especiais** constituem modalidades de testamento elaborados sob **circunstâncias extraordinárias**, que impedem a manifestação de vontade pelas formas ordinárias. Suas hipóteses são restritas às previstas no art. 1.886: **marítimo, aeronáutico e militar**.

### ▣ Testamento marítimo e testamento aeronáutico

Ambos são feitos **a bordo de embarcações**, sem que o testador tenha condições de elaborar testamento sob as **formas pública e cerrada**. Por isso, apenas será especial, nestas circunstâncias, se elaborado pelas duas formas (art. 1.888), não apresentando caráter especial a elaboração de testamento particular.

As principais exigências são:

| MARÍTIMO (art. 1.888) | AERONÁUTICO (art. 1.889) |
|---|---|
| ▫ a bordo de **navio** | ▫ a bordo de **aeronave** |
| ▫ elaboração perante o **comandante** | ▫ elaboração perante **pessoa designada pelo comandante** |

| ▫ **duas** testemunhas | ▫ **duas** testemunhas |
| ▫ registro no **diário de bordo** | ▫ registro no **diário de bordo** |

O testamento ficará sob a **guarda do comandante**, que fará a **entrega às autoridades administrativas** do primeiro porto ou aeroporto nacional (art. 1.890). **Caducará o testamento** se o testador não morrer na viagem, nem nos 90 dias após o desembarque, onde possa fazer o testamento, na forma ordinária (art. 1.891). É **inválido** o testamento marítimo ou aeronáutico se, no momento da elaboração, o navio estava em porto onde o testador pudesse desembarcar e testar na forma ordinária (art. 1.892).

☐ **Testamento militar**

É **militar o testamento** elaborado por pessoa a serviço das Forças Armadas, em situação de **campanha, praça sitiada ou comunicações interrompidas** (art. 1.893). Será escrito de **próprio punho** pelo testador ou pelas **autoridades** indicadas nos parágrafos do art. 1.893, sob as formas pública ou cerrada, e entregue ao auditor, ou ao oficial de patente, que lhe faça as vezes nesse mister, na presença de **duas testemunhas** (art. 1.894). Se o testador não puder ou não souber assinar, serão **três** as **testemunhas**, caso em que assinará por ele uma delas. **Caducará o testamento**, se, após sua elaboração, o testador permanecer por **90 dias** seguidos em lugar onde possa testar na forma ordinária (art. 1.895).

Uma modalidade especialíssima de testamento militar, que pode ser elaborado de **forma verbal**, é prevista no art. 1.896, sendo conhecida por **testamento nuncupativo** ou *in extremis*: feito de **viva voz** perante **duas testemunhas**, por pessoas **empenhadas em combate ou feridas**. Tal testamento perderá seus efeitos se o testador não morrer na guerra ou convalescer do ferimento.

### 10.3.2. Codicilo

Entende-se por **codicilo** a manifestação de última vontade, realizada por **escrito particular** (hológrafo) pelo próprio autor da herança, datada e assinada, que estabelece **disposições extrapatrimoniais e patrimoniais de pequena monta** a certas e determinadas pessoas ou, indeterminadamente, aos pobres de certo lugar (art. 1.881). O codicilo pode coexistir com testamento deixado pelo *de cujus* (art. 1.882).

É possível, ainda, que se disponha via codicilo sobre **nomeação ou substituição de testamenteiros** (art. 1.883), **reabilitação de indigno** (art. 1.818), **verbas para o sufrágio da alma** (art. 1.998). O codicilo **revoga-se** pela apresentação de **novo codicilo ou testamento**, se este não confirmar ou modificar aquele (art. 1.884). Pode ser elaborado de **forma cerrada**, caso em que serão aplicáveis as normas da abertura do testamento cerrado (art. 1.885).

### 10.3.3. Disposições testamentárias

Quanto ao **conteúdo**, o testamento pode incluir **disposições de caráter patrimonial** e **não patrimonial**, com a nomeação de herdeiros e legatários.

Em relação à **nomeação de herdeiros**, as disposições podem ser **pura e simples, condicional, modal** e **em razão de certo motivo** (art. 1.897). **Não se admite**, em regra, **nomeação a termo**, a qual será tida por não escrita, salvo nas disposições fideicomissárias (art. 1.898).

☐ **disposição pura e simples:** sem limitações ao direito do beneficiário, produz efeitos ao abrir-se a sucessão;

☐ **disposição sob condição:** o direito do herdeiro fica submetido a acontecimento futuro e incerto, podendo-se estabelecer condição suspensiva ou resolutiva, com aplicação das regras gerais sobre condições (ver o item 3.4 da seção "Direito Civil");

☐ **disposição modal** ou com encargo: o testador impõe um ônus ou obrigação ao beneficiário. Em regra, não suspende a aquisição e exercício do direito;

☐ **disposição** motivada ou **por certo motivo:** o testador declara a razão que o levou a fazer a liberalidade, de modo que o falso motivo vicia a disposição

Ainda, na **metade patrimonial disponível** por testamento, admite-se a aposição de **cláusulas limitativas do direito dos herdeiros**, que constituirão gravames, em caráter temporário ou vitalício, total ou parcial, absoluto ou relativo:

| | |
|---|---|
| Inalienabilidade | ☐ abrange impenhorabilidade e incomunicabilidade (art. 1.911)<br>☐ temporária ou vitalícia (≠ perpétua), total ou parcial; absoluta ou relativa<br>☐ em caso de desapropriação ou autorização judicial para alienação: sub-rogação do vínculo nos bens adquiridos com o produto da venda (parágrafo único) |
| Incomunicabilidade | ☐ bens não comporão patrimônio comum do casal |
| Impenhorabilidade | ☐ bens não comporão patrimônio comum do casal |

O art. 1.900, contrariamente, estabelece um rol de **disposições nulas**:

**Art. 1.900. É nula a disposição:**
I – que institua herdeiro ou legatário sob a **condição captatória** de que este disponha, também por testamento, em benefício do testador, ou de terceiro;
II – que se refira a **pessoa incerta**, cuja **identidade não se possa averiguar**;
III – que favoreça a **pessoa incerta**, cometendo a **determinação de sua identidade a terceiro**;
IV – que deixe a **arbítrio** do herdeiro, ou **de outrem**, fixar o valor do legado;
V – que favoreça as **pessoas a que se referem os arts. 1.801 e 1.802**.

Valerão, contudo, disposições (i) **em favor de pessoa incerta, a ser determinada** dentre duas ou mais pessoas mencionadas pelo testador, ou pertencentes a uma família, ou a um corpo coletivo, ou a um estabelecimento por ele designado; (ii) de **caráter remuneratório** dos serviços prestados ao testador, por ocasião da moléstia de que faleceu (art. 1.901).

São **anuláveis** as disposições viciadas por **erro, dolo e coação**, contando-se da **ciência do vício** o prazo decadencial de **4 anos** para que o interessado demande a anulação (art. 1.909).

No que tange à **interpretação das disposições testamentárias**, o princípio básico deve ser a busca da **melhor observância da vontade do testador** (art. 1.899), aferida pelo conjunto das **disposições do próprio testamento**. No caso de erro na designação de herdeiro, legatário, coisa legada, admite-se a **busca fora do testamento**, em documentos e fatos inequívocos, para a indicação da verdadeira pessoa ou coisa (art. 1.903).

A **ineficácia de uma disposição testamentária** importa a das outras que, sem aquela, não eriam sido determinadas pelo testador (art. 1.910).

Em caso de **disposições genéricas em favor dos pobres ou de estabelecimentos de caridade ou de assistência pública**, considerar-se-ão os do lugar do último **domicílio do testador**, preferindo as instituições particulares às públicas (art. 1.902). Se houver indicação de **pluralidade de herdeiros** sem discriminação das quotas, a partilha será feita **por igual** (art. 1.904). Diante da nomeação de certos herdeiros individualmente e outros coletivamente, a partilha sera feita em **tantas quotas quantos forem os indivíduos e os grupos** designados (art. 1.905).

Quando o testador fizer a **determinação das quotas de cada herdeiro** sem abranger toda a herança, o remanescente será destinado aos sucessores legítimos (art. 1.906). Se, distintamente, **determinar apenas as quotas de alguns** dos herdeiros instituídos, serão, em primeiro lugar, distribuídas as quotas definidas, com posterior distribuição do saldo entre os demais (art. 1.907). Se **determinado bem** for **expressamente afastado de herdeiro** instituído, será encaminhado aos herdeiros legítimos (art. 1.908).

### 10.3.4. Legados

O **legado** implica uma atribuição de **bem ou direito certo e determinado** ao **legatário** ou honrado, por meio de declaração de última vontade, a título singular. **Onerado** ou gravado é o herdeiro incumbido expressamente pelo testador de cumprir o legado, considerando-se de todos os herdeiros o dever, na falta da indicação (art. 1.934).

Pelo princípio da *saisine*, adotado no direito sucessório brasileiro, o legatário **recebe a propriedade** da coisa legada imediatamente ao abrir-se a sucessão, salvo a existência de condição suspensiva. A **transferência da posse**, contudo, dar-se-á **posteriormente**, a partir do cumprimento pelo onerado, não podendo o legatário entrar na posse por autoridade própria (art. 1.923). Em caso de **legado condicional ou a termo**, o legatário só poderá pleitear a posse após o implemento da condição ou advento do termo (art. 1.924).

A coisa deverá ser **entregue com seus acessórios**, no lugar e estado em que se achava ao falecer o testador (art. 1.937). As **despesas e riscos da entrega** serão suportadas pelo legatário, salvo disposição diversa no testamento (art. 1.936).

#### 10.3.4.1. Modalidades de legado

O legado pode ser: I – **puro e simples**; II – **condicional**, quando a aquisição do direito fica subordinada a evento futuro e incerto; III – **a termo**, quando a eficácia fica subordinada a evento futuro e certo; IV – **modal** ou com encargo, quando se estabelece obrigação acessória para o legatário, caso em que a aceitação do legado importa assunção do ônus (arts. 1.924 e 1.938); V – **por certa causa**, quando o testador declara o motivo que o levou a instituir o legado.

Quanto ao objeto, o legado pode ser: a) de **coisas**; b) de **crédito** ou quitação de dívidas; c) de **alimentos**; d) de **usufruto**; e) de **imóvel**; f) de **dinheiro**; g) de **renda** ou pensão periódica; h) **alternativo**.

No **legado de coisa**, esta deve ser do autor da herança, no momento da abertura da sucessão, sob pena de ineficácia (arts. 1.912 e 1.916), salvo se:

- testador ordena que o **herdeiro ou legatário entregue coisa sua a outrem**, sob pena de considerar-se que renunciou à herança ou ao legado (art. 1.913), caso em que haverá direito de regresso contra os coerdeiros, pela quota de cada um (art. 1.935);

■ **coisa legada é determinada apenas pelo gênero**, obrigando-se o onerado a adquiri-la se não existir no patrimônio deixado (art. 1.915). Neste caso, a escolha será feita pelo herdeiro, se outra regra não se estabelecer, entre as coisas de qualidade média do gênero (arts. 1.929, 1.930). Deixada a opção pelo legatário, este poderá escolher a melhor coisa dentre as presentes na herança (art. 1.931).

Se a coisa legada existir entre os bens do testador, mas em **quantidade inferior à do legado**, este será eficaz apenas quanto à existente (art. 1.916).

Ainda no legado de coisa, o legatário tem **direito aos frutos** produzidos após o falecimento, salvo no legado condicional e a termo, quando só haverá direito aos frutos com o implemento da condição ou termo (art. 1.923, § 2º), e no legado em dinheiro, em que só vencem juros após a constituição em mora do onerado (art. 1.925).

Sendo a **coisa legada comum**, ou apenas parcialmente da titularidade do testador, apenas quanto a essa parte valerá o legado, sendo a disposição ineficaz quanto ao restante (art. 1.914). No legado de **coisa que deva encontrar-se em determinado lugar**, a eficácia depende de a coisa ser encontrada no local, salvo se removida transitoriamente (art. 1.917).

No **legado de crédito** – a morte importará cessão ao legatário – ou de quitação de dívida, a eficácia fica limitada ao valor do crédito ou dívida, ao tempo da morte, não abrangendo dívidas posteriores à data do testamento. O cumprimento se dá pela entrega do título ao legatário (art. 1.918). Tal legado não se compensará com dívidas do testador com o legatário (art. 1.919).

O **legado de alimentos**, quando se constituem alimentos testamentários, abrange sustento, cura, vestuário, casa, educação do legatário, sendo fixado pelo juiz, à falta de fixação pelo testador (art. 1.920). O **legado de usufruto** considerar-se-á vitalício, salvo fixação de prazo (art. 1.921). O **legado de imóvel** não inclui novas aquisições, ainda que contíguas, com exceção das benfeitorias feitas no prédio legado (art. 1.922).

No **legado de renda** ou pensão periódica, entende-se que esta corre a partir da morte (art. 1.926). Se o objeto forem **prestações periódicas**, entende-se que o direito à primeira nasce com a morte, com surgimento de direito a uma nova prestação ao fim de cada período (arts. 1.927 e 1.928). Se as prestações forem deixadas **a título de alimentos**, o pagamento se dará no início de cada período (art. 1.928, parágrafo único). Finalmente, no **legado alternativo**, presume-se ser a escolha do herdeiro (art. 1.932). Em caso de falecimento do herdeiro ou legatário com poder de escolha, a opção passa aos seus herdeiros (art. 1.933).

### 10.3.4.2. Caducidade do legado

O legado pode **perder sua eficácia**, por revogação ou caducidade:

| REVOGAÇÃO | CADUCIDADE |
|---|---|
| ■ **manifestação de vontade** do testador, pelo qual este retira a eficácia do legado, de forma expressa ou tácita, por meio de um testamento | ■ ineficácia do legado válido, por uma **causa posterior, prevista na lei** (art. 1.939) |

Opera-se a caducidade do legado pela superveniência das causas, elencadas no art. 1.939, não existentes à época da instituição da deixa, a qual se torna ineficaz:

**Art. 1.939. Caducará o legado:**
I – se, depois do testamento, o testador modificar a coisa legada, ao ponto de já não ter a forma nem lhe caber a denominação que possuía;
II – se o testador, por qualquer título, alienar no todo ou em parte a coisa legada; nesse caso, caducará até onde ela deixou de pertencer ao testador;
III – se a coisa perecer ou for evicta, vivo ou morto o testador, sem culpa do herdeiro ou legatário incumbido do seu cumprimento;
IV – se o legatário for excluído da sucessão, nos termos do art. 1.815;
V – se o legatário falecer antes do testador.

**Perecendo a coisa legada, em legado alternativo**, ou parte da coisa legada, **subsistirá a deixa** quanto à coisa restante ou à parte remanescente, respectivamente (art. 1.940).

### 10.3.5. Direito de acrescer entre herdeiros e legatários

A questão do **direito de acrescer** surge quando, na **falta de algum herdeiro ou legatário**, por impedimento ou recusa em receber a deixa testamentária, seu **quinhão** tiver de ser **dividido entre os demais** sucessores testamentários, **instituídos conjuntamente** (arts. 1.941 e 1.942). Não haverá acréscimo se o testador, antevendo a possibilidade da falta do herdeiro ou legatário, nomear-lhe substituto (art. 1.943). Também **não haverá acréscimo** nas situações em que o testador **especificar o quinhão** de cada herdeiro, caso em que a quota vaga será destinada aos herdeiros legítimos ou, se a especificação for da fração do legatário, acrescerá ao quinhão do onerado (art. 1.944).

Ocorre direito de acrescer nas **hipóteses** em que parte da **herança ou legado se torna vaga** em virtude de: I – pré-morte do nomeado; II – sua exclusão por indignidade; III – falta de sua legitimação; IV – não implemento de condição suspensiva de sua instituição; V – sua renúncia (art. 1.943).

Para que haja direito de acrescer, os seguintes requisitos devem se verificar, cumulativamente (arts. 1.941 e 1.942):
1) **nomeação conjunta** dos herdeiros ou legatários, por meio da mesma disposição testamentária;
2) disposição sobre a **mesma herança** ou bem;
3) **não determinação das quotas** ou frações individuais.

Por essa razão, afirma-se que **há direito de acrescer nas situações de conjunção real e mista, mas não na verbal**:

| | |
|---|---|
| Real | ▫ diversos herdeiros/legatários são nomeados, por frases distintas, para suceder na mesma herança/coisa, sem especificação dos quinhões |
| Mista | ▫ diversos herdeiros/legatários são nomeados, na mesma frase, para suceder na mesma herança/coisa, sem especificação dos quinhões |
| Verbal | ▫ diversos herdeiros/legatários são nomeados, na mesma disposição, para suceder na mesma herança/coisa, com especificação dos quinhões |

Os beneficiários do acréscimo **assumem os ônus e encargos** que o oneram (art. 1.943, parágrafo único). **Não** pode o beneficiário **repudiar apenas ao acréscimo**, aceitando sua quota original, salvo se o acréscimo comportar encargos especiais impostos pelo testador, caso em que reverterá ao beneficiário dos encargos (art. 1.945). No **legado de usufruto**, não havendo direito de acrescer, as quotas vagas vão se consolidando na propriedade (art. 1.946).

### 10.3.6. Substituições testamentárias

O fenômeno da **substituição** refere-se à possibilidade de o testador **indicar por declaração de última vontade**, além de herdeiros e legatários para lhe suceder, **substitutos para receber a herança**, na falta daqueles ou ao fim de certo termo. A substituição pode ser:

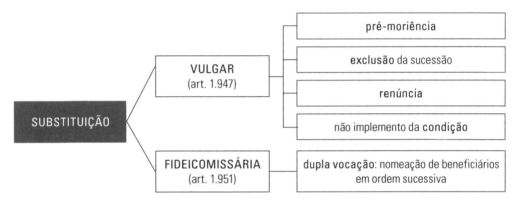

A **substituição vulgar** ou ordinária ocorre quando o testador designa substitutos para receber caso o herdeiro ou o legatário **recuse ou não possa aceitar** (art. 1.947).

De acordo com o art. 1.948, ela pode ser **simples** ou singular (designação de apenas um substituto), **coletiva** ou plural (nomeiam-se dois ou mais substitutos a serem chamados simultaneamente), e **recíproca** (nomeiam-se dois ou mais beneficiários para reciprocamente se substituírem). Em regra, o substituto assume encargos e condições impostos ao substituído (art. 1.949).

> Na **substituição fideicomissária** (art. 1.951), o *de cujus* (**fideicomitente**) realiza uma **dupla vocação**, nomeando herdeiro ou legatário (**fiduciário ou gravado**), que desfrutará da deixa temporariamente, e, desde logo, um substituto (**fideicomissário**), que receberá depois daquele. Apenas pode ser instituída sobre a **metade disponível** e **limitada ao segundo grau** (art. 1.959).

Quanto à sua **duração**, o fideicomisso pode ser:

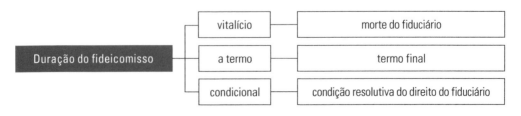

Atualmente, só se admite a substituição fideicomissária em favor de **pessoas não concebidas ao tempo da morte do testador**. Se, ao tempo da morte, o fideicomissário já tiver nascido, recebe a propriedade, e o direito do fiduciário converte-se em usufruto (art. 1.952).

O **fiduciário** é titular de **propriedade restrita e resolúvel** sobre os bens (art. 1.953), assumindo o dever de conservar a coisa, para restituí-la ao fideicomissário.

O **fideicomissário**, por sua vez, é titular de **direito eventual**, tendo direito a receber, se aceitar a herança ou legado, a parte que ao fiduciário, em qualquer tempo, acrescer (art. 1.956). Deve responder pelos encargos da herança que ainda restarem, quando sobrevir a sucessão (art. 1.957).

**Caduca o fideicomisso** se vier a **faltar o fideicomissário** – morte (art. 1.958), renúncia (art. 1.955) ou exclusão da sucessão – **ou a coisa**. Neste caso, a propriedade do fiduciário **deixará de ser resolúvel**.

### 10.3.7. Deserdação

A **deserdação** consiste na **manifestação de vontade pelo testador**, a partir do qual este **exclui de sua sucessão herdeiros necessários**, diante da verificação e expressa declaração de **causas legais** (arts. 1.961 e 1.964). Os **efeitos** da deserdação são **pessoais**, de modo que os herdeiros do deserdado comparecerão à sucessão por direito de representação.

O **direito de provar a causa da deserdação** incumbe ao herdeiro instituído ou beneficiado com a deserdação, extinguindo-se no prazo decadencial de **4 anos**, contados da abertura do testamento (art. 1.965).

Não pode uma pessoa livremente deserdar seus herdeiros necessários, mas apenas diante da verificação das **causas legais** previstas nos arts. 1.962 e 1.963:

| Art. 1.962. Além das causas mencionadas no art. 1.814, autorizam a **deserdação dos descendentes por seus ascendentes**: <br> I – ofensa física; <br> II – injúria grave; <br> III – relações ilícitas com a madrasta ou com o padrasto; <br> IV – desamparo do ascendente em alienação mental ou grave enfermidade. | Art. 1.963. Além das causas enumeradas no art. 1.814, autorizam a **deserdação dos ascendentes pelos descendentes**: <br> I – ofensa física; <br> II – injúria grave; <br> III – relações ilícitas com a mulher ou companheira do filho ou a do neto, ou com o marido ou companheiro da filha ou o da neta; <br> IV – desamparo do filho ou neto com deficiência mental ou grave enfermidade. |
|---|---|

### 10.3.8. Redução, revogação e rompimento do testamento

A **redução das disposições testamentárias** consiste em prerrogativa conferida aos herdeiros necessários, prejudicados na parte que lhes toca por lei (legítima), de requerer a **diminuição das liberalidades** do finado que excedam a quota disponível. Faz-se por meio de **ação de redução**, para a qual é legitimado o herdeiro necessário preterido, seus sucessores ou credores.

O legislador estabelece a forma como a redução será promovida, na falta de disposição testamentária diversa. Far-se-á a redução nos **quinhões dos herdeiros** instituídos, e, se estes não forem suficientes, nos **legados**, de forma proporcional aos respectivos valores (art. 1.967).

Se o legado sujeito a redução for **prédio divisível**, far-se-á sua divisão proporcional. Se o prédio for **indivisível**, e o excesso do legado for superior a 1/4 de seu valor, o legatário devolverá o bem aos herdeiros, com direito de cobrá-los do valor correspondente na parte disponível. Se o excesso for inferior a 1/4 do valor do prédio, o legatário ficará com o prédio, indenizando os herdeiros pelo excesso (art. 1.968).

> A **revogação** é a manifestação de vontade pela qual o testador retira a eficácia de um testamento, no todo, ou em relação a cláusulas específicas (art. 1.970). A revogação se faz pelos **mesmos modos e formas pelos quais um testamento pode ser elaborado** e **independe de motivação** (art. 1.969).

Considera-se **não escrita** qualquer **cláusula de irrevogabilidade**, mas a disposição pela qual o testador realiza o **reconhecimento de filhos** não se pode revogar (art. 1.610).

A revogação pode ser **expressa**, por declaração inequívoca em novo testamento, ou **tácita**, quando há incompatibilidade das disposições de um novo testamento com as do anterior, ou em caso de dilaceração ou abertura do testamento cerrado pelo testador ou pessoa por ele autorizada (art. 1.972). **Não se reconhece efeito repristinatório** sobre as disposições revogadas em caso de caducidade do testamento posterior, por exclusão, incapacidade ou renúncia do herdeiro nele nomeado, salvo declaração expressa (art. 1.971).

> Dá-se o **rompimento do testamento** em **todas as suas disposições** quando, após sua elaboração, o testador vier a ter **conhecimento da existência de descendente sucessível**, contanto que este **sobreviva** àquele (art. 1.973). O novo descendente pode ser **filho natural ou adotivo**, não sendo necessário que nasça após a elaboração do testamento, bastando o desconhecimento de sua existência ao tempo dela.

Também se rompe o testamento elaborado na ignorância de existirem **outros herdeiros necessários**, além dos descendentes (art. 1.974)

**Não haverá a ruptura** caso o testamento posterior seja elaborado com **conhecimento da existência** dos herdeiros necessários, respeitada a legítima (art. 1.975).

### 10.3.9. Testamenteiro

**Testamenteiro** é a pessoa **encarregada da execução do testamento**, facultando-se ao autor da herança a sua nomeação, por meio de **testamento ou codicilo**. Pode houver a nomeação de **um ou mais testamenteiros**, para atuação conjunta ou separada (art. 1.976), solidária ou sucessiva.

Na **falta da nomeação**, o múnus será conferido sucessivamente ao cônjuge sobrevivente ou outro herdeiro indicado pelo juiz (art. 1.984).

O testamenteiro pode ser (art. 1.977):

- **universal:** recebe a posse e administração da herança, ou parte dela, não havendo herdeiros necessários;
- **particular:** não tem a posse e administração da herança.

Pode ser testamenteiro qualquer **pessoa natural**, idônea e capaz, não sendo cabível a nomeação de pessoas jurídicas para a função.

Ao testamenteiro incumbe **requerer o inventário e promover o cumprimento** do testamento (art. 1.978 do CC; art. 735, § 5º, do CPC). O cumprimento das disposições e **prestação de contas** deve dar-se no prazo máximo de **180 dias** da aceitação do encargo, salvo disposição diversa do testador ou motivação relevante (arts. 1.980 e 1.983 do CC; art. 735, § 5º, do CPC). Cabe também ao testamenteiro a **defesa da validade do testamento e da posse dos bens da herança**, reconhecendo-se-lhe legitimidade ativa e passiva nas ações que tenham esses objetos (art. 1.981).

Os encargos do testamenteiro são personalíssimos, **intransmissíveis** aos herdeiros e **indelegáveis**, mas permite-se a constituição de mandatário com poderes especiais para atuação em juízo e fora dele (art. 1.985). Por seu exercício, o **testamenteiro, que não seja herdeiro ou legatário**, terá direito a uma remuneração, a chamada **vintena**, fixada livremente pelo testador ou deixada ao arbitramento do juiz, em importe entre 1 e 5% do valor líquido da herança. A remuneração será deduzida da metade disponível da herança (art. 1.987).

**Perderá o direito à vintena** o testamenteiro que for **removido** pela prática de irregularidades ou não cumprimento do testamento (art. 1.989).

## 10.4. Inventário e partilha

Apesar de a devolução hereditária dos bens ocorrer imediatamente com a morte, é necessário um procedimento para **individualização dos quinhões** e transmissão da propriedade dos bens sujeitos a **registro**.

> **Inventário** é o procedimento pelo qual se **alistam, descrevem, avaliam e liquidam os bens** do patrimônio do *de cujus*, a fim de que sejam entregues a seus herdeiros. No procedimento, realiza-se o ativo e o passivo do *de cujus*, **pagando-se também os legados e o imposto** *causa mortis*.

Deve ser iniciado no prazo de **2 meses da abertura da sucessão**, após o qual incidirá **multa**, conforme legislação estadual, e encerrado nos **12 meses subsequentes** ao início, salvo prorrogação (art. 611 do CPC). O foro competente é o do último domicílio do autor da herança, constituindo **juízo universal** para todas as ações em que o espólio for parte (art. 48 do CPC).

Tem **legitimidade ativa** para sua promoção aquele que estiver na **posse e na administração do espólio** (art. 615 do CPC), bem como os **legitimados do art. 616 do CPC**.

---

**Art. 616.** Têm, contudo, **legitimidade concorrente**:
I – o cônjuge ou companheiro supérstite;
II – o herdeiro;
III – o legatário;
IV – o testamenteiro;
V – o cessionário do herdeiro ou do legatário;
VI – o credor do herdeiro, do legatário ou do autor da herança;
VII – o Ministério Público, havendo herdeiros incapazes;
VIII – a Fazenda Pública, quando tiver interesse;
IX – o administrador judicial da falência do herdeiro, do legatário, do autor da herança ou do cônjuge ou companheiro supérstite.

A **representação do espólio** incumbirá inicialmente ao **administrador provisório** (art. 613 do CPC), até que seja nomeado o **inventariante**, segundo a ordem do art. 617 do CPC, para o exercício das funções estabelecidas nos arts. 618 e 619 do CPC.

O inventário e partilha podem ser feitos por meio de quatro procedimentos distintos, regulados pelo Código de Processo Civil: **inventário judicial, arrolamento sumário, arrolamento comum e inventário administrativo**.

Admite-se a realização de **inventário conjunto**, com a nomeação de um só inventariante, nas situações do art. 672 do CPC:

> **Art. 672.** É lícita a **cumulação de inventários** para a partilha de heranças de pessoas diversas quando houver:
> I – identidade de pessoas entre as quais devam ser repartidos os bens;
> II – heranças deixadas pelos dois cônjuges ou companheiros;
> III – dependência de uma das partilhas em relação à outra.

Far-se-á **inventário negativo** quando houver a necessidade de demonstrar que a pessoa não deixou bens a inventariar, sendo admissível sua realização por **escritura pública** (art. 28 da Resolução n. 35 do CNJ). Entre as situações de interesse prático, citam-se aquelas em que (i) seja preciso demonstrar que o *de cujus* não deixou bens a partilhar, para afastar causa suspensiva de novo casamento do viúvo (art. 1.523, I); (ii) os herdeiros desejem demonstrar que as dívidas não lhes serão transmitidas, pela falta de ativo patrimonial.

### 10.4.1. Bens sonegados

A **sonegação** consiste no **ocultamento intencional** de **bens** que deveriam ser inventariados ou colacionados. A **sanção** para a sonegação varia conforme o agente que a praticou:

| AGENTE | MOMENTO DA CARACTERIZAÇÃO | PENA |
|---|---|---|
| Herdeiro | ▫ após **declaração de que não há bens a colacionar** (art. 1.996) – atos que revelem o propósito incontestável de ocultar bens do espólio | ▫ **perda do direito** sobre o bem sonegado (art. 1.992) / **responsabilidade pelo valor** + perdas e danos (art. 1.995) |
| Inventariante | ▫ depois de encerrada a descrição dos bens, com a prestação das **primeiras e últimas declarações** e a afirmação de não existirem outros por inventariar (art. 1.996; art. 621 do CPC) | ▫ **remoção da inventariança**; perda de direito eventual sobre o bem, se herdeiro (art. 1.993) |

O testamenteiro que acumula a função de inventariante também será removido e punido com a perda do direito à vintena (art. 1.989).

Para a imposição da pena, deve o **herdeiro preterido ou credor do espólio** propor **ação de sonegados** (art. 1.994), no foro do inventário, aplicando-se o prazo prescricional geral de **10 anos** (art. 205). A sentença **aproveita a todos os interessados**, mesmo não tendo participado da ação (art. 1.994, parágrafo único).

### 10.4.2. Pagamento de dívidas

As **dívidas** do falecido **se transmitem** aos herdeiros, nos **limites das forças da herança**, isto é, até o limite do quinhão por cada um recebido (art. 1.997), presumindo-se a aceitação em benefício do inventário.

Constituem **encargos da herança**, a serem pagos pelo espólio, as dívidas do falecido, o cumprimento dos legados, as despesas funerárias (art. 1.998) e a vintena do testamenteiro (art. 1.987).

**Antes da partilha,** os credores podem requerer ao juízo o pagamento das **dívidas vencidas e exigíveis, habilitando-se no inventário** (art. 642 do CPC). Se houver **impugnação**, o juiz determinará que se **reservem**, em poder do inventariante, **bens suficientes** para solução do débito (art. 1.997, § 1º), devendo o credor promover a ação de cobrança no prazo de 30 dias (art. 1.997, § 2º). Em caso de dívida líquida e certa, mas ainda **não vencida**, pode ainda assim o credor requerer a habilitação no inventário, com **separação de bens** para futuro pagamento (art. 644 do CPC). Em caso de insuficiência do espólio para saldar todas as dívidas deixadas pelo *de cujus*, poderá o inventariante requerer a **declaração de insolvência**, nos termos do art. 618, VIII, CPC.

**Após a partilha,** os herdeiros **respondem pelos débitos proporcionalmente à parte** que na herança lhes coube (art. 1.997 do CC), não havendo solidariedade entre eles. Em caso de obrigações indivisíveis, o herdeiro que pagar a integralidade do débito tem regresso contra os demais, dividindo-se entre todos a fração do insolvente (art. 1.999 do CC).

### 10.4.3. Colação

O legislador estabelece uma série de medidas para combater **fraudes contra a legítima** dos herdeiros necessários. Entre elas, estatui que a **doação de ascendentes a descendentes** importará **adiantamento** do que cabe ao beneficiário na herança (art. 544).

> **Colação** é o ato pelo qual os descendentes e cônjuge do *de cujus* beneficiados em vida com liberalidades **declaram no inventário as doações** que receberam a fim de que se confiram e igualem as legítimas, **sob pena de sonegação** (arts. 2.002 e 2.003). A declaração deve ser feita no **prazo** conferido às partes para **manifestar-se sobre as primeiras declarações**, por meio de **termo nos autos** do inventário (art. 639).

Em regra, promove-se a **colação em valor**, igualando-se a legítima a partir da contabilização do valor dos bens doados (art. 2.002 do CC). Excepcionalmente, prevê o legislador a realização de **colação em substância**, por meio da devolução do próprio bem doado, quando os bens remanescentes forem insuficientes para igualar a legítima. Se o bem já foi alienado, haverá a devolução do seu valor (arts. 2.003, parágrafo único, do CC; art. 639 do CPC).

> O **valor atribuído** ao bem para igualação da legítima será aquele do **momento da abertura da sucessão** (art. 639, parágrafo único, do CPC).

**Dispensam-se da colação** as doações realizadas pelo *de cujus* com **indicação**, via contrato ou testamento, de que devam ser **deduzidas da parte disponível**, desde que não ultrapassem os limites desta (arts. 2.005 a 2.007). Também não se colaciona o valor dos **gastos ordinários do ascendente com o descendente**, enquanto este for menor, para sustento, guarda e educação (art. 2.010), bem como as **doações remuneratórias** de serviços feitos ao ascendente (art. 2.011).

**Não são dispensados da colação** os **herdeiros excluídos** da sucessão (por indignidade ou deserdação), os **herdeiros renunciantes** e os **representantes de herdeiros premortos**, caso em que os netos devem colacionar os bens recebidos pelos pais na sucessão dos avós (arts. 2.008 e 2.009).

### 10.4.4. Partilha

A **partilha** consiste no procedimento em que se **individualizam os bens** pertencentes ao quinhão de cada sucessor, colocando-se **fim à indivisibilidade** da herança. Em caso de **herdeiro único**, opera-se simples **adjudicação**.

Na partilha dos bens, deve-se observar, quanto ao seu valor, natureza e qualidade, a **maior igualdade possível**, equilibrando-se os herdeiros (art. 2.017). Para a busca de harmonia, deve-se evitar estabelecimento de condomínios, preferindo-se a venda judicial dos bens indivisíveis, para a partilha do valor apurado, salvo acordo (art. 2.019).

A partilha pode ser feita de forma **judicial ou amigável**:

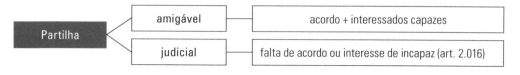

A **partilha em vida** é feita de modo amigável pelo *de cujus* por **escritura pública ou indicação no testamento**, desde que **respeite a legítima** dos herdeiros necessários (art. 2.018). Pode haver **partilha amigável** *post mortem*, no curso do inventário ou arrolamento, por meio de acordo entre **herdeiros capazes** sob a forma de **escritura pública, termo nos autos ou escrito particular, homologado pelo juiz** (art. 2.015).

Pode, ainda, o testador indicar os bens e valores que comporão os quinhões hereditários, deliberando ele próprio a partilha (art. 2.014).

A **partilha judicial** é exigível sempre que entre os herdeiros conste **menor ou incapaz**, ou quando **não alcançarem consenso** na definição das respectivas quotas-partes. Nela, os herdeiros formularão seus pedidos de quinhão e o juiz deliberará sobre as questões levantadas (art. 647 do CPC). Na sequência, o partidor organizará o **esboço da partilha**, observando nos pagamentos a ordem do art. 651 do CPC, e após a manifestação das partes, a partilha será lançada nos autos (art. 652 do CPC). Pago o imposto de transmissão, o juiz proferirá **sentença de julgamento da partilha** (art. 654 do CPC).

Após o trânsito em julgado da sentença que julga a partilha, será expedido o **formal de partilha**, dando-se o desfazimento da indivisibilidade, pela a atribuição a cada herdeiro dos bens componentes do seu quinhão. O formal pode ser substituído por **certidão de pagamento do quinhão hereditário**, se este não é maior que 5 salários mínimos (art. 655 do CPC).

Pode haver **retificação** ou **emenda da partilha**, mesmo após o trânsito em julgado da sentença, diante da constatação de **erro de fato na descrição dos bens**, podendo o juiz, de ofício ou a requerimento da parte, a qualquer tempo, corrigir-lhe as **inexatidões materiais** (art. 656 do CPC). Neste caso, haverá aditamento do formal de partilha, se já expedido.

Dispõe o art. 657 do CPC que a **partilha amigável**, lavrada em instrumento público, reduzida a termo nos autos do inventário ou constante de escrito particular homologado pelo juiz, pode ser **anulada por dolo, coação, erro essencial ou intervenção de incapaz**. O prazo decadencial para anulação é de **1 ano**, contado: (i) no caso de coação, do dia em que ela cessou; (ii) no caso de erro ou dolo, do dia em que se realizou o ato; (iii) quanto ao incapaz, do dia em que cessar a incapacidade (art. 2.027, parágrafo único).

Por sua vez, a **partilha judicial**, julgada por sentença, é **rescindível por dolo, coação, erro essencial ou intervenção de incapaz**; se feita com **preterição de formalidades** legais; se **preteriu herdeiro ou incluiu quem não o seja** (art. 658 do CPC). O prazo decadencial para pleitear a rescisão é de **2 anos**, contados do trânsito em julgado da última decisão proferida no processo (art. 975 do CPC).

Pode haver o ajuizamento de **ação de nulidade da partilha cumulada com petição de herança**, por terceiros que não participaram do processo em que se deu a partilha, no prazo prescricional geral de 10 anos.

Caso, **após a realização da partilha**, se descubra a existência de novos bens, seja por **sonegação**, seja por **desconhecimento**, será realizada **sobrepartilha** (art. 2.022 do CC; art. 669, I e II, do CPC). Se no patrimônio houver **bens remotos do lugar do inventário, litigiosos, ou de liquidação morosa ou difícil**, poder-se-á proceder, no prazo legal, à **partilha dos outros**, reservando-se aqueles para **uma ou mais sobrepartilhas**, sob a guarda e a administração do mesmo ou diverso inventariante, e consentimento da maioria dos herdeiros (art. 2.021 do CC; art. 669, III, IV e parágrafo único, do CPC).

A sobrepartilha pode ser feita pelas mesmas formas pelas quais se faz uma partilha (art. 670 do CPC).

### 10.4.5. Garantia dos quinhões hereditários

Após o julgamento da partilha, em decisão de caráter declaratório, extingue-se o espólio, desfazendo-se a comunhão indivisível de bens, ficando o direito de cada herdeiro limitado aos bens do seu quinhão (art. 2.023). Os coerdeiros são **reciprocamente obrigados a indenizar-se no caso de evicção** dos bens aquinhoados, cessando tal obrigação caso se convencione distintamente, na hipótese de evicção por culpa do evicto ou por fato posterior à partilha (arts. 2.024 e 2.025). A indenização do evicto será paga pelos coerdeiros na **proporção de suas quotas hereditárias**, com rateio entre todos da quota do insolvente (art. 2.026).

# 11. DIREITO DO CONSUMIDOR

A legislação aplicável às relações de consumo vai além da mera regulação de um tipo de relação privada, tendo em vista a previsão constitucional de que a lei deve promover a **defesa do consumidor**, como parte mais vulnerável da relação. Com efeito, a Constituição determina a elaboração de um **Código de Defesa do Consumidor** (art. 48 do ADCT), e não um Código das relações de consumo, como outros ordenamentos fizeram. No mesmo sentido, entre os direitos e garantias fundamentais do art. 5º, enuncia que "o Estado promoverá, na forma da lei, a defesa do consumidor" (art. 5º, XXXII, da CF). Por fim, o art. 170, V, da CF, estabelece a defesa do consumidor como princípio a ser observado pela ordem econômica.

O direito do consumidor desenvolve-se como um ramo autônomo do Direito, na medida em que as normas contratuais referentes à compra e venda e prestação de serviços, no Código Civil, se mostram insuficientes para regular adequadamente as relações entre um fornecedor de bens e serviços no mercado e seus consumidores, diante da marcada **assimetria**, que impede que os sujeitos mais vulneráveis ostentem efetiva autonomia no trato de seus interesses jurídicos. O individualismo extremado que marcava o Código de 1916 se faz contrabalancear a partir do desenvolvimento do fenômeno do **dirigismo estatal** nas relações contratuais, a fim de promover equilíbrio, e a elaboração de um Código de Defesa do Consumidor é um dos símbolos mais evidentes dessa mudança.

Uma leitura conforme a Constituição do arcabouço legislativo em matéria de consumo implica conferir sempre **prevalência à norma** que se releve **mais benéfica ao consumidor**, mesmo que não seja o próprio CDC, a partir da aplicação da teoria do diálogo das fontes. Entende-se, além disso, que o CDC estabelece um **mínimo de direitos**, que não pode ser limitado por outras normas, além de constituir **norma de ordem pública e interesse social**, de **caráter imperativo e não dispositivo**, estando fora do alcance da vontade das partes. Por fim, chancela um papel ativo do juiz para dar eficácia à proteção, por meio da **permissão da apreciação de ofício** de várias questões essenciais, como a da inversão do ônus da prova em benefício do consumidor (art. 6º, VIII, do CDC), e da declaração da nulidade de cláusulas abusivas (art. 51 do CDC).

## 11.1. Relação de consumo

O objeto de aplicação do CDC é a **relação de consumo**, definida pela lei a partir dos **sujeitos** que a integram e **objeto** sobre o qual incide. É, assim, relação de consumo aquela que se forma entre um fornecedor e um consumidor, tendo por objeto a produção ou a circulação de produtos ou serviços, conforme as definições dos arts. 2º e 3º:

- **Consumidor**: na acepção comum, trazida no art. 2º, "consumidor é toda **pessoa física ou jurídica** que **adquire ou utiliza** produto ou serviço como **destinatário final**".

Pode o consumidor ser **pessoa física ou jurídica**, de direito público ou privado, empresária ou não, e mesmo **ente despersonalizado**. Além disso, a lei estabelece ser pessoa que **adquire** – a título oneroso ou gratuito – **ou utiliza** – mesmo não tendo adquirido ela mesma – produto ou serviço, como **destinatário final**.

A expressão **destinatário final** é conceituada a partir de duas teorias: finalista ou maximalista. Para os **finalistas** (corrente subjetiva), consumidor é aquele que adquire o produto ou erviço para **uso não profissional**, conexo com seus interesses pessoais e familiares, sendo ao mesmo tempo seu **destinatário final fático** (retira do mercado) e **destinatário final econômico** (não faz uso produtivo ou lucrativo). Para os **maximalistas**, basta, para a caracterização de um consumidor, que o sujeito seja **destinatário final fático** do produto ou serviço, não importando a destinação econômica que eventualmente lhe seja atribuída.

| TEORIA FINALISTA | TEORIA MAXIMALISTA |
|---|---|
| Conceito econômico de consumidor | Conceito jurídico de consumidor |
| Conceito subjetivo | Conceito objetivo |
| Destinatário final fático e econômico | Destinatário final fático |

A **teoria finalista encontra predominância**, por ser a que melhor atende ao espírito da norma, de promover uma proteção especial àqueles que comparecem nas relações jurídicas como partes mais vulneráveis, em situação de desequilíbrio no trato com a parte que detém poder econômico. Porém, sua observância estrita acaba por impedir a aplicação do CDC a qualquer consumidor profissional, mesmo os que desenvolvem atividades artesanais e de pequeno porte.

Assim, a jurisprudência evoluiu, passando a adotar a teoria finalista com modificações e exceções, no que passou a ser conhecida por **teoria finalista aprofundada ou mitigada**:

Pela **teoria finalista mitigada,** de aceitação majoritária, considera-se consumidor:

1) os **destinatários finais fáticos e econômicos** do produto ou serviço: retiram do mercado, sem utilização econômica;

2) os **destinatários finais fáticos, mas não econômicos** (empregam o produto em atividade produtiva), que **apresentarem vulnerabilidade** na relação estabelecida com o fornecedor – trata-se da figura do **consumidor profissional**, importante quando se quer proteger pessoas jurídicas no âmbito de relações de consumo.

A tese é consolidada no âmbito do STJ:

"A jurisprudência do STJ, tomando por base o conceito de consumidor por equiparação previsto no art. 29 do CDC, tem evoluído para uma **aplicação temperada da teoria finalista frente às pessoas jurídicas**, num processo que a doutrina vem denominando **finalismo aprofundado**, consistente em se admitir que, em determinadas hipóteses, a **pessoa jurídica adquirente de um produto ou serviço pode ser equiparada à condição de consumidora**, por apresentar frente ao fornecedor alguma **vulnerabilidade**, que constitui o princípio-motor da política nacional das relações de consumo, premissa expressamente fixada no art. 4º, I, do CDC, que legitima toda a proteção conferida ao consumidor" (REsp 1.195.642/RJ).

A **vulnerabilidade do consumidor**, cujo reconhecimento é erigido em **princípio fundamental** da Política Nacional das Relações de Consumo, no art. 4º, I, refere-se ao reconhecimento de que o consumidor sempre constituirá a parte ou **elo mais frágil** na relação de consumo, podendo se manifestar de diferentes formas:

| ECONÔMICA OU FÁTICA | assimetria/vulnerabilidade real diante do **poderio econômico** do parceiro |
|---|---|
| TÉCNICA | ausência de **conhecimento específico** sobre o produto ou serviço |
| JURÍDICA OU CIENTÍFICA | falta de **conhecimento jurídico específico, contábil ou econômico**, com reflexos na relação de consumo |
| INFORMACIONAL | **déficit ou manipulação de informações** sobre o produto ou serviço |

A vulnerabilidade da pessoa física é presumida, enquanto a da pessoa jurídica deve ser objeto de avaliação no caso concreto. A jurisprudência reconhece a existência de grupos de consumidores considerados **hipervulneráveis**, que apresentam uma deficiência ainda mais acentuada que a do consumidor comum, demandando proteção ainda maior, a exemplo de crianças, idosos e celíacos (STJ, REsp 586.316).

Além do conceito do art. 2º, que trata do consumidor *standard*, o CDC estabelece outros três conceitos, dos chamados **consumidores por equiparação.**

O primeiro deles está previsto no parágrafo único do art. 2º, segundo o qual "equipara-se a consumidor a **coletividade de pessoas**, ainda que indetermináveis, que haja **intervindo nas relações de consumo**". Neste caso, tem-se em vista a proteção contra práticas no mercado que expõem uma pluralidade de pessoas, sem que por vezes se possa individualizar os envolvidos, a danos e lesões de seus interesses, como ocorre na publicidade abusiva ou na exposição ao risco de um produto defeituoso.

No art. 17, é estabelecido outro conceito de consumidor por equiparação, frequentemente abordado nos exames de ordem, no sentido de que, na análise dos acidentes de consumo, "equiparam-se aos consumidores **todas as vítimas do evento**". Logo, diante da explosão de um eletrodoméstico ou de um bueiro, todos os que forem atingidos no incidente devem ser ressarcidos, na forma da lei consumerista, mesmo que não tenham adquirido diretamente o produto ou remunerado o serviço.

Por fim, com base no art. 29, afirma-se que "equiparam-se aos consumidores **todas as pessoas determináveis ou não**" expostas às **situações tratadas nos capítulos** do CDC sobre **práticas comerciais** (cap. V) e **proteção contratual** (cap. VI). Neste caso, têm-se várias situações em que é demandada proteção especial do consumidor, diante da sua vulnerabilidade.

☐ **Fornecedor:** nos termos do art. 3º:

Art. 3º Fornecedor é toda **pessoa física ou jurídica, pública ou privada, nacional ou estrangeira**, bem como os **entes despersonalizados**, que **desenvolvem atividade de produção**, montagem, criação, construção, transformação, importação, exportação, distribuição ou comercialização de **produtos ou prestação de serviços.**

É necessário, para que um sujeito seja considerado fornecedor, que ele realize suas atividades com **habitualidade** no mercado, o que não se observa numa situação eventual de venda de coisa no mercado ou mesmo de prestação de serviço. No que tange à possibilidade de o **ente despersonalizado** ser fornecedor, cita-se o exemplo de uma massa falida de uma sociedade empresária que continua desenvolvendo sua produção durante o processo de falência.

Além dos sujeitos da relação de consumo, o legislador optou por definir também o **objeto da relação de consumo**, que pode ser um produto ou um serviço.

■ **Produto: qualquer bem, móvel ou imóvel, material ou imaterial** (art. 3º, § 1º).

Observe-se que o conceito de produto trazido no dispositivo **não corresponde** àquele que decorre do **Código Civil** (art. 95), traduzindo uma noção mais ampla, que pode englobar frutos ou produtos, em sentido estrito.

■ **Serviço:** "**qualquer atividade** fornecida no mercado de consumo, **mediante remuneração**, inclusive as de natureza bancária, financeira, de crédito e securitária, **salvo** as decorrentes das **relações de caráter trabalhista**" (art. 3º, § 2º). A **remuneração** a que se refere o dispositivo pode ser **direta** ou **indireta (serviço aparentemente gratuito)**, como ocorre em serviços que são apresentados como gratuitos (p. ex.: estacionamento de uma loja ou *shopping*), mas em que o fornecedor acaba por obter ganho, em virtude de outros gastos que o consumidor faz no **estabelecimento.**

As atividades das **instituições financeiras** são eminentemente consumeristas, conforme acentua o próprio dispositivo citado e a Súmula 297 do STJ.

> **Art. 22.** Os órgãos públicos, por si ou suas empresas, concessionárias, permissionárias ou sob qualquer outra forma de empreendimento, são obrigados a fornecer **serviços adequados, eficientes, seguros e, quanto aos essenciais, contínuos.**

O **serviço público** é em regra submetido do CDC, conforme se aponta em vários dispositivos (arts. 3º, 4º, VII, 6º, X, 22), seja por meio de **prestação direta**, seja pela **indireta** (p. ex.: concessionárias de transporte público), desde que haja individualização do uso e **remuneração direta efetuada pelo consumidor ao fornecedor**, como ocorre no serviço de telefonia, energia elétrica etc. Distinta é a situação do serviço que é prestado a toda a coletividade e **remunerado indiretamente por meio dos impostos** recolhidos pelos contribuintes aos cofres públicos, caso em que não se aplica a legislação consumerista, a exemplo dos serviços de segurança e iluminação pública, e, na jurisprudência do STJ, o serviço público de saúde (REsp 493.181).

> Ainda, segundo o STJ: "as relações contratuais entre **clientes e advogados** são regidas pelo Estatuto da OAB, aprovado pela Lei 8.906/94, a elas **não se aplicando o Código de Defesa do Consumidor**" (REsp 1.228.104). Diferente é o entendimento dos tribunais superiores no que concerne à **relação médico-paciente** e outras situações de prestação de serviços por **profissionais liberais** no mercado, consideradas majoritariamente como **de consumo** (STJ, REsp 696.284).

## 11.2. Princípios e direitos básicos do consumidor

O art. 4º estabelece os **princípios básicos da Política Nacional das Relações de Consumo**, os quais devem servir de fundamento e critério para a atuação de todos os sujeitos envolvidos, além de orientação para a análise judicial e dos órgãos públicos ligados à defesa do consumidor:

> **Art. 4º** A Política Nacional das Relações de Consumo tem por objetivo o atendimento das necessidades dos consumidores, o respeito à sua dignidade, saúde e segurança, a proteção de seus interesses econômicos, a melhoria da sua qualidade de vida, bem como a transparência e harmonia das relações de consumo, atendidos os seguintes princípios:
> I – reconhecimento da **vulnerabilidade do consumidor** no mercado de consumo;
> II – **ação governamental** no sentido de proteger efetivamente o consumidor:
> *a)* por iniciativa direta;
> *b)* por incentivos à criação e desenvolvimento de associações representativas;
> *c)* pela presença do Estado no mercado de consumo;
> *d)* pela garantia dos produtos e serviços com padrões adequados de qualidade, segurança, durabilidade e desempenho.
> III – **harmonização dos interesses dos participantes** das relações de consumo e compatibilização da proteção do consumidor com a necessidade de **desenvolvimento econômico e tecnológico**, de modo a viabilizar os princípios nos quais se funda a ordem econômica (art. 170, da Constituição Federal), sempre com base na boa-fé e equilíbrio nas relações entre consumidores e fornecedores;
> IV – **educação e informação de fornecedores e consumidores**, quanto aos seus direitos e deveres, com vistas à melhoria do mercado de consumo;
> V – incentivo à criação pelos fornecedores de meios eficientes de **controle de qualidade e segurança de produtos e serviços**, assim como de **mecanismos alternativos de solução de conflitos de consumo**;
> VI – coibição e repressão eficientes de todos os abusos praticados no mercado de consumo, inclusive a concorrência desleal e utilização indevida de inventos e criações industriais das marcas e nomes comerciais e signos distintivos, que possam causar prejuízos aos consumidores;
> VII – **racionalização e melhoria dos serviços públicos**;
> VIII – estudo constante das **modificações do mercado de consumo**;
> IX – fomento de ações direcionadas à **educação financeira e ambiental** dos consumidores;
> X – **prevenção e tratamento do superendividamento** como forma de evitar a exclusão social do consumidor.

Dentre todos, o inciso I traz o princípio mais fundamental, do reconhecimento da **vulnerabilidade do consumidor**. Com efeito, **todo consumidor é vulnerável**. Há presunção absoluta de vulnerabilidade em relação ao consumidor pessoa física, ao passo que a existência de consumidor profissional deve partir da verificação de sua vulnerabilidade, *in concreto*.

A vulnerabilidade apresenta vários sentidos – fática, técnica, jurídica ou científica e informacional –, conforme analisado no item anterior. Além disso, **vulnerabilidade não se confunde com hipossuficiência**, pois aquela é aferida no âmbito do direito material, enquanto esta tem relevância na seara processual:

| VULNERABILIDADE | HIPOSSUFICIÊNCIA |
|---|---|
| ▪ **direito material**: reflete a fragilidade ou ausência de poder do consumidor na relação com o fornecedor | ▪ **direito processual**: estabelece a dificuldade enfrentada pelo consumidor para a prova de suas alegações no processo, tornando necessária a inversão do ônus da prova (art. 6º, VIII) |
| ▪ presunção absoluta | ▪ depende de demonstração caso a caso, segundo as regras ordinárias de experiências |

Outro princípio de destaque é o estabelecido no inciso III, da **boa-fé objetiva**, cuja aplicação deve ter por objetivo a **harmonização dos interesses e equilíbrio nas relações entre** consumidores e fornecedores, sem que a proteção do consumidor como sujeito vulnerável implique entraves ao **desenvolvimento econômico e tecnológico** do país. Neste ponto, retomam-se as lições do direito civil (conforme visto no item 5.1.5 da seção "Direito Civil"), a respeito das funções exercidas pela boa-fé no ordenamento brasileiro, como (i) critério de interpretação das normas e convenções; (ii) limite definidor do exercício regular de um direito, e seu correlato abuso; (iii) fonte de deveres anexos, cujo cumprimento se exige das partes independentemente de convenção.

Os deveres anexos, com relevo para os **deveres de proteção, informação e lealdade**, são exigíveis das duas partes nas relações de consumo, as quais devem empreender esforços para estabelecer uma relação harmônica e equilibrada, prestando uma à outra informações necessárias e adequadas, e evitando ou minimizando os transtornos e prejuízos ao outro e a si mesmo.

O art. 5º elenca os instrumentos especiais de que dispõe o poder público para a execução da Política Nacional das Relações de Consumo.

Finalmente, o art. 6º traz o rol dos **direitos básicos do consumidor**, de caráter fundamental, estabelecidos para a garantia de defesa daquele que constitui o sujeito vulnerável da relação.

Esses direitos servem de base aos demais dispositivos do Código e da legislação esparsa, que estabelecem seu detalhamento e meios para sua efetivação. Além disso, a lista do art. 6º é **exemplificativa** ou aberta, sendo complementada a partir da previsão de outros direitos em normas nacionais e internacionais, além daqueles decorrentes dos princípios gerais do direito, analogia, costumes e equidade (art. 7º).

O inciso I do art. 6º traz a **proteção da vida, saúde e segurança como bens jurídicos fundamentais**, ligados à personalidade do ser humano, em harmonia com a Constituição, que consagra a dignidade da pessoa humana. Esta proteção ganha corpo no Capítulo IV, que traz uma seção específica para detalhar as medidas de proteção à saúde e segurança do consumidor. No inciso II, consagra-se o **direito à educação para o consumo**, sem o qual não se pode falar em autonomia do consumidor e equilíbrio nas relações que estabelece com os fornecedores.

O **direito à informação, adequada e clara**, estabelecido no inciso III, é um dos direitos mais importantes ao consumidor, derivando da própria boa-fé objetiva que permeia as relações privadas. O consumidor precisa receber **todas as informações necessárias** para que possa formular sua vontade em relação à aquisição ou utilização de produtos e serviços, tornando-se suscetível a abusos, enganos e prejuízos quando age desinformado.

O inciso IV elenca o direito à **proteção contra diversas práticas abusivas** no mercado de consumo, sendo objeto de tratamento detalhado nos Capítulos V e VI do CDC.

O inciso V estabelece dois importantes direitos, com vistas à garantia de **equilíbrio contratual nas relações de consumo**, em momentos distintos.

Na primeira parte, protege-se o consumidor contra contratos desequilibrados, em que se verifique **desproporção originária** entre as prestações estabelecidas para as partes, trazendo uma aplicação especial do instituto da lesão (tratado anteriormente, no item 3.5 da seção "Direito Civil") em matéria consumerista. Na segunda parte, o legislador estendeu a garantia de equilíbrio às situações de **desproporção superveniente**, quando se rompe a base objetiva do negócio, com a conversão de um contrato que inicialmente era equilibrado em excessivamente oneroso.

A Lei n. 14.181/2021 acrescentou os incisos XI e XIII ao art. 6º, com o estabelecimento de direitos relacionados à **educação e prevenção do superendividamento**; à garantia do **mínimo existencial** na repactuação de dívidas e na concessão de crédito; e à **informação acerca dos preços dos produtos por unidade de medida**.

A revisão do contrato por onerosidade excessiva, em virtude de fatos supervenientes, aproxima-se da chamada **teoria da imprevisão**, tratada nos arts. 478 e seguintes do CC (conforme visto no item 5.9 da seção "Direito Civil"), com importantes distinções: (i) a norma do CC só se aplica a contratos de execução continuada ou diferida, enquanto a do CDC se aplica a qualquer contrato, sem limitações; (ii) a previsão do CC exige que, além da onerosidade excessiva a uma das partes, se verifique extrema vantagem para a outra, enquanto o CDC não exige que o fornecedor tenha vantagem; (iii) o CC exige que o fato, além de superveniente, seja extraordinário e imprevisível, enquanto, na hipótese do CDC, basta que seja superveniente.

Destaque-se que o direito previsto no dispositivo atende ao **princípio da conservação do negócio jurídico**, na medida em que leva à modificação de cláusulas contratuais ou à revisão do contrato, e não à resolução do liame.

O direito à **prevenção e reparação dos danos** causados ao consumidor (inciso VI) deve ser o mais amplo possível, alcançando os danos transindividuais – coletivos e difusos –, os quais receberam tratamento pioneiro no CDC nos arts. 81 e seguintes. Para que seja efetiva, a reparação deve ter em vista os danos verificados no caso concreto, com suas circunstâncias peculiares, sem que se admita a imposição de limites ou tarifação das indenizações. A constatação de vício do produto ou serviço não causa por si só dano moral, de acordo com a jurisprudência.

O **acesso aos órgãos públicos para a prevenção e reparação de danos** (inciso VII) se harmoniza com o princípio geral estabelecido no art. 4º, II, refletindo ambos a importância da atuação do Estado na proteção do consumidor e promoção de seus direitos, em face de sua vulnerabilidade.

O inciso VIII traz outro direito que mereceu destaque na doutrina e na jurisprudência, determinando a **facilitação da defesa do consumidor em juízo**. O dispositivo traz a previsão de importante instrumento processual estabelecido em favor do consumidor: a **inversão do ônus da prova**. A inversão não é presumida nem automática, dependendo de apreciação judicial, com a verificação da presença dos **requisitos**, não cumulativos, previstos na lei: **verossimilhança das alegações ou hipossuficiência do consumidor. Cabe aplicação de ofício** da inversão. O dispositivo proporciona a **distribuição dinâmica do ônus da prova**, em harmonia com a previsão do art. 373, § 1º, do CPC.

Por fim, o último inciso (X, visto que o IX foi vetado) trata da **adequada e eficaz prestação dos serviços públicos**, confirmando a existência de relação de consumo.

### 11.3. Proteção à saúde e segurança do consumidor

Após apresentar os princípios e direitos fundamentais das relações de consumo, o legislador se concentra no tratamento de um deles, relacionado à proteção da saúde e segurança do consumidor, a partir da fixação de **parâmetros de qualidade e segurança mínima no fornecimento de produtos e serviços**, com foco na **prevenção de danos**. Estabelece, ainda, **normas** especiais para a **responsabilização civil por fatos e vícios** nos produtos e serviços, buscando atender ao direito do consumidor à ampla reparação.

Inicia o legislador por estabelecer uma espécie de **gradação dos riscos** oferecidos pelos produtos e serviços, a partir da qual avalia a possibilidade e forma de disponibilização destes no mercado, com a imposição de deveres adicionais de informação e prevenção de danos.

Começa por estabelecer de forma geral que os produtos e serviços colocados no mercado de consumo não acarretarão riscos à saúde ou segurança, **salvo aqueles considerados normais e previsíveis**. Assumindo que, em alguma medida, todo produto ou serviço gera riscos, deve-se observar que há riscos normais, que se pode controlar, permitindo-se assim a disponibilização do produto ou serviço no mercado, mediante o cumprimento da obrigação de **prestar as informações necessárias e adequadas** ao consumidor (art. 8º).

Indo além, o legislador ainda permite que se coloquem no mercado **produtos e serviços potencialmente nocivos ou perigosos** à saúde ou segurança, cujos riscos ultrapassem a normalidade e a previsibilidade o artigo anterior, desde que o fornecedor preste **informações ostensivas e adequadas sobre sua nocividade ou periculosidade**, e adote outras medidas preventivas sugeridas diante do caso concreto (art. 9º).

No último dispositivo do capítulo, o legislador trata dos **produtos e serviços com alto grau de nocividade ou periculosidade à saúde ou segurança**, proibindo a sua colocação no mercado de consumo (art. 10). Se a descoberta da alta periculosidade se der após a colocação no mercado, deve o fornecedor **comunicar imediatamente** às autoridades e aos consumidores (art. 10, § 1º), promovendo um chamamento destes últimos para devolução ou reparo dos produtos, sem quaisquer ônus e sem prazo de término. Essa iniciativa ficou conhecida como *recall*, feito por meio de anúncios publicitários nos grandes meios de comunicação, conforme exige o § 2º.

| Riscos normais e previsíveis – prestação de informações necessárias e adequadas (art. 8º). | Produtos e serviços potencialmente nocivos ou perigosos – informações ostensivas e adequadas sobre nocividade / periculosidade (art. 9º). | Alto grau de nocividade ou periculosidade: proibição da colocação no mercado / obrigação de retirada (art. 10º). |

Se o produto ou o serviço for colocado no mercado e não apresentar a qualidade que dele se espera, causando danos ao consumidor – padrão ou por equiparação –, o CDC estabelece regras de **responsabilização civil dos fornecedores, pelo fato ou pelo vício apresentado**:

| RESPONSABILIDADE POR FATO DO PRODUTO/SERVIÇO | RESPONSABILIDADE POR VÍCIO DO PRODUTO/SERVIÇO |
|---|---|
| ▪ produtos e serviços devem apresentar **qualidade** ||
| ▪ qualidade-**segurança** | ▪ qualidade-**adequação** |
| ▪ **acidentes** de consumo | ▪ impropriedade para **uso**/diminuição de **valor** |

| ▫ arts. 12 a 17 | ▫ arts. 18 a 25 |

▫ regra: **solidariedade** entre causadores/fornecedores (art. 7º, parágrafo único)
▫ não cabe denunciação da lide (art. 88)

### 11.3.1. Responsabilidade por fato do produto ou serviço

O **fato do produto ou serviço** se refere a situações em que o produto não oferece a **qualidade** que dele se espera, no que diz respeito à **segurança** daqueles que utilizam, causando **acidentes de consumo**, com danos às vítimas. É a típica situação de um eletrodoméstico que superaquece e explode durante o uso.

> No art. 12, o legislador trata do **fato do produto**, estabelecendo haver **responsabilidade objetiva** do fabricante, produtor, construtor, nacional ou estrangeiro, importador, pelos danos causados em virtude de **defeitos** nos produtos decorrentes de seu **processo de produção ou acondicionamento**, bem como pela **insuficiência ou inadequação das informações** sobre sua utilização e riscos. Os responsáveis solidários, nesse dispositivo, são fornecedores por terem de alguma forma participado da concepção ou importação do produto, **não se estabelecendo nos mesmos moldes a responsabilidade ao comerciante**.

Definindo especificamente a noção de **produto defeituoso**, estabelece o § 1º do art. 12 ser aquele que não apresenta a **segurança legitimamente esperada**, tendo em consideração circunstâncias relevantes tais como: apresentação; uso e riscos que razoavelmente se esperam; época em que foi colocado em circulação. O produto não se torna defeituoso em virtude da **colocação no mercado de outro produto de melhor qualidade** (art. 12, § 2º).

**Exclui-se a responsabilidade do fornecedor** diante da comprovação de que: (i) **não colocou o produto no mercado**; (ii) **inexiste o defeito**; (iii) o dano decorre de **culpa exclusiva** do consumidor ou de terceiro (art. 12, § 3º). Para excluir a responsabilidade, o caso fortuito ou de força maior deve se qualificar como **fortuito externo**, não relacionado às atividades econômicas desenvolvidas pelo agente, conforme estudado no item 7.1.2.1 da seção "Direito Civil".

> Conforme acima se afirmou, o **comerciante**, por exceção expressamente prevista na lei, **não se responsabiliza solidariamente pelo fato do produto ou do serviço**, com os demais fornecedores, salvo nas hipóteses do art. 13:

Art. 13. O comerciante é igualmente responsável, nos termos do artigo anterior, quando:
I – o fabricante, o construtor, o produtor ou o importador não puderem ser identificados;
II – o produto for fornecido sem identificação clara do seu fabricante, produtor, construtor ou importador;
III – não conservar adequadamente os produtos perecíveis.

A solidariedade implica que o consumidor pode escolher, entre os participantes da cadeia de fornecimento, qual deseja acionar para obter a reparação, não se admitindo que se aponte como defesa que foi outro fornecedor o responsável pelo dano. Assiste àquele que efetuar o pagamento da indenização **direito de regresso contra os demais responsáveis**, conforme a contribuição de cada um para o evento danoso (art. 13, parágrafo único).

O art. 14 traz a **responsabilidade por fato do serviço**, com regra em parte similar à aquela aplicável em caso de falhas de segurança nos produtos. Também se estabelece a **responsabilidade objetiva e solidária** dos fornecedores dos serviços pelos defeitos relativos à prestação dos serviços e informações insuficientes ou inadequadas sobre fruição e riscos, desta feita **sem diferenciar o comerciante em relação aos demais prestadores**.

O § 1º do art. 14 define serviço defeituoso como aquele que não fornece segurança esperada, tendo em vista circunstâncias como: (i) o modo de seu fornecimento; (ii) os resultado e riscos razoavelmente esperados; (iii) a época em que foi fornecido. Mais uma vez se ressalta que **não há defeito** num serviço que se tornou obsoleto pela **adoção posterior de novas técnicas** (art. 14, § 2º).

O art. 14, § 3º, estabelece as **excludentes da responsabilidade** do fornecedor por fato do serviço, caracterizadas quando se demonstra que, (i) tendo prestado o serviço, o **defeito inexiste**; (ii) há **culpa exclusiva** do consumidor ou de terceiro. Reitera-se aqui que o **fortuito interno**, conexo às atividades econômicas desenvolvidas pelo fornecedor, **não é suficiente para o afastamento de sua responsabilidade**.

> Se o prestador do serviço for **profissional liberal** (p. ex.: médicos, dentistas, contabilistas etc.), sua responsabilidade será apurada mediante a verificação de culpa, em exceção da regra geral da responsabilidade objetiva (art. 14, § 4º).

### 11.3.2. Responsabilidade por vício do produto e do serviço

Na **responsabilidade por vícios do produto ou do serviço**, quer-se proteger o consumidor que adquiriu um produto ou serviço que **não apresenta a qualidade ou quantidade adequada e esperada**. O legislador estabelece a **responsabilidade objetiva e solidária de todos os fornecedores** – sem regra especial para o comerciante – por vícios **de qualidade e quantidade** dos produtos ou serviços, que os tornem **impróprios ou inadequados ao consumo** a que se destinam ou lhes **diminuam o valor** (arts. 18 a 19). O fornecedor **não se exime da responsabilidade** pela alegação de que **ignorava** os vícios (art. 23).

Os produtos são impróprios ao uso e consumo, nas hipótese do art. 18, § 6º:

---

Art. 18, § 6º: São **impróprios ao uso e consumo**:
I – os produtos cujos prazos de validade estejam **vencidos**;
II – os produtos **deteriorados, alterados, adulterados, avariados, falsificados, corrompidos, fraudados, nocivos à vida ou à saúde, perigosos** ou, ainda, aqueles em **desacordo com as normas** regulamentares de fabricação, distribuição ou apresentação;
III – os produtos que, por qualquer motivo, se revelem **inadequados ao fim** a que se destinam.

---

Já a impropriedade dos serviços é delimitada no art. 20, § 2º:

> **Art. 20, § 2º:** São **impróprios os serviços** que se mostrem **inadequados para os fins** que razoavelmente deles se esperam, bem como aqueles que não atendam as **normas regulamentares** de prestabilidade.

Diante da constatação de um vício no produto, o CDC, por meio do art. 18, § 1º, confere primeiro uma **oportunidade para que o fornecedor o sane ou repare**, no prazo máximo de **30 dias**. Não o fazendo, surge uma **alternativa** para o consumidor, que pode exigir:

I – **substituição do produto** por outro da mesma espécie;

II – **restituição** imediata da **quantia paga**;

III – **abatimento** proporcional do **preço**.

As partes podem, por consenso, **alterar os prazos para a solução** do vício pelo fornecedor, observados os limites **mínimos de 7 dias** e **máximo de 180 dias**. Se o contrato for **de adesão**, a alteração deve constar de **cláusula em separado**, com manifestação expressa do consumidor (art. 18, § 2º).

Nas hipóteses previstas no § 3º do art. 18, dispensa-se o prazo de 30 dias para solução do vício, podendo o consumidor fazer uso imediato das alternativas do § 1º. Trata-se de situações em que, pela extensão do vício, o **reparo possa comprometer a qualidade ou características** do produto, ou **diminuir-lhe o valor**, além daquelas em que o **produto é essencial**, não sendo razoável impor ao consumidor a privação de seu uso pelo prazo de 30 dias.

Há **vício de quantidade** do produto quando seu conteúdo líquido inferior ao apontado ou anunciado (art. 19). Neste caso, o consumidor tem a **alternativa imediata** de exigir:

I – **abatimento** proporcional do **preço**;

II – **complementação** do peso ou medida;

III – **substituição do produto** por outro da mesma espécie;

IV – **restituição** imediata da **quantia paga.**

**Excepciona-se** a regra geral da solidariedade de todos os fornecedores, com responsabilização tão **somente do fornecedor imediato**, se o produto for vendido *in natura*, salvo se houver identificação clara do produtor (art. 18, § 5º); e se o produto vendido **mediante pesagem ou medição** e o instrumento não estiver aferido segundo os padrões oficiais (art. 19, § 2º).

No que tange à **responsabilidade por vícios do serviço**, ressalta-se que, em regra, o fornecedor assume **obrigação de meios**, devendo fornecer **informação adequada** sobre o objeto da prestação, de forma a atender às expectativas legítimas do consumidor. Exige-se, contudo, o cumprimento de obrigação de resultado, quando o fornecedor assim se obrigou, pela natureza do negócio (p. ex.: contratos de transporte e empreitada), ou em virtude de entendimento jurisprudencial (p. ex.: responsabilidade do cirurgião plástico estético).

Contudo, se o serviço for prestado com vícios, distanciando-se da qualidade esperada, terá o consumidor a alternativa de exigir (art. 20):

I – a **reexecução** dos serviços, podendo a reexecução ser confiada a terceiros capacitados, por conta do fornecedor (art. 20, § 1º);

II – a **restituição** imediata da **quantia paga**;

III – **abatimento** proporcional do **preço**.

Quando o serviço tiver por objeto o reparo de produtos, o fornecedor deve empregar **componentes de reposição originais adequados e novos**, ou que mantenham as especificações técnicas do fabricante, salvo, quanto a estes últimos, autorização em contrário do consumidor (art. 21). De forma paralela, e viabilizando a obrigação contida no dispositivo acima, o art. 32 determina que os fabricantes e importadores devem assegurar **oferta de peças de reposição**, enquanto houver fabricação ou importação do produto, e após, por prazo razoável (art. 32).

Em relação à **qualidade dos serviços públicos**, já se assentou que, sejam eles prestados diretamente por ente público ou por concessionárias ou permissionárias, os serviços devem ser adequados, eficientes, seguros e, quanto aos essenciais, contínuos (art. 22). Ademais, o CDC apenas se aplicará aos **serviços diretamente remunerados**, por meio do pagamento de tarifa ou preço público.

Em caso de vícios, o consumidor **apenas poderá exigir a indenização** dos danos sofridos, não lhe conferindo a lei outras alternativas, tal como ocorre em relação aos serviços realizados por prestadores privados.

O STF estabeleceu o entendimento de que, apesar da obrigação de continuidade quanto aos serviços essenciais, é lícita a **suspensão do fornecimento**, em caso de **inadimplemento** do consumidor, desde que se faça a **notificação prévia** e se garanta a **apreciação de casos excepcionais** (ADC 9/DF).

### 11.3.3. Prescrição e decadência

O CDC estabelece **prazos para a reclamação** contra fatos e vícios dos produtos e serviços, os quais prevalecem sobre aqueles fixados pelo Código Civil, em face do caráter especial da norma.

> Em relação à **responsabilidade por fato do produto ou do serviço**, estabelece o legislador o **prazo prescricional de 5 anos** para o exercício da pretensão à reparação dos danos, **contados da data do conhecimento** do dano e sua autoria (art. 27).
>
> Diferentemente, ao tratar da **responsabilidade pelos vícios do produto ou serviço**, estabeleceu o legislador terem os **prazos** para reclamação **natureza decadencial**, variando conforme o produto ou o serviço sejam duráveis ou não, e o vício aparente ou oculto.

Com efeito, o **prazo** poderá ser de **30 ou 90 dias**, conforme os incisos do art. 26:

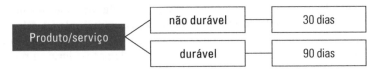

Por sua vez, o **termo *a quo* da contagem** do prazo varia conforme o vício seja aparente ou oculto (art. 26, §§ 1º e 3º):

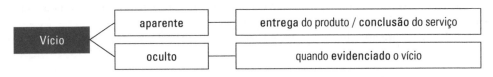

Como o prazo para a contagem do prazo se inicia no momento em que o vício oculto se revelar aos olhos do consumidor, pode acontecer de a reclamação ser feita um longo tempo após a entrega do produto ou execução do serviço. Deve-se **diferenciar**, contudo, o surgimento de um **vício**, que já existia desde a aquisição mas ficou **oculto** longamente, **da deterioração normal** do produto, que deve ser suportada pelo consumidor e não configura vício apto a gerar responsabilização do fornecedor. Nesse sentido, estabeleceu o STJ que a configuração de vício depende de o seu aparecimento se dar durante a **vida útil esperada** do bem (REsp 984.106).

O art. 26, § 2º, estabelece **causas obstativas do prazo decadencial**, sem esclarecer se configuram causas de suspensão ou interrupção:

---
**Art. 26, § 2º: Obstam a decadência:**
I – a reclamação comprovadamente formulada pelo consumidor perante o fornecedor de produtos e serviços até a resposta negativa correspondente, que deve ser transmitida de forma inequívoca;
III – a **instauração de inquérito civil**, até seu encerramento.

---

Observe que os prazos do art. 26 constituem uma verdadeira **garantia legal** estabelecida em relação aos produtos e serviços colocados no mercado, não impedindo que as partes estabeleçam de forma paralela uma **garantia convencional**. Tais garantias têm **caráter complementar**, nos termos do art. 50, entendendo o STJ que os **prazos da garantia legal apenas começam a contar após o término da garantia contratual**. São diferenças entre as garantias:

| GARANTIA LEGAL (arts. 14 a 26) | GARANTIA CONTRATUAL |
|---|---|
| ▫ caráter **obrigatório, intransacionável e irrenunciável** (direito a indenização dos danos – art. 25) | ▫ caráter **facultativo** e **complementar** à legal (art. 50) |
| ▫ **independe de termo expresso** (art. 24) | ▫ depende de **termo escrito** (forma do art. 50, parágrafo único) |

A previsão da **desconsideração da personalidade jurídica** da sociedade fornecedora, no CDC, ficou conhecida como **teoria menor**, por exigir apenas, para o seu deferimento judicial, que se aponte que a separação patrimonial gera obstáculo ao ressarcimento dos prejuízos causados aos consumidores, visto que o **patrimônio da sociedade é insuficiente** para o cumprimento da obrigação.

---
**Art. 28.** O juiz poderá **desconsiderar a personalidade jurídica da sociedade** quando, em **detrimento do consumidor**, houver abuso de direito, excesso de poder, infração da lei, fato ou ato ilícito ou violação dos estatutos ou contrato social. A desconsideração também será efetivada quando houver falência, estado de insolvência, encerramento ou inatividade da pessoa jurídica provocados por má administração. (...)
§ 2º As sociedades integrantes dos **grupos societários** [convencionam alinhamento de recursos e esforços, composto por uma controladora e suas controladas] e as **sociedades controladas**, são **subsidiariamente** responsáveis pelas obrigações decorrentes deste código.
§ 3º As **sociedades consorciadas** [agrupam-se para realizar um empreendimento] são **solidariamente** responsáveis pelas obrigações decorrentes deste código.
§ 4º As **sociedades coligadas** [uma sociedade participa com mais de 10% da outra, sem, porém controla-la] só responderão **por culpa**.

§ 5º **Também poderá ser desconsiderada a pessoa jurídica sempre que sua personalidade for, de alguma forma, obstáculo ao ressarcimento de prejuízos causados aos consumidores.**

Na **responsabilidade subsidiária**, só é possível alcançar o patrimônio das outras sociedades após o esgotamento dos recursos daquela com quem o consumidor contratou diretamente. Na **responsabilidade solidária**, o consumidor pode escolher, desde o início, de qual das sociedades deseja cobrar todo o seu crédito.

### 1.4. Oferta e publicidade

Começa o legislador tratando da **oferta**, pela consagração do **princípio da vinculação contratual da oferta**, segundo o qual toda **informação ou publicidade** (oferta, genericamente) sobre produtos ou serviços, por qualquer meio veiculada ao consumidor, **integra o contrato** a ser celebrado, **vinculando o fornecedor** (art. 30). A oferta, como uma proposta, **não pode ser revogada** após sua veiculação ao consumidor,

O legislador aduz que a oferta deve ser **suficientemente precisa**, afastando a vinculação em relação a situações que configurem exageros da técnica mercantil, sem causar expectativas no consumidor (p. ex.: anunciar a melhor pizza da cidade). Ainda em respeito ao **princípio da boa-fé objetiva**, entende-se que não haverá vinculação e responsabilidade do fornecedor em relação à oferta que contenha **erro grosseiro**, facilmente identificável por um consumidor mediano (p. ex.: anunciar por R$ 25,00 um pneu automotivo que não é vendido por menos de R$ 250,00).

O art. 31 traz exigências mínimas a serem cumpridas na veiculação de oferta de produtos e serviços, a qual deve apresentar "informações **corretas** [= verdadeiras, sem indução ao erro], **claras** [= de fácil e imediato entendimento], **precisas** [= exatas, definidas], **ostensivas** [= de fácil percepção] **e em língua portuguesa** sobre suas características, qualidades, quantidade, composição, preço, garantia, prazos de validade e origem, entre outros dados, bem como sobre os **riscos** que apresentam à saúde e segurança dos consumidores". O Decreto n. 5.903/2006, que regula a matéria, além de trazer os significados acima expostos, acrescenta o requisito da **legibilidade**, segundo o qual a informação deve ser visível e indelével (art. 2º, § 1º, V). Assim, produtos importados devem apresentar as **informações traduzidas** em seus rótulos e embalagens. No caso de produtos refrigerados, as informações devem ser gravadas de forma indelével, de forma a resistir à umidade. Admite-se a apresentação do **preço por meio de código de barras** (art. 2º, II, da Lei n. 10.962/2004).

O fornecedor se **responsabiliza solidariamente** pelas ofertas e atos de seus **prepostos e representantes**, independentemente da verificação de vínculo empregatício (art. 34).

O art. 32 traz uma típica situação de responsabilidade pós-contratual do fabricante e importador, estabelecendo que os fabricantes e importadores devem assegurar a oferta de componentes e peças de reposição enquanto não cessar a fabricação ou importação do produto, ou, cessada essa, por período razoável de tempo.

**Recusando-se o fornecedor** ao cumprimento da oferta, o consumidor poderá exercer as alternativas apresentadas no art. 35:

**Art. 35.** Se o fornecedor de produtos ou serviços **recusar cumprimento à oferta**, apresentação ou publicidade, o consumidor poderá, **alternativamente** e à sua livre escolha:
I – exigir o **cumprimento forçado** da obrigação, nos termos da oferta, apresentação ou publicidade;
II – **aceitar outro produto ou prestação de serviço** equivalente;
III – **rescindir o contrato**, com direito à restituição de quantia eventualmente antecipada, monetariamente atualizada, e a **perdas e danos**.

O CDC impõe o **princípio da identificação da mensagem publicitária**, ao estabelecer que a veiculação de **publicidade** de produtos e serviços deve permitir que o consumidor **fácil e imediatamente a identifique** como tal (art. 36), sendo vedada a divulgação de **mensagens clandestinas, dissimuladas e subliminares**, que induzam o consumidor ao consumo sem que fique evidente o seu caráter publicitário.

O fornecedor deve manter em seu poder os dados fáticos, técnicos e científicos que fundamentem a mensagem veiculada, para apresentação aos interessados (art. 36, parágrafo único). O dispositivo está em consonância com o art. 38, que impõe ao fornecedor "o ônus da prova da veracidade e correção da informação ou comunicação publicitária" que patrocina.

O art. 37 proíbe, de forma importante, a veiculação de **publicidade enganosa ou abusiva**.

A publicidade é **enganosa**, quando apresenta **informações inteira ou parcialmente falsas** ou emprega outros mecanismos para **induzir o consumidor a erro** "a respeito da natureza, características, qualidade, quantidade, propriedades, origem, preço e quaisquer outros dados sobre produtos e serviços" (art. 37, § 1º). Pode haver publicidade enganosa por **conduta comissiva ou omissiva**, caracterizando-se esta última diante da omissão de informações essenciais sobre o produto ou serviço (art. 37, § 3º).

A **publicidade abusiva**, por sua vez, fere a **vulnerabilidade do consumidor** e ofende **valores básicos da sociedade**, ainda que seu conteúdo não seja falso, como ocorre no caso da "publicidade **discriminatória** de qualquer natureza, a que **incite à violência, explore o medo** ou a superstição, se aproveite da **deficiência de julgamento e experiência da criança**, desrespeita **valores ambientais**, ou que seja capaz de **induzir o consumidor a se comportar de forma prejudicial ou perigosa à sua saúde ou segurança**" (art. 37, § 2º).

Nesse sentido, o STJ estabeleceu importante precedente em que considera **ilegais, por abusivas**, as "campanhas publicitárias de fundo comercial que utilizem ou **manipulem o universo lúdico infantil**", condenando o uso de técnicas de *marketing* dirigidas, direta ou indiretamente, às crianças (REsp 1.558.068).

## 11.5. Práticas abusivas

O legislador dedica uma seção para o tratamento das **práticas abusivas**, consistentes em atitudes prejudiciais ao consumidor e que promovem a quebra da boa-fé nas relações. Tais práticas, estabelecidas em **lista meramente exemplificativa** no art. 39, são **proibidas**. O dispositivo será a seguir reproduzido, com a inserção de observações no corpo de seu texto:

**Art. 39.** É **vedado** ao fornecedor de produtos ou serviços, dentre outras **práticas abusivas**:

I – **condicionar o fornecimento** de produto ou de serviço **ao fornecimento de outro produto ou serviço**, bem como, sem justa causa, a **limites quantitativos**; [trata-se das práticas condenáveis caracterizadas como venda casada e estipulação de consumação mínima ou máxima]

II – **recusar atendimento** às demandas dos consumidores, na exata medida de suas **disponibilidades de estoque**, e, ainda, de conformidade com os usos e costumes; [a recusa de fornecimento de produtos em estoque pode configurar prática discriminatória ou de manipulação do mercado]

III – enviar ou entregar ao consumidor, sem solicitação prévia, qualquer produto, ou fornecer qualquer serviço; [os produtos enviados e serviços fornecidos sem a solicitação do consumidor equiparam-se a amostras grátis, nos termos do parágrafo único. A Súmula 532 do STJ trata especificamente da ilicitude do envio de cartão de crédito não solicitado]

IV – prevalecer-se da **fraqueza ou ignorância do consumidor**, tendo em vista sua **idade, saúde, conhecimento ou condição social**, para impingir-lhe seus produtos ou serviços; [trata-se da proteção especial dos hipervulneráveis]

V – exigir do consumidor **vantagem manifestamente excessiva**; [as cláusulas respectivas são consideradas abusivas, e, portanto, nulas, nos termos do art. 51, IV e § 1º]

VI – executar serviços **sem a prévia elaboração de orçamento e autorização expressa do consumidor**, ressalvadas as decorrentes de práticas anteriores entre as partes; [o fornecedor é obrigado a entregar orçamento prévio e discriminado, que valerá pelo prazo de 10 dias, contados do recebimento, salvo estipulação em contrário, nos termos do art. 40. O consumidor apenas se obriga a pagar pelo que autorizou]

VII – repassar **informação depreciativa, referente a ato praticado pelo consumidor** no exercício de seus direitos; [há violação, por exemplo, na publicação de listas pejorativas de consumidores, inserção de frases desabonadoras em correspondências e notas fiscais etc.]

VIII – colocar, no mercado de consumo, qualquer **produto ou serviço em desacordo com as normas expedidas pelos órgãos oficiais** competentes ou, se normas específicas não existirem, pela Associação Brasileira de Normas Técnicas ou outra entidade credenciada pelo Conselho Nacional de Metrologia, Normalização e Qualidade Industrial (Conmetro); [o inciso tem em vista a proteção da saúde e segurança e garantia da qualidade dos produtos e serviços]

IX – **recusar a venda de bens ou a prestação de serviços**, **diretamente** a quem se disponha a adquiri-los mediante pronto pagamento, ressalvados os casos de intermediação regulados em leis especiais; [o fornecedor não impor ao consumidor a contratação de intermediários]

X – **elevar sem justa causa o preço** de produtos ou serviços; [a livre-iniciativa não pode ser exercida de forma abusiva, como ocorreu na elevação exponencial do valor do combustível, adquirido por postos de gasolina anteriormente à greve dos caminhoneiros, em 2018]

XII – **deixar de estipular prazo para o cumprimento** de sua obrigação ou deixar a fixação de seu termo inicial a seu exclusivo critério; [os prazos conferem precisão e segurança, em favor do consumidor]

XIII – aplicar **fórmula ou índice de reajuste diverso** do legal ou contratualmente **estabelecido**;

XIV – permitir o **ingresso em estabelecimentos** comerciais ou de serviços de um número **maior de consumidores** que o fixado pela autoridade administrativa como máximo. [este inciso, que traz uma aplicação específica do inciso VIII, foi inspirado na tragédia ocorrida na boate Kiss, em 2013]

**Não é mais considerada abusiva a diferenciação de preços** de bens e serviços oferecidos ao público **em função do prazo ou do instrumento de pagamento**, desde a edição da Lei n. 13.455/2017. Com isso, é possível praticar preços especiais para, por exemplo, pagamento à vista e em dinheiro, em relação àqueles praticados nas compras a prazo e no cartão de crédito.

O consumidor frequentemente enfrenta grandes transtornos e dificuldades na relação com os fornecedores de produtos e serviços, seja para exercer seus direitos à reparação de vícios, seja para se desvencilhar de cobranças indevidas, ou para se livrar de outras práticas abusivas, cometidas pelos agentes no mercado.

A **teoria do desvio produtivo do consumidor** foi criada pela doutrina e posteriormente consagrada nas decisões do STJ, estabelecendo que o **desperdício de tempo** para a **solução de problemas gerados por abusos** cometidos por fornecedores constitui dano passível de indenização (REsp 1.634.851).

Frequentemente, ocorre abuso pelo fornecedor no âmbito da **cobrança de dívidas**. Veja-se que **nem toda cobrança pode ser qualificada como abusiva**, na medida em que receber seus créditos é um direito do fornecedor. O que se busca repelir é a **cobrança abusiva**, quando o consumidor inadimplente é **exposto ao ridículo** (p. ex.: criação de listas de mau pagadores, exposição do débito a terceiros, como vizinhos e colegas de trabalho) **ou submetido a constrangimento ou ameaça** (art. 42).

Caso o abuso decorra de **cobrança de quantia indevida**, com **pagamento em excesso,** em sendo o **engano não justificável**, o consumidor terá direito à **repetição em dobro** do que pagou indevidamente, com juros e correção monetária (art. 42, parágrafo único). Há aqui uma hipótese de **pena civil**, na medida em que a restituição do dobro não tem caráter indenizatório. O ônus da prova de que o engano é justificável cabe ao fornecedor.

Para facilitar que o devedor identifique sua dívida e tenha acesso ao credor para quitá-la ou renegociá-la, prevê o legislador que todos os **documentos de cobrança** de débitos devem ter a **completa identificação do fornecedor** (art. 42-A).

A legislação dedica especial atenção para a questão da **proteção de dados do consumidor**, por meio do estabelecimento de uma espécie de microssistema legislativo em torno da matéria, composto de:

Atualmente, o CDC é uma das principais normas utilizadas para reprimir a má utilização dos dados do consumidor, em virtude de suas previsões a respeito dos **bancos de dados e cadastros de consumidores**. Ambos fazem parte do **gênero arquivos de consumo**, diferenciando-se quanto ao modo de coleta das informações e sua transmissibilidade:

| GÊNERO: ARQUIVOS DE CONSUMO ||
|---|---|
| **BANCOS DE DADOS** | **CADASTROS DE CONSUMO** |
| ▫ colhidos e organizados por terceiro (p. ex.: SPC, SERASA, BACEN) | ▫ colhidos e organizados pelo fornecedor (p. ex.: cadastro do lojista) |
| ▫ transmissibilidade externa | ▫ uso interno (apenas no âmbito do fornecedor) |
| ▫ regra: independe de autorização do consumidor | ▫ regra: anuência do consumidor (fornece os dados) |

Os arquivos de consumo podem ser promovidos por **entidades públicas e privadas**. Consideram-se, contudo, **entidades de caráter público**, o que permite o uso de *Habeas Data* para acesso e retificação (art. 5º, LXXII, da CF), garantindo-se o amplo acesso do consumidor aos seus dados registrados (art. 43).

> A **inscrição indevida** do nome do consumidor em **cadastros de inadimplentes** gera **dano moral** *in re ipsa,* trazendo em si presunção absoluta de sofrimento e lesão à hora do sujeito. Contudo, a jurisprudência limita o direito daqueles que já têm seu nome negativado por outras dívidas:

**STJ – Súmula 385**
Da **anotação irregular** em cadastro de proteção ao crédito, **não cabe indenização** por dano moral, quando **preexistente legítima inscrição**, ressalvado o direito ao cancelamento.

O legislador prevê no art. 43 quatro direitos básicos do consumidor em relação à inserção de seus dados em cadastros:

1) **Direito de acesso** (art. 43, *caput*): em aplicação do princípio da informação e transparência, o consumidor deve ter **acesso às informações** sobre ele, presentes nos cadastros, bem como à **identificação das respectivas fontes**, podendo fazer uso do habeas data para tal fim.

2) **Direito à informação** (art. 43, § 2º): salvo se a inscrição for solicitada pelo próprio consumidor, este deve ser **comunicado por escrito** da abertura do cadastro. O dever de comunicar é incumbência da **entidade que mantém o cadastro**, e não do fornecedor (Súmula 359 do STJ), e não se exige comunicação com aviso de recebimento (AR) para inscrição em cadastros de proteção ao crédito (Súmula 404 do STJ). A falta de comunicação gera dever de indenizar por danos morais (STJ).

3) **Direito à retificação** (art. 43, § 3º): as **informações** do consumidor inscritas no cadastro devem ser **verdadeiras e exatas** (art. 43, § 1º), assistindo ao consumidor direito à **imediata retificação** diante da verificação de **irregularidades ou inexatidão** nas informações. O arquivista terá o prazo **de 5 dias úteis** para comunicar a alteração aos eventuais destinatários das informações.

**4) Direito à exclusão** (art. 43, § 5º): quando o devedor realizar o pagamento do débito terá direito à exclusão do registro da dívida, nos termos da Súmula 548 do STJ:

> Incumbe ao credor a **exclusão do registro da dívida** em nome do devedor no cadastro de inadimplentes no prazo de **cinco dias úteis**, a partir do **integral e efetivo pagamento do débito**.

Além disso, independentemente do pagamento, a lei estabelece prazo **máximo para manutenção da inscrição negativa**, que será de **5 anos**, contados da data do vencimento da dívida (art. 43, § 1º), salvo **se antes disso consumar-se a prescrição** do débito, caso em que o fornecedor fica proibido de divulgar informações que levem à restrição do crédito do consumidor (art. 43, § 5º). O STJ, contudo, consignou a independência do prazo de 5 anos em relação ao da prescrição da cobrança:

> **STJ – Súmula 323**
> A inscrição do nome do devedor pode ser mantida nos serviços de proteção ao crédito até o prazo máximo de cinco anos, independentemente da prescrição da execução.

## 11.6. Proteção contratual

O CDC estabelece uma base geral de proteção dos interesses dos consumidores na contratação, estipulando **garantias mínimas** a serem observadas nos diversos contratos que se possam produzir em torno das relações de consumo.

Nos termos do art. 46, o contrato **só vinculará o consumidor** se for dado a este o **conhecimento prévio de seu conteúdo**, e a redação permitir **compreensão de seu sentido e alcance**. Aplica-se aos contratos de consumo o **princípio da interpretação mais favorável ao consumidor** (art. 47)

Já o **fornecedor se vincula por todas as declarações** consignadas em escritos particulares, recibos e pré-contratos relativos às relações de consumo, cabendo a **execução específica das obrigações assumidas** (art. 48).

> O art. 49 apresenta o **direito de arrependimento do consumidor**, no prazo de **7 dias**, quando realiza a contratação **fora do estabelecimento comercial**. Nessa situação, garante-se ao consumidor nova oportunidade de reflexão, após estabelecer o contato com a coisa ou serviço, **independentemente de motivação**. Ao exercitar o direito de arrependimento, o consumidor obterá a restituição de todos os valores que despendeu, inclusive os decorrentes de taxas e custos de entrega.
> **Não há, no direito brasileiro, obrigação legal para o fornecedor de efetuar a troca de mercadorias** compradas, seja a contratação efetuada dentro ou fora do estabelecimento. Se, contudo, anunciar ou conceder ao consumidor tal possibilidade, vincula-se pela declaração, nos termos do art. 48.

No que tange à **aquisição de passagens aéreas**, apesar de a contratação frequentemente se dar fora do estabelecimento, aplica-se o **regulamento especial da ANAC**, que restringe o direito de desistência sem custo ao prazo de 24 horas, contadas do recebimento do comprovante da aquisição, desde que faltem no mínimo 7 dias para o voo.

Estabelece, ainda, o CDC um rol de **cláusulas abusivas**, de caráter **exemplificativo**, considerando-as **nulas de pleno direito**, sem prejuízo da validade do restante do contrato (art. 51, *caput* e § 1º).

---

**Art. 51.** São **nulas de pleno direito**, entre outras, as **cláusulas contratuais** relativas ao fornecimento de produtos e serviços que:
I – **impossibilitem**, exonerem ou atenuem a **responsabilidade do fornecedor** por vícios de qualquer natureza dos produtos e serviços ou impliquem **renúncia ou disposição de direitos**. Nas relações de consumo entre o fornecedor e o consumidor pessoa jurídica, a indenização poderá ser limitada, em situações justificáveis;
II – **subtraiam** ao consumidor a **opção de reembolso da quantia já paga**, nos casos previstos neste código;
III – transfiram **responsabilidades a terceiros**;
IV – estabeleçam **obrigações** consideradas **iníquas, abusivas**, que coloquem o **consumidor em desvantagem exagerada**, ou sejam incompatíveis com a boa-fé ou a equidade;
V – (Vetado);
VI – estabeleçam **inversão do ônus da prova em prejuízo do consumidor**;
VII – determinem a **utilização compulsória de arbitragem**; [STJ: cláusula arbitral gera faculdade para o consumidor]
VIII – **imponham representante** para concluir ou realizar outro negócio jurídico pelo consumidor;
IX – deixem ao **fornecedor a opção de concluir ou não o contrato**, embora obrigando o consumidor;
X – permitam ao fornecedor, direta ou indiretamente, **variação do preço de maneira unilateral**;
XI – autorizem o fornecedor a **cancelar o contrato unilateralmente**, sem que igual direito seja conferido ao consumidor;
XII – **obriguem o consumidor a ressarcir os custos de cobrança de sua obrigação**, sem que igual direito lhe seja conferido contra o fornecedor;
XIII – autorizem o fornecedor a **modificar unilateralmente o conteúdo ou a qualidade** do contrato, após sua celebração;
XIV – infrinjam ou possibilitem a **violação de normas ambientais**;
XV – estejam em **desacordo com o sistema de proteção ao consumidor**;
XVI – possibilitem a **renúncia do direito de indenização por benfeitorias** necessárias;
XVII – condicionem ou **limitem** de qualquer forma o **acesso aos órgãos do Poder Judiciário**;
XVIII – estabeleçam **prazos de carência em caso de impontualidade** das prestações mensais ou **impeçam o restabelecimento integral dos direitos do consumidor** e de seus meios de pagamento **a partir da purgação da mora** ou do acordo com os credores.

---

Destaque-se que os incisos IV e XV apresentam **conteúdo aberto**, permitindo que se declare a nulidade de todas as cláusulas que se revelem incompatíveis com os princípios e direitos básicos do consumidor, em virtude de sua vulnerabilidade.

Em regra, **cabe o reconhecimento de ofício da nulidade** das cláusulas estabelecidas no art. 51, salvo se forem empregadas em contratos bancários:

---

**STJ – Súmula 381**
Nos contratos bancários, é vedado ao julgador conhecer, de ofício, da abusividade das cláusulas.

Serão **nulas**, também, nos contratos de **compra e venda de móveis ou imóveis** mediante **pagamento em prestações** e em **alienações fiduciárias em garantia**, cláusulas que estabeleçam a **perda total das prestações pagas** em benefício do credor, em caso de inadimplemento (art. 53).

A proteção do consumidor se mostra essencial nos chamados **contratos de adesão**, espécie de contratação mais comum nas relações de consumo, baseada na elaboração de **contratos-tipo ou padrão**, que se aplicam em série nas relações massificadas. Tal contrato é **elaborado unilateralmente pelo fornecedor ou pela autoridade competente**, **sem** que se conceda ao consumidor a **possibilidade de discussão ou modificação** substancial de seu conteúdo (art. 54). Eventual inserção de cláusula no formulário não desfigura a natureza (art. 54, § 1º).

Nos contratos de adesão, apenas se admite a pactuação de **cláusula resolutória** – que permite a extinção do contrato em caso de inadimplemento da outra parte – como alternativa em **favor do consumidor**, nunca do fornecedor (art. 54, § 2º). Além disso, no que tange à redação, tais contratos devem apresentar **termos claros e caracteres ostensivos e legíveis**, não podendo o tamanho da fonte ser menor que 12 (art. 54, § 3º).

Quaisquer **cláusulas limitativas de direito do consumidor** devem ser **redigidas com destaque**, de modo a proporcionar sua imediata e fácil compreensão (art. 54, § 4º), sob pena de nulidade. Não é suficiente, nesse sentido, o mero negrito do texto (STJ, REsp 774.335).

A Lei n. 14.181/2021 criou o Capítulo VI-A, para tratar da **prevenção e do tratamento do superendividamento**, consistindo este na "**impossibilidade** manifesta de o consumidor pessoa natural, de boa-fé, **pagar a totalidade de suas dívidas de consumo**, exigíveis e vincendas, **sem comprometer seu mínimo existencial**, nos termos da regulamentação" (art. 54-A, § 1º). Para tanto, cria (i) **deveres qualificados de informação no fornecimento de crédito e na venda a prazo** (art. 54-B); (ii) **limitações na oferta de crédito** ao consumidor (art. 54-C) e no fornecimento de produto ou serviço que envolva crédito, em geral (art. 54-G); (iii) **deveres de informação e proteção** especiais na **oferta de crédito** (art. 54-D); (iv) o reconhecimento do **caráter de conexos, coligados ou interdependentes** entre o contrato principal de fornecimento de produto ou serviço e os contratos acessórios de crédito que lhe garantam o financiamento (art. 54-F).

# DIREITO PROCESSUAL CIVIL

## 1. PETIÇÃO INICIAL

### 1.1. Introdução

A petição inicial é, sem dúvidas, a peça mais pedida na 2ª fase Civil da OAB. E isso é uma boa notícia, pois todos os requisitos estão na lei processual (especialmente no **art. 319 do CPC**).

Vale lembrar que o Poder Judiciário é inerte, somente agindo se houver a provocação da parte interessada (considerando o princípio dispositivo ou da inércia – CPC, art. 3º). Sendo assim, a forma de "provocar o Judiciário" é, exatamente, pela petição inicial.

E com a inicial, além de avaliar os **aspectos de direito processual** (qual processo e procedimento? Quais os requisitos da inicial?), o examinador consegue avaliar os aspectos de **direito material** (aplica-se o CC ou CDC? A responsabilidade é objetiva ou subjetiva?). Ou seja, é uma avaliação bastante completa, e exatamente por isso é uma peça tão frequente na 2ª fase.

Mas, conforme o tipo de conflito, teremos um instrumento distinto para a solução do problema.

Na perspectiva do atual CPC, há **dois tipos de processos**: processos de **conhecimento** e de **execução**.

Definido qual processo será utilizado, o próximo passo é saber **como tramitará esse processo**, ou seja, saber qual é o procedimento.

Conforme o tipo de processo, teremos procedimentos distintos.

A questão pode ser assim sintetizada:

| LIDE | PROCESSO | PROCEDIMENTO |
|---|---|---|
| (pretensão qualificada pela resistência) | (instrumento que o Estado coloca à disposição dos litigantes para resolver a lide) | (forma/modo/maneira pela qual o processo se desenvolve) |
| crise de incerteza | conhecimento | ▪ comum<br>▪ especial |
| crise de inadimplemento | execução | ▪ obrigação de pagar<br>▪ obrigação de fazer<br>▪ obrigação de entrega de coisa<br>▪ etc. |

#### 1.1.1. Uso do processo de conhecimento

Quando não se sabe, de antemão, quem tem razão, e é necessário **conhecer dos fatos fazer definir o conflito**, utiliza-se o **processo de conhecimento**.

Se o autor afirma que tem o direito, ao passo que o réu afirma que não há tal direito, temos o uso do processo de conhecimento. Acolhida a **pretensão do autor** (apresentada na inicial), tem-se a **procedência do pedido**; acolhida a **defesa do réu** (apresentada na contestação), tem-se a **improcedência do pedido**.

A **petição inicial do processo de conhecimento** é a peça **mais frequente** na 2ª fase da OAB.

O pedido formulado no processo de conhecimento pode ter a natureza (i) condenatória, (ii) declaratória (positiva ou negativa) e (iii) constitutiva (positiva ou negativa).

Toda e qualquer ação que busque que o réu pague alguma quantia é uma ação condenatória (utilização para buscar a condenação a uma obrigação de pagar, fazer, entregar).

Quando se busca uma declaração de que o réu é pai do autor, estamos diante de uma **ação declaratória** (utilizada para que situações de dúvida sejam esclarecidas).

No momento em que se pretende acabar com o casamento (divórcio), a hipótese é de **ação desconstitutiva** (cabível quando se quer constituir ou desconstituir uma relação jurídica).

Uma **petição inicial de processo de conhecimento com pedido condenatório** é o que mais se tem na 2ª fase da OAB.

#### 1.1.1.1. Procedimentos do processo de conhecimento

Quanto ao seu trâmite (modo pelo qual o processo se desenvolve), o processo de conhecimento pode ter um **procedimento padrão**, com fases predeterminadas e que serão as mesmas: **procedimento comum**, utilizado de forma residual.

Contudo, quanto o direito material debatido tiver características específicas, e o legislador quiser dar um tratamento especial a tal direito, é possível a criação de **procedimentos especiais**, ou seja, o trâmite que o processo de conhecimento seguirá será **distinto do procedimento padrão**. Só se usa o procedimento especial quando a lei assim prever: há procedimentos especiais no CPC (como a ação de **reintegração de posse**) e também em leis extravagantes (como a **ação de alimentos**).

O mais comum na 2ª fase Civil da OAB é uma **petição inicial de processo de conhecimento com pedido condenatório pelo procedimento comum**.

Contudo, também se veem com frequência petições iniciais de procedimentos especiais, como ação **possessória**, ação de **alimentos**, ação de **consignação em pagamento**.

Os procedimentos especiais serão tratados mais adiante neste livro, no item 3 da seção "Direito Processual Civil".

Vale destacar que o procedimento comum aplica-se aos procedimentos especiais, de forma subsidiária: ou seja, naquilo que não houver previsão no procedimento especial, aplica-se o procedimento comum. Há procedimentos especiais que são bastante distintos do procedimento comum (inventário) e há procedimentos especiais com poucas distinções em relação ao procedimento comum (despejo por falta de pagamento).

Assim, para bem fazer uma peça de procedimento especial, fundamental conhecer bem o procedimento comum.

O tema é resumido no seguinte quadro:

| PROCESSO | PROCEDIMENTO | |
|---|---|---|
| **Processo de conhecimento** | Procedimentos especiais | ▪ previstos em leis extravagantes |
| | | ▪ previstos no CPC |
| | Procedimento comum | ▪ previsto no CPC |

É possível, em qualquer procedimento do processo de conhecimento, a formulação de um **pedido liminar**, ou seja, a concessão de uma ordem para desde logo proteger o autor. Para isso, há **liminares específicas nos procedimentos especiais** (como a liminar de **alimentos provisórios**) ou **liminares genéricas** previstas para qualquer processo e procedimento (tutela provisória de urgência ou evidência – a serem analisadas mais adiante, no item 5 da seção "Direito Processual Civil").

### 1.1.2. Uso do processo de execução

Quando já se sabe, de antemão, quem tem razão, e **quem tem razão não cumpre sua obrigação**, não se está diante de uma crise de incerteza. Assim, não há necessidade de utilizar o processo de conhecimento.

Nesses casos, diante de uma crise de inadimplemento, o processo a ser usado é o de **execução**.

Para usar o processo de execução, necessários dois requisitos: (i) um documento, denominado **título executivo extrajudicial** e (ii) exatamente o **inadimplemento** do devedor.

O processo de execução será tratado mais adiante, no item 7 da seção "Direito Processual Civil".

#### 1.1.2.1. Procedimentos do processo de execução

Quanto ao seu trâmite (modo pelo qual o processo se desenvolve), o processo de execução vai ter diversos procedimentos, conforme o tipo de obrigação.

Assim, fala-se em **execução de quantia ou execução de pagar** (a mais frequente), **execução de fazer, execução de entregar coisa**.

Além disso, há outras execuções para situações mais particulares, como a **execução de pagar alimentos** (prevista no CPC) e a **execução fiscal** (prevista na Lei n. 6.830/80).

O mais frequente em 2ª fase de OAB é a **execução de quantia** e a **execução de alimentos**.

Também é possível pedir **liminares** no processo de execução, especialmente com base nas regras da tutela provisória.

## 1.2. Requisitos da petição inicial

Feita a análise do processo e do procedimento, é possível avançarmos em relação a **como elaborar uma petição inicial**.

Para isso, iniciamos com a análise dos **requisitos da petição inicial**, previstos no art. 319 do CPC. Como já exposto, esses requisitos devem ser observados em qualquer processo (conhecimento ou execução), qualquer que seja o procedimento (comum ou especial no processo de conhecimento; qualquer tipo de obrigação no processo de execução).

Mas o art. 319 é **típico do procedimento comum do processo de conhecimento**. Isso significa dizer que, quando for procedimento especial ou execução, além desse art. 319, deve-se consultar o artigo específico da ação que se estiver elaborando.

Além disso, neste tópico apresentamos como se faz a inicial do ponto de vista teórico. Por certo, este estudo deve ser complementado com a leitura das peças práticas já pedidas na 2ª fase da OAB, o que se vê na Parte II deste livro.

Pois bem, para iniciar vejamos o próprio artigo:

> **Art. 319.** A petição inicial indicará:
> I – o juízo a que é dirigida (endereçamento);
> II – os nomes, os prenomes, o estado civil, a existência de união estável, a profissão, o número de inscrição no Cadastro de Pessoas Físicas ou no Cadastro Nacional da Pessoa Jurídica, o endereço eletrônico, o domicílio e a residência do autor e do réu (qualificação);
> III – o fato e os fundamentos jurídicos do pedido (causa de pedir);
> IV – o pedido com as suas especificações (pedido);
> V – o valor da causa;
> VI – as provas com que o autor pretende demonstrar a verdade dos fatos alegados (provas);
> VII – a opção do autor pela realização ou não de audiência de conciliação ou de mediação (interesse na audiência inaugural).

Se a **petição inicial não trouxer algum dos requisitos**, o juiz determinará a **emenda da inicial** (CPC, arts. 317 e 321). Contudo, se o autor não proceder à emenda, haverá o indeferimento da inicial, com a extinção do processo sem resolução do mérito (CPC, art. 485, I). como não há possibilidade de "emenda da inicial" na 2ª fase, é fundamental que o candidato não se esqueça de nenhum dos requisitos, ao elaborar sua petição inicial.

A respeito disso, vale lembrar que na 2ª fase a consulta ao Código é permitida, o que facilita muito o trabalho do candidato, que deve sempre conferir na legislação se nada foi esquecido.

Por sua vez, **se o vício da inicial for grave** e sequer permitir a emenda, poderá o magistrado desde logo extinguir o processo (CPC, art. 330). Nessas situações, fala-se em **indeferimento liminar da inicial**, hipóteses em que o processo é extinto sem resolução do mérito e sem haver a citação do réu.

Também é possível falar em **improcedência liminar da inicial**, situação na qual o pedido é julgado improcedente (portanto, decisão de mérito), sem a citação do réu.

Esses dois temas devem auxiliar na hora de elaborar a inicial como um alerta do que **não deve ser feito**. Além disso, é possível que isso seja **objeto das questões**.

Se existe o indeferimento liminar e improcedência liminar, será que o inverso existe? Ou seja, é possível falar em **procedência liminar do pedido**? A resposta é **negativa**, pois é necessário o contraditório e ampla defesa do réu. O que pode existir mais próximo a isso é a tutela da evidência fundada em precedente repetitivo.

A seguir analisaremos separadamente os requisitos.

### 1.2.1. Endereçamento (competência)

A petição inicial se inicia com o endereçamento. É a primeira frase da petição.

No dia a dia forense, se houver erro no endereçamento:

> **(i)** no caso de incompetência absoluta, o juiz poderá, de ofício, determinar a remessa dos autos para o juízo competente (como no caso de ajuizamento na Justiça Estadual de causa em que a União é ré – o juiz de ofício remete o processo à Justiça Federal);
>
> **(ii)** no caso de incompetência relativa, o juiz não pode determinar a remessa de ofício, pois necessário que o réu aponte isso em preliminar de contestação.

Portanto, na prática forense não é tão grave o erro de endereçamento – salvo por eventual demora maior no trâmite do processo.

Mas, por óbvio, não é o que se verifica na OAB, pois não há chance de correção nem nada... Portanto, o lugar mais grave de erro de endereçamento é a prova da OAB. Assim, o candidato deve ao máximo evitar errar a competência.

Os critérios para a fixação de competência serão enfrentados mais adiante, no item 2 da seção "Direito Processual Civil".

Mas, neste momento, vale analisar qual o raciocínio a ser feito. São três perguntas básicas a formular.

A **primeira pergunta** é: qual **Justiça** é a competente?

No âmbito da prova da OAB, principalmente estamos **entre a Estadual e a Federal**.

Quando na Justiça Estadual, fala-se em **juiz de direito** e **comarca**.

Quanto na Justiça Federal, fala-se em **juiz federal** e **subseção judiciária**.

A **segunda pergunta** é: qual o **foro** competente? Ou seja, qual a cidade onde a causa será julgada?

Ou seja, se na Justiça Estadual, falamos em **qual comarca** onde deverá ser ajuizada a inicial; se na Justiça Federal, falamos em **qual subseção judiciária**. Basicamente, haverá o debate entre o foro do domicílio do autor, do réu ou do local onde está a coisa (reitere-se que isso será enfrentado no item 2 da seção "Direito Processual Civil").

A **terceira pergunta** é: qual a **vara** competente?

Pensando em nossa prova, teremos principalmente **vara cível** e **vara de família**. Mas essa divisão de varas é totalmente variável conforme a cidade em que se está. Assim, em regra, será utilizado simplesmente "vara cível". Se o enunciado mencionar a existência de vara de família (ou vara de família e sucessões), aí, por certo, deverá ser considerada essa opção.

Com base nessas três perguntas, é possível elaborar o endereçamento.

A praxe é a elaboração da seguinte frase, em maiúsculo:

---

EXMO. SR. DR. JUIZ DE DIREITO DA ____ VARA CÍVEL DA COMARCA DA CAPITAL.

---

É possível, mas não obrigatório, que se coloquem as expressões por extenso. No histórico das correções das provas, não se verifica qualquer diminuição de pontos por quem utilizou a forma abreviada (apesar de sempre existirem rumores de que não seria possível abreviar).

O que não é adequado é que parte das palavras sejam abreviadas e outras não (como no caso de EXMO. SENHOR DR.).

Assim, a recomendação é que todo o endereçamento seja abreviado ou por extenso.

No cotidiano forense é comum também verificar a menção ao gênero masculino e feminino, da seguinte forma: EXMO(A) SR(A) DR(A) JUIZ(A).

Pensando na prova da OAB, a princípio não haveria problema algum em adotar essa construção. Porém, por um excesso de cuidado, o risco que se vislumbra é alguém achar que isso poderia ser uma forma de identificação da prova (mas não temos notícia de nada nesse sentido até o momento).

Um ponto que rende algum debate é se deve ser utilizado o termo JUIZ/A ou JUÍZO.

A praxe forense brasileira é no sentido de utilizar JUIZ ou JUÍZA. Após a vigência do CPC/2015, alguns autores passaram a afirmar que o correto seria utilizar o termo JUÍZO. A questão é absolutamente secundária e, até o momento, não há informação de qualquer retirada de ponto na OAB para quem escreveu qualquer dos termos. Assim, é algo que não merece preocupação.

Ao se elaborar a petição inicial – diferentemente do que acontece com as demais petições –, ainda não se sabe qual é a vara que julgará a causa. Isso somente será decidido após sorteio (distribuição) entre as varas que tiverem a mesma competência.

Em virtude disso, ao elaborar a petição inicial, há duas opções:

> EXCELENTÍSSIMO SENHOR DOUTOR JUIZ DE DIREITO DA ____ª VARA CÍVEL DO FORO DA COMARCA DE SÃO PAULO
>
> EXCELENTÍSSIMO SENHOR DOUTOR JUIZ DE DIREITO DE UMA DAS VARAS CÍVEIS DO FORO CENTRAL DA COMARCA DE BELO HORIZONTE

Caso se estivesse na Justiça Federal, a variação seria a seguinte:

> EXMO. SR. DR. JUIZ FEDERAL DA ____ª VARA CÍVEL FEDERAL DA SUBSEÇÃO JUDICIÁRIA DE CURITIBA

No caso dos Juizados Especiais, alguns exemplos seriam os seguintes:

> EXCELENTÍSSIMO SENHOR DOUTOR JUIZ DE DIREITO DA ____ VARA DO JUIZADO ESPECIAL CÍVEL DA COMARCA DE BRASÍLIA
>
> EXMO. SR. DR. JUIZ FEDERAL DA ____ª VARA DO JUIZADO ESPECIAL FEDERAL DA SUBSEÇÃO JUDICIÁRIA DE RECIFE
>
> EXCELENTÍSSIMO SENHOR DOUTOR JUIZ DE DIREITO DA ____ VARA DO JUIZADO ESPECIAL DA FAZENDA PÚBLICA DA COMARCA DE BELÉM

Nos exemplos acima, apenas se indicou o nome das cidades. Poderia ter sido também da capital, pois em todos esses casos estamos diante das capitais dos Estados. Nada impede, por certo, que se coloque o estado ao lado do nome da cidade, da seguinte forma:

> EXCELENTÍSSIMO SENHOR DOUTOR JUIZ DE DIREITO DE UMA DAS VARAS DA COMARCA DO RIO DE JANEIRO – RJ

Por fim, vale destacar que existem algumas situações em que a competência é originária de tribunal. É o que ocorre, por exemplo, nas ações rescisórias (que buscam desconstituir a coisa julgada) ou em mandados de segurança contra ato de juiz. Nesse caso, o endereçamento deve considerar essa especificidade, e a petição é dirigida ao presidente do Tribunal, que procederá à distribuição. Isso pode ser feito dessa maneira:

> EXMO SR. PRESIDENTE DO E. TRIBUNAL REGIONAL FEDERAL DA 4ª REGIÃO (PORTO ALEGRE)

### 1.2.2. Qualificação das partes

O inciso II se refere à indicação das partes (elemento da ação) e suas respectivas qualificações. Há necessidade de indicar uma série de dados para não haver risco de confundir quem deve litigar e para que se possa fazer a citação.

Na OAB, a maioria das informações quanto à qualificação não é trazida no enunciado. Mas **NÃO pode o candidato inovar e inventar dados**, porque isso pode ser interpretado como uma forma de identificação da prova, o que pode acarretar a anulação do exame do candidato.

Assim, a informação que não se tiver basta colocar entre parênteses e não indicar. Exemplo, se não se souber o estado civil, não se colocará na prova "casado" ou "solteiro", mas simplesmente **(estado civil)**.

As informações que o examinador indicar no enunciado, essas, por certo, devem ser incluídas.

Vejamos novamente o inciso:

> **Art. 319.** A petição inicial indicará: (...)
> II – os nomes, os prenomes, o estado civil, a existência de união estável, a profissão, o número de inscrição no Cadastro de Pessoas Físicas ou no Cadastro Nacional da Pessoa Jurídica, o endereço eletrônico, o domicílio e a residência do autor e do réu.

O CPC atual traz mais informações do que antes, como documento e *e-mail*. Isso não deve ser esquecido na hora de elaborar a prova.

Assim, se o enunciado apenas informar que a cliente se chama Ana, que é divorciada e mora na cidade X, no Estado Alfa, a qualificação deve vir da seguinte forma:

> **ANA** (sobrenome), divorciada, (profissão), inscrita no CPF (número), com endereço eletrônico (endereço), residente e domiciliada na (endereço), na cidade de X, do Estado Alfa.

Perceba-se que, pelo CPC, não há necessidade de indicar a nacionalidade das partes. Porém, isso é algo comum no cotidiano forense, de modo que, se for colocado na prova, não há problema.

Da mesma forma, o Código apenas pede CPF e não RG. Assim, não é necessário, mas nada impede que se coloque.

Além disso, ao se elaborar a indicação das partes, deve-se atentar para a **capacidade** das partes. Inicialmente, verificar se há **capacidade de ser parte**, conceito em regra ligado à personalidade civil (CC, art. 2º). Assim, um animal ou objeto inanimado não pode ser parte.

O bebê recém-nascido já tem personalidade e, assim, pode ser parte. Mas não tem **capacidade processual**, ou seja, a aptidão de estar em juízo, por si só. Os **absolutamente incapazes** devem ser *representados*, ao passo que os **relativamente incapazes** devem ser *assistidos*. E, para saber quem é absoluta ou relativamente incapaz, novamente o Código Civil, arts. 3º e 4º.

> **Atenção:** cuidado com a (in)capacidade de quem for PcD (pessoa com deficiência). Em relação a isso, houve importantes mudanças em virtude do EPD – Estatuto da Pessoa com Deficiência (Lei n. 13.146/2015). *Vide* neste livro o item 1 da seção "Direito Civil".

### 1.2.3. Causa de pedir

Causa de pedir: na terminologia do Código, são os fatos e fundamentos jurídicos do pedido. (Por que o autor pede em juízo determinada providência?) É, sem dúvida, a parte mais longa da petição inicial, normalmente dividida em dois tópicos: "Dos Fatos" e "Do Direito". Pensando na peça para a 2ª fase, a maior parte do que o candidato vai escrever será, exatamente, na causa de pedir. Mas é importante ter em mente que, em relação aos fatos, tudo necessariamente estará no enunciado (considerando não ser possível inovar).

No mais, após apresentar e qualificar as partes (inciso II), não é mais necessário repetir seus nomes a todo momento, bastando indicar "autor" e "réu" (no processo de conhecimento) e "exequente" e "executado" (no processo executivo).

A linguagem usual no momento do relato dos fatos é a utilização da terceira pessoa. Assim, a título de exemplo, ao narrar os fatos de uma ação de alimentos, teremos o seguinte: "A autora, representada pela sua mãe, necessidade de alimentos para sobrevivência, sendo que o réu atualmente não contribui em nada para o seu sustento".

Em relação aos fatos, não há maiores dúvidas, deve-se indicar na petição aquilo que, de relevante, aconteceu. Em relação ao tópico "Do Direito", há de se ter maior atenção e cuidado. Observemos que não se deve confundir **fundamentos jurídicos** (consequência jurídica pretendida pelo autor, decorrente dos fatos narrados) com **fundamentos legais** (base legal, artigos de lei).

Do ponto de vista técnico, a causa de pedir é integrada apenas pelos fundamentos jurídicos. Assim, ainda que a parte mencione determinados artigos na inicial, poderá o juiz julgar com base em outros dispositivos – desde que não altere os fatos ou fundamentos jurídicos levados aos autos pelo autor. Mas, para fins de prova de 2ª fase da OAB, é certo que **o candidato deve incluir**, na parte "Do Direito", tanto os fundamentos jurídicos (consequência jurídica) como os fundamentos legais (artigos de lei).

Além disso, ao elaborar a petição para a OAB, como não é possível citar doutrina ou jurisprudência (já que não há como levar esse material), é sempre conveniente indicar e **reproduzir o artigo de lei** (CF, CPC, CC, CDC etc.) aplicável ao caso concreto. Em casos corriqueiros no Judiciário, isso não é necessário, mas na prova da OAB é recomendável, inclusive para demonstrar conhecimento ao examinador.

Na hora de escrever, deve-se ter em mente um **silogismo**: a partir de determinados fatos (premissa menor), há dada consequência jurídica (premissa maior), razão pela qual se pretende certa providência do juiz, o pedido (conclusão).

Outro ponto relacionado à causa de pedir e que causa muita preocupação ao candidato que fará a 2ª fase da OAB é o **"nome da ação"**. Isso é um requisito necessário?

Da leitura do art. 319 não se encontra esse requisito da inicial. Porém, por uma questão de costume – e também para facilitar a tramitação de uma causa em juízo, pois todos já estão acostamos com determinados nomes –, é muito comum nominar as ações no dia a dia forense. Mas o que é necessário, pela lei, é indicar as partes, causa de pedir e pedido elementos da ação). Além disso, para não haver dúvida quanto ao trâmite da demanda, vale também indicar qual o processo e procedimento a ser adotado.

Ainda que seja possível escrever "ação de conhecimento desconstitutiva de relação locatícia cumulada com pedido condenatório de pagamento de aluguéis", é muito mais fácil para todos entender uma petição inicial que venha denominada como "ação de despejo por falta de pagamento".

Assim, imaginando uma peça prática que narre uma batida de carro, será possível utilizar diversos nomes para isso. Abaixo, algumas possibilidades, dentre diversas outras possíveis:

- Ação de conhecimento com pedido condenatório
- Ação comum com pedido de condenação por danos
- Ação condenatória
- Ação indenizatória
- Ação comum condenatória
- Ação de reparação de danos sofridos em virtude de acidente de veículo, pelo procedimento comum
- etc.

Estando claro, na causa de pedir e no pedido, que se pretende a condenação do réu ao pagamento de danos decorrentes de acidente de veículo, não importa o nome atribuído à demanda.

De qualquer forma, o ideal é, ao ingressar em juízo, ter ciência se existe, e qual é, o nome consagrado para aquela demanda que vai utilizar propor. Para tanto, uma dica importante é consultar na legislação se existe algum procedimento especial e, nesse caso, utilizar o nome trazido pela própria legislação (como no caso de "ação de alimentos", "ação de reintegração de posse", "embargos de terceiro").

É possível alterar a causa de pedir após o ajuizamento da inicial? A resposta é variável, dependendo do momento do processo em que se esteja.

Para que haja a **alteração da causa de pedir** após o ajuizamento da inicial, deve ser observado o seguinte (CPC, art. 329):

(i) **até a citação:** permitido, sem qualquer restrição, bastando uma petição do autor;

(ii) **após a citação:** permitido, desde que o réu concorde (hipótese em que haverá possibilidade de manifestação do réu, no prazo mínimo de 15 dias, sendo possível requerimento de prova suplementar);

(iii) **após o saneamento** do processo: inadmissível.

Essa é exatamente a **mesma regra em relação à alteração do pedido** após o ajuizamento. Este tema é pedido com alguma frequência em questões.

### 1.2.4. Pedido

Pedido é **aquilo que o autor pede quando aciona o Judiciário** (o que se busca com a petição inicial).

Em relação ao tamanho, é bem menor que a causa de pedir. Porém, é bastante técnico e muito relevante para fins de pontuação na 2ª fase da OAB. Assim, no que se refere à dosagem do tempo para elaborar a prova, o candidato deve evitar que a última coisa a ser feita seja a peça, pois se faltar tempo, não será possível exatamente elaborar o pedido, que é das partes que mai pontuam na peça.

Por ser sucinto e objetivo, o pedido é um tópico de elaboração mais técnica que a causa de pedir (ou seja, deve-se ter muito cuidado nas palavras, não podendo se confundir pedido alternativo com subsidiário, por exemplo). Além disso, como o juiz não pode dar algo além ou fora do pedido (pedido não pode ser *extra* ou *ultra petita*), a petição inicial tem de indicar exatamente o que se quer receber.

O CPC deixa claro que o **pedido deve ser certo** (art. 322) **e determinado** (art. 324). Isso significa que, ao se elaborar o pedido, sempre deve haver um *verbo* (condenar, declarar, constituir) e um *complemento* (condenar a pagar R$ x, declarar que é pai, desconstituir o casamento).

Apesar de o pedido dever ser certo, há casos em que, mesmo que seja formulado o pedido na inicial, o juiz deverá conceder algo. São as situações de **pedido implícito**. Aqui se inserem (CPC, art. 322, § 1º):

(i) juros legais;
(ii) correção monetária;
(iii) verbas de sucumbência, ou seja, custas e honorários;
(iv) prestações sucessivas que se vencerem durante o processo, enquanto durar a obrigação (CPC, art. 323);
(v) multa diária (*astreintes*), na tutela específica das obrigações de fazer, não fazer ou entregar coisa (CPC, art. 536, *caput* e § 1º).

**Atenção:** é comum que, mesmo em relação a pedidos implícitos (especialmente honorários), a OAB tire ponto caso não seja formulado. Logo, para fins de prova de 2ª fase, conveniente que todos os pedidos possíveis sejam formulados, ainda que pedidos implícitos.

Em relação a juros e correção decorrente de condenação judicial, depois de muito debate e discussão no Judiciário, o art. 406 do CC foi alterado para estipular que as condenações judiciais devem ser corrigidas pela taxa SELIC (fixada pelo governo e variável), e não mais por juros de 1% ao mês e correção monetária.

**Interpretação do pedido:** o CPC prevê que o pedido vai ser interpretado conforme "o conjunto da postulação e observará o princípio da boa-fé" (art. 322, § 2º), ou seja, o juiz terá mais margem para interpretar o pedido: não só com base naquilo que estiver ao final da petição inicial, no tópico "do pedido", mas também a peça como um todo. No sistema anterior, a interpretação era restritiva, o que não mais se verifica, portanto.

Passemos à análise da segunda parte do pedido. Como visto, o pedido, além de ser certo, deve ser determinado. A **determinação do pedido** diz respeito ao complemento, ao bem da vida. Ou seja, ao se pedir a condenação (certeza do pedido), indicar de quanto se quer a condenação.

Apesar de a regra ser a determinação do pedido, o CPC admite a formulação de **pedido genérico**, em hipóteses específicas (art. 324, § 1º):

I – nas ações universais, se o autor não puder individuar os bens demandados (ações que envolvem um conjunto de bens, uma universalidade, tais como o espólio, uma biblioteca, a massa falida. Basta imaginar um filho buscando o patrimônio de um pai falecido. O autor ingressará com uma petição de herança [réus condenados a entregar ao autor seu quinhão – pedido certo], mas não conseguirá delimitar o valor exato dos bens correspondentes ao seu quinhão, pois não se sabe o *quantum debeatur*);

II – quando não for possível determinar, desde logo, as consequências do ato ou do fato (como exemplo, um acidente envolvendo a explosão de um botijão de gás em um restaurante. O cliente poderá ter de ficar meses em tratamento médico. Mesmo antes de ficar totalmente recuperado, o cliente já poderá ingressar em juízo contra o restaurante. E os danos, porém, ainda não podem ser determinados de modo definitivo);

III – quando a determinação do objeto ou do valor da condenação depender de ato que deva ser praticado pelo réu [O exemplo típico para esta situação é a prestação de contas: conforme as contas prestadas, será possível verificar se há e quanto é o valor a ser pago].

Um debate frequente é saber se é possível formular **pedido de danos morais de maneira genérica**. Ou seja, é necessário pedir um valor de danos morais na inicial (por exemplo, "pede-se a condenação do réu ao pagamento de R$ 10 mil a títulos de danos morais) ou é possível um pedido genérico de danos morais (por exemplo: "pede-se a condenação do réu ao pagamento de danos morais em quantia a ser fixada por V. Exa.")? A questão é polêmica.

No sistema do CPC anterior, a jurisprudência fixou-se no sentido de isso ser possível. No CPC atual, parece que a lei adotou uma posição no sentido de **não ser possível dano moral como pedido genérico**. Isso porque o Código aponta que, na demanda indenizatória, **inclusive a fundada em dano moral**, o valor da causa será a quantia pretendida (art. 292, V). Sendo assim, parece que o Código veda o dano moral como pedido genérico. Porém, até o momento a jurisprudência do STJ não decidiu o tema com base no CPC de 2015, e há decisões divergentes nos tribunais intermediários. A sugestão, para a prova de 2ª fase, é responder com base no texto da lei, ou seja, que necessário indicar qual o valor do dano.

Assim, ao formular o pedido, o subscritor deve pleitear (i) um provimento jurisdicional (condenação, declaração ou constituição – o chamado pedido/objeto imediato) e, (ii) na sequência, o bem da vida pretendido pelo autor (a quantia em dinheiro, a coisa a ser entregue – o denominado pedido/objeto mediato).

O sistema admite a **cumulação de pedidos**, ou seja, a elaboração de mais de um pedido, mesmo que não conexos, em face do mesmo réu. E isso é algo bastante frequente na peça prática da 2ª fase.

Será possível a **cumulação** quando (CPC, art. 327, § 1º):

1) os pedidos forem compatíveis;
2) competente o mesmo juízo;
3) adequado o mesmo procedimento (ou utilização do procedimento comum, sem prejuízo do uso de "técnicas processuais diferenciadas previstas nos procedimentos especiais" para um dos pedidos cumulados, desde que não haja incompatibilidade com o procedimento comum).

A legislação permite o **pedido alternativo**, que é aquele em que o autor formula dois pedidos para ver acolhido um, indistintamente. Pede-se a entrega do bem comprado ou o dinheiro de volta (CPC, art. 325 – o devedor pode cumprir a prestação de mais de um modo), sem preferência por parte do autor. Se qualquer dos pedidos for acolhido, estará satisfeito o autor.

O **pedido subsidiário** se verifica quando o autor formula um pedido principal, e somente se este não puder ser acolhido formula um pedido subsidiário/eventual. Pede-se o cumprimento do contrato como pedido principal, e somente se isso não for possível pleiteia-se indenização por perdas e danos (CPC, art. 326). Aqui há, portanto, preferência por parte do autor – que somente estará totalmente satisfeito se for acolhido o pedido principal.

A doutrina também fala em **pedido sucessivo** (não previsto na legislação), quando há cumulação de pedidos, mas o segundo pedido depende, do ponto de vista lógico, do acolhimento do primeiro. Assim, numa investigação de paternidade cumulada com alimentos, somente após o acolhimento do pedido de reconhecimento da paternidade é que se pode cogitar de concessão do pedido de alimentos.

Se o problema trouxer uma situação em que cabível uma liminar, isso também deverá constar do pedido. Assim, seja para uma tutela de urgência (CPC, art. 300) ou de evidência (CPC, art. 311), isso deverá constar da petição inicial. Mas, antes de tal pedido ser formulado, as razões para a concessão da tutela devem ter sido expostas no momento de elaboração da causa de pedir. Vale, então, aqui, a regra de que não deve haver formulação de pedido sem a anterior exposição da causa de pedir.

Como exemplo, de acordo com o art. 300, para o deferimento da tutela de urgência, é necessário haver elementos que evidenciem a *probabilidade do direito* e o *perigo de dano*. O mais comum é, ao tratar dos argumentos de direito, demonstrar a presença desses requisitos e, ao final, formular expressamente pedido nesse sentido.

Para verificar maiores detalhes quanto à tutela provisória, veja adiante o item 5 da seção "Direito Processual Civil".

Em relação à **modificação do pedido**, repete-se o acima exposto quanto à causa de pedir (CPC, art. 329):

> **(i) até a citação:** permitido, sem qualquer restrição, bastando uma petição do autor;
>
> **(ii) após a citação:** permitido, desde que o réu concorde (hipótese em que haverá possibilidade de manifestação do réu, no prazo mínimo de 15 dias, sendo possível requerimento de prova suplementar);
>
> **(iii) após o saneamento** do processo: inadmissível.

### 1.2.5. Valor da causa

O valor da causa é um requisito que, por vezes, o candidato esquece ao elaborar a petição inicial. Mas, como está devidamente indicado no art. 319, basta sempre conferir cada um dos incisos do artigo para que isso não ocorra. Contudo, se alguém esquecer, isso significará a perda de alguns pontos, conforme sempre indicado pelo examinador quando divulga o gabarito.

**Toda causa cível tem valor da causa** (CPC, art. 291). Não importa se é causa contenciosa ou não, qual o tipo de discussão, se não há conteúdo econômico imediato: sempre deverá haver o valor da causa.

Isso é obrigatório nas causas cíveis, mas não nas penais. Assim, em um *habeas corpus* envolvendo prisão de devedor de alimentos, como se estará diante de uma ação penal, não haverá indicação de valor da causa.

Mas como atribuir valor a uma causa? Há dois critérios: (i) fixação legal e (ii) fixação voluntária.

Quando se está diante de **fixação legal ou obrigatória**, a atribuição do valor da causa já foi previamente definida pelo legislador. Isso se encontra no **CPC** (art. 292) e em **leis extravagantes** (como no caso da Lei n. 8.245/91, art. 58, III).

Nesses casos, a atribuição do valor da causa se dá com o que foi determinado pelo legislador; a correlação será feita sempre com base no pedido.

O CPC trata no art. 292 várias situações, como as hipóteses em que se cobra algum valor (ação de cobrança em geral, algo muito comum em provas de OAB), pedidos cumulados, pedidos alternativos, ação de alimentos etc. Portanto, o candidato deve sempre procurar nos artigos se há a previsão para o caso concreto.

Mas, e se não houver previsão legal para o problema que estamos enfrentando? Aí a hipótese é de **fixação voluntária** do valor da causa.

Nessa situação, como não há previsão legal trazendo baliza para o valor da causa, a fixação se dá a critério do autor, sem critério específico.

Por exemplo, uma situação de divórcio em que não há patrimônio nem haverá alimentos. O Código não prevê qual o valor da causa nessa situação, e nenhum pedido tem proveito econômico a respeito. Nesse caso, atribui-se à causa um valor genérico (por exemplo, R$ 1.000,00).

O requisito é cumprido de uma forma muito simples: basta inserir uma frase, usualmente ao final da peça, antes do fecho final. Assim, basta escrever **"Dá-se à causa o valor de R$ 10.000,00 (dez mil reais), conforme art. 292, I do CPC"**.

Por vezes a OAB nos indica qual o valor da causa, então devemos efetivamente indicar o valor da peça (exemplo: numa ação de alimentos, os alimentos pleiteados são de R$ 2mil, então o valor da causa será de R$ 24 mil – CPC, art. 292, VI).

Outras vezes a OAB não indica quaisquer valores, então não se deve inovar e indicar valor, de modo que isso poderia ser elaborado da seguinte forma: "Atribui-se à causa o valor de R$ xxxx" (CPC, art. 292).

O valor da causa tem importâncias processual e fiscal.

Do ponto de vista processual, o valor da causa: (i) delimita o teto de competência e a obrigatoriedade de advogado nos Juizados Especiais; (ii) é base de cálculo para multas e outras penas impostas pelo juiz e (iii) é parâmetro para a fixação dos honorários do advogado em caso de improcedência ou sentença sem resolução do mérito.

Do ponto de vista fiscal, o valor da causa é a base de cálculo para o pagamento da taxa judiciária.

Não há valor da causa da contestação. Mas, se houver reconvenção, então deverá haver valor da causa (pois há pedido).

Se o valor atribuído à causa estiver errado, o juiz poderá corrigir de ofício. Nesse caso, se houver mais custas, a parte autora deverá recolher, sob pena de extinção do processo sem mérito (CPC, art. 292, § 3º).

Pode também o réu apontar que está errado o valor da causa, em preliminar da contestação. Se o réu não fizer isso na contestação, haverá preclusão (CPC, art. 293).

### 1.2.6. Provas

O **requerimento de provas** é um requisito muitas vezes esquecido ao se elaborar a inicial. Mas, tal qual mencionando em relação ao valor da causa, é algo previsto em lei e que, portanto, não deve ser esquecido, sob pena de se perder pontos. E, novamente, basta ler o art. 319 antes de concluir a peça para que dele não se esqueça.

E é algo muito fácil de se elaborar: basta escrever uma única frase, ao final da peça (usualmente se coloca esse requerimento antes do valor da causa, mas não é obrigatório que assim seja). Algo como *"Requer provar o alegado por todos os meios de prova previstos em lei, sem exceção"*. Ou então, em formato mais completo, indicando os principais meios de prova (acerca do tema, *vide* o item 1.2.6.1 da seção "Direito Processual Civil"): *"Requer provar o alegado por todos os meios de provas permitidos em lei, ou seja, documental, testemunhal, depoimento pessoal, pericial e inspeção judicial"*.

Também é comum no dia a dia forense utilizar o verbo "protesta provar o alegado" em vez de "requer". Alguns autores apontam que haveria diferença entre os verbos mas, do ponto de vista de OAB, nunca se viu qualquer prova em que tenha sido descontado ponto de quem usou qualquer um dos verbos.

Nos Juizados Especiais, em que as formalidades são menores, a própria Lei n. 9.099/95, ao apontar os requisitos da inicial, omite o requerimento de provas. Mas nada impede, por certo, que o candidato, mesmo se for uma petição inicial do JEC, faça o requerimento de provas.

O objetivo da prova é **influir no convencimento do juiz** quanto aos fatos trazidos pelas partes (CPC, art. 369).

Conforme prevê a Constituição, as provas ilícitas são inadmissíveis (CF, art. 5º, LVI).

O **momento principal de produção de prova oral** é a audiência de instrução (CPC, art. 361). Tratando-se de documentos, já na inicial e na contestação devem ser juntados.

A regra é que somente os fatos devem ser provados, mas não o direito (há exceção prevista no CPC, art. 376: o juiz poderá determinar que a parte prove "direito municipal, estadual, estrangeiro ou consuetudinário").

**Fato incontroverso** (aquele que não é objeto de impugnação pela parte contrária) e **fato notório** (aquele que é de conhecimento comum dos litigantes) independem de prova (CPC, art. 374).

Da mesma forma, aquilo que ordinariamente ocorre – as chamadas **máximas de experiência** – também não precisa ser provado (CPC, art. 375). Como exemplo, a culpa num acidente de veículo, com base no que ordinariamente ocorre, é do veículo que está atrás.

O **momento de requerer a produção das provas** é na inicial e na contestação. O **juiz decidirá a respeito de qual prova será produzida** no saneamento (CPC, art. 357, II: fixação dos pontos controvertidos a respeito dos quais haverá prova). Além disso, cabe ao juiz deferir provas de ofício (CPC, art. 370).

O CPC contempla previsão sobre a **prova emprestada:** o juiz poderá admitir o uso de prova produzida em outro processo, atribuindo-lhe o valor que considerar adequado, observado o contraditório (art. 372).

O sistema processual está fundado no **princípio do convencimento motivado**, ou seja, o juiz tem de explicar como formou sua convicção.

**CPC, art. 371**
O juiz apreciará a prova constante dos autos, independentemente do sujeito que a tiver promovido, e indicará na decisão as razões da formação de seu convencimento.

Quanto ao **ônus da prova**, em regra, é de quem alega.

Assim, compete:

- **ao autor**, provar o fato constitutivo do seu direito (CPC, art. 373, I);
- **ao réu**, provar o fato impeditivo, modificativo ou extintivo do direito do autor (CPC, art. 373, II).

Inovação do Código é a previsão da **distribuição dinâmica do ônus da prova** (ou carga dinâmica do ônus da prova), mecanismo que já vinha sendo aplicado pela jurisprudência e debatido pela doutrina mesmo antes do CPC.

Em casos previstos em lei ou diante de peculiaridades da causa relacionadas: (i) à impossibilidade ou excessiva dificuldade de cumprir o encargo de provar ou (ii) à maior facilidade de obtenção da prova do fato contrário, poderá o juiz atribuir o ônus da prova de modo diverso por meio de decisão fundamentada, caso em que deverá dar à parte a oportunidade de se desincumbir do ônus que lhe foi atribuído (CPC, art. 373, § 1º).

Em linha com a carga dinâmica, vale destacar, como exemplos, nas **relações de consumo**, em que é possível a inversão do ônus da prova, desde que presente a hipossuficiência do consumidor ou verossimilhança da alegação (CDC, art. 6º, VIII).

**Se o autor não se desvencilhar de seu ônus:** improcedência do pedido, sendo vedada a repropositura, diante da coisa julgada que se forma (CPC, art. 487, I).

Uma das principais inovações do CPC/2015 é a carga dinâmica do ônus da prova ou ônus dinâmico da prova. No Código anterior, havia o ônus estático da prova (sempre o mesmo), sendo que havia algumas exceções em legislação extravagante, como a inversão do ônus da prova no Código do Consumidor.
No CPC/2015, o *caput* do art. 373 ainda prevê a regra geral (ônus da prova é de quem alega). Contudo, agora o Código prevê que, caso a caso, poderá o juiz dizer de quem é o ônus da prova. Porém, isso deve ser informado à parte, antes da fase instrutória (inclusive por força do princípio da vedação de decisão surpresa).

#### 1.2.6.1. Meios de provas

Pensando na peça, este tópico em regra não é pedido pelo examinador. Mas algumas vezes há questões relativas às provas em espécie, por isso é relevante enfrentar este tema.

No tocante aos **meios de prova**, o Código traz os seguintes:

(i) ata notarial (CPC, art. 384);
(ii) depoimento pessoal (CPC, art. 385);
(iii) confissão (CPC, art. 389);
(iv) exibição de documento ou coisa (CPC, art. 396);

(v) prova documental (CPC, art. 405);

(vi) prova testemunhal (CPC, art. 442);

(vii) prova pericial (CPC, art. 464); e

(viii) inspeção judicial (CPC, art. 481).

A seguir, uma análise dos principais aspectos de cada um dos meios de prova.

### (i) Ata notarial

Realizada em cartório extrajudicial (e, por isso, dotada de fé pública), a ata notarial serve para a produção de prova em uma situação em que a prova possa desaparecer (como para provar o conteúdo de páginas da internet, que podem ser alteradas ou excluídas posteriormente; a ata certifica o que foi visualizado naquele momento em que se acessou determinada página).

A ata notarial poderá atestar ou documentar a existência e o modo de existir de algum fato. É possível que imagem ou som gravados em arquivos eletrônicos constem da ata notarial (CPC, art. 384, parágrafo único).

### (ii) Depoimento pessoal

É o interrogatório das partes, seja o autor ou o réu (CPC, art. 385).

Existem limitações ao dever de depor em juízo, como em situações de sigilo ou autoincriminação (CPC, art. 388) – que **não se aplicam** em causas de estado e de direito de família (CPC, art. 388, parágrafo único).

O depoimento pessoal é requerido pelo juiz ou pela parte contrária (CPC, art. 385, *caput*). Assim, não é requerido pelo próprio depoente.

Pode ocorrer, no depoimento pessoal, a **pena de confesso**: se a parte não comparecer ou, comparecendo, recusar-se a responder o que lhe for perguntado, presumir-se-ão confessados os fatos contra ela alegados (CPC, art. 385, § 1º).

No momento da colheita da prova, quem ainda não depôs não pode ficar na sala de audiência ouvindo o outro depoimento pessoal (CPC, art. 385, § 2º).

A parte depoente não pode ler suas respostas, mas é permitido levar breves anotações (CPC, art. 387). A parte não presta compromisso de dizer a verdade.

O depoimento pessoal da parte que residir em comarca, seção ou subseção judiciária diversa daquela onde tramita o processo poderá ser **colhido por meio de videoconferência** ou outro recurso tecnológico de transmissão de sons e imagens em tempo real, o que poderá ocorrer, inclusive, durante a realização da audiência de instrução e julgamento (CPC, art. 385, § 3º).

Dúvida que surgirá é se o depoimento pessoal das partes será feito **mediante reperguntas** (como no Código anterior) **ou mediante perguntas dos próprios advogados** – como é o previsto em relação à prova testemunhal (CPC, art. 459). Como não há previsão do tema na seção própria do depoimento pessoal, é de se concluir que a forma de inquirição será a mesma da prova testemunhal – ou seja, perguntas formuladas pelos advogados e não pelo juiz.

### (iii) Confissão

Entende-se por **confissão** a situação na qual a parte admite a verdade de um fato contrário ao seu interesse (CPC, art. 389).

A confissão pode ser judicial ou extrajudicial.

**A confissão judicial pode ser:**

- real, ou seja, efetivamente aconteceu; ou
- ficta, quando resulta de sanção por alguma recusa da parte.

**A confissão judicial real pode ser:**

- espontânea, quando realizada pelo próprio confitente, sem provocação; ou
- provocada, quando obtida mediante interrogatório.

Assim, percebe-se que a confissão pode ocorrer por meio documental ou no depoimento pessoal.

### (iv) Exibição de documento ou coisa

Pode o juiz determinar que seja exibido determinado documento ou coisa (CPC, arts. 396 a 401).

O destinatário da ordem pode ser:

- o réu (CPC, art. 396). Se o réu estiver com o documento/coisa e não o exibir, admitem-se como verdadeiros os fatos que o requerente queria provar com o que seria exibido (CPC, art. 400);
- terceiro (CPC, art. 401). Se terceiro estiver com o documento/coisa e não o exibir, o juiz poderá determinar apreensão, inclusive com força policial, sendo que o terceiro incorrerá no crime de desobediência (CPC, art. 403, parágrafo único).

Inova o Código ao permitir que o juiz adote medidas coercitivas (tais como multa diária) para que se obtenha o documento ou coisa (CPC, art. 400, parágrafo único) – diferentemente da jurisprudência quanto ao tema à luz do CPC/73 (Súmula 372 do STJ).

### (v) Prova documental

O **momento de produção** da prova documental é na inicial e na contestação (CPC, art. 434).

Fora esses momentos, só podem ser juntados (CPC, art. 435):

a) documentos novos (prova de fatos posteriores aos narrados à inicial);

b) documentos para rebater documentos produzidos pela parte contrária.

Toda vez que um documento for juntado, a parte contrária deverá ter a oportunidade de se manifestar, em 15 dias (CPC, art. 437, § 1º).

Se uma das partes entender que o documento é falso, deverá **arguir a falsidade** – na contestação, réplica ou em petição simples, 15 dias após a juntada do documento (CPC, art. 430).

**Apresentado o documento** por uma das partes, se a outra não o impugnar no momento seguinte (arguição de falsidade na contestação, réplica ou simples petição, como visto acima), há preclusão e considera-se autêntico o documento (CPC, art. 411, III).

Em relação à reprodução realizada por **foto, vídeo ou áudio**, o CPC afirma que isso é válido (art. 422). Mas trata-se de presunção relativa, pois é certo que a parte contrária pode impugnar esse documento.

Tratando-se de **foto digital ou obtida na internet**, deverá ser apresentada a "autenticação mecânica", que deve ser interpretada como (i) o arquivo digital que traz a foto ou (ii) o arquivo e as informações da página na internet de onde essa foto foi retirada. Tratando-se de foto obtida na internet, ainda é possível realizar a ata notarial (art. 384).

Se a foto estiver em **jornal ou revista impressa**, deverá ser juntado aos autos o original onde apareceu essa foto. Contudo, muitas vezes isso pode ser insuficiente para eventual perícia – e talvez seja necessária a apresentação do próprio arquivo eletrônico (existente junto à imprensa), conforme o caso concreto. E o juiz, por certo, terá poderes para isso.

O § 3º do art. 422 destaca que o *e-mail*, para fins de prova, equipara-se à fotografia. Assim, deverá ser juntada a "autenticação eletrônica" (arquivo eletrônico, e não só a mensagem impressa, para fins de eventual perícia). Mas o dispositivo não trata da força probante do *e-mail* (como o CPC fez com o telegrama), mas sim dos aspectos formais para aceitação da prova. E cabe sempre lembrar que o juiz tem o convencimento motivado (art. 371).

### (vi) Prova testemunhal

É o interrogatório de terceiros, que não são parte no processo (CPC, art. 442).

A parte deve apresentar rol de testemunhas no saneamento (CPC, art. 357, §§ 4º e 5º).

**Há a apresentação do rol de testemunhas** para (i) permitir que haja a intimação das testemunhas se as partes assim requererem e (ii) para que a parte contrária saiba, antes da audiência, quem são as testemunhas.

Cada parte poderá apresentar até 10 testemunhas, mas o juiz pode dispensar mais do que 3 sobre o mesmo fato (CPC, art. 357, § 6º), sendo possível, conforme a complexidade da causa, limitar o número de testemunhas (CPC, art. 357, § 7º).

Após a apresentação do rol, só cabe a **substituição da testemunha** que (CPC, art. 451):

- falecer;
- por enfermidade não tiver condições de depor; ou
- que mudou de endereço e não foi encontrada pelo oficial de justiça.

Em regra, a **testemunha será ouvida em juízo**, perante o juiz da causa, na audiência de instrução. Porém, pode haver (i) produção antecipada de prova (art. 381), (ii) oitiva por carta (precatória, rogatória ou de ordem – art. 453, II) ou, ainda, inovação do CPC, (iii) oitiva por videoconferência – que pode até mesmo ocorrer durante a própria audiência de instrução (art. 453, § 1º).

Inovação do CPC atual está no art. 455: compete ao **próprio advogado intimar a testemunha** para que compareça em juízo, e isso será feito via carta com aviso de recebimento, pelos correios. Se não houver o envio do AR pelo advogado e a testemunha não comparecer, presume-se sua desistência. Se o advogado preferir, pode apenas comunicar a testemunha por outros meios – mas, se a testemunha se ausentar, também se presume a desistência.

Contudo, ainda permanece a possibilidade de **intimação da testemunha pelo Judiciário** (CPC, art. 455, § 4º): (i) se frustrada a intimação via AR (ou se, desde logo, o juiz assim determinar), (ii) quando a testemunha for servidor público, (iii) quando a testemunha for arrolada pelo MP ou pela Defensoria Pública ou (iv) quando a testemunha for autoridade.

A testemunha, no início do depoimento, presta o **compromisso de dizer a verdade** (CPC, art. 458).

Quanto ao **procedimento da oitiva**, serão ouvidas primeiro as testemunhas que foram arroladas pelo autor, depois pelo réu. E uma testemunha não ouve o depoimento da outra. Porém, há inovação: é possível que o juiz, em comum acordo com as partes, altere a ordem de oitiva das testemunhas, qualquer que seja a ordem (CPC, art. 456, parágrafo único).

Quanto à **indagação das testemunhas**, deixa de existir o modelo das reperguntas (em que o advogado pergunta ao juiz, que então formula a repergunta para a testemunha) e passa o advogado a formular as perguntas diretamente para o depoente (CPC, art. 459). Isso já consta do art. 212 do CPP, por força de reforma de 2008.

As perguntas são inicialmente formuladas pelo advogado que arrolou a testemunha e, posteriormente, pelo outro advogado. Pode o juiz (i) formular perguntas, antes ou depois das partes, e (ii) indeferir as perguntas que forem impertinentes, repetição de outra ou quiserem induzir a resposta.

Pode o juiz determinar a oitiva da **testemunha referida** (mencionada por uma das testemunhas ouvidas) ou realização de acareação entre testemunhas ou entre testemunha e parte. Inova o CPC ao esclarecer que a acareação poderá ser feita por videoconferência e ao regular como a acareação será realizada – por reperguntas do juiz e não por perguntas diretas dos advogados (art. 461).

**Não podem ser testemunhas** as pessoas (CPC, art. 447):

a) **incapazes**, ou seja:
- o interdito por enfermidade mental;
- o que, acometido por retardamento mental, ao tempo em que ocorreram os fatos, não podia discerni-los; ou não está habilitado a transmitir as percepções;
- o menor de 16 anos;
- o cego e o surdo, quando a ciência do fato depender dos sentidos que lhes faltam;

b) **impedidas, a saber:**
- o cônjuge, o companheiro, o ascendente e o descendente em qualquer grau, ou colateral, até o terceiro grau;
- o que é parte na causa;
- o que intervém em nome de uma parte (tutor, representante legal da pessoa jurídica ou o advogado que assista ou tenha assistido as partes);

c) **suspeitas, que são:**
- o inimigo da parte, ou o seu amigo íntimo;
- o que tiver interesse no litígio.

Se necessário, pode o juiz ouvir essas pessoas, mas não como testemunhas e sim como informantes, que não prestam compromisso (CPC, art. 447, §§ 4º e 5º).

Se o juiz aceitar ouvir uma testemunha que não deveria ser ouvida, o advogado da parte contrária poderá apresentar a **contradita**, que é exatamente a alegação de que a testemunha é incapaz, suspeita ou impedida (CPC, art. 457, § 1º).

### (vii) Prova pericial

A **prova pericial** consiste em exame, vistoria ou avaliação (CPC, art. 464) e é utilizada quando há a necessidade de conhecimentos técnicos a respeito de qualquer disciplina – salvo direito (CPC, art. 464, § 1º, I).

> Sem paralelo no sistema anterior, já se esclareça que há três possibilidades de perícia no CPC: (i) prova técnica simplificada (art. 464, § 2º), (ii) perícia comum (arts. 465 e s.) e (iii) perícia consensual (art. 471).

Como já visto, houve importante **alteração quanto à escolha do perito**. Deverá o juiz escolher os peritos a partir de um cadastro mantido pelo tribunal (CPC, art. 156, § 1º). Somente se não houver profissional cadastrado para o local onde está a vara é que haverá livre escolha pelo juiz (§ 5º) – sempre devendo ser escolhido profissional que tenha conhecimento técnico para a perícia.

Permite o CPC a possibilidade de substituição da perícia por **prova técnica simplificada**, quando o "ponto controvertido for de menor complexidade" (art. 464, § 2º). Contudo, o Código não especifica o que seja esse ponto de menor complexidade, de modo que isso terá de ser verificado no caso concreto. Como exemplo, podemos cogitar o de um *tablet* com um problema e a verificação do que causou esse problema (defeito ou mau uso); isso, em tese, seria algo mais simples que permitiria a substituição.

A prova técnica simplificada é uma perícia mais informal que conta apenas com o depoimento verbal do especialista (esse é o termo utilizado pelo CPC, e não perito), sem a necessidade de formalizar quesitos, assistente técnico ou apresentação de laudo escrito (art. 464, § 3º). O especialista poderá realizar apresentação ao prestar os esclarecimentos ao juiz (art. 464, § 4º), sendo que sua oitiva ocorrerá na audiência de instrução ou em outra audiência designada pelo juiz especificamente para ouvi-lo.

Em situação complexa que demande conhecimentos técnicos de mais de uma área do conhecimento, pode o juiz nomear **mais de um perito** e podem as partes indicar mais de um assistente técnico (art. 475 do CPC).

**Existem inovações no procedimento da perícia.**

De início, diante da necessidade de prova pericial, deverá o juiz nomear um perito especialista no objeto da perícia, fixando prazo para apresentação do laudo (CPC, art. 465).

Após a **nomeação do perito**, as partes terão o prazo de 15 dias para se manifestarem, quanto a (i) impedimento ou suspeição do perito, (ii) indicação de assistente técnico e (iii) apresentação de quesitos.

Após essa manifestação, será a vez de o perito falar nos autos, em 5 dias, momento em que (i) formulará proposta de honorários, (ii) apresentará seu currículo, principalmente demonstrando sua especialização na área objeto da perícia e (iii) indicará seus contatos profissionais, inclusive correio eletrônico, para ser intimado.

A seguir, nova manifestação das partes, no prazo de 5 dias, para que digam a respeito dos honorários sugeridos pelo perito.

Com essas informações, o **juiz fixará os honorários periciais** e determinará o pagamento da quantia. A responsabilidade pelo pagamento é de quem requereu a perícia ou de ambas as partes (metade para cada), se (a) a prova for determinada de ofício ou (b) a perícia foi requerida pelo autor e pelo réu. Em regra, apenas após o pagamento integral dos honorários é que terá nício a confecção do laudo. Inova o CPC ao permitir o **pagamento de metade antes da perícia** e a outra metade somente após a apresentação do laudo e prestados os esclarecimentos (art. 465, § 4º). Isso será requerido pelas partes *e* decidido pelo juiz.

Inovação quanto aos honorários periciais é a previsão de sua redução, pelo juiz, caso a perícia seja inconclusiva ou deficiente (art. 465, § 5º).

Se a perícia for realizada por carta precatória, é possível que o perito e assistentes técnicos sejam definidos apenas no juízo de destino (art. 465, § 6º). Como exemplo, a situação em que será realizada a perícia para avaliar um imóvel em Comarca distante 500 km do juízo de origem. Muito melhor, por certo, a nomeação de perito no juízo deprecado.

O **perito deve ser imparcial**, mas não os assistentes técnicos, que são de confiança das partes (CPC, art. 466). Assim, há impedimento e suspeição para o perito, mas não para os assistentes. Porém, isso não significa que os assistentes podem agir de má-fé, podendo ser penalizados se isso ocorrer.

Caso requerido pelas partes, admite-se que o perito ou assistente técnico preste esclarecimentos em audiência. Para isso, as perguntas a serem respondidas pelo perito devem ser formuladas na forma de quesitos (CPC, art. 477, § 3º).

Considerando o princípio do convencimento motivado, o juiz não está vinculado ao laudo pericial (CPC, art. 479) e pode, quando entender que a questão não está bem esclarecida, determinar a realização de nova perícia (CPC, art. 480).

Fundada na maior liberdade que o Código dá às partes para definirem o procedimento, existe a **perícia consensual** (CPC, art. 471).

Somente é possível o uso da perícia consensual se: (i) as partes forem capazes e (ii) o litígio puder ser revolvido por acordo entre as partes. Ao requererem essa modalidade de perícia, as partes já deverão indicar: (a) o perito (escolhido de comum acordo pelas partes, sem interferência do juiz), (b) os assistentes técnicos, (c) data e local da realização da perícia e (d) quesitos que deverão ser respondidos pelo perito. Uma vez apresentado o requerimento de perícia consensual, o juiz poderá deferir ou indeferir o pleito.

O Código é expresso ao destacar que a perícia consensual é efetiva prova pericial (art. 471, § 3º), não sendo caso de uma perícia consensual e perícia usual ao mesmo tempo.

Inova o CPC ao prever os **requisitos do laudo pericial** (art. 473):

a) relatório, que é a exposição do objeto da perícia;
b) fundamentação, que é composta da análise técnica do perito somada à indicação do método utilizado e justificativa de sua escolha (inclusive em relação a ser um método usualmente utilizado nessa área do conhecimento);
c) conclusão, com a resposta a todos os quesitos deferidos pelo juiz.

**Concluído o laudo**, o perito deverá protocolá-lo em juízo. A seguir, as partes e assistentes técnicos poderão se manifestar no prazo comum de 15 dias. Existindo alguma dúvida, terá o perito mais 15 dias para esclarecer os pontos levantados nas manifestações. Após os esclarecimentos periciais, se ainda existir alguma dúvida, as partes poderão requerer novos esclarecimentos (formulando novos quesitos), que serão prestados na audiência de instrução (art. 477).

### (viii) Inspeção judicial

A **inspeção** é meio de prova no qual o juiz vai ao local dos fatos inspecionar pessoas ou coisas, a fim de se esclarecer sobre determinada questão que interesse à decisão da causa (CPC, art. 481).

A lei parte da premissa de que, em determinadas hipóteses, somente a observação pessoal é que poderá subsidiar a tomada de decisão (CPC, art. 483). Assim, o juiz irá até onde se encontra a pessoa ou coisa.

É possível que o juiz seja acompanhado por peritos (CPC, art. 482) e pelas partes (CPC, art. 483, parágrafo único).

### 1.2.7. Opção pela realização da audiência de mediação ou conciliação

Este requisito não havia no Código anterior e, no dia a dia forense, muitas vezes não é observado, especialmente nas comarcas em que a audiência de inicial "não pegou", ou seja, não vem sendo marcada pelo Poder Judiciário. Mas tudo isso não importa, pois a petição inicial deve trazer esse requisito.

Afirma o CPC, no art. 319, VII, que **o autor deve indicar**, na inicial, "a **opção (...) pela realização ou não de audiência** de conciliação ou de mediação".

Desde que esse requisito passou a constar da lei, já caíram diversas iniciais na 2ª fase da OAB. Contudo, até o momento, os gabaritos das provas de 2ª fase não indicam se seria preferível, para a banca, a opção pela realização ou não realização da audiência. Também não vimos qualquer situação em que houve perda de ponto de quem indicou que pretendia ou não pretendia a realização da audiência.

Ainda assim, para evitar problemas ou alegações de que se estava tentando identificar a prova, a sugestão é que o candidato não escolha se quer ou não a audiência – salvo, é claro, se o enunciado indicar expressamente que a parte não tem qualquer interesse em participar dessa audiência.

Assim, sugere-se a seguinte frase: "Esclarece o autor, em atendimento ao art. 319, VII, que tem/não tem interesse na realização da audiência".

Pelo CPC, este seria o último requisito da inicial. Mas, como já dito, usualmente o último tópico da inicial (antes do fecho final, com data e assinatura) é o valor da causa. Assim, requerimento de provas, opção pela audiência e valor da causa são requisitos que vêm ao final, mas não há obrigatoriedade de que qualquer ordem específica seja observada.

Mas quais são as características dessa audiência de conciliação, quando ela designada? Isso não é relevante para a peça prática da OAB, mas pode ser para as questões. Assim, analisemos o tema no tópico seguinte.

### 1.2.7.1 A audiência de conciliação ou de mediação

O CPC prevê a designação de uma **audiência inaugural de conciliação ou mediação**, a ser conduzida, onde houver, por conciliador ou mediador (CPC, art. 334, § 1º).

As previsões do Código quanto ao tema, **no tocante à mediação**, devem ser compatibilizadas com a Lei da Mediação (Lei n. 13.140/2015, lei posterior ao CPC, mas que entrou antes em vigor).

Estando correta a petição inicial e não sendo caso de improcedência liminar, o **juiz designará audiência de conciliação ou mediação** com antecedência mínima de 30 dias, devendo ser citado o réu pelo menos 20 dias antes (CPC, art. 334), ou seja, pelo Código, é uma audiência que ocorrerá na maior parte das vezes.

É possível, se o caso concreto assim demandar, **mais de uma audiência consensual**, que rá de ser realizada, no máximo, até 2 meses da data de realização da primeira (CPC, art. 334, 2º).

Pelo CPC, **somente não haverá a audiência de conciliação ou mediação** nas seguintes ipóteses (art. 334, § 4º):

I – se ambas as partes manifestarem, expressamente, desinteresse na composição onsensual;

O autor deixará clara essa vontade na petição inicial (CPC, art. 319, VII), e o réu, em petião própria para isso, 10 dias antes da audiência (CPC, art. 334, § 5º).

II – quando não se admitir a autocomposição – por exemplo, nos casos envolvendo a Faenda Pública em que não for possível acordo, tratando-se de direito indisponível (como uma iscussão tributária ainda não pacificada na jurisprudência).

A Lei de Mediação **não prevê** hipótese em que a audiência de mediação não ocorra. Poém, na Lei n. 13.140/2015, há previsão do princípio da autonomia (art. 2º, V) – de modo que, ventualmente, será possível sustentar a não realização da audiência com base nesse princípio.

Em polêmica previsão, o **não comparecimento injustificado da parte à audiência conciliatória** é considerado ato atentatório à dignidade da justiça e sancionado com multa de até 2% da vantagem econômica pretendida ou do valor da causa, revertida em favor da União ou do Estado (CPC, art. 334, § 8º).

As partes deverão comparecer à audiência de conciliação ou mediação **acompanhadas por advogado** (CPC, art. 334, § 9º), sendo possível a **constituição de representante**, desde que om poderes para negociar (art. 334, § 10).

Pelo Código, a **pauta das audiências de conciliação e mediação** será organizada de modo a espeitar o intervalo mínimo de 20 minutos entre o início de cada audiência (CPC, art. 334, § 12).

**Será possível a realização da audiência de conciliação ou mediação por meio eletrônico (CPC, art. 334, § 7º).**

**Se houver acordo** nessa audiência, será reduzido a termo e homologado por sentença (CPC, art. 334, § 11). A Lei de Mediação prevê que, se o **conflito for solucionado pela mediação antes da citação do réu**, não serão devidas custas judiciais finais (art. 29).

### 1.2.8. Outros requisitos da petição inicial para a peça prática, mas não previstos no art. 319

O ideal seria que todos os requisitos da inicial que usualmente constam do gabarito da OAB estivessem no art. 319. Infelizmente não é assim.

Existem **alguns requisitos** que vez ou outra constam do gabarito da prova e que estão **espalhados pelo Código**. É o que se trata neste tópico final relativo à petição inicial.

#### 1.2.8.1. Procuração e endereço do advogado

O art. 77, V, aponta que o **advogado deve indicar seu endereço, no primeiro momento em que falar nos autos**. Ora, o primeiro momento é a petição inicial.

Vale destacar que no cotidiano forense muitas vezes não há preocupação quanto a esse requisito, pois o endereço do advogado já estará na procuração ou mesmo no papel timbrado do escritório.

Assim, quando se elaborar a peça na 2ª fase da OAB (seja a inicial ou qualquer outra peça) conveniente que já no fecho inicial se cumpra esse requisito. A sugestão é que, na peça, quando se fala que a parte está representada por seu advogado, desde logo já se indique o endereço e cumpra esse requisito.

Algo da seguinte forma: "AUTOR (...) vem, respeitosamente perante V. Exa., por meio de seu advogado, com escritório no (endereço) e procuração em anexo".

E nessa frase consta outro elemento importante a indicar na petição inicial: a **procuração**.

Ora, o cliente precisa de advogado. Então, é preciso que a petição inicial esteja acompanhada da procuração, instrumento em que o cliente outorga poderes ao advogado.

### 1.2.8.2. Documentos

Além da procuração, outros documentos podem ter de ser juntados com a petição inicial, relativos ao mérito da causa.

Dispõe o Código que a inicial deve ser acompanhada com os **documentos essenciais à causa** (CPC, art. 320).

Relembre-se que não se deve inovar, mas há documentos que são básicos e fundamentais a determinadas demandas.

Sendo assim, se a hipótese for de uma ação de alimentos, deve ser juntada a certidão de nascimento onde conste o réu como pai. Ou então, se a inicial for de uma execução de título executivo extrajudicial, fundamento mencionar a juntada do título.

Além disso, muitas vezes o enunciado já menciona a existência de determinados documentos, como um contrato de locação, um compromisso de compra e venda, uma escritura, uma troca de *e-mails* entre as partes. Se isso ocorrer, é certo que o candidato deverá mencionar a juntada desses documentos na inicial. Isso pode ser feito simplesmente com a menção de "doc. anexo" (documento anexo). Algo na seguinte linha: *"Conforme contrato de locação celebrado entre as partes (doc. anexo)"*.

### 1.2.8.3. Gratuidade ou recolhimento de custas

Este tema não é algo que aparece em todo gabarito. Porém, vez ou outra é mencionado. Logo, recomendável fazer menção ao tema **gratuidade ou recolhimento de custas**.

Se o problema nada falar a respeito da situação financeira do autor, basta indicar, em algum momento próximo do final da peça, que as custas relativas ao processo estão sendo pagas, juntando as guias recolhidas.

Por sua vez, se o problema apontar que a parte autora tem dificuldades financeiras, deve haver um tópico para que haja a concessão dos benefícios da gratuidade de justiça (CPC, art. 98). Para tanto, basta que, na inicial, na parte dos requerimentos, seja mencionada a dificuldade financeira e se requeiram os benefícios da gratuidade, então não haverá necessidade de fazer menção ao recolhimento das custas.

### 1.2.8.4. Prioridade de tramitação

Alguns litigantes têm o **benefício de prioridade de tramitação**: ou seja, nesses casos, esse processo específico deveria ser mais rápido que os outros.

Se o enunciado mencionar que o autor se enquadra em uma dessas situações, deverá o candidato formular tal requerimento, também na parte final da peça.

O art. 1.048 do CPC regula o assunto, e aponta a prioridade de tramitação nos seguintes casos:

a) em que figure como parte ou interessado pessoa com idade igual ou superior a 60 (sessenta) anos – lembrando que existe ainda uma prioridade adicional para os "superidosos", ou seja, aqueles que têm mais de 80 anos;
b) em que figure como parte ou interessado pessoa portadora de doença grave (assim compreendida qualquer das enumeradas no art. 6º, XIV, da Lei n. 7.713, de 22 de dezembro de 1988);
c) regulados pela Lei n. 8.069, de 13 de julho de 1990 (Estatuto da Criança e do Adolescente);
d) em que figure como parte a vítima de violência doméstica e familiar, nos termos da Lei n. 11.340, de 7 de agosto de 2006 (Lei Maria da Penha).

Deverá o candidato (i) indicar que o autor se enquadra em um desses casos, (ii) mencionar a juntada de documento que prove essa condição (CPC, art. 1.048, § 1º) e (iii) requerer que o benefício seja aplicado, independentemente de deferimento pelo juiz (CPC, art. 1.048, § 4º).

### 1.2.8.5. Intimação do MP como fiscal da ordem jurídica

Em alguns processos, o MP tem de se manifestar, sob pena de nulidade. Isso se dá, por exemplo, nos casos em que há menores.

Sendo essa a hipótese, necessário que se peça a oitiva do MP.

O assunto vem regulado no art. 178 do CPC, devendo o MP ser ouvido nos seguintes casos

I – **interesse público ou social** (algo bastante amplo);

II – interesse de incapaz (a hipótese mais frequente em 2ª fase de OAB);

III – **litígios coletivos pela posse** de terra rural ou urbana.

Nesses casos, basta indicar, nos requerimentos, o seguinte: "Requer a intimação do MP para que se manifeste como fiscal da ordem jurídica, nos termos do art. 178, II, do CPC".

### 1.2.8.6. Forma de citação

O **requerimento de citação não é mais requisito da inicial**.

Mas, se o CPC não prevê a forma de citação como requisito da inicial, por que seria relevante indicar isso na petição inicial?

Esse requisito seria justificado se houver algo no enunciado da peça que indique a **necessidade de um meio específico de prova**.

A forma de citação passou por alteração legislativa em 2021, transformando a citação por meio eletrônico a regra (CPC, art. 246, com a redação da Lei n. 14.195/2021). Mas, na prática, isso ainda está sendo pouco utilizado.

De toda forma, se o caso narrado na prova prática nada mencionar a respeito de alguma limitação de citação, então não haveria necessidade de indicar o meio de citação (mas nada impede que o autor assim faça).

No entanto, se o problema já deixar claro que estamos diante de um caso em que não cabe a citação por meio eletrônico ou por correio (por exemplo, quando o réu for menor – CPC, art. 247, II), interessante que o autor aborde o tema, requerendo a citação por oficial de justiça, considerando ser o réu menor.

Vale destacar que o CPC prevê, no art. 246, **as seguintes formas de citação**:

1) por meio eletrônico (art. 246);
2) por correio (art. 247);
3) por oficial de justiça (art. 249);
4) por escrivão ou chefe de secretaria (se o citando comparecer em cartório – art. 246, III); e
5) por edital (art. 256).

E, especialmente, em relação à citação por oficial ou edital se justifica abrir um tópico nos requerimentos para requerer alguma dessas modalidades de citação.

Como já mencionado, até 2021, a regra era a citação por correio. Porém, a Lei n. 14.195/2021 mudou o CPC para que este passasse a prever como **regra a citação por meio eletrônico**, no seguinte sentido: "a citação será feita preferencialmente por meio eletrônico, no prazo de até 2 (dois) dias úteis, contado da decisão que a determinar (...)".

O art. 246 prevê que mais detalhes sobre o tema serão definidos em "regulamento do Conselho Nacional de Justiça" (CNJ). Para a prova da OAB, recomenda-se requerer a citação por meio eletrônico (com base no art. 246 do CPC) ou a citação por correio – salvo se for das hipóteses em que estes meios de citação não cabem (previstos no art. 247 do CPC).

De qualquer forma, realizada a citação por meio eletrônico, o citando (réu no processo de conhecimento ou executado no processo de execução) deverá confirmar o recebimento da citação eletrônica, em 3 dias úteis, ou seja, mandar um *e-mail* informando que foi citado. Somente se houver essa resposta é que a **citação será válida**.

Se o citando não confirmar o recebimento do ato citatório, então haverá **nova citação** por algum dos outros meios – especialmente por correio ou oficial justiça (CPC, art. 246, § 1º-A).

Por sua vez, se isso ocorrer – ou seja, se realizada a citação por outro meio que não o eletrônico –, deverá o citando "apresentar justa causa para a ausência de confirmação do recebimento da citação enviada eletronicamente" (CPC, art. 246, § 1º-B).

Além disso, no caso de o citando deixar de confirmar no prazo legal, sem justa causa, o recebimento da citação por meio eletrônico, prevê o art. 246, § 1º-C, a imposição de multa de até 5% (cinco por cento) do valor da causa, por ato atentatório à dignidade da justiça.

Já na citação postal, o cartório elabora o mandado de citação, que é enviado ao réu pelo correio. Há a citação por AR (aviso de recebimento) ou ARMP (aviso de recebimento de mão própria, que somente será entregue ao próprio destinatário, e não para outrem, em seu endereço, como ocorre com o AR).

O CPC prevê que a citação de pessoas físicas residentes em condomínios edilícios ou loteamentos com controle de acesso poderá ser feita pelo correio e que a **carta de citação poderá ser entregue a funcionário da portaria** responsável pelo recebimento de correspondência e será válida. Porém, o porteiro poderá se negar a recebê-la se declarar, por escrito e sob as penas da lei, que o destinatário da correspondência está ausente (art. 248, § 4º). Mas a regra é que na citação por correio a pessoas residentes em casas seja feita aos citandos via ARMP.

Já quanto às pessoas jurídicas, válida a **citação por correio recebida pelo porteiro**, ou por quem tiver poderes de gerência (CPC, art. 248, § 4º).

Nas hipóteses em que não for possível a citação por meio eletrônico, por correio ou quando o autor a requerer justificadamente (CPC, art. 247), a citação será feita por **oficial de justiça**. Utiliza-se, ainda, a citação por oficial quando a citação por correio é negativa, ou seja, não teve êxito (CPC, art. 249).

A citação por oficial de justiça é realizada por mandado judicial. O cartório judicial elabora um mandado de citação, que será entregue a um oficial de justiça para que ele dirija ao endereço do réu para pessoalmente citá-lo.

Se requerida a citação por oficial (ou sendo uma das hipóteses em que não cabe citação por correio) e o réu estiver em comarca distinta daquela em que foi ajuizada a demanda, a citação será realizada por carta precatória.

A **citação por hora certa** é realizada por oficial de justiça quando há "suspeita de ocultação" do réu. Cabe quando, por **duas vezes**, o oficial de justiça tiver procurado o citando em seu domicílio ou residência sem o encontrar. Nesse caso, deverá, havendo suspeita de ocultação, intimar qualquer pessoa da família ou, em sua falta, qualquer vizinho de que, no dia útil imediato, voltará a fim de efetuar a citação na hora que designar (CPC, art. 252).

Por fim, a **citação por edital** ocorre basicamente quando o réu estiver em local "ignorado, incerto ou inacessível o lugar em que se encontrar o citando" (CPC, art. 256, II); assim, quando se ignora o paradeiro do réu, esta é a modalidade de citação realizada.

Prevê o CPC que o **réu será considerado em local ignorado ou incerto se infrutíferas as tentativas de sua localização**, inclusive mediante requisição pelo juízo de informações sobre seu endereço nos cadastros de órgãos públicos ou de concessionárias de serviços públicos (art. 256, § 3º).

Ou seja, só haverá a citação por edital se o autor efetivamente tentar encontrar o réu (por meio de diligências, pela expedição de ofícios para tentar encontrar algum endereço do réu por meio de consulta em órgãos públicos, empresas de telefonia, cartório eleitoral, Banco Central, Detran etc.).

Deferida essa forma de citação, será elaborado um edital para ser publicado na internet – no *site* do tribunal e do CNJ (CPC, art. 257, II) –, à custa do autor.

O requerimento de citação pode ser assim formulado:

> "Requer a citação do réu, por correio, para que, querendo, apresente defesa no prazo legal".
>
> "Requer a citação do réu, por mandado a ser cumprido por oficial de justiça, para que apresente sua contestação, sob pena de revelia".

## 2. COMPETÊNCIA, LITISCONSÓRCIO E INTERVENÇÃO DE TERCEIRO

### 2.1. Jurisdição e competência

Este tema é relevante tanto para a peça quanto para as questões.

Para a peça, será a primeira linha a ser elaborada em todas as iniciais, e da mesma forma pode balizar o endereçamento em outros casos.

Em relação às questões, o tema pode aparecer tanto para se indicar qual o correto local para ajuizamento de uma demanda como para que se indique quais as consequências de um ajuizamento equivocado.

### 2.1.1. Jurisdição

A jurisdição, de forma ampla, é o poder estatal de **decidir um caso concreto**.

Apesar de a jurisdição ser una e indivisível como função estatal, existem algumas classificações.

Por questões de conveniência e melhor divisão do trabalho entre os magistrados, não é todo juiz do Brasil que julgará toda e qualquer causa.

Dessa forma, há uma **especialização conforme a matéria debatida em juízo**. No atual sistema constitucional brasileiro, a divisão existente é a seguinte:

| | |
|---|---|
| **Justiça especializada** (extraordinária) | Eleitoral (CF, art. 118) |
| | Trabalhista (CF, art. 111) |
| | Penal Militar (CF, art. 122) |
| **Justiça comum** (ordinária) | Federal (CF, art. 109, I) |
| | Estadual (CF, art. 125) |

A partir da **natureza da lide debatida**, deve-se analisar se a questão é da competência de uma das três Justiças Especializadas (Eleitoral, Trabalhista ou Penal Militar). Se não for, conclui-se se tratar de causa de competência da Justiça Comum (Federal ou Estadual).

Em 2ª fase Civil de OAB, a grande maioria das questões se refere à **Justiça Estadual**. Poucas perguntas referem-se à **Justiça Federal**. E basicamente não há questões da Justiça Especializada (vez ou outra há menção a algo que tramitou na Trabalhista, por exemplo).

Na Justiça Comum, deve-se analisar se algum **ente federal é parte do processo** (CF, art. 109, I: União, autarquias, fundação ou empresas públicas federais): se for, a competência será da Justiça Federal; se não for, a competência será da Justiça Estadual.

Como exemplo de autarquias federais, INSS. Como exemplo de empresas públicas federais, Caixa Econômica Federal e Correios (já houve perguntas de 2ª fase envolvendo essas duas empresas).

Atentar para o fato de que não estão no art. 109, I, as **sociedades de economia mista**. Assim, quando se estiver diante da Petrobras ou do Banco do Brasil (empresas que têm ações em bolsa), então a competência NÃO É da Justiça Federal, mas sim, de forma residual, da Justiça Estadual. A confirmar essa posição, a Súmula 42/STJ ("Compete à Justiça Comum Estadual processar e julgar as causas cíveis em que é parte sociedade de economia mista e os crimes praticados em seu detrimento").

A divisão não se dá somente em 1º grau. Os recursos da Justiça Estadual vão para o Tribunal de Justiça (TJ), sendo que há TJs em todos os Estados do Brasil e DF. Por sua vez, os recursos da Justiça Federal são julgados por um Tribunal Regional Federal (TRF), sendo que atualmente há cinco no Brasil.

Os Tribunais Regionais Federais são os seguintes: **1ª Região**, com sede em Brasília: Estados do Norte, BA, PI, MA, MG, DF, GO e MT; **2ª Região**, com sede no Rio de Janeiro: RJ e ES; **3ª Região**, com sede em São Paulo: SP e MS; **4ª Região**, com sede em Porto Alegre: RS, SC e PR; e **5ª Região**, com sede em Pernambuco: AL, CE, PB, PE, RN e SE.

Além disso, o art. 98 da CF traz a previsão dos Juizados Especiais, para as causas cíveis de menor complexidade.

Atualmente existem 3 Juizados:

a) **Juizados Especiais Cíveis** (JEC – Lei n. 9.099/95): inserem-se no âmbito da Justiça Estadual; a parte autora pode optar pelo seu uso (ou pela vara cível tradicional) se a causa tiver o valor de até 40 salários mínimos;
b) **Juizados Especiais Federais** (JEF – Lei n. 10.259/2001): inserem-se no âmbito da Justiça Federal; a competência é absoluta para as demandas de valor da causa de até 60 salários mínimos;
c) **Juizados Especiais das Fazendas Públicas Estadual** (JEFP – Lei n. 12.153/2009): inserem-se no âmbito da Justiça Estadual, a competência é absoluta as causas envolvendo Estados, Municípios e demais entes, nas demandas de valor da causa de até 60 salários mínimos.

### 2.1.2. Competência

Competência é a **medida ou a parcela da jurisdição**. Assim, apesar de todo juiz ser investido na jurisdição, cada magistrado tem uma parte da jurisdição, para julgar determinadas causas – que é, exatamente, a competência.

Assim, tem-se que a **jurisdição** é o poder de dizer (aplicar) o direito a uma lide, ao passo que a **competência** é a divisão desse poder, entre diversos juízos.

Existem diversos critérios para a classificação da competência.

Em relação ao **juiz brasileiro ou juiz estrangeiro**, há **competência concorrente** quando o juiz brasileiro e o juiz de outro país podem tratar da matéria (CPC, arts. 21 e 22). Isso ocorre nas seguintes situações: (i) réu, qualquer que seja a sua nacionalidade, domiciliado no Brasil; (ii) a obrigação tiver de ser cumprida no Brasil; (iii) o fundamento da demanda seja fato ocorrido ou de ato praticado no Brasil; (iv) ação de alimentos, se o autor for domiciliado ou residente no Brasil ou se o réu tiver algum vínculo no Brasil (bens, renda ou benefícios econômicos); (v) ação envolvendo relação de consumo, e o consumidor for domiciliado ou residente no Brasil; e (vi) ação em que as partes se submetem à jurisdição nacional (ou seja, quando há o processo no Brasil e não há impugnação pelo réu, ainda que não se esteja diante de uma das hipóteses anteriores).

Nestes casos, a decisão estrangeira, para ser executada no Brasil, deve inicialmente passar pelo procedimento de **homologação de decisão estrangeira** (CPC, arts. 960 e s.), procedimento de competência exclusiva do STJ (CPC, art. 960, § 2º, e CF, art. 105, I, *i*).

Além disso, fala-se em **competência exclusiva** quando somente o juiz brasileiro pode tratar da matéria (CPC, art. 23). Verifica-se nas seguintes hipóteses: (i) ações relativas a imóveis situados no Brasil; (ii) ações relativas à sucessão hereditária, para proceder à confirmação de testamento particular e ao inventário e à partilha de bens situados no Brasil, ainda que o autor da herança seja de nacionalidade estrangeira ou tenha domicílio fora do território nacional. Nesses casos, sempre terá de existir um processo perante um juiz brasileiro; e (iii) em divórcio, separação judicial ou dissolução de união estável, para proceder à partilha de bens situados no

Brasil, ainda que o titular seja de nacionalidade estrangeira ou tenha domicílio fora do território nacional. Nesses casos, tal qual no anterior, sempre terá de existir um processo perante um juiz brasileiro.

Há histórico de algumas questões na 2ª fase envolvendo competência exclusiva ou concorrente entre juiz brasileiro e estrangeiro.

### 2.1.2.1. Tipos e espécies de competência

Os dois tipos são a **competência absoluta**, fundada em interesse público, que não pode ser alterada por vontade das partes, e a **competência relativa**, fundada no interesse das partes, e que pode ser alterada se estas assim quiserem.

Como espécies da competência absoluta há:

> **(i)** competência em **razão da matéria**: Justiça Federal, Estadual ou Trabalhista. Vara Cível, Criminal ou Família;
>
> **(ii)** competência em **razão da pessoa**: o fato de ente federal participar do processo influencia na fixação da competência (União, empresa pública federal, autarquia federal, fundação federal e ainda conselhos de fiscalização profissional, como a OAB);
>
> **(iii)** competência em **razão da função** ou **competência hierárquica**: competência originária em 1º grau (regra) ou em grau superior.

No caso das três espécies de competência absoluta, ainda que haja contrato entre as partes escolhendo que a lide seja solucionada por outro órgão judiciário, isso não será aceito pelo juiz (exatamente porque se trata da competência absoluta, em que não há liberdade das partes para alterá-la).

Como espécies da competência relativa há:

> **(i)** competência **territorial**: São Paulo ou Rio de Janeiro.
>
> **(ii)** competência **em razão do valor**: Juizado Especial ou Vara tradicional.

Nestes casos, diferentemente do que se expôs em relação à competência absoluta, é possível falar em **foro de eleição**: podem as partes optar, em contrato, por um órgão judiciário situado em comarca distinta daquela prevista em lei como a territorialmente competente. Exatamente porque essa competência se funda no interesse das partes.

Em razão da alteração promovida pela Lei n. 14.879/2024 no § 1º do art. 63 do CPC e inclusão do § 5º no referido dispositivo legal, a eleição de foro deverá **guardar pertinência** com o *domicílio ou residência de uma das partes* ou, ainda, com o *local da obrigação*.

A propositura de ação em **juízo aleatório** (ou seja, sem vinculação com o domicílio das partes ou com o negócio jurídico discutido na demanda) constitui prática abusiva que justifica a declinação de competência, até mesmo de ofício, pelo Juiz (CPC, art. 63, § 5º).

Portanto, se um contrato envolver partes que residem em uma cidade, não será possível escolher, como foro de eleição, um local que não envolva essa cidade ou o local de cumprimento da obrigação. Ou seja, agora a liberdade das partes para fixar o foro de eleição é bem mais restrita do que antes. Essa inovação tem grande probabilidade de ser pedida, seja na peça prática, seja nas questões.

Em relação às espécies acima indicadas, as mais debatidas em exames de ordem são a competência absoluta em razão da matéria e da pessoa e a competência relativa territorial.

> Portanto, a **competência absoluta**, fundada em razões de ordem pública, é dividida em razão da matéria, pessoa e hierarquia ou função. Já a **competência relativa**, fundada no interesse das partes, é dividida em razão do território e do valor.

Conforme o tipo de competência (absoluta ou relativa), há distinções em relação às consequências para o processo. E isso é importante especialmente em relação às **situações de incompetência**. Há diversas questões de 2ª fase que tratam desse tema.

No quadro a seguir, verificam-se as distinções entre os tipos de competência (absoluta e relativa) em relação a três situações: (i) se o juiz pode se reconhecer como incompetente de ofício, (ii) como a parte pode alegar a incompetência e, (iii) caso a parte não alegue a incompetência no momento esperado, qual a consequência para o processo.

É certo que esse quadro não pode ser levado para a prova; porém, da análise do Código (artigos indicados abaixo), é plenamente possível elaborar esse mesmo quadro durante a prova (só não se deve perder muito tempo nisso).

| Tipo de competência/ distinções | Conhecimento de ofício pelo juiz (ou a parte precisa provocar?) | Forma de arguição pelo réu | Consequências da não arguição |
|---|---|---|---|
| Absoluta | Sim, de ofício (CPC, art. 64, § 1º) | Preliminar de contestação (CPC, art. 64) | ▪ Pode ser alegada/conhecida a qualquer tempo e grau de jurisdição (CPC, art. 64, § 1º)<br>▪ Após coisa julgada, cabe rescisória (CPC, art. 966, II) |
| Relativa | Não, a parte precisa provocar* (CPC, art. 65) | Preliminar de contestação (CPC, art. 64) | Prorrogação da competência (CPC, art. 65) |

Em relação ao **conhecimento de ofício da incompetência relativa** pelo juiz (assinalado com * no quadro acima), há uma **exceção** (CPC, art. 63, § 3º). Tratando-se de situação em que há eleição de foro, com cláusula abusiva, poderá o juiz, de ofício, declarar que a cláusula é ineficaz, remetendo os autos ao juízo do foro do domicílio do réu. Como exemplo (mas não a única situação), em relação de consumo, cláusula de eleição de foro em prejuízo do consumidor.

> Destaque-se, quanto à forma de impugnar a incompetência, que, qualquer que seja o tipo, o meio para alegar isso é a **preliminar de contestação**.

### 2.1.2.2. Critérios para fixação da competência territorial

É fundamental, para não errar a competência ao se elaborar a petição inicial, que sejam bem conhecidas as regras de fixação de competência territorial.

Existem duas regras gerais (CPC, arts. 46 e 47) e uma série de exceções, tanto no CPC (artigos seguintes) como em leis extravagantes.

As **duas regras gerais** de competência territorial são as seguintes:

**(i)** na hipótese de **direito pessoal** ou **direito real sobre móveis**, a competência para o julgamento da causa será o foro do domicílio do réu (CPC, art. 46);

**(ii)** tratando-se de **direito real sobre imóveis**, competente para julgar a lide será o foro do local da coisa (CPC, art. 47).

Ademais, como dito, além dessas duas regras gerais, existem diversas **exceções**.

No CPC, o tema é tratado nos arts. 48 e 53:

☐ **no inventário, partilha, arrecadação, cumprimento de disposições de última vontade ou impugnação de partilha extrajudicial:** foro do último domicílio do falecido – mesmo foro competente para todas as ações em que o espólio for réu (CPC, art. 48);

☐ quando o **réu for incapaz**: foro do domicílio de seu representante ou assistente (CPC, art. 50);

☐ no **divórcio (e ações correlatas)**: a) foro do domicílio do guardião do filho incapaz (ou seja, do domicílio de quem tiver a guarda do incapaz); b) se não houver filho incapaz, do último domicílio do casal; c) se nenhum dos cônjuges morar no antigo domicílio do casal, no domicílio do réu (CPC, art. 53, I). Assim, **não** existe mais a previsão de que o divórcio será no domicílio da mulher;

☐ no caso de ações cíveis decorrentes de **violência doméstica e familiar**, o domicílio da vítima, com base em demandas ligadas à Lei n. 11.340/2006, a "Lei Maria da Penha" (CPC, art. 53, I, *d*, **inserido pela Lei n. 13.894/2019**),

☐ na **ação de alimentos**: foro do domicílio de quem pleiteia alimentos (CPC, art. 53, II);

☐ na ação envolvendo o **Estatuto do Idoso** (Lei n. 10.741/2003), na residência do idoso (CPC, art. 53, III, *e*);

☐ nas ações de **reparação de danos**, no lugar do ato ou fato (CPC, art. 53, IV, *a*);

☐ nas indenizações decorrentes de **acidente de veículo (inclusive aeronave) ou dano decorrente de delito**: foro do local do fato ou do domicílio do autor (CPC, art. 53, V);

☐ nas lides envolvendo **relações de consumo**: foro do domicílio do consumidor (CDC, art. 101, I);

☐ nas **ações de despejo**, se não houver foro de eleição: foro do local do imóvel (Lei n. 8.245/91, art. 58, II).

### 2.1.2.2.1. Alterações da competência

Em regra, tem-se a *perpetuatio jurisdictionis*, ou seja, a **competência é fixada no momento do registro ou distribuição da inicial**, sendo irrelevantes as posteriores alterações que porventura ocorram (CPC, art. 43). Contudo, por questões de celeridade e conveniência, algumas vezes é possível que haja a modificação da competência.

Porém, o próprio art. 43 do CPC, que prevê a *perpetuatio*, traz exceções: haverá a redistribuição se (i) houver supressão do órgão judiciário perante o qual tramitava a causa ou (ii) houver alteração da competência absoluta (matéria, pessoa ou hierarquia/função).

Por sua vez, a competência pode ser alterada se houver **conexão** (duas ou mais demandas que têm a mesma causa de pedir ou o pedido – CPC, art. 55) ou **continência** (duas ou mais demandas em que há identidade de partes e de causa de pedir, mas o pedido de uma é mais amplo que o das demais – CPC, art. 56).

A consequência da conexão é a **reunião dos processos**, para que haja julgamento conjunto. Porém, **só haverá a reunião** de processos se ambos estiverem no mesmo grau de jurisdição (CPC, art. 55, § 1º).

Inova o CPC ao trazer situações concretas e afirmar que nelas há conexão (**conexão legal** – CPC, art. 55, § 2º): (i) execução de título executivo extrajudicial e processo de conhecimento relativo à mesma dívida e (ii) execuções fundadas no mesmo título executivo.

Outra inovação do CPC é a possibilidade de **reunião de processos semelhantes**, mesmo que não haja conexão (CPC, art. 55, § 3º).

Como **consequência da continência** (CPC, art. 57), pode haver (i) a reunião dos processos ou (ii) a extinção de um deles (inovação na legislação).

Se a situação de conexão ou continência determinar a reunião das demandas, a **prevenção** é que determinará qual o juízo responsável pelo julgamento de ambas as demandas, ou seja, o **juiz que primeiro tiver tido contato com a lide**, pela distribuição ou registro (CPC, art. 59).

Utiliza-se o **conflito de competência** se um ou mais juízes entenderem que são competentes ou incompetentes para julgar a mesma causa (CPC, art. 66). O conflito será usado se houver dúvida entre dois ou mais juízes a respeito de quem deverá julgar a causa (por força de conexão, continência, prevenção, acessoriedade).

O conflito pode ser suscitado pelo juiz, MP ou partes (CPC, art. 951), e será **negativo** (os dois juízes entendem que são incompetentes para julgar a causa) ou **positivo** (os dois juízes entendem que são competentes para julgar a causa).

Com essas informações e, especialmente, com o CPC bem estudado na mão, o candidato que fizer a prova de 2ª fase tem total condição de acertar questões que envolvam competência.

## 2.2. Litisconsórcio

Entende-se por litisconsórcio a situação em que há **pluralidade de partes** na relação jurídica processual, em qualquer dos polos.

O tema pode ser pedido na peça ou, principalmente, em relação às classificações, nas questões.

Existem diversas classificações envolvendo o litisconsórcio. A divisão se dá pelo critério para classificar o litisconsórcio.

a) Quanto ao **polo** da relação processual (CPC, art. 113, *caput*):

(i) **litisconsórcio passivo:** aquele em que existem, no mesmo processo, dois ou mais réus;

(ii) **litisconsórcio ativo:** verifica-se quando há, no mesmo processo, dois ou mais autores;

(iii) **litisconsórcio misto** ou **recíproco:** situação na qual, ao mesmo tempo, há mais de um autor e mais de um réu.

b) Quanto ao **momento** de formação do litisconsórcio:

(iv) **litisconsórcio originário** ou **inicial:** aquele formado desde o início da demanda, já indicado na petição inicial;

(v) **litisconsórcio superveniente**, **incidental** ou **ulterior:** o qual é formado em momento posterior ao início da demanda.

c) quanto à **necessidade de existência** do litisconsórcio:

**(vi) litisconsórcio facultativo:** situação na qual há pluralidade de litigantes por opção das partes (ou seja, apesar de existir, o litisconsórcio não é obrigatório para a validade do processo);

**(vii) litisconsórcio necessário:** situação na qual há pluralidade de litigantes porque a lei ou a relação jurídica objeto do litígio assim determinam (ou seja, o litisconsórcio é obrigatório sob pena de extinção do processo sem resolução do mérito);

**(viii) litisconsórcio multitudinário, plúrimo** ou **múltiplo:** situação na qual há grande número de litisconsortes ativos facultativos em um processo judicial. Neste caso, o Código permite que o juiz desmembre o processo, criando vários outros com um número menor de autores (CPC, art. 113, § 1º).

d) quanto à **necessidade de mesma decisão** para os litisconsortes:

**(ix) litisconsórcio comum** ou **simples:** situação na qual a decisão de mérito não necessariamente será a mesma para os litisconsortes;

**(x) litisconsórcio unitário:** situação na qual a decisão de mérito deverá ser a mesma para os litisconsortes, invariavelmente (CPC, art. 116).

Usualmente, o **litisconsórcio necessário** é unitário e, da mesma forma, em regra o **litisconsórcio facultativo** é comum. Contudo, necessariedade e unitariedade não são sinônimos, e facultatividade e simplicidade também não, de modo que – ainda que não seja o mais usual – é possível um litisconsórcio facultativo e unitário ou necessário e comum.

Todo litisconsórcio pode ser classificado sob esses quatro critérios acima apontados. Já houve questão em que a banca pediu exatamente que um litisconsórcio apresentado no enunciado fosse classificado – mas não se apontou com base em *qual critério*. Ao sair o gabarito, o examinador apenas apontou os critérios (c) e (d) acima indicados... Ora, a pergunta foi incompleta. De qualquer modo, caso haja nova questão nesses moldes, sugere-se apresentar as quatro classificações.

Por fim, vale destacar que os litisconsortes serão considerados **litigantes distintos**. Porém, afirma o CPC que isso não se aplica no **litisconsórcio unitário**, momento em que os "atos e as omissões de um não prejudicarão os outros, mas os poderão beneficiar" (CPC, art. 117).

## 2.3. Intervenção de terceiros

Este tema é mais frequente na 1ª fase (na qual existem muitas questões) do que na 2ª fase. Mas, ainda assim, há um grande número de questões acerca do tema. Não se trata de tema frequente na peça, mas no passado já houve peça em que havia necessidade de contestar e denunciar da lide.

A finalidade da intervenção de terceiro é clara: permite que **terceiro (ou seja, alguém que não é o autor ou o réu) passe a participar da relação processual.**

Existem duas modalidades de intervenção no sistema processual:

▪ **intervenção espontânea:** aquela em que o terceiro, que está fora do processo, espontaneamente busca seu ingresso em determinada demanda;

☐ **intervenção provocada:** aquela na qual uma das partes litigantes (autor ou réu) busca trazer o terceiro para o processo.

 No CPC:
a) são intervenções espontâneas: (i) assistência; e (ii) *amicus curiae*;
b) são intervenções provocadas: (i) denunciação; (ii) chamamento; (iii) incidente de desconsideração da personalidade jurídica e (iv) *amicus curiae*.

Além das cinco figuras de intervenção de terceiro previstas especificamente no Código no capítulo destinado a esse tema, existem também outras situações em que o terceiro pode participar, como no caso de embargos de terceiro (art. 674) e oposição (art. 682 – e, vale destacar, no CPC anterior a oposição estava inserida exatamente no capítulo das intervenções, estando agora no capítulo dos procedimentos especiais). Além disso, pode o réu buscar a substituição do polo passivo, buscando ser excluído com o ingresso de outro réu (CPC, arts. 338 e 339).

### 2.3.1. Assistência

Na **assistência**, terceiro busca seu ingresso no processo para auxiliar o assistido (seja o autor, seja o réu).

Contudo, para que a assistência seja possível, é necessário existir **interesse jurídico**, e não meramente interesse econômico ou moral (CPC, art. 119).

Quanto ao **cabimento**, a assistência cabe em qualquer procedimento e em todos os graus de jurisdição, mas o assistente receberá o processo no estado em que ele se encontra, ou seja, não se voltará a uma fase anterior para que o assistente possa realizar algum ato (CPC, art. 119, parágrafo único). Como a assistência está inserida na Parte Geral do Código, é de concluir que, a partir do CPC, também será admitida no processo de execução.

Quanto ao **procedimento**, o terceiro atravessará uma petição pleiteando seu ingresso no feito. Se a parte contrária do assistido ou mesmo o assistido não concordarem com o pedido de ingresso do assistente, caberá impugnação, sem suspender o processo – a ser ofertada em 15 dias (o prazo agora é maior – CPC, art. 120). Além disso, pode o juiz, de plano, rejeitar o ingresso do assistente, especialmente se clara a ausência de interesse jurídico (CPC, art. 120, parte final).

Da decisão quanto ao ingresso do assistente, é cabível o **recurso** de agravo de instrumento (CPC, art. 1.015, IX).

Existem duas modalidades de assistência:

1) **Assistência simples** ou **adesiva** (CPC, arts. 121 a 123): o assistente não dispõe da lide, ou seja, o assistente não pode ir além do que fizer o assistido. Assim, se o assistido não recorrer, não pode o assistente fazê-lo; não pode o assistente se opor à desistência ou reconhecimento do pedido assistido.

A decisão a ser proferida influenciará a relação jurídica existente entre assistente e assistido. É o exemplo do sublocatário.

O assistente simples não é parte, por isso não é coberto pela coisa julgada, mas por uma estabilização distinta denominada justiça da decisão, que eventualmente poderá ser afastada (CPC, art. 123).

**2) Assistência litisconsorcial** (CPC, art. 124): o assistente dispõe da lide, ou seja, o assistente pode ir além do que fizer o assistido. Logo, se não houver recurso do assistido poderá o assistente recorrer; se o assistido desistir do processo, pode prosseguir o assistente.

A decisão a ser proferida influenciará a relação jurídica entre o assistente e a parte contrária do assistido. Como exemplo, uma ação possessória envolvendo um imóvel que é um condomínio; se houver o ajuizamento por parte de apenas um dos condôminos, o outro poderá ingressar no feito como assistente litisconsorcial.

O art. 124 afirma expressamente que o assistente litisconsorcial é "litisconsorte da parte principal". Assim, diferentemente do assistente simples, o assistente litisconsorcial é parte (litisconsórcio superveniente). Poderia ter sido desde o início, mas não o foi.

### 2.3.2. Denunciação da lide

Esta é, sem dúvida, a intervenção de terceiro mais pedida na 2ª fase. Com frequência há questões que indagam "como se ressarcir do prejuízo com a empresa que é responsável pelo dano" ou algo semelhante.

A denunciação da lide tem por finalidade fazer com que terceiro venha a litigar em conjunto com o denunciante, e, se houver a condenação deste, **o denunciado ressarcirá o prejuízo do denunciante**.

Ou seja, como se pode perceber é, na realidade, uma **ação de regresso** – a qual tramita em conjunto com a ação principal. E por isso tão frequente em 2ª fase, pois se trata de uma importante modalidade de intervenção.

No CPC a denunciação **é admissível** e não obrigatória (art. 125, *caput*). Assim, se a denunciação for indeferida, não for proposta ou não for permitida, não há problema: sempre será possível utilizar ação autônoma (CPC, art. 125, § 1º).

Pela legislação (CPC, art. 125), duas são as hipóteses em que é cabível a denunciação:

> **(i)** O comprador pode denunciar o vendedor na hipótese de evicção (CC, art. 447 – ou seja, se "A" vende para "B" um imóvel e, posteriormente, "C" ingressa em juízo contra "B" afirmando que o imóvel é seu, "B" pode denunciar "A" – que terá de indenizar "B" se o pedido de "C" for procedente e a denunciação for acolhida). Essa hipótese já foi objeto de questão de 2ª fase.
>
> **(ii)** O réu pode denunciar aquele que tem obrigação de indenizar, por força de lei ou contrato (o exemplo típico é o réu em uma ação indenizatória acionar sua seguradora) – esta a hipótese mais frequente nas questões da 2ª fase.

Cabe a **denunciação pelo autor**, realizada na petição inicial, hipótese em que o denunciado pode passar a ser litisconsorte ativo do denunciante e aditar a inicial (CPC, art. 127).

A **denunciação pelo réu** (a mais comum) é realizada na contestação. E o CPC prevê três possibilidades (art. 128):

> **(i)** o denunciado contesta o pedido do autor (nesse caso, a demanda principal terá, de um lado, o autor e, do outro, em litisconsórcio, o denunciante [réu original] e o denunciado);

**(ii)** denunciado revel em relação à denunciação, ou seja, o denunciado se abstém de contestar a denunciação [nessa hipótese, para o denunciado, há revelia em relação à denunciação e o denunciante, réu na ação principal, poderá (a) prosseguir normalmente com a sua defesa apresentada na ação principal ou (b) abrir mão dessa defesa na ação principal e prosseguir apenas com a busca da procedência da denunciação, de modo a transferir para o denunciado a provável condenação da ação principal];

**(iii)** o denunciado confessa o alegado na ação principal, ou seja, o denunciado admite como verdadeiros os fatos narrados pelo autor na petição inicial da ação principal [nesse caso, surge a possibilidade de o denunciante (a) prosseguir normalmente com a sua defesa apresentada na ação principal ou (b) abrir mão dessa defesa na ação principal, para prosseguir apenas com a busca da procedência na ação de regresso].

A **sentença**, ao final, julgará o pedido e a denunciação ao mesmo tempo. Se o denunciante for vencido na ação principal, passa o juiz à análise da denunciação (CPC, art. 129). Se o denunciante for vencedor na ação principal, então a denunciação não será analisada, por falta de interesse de agir – mas haverá custas e honorários em favor do denunciado (CPC, art. 129, parágrafo único – inovação do CPC).

Assim, no caso de procedência da ação e da denunciação do réu, tem-se que a sentença condena o réu a ressarcir o autor e também condena o denunciado a ressarcir o denunciante. Nessa situação, pode o autor requerer o **cumprimento da sentença contra o denunciado**, nos limites da condenação na ação de regresso. Trata-se de inovação do CPC (art. 128, parágrafo único).

### 2.3.3. Chamamento ao processo

Esta intervenção usualmente é confundida, na hora das provas e concursos, com a denunciação. Mas, com a análise do caso concreto e do CPC, não se pode confundir as duas figuras de intervenção.

O chamamento ao processo tem por finalidade fazer com que **terceiros (outros devedores solidários) venham a litigar em conjunto com o chamante**. A principal distinção entre o chamamento e a denunciação é que neste não há a necessidade de provar que o terceiro também é responsável pelo débito (diferentemente da denunciação, em que há uma verdadeira ação de regresso). Ou seja, aceito o chamamento, já é certo que haverá responsabilização do chamado.

As hipóteses de cabimento do chamamento são as seguintes (CPC, art. 130):

**(i)** do devedor principal (afiançado), quando apenas o fiador tiver sido colocado no polo passivo (situação frequente, na qual o fiador chama o locatário que não pagou o aluguel);

**(ii)** dos demais fiadores, quando apenas um fiador tiver sido colocado no polo passivo (basta pensar, também, em dois fiadores no contrato de locação, mas apenas um é acionado);

**(iii)** dos demais devedores solidários, quando apenas um tiver sido colocado no polo passivo.

Como se pode perceber das três hipóteses, o chamante é responsável pelo débito, mas também existem outros responsáveis (devedores **solidários**, fiadores, devedor principal).

Só cabe o **chamamento pelo réu**, e a intervenção deverá ser apresentada pelo réu na contestação (CPC, art. 131).

A sentença que julgar procedente o pedido em face do réu-chamante também será **título executivo para que aquele que pagar o débito possa exigi-lo** do devedor principal ou dos demais codevedores, na proporção que couber a quem pagou (CPC, art. 132).

### 2.4. Incidente de desconsideração da personalidade jurídica

O IDPJ surgiu com o atual CPC. E já encontrou seu lugar de destaque na 2ª fase: com frequência há questões a respeito dessa forma de intervenção de terceiro.

Essa modalidade de intervenção é o procedimento necessário para que **permita a desconsideração da personalidade jurídica**, ou seja, para se chegar ao patrimônio dos sócios, quando nada se encontra na PJ.

É cabível em todas as fases do processo de conhecimento, no cumprimento de sentença e na execução de título executivo extrajudicial (CPC, art. 134). O incidente é usado tanto na desconsideração da personalidade da pessoa jurídica, para se chegar aos bens do sócio, como na desconsideração da personalidade do sócio, para se chegar nos bens da pessoa jurídica (a chamada **desconsideração inversa** – CPC, art. 133, § 2º).

O requerimento do incidente de desconsideração deverá demonstrar o preenchimento dos requisitos legais para a desconsideração (a saber: CDC, art. 28, ou CC, art. 50). Considerando que o CPC se aplica subsidiariamente ao processo do trabalho, a rigor técnico o incidente deve ser também aplicado na Justiça do Trabalho.

A instauração do incidente suspenderá o processo (CPC, art. 134, § 2º).

O CPC prevê que, instaurado o incidente, o sócio ou a pessoa jurídica serão citados para se manifestar e requerer as provas cabíveis em até 15 dias (CPC, art. 135).

Concluída a instrução, se necessária, o incidente de desconsideração da personalidade jurídica será resolvido por decisão interlocutória, de modo que cabível agravo de instrumento (CPC, art. 1.015, IV); se a decisão for proferida pelo relator, caberá agravo interno (CPC, art. 136).

É possível que, desde a petição inicial do processo de conhecimento já se pleiteie a desconsideração da personalidade jurídica. Nesse caso, não haverá necessidade de incidente, pois o tema será debatido no próprio processo principal. Assim, portanto, não será o caso de suspensão do processo (CPC, art. 134, § 3º).

Acolhido o pedido de desconsideração, eventual alienação ou oneração de bens será considerada **fraude de execução**, será ineficaz em relação ao requerente (CPC, art. 137).

### 2.5. *Amicus curiae*

O CPC passa a regular a figura do *amicus curiae* ou **"amigo da Corte"**. A proposta é que esse terceiro, **defendendo uma posição institucional**, intervenha para apresentar argumentos e informações proveitosas à apreciação da demanda.

O magistrado, considerando a relevância da matéria, a especificidade do tema objeto da demanda ou a repercussão social da controvérsia, poderá, por decisão irrecorrível, de ofício ou a requerimento das partes – ou de quem pretenda ser o *amicus curiae* –, solicitar ou admitir a participação de pessoa natural ou jurídica, órgão ou entidade especializada, com representatividade adequada, no prazo de 15 dias de sua intimação (CPC, art. 138).

Vale destacar que o **interesse do amigo da Corte não é jurídico**, mas institucional, moral, político, acadêmico, intelectual ou outro.

O grande objetivo do *amicus curiae* é **qualificar o contraditório**.

Admitido o amigo da Corte, o juiz definirá quais são seus **poderes** (CPC, art. 138, § 2º). A lei apenas prevê que o *amicus curiae* não poderá recorrer, salvo para embargar de declaração e no caso de julgamento do incidente de resolução de demandas repetitivas, quando, portanto, admissíveis outros recursos (CPC, art. 138, §§ 1º e 3º).

Não se trata, ao menos até o momento, de uma intervenção frequente em 1ª fase.

## 3. VISÃO GERAL DOS PROCEDIMENTOS ESPECIAIS

### 3.1. Cabimento dos procedimentos especiais

Como exposto no início do item 1 da seção "Direito Processual Civil", definido que deve ser utilizado o processo de conhecimento, o próximo passo é avaliar **qual procedimento deve ser escolhido**: comum ou especial?

A escolha é por **exclusão**: se houver procedimento especial, este é que será utilizado; se não houver, a solução é via procedimento comum.

Mas onde encontrar os procedimentos especiais? Eles estão previstos tanto no CPC quanto em legislação extravagante. A vantagem de se estar na 2ª fase é que é possível pesquisar o assunto no *Vade Mecum*. E Códigos especializados – por exemplo, o da Saraiva, organizado pelos coautores deste livro – trazem quadros indicando exatamente quais são as leis mais pedidas com maior frequência na 2ª fase da OAB.

Entre os procedimentos especiais mais frequentes na 2ª fase da OAB estão: reintegração de posse, monitória, locação e locação. Os dois primeiros, previstos no CPC; os dois últimos, em legislação extravagante (Leis n. 8.245/91 e 5.478/68, respectivamente).

Caso não haja lei específica, basta ir ao índice do CPC para verificar a existência de procedimentos especiais previstos no Código, que podem ser de jurisdição contenciosa ou voluntária (em que há lide) ou de jurisdição voluntária (em que não há lide, mesmo assim há necessidade de intervenção do Judiciário, como no caso de divórcio consensual).

### 3.2. Procedimentos especiais na 2ª fase da OAB

Considerando a possibilidade de consulta à legislação, é muito mais fácil ao candidato enfrentar procedimentos especiais na 2ª fase do que na 1ª: isso porque **obrigatoriamente há previsão legal acerca do procedimento especial**.

Assim, se é necessário memorizar procedimentos especiais na 1ª fase, para a 2ª fase o mais importante é **identificar os procedimentos especiais**. E, uma vez identificados, elaborar a peça ou responder à questão. Ou seja, algo muito mais tranquilo. Por esse motivo, este tópico – até por força de limitações de espaço para o livro – traz apenas uma visão geral dos procedimentos especiais, para que o candidato saiba identificar os principais procedimentos especiais e para que, no momento da prova, possa tranquilamente encontrar na legislação os detalhes relativos ao procedimento em questão.

No que se refere às peças práticas, em regra os procedimentos especiais se referem a petições iniciais, então o que se precisa fazer é compatibilizar tudo o que neste livro foi dito da inicial (item 1 da seção "Direito Processual Civil") com o procedimento especial específico.

## 3.3. Jurisdição contenciosa e voluntária

Em regra, quando há algum debate perante o Judiciário, **existe um conflito** entre as parte litigantes. Isso é o que se denomina **jurisdição contenciosa**.

Contudo, há situações nas quais, **mesmo sem a lide**, há necessidade de acionar o Judiciário. Nestes casos, fala-se em **jurisdição voluntária**.

**Jurisdição contenciosa:** existe conflito entre as partes, o Judiciário atuará para compor a lide; **Jurisdição voluntária** ou **graciosa:** não há lide, trata-se de verdadeira administração pública, via Judiciário, de interesses privados.

A respeito das distinções entre jurisdição voluntária e contenciosa, cabe apresentar o seguinte quadro:

| Jurisdição contenciosa | Jurisdição voluntária (CPC, art. 719) |
|---|---|
| Existe lide | Inexiste lide |
| Existem partes (CPC, art. 77) | Existem interessados (CPC, art. 720) |
| Juízo de legalidade estrita (CPC, art. 140, parágrafo único) | Juízo de equidade (CPC, art. 723, parágrafo único) |

Como exemplo de jurisdição voluntária, o divórcio consensual: ambas as partes querem se separar, mas há necessidade de buscar o Judiciário (ou, em alguns casos, pelo menos um cartório extrajudicial) para que isso seja atingido.

## 3.4. Procedimentos especiais no sistema processual brasileiro

De início, apresenta-se um **panorama geral** de como o tema é tratado no CPC:

- Título III – Dos Procedimentos Especiais
- Capítulo I – Da Ação de Consignação em Pagamento
- Capítulo II – Da Ação de Exigir Contas
- Capítulo III – Das Ações Possessórias
- Capítulo IV – Da Ação de Divisão e da Demarcação de Terras Particulares
- Capítulo V – Da Ação de Dissolução Parcial de Sociedade
- Capítulo VI – Do Inventário e da Partilha
- Capítulo VII – Dos Embargos de Terceiro
- Capítulo VIII – Da Oposição
- Capítulo IX – Da Habilitação
- Capítulo X – Das Ações de Família
- Capítulo XI – Da Ação Monitória
- Capítulo XII – Da Homologação do Penhor Legal
- Capítulo XIII – Da Regulação de Avaria Grossa
- Capítulo XIV – Da Restauração de Autos
- Capítulo XV – Dos Procedimentos de Jurisdição Voluntária
- Seção I – Disposições Gerais

- Seção II – Da Notificação e da Interpelação
- Seção III – Da Alienação Judicial
- Seção IV – Do Divórcio e da Separação Consensuais, da Extinção Consensual de União Estável e da Alteração do Regime de Bens do Matrimônio
- Seção V – Dos Testamentos e dos Codicilos
- Seção VI – Da Herança Jacente
- Seção VII – Dos Bens dos Ausentes
- Seção VIII – Das Coisas Vagas
- Seção IX – Da Interdição
- Seção X – Disposições Comuns à Tutela e à Curatela
- Seção XI – Da Organização e da Fiscalização das Fundações
- Seção XII – Da Ratificação dos Protestos Marítimos e dos Processos Testemunháveis Formados a Bordo

No mais, como já dito, além dos procedimentos especiais previstos no Código, há outros previstos em **legislação extravagante**, como no caso de alimentos ou mandado de segurança ou ação civil pública).

A seguir, passa-se à análise de **alguns** procedimentos especiais em espécie – levando em consideração aqueles que têm a maior probabilidade de serem objeto de pergunta nas provas da OAB.

### 3.4.1. Ações possessórias

Na legislação civil, o **possuidor** é definido como quem "tem de fato o exercício (...) de algum dos poderes inerentes à propriedade" (CC, art. 1.196).

Quando a causa de pedir de uma demanda **tiver por base a posse**, estaremos diante de uma ação possessória.

Quando a causa de pedir de uma demanda **tiver por base a propriedade**, estaremos diante de uma ação petitória. Entre as petitórias, há a ação de imissão na posse e a reivindicatória (que buscam a obtenção da posse a partir de sua propriedade), que seguem o procedimento comum, pois não há previsão específica dessas demandas no CPC.

Assim, somente as possessórias é que têm um procedimento especial.

O CPC prevê **três ações possessórias:**
(i) **reintegração** de posse, no caso de esbulho (perda da posse);
(ii) **manutenção** de posse, no caso de turbação (perturbação da posse, sem perdê-la);
(iii) **interdito proibitório** (ameaça de ser molestado na posse).

**O procedimento das possessórias é distinto porque:**

a) **possibilidade de liminar:**

Cabe liminar na possessória (CPC, arts. 558 e 562) na hipótese de posse nova (ou seja, de menos de ano e um dia). Não se trata de uma tutela provisória (CPC, art. 294), mas sim de uma liminar com requisitos distintos: prova da posse e tempo da moléstia.

### b) fungibilidade das ações possessórias:

Em virtude do dinamismo dos fatos em relação à posse, mesmo se o autor ajuizar determinada ação e a situação for (ou se transformar) em outra, desde que provados os fatos, deverá o juiz conceder a proteção possessória (CPC, art. 554).

### c) audiência de justificação:

Se o juiz não se convencer, pelos documentos, a respeito da concessão ou não da liminar deverá ser **designada audiência de justificação** para formar a convicção (CPC, art. 562).

A **petição inicial** da possessória deve trazer a (i) posse do autor, (ii) moléstia ocorrida em relação à posse e (iii) data da turbação ou esbulho (CPC, art. 561). A inicial pode **cumular pedidos**, além da proteção da posse, (i) condenação em perdas e danos, (ii) indenização dos frutos, (iii), imposição de medida de apoio (tal como multa) para (a) evitar nova violação à posse e (b) para que haja cumprimento da tutela provisória ou final (CPC, art. 555).

Na **contestação**, pode o réu formular pedido em face do autor, em relação: (i) a perdas e danos; e (ii) à própria proteção possessória (CPC, art. 556 – o que será feito pela reconvenção, na própria contestação).

Traz o CPC regras quanto às possessórias envolvendo **litígio coletivo pela posse** ou propriedade de imóvel.

Na possessória em que figure no **polo passivo grande número de pessoas**, serão feitas a citação pessoal dos ocupantes encontrados no local e a citação por edital dos demais, determinando-se a intimação do MP e, se envolver pessoas em situação de hipossuficiência econômica, da Defensoria Pública. Para tal citação pessoal, o oficial de justiça procurará os ocupantes no local por uma vez, citando-se por edital os que não forem encontrados (CPC, art. 554, § 2º). O juiz deverá determinar que se dê **ampla publicidade** da existência dessa ação e dos prazos processuais, podendo, para tanto, valer-se de anúncios em jornal ou rádio locais, da publicação de cartazes na região do conflito e de outros meios (CPC, art. 554, § 3º).

Além disso, quando o esbulho ou a turbação afirmado tiver ocorrido há mais de ano e dia, o juiz, antes de apreciar o pedido de liminar, deverá designar audiência de mediação a realizar-se em até 30 dias (CPC, art. 565).

Se **concedida mas não executada a liminar** possessória no prazo de 1 ano a contar da data de distribuição, caberá ao juiz designar audiência de mediação com a presença do Ministério Público (CPC, art. 565, §§ 1º e 2º).

O juiz poderá comparecer à área objeto do litígio **(inspeção judicial)** quando sua presença se fizer necessária à efetivação da tutela jurisdicional (CPC, art. 565, § 3º). Essa prova pode ser realizada de ofício, mas também, por certo, requerida pelas partes (CPC, art. 481).

Os **órgãos responsáveis pela política agrária e pela política urbana** da União, Estado e Município onde se situe a área objeto do litígio poderão ser intimados para a audiência, a fim de se manifestarem sobre seu interesse no processo e sobre a existência de possibilidade de solução para o conflito possessório (CPC, art. 565, § 4º).

### 3.4.2. Ação monitória

> A **ação monitória** é o procedimento mais célere para os casos em que o autor dispõe de prova escrita sem eficácia de título executivo, que traduza obrigação de (i) pagar quantia, (ii) entregar coisa móvel ou imóvel ou (iii) adimplir obrigação de fazer ou não fazer (CPC, art. 700).

Assim, no CPC há ampliação do cabimento da monitória, para incluir a entrega de coisa imóvel e obrigação de fazer e não fazer.

Não é possível a utilização do processo de execução, por falta de título executivo, mas já há prova escrita de onde decorre o dever de pagar, de entregar coisa ou de obrigação de fazer.

Por **prova escrita sem eficácia de título** deve-se entender:

> **(i)** aquela produzida pelo réu ou que tenha sua participação; mas "o que interessa, na monitória, é a possibilidade de formação da convicção do julgador a respeito de um crédito, e não a adequação formal da prova apresentada a um modelo predefinido" (STJ, REsp 925.584/SE, 4ª T., j. 9-10-2012, *DJe* 7-11-2002, **Informativo 506**);
>
> **(ii)** também a prova oral documentada, produzida de forma antecipada (CPC, art. 700, § 1º).

Havendo **dúvida quanto à idoneidade de prova** documental apresentada na inicial, o juiz intimará o autor para, querendo, emendar a petição inicial, adaptando-a ao procedimento comum (CPC, art. 700, § 5º).

Na **petição inicial** da monitória, incumbe ao autor indicar, conforme o caso (CPC, art. 700, § 2º), sob pena de indeferimento (CPC, art. 700, § 4º):

> I – a importância devida (com memória de cálculo);
>
> II – o valor atual da coisa reclamada;
>
> III – o conteúdo patrimonial em discussão ou o proveito econômico perseguido.

Cabe **monitória contra a Fazenda Pública** (CPC, art. 700, § 6º, e Súmula 339 do STJ). Sendo ré a Fazenda Pública, não apresentada defesa, serão aplicadas as regras do reexame necessário, observando-se a seguir, no que couber, o cumprimento de sentença (CPC, art. 701, § 4º).

Na monitória, admite-se a **citação por qualquer meio** permitido para o procedimento comum (CPC, art. 700, § 7º, e Súmula 282 do STJ, especificamente quanto à permissão de citação por edital).

Na monitória **cabe a reconvenção**, mas é vedado o oferecimento de reconvenção à reconvenção (CPC, art. 702, § 6º, e Súmula 292 do STJ).

Além disso, com base na jurisprudência do STJ (formada no sistema anterior), não é necessário, na **monitória fundada em cheque prescrito**, tratar do negócio que deu origem ao débito. Nesse sentido, a Súmula 531 do STJ:

> Em ação monitória fundada em cheque prescrito ajuizada contra o emitente, é dispensável a menção ao negócio jurídico subjacente à emissão da cártula.

Sendo evidente o direito do autor, o juiz deferirá a **expedição de mandado** de pagamento, de entrega de coisa ou para execução de obrigação de fazer ou de não fazer, concedendo ao réu prazo de 15 dias para o cumprimento e o pagamento de honorários advocatícios de 5% do valor atribuído à causa (CPC, art. 701).

Haverá a **constituição do título executivo judicial**, independentemente de qualquer formalidade, se não realizado o pagamento e não apresentados embargos, observando-se, no que couber, o procedimento do cumprimento de sentença (CPC, art. 701, § 2º); verificada tal hipótese, **cabe ação rescisória** da decisão de deferimento da expedição do mandado de pagamento (CPC, art. 701, § 3º).

Admite-se, na ação monitória, o pedido de **parcelamento da dívida** previsto no art. 916 do CPC (art. 701, § 5º).

Os **embargos à ação monitória** (contestação da monitória) podem se fundar em matéria passível de alegação como defesa no procedimento comum (CPC, art. 702, § 1º).

Quando o réu alegar que o autor pleiteia quantia superior à devida, deverá declarar de imediato o valor que entende correto, apresentando demonstrativo discriminado e atualizado da dívida. Se não o fizer, os embargos serão liminarmente rejeitados, se esse for o seu único fundamento, e, se houver outro fundamento, os embargos serão processados, mas o juiz deixará de examinar a alegação de excesso (CPC, art. 702, §§ 2º e 3º).

O autor será **intimado para responder aos embargos** no prazo de 15 dias (CPC, art. 702, § 5º).

A critério do juiz, os **embargos serão autuados** em apartado, se parciais, constituindo-se de pleno direito o título executivo judicial em relação à parcela incontroversa (CPC, art. 702, § 7º).

Cabe **apelação** contra a sentença que acolhe ou rejeita os embargos (CPC, art. 702, § 9º).

Os embargos monitórios **somente suspendem a ação monitória até o julgamento de primeiro grau** (CPC, art. 702, § 4º).

O juiz condenará ao pagamento de **multa de até 10% sobre o valor da causa** nos seguintes casos (CPC, art. 702, § 10):

a) se o autor propuser, indevidamente e de má-fé, a monitória; multa em favor do réu;

b) se o réu opuser embargos de má-fé; multa em favor do autor.

### 3.4.3. Ações de família

O CPC traz um capítulo próprio para regular o procedimento das **ações do direito de família**, para as demandas contenciosas de divórcio, separação, reconhecimento e extinção de união estável, guarda, visitação e filiação.

O CPC afirma que nessas ações "todos os esforços serão empregados para a solução consensual da controvérsia, devendo o juiz dispor do auxílio de profissionais de outras áreas de conhecimento para a mediação e a conciliação" (CPC, art. 694).

Cabe a **suspensão do processo** enquanto os litigantes se submetem a mediação extrajudicial ou atendimento multidisciplinar (CPC, art. 694, parágrafo único).

Além disso, a **citação do réu**, para comparecer à audiência de conciliação ou mediação, será realizada **sem cópia da petição inicial** (a chamada "contrafé"). O mandado conterá apenas os dados necessários à audiência, sendo assegurado ao réu o direito de examinar o conteúdo da inicial a qualquer tempo, em cartório (CPC, art. 695, § 1º).

A **citação** para a ação de família será feita na pessoa do réu e deve ocorrer com antecedência mínima de 15 dias da data da audiência de mediação ou conciliação (CPC, art. 695, §§ 2º e 3º).

Na **audiência**, as partes devem estar acompanhadas de advogado (CPC, art. 695, § 4º). Na **mediação extrajudicial**, não há essa obrigatoriedade, mas é mera opção (Lei n. 13.140/2015, art. 10). Além disso, nas **ações de guarda**, antes da audiência, o juiz indagará às partes e ao MP se há **risco de violência doméstica** ou familiar, fixando o prazo de 5 dias para a apresentação de prova ou de indícios pertinentes". Nesse caso, **não será possível** a concessão de **guarda compartilhada** (CPC, art.699-A, com alteração da L. 14.713/2023).

O **MP** somente intervirá quando houver interesse de incapaz, e deverá ser ouvido previamente à homologação de eventual acordo (CPC, art. 698).

Quando houver, no processo, discussão sobre fato relacionado a **abuso ou a alienação parental**, o juiz, ao tomar o depoimento do incapaz, deverá estar acompanhado por especialista (CPC, art. 699).

### 3.4.4. Ação de alimentos (processo de conhecimento)

Considerando a **urgência na prestação de alimentos**, para a sobrevivência de quem deles necessita, o procedimento comum não seria adequado para tutelar adequadamente o direito da parte.

> E essa distinção procedimental relativa aos alimentos não se verifica apenas para o processo de conhecimento. Por isso que, para fixar os alimentos (fase de conhecimento), existe o procedimento especial, previsto na Lei n. 5.478/68, e, no que se refere à fase executiva, há procedimento próprio para se executar os alimentos devidos – CPC, art. 538, para o cumprimento de sentença, e art. 911, para o processo de execução.

Trata-se, portanto, de um procedimento mais concentrado e rápido que o comum, que tem a seguinte tramitação:

1) inicial;
2) alimentos provisórios (art. 4º);
3) audiência de conciliação, instrução e julgamento (art. 9º):
   - tentativa de conciliação;
   - apresentação de contestação;
   - produção de provas;
   - alegações finais.
4) sentença – que inclusive poderá ser proferida na própria audiência (art. 11, parágrafo único).

O art. 4º da Lei n. 5.478/68 prevê a figura dos alimentos provisórios, que serão concedidos pelo juiz até mesmo de ofício no momento em que determina a citação do réu.

> Cabe esclarecer que a lei em questão somente pode ser utilizada quando se estiver diante de dever alimentar pré-constituído (ou seja, paternidade, cônjuge, companheiro). Se não se tratar dessa hipótese, não cabe o uso do procedimento especial previsto na Lei n. 5.478/68. Então, terá de ser utilizado o procedimento comum. É, por exemplo, o que ocorre com a investigação de paternidade.

Portanto, não cabe, na investigação de paternidade, a figura dos alimentos provisórios. Mas, para resguardar a parte, cabe tutela de urgência para os alimentos, desde que presentes os requisitos (CPC, art. 300 – elementos que evidenciem a probabilidade do direito e o perigo de dano ou ao resultado útil do processo).

É certo que é mais fácil obter os alimentos provisórios (pois decorrem de prova pré-constituída) do que alimentos via tutela de urgência (pois dependem de prova).

### 3.4.4.1. Da execução e cumprimento de sentença de alimentos

Existem diversos **pontos em comum quanto à execução e cumprimento de alimentos**. Por isso, o tema será tratado em conjunto, neste momento.

O **crédito alimentar** é diferenciado, pois dele decorre a sobrevivência do alimentando (dever de prover do alimentante).

Por isso, há a consequência de **prisão civil** do devedor de alimentos, no caso de "inadimplemento voluntário e inescusável de obrigação alimentar" (CF, art. 5º, LXVII).

A respeito da **prisão**, indaga-se:

1) Em qual **regime** ocorre a prisão?

> Art. 528. (...) § 4º A prisão será cumprida em regime fechado, devendo o preso ficar separado dos presos comuns.

2) A prisão **afasta o débito**?

> Art. 528. (...) § 5º O cumprimento da pena não exime o executado do pagamento das prestações vencidas e vincendas.

3) Qual **período de débito** permite a prisão?

Foi inserido no CPC o que já constava da Súmula 309 do STJ (prisão civil somente em relação às últimas três parcelas).

> Art. 528. (...) § 7º O débito alimentar que autoriza a prisão civil do alimentante é o que compreende até as 3 (três) prestações anteriores ao ajuizamento da execução e as que se vencerem no curso do processo.

Portanto, somente é possível executar os **alimentos sob pena de prisão** em relação às últimas três prestações mensais. Quanto às demais parcelas vencidas, executam-se os **alimentos sob pena de penhora**.

E vale lembrar que, apesar da previsão constitucional de prisão civil em duas hipóteses (dívida alimentar e depositário infiel – CF, art. 5º, LXVII), o STF pacificou que **não cabe a prisão do depositário infiel** (Súmula Vinculante 25: é ilícita a prisão civil de depositário infiel, qualquer que seja a modalidade do depósito).

Inova o CPC ao prever o **protesto** da decisão que fixa os alimentos:

> Art. 528, § 1º Caso o executado, no prazo referido no *caput*, não efetue o pagamento, não prove que o efetuou ou não apresente justificativa da impossibilidade de efetuá-lo, o juiz mandará protestar o pronunciamento judicial, aplicando-se, no que couber, o disposto no art. 517.

Assim, antes mesmo da prisão civil, o juiz determinará o protesto da decisão que fixou os alimentos.

O CPC já prevê o protesto de qualquer decisão (art. 517).

Porém, há distinções entre o protesto da decisão de alimentos e o das demais:

(i) nas outras decisões condenatórias, há necessidade de trânsito em julgado;

(ii) nas demais decisões condenatórias, o protesto é feito a requerimento da parte; no caso dos alimentos, *é* determinado de ofício pelo juiz.

Além disso, há a possibilidade de **desconto de até 50% dos vencimentos** do executado:

> Art. 529, § 3º Sem prejuízo do pagamento dos alimentos vincendos, o débito objeto de execução pode ser descontado dos rendimentos ou rendas do executado, de forma parcelada, nos termos do *caput* deste artigo, contanto que, somado à parcela devida, não ultrapasse cinquenta por cento de seus ganhos líquidos.

Assim, se um devedor de alimentos passa a receber salário, poderá haver, além do desconto em folha das parcelas mensais, um desconto adicional em relação às parcelas devidas.

Quanto ao **procedimento**, no CPC há quatro possibilidades. A distinção se dá em relação ao **tipo de título** (judicial ou extrajudicial) e ao **tempo de débito** (pretérito ou recente):

Tratando-se de título executivo judicial (sentença de alimentos), é possível que existam dois procedimentos:

(i) **cumprimento de sentença, sob pena de prisão** (CPC, arts. 528 a 533): para débitos recentes, executado intimado pessoalmente para pagar, em 3 dias;

(ii) **cumprimento de sentença, sob pena de penhora** (CPC, art. 528, § 8º): para débitos pretéritos, executado intimado para pagar, em 15 dias, sob pena de multa de 10% (art. 523).

**Em relação à defesa no cumprimento de sentença**:

(i) sendo procedimento **sob pena de prisão**, o executado deverá pagar, provar que pagou ou apresentar justificativa de alimentos, apontando motivos que justifiquem o inadimplemento (CPC, art. 528, § 1º). Porém, somente o fato "que gere a impossibilidade absoluta de pagar justificará o inadimplemento" (§ 2º).

(ii) sendo procedimento **sob pena de penhora**, cabível será a impugnação, sem qualquer especificidade.

Tratando-se de **título executivo extrajudicial** (escritura pública ou outro título extrajudicial de alimentos), também é possível que existam dois procedimentos.

**(i) execução de alimentos**, fundada em título executivo extrajudicial, **sob pena de prisão**, para débitos recentes (CPC, arts. 911 e 912): executado será citado para pagar em 3 dias (CPC, art. 528);

**(ii) execução de alimentos**, fundada em título executivo extrajudicial, **sob pena de penhora**, para débitos pretéritos (CPC, art. 913): o executado será citado para pagar em 3 dias (CPC, art. 829).

Em relação à **defesa na execução** de alimentos:

☐ quanto ao exposto em **(i)** acima (sendo o procedimento **sob pena de prisão**), cabível também a justificativa de alimentos, tal qual no cumprimento de sentença (CPC, art. 911, parágrafo único. Aplicam-se, no que couber, os §§ 2º a 7º do art. 528);

☐ quanto ao exposto em **(ii)** acima (sendo o procedimento **sob pena de penhora**): cabíveis os embargos, sem qualquer especificidade.

### 3.5. Juizados Especiais

Atualmente existem três Juizados, que compõem um sistema.

No âmbito da Justiça Estadual existe o **Juizado Especial Cível** (Lei n. 9.099/95), uma opção (em relação à Justiça Comum Estadual) para os litigantes com causas de até 40 salários mínimos.
De seu turno, na área federal, há o **Juizado Especial Federal** (Lei n. 10.259/2001), que tem caráter obrigatório para o julgamento das demandas com valor até 60 salários mínimos, bem como a aplicação subsidiária da Lei n. 9.099/95.
E, também na esfera estadual, há o **Juizado da Fazenda Pública Estadual** (Lei n. 12.153/2009), para o julgamento de causas com valor de até 60 salários mínimos – sendo que, onde estiver instalado, terá caráter obrigatório.

**Mas, afinal, o que são os Juizados?**

Trata-se tanto de (i) um procedimento distinto do comum previsto no CPC como da (ii) criação de uma estrutura paralela em relação à usual formatação da Justiça (em 2º grau, Colégio Recursal e não um Tribunal).

Assim, é certo que haverá distinção em relação ao procedimento de causas perante os Juizados e causas perante a Justiça tradicional. Tanto é assim que no capítulo de recursos foi aberto um tópico específico para recursos nos Juizados.

Analisando sob a perspectiva do JEC (Lei n. 9.099/95), tem-se que os Juizados buscam **a simplificação e a desburocratização do processo** (art. 2º).

Nesta linha, a inicial será mais simples que o CPC, art. 319. São **requisitos da inicial** (art. 14, § 1º):

(i) qualificação das partes;
(ii) fatos e fundamentos de forma sucinta;
(iii) pedido e valor.

Podem ser **autores no JEC** (art. 8º, § 1º):

- pessoas físicas capazes;
- ME, EPP e microempreendedores individuais;
- Organização da Sociedade Civil de Interesse Público (OSCIP);
- sociedades de crédito ao microempreendedor.

No tocante à capacidade postulatória, a própria parte é dotada nas causas de até 20 salários mínimos, não havendo necessidade de advogado (art. 9º).

**Não podem ser réus** (art. 8º, *caput*):

- incapaz;
- preso;
- pessoas jurídicas de direito público;
- massa falida;
- insolvente civil.

Causas que **não são admitidas no JEC** (art. 3º, § 2º):

- família (alimentos e estado);
- fiscal;
- falência;
- interesse do Estado.

**Visando à simplificação, há institutos do CPC vedados no JEC:**

- intervenção de terceiros (art. 10 – porém, admite-se o incidente de desconsideração da personalidade jurídica);
- citação por edital (art. 18, § 2º);
- reconvenção (art. 31 – admite-se pedido contraposto);
- ação rescisória (art. 59).

**O procedimento do JEC é:**

1) inicial
2) audiência de conciliação
3) audiência de instrução (apresentação de contestação/oitiva de testemunhas e depoimento pessoal, se for o caso/alegações finais)
4) sentença (passível de recurso para o Colégio Recursal), que não poderá ser ilíquida (art. 38, parágrafo único)
5) após o trânsito em julgado: formação do título – cumprimento de sentença perante o próprio JEC (art. 52)

> **Atenção!** Como já exposto quando se tratou dos prazos, havia polêmica quanto à contagem do prazo nos Juizados. Mas a questão agora está resolvida, diante da edição de lei determinando que **os prazos, em todos os Juizados Especiais, devem ser contados em dias úteis**. É o que consta do **art. 12-A da Lei n. 9.099/95**, incluído pela Lei n. 13.728/2018 ("Art. 12-A. Na contagem de prazo em dias, estabelecido por lei ou pelo juiz, para a prática de qualquer ato processual, inclusive para a interposição de recursos, computar-se-ão somente os dias úteis").

### 3.6. Processo coletivo

O processo coletivo **não é enfrentado no CPC**, mas em legislação extravagante.

O CPC trata a lide do ponto de vista do **indivíduo *versus* indivíduo** (ou, eventualmente, vários autores contra vários réus, em litisconsórcio). Na sociedade massificada atual, muitos conflitos passaram a ocorrer em grande quantidade, de forma análoga (consumidor, meio ambiente, idoso, criança etc.).

Assim, a solução clássica do CPC não mais se mostra a adequada: surge a necessidade de **solução desses litígios de uma única vez, em uma demanda coletiva** (tanto pela economia processual como de modo a evitar decisões contraditórias). Nesse contexto surge a tutela coletiva.

> A partir do CDC, é possível diferenciar as **três categorias de direitos coletivos** em sentido amplo:
> **(i)** os **direitos difusos** são dotados de natureza transindividual, em que há a **indivisibilidade** do bem jurídico em litígio (CDC, art. 81, parágrafo único, I). Os titulares são pessoas **indeterminadas e indetermináveis**, ligadas por circunstâncias de fato (não idênticas circunstâncias). Se houver solução para um, haverá solução para todos.
> Ex.: publicidade enganosa na internet e direito a beber água limpa.
> **(ii)** os **direitos coletivos** (*stricto sensu* – em sentido estrito) também têm natureza transindividual e também há a **indivisibilidade** do bem jurídico em litígio (CDC, art. 81, parágrafo único, II). Mas há um **número determinável** de titulares, ligados entre si ou com a parte contrária, por uma relação jurídica base (há um grupo, categoria ou classe de pessoas). Essa relação entre as pessoas não nasce com a lesão, mas é anterior. Ao se estender o interesse de um dos titulares, por ser indivisível, atenderá a todos.
> Ex.: membros de determinado sindicato em relação a um problema de segurança do trabalho; universitários de uma mesma faculdade em relação à carga horária do curso.
> **(iii)** os direitos **individuais homogêneos** têm natureza individual, há homogeneidade e o dano decorre de origem comum (CDC, art. 81, parágrafo único, III). O titular é perfeitamente **individualizado e determinado**, trata-se de um **direito divisível**. Assim, a defesa coletiva é por conveniência.
> Ex.: consumidores que adquiriram o mesmo carro com defeito; pessoas que sofreram danos com a queda de um avião.

### 3.6.1. Instrumentos para a tutela coletiva

**1)** Ação popular (Lei n. 4.717/65).

A **legitimidade ativa** é do cidadão (prova da cidadania é feita com título de eleitor).

Presta-se à **defesa do patrimônio público** (declaração de nulidade dos atos lesivos a qualquer ente ligado ao Estado).

É um **procedimento especial** por apresentar diversas distinções em relação ao procedimento comum ordinário:

- prazo para contestar de 20 dias, prorrogáveis por mais 20 (art. 7º, § 2º, IV);
- coisa julgada com características distintas (art. 18);
- duplo grau no caso de improcedência ou carência (art. 19).

A decisão que reconhecer a lesividade de um ato ao patrimônio público **beneficiará a toda a coletividade**.

**2)** Ação civil pública (Lei n. 7.347/85 – LACP).

Pode ser **utilizada para a defesa** do seguinte:

(i) meio ambiente;
(ii) consumidor;
(iii) bens e direitos de valor artístico, estético, histórico, turístico e paisagístico;
(iv) qualquer outro interesse difuso ou coletivo;
(v) infração da ordem econômica;
(vi) ordem urbanística;
(vii) honra e dignidade de grupos raciais, étnicos ou religiosos;
(viii) patrimônio público e social.

A **legitimidade** para a ACP não é do indivíduo, mas de um **ente que representa a coletividade**. Está prevista no art. 5º da Lei n. 7.347/85:

(i) o MP;
(ii) a Defensoria Pública;
(iii) os entes federados (União, Estados, Distrito Federal e Municípios);
(iv) autarquia, empresa pública, fundação ou sociedade de economia mista;
(v) a associação que, concomitantemente: (a) estiver constituída há pelo menos 1 ano (porém, pode o juiz afastar o requisito da pré-constituição se houver "manifesto interesse social evidenciado pela dimensão ou característica do dano, ou pela relevância do bem jurídico a ser protegido", conforme o § 4° do art. 5º da LACP) e (b) que inclua, entre suas finalidades institucionais, a proteção ao patrimônio público e social, ao meio ambiente, ao consumidor, à ordem econômica, à livre concorrência, aos direitos de grupos raciais, étnicos ou religiosos ou ao patrimônio artístico, estético, histórico, turístico e paisagístico;
(vi) a cooperativa, em defesa dos direitos coletivos dos seus associados, quando a causa de pedir versar sobre atos de interesse direto dos associados que tenham relação com as operações de mercado da cooperativa (art. 88-A da Lei n. 5.764/71, com a redação da **Lei n. 13.806/2019**).

### 3.6.2. Coisa julgada no processo coletivo

A coisa julgada no processo coletivo é *secundum eventum litis*, ou seja, depende do resultado da demanda (CDC, art. 103).

> **(i)** Tratando-se de **direitos difusos**, a coisa julgada será *erga omnes* no caso de procedência, ou seja, a coisa julgada só terá **eficácia em relação a todos** (entes coletivos e indivíduos) se o pedido for julgado **procedente**.

Se for **improcedente** por insuficiência de provas, qualquer legitimado poderá intentar outra ação, mediante nova prova.

Se for improcedente, mas não por falta de provas, outro legitimado não poderá ingressar em juízo, mas será possível o ajuizamento da ação individual (CDC, art. 103, § 1º).

> **(ii)** Tratando-se de **direitos coletivos**, a situação é semelhante aos direitos difusos.

A coisa julgada será *ultra partes*, mas limitada ao grupo, categoria ou classe. Assim:

- se **procedente**, atinge os entes legitimados para a ação coletiva e os indivíduos pertencentes ao grupo;
- se **improcedente** por falta de provas, é possível a propositura de nova ação coletiva por qualquer legitimado;
- se **improcedente (desde que não por falta de provas)**, atinge os legitimados coletivos, mas não impede a propositura de demandas individuais.

> **(iii)** Tratando-se de **direitos individuais homogêneos**, haverá coisa julgada *erga omnes* na hipótese de **procedência**.

No caso de **improcedência** (qualquer que seja a causa), o indivíduo, salvo se não tiver se habilitado como litisconsorte, poderá propor ação individual.

Outro ponto de relevo é a **abrangência territorial** da decisão coletiva. Apesar de o art. 16 da LACP afirmar que o limite é a competência do órgão jurisdicional prolator da decisão, a jurisprudência do STJ, apesar de ainda não sedimentada, vem afastando essa regra, dizendo que a abrangência é conforme o dano (ou seja, pode ser nacional).

### 3.6.3. Cumprimento de sentença coletiva

Diante da condenação em processo coletivo, cada um dos indivíduos (vítima ou sucessores) pode, com base na sentença coletiva, **habilitar-se para buscar a execução da quantia que lhe beneficia** (CDC, art. 97).

Também cabe a **liquidação e a execução pelos legitimados coletivos**, mas a jurisprudência, em regra, restringe-a para uma atuação subsidiária, caso não haja efetiva execução dos legitimados (CDC, art. 98).

Caso não existam habilitados em número suficiente em comparação com o tamanho do dano, pode existir a **execução em favor de um fundo** (fundo federal de direitos difusos ou fundos em cada um dos Estados) cujos recursos serão aplicados em favor da coletividade. É a denominada *fluid recovery* (recuperação fluida), prevista no art. 100 do CDC.

# 4. CONTESTAÇÃO

## 4.1. Contestação

A petição inicial é, sem dúvida, a peça mais pedida na 2ª fase da OAB. As demais **peças mais frequentes** são: apelação, agravo de instrumento e **contestação**. Mas, a cada 10 iniciais, teremos ser pedida 1 contestação, portanto bastante desproporcional.

Identificar a peça contestação não é algo muito complexo, afinal haverá um enunciado que traz uma petição inicial, o cliente será o réu e é necessário apresentar a defesa. Aí, o candidato terá de buscar os argumentos de direito processual (nem sempre haverá) e de direito material (sempre haverá).

Vejamos os principais aspectos desta peça, do ponto de vista teórico, enquanto na Parte II deste livro haverá uma peça prática para compreender a contestação como um todo. Vale destacar que por vezes há **questões** que tratam da contestação.

A **contestação** é a resistência do réu ao pedido do autor.

No CPC anterior, era possível apresentar diversas petições quando da apresentação de resposta do réu (contestação, reconvenção, exceção, impugnação). Assim, conforme o tipo de alegação, havia uma petição específica a ser utilizada. No sistema atual, há uma concentração das defesas na contestação – o que, por certo, facilita o trabalho do candidato.

O réu poderá oferecer **contestação**, no **prazo de 15 dias**, contado a partir (CPC, art. 335):

I – da audiência de conciliação/mediação, ou da última sessão de conciliação, quando qualquer parte não comparecer ou, comparecendo, não houver autocomposição;

II – do protocolo do pedido de cancelamento da audiência de conciliação/mediação apresentado pelo réu, quando ambas as partes tiverem manifestado desinteresse na via consensual;

III – da juntada aos autos do mandado ou carta de citação, nos demais casos.

Algumas vezes a OAB pede que a peça contestação seja datada no último dia do prazo. Assim, também importante atentar para a contagem exata do prazo de contestação.

Pelo **princípio da eventualidade**, toda matéria de defesa, ainda que contraditória, deve ser alegada na contestação, sob pena de preclusão (CPC, art. 336).

Portanto, se o enunciado nos apresenta a possibilidade de 1 defesa processual (por exemplo, ilegitimidade) e 2 defesas de mérito (por exemplo, inexistência de dano ou valor elevado do dano), tudo isso deverá ser alegado na contestação.

Porém, existem algumas situações em que, mesmo se não houver alegação de alguma tese de defesa na contestação, será possível apresentar isso depois no processo. Tratando-se de **matéria de ordem pública** (como condições da ação e pressupostos processuais), cabe a alegação em *momento posterior* (portanto, não há preclusão – CPC, art. 485, § 3º). Mas, por certo, no momento de elaborar a peça prática na 2ª fase, isso não será possível...

Decorrente do princípio da eventualidade, há o **ônus da impugnação específica** (CPC, art. 341), ou seja, se determinado fato não for especificamente impugnado, presume-se que seja verdadeiro.

Portanto, em regra, não cabe a **contestação por negativa geral** (situação em que o réu simplesmente afirma que "tudo o que está na inicial não é verdadeiro", sem trazer sua versão aos fatos). A exceção é a contestação apresentada pelo defensor público, advogado dativo curador especial (CPC, art. 341, parágrafo único).

A **defesa do réu**, na contestação, pode ser de mérito ou processual. Se a peça prática for uma contestação, fundamental que haja essa distinção ao se elaborar a petição.

A **defesa de mérito** (CPC, arts. 336 e 341) impugna os fatos trazidos pelo autor e é baseada na relação jurídica de *direito material*.

Pode tanto ser a resistência às alegações da inicial (negam-se os fatos) quanto a apresentação de fato impeditivo, modificativo ou extintivo do direito do autor (apresenta-se um fato que afasta a pretensão do autor – CPC, art. 350).

Como exemplo de **fato impeditivo**, a incapacidade do contratante; como exemplo de **fato modificativo**, a compensação; e, como exemplo de **fato extintivo**, o pagamento.

A apresentação de defesa de mérito busca a *improcedência* do pedido (prolação de sentença em que há resolução do mérito – CPC, art. 487, I).

Já a **defesa processual** (CPC, arts. 337, 485 e 330) impugna a relação de *direito processual*, ou seja, aspectos formais e burocráticos da causa (pressupostos processuais e condições de ação). Como é anterior ao mérito, costuma também ser denominada **preliminar**.

Assim, na peça, inicialmente se apresentam as preliminares, para depois se impugnar o mérito. Conveniente que isso seja apresentado em tópicos separados.

A alegação de uma defesa processual pode acarretar:

■ a extinção do processo sem resolução de mérito, desde que haja a respectiva previsão no CPC, art. 485 (litispendência: art. 337, V, c/c art. 485, V);
■ a possibilidade de correção da falha (emenda) sob pena de extinção (ausência de recolhimento de custas: art. 337, XII, c/c art. 330, I);
■ a alteração do juízo que julgará a causa (incompetência absoluta: art. 337, II).

Para cada preliminar alegada na peça, ao final, na conclusão (que não é propriamente o pedido, pois este é formulado pelo autor), deve haver a respectiva consequência indicada.

Mas quais são as **defesas processuais trazidas pelo Código**, que o réu irá alegar antes de discutir o mérito? As preliminares estão no CPC, art. 337:

I – vício de citação;

II – incompetência absoluta e relativa;

III – incorreção do valor da causa;

IV – inépcia da inicial (CPC, art. 330, § 1º);

V – perempção;

VI – litispendência;

VII – coisa julgada;

VIII – conexão (apesar da ausência de menção na lei, também a continência – curioso que o CPC não corrigiu essa omissão);

IX – incapacidade de parte, defeito de representação, falta de autorização (incapacidade: criança sem representação; defeito de representação: falta de procuração do advogado nos autos; falta de autorização: há casos em que o cônjuge precisa de autorização para litigar – CPC, art. 73);

X – convenção de arbitragem;

XI – ausência de legitimidade de parte ou interesse processual (no sistema anterior, falava-se em **carência de ação** – termo que segue sendo utilizado e pedido em provas da OAB);

XII – falta de caução ou prestação prevista em lei (como principal exemplo de prestação prevista em lei, a ausência de recolhimento de custas);

XIII – indevida concessão de gratuidade de justiça.

O CPC traz uma característica específica quando se alega **ilegitimidade passiva** (inciso IX). No Código anterior, competia ao réu alegar que era parte ilegítima e nada mais. Atualmente, a postura do réu deve ser outra: ao alegar sua ilegitimidade, se souber quem é a parte legítima, deverá o réu indicar **quem deve figurar no polo passivo**, sob pena de pagamento de despesas e indenização (art. 339). Nesse caso, poderá o autor alterar a petição inicial modificando o polo passivo, hipótese em que o anterior réu será excluído do processo.

Situação que usualmente causa confusão diz respeito às alegações de **prescrição e decadência**. Muitos imaginam que essas defesas são de ordem processual, mas na verdade isso é **matéria de mérito**. Pode-se assim afirmar, pois (i) os prazos prescricionais não estão no CPC, mas sim no CC, e (ii) o CPC, em seu art. 487, II, especifica que a apreciação de prescrição e decadência constitui hipótese de resolução do mérito.

Logo, se o enunciado trouxer uma situação de prescrição ou decadência, isso deve ser alegado não em preliminar, mas no mérito, ou ao menos em prejudicial de mérito (apesar de isso ser pacífico na doutrina e na legislação, é de lamentar que, na 2ª fase do Exame XXX de Trabalho, o examinador gabaritou a prescrição como preliminar... Trata-se de um erro grosseiro).

Além da apresentação dos argumentos de defesa (preliminar e mérito), deve ainda a contestação observar alguns aspectos formais.

É possível traçar um paralelo entre a petição inicial e a contestação. Portanto, os requisitos da contestação podem ser obtidos a partir da análise conjunta dos arts. 336 e 319 do CPC:

- endereçamento e indicação do número do processo (inc. I);
- nome das partes (inc. II – qualificação, apenas se necessária alguma retificação em relação ao apontado na petição inicial);
- requerimento de provas (inc. VI, e art. 336, parte final);
- conclusão (inc. IV – pela extinção/remessa dos autos a outro juízo/improcedência do pedido; condenação no ônus da sucumbência);
- requerimento de juntada de procuração.

Assim, com esses requisitos, com as preliminares (para impugnar a relação processual), e com o mérito (para impugnar a relação material), o réu se defende e busca afastar a pretensão do autor, formulada na inicial. Como já dito, a contestação é a resistência do réu ao pedido do autor (o autor **pede**; o réu **impede**).

Porém, e se o réu quiser pleitear algo a seu favor, ou seja, formular um pedido contra o réu?

Para isso, existe a **reconvenção**. No CPC anterior, era apresentada em peça separada da petição inicial; agora, é apresentada na própria contestação, em tópico próprio. Com isso, a peça contestação passa a ser mais interessante para a OAB, pois, se houver necessidade de reconvenção, o candidato terá de elaborar a contestação, que, ainda, trará aspectos de uma petição inicial.

Assim, a reconvenção é o **pedido formulado pelo réu**, contra o autor, nos próprios autos do processo (CPC, art. 343). Assim, a contestação pode ter os seguintes tópicos: preliminar, mérito e reconvenção.

Oferecida a reconvenção pelo réu, o autor será intimado, na pessoa do seu advogado, para apresentar resposta (contestar) em 15 dias (CPC, art. 343, § 1º).

Uma vez apresentada, a reconvenção passa a ser **autônoma** em relação à ação; assim, a desistência ou extinção da ação não obsta o prosseguimento da reconvenção (CPC, art. 343, § 2º).

A reconvenção pode ser proposta com litisconsórcio passivo – contra o autor e terceiro; ou em litisconsórcio ativo – pelo réu e por terceiro (CPC, art. 343, §§ 3º e 4º).

Apresentada a reconvenção, haverá a **anotação no distribuidor**, de modo que se saiba que o autor é réu na reconvenção, para fins de expedição de certidão negativa de feitos judiciais (CPC, art. 286, parágrafo único).

## 4.2. Impedimento e suspeição

É fundamental que o juiz que julga uma causa seja imparcial. Mas é possível que o juiz tenha algum contato com as partes do processo ou com seus advogados, o que o coloca em uma situação de dúvida quanto à isenção para o julgamento da causa.

Para resolver essas situações é que o sistema processual prevê as figuras do impedimento e da suspeição.

O impedimento (CPC, art. 144) se refere a situações objetivas, nas quais não há a menor possibilidade de se cogitar do julgamento da causa pelo magistrado (como exemplo, é parte na causa alguma parente do juiz).

Por sua vez, a suspeição (CPC, art. 145) se verifica em situações mais subjetivas, em que não se mostra adequado que o juiz julgue determinada causa (como exemplo, o juiz é amigo ou inimigo das partes).

No Código anterior, impedimento e suspeição eram alegados por meio de exceção (peça distinta da contestação). Atualmente, não existe mais a exceção, como já mencionado. Porém, não se alega essa defesa na contestação.

Para alegar impedimento e suspeição, há uma **petição específica** para isso, sem maiores formalidades. O réu deverá alegar a parcialidade no prazo de 15 dias a contar do conhecimento do fato (CPC, art. 146), e com isso haverá a *suspensão do processo* (CPC, art. 313, III). E, por certo, também o autor pode apresentar petição de impedimento ou suspeição (pois, é claro, o juiz pode ser não só amigo do réu, mas também do autor).

Se o juiz reconhecer que é impedido ou suspeito para o julgamento, determinará a remessa para o substituto legal; se entender não ser impedido ou suspeito, a petição será autuada em apartado e, após se manifestar, o juiz determinará a remessa ao Tribunal para julgamento (CPC, art. 146, § 1º). Se o Tribunal acolher a alegação, condenará o juiz nas custas e remeterá os autos ao substituto legal – podendo o juiz recorrer dessa decisão (CPC, art. 146, § 5º).

Cabe alegação de impedimento ou suspeição também como o MP, perito, oficial de justiça, escrevente etc. (CPC, art. 148).

Percebe-se que houve relevante modificação no tocante à contestação. No Código anterior, a defesa era realizada em várias peças; no CPC, há basicamente a contestação (com diversas preliminares) e, se for o caso, uma petição específica para alegar impedimento ou suspeição.

## 4.3. Revelia

O princípio do contraditório pode ser traduzido em um binômio: informação e possibilidade de manifestação. Assim, é obrigatório que o réu seja citado para, querendo, contestar.

Mas o que é obrigatório é a oportunidade de contestar. Portanto, para a validade do processo, não é obrigatória a existência de contestação.

Nesse contexto, há a **revelia**, que é a ausência de contestação (CPC, art. 344).

As **consequências** ou **efeitos** da revelia são:

(i) a presunção de veracidade dos fatos alegados pelo autor (CPC, art. 344); e

(ii) os prazos contra o revel sem advogado nos autos fluirão da data de publicação da decisão no Diário Oficial (CPC, art. 346 – trata-se de **inovação** do CPC o comando para se publicar).

Assim, numa investigação de paternidade, se o réu for revel, por se tratar de direito indisponível, ainda assim haverá necessidade de dilação probatória (DNA). E, diante de dois réus, se um contestar, em relação à matéria que for comum à defesa dos dois, o fato será controvertido e, portanto, haverá necessidade de prova.

Contudo, há exceções em relação aos dois efeitos da revelia:

**Não haverá presunção de veracidade**, mesmo que haja ausência de contestação, se (CPC, art. 345):

I – houver litisconsórcio passivo e algum dos réus contestar;

II – o litígio versar sobre direitos indisponíveis;

III – a petição inicial não trouxer instrumento que a lei considere indispensável à prova do ato;

IV – as alegações de fato do autor forem inverossímeis ou forem contraditórias com a prova dos autos.

A partir do momento em que o revel constituir advogado, então seu patrono será normalmente **intimado das decisões pelo diário oficial**. Pode, a qualquer tempo, o revel nomear advogado – mas isso não importará em qualquer repetição de ato, pois o processo é recebido "no estado em que se encontrar" (CPC, art. 346, parágrafo único).

Além disso, inova o Código ao apontar que será **lícita a produção de provas pelo revel**, desde que o réu nomeie advogado a tempo de praticar os "atos processuais indispensáveis" à produção da prova (CPC, art. 349).

As discussões quanto à revelia podem aparecer como uma discussão de peça prática (como no caso de se discutir em uma apelação se houve ou não revelia) mas, especialmente, como uma das questões.

## 5. TUTELA PROVISÓRIA

### 5.1. Tutela provisória na 2ª fase da OAB

A tutela provisória passou por modificações importantes no atual CPC, e isso vem sendo frequentemente pedido pela OAB em suas provas.

Na 2ª fase, o assunto pode ser objeto da própria peça prática, quando o candidato deverá elaborar uma inicial com pedido de tutela provisória ou mesmo um recurso com esse pedido. Sendo esse o caso, além de se elaborar a peça com base nos requisitos da inicial (item 1 da seção "Direito Processual Civil") ou do recurso (itens 8 e 9, mais adiante), deverá ser inserido um tópico relativo à tutela provisória.

Ou, então, o tema pode ser um dos itens em relação às questões práticas, em que se pergunta ao candidato como proceder em uma situação na qual não é possível aguardar o regular fim do processo judicial.

Portanto, trata-se de um tema bastante frequente em 2ª fase de OAB.

### 5.2. Visão geral

Como se sabe, a resposta do Poder Judiciário a um pedido formulado pelo autor não é imediata. Contudo, há situações nas quais não é necessário aguardar o término do processo para que o Judiciário conceda o pleiteado pela parte. É para isso que se pleiteia uma **"liminar"**, ou seja, uma decisão no início do processo.

No CPC, o tema é tratado sob o título **tutela provisória**.

**Tutela provisória** é gênero, dentro do qual existem duas espécies: **tutela de urgência** e **tutela da evidência**. De seu turno, a espécie tutela de urgência se divide em duas subespécies: tutela de urgência cautelar e tutela de urgência antecipada (art. 294, parágrafo único).

Para melhor compreender a inovação, vejamos no quadro:

| Gênero | Espécies | Subespécies |
|---|---|---|
| Tutela provisória | Tutela de urgência | Tutela cautelar |
| | | Tutela antecipada |
| | Tutela de evidência | – |

A tutela provisória pode ser concedida com base na **urgência**: antecipação de tutela e cautelar. Do ponto de vista formal, ambas são pleiteadas da mesma forma: ou durante o processo de conhecimento que já tramita (**incidentalmente**) ou mesmo antes de debater o pedido principal (tutela de urgência **antecedente**). É possível, também, pedi-las junto com o pedido principal, na mesma petição inicial. Não se pede em **processo apartado**. Se a tutela de urgência for pleiteada de forma antecedente, há necessidade de **aditar a petição inicial**, para formular o pedido principal, sob pena de extinção.

Mas qual a **distinção entre antecipação de tutela e cautelar?**

A **finalidade da cautelar** é resguardar o pedido principal (caráter conservativo – visa evitar o perecimento do direito).
A **finalidade da antecipação de tutela** é, desde logo, antecipar os efeitos de uma futura decisão de mérito (caráter satisfativo – já se quer a fruição do direito).

Apesar de na teoria ser simples diferenciar o cabimento de cada uma (distinção entre assegurar e satisfazer), na prática há dificuldades. Tanto porque cada juiz pode ter um entendimento como porque há situações que podem ser enquadradas nas duas hipóteses.

Diante disso, haveria **fungibilidade entre as tutelas de urgência**, ou seja, entre cautelar e antecipação de tutela? O CPC apenas prevê que o pedido cautelar possa ser apreciado, pelo juiz, como de tutela antecipada (CPC, art. 305, parágrafo único). Mas, diante de somente essa previsão, pode existir também o contrário, ou seja, o juiz receber um pedido cautelar como se fosse tutela antecipada? No CPC/73, a jurisprudência entendia que a fungibilidade era de mão dupla (ou seja, fungibilidade nos dois sentidos). No CPC atual, o tema ainda está em aberto. De qualquer forma, é certo que **apenas a tutela antecipada pode ser estabilizada**, e não o pedido cautelar (art. 304). Por essa razão, se a parte pleitear uma tutela antecipada e o juiz a receber como tutela cautelar, não será possível sua estabilização. Mas, novamente, resta verificar como será a jurisprudência quanto ao tema.

Por fim, além da tutela provisória fundada na urgência, o CPC inova ao trazer a tutela provisória (antes da sentença, em cognição sumária) fundada no direito evidente: **tutela da evidência**. Há 4 hipóteses em que isso é cabível, sendo que em duas delas é possível a concessão liminar. A **finalidade da tutela da evidência** é inverter o ônus do tempo do processo: se já existe direito razoavelmente plausível em favor do autor, por que haveria necessidade de aguardar a sentença para sua fruição? Essa é a ideia da tutela da evidência.

## 5.3. Da tutela de urgência

São **requisitos da tutela de urgência:** a) elementos que evidenciem a probabilidade do direito; b) perigo de dano ou risco ao resultado útil do processo (CPC, art. 300). Assim, tem-se uma coincidência de requisitos entre a cautelar e a antecipação de tutela (subespécies da espécie tutela de urgência, como já visto). Não há mais menção aos termos *fumus boni iuris* (fumaça do bom direito) e *periculum in mora* (perigo da demora); de qualquer forma, pela tradição, esses termos continuam a ser utilizados no cotidiano forense.

Para deferir a tutela de urgência o juiz poderá, conforme o caso, exigir **caução** real ou fidejussória idônea para ressarcir danos que a outra parte possa vir a sofrer, podendo a caução ser dispensada se a parte economicamente hipossuficiente não puder oferecê-la (CPC, art. 300, § 1º), ou seja, ficará a critério do juiz, caso a caso, determinar a prestação de caução ou não.

A **concessão** da tutela de urgência poderá se verificar liminarmente ou após audiência de justificação prévia, quando se poderá fazer prova dos requisitos para sua concessão (CPC, art. 300, § 2º), ou seja, ficará a critério do juiz, caso a caso, designar essa audiência ou não.

Tal qual no sistema anterior, há dispositivo **vedando a concessão de tutela antecipada** ("tutela de urgência de natureza antecipada") se **houver perigo de irreversibilidade** (CPC, art.

300, § 3º), isto é, não se concede a tutela de urgência antecipada se a situação não puder voltar ao que era antes (ao *status quo ante*). A jurisprudência, contudo, flexibiliza essa vedação.

Assim, em diversas situações, mesmo havendo o risco de irreversibilidade, **se não concedida a antecipação de tutela**, haverá o **risco de perecimento** de um direito de grande relevância (por exemplo, o direito à vida). Para proceder à análise, portanto, é preciso considerar qual risco de irreversibilidade é mais grave: a situação após a concessão ou o cenário sem ela? É o que alguns chamam de **irreversibilidade recíproca** (esse termo já foi objeto de prova da OAB).

Nesses casos, o juiz deve avaliar qual o direito que deve prevalecer e, se o caso, conceder a antecipação de tutela, ainda que irreversível, com base na proporcionalidade e razoabilidade. Esta é, por exemplo, a situação relativa a casos envolvendo saúde.

A **tutela de urgência cautelar** pode ser efetivada mediante arresto, sequestro, arrolamento de bens, registro de protesto contra alienação de bem e qualquer outra medida idônea para asseguração do direito (CPC, art. 301).

Temos, aqui, uma grande dificuldade: qual o **requisito e procedimento para essas medidas cautelares**? A lei é absolutamente omissa. Frise-se que essa é a **única menção** às antigas cautelares nominadas do CPC/73. Assim, há total ausência de regulamentação dessas medidas – que, mencionadas expressamente, poderão seguir sendo utilizadas (especialmente arresto e sequestro, as mais frequentes no cotidiano forense).

Diante da ausência de regulamentação legal, o procedimento será bem aberto, cabendo ao juiz decidir não só o mérito (requisitos para sua concessão), mas também a forma de tramitação (efetivamente, o procedimento).

**Efetivada a tutela de urgência** (cautelar ou antecipatória) e **posteriormente reformada**, deverá o autor reparar o dano processual causado ao réu (CPC, art. 302), com a indenização fixada preferencialmente nos mesmos autos (CPC, art. 302, parágrafo único).

### 5.3.1. Do procedimento da tutela antecipada antecedente

A **tutela antecipada antecedente** vem prevista para os casos em que a urgência for anterior ou contemporânea (conjunta) à propositura da ação. Nessas hipóteses, a petição inicial pode limitar-se ao requerimento da tutela antecipada e à indicação do pedido de tutela final com a exposição da lide, do direito que se busca realizar e do perigo de dano ou risco ao resultado útil do processo (CPC, art. 303). Sendo essa a escolha do autor, haverá recolhimento de custas e o valor da causa deverá levar em consideração o pedido de tutela final, e não apenas o valor relativo à antecipação de tutela (CPC, art. 303, § 4º).

Ou seja, **pode-se pedir somente a tutela antecipada**, indicando a petição qual será o pedido principal – que não mais será uma "ação principal", pois o pedido será elaborado posteriormente, nos mesmos autos. Haverá, posteriormente, um complemento da petição inicial.

Se concedida a tutela antecipada antecedente, o autor deverá **aditar a petição inicial** para complementar sua argumentação, juntar novos documentos e confirmar o pedido de tutela final, em 15 dias ou em outro prazo maior que o juiz fixar (CPC, art. 303, § 1º, I). No aditamento não haverá a necessidade de recolhimento de novas custas (CPC, art. 303, § 3º). Feito o aditamento, o réu será citado para comparecer à audiência de conciliação ou de mediação (CPC, art. 303, § 1º, II); não havendo acordo, somente aí haverá o início do prazo para contestação (CPC, art. 303, § 1º, III).

**Se o autor não aditar** a petição inicial para elaborar o pedido principal, haverá a extinção do processo sem resolução do mérito (CPC, art. 303, § 2º).

Se a **tutela antecipada for indeferida**, o juiz determinará a emenda da inicial, em 5 dias, sob pena de extinção do processo sem resolução do mérito (art. 303, § 6º). Atenção para esse prazo de 5 dias, que é um dos poucos prazos do CPC de poucos dias – e, inclusive, bem inferior ao prazo de aditamento no caso de concessão da liminar (15 dias ou mais, como exposto acima).

Importante – e polêmica – inovação do CPC é a previsão de **estabilização da tutela antecipada**: a tutela antecipada concedida se tornará estável se da decisão que a conceder não for interposto recurso (CPC, art. 304). Debate a doutrina se a menção a "recurso" deve ser entendida como o uso do agravo ou se é possível interpretar que seria qualquer impugnação à decisão judicial concessiva da antecipação de tutela – inclusive a própria contestação. O tema é objeto divergência no STJ, com decisões em sentidos opostos, de modo que, até que haja efetiva definição pelo Tribunal, pensando em prova de OAB 2ª fase, o mais seguro é interpretar "recursos" exatamente da forma que consta no CPC (ou seja, embargos de declaração e/ou agravo de instrumento). Ou, se o candidato recordar, apontar que há a divergência, especialmente na questão discursiva.

Uma vez estabilizada a antecipação de tutela, o processo será extinto e qualquer das partes poderá **ingressar com novo processo judicial** para rever, reformar ou invalidar a tutela antecipada estabilizada em até 2 anos contados da ciência da decisão extintiva (CPC, art. 304, §§ 1º, 2º e 5º). Assim, se não houver essa ação para afastar a estabilidade da tutela antecipada, estaríamos diante de **coisa julgada**? Pelo Código, não, pois se afirma que a decisão que concede a tutela não fará coisa julgada (CPC, art. 304, § 6º), mas sim que há **estabilidade dos efeitos da tutela antecipada**, que só será afastada por decisão na demanda que buscar alterar a tutela estabilizada.

Do cotejo dos arts. 303 e 304 percebe-se uma **incongruência quanto à estabilização da antecipação de tutela**. De um lado, o CPC afirma que, não realizado o aditamento, o processo será extinto (art. 303, § 2º). Do outro, afirma o Código que só há estabilização se não houver recurso do réu e aditamento do autor (art. 304, § 1º). O tema já é polêmico.

Uma possível interpretação é entender que, **não havendo recurso do réu** contra a decisão que concede a tutela antecipada, há **duas opções ao autor**: (i) aditar a inicial – e, assim, não haverá a estabilização da tutela antecipada, mas o prosseguimento do processo – ou (ii) não aditar a inicial – hipótese em que não haverá a extinção, mas sim a estabilização da tutela antecipada (e, eventualmente, poderá o autor ingressar com nova medida judicial para pleitear o pedido principal).

Para melhor compreensão, vale exemplificar. Pensemos uma inscrição indevida em cadastro restritivo de crédito. Tutela provisória de urgência antecipada requerida de forma antecedente (apenas a exclusão de cadastro restritiva), apontando como futuro pedido principal indenização por danos morais. **Tutela antecipada deferida para excluir o nome do cadastro restritivo de crédito.** Possibilidades:

    **(i)** réu agrava e autor não adita a inicial: não há estabilização da tutela antecipada e o processo será extinto sem resolução do mérito;

    **(ii)** réu agrava e autor adita a inicial, pleiteando danos morais: não há estabilização da tutela antecipada e o processo prosseguirá;

    **(iii)** réu não agrava e autor não adita a inicial: estabilização da tutela antecipada (no sentido de a inscrição ser indevida) e extinção do processo, com mérito (procedência do pedido de tutela antecipada). Se o autor quiser pleitear danos morais, poderá, mas por meio de nova demanda.

A tutela antecipada **conservará seus efeitos** enquanto não revista, reformada ou invalidada por decisão de mérito (art. 304, § 3º).

### 5.3.2. Do procedimento da tutela cautelar antecedente

No tópico anterior, houve a análise da tutela antecipada antecedente. Neste tópico, analisa-se a outra tutela de urgência que pode ser requerida de forma antecedente: a **tutela cautelar antecedente**.

Neste caso, a petição inicial da ação que buscar tal tutela indicará a lide e seu fundamento, a exposição sumária do direito que visa assegurar e o perigo de dano ou risco ao resultado útil do processo (CPC, art. 305). São requisitos semelhantes aos do antigo processo cautelar, existente no CPC/73. Também deverá existir valor da causa e recolhimento de custas (interpretação que decorre do CPC, art. 308, *caput*, parte final).

Se o autor assim quiser, o pedido principal pode ser formulado juntamente com o pedido de tutela cautelar (CPC, art. 308, § 1º). Exatamente como previsto para a tutela antecipada antecedente.

Se o juiz entender que o **pedido tem natureza antecipada**, deverá observar o regramento relativo à tutela antecipada (CPC, art. 305, parágrafo único), ou seja, é a **fungibilidade entre as tutelas de urgência**. Contudo, não há artigo específico no sentido inverso, quanto à antecipação de tutela. Assim, não há previsão legal de possibilidade de o juiz receber a antecipação de tutela como cautelar. Mas resta verificar como será a jurisprudência em relação ao tema (no sistema anterior, da mesma forma só existia previsão de fungibilidade da antecipada para a cautelar, mas a jurisprudência admitia a fungibilidade de mão dupla). De qualquer forma, é certo que **somente há estabilização da tutela antecipada** (que tem natureza satisfativa) e **não da tutela cautelar** (que busca apenas resguardar o direito debatido) – afinal, é incongruência falar que algo acautelatório se estabilize.

No caso da tutela cautelar antecedente, o réu será **citado para contestar** em 5 dias (CPC, art. 306). Trata-se de um prazo curto, que não é a regra no CPC. Se não houver contestação, haverá **revelia**, com a presunção de veracidade dos fatos narrados, afirmando o Código que o juiz deverá decidir em 5 dias (CPC, art. 307). Se houver contestação, o trâmite da demanda será pelo **procedimento comum** do processo de conhecimento (CPC, art. 307, parágrafo único).

**Efetivada a tutela cautelar**, o pedido principal terá de ser formulado pelo autor no prazo de 30 dias, caso em que será apresentado nos mesmos autos em que já deduzido o pedido cautelar (CPC, art. 308). O complemento da demanda, em relação ao pedido principal, não demandará novas custas processuais (CPC, art. 308) e será possível aditar a causa de pedir (CPC, art. 308, *caput* e § 2º).

Apresentado o pedido principal, as partes serão intimadas para comparecer à audiência de conciliação ou mediação; não havendo autocomposição, o prazo para contestação terá fluência a partir desse momento (CPC, art. 308, §§ 3º e 4º).

**Cessa a eficácia da tutela cautelar antecedente se (CPC, art. 309):**

I – não houver a apresentação do pedido principal em 30 dias;

II – a tutela cautelar não for efetivada em 30 dias;

III – o pedido principal for improcedente ou o processo for extinto sem mérito.

Se isso ocorrer, somente será possível formular novo pedido se houver novo fundamento nova causa de pedir).

Em regra, o **indeferimento do pedido cautelar não obsta a formulação do pedido principal**. A exceção se refere à hipótese em que reconhecida a prescrição e decadência na análise do pedido cautelar (CPC, art. 310), ou seja, nesse caso a coisa julgada do processo cautelar terá de ser observada no processo principal.

## 5.4. Aspectos relativos à tutela de urgência sob a perspectiva da peça prática

Como é bastante frequente o pedido de tutela de urgência em petição inicial, vejamos alguns aspectos procedimentais importantes para o caso de isso ser necessário na elaboração da peça prática.

### 5.4.1. Competência

Nos termos do art. 299 do CPC, a tutela provisória (portanto, tanto a de urgência como de evidência) incidental será requerida ao **juízo da causa** onde já tramita o pedido. Por sua vez, se for tutela antecedente, requerer-se-á ao **juízo competente para conhecer do pedido principal**.

Mas e se a causa já tem decisão de primeiro grau e aguarda julgamento no Tribunal, como fica o requerimento da tutela provisória? Deve-se ir **direto ao Tribunal**, perante o órgão jurisdicional competente para apreciar o mérito tanto em caso de recursos como nas ações de competência originária (CPC, art. 299, parágrafo único).

### 5.4.2. Petição inicial

Tratando-se de pedido liminar formulado na petição inicial, segue-se o **art. 319, mas com algumas adaptações**.

Na causa de pedir, vale incluir um **tópico para demonstrar que estão presentes os requisitos da tutela de urgência** (CPC, art. 300):

(i) a presença de elementos que evidenciem a probabilidade do direito;
(ii) a existência de perigo de dano ou risco ao resultado útil do processo.

Portanto, algo bastante simples.

Porém, sendo hipótese de tutela de urgência antecedente, a situação é um pouco diferente. Nesse caso, o CPC é específico em relação ao que espera da fundamentação, sendo que há distinções em relação à subespécie de tutelas de urgência.

#### 5.4.2.1. Requerimento de tutela antecipada antecedente

Essa tutela é cabível nos casos em que a urgência é anterior ou conjunta à propositura da ação. Nessa situação, a petição inicial **pode limitar-se a indicar o requerimento da tutela antecipada** e o do pedido de tutela final com:

- a exposição da lide;
- a indicação do direito que o requerente busca realizar;
- a alegação do perigo de dano ou risco ao resultado útil do processo (CPC, art. 303).

Assim, é interessante abrir um tópico separado para abordar cada um desses itens, d modo a mostrar ao examinador que se conhece o tema.

A exposição da lide será atendida a partir da apresentação dos fatos aduzidos pel requerente.

Já a "indicação do direito que o requerente busca realizar" se refere a apresentar os argu mentos relativos à probabilidade do direito (requisito genérico das tutelas de urgência mencio nado no art. 300 do CPC).

Por fim, a alegação do perigo de dano ou risco ao resultado útil do processo deverá se objeto de argumentos que apontem o motivo pelo qual não se pode esperar o fim do processo Para isso, vale expor a situação emergencial, indicada no enunciado da peça prática do exame da OAB.

### 5.4.2.2. Requerimento de tutela cautelar antecedente

A tutela cautelar, como já dito, é cabível quando se quer **assegurar** o exercício de um direito, no futuro.

A petição inicial da ação que visa à prestação de tutela cautelar em caráter antecedente indicará:

- a lide e seu fundamento;
- a exposição sumária do direito que se objetiva assegurar;
- o perigo de dano ou o risco ao resultado útil do processo (CPC, art. 305).

Novamente, é interessante abordar cada pressuposto separadamente de modo a demonstrar boa técnica ao examinador.

A exposição da lide será atendida a partir da apresentação dos fatos trazidos pelo autor.

A fundamentação é dada pela "exposição sumária do direito que se objetiva assegurar", ou seja, uma visão geral (não profunda) do direito que se está discutindo. Mas este é o momento para o candidato demonstrar ao examinador os bons argumentos existentes no sentido de que cabe a tutela de urgência.

Por fim, também deve ser exposta a situação de urgência, que complementa o necessário para a peça.

### 5.4.2.3. Pedido de liminar

Sendo caso de tutela provisória, não basta expor na causa de pedir a presença dos requisitos. É necessário, também, que isso conste do pedido.

É possível abrir um tópico específico para a liminar ("Dos Fatos", "Do Direito" e "Da Liminar"), ou expor dentro dos próprios tópicos "Dos Fatos" e "Do Direito" a presença dos requisitos.

De qualquer forma, ao final, no tópico "Do Pedido", fundamental que um item (usualmente, dos primeiros) trate da liminar.

## 5.5. Da tutela da evidência

Usualmente se pensa em liminar quando se está diante de uma situação de urgência. Mas, na atual legislação, essa não é a única situação em que isso é possível. É aqui que se insere a tutela de evidência, ou tutela do direito evidente.

A **tutela de evidência** busca resguardar um direito evidente; ou seja, é uma tutela provisória que não depende de urgência (exatamente por isso não é denominada tutela de urgência, a outra espécie de tutela provisória).

A **tutela da evidência será concedida**, independentemente da demonstração de perigo de dano ou de risco ao resultado útil do processo. O Código a prevê em **quatro situações** (art. 311):

I – ficar caracterizado abuso do direito de defesa ou manifesto propósito protelatório da parte (tutela da evidência **penalizadora da má-fé**);

II – as alegações de fato puderem ser comprovadas apenas documentalmente e se houver tese firmada em julgamento de casos repetitivos ou súmula vinculante (tutela da evidência fundada em **tese firmada em tribunal superior**);

III – se tratar de pedido reipersecutório fundado em prova documental adequada do contrato de depósito, caso em que será decretada a ordem de entrega do objeto custodiado sob cominação de multa (tutela da evidência em **contrato de depósito**);

IV – a petição inicial for instruída com prova documental suficiente dos fatos constitutivos do direito do autor, a que o réu não oponha prova capaz de gerar dúvida razoável (tutela da evidência **fundada em prova incontroversa**).

Afirma o Código que nos casos dos incisos II e III será possível a **concessão liminar** da tutela da evidência (art. 311, parágrafo único).

Por sua vez, quanto às previsões dos incisos I e IV, é certo que somente pode haver sua concessão durante o curso do processo e não na inicial, pois um dos requisitos para sua concessão é a **conduta do réu no processo**. Assim, o requerimento será incidental, posterior à inicial (ou à reconvenção – pois, por certo, é possível que haja também tutela provisória no bojo de reconvenção) e à contestação do réu, para que se possa falar em má-fé ou prova incontroversa.

Reitere-se que a tutela da evidência será concedida com base na existência de um dos quatro requisitos acima, em relação aos quais **não há urgência**. Assim, ao elaborar a peça prática envolvendo tutela de evidência, não se deve falar em situação de urgência ou de perigo grave – a não ser que se esteja pedido, ao mesmo tempo, tutela de evidência e de urgência.

Tal qual em relação à tutela de urgência, é possível a concessão da **tutela de evidência em grau recursal**.

## 6. CUMPRIMENTO DE SENTENÇA E IMPUGNAÇÃO

### 6.1. Visão geral

Finalizada a fase de conhecimento do processo de conhecimento (com a sentença, em regra transitada em julgado), deve o devedor cumprir a obrigação.

Contudo, na prática, muitas vezes o **devedor não cumpre a obrigação de forma espontânea**.

Diante disso, necessário que o autor – que agora passa a ser denominado exequente – adote alguma conduta. E essa conduta será dar **início ao cumprimento de sentença**.

Pelo sistema do Código, o cumprimento de sentença é a fase final do processo de conhecimento com pedido condenatório.

A petição que requer o cumprimento de sentença é bastante simples, de modo que provavelmente não será objeto de uma peça de 2ª fase. Mas é certo que o tema pode ser objeto de uma das questões.

De seu turno, uma vez intimado a cumprir a sentença, o réu – que agora passa a ser chamado de executado – tem o direito de se defender, o que será feito mediante a **impugnação ao cumprimento de sentença**.

A petição de impugnação é uma peça mais elaborada, já tendo sido objeto de peça prática na 2ª fase, bem como de questões.

Ou seja, o tema também é relevante para a 2ª fase da OAB. Veremos neste tópico os principais aspectos relativos ao cumprimento de sentença e impugnação.

Dentre as diversas espécies de cumprimento de sentença, a mais usual na 2ª fase da OAB é, sem dúvida, o cumprimento de obrigação de pagar quantia.

## 6.2. Cumprimento de sentença

### 6.2.1. Dos requisitos necessários para o cumprimento de sentença

São requisitos necessários para o cumprimento de sentença:

> **(i) inadimplemento/exigibilidade:** o não cumprimento espontâneo da obrigação fixada na sentença (CPC, art. 786);
> 
> **(ii) título executivo judicial:** documento que traduz uma obrigação e permite o início da fase de cumprimento de sentença (CPC, art. 515).

Somente cabe o cumprimento de sentença quando existem ambos os requisitos.

### 6.2.2. Do título executivo judicial

Os **títulos executivos judiciais** estão previstos no CPC, art. 515:

> **(i)** as decisões proferidas no processo civil (obrigação de pagar quantia, obrigação de fazer, não fazer, entregar coisa – destaque para a menção à **decisão** e não mais sentença, considerando a nova sistemática do CPC, com a possibilidade de diversas decisões de mérito ao longo do procedimento);
> 
> **(ii)** a decisão homologatória de autocomposição judicial;
> 
> **(iii)** a decisão homologatória de autocomposição extrajudicial de qualquer natureza;

Os incisos II e III são iguais? Não. No inciso II, há demanda na qual se formula pedido e, depois, há o acordo. No inciso III, não há demanda prévia, e as partes apenas celebram o acordo e o submetem à homologação do juiz (e o acordo pode, eventualmente, não passar pelo Judiciário e poderá ser título executivo extrajudicial);

> **(iv)** o formal e a certidão de partilha, quanto aos participantes do processo de inventário (inventariante, herdeiros e sucessores);
> 
> **(v)** o crédito do auxiliar da justiça (custas, emolumentos ou honorários aprovados por decisão judicial);

**(vi)** a sentença penal condenatória transitada em julgado;

**(vii)** a sentença arbitral: é a decisão proferida por um árbitro no bojo da arbitragem, apesar de não ter a intervenção do Judiciário (se há arbitragem, não se manifesta o Judiciário) é considerada título judicial;

**(viii)** a sentença estrangeira homologada pelo STJ;

**(ix)** a decisão interlocutória estrangeira, após *exequatur* do STJ.

> Apesar de não ser proferida por um magistrado togado, por opção legislativa **a sentença arbitral é um título executivo judicial** (isso tem consequências relevantes no tocante à defesa).

### 6.2.3. Das diversas espécies de cumprimento de sentença

Conforme o CPC:

- tratando-se de obrigação de fazer, não fazer e entregar coisa, devem ser observados os arts. 536 e s. (análogo à execução de título extrajudicial);
- tratando-se de obrigação de pagar alimentos, devem ser observados os arts. 538 e s.;
- tratando-se de obrigação de pagar quantia pela Fazenda, devem ser observados os arts. 534 e s., que serão analisados abaixo;
- tratando-se de obrigação de pagar, devem ser observados os arts. 523 e s., que serão analisados a seguir.

#### 6.2.3.1. Do cumprimento de sentença de obrigação de pagar quantia pela Fazenda Pública

Inova o CPC ao prever e regular o procedimento do **cumprimento de sentença contra a Fazenda**. No sistema anterior, apenas havia a execução contra a Fazenda, mesmo em relação a título judicial.

Contudo, apesar de se aplicar o cumprimento de sentença, **não se aplica à Fazenda a multa** para o não pagamento em 15 dias, considerando a própria sistemática do regime de precatórios e requisição de pequeno valor, ou RPV (art. 534, § 2º).

O art. 534 do CPC regula a petição que dá início ao cumprimento, que deverá trazer um **completo demonstrativo de débito**, que conterá: (i) o nome completo e o número de inscrição no Cadastro de Pessoas Físicas ou no Cadastro Nacional da Pessoa Jurídica do exequente; (ii) o índice de correção monetária adotado; (iii) os juros aplicados e as respectivas taxas; (iv) o termo inicial e o termo final dos juros e da correção monetária utilizados; (v) a periodicidade da capitalização dos juros, se for o caso; (vi) a especificação dos eventuais descontos obrigatórios realizados. Trata-se de demonstrativo igual ao que deve ser apresentado na execução e no cumprimento de sentença.

Se houver mais de um exequente, cada um deverá apresentar seu próprio demonstrativo (CPC, art. 534, § 1º).

Em relação à defesa pela Fazenda, o ente estatal será intimado, na pessoa do seu representante judicial, por carga, remessa ou meio eletrônico, para, querendo, **impugnar o cumprimento de sentença**, no prazo de 30 dias (CPC, art. 535).

Podem ser alegadas as seguintes matérias (CPC, art. 535):

I – falta ou nulidade da citação se, na fase de conhecimento, o processo correu à revelia;
II – ilegitimidade de parte;
III – inexequibilidade do título ou inexigibilidade da obrigação;
IV – excesso de execução ou cumulação indevida de execuções;
V – incompetência absoluta ou relativa do juízo da execução;
VI – qualquer causa modificativa ou extintiva da obrigação, como pagamento, novação, compensação, transação ou prescrição, desde que supervenientes ao trânsito em julgado da sentença.

Existe **restrição para a matéria de defesa** a ser alegada considerando a coisa julgada que se formou no processo de conhecimento. Por isso, somente matéria posterior ao trânsito.

I – expedir-se-á, por intermédio do presidente do tribunal competente, precatório em favor do exequente, observando-se o disposto na Constituição Federal;
II – por ordem do juiz, dirigida à autoridade na pessoa de quem o ente público foi citado para o processo, o pagamento de obrigação de pequeno valor será realizado no prazo de 2 (dois) meses contado da entrega da requisição, mediante depósito na agência de banco oficial mais próximo da residência do exequente.

Se não houver impugnação ou for rejeitada a impugnação (CPC, art. 535, § 3º):

Se houver impugnação parcial, caberá execução da parte não impugnada (CPC, art. 535, § 4º).

### 6.2.3.2. Do cumprimento de sentença para obrigação de pagar

A **competência para a fase de cumprimento de sentença** é prevista no CPC, art. 516:

(i) tribunais, nas causas de sua competência originária;

(ii) juízo que processou a causa no primeiro grau;

(iii) juízo cível competente, no caso de sentença penal condenatória, arbitral ou estrangeira (a rigor, o domicílio do executado).

Poderá o exequente, em II e III, optar pelo juízo do local onde se encontram bens sujeitos à expropriação OU pelo do atual domicílio do executado – casos em que o credor requererá a remessa dos autos ao novo juízo competente (CPC, art. 516, parágrafo único).

Em relação à **natureza do cumprimento**, conforme a estabilidade do título executivo, é possível que o cumprimento de sentença seja provisório ou definitivo.

Utiliza-se o **cumprimento definitivo** quando se tratar de decisão transitada em julgado ou não mais passível de impugnação, como a sentença arbitral.

Já a **execução provisória** é utilizada quando (i) a decisão ainda não transitou em julgado, e o recurso interposto não foi recebido no efeito suspensivo, ou seja, somente é dotado de efeito devolutivo, e (ii) na tutela provisória.

Nesse sentido, o art. 520: "O cumprimento provisório da sentença impugnada por recurso desprovido de efeito suspensivo será realizado da mesma forma que o cumprimento definitivo, sujeitando-se ao seguinte regime: (...)".

E não se refere apenas à sentença, nos termos do art. 519: "Aplicam-se as disposições relativas ao cumprimento da sentença, provisório ou definitivo, e à liquidação, no que couber, às decisões que concederem tutela provisória".

Como no cumprimento provisório há possibilidade de alteração da decisão exequenda, há regras especiais para seu prosseguimento (CPC, art. 520):

(i) corre por iniciativa e responsabilidade do exequente, que se obriga, se a sentença for reformada, a reparar os danos que o executado haja sofrido;

(ii) exigência de caução para: a) levantamento de dinheiro e b) atos que importem transferência de posse ou alienação de propriedade.

É possível que a **caução seja dispensada** (CPC, art. 521) desde que:

(i) o crédito seja alimentar, qualquer que seja sua origem;

(ii) o exequente demonstre estado de necessidade;

(iii) penda agravo contra decisão de inadmissão do REsp ou RE (CPC, art. 1.042);

(iv) a decisão a ser provisoriamente cumprida esteja em consonância com firme decisão de tribunal (súmula ou repetitivo).

Como são situações distintas (não complementares), é de concluir que os **requisitos não são cumulativos**.

Ainda que presente alguma das situações que dispensem a caução, ela poderá ser mantida, se sua dispensa puder resultar "manifesto risco de grave dano de difícil ou incerta reparação" (CPC, art. 521, parágrafo único).

O **procedimento** do cumprimento de sentença para pagamento de quantia está previsto nos arts. 523 e s. do CPC.

1) Proferida decisão condenatória e não havendo pagamento espontâneo pelo réu, o autor requererá o início do cumprimento de sentença (art. 523).
    1.1) Esse requerimento deverá ser instruído com completa memória do débito, bem como já indicar bens (art. 524) – sendo possível requerer a penhora *online*.
2) Intimado o réu, se não houver pagamento no prazo de 15 dias, incidirá multa e honorários, no valor de 10% cada (art. 523, § 1º).
    2.1) Na falta de pagamento, haverá penhora e avaliação de bens necessários à satisfação do débito (art. 523).
3) Poderá o executado apresentar impugnação (art. 525).
4) Se a impugnação não suspender o cumprimento de sentença ou, ao final, for rejeitada, ocorrerá a alienação do bem penhorado.
5) **Expropriação de bens segue as regras da execução de título extrajudicial:**
    - adjudicação pelo credor;
    - alienação por iniciativa particular;
    - leilão.
6) A seguir, a extinção da fase de cumprimento de sentença.
    Aplicação subsidiária:

- destas regras para o cumprimento provisório ("Art. 527. Aplicam-se as disposições deste Capítulo ao cumprimento provisório da sentença, no que couber");
- das regras do processo de execução para o cumprimento de sentença (art. 513).

Uma questão que foi objeto de grande polêmica é **termo inicial do prazo de 15 dias para pagamento, sob pena de multa de 10%**: a partir da intimação do executado ou do trânsito em julgado da decisão? A lei anterior era omissa.

O *caput* do art. 523 do CPC é claro: o início do prazo depende da intimação do executado. Porém, não especificou o legislador se esse prazo seria em dias úteis ou corridos, e a solução passa por ser o prazo processual ou não (CPC, art. 219, parágrafo único). Há divergência, mas caminha-se para a pacificação em **dias úteis**. Nesse sentido, o Enunciado 89 do CJF ("Conta-se em dias úteis o prazo do *caput* do art. 523 do CPC") e precedentes do STJ (REsp 1.693.784 e REsp 1.708.348).

> I – expedir-se-á, por intermédio do presidente do tribunal competente, precatório em favor do exequente, observando-se o disposto na Constituição Federal;
> II – por ordem do juiz, dirigida à autoridade na pessoa de quem o ente público foi citado para o processo, o pagamento de obrigação de pequeno valor será realizado no prazo de 2 (dois) meses contado da entrega da requisição, mediante depósito na agência de banco oficial mais próximo da residência do exequente.

Inova ainda o CPC, em relação à possibilidade de protesto de decisão judicial.

Com o objetivo de tornar mais desconfortável a situação do executado e buscando maior efetividade às decisões judiciais, permite o CPC a publicidade de débitos para incentivar sua satisfação: ou seja, prevê o Código o **protesto das decisões judiciais**.

> Art. 517. A decisão judicial transitada em julgado poderá ser levada a protesto, nos termos da lei, depois de transcorrido o prazo para pagamento voluntário previsto no art. 523.
> § 1º Para efetivar o protesto, incumbe ao exequente apresentar certidão de teor da decisão.

> Portanto, a decisão judicial transitada em julgado poderá ser levada a protesto, após transcorrido o prazo para pagamento voluntário. No caso de débito alimentar, sequer é necessário o trânsito em julgado para o protesto.

### 6.3. Da impugnação ao cumprimento de sentença

A **impugnação** é a defesa do executado prevista no CPC para a fase de cumprimento de sentença.

O **prazo** para impugnar é de 15 dias, contados a partir do término do prazo de 15 dias para pagamento voluntário (item anterior).

A regra está prevista no art. 525 do CPC:

> Transcorrido o prazo previsto no art. 523 sem o pagamento voluntário, inicia-se o prazo de 15 (quinze) dias para que o executado (...) apresente, nos próprios autos, sua impugnação.

Há **prazo em dobro** no caso de litisconsortes com advogados distintos (CPC, art. 525, § 3º).

Inova o CPC em relação ao prazo e, também, em relação à peça ser sempre nos **mesmos autos**, bem como quanto à **desnecessidade de penhora para impugnar** (CPC, art. 525, *caput*).

Considerando que o cumprimento de sentença tem por base um título executivo judicial e, assim, já houve prévia manifestação do Poder Judiciário, há **restrição quanto à matéria** a ser alegada na impugnação. Não se pode discutir novamente o mérito (se a quantia a ser paga é ou não devida), pois aí haveria violação à coisa julgada.

Assim, **somente as seguintes matérias podem ser alegadas na impugnação** (CPC, art. 525, § 1º):

(i) falta ou nulidade da citação, se na fase de conhecimento o processo correu à revelia;
(ii) ilegitimidade **de parte**;
(iii) inexigibilidade do título ou inexigibilidade da obrigação;
(iv) penhora incorreta ou avaliação errônea;
(v) excesso de execução ou cumulação indevida de execuções (aqui se aplica tudo quanto será exposto a respeito do tema nos embargos à execução; inclusive deverá o impugnante declarar de imediato o valor que entende correto, sob pena de rejeição liminar da impugnação – CPC, art. 525, §§ 4º e 5º);
(vi) incompetência absoluta ou relativa do juízo da execução;
(vii) qualquer causa impeditiva, modificativa ou extintiva da obrigação (pagamento, compensação, transação etc.), desde que superveniente à sentença (porque, se anterior à sentença, isso já está protegido pela coisa julgada).

Considera-se também **inexigível** o título judicial fundado em lei declarada inconstitucional pelo STF, seja em controle difuso ou concentrado (CPC, art. 525, § 12), sendo que a decisão do STF deve ser anterior ao trânsito em julgado da decisão exequenda (§ 14) – se a decisão for posterior, deverá ser utilizada a rescisória, cujo prazo será contado a partir do trânsito em julgado da decisão do STF (§ 15).

O **procedimento** da impugnação é o seguinte:

1) Findo o prazo de 15 dias para pagar, o executado pode impugnar (CPC, art. 525).
2) Somente algumas matérias podem ser alegadas na impugnação (CPC, art. 525, § 1º).
   2.1) Cabe rejeição liminar se impugnação (i) intempestiva ou (ii) se no excesso de execução não houver indicação do valor.
3) Em regra, a impugnação não suspende o cumprimento de sentença (CPC, art. 525, § 6º). Contudo, poderá ser concedido o efeito suspensivo, desde que presentes, ao mesmo tempo:
   (i) fundamentos da impugnação forem relevantes; e
   (ii) prosseguimento do cumprimento possa causar ao executado grave dano de difícil ou incerta reparação.
4) A impugnação será autuada nos mesmos autos (CPC, art. 525, *caput*).

5) Recebida a impugnação, deve ser aberta vista ao impugnado, para exercer o contraditório, no prazo de 15 dias (não há previsão legal nesse sentido).
6) Se necessário, dilação probatória.
7) Após instrução ou se esta for desnecessária: decisão do juiz, que poderá colocar fim ao cumprimento (se acolher integralmente a impugnação que entender nada ser devido) ou não (se rejeitada, total ou parcialmente, ou se for impugnação parcial – pois aí prossegue a fase de cumprimento).
   **7.1)** Sendo assim, variável o recurso cabível, conforme a extinção do cumprimento ou não (apelação ou agravo de instrumento).

# 7. EXECUÇÃO E EMBARGOS

## 7.1. Visão geral

Por vezes, é possível acionar o Judiciário para o cumprimento de uma obrigação sem passar previamente pelo processo de conhecimento.

Para que seja possível desde logo o uso do **processo de execução**, a lei prevê determinados requisitos, a saber: **título executivo extrajudicial e inadimplemento**.

A petição inicial de uma ação de execução é mais simples que uma petição inicial de processo de conhecimento. Mas, vez ou outra, é pedida em 2ª fase da OAB.

Pelo outro lado, para se defender da execução (inclusive debatendo o título e a obrigação nele contida), o executado pode se valer dos **embargos à execução** ou dos **embargos do devedor**. É uma peça que mescla petição inicial com defesa, o que justifica cair na 2ª fase com alguma frequência.

No mais, além de ser objeto de peças, o assunto frequentemente aparece nas questões.

Neste tópico, analisaremos os principais aspectos relativos à execução e respectivos embargos.

É certo que existem pontos comum e distintos entre cumprimento de sentença (tema visto anteriormente, no item 6 da seção "Direito Processual Civil") e execução. O assunto pode ser sintetizado da seguinte forma:

| Forma de execução | Requisitos |
|---|---|
| Processo de execução (Livro II da Parte Especial do CPC) | Inadimplemento + Título executivo extrajudicial |
| Cumprimento de sentença (Livro I da Parte Especial do CPC) | Inadimplemento + Título executivo judicial |

Além disso, execução e cumprimento não são totalmente distintos. Ao contrário, por vezes **aplica-se o procedimento de um ao outro**, de forma subsidiária.

Para compreender o tema, vale destacar:

a) aplicam-se ao cumprimento de sentença as regras da execução (CPC, arts. 513 e 771);
b) aplicam-se à execução as regras do cumprimento de sentença (CPC, art. 771, parágrafo único).

## 7.2. Dos requisitos necessários para qualquer execução

São requisitos necessários para realizar qualquer execução autônoma:

**(i) inadimplemento/exigibilidade:** o devedor não satisfaz a obrigação certa, líquida e exigível prevista no título executivo (CPC, art. 786);

**(ii) título executivo extrajudicial:** documento que traduz uma obrigação e permite a propositura do processo de execução (CPC, art. 784).

Somente cabe o processo de execução autônomo quando existirem ambos os requisitos. Mas, vale destacar, inova o CPC ao permitir que, mesmo diante da existência de título executivo extrajudicial, o **exequente opte pelo processo de conhecimento**, se assim entender mais conveniente (CPC, art. 785).

Além disso, a execução deve estar fundada em **título de obrigação líquida, certa e exigível** (CPC, art. 783).

O processo de execução busca a satisfação do crédito do exequente. Mas essa satisfação deve respeitar o executado. Daí a legislação prever expressamente o **princípio da menor onerosidade** (*vide* CPC, art. 805).

### 7.2.1. Do título executivo extrajudicial

Os títulos executivos extrajudiciais estão previstos no CPC, art. 784:

**(i)** títulos de crédito (letra de câmbio, nota promissória, duplicata, debênture e cheque);

**(ii)** escritura pública ou outro documento público assinado pelo devedor;

**(iii)** documento particular assinado pelo devedor e por 2 testemunhas (um dos mais usuais no cotidiano forense);

Se o documento é assinado pelo devedor ou pelo devedor e apenas 1 testemunha, não se trata de título executivo, mas sim prova escrita sem força de título executivo (que deverá ser cobrada via processo de conhecimento; seja cobrança pelo procedimento comum ou pelo procedimento especial da monitória); apenas se devedor e 2 testemunhas assinarem é que haverá título e, portanto, possibilidade de uso do processo executivo.

**Atenção:** alteração no CPC (Lei n. 14.620/2023) inseriu o § 4º ao art. 784, com a seguinte redação: *"Nos títulos executivos constituídos ou atestados por meio eletrônico, é admitida qualquer modalidade de assinatura eletrônica prevista em lei, dispensada a assinatura de testemunhas quando sua integridade for conferida por provedor de assinatura"*. Portanto, atentar se o enunciado falar em documento "assinado por meio eletrônico"; nesse caso, **mesmo sem testemunha**, será título executivo.

**(iv)** instrumento de transação referendado pelo MP, Defensoria Pública, advocacia pública, advogado das partes ou conciliador/mediador credenciado por tribunal;

**(v)** os contratos com garantia real (hipoteca, penhor, anticrese) e contratos garantidos com caução;

**(vi)** contrato de seguro de vida em caso de morte;

**(vii)** o crédito decorrente da enfiteuse, ou seja, foro (pensão anual paga ao senhorio - CC/1916, art. 678) e laudêmio (compensação dada ao senhorio quando da alienação do domínio útil do imóvel – CC/1916, art. 683);

**(viii)** o crédito, documentalmente comprovado, decorrente de aluguel de imóvel, e acessórios (taxas e despesas de condomínio);

Este inciso (que não prevê a necessidade de duas testemunhas, como no inciso II) permite a execução de crédito de aluguel de imóvel não pago, bem como de encargos, tais como IPTU, luz, condomínio – desde que comprovados documentalmente e com os acessórios previstos em contrato;

**(ix)** a CDA (certidão de dívida ativa), ou seja, os créditos tributários devidos à União, aos Estados, ao Distrito Federal e Territórios e aos Municípios;

**(x)** o crédito referente ao condomínio (contribuições ordinárias ou extraordinárias de condomínio edilício), previsto na respectiva convenção ou aprovado em assembleia, desde que documentalmente comprovado;

> Cabe destacar que, em relação ao condomínio, trata-se de inovação como título executivo, pois no sistema anterior isso demandava processo de conhecimento do condomínio contra o condômino inadimplente (e era uma das hipóteses de utilização do sumário).

**(xi)** a certidão expedida por cartório extrajudicial (serventia notarial ou de registro), relativa a emolumentos e despesas devidas pelos atos cartoriais, conforme tabelas estabelecidas em lei;

**(xi-a)** o contrato de contragarantia ou qualquer outro instrumento que materialize o direito de ressarcimento da seguradora contra tomadores de seguro-garantia e seus garantidores (alteração decorrente da Lei n. 14.711/2023, o chamado "marco legal das garantias", e que cria título executivo específico para seguradoras irem atrás daqueles que celebram seguros para garantir as seguradoras, quando de sinistros).

São também executivos outros títulos mencionados em leis esparsas (CPC, art. 784, XII). Como exemplos:

- TAC – termo de ajustamento de conduta (Lei n. 7.347/85, art. 5º, § 6º);
- decisão do TCU que determine pagamento de quantia (CF, art. 71, § 3º);
- cédula de crédito bancário (CCB – Lei n. 10.931/2004, art. 28: "seja pela soma nela indicada, seja pelo saldo devedor demonstrado em planilha de cálculo, ou nos extratos da conta corrente").

Como se percebe da leitura do rol acima, os títulos executivos extrajudiciais são criados sem a participação do Poder Judiciário.

A origem é a vontade das partes, desde que observados os requisitos previstos na legislação. Assim, uma confissão de dívida assinada somente pelo devedor, apesar de ser prova documental, não é título executivo. Já uma confissão de dívida assinada pelo devedor e por duas testemunhas é título executivo (CPC, art. 784, III).

A legislação admite a **cumulação de execuções**, ou seja, é lícito ao exequente, sendo o mesmo executado, cumular várias execuções, mesmo que em títulos diferentes, desde que o juiz seja competente e o procedimento seja o mesmo (CPC, art. 780).

É conveniente destacar que a sentença arbitral não é título executivo extrajudicial, visto que não se encontra nos incisos do mencionado art. 784 (*vide* item 6.2.2 da seção "Direito Processual Civil").

### 7.2.2. Das diversas espécies de execução

Conforme o **tipo de obrigação inadimplida**, a execução terá um trâmite diferenciado. Assim, não há uma única, mas sim diversas espécies de execução, sendo que cada uma dessas espécies terá um procedimento próprio.

Abaixo, indicamos as **espécies de execução previstas no CPC**, destacando como se dá seu início, visto que é exatamente neste momento da tramitação que se percebe a distinção entre elas. Além disso, há execuções previstas em leis extravagantes, como a execução fiscal (Lei n. 6.830/80).

É certo que a espécie mais relevante é a execução de quantia certa (obrigação de pagar), em que o executado é citado para pagar, sob pena de penhora; por isso, essa modalidade de execução será tratada com maior atenção.

Mas, antes de analisar as diversas execuções, vejamos os pontos comuns a todas as execuções.

**O CPC aponta alguns requisitos que se referem a qualquer execução.**

A petição inicial deve ser **instruída** com (CPC, art. 798, I):

(i) o título executivo extrajudicial;

(ii) o demonstrativo do débito atualizado até a data de propositura da ação (no caso de execução por quantia certa);

O **demonstrativo de débito** tem novos requisitos (CPC, art. 798, parágrafo único): o índice de correção monetária adotado; a taxa de juros aplicada; os termos inicial e final de incidência do índice de correção monetária e da taxa de juros utilizados; a periodicidade da capitalização dos juros, se for o caso; a especificação de desconto obrigatório realizado.

(iii) a prova de que se verificou a condição ou ocorreu o termo, se for o caso;

(iv) a prova, se for o caso, de que adimpliu a contraprestação que lhe corresponde ou que lhe assegura o cumprimento.

No mais, a petição inicial deve **indicar** (CPC, art. 798, II):

> a) a espécie de execução de sua preferência, quando por mais de um modo puder ser realizada;
> b) os nomes completos do exequente e do executado e seus números de inscrição no Cadastro de Pessoas Físicas ou no Cadastro Nacional da Pessoa Jurídica;
> c) os bens suscetíveis de penhora, sempre que possível.

Deve ainda o exequente requerer a **intimação de terceiros** que possam ter alguma relação com o bem penhorado (CPC, art. 799, que menciona o credor hipotecário, titular do usufruto, promitente comprador ou vendedor, superficiário, sociedade em caso de penhora de quota etc.). Ainda, se o exequente assim requerer, deverá a petição inicial trazer o pedido de **tutela de urgência** (CPC, art. 799, VIII).

Existindo **falha na inicial** (incompleta ou sem documentos indispensáveis, como o demonstrativo de débito), o juiz determinará a emenda, no prazo de 15 dias, sob pena de indeferimento (CPC, art. 801).

Se a inicial estiver em termos, o juiz determinará a **citação** (CPC, art. 802), o que interrompe a prescrição (que retroage à data da propositura da ação – CPC, art. 802, parágrafo único). Vale relembrar que a citação na execução poderá ser realizada pelo correio.

### 7.2.2.1. Da prescrição intercorrente

O CPC trata expressamente da **prescrição intercorrente**.

Prevê o CPC que a execução será suspensa quando o executado não for localizado ou não forem encontrados bens penhoráveis (CPC, art. 921, III). Nesse caso, o processo ficará suspenso pelo prazo de 1 ano, durante o qual se suspenderá a prescrição (CPC, art. 921, § 1º).

O termo inicial da prescrição será a ciência da (i) primeira tentativa de citação do executado ou (ii) penhora infrutífera dos bens do executado (seja por não existirem bens ou por serem impenhoráveis). Assim, logo que houver a situação de dificuldade na execução, terá início a fluência do prazo prescricional, a suspensão do processo por um ano (CPC, com a alteração promovida pela Lei n. 14.195/2021).

Após esse prazo, se a situação perdurar (executado não localizado ou ausência de bens penhoráveis), o processo será arquivado (CPC, art. 921, § 2º). Se o executado for localizado ou forem encontrados bens, haverá o desarquivamento (CPC, art. 921, § 3º). Passado o prazo de 1 ano sem manifestação do exequente, então **começa a correr o prazo da prescrição intercorrente** (CPC, art. 921, § 4º).

Ocorrido o prazo da prescrição, após oitiva das partes, o juiz poderá, mesmo de ofício, reconhecer a prescrição intercorrente e extinguir o processo (CPC, arts. 921, § 5º, e 924, V).

> Ou seja, caso o devedor não seja encontrado para citação ou não haja bens penhoráveis, após 1 ano de suspensão do processo, começará a fluir o prazo da prescrição intercorrente, findo o qual haverá a extinção da execução.

Quando houver a extinção pela prescrição intercorrente, não haverá a condenação em honorários (CPC, art. 921, § 5º)

Em síntese: caso não se encontre o devedor ou seus bens, estamos diante de uma possível execução de quantia infrutífera. E a prescrição intercorrente existe para que essa execução não fique tramitando por prazo indeterminado perante o Judiciário – e, após um tempo, seja extinta.

O prazo da prescrição intercorrente é variável, e é o mesmo prazo de prescrição da pretensão do processo de conhecimento (CC, art. 206-A). Assim, por exemplo, se o prazo prescricional de um dano moral é de 3 anos (CC, art. 205, § 3º), o prazo da prescrição intercorrente da execução / cumprimento de sentença que busque receber o dano moral será de 3 anos.

"**1)** O prazo de um ano de suspensão previsto no art. 40, §§ 1º e 2º, da Lei n. 6.830 tem início automaticamente na data da ciência da Fazenda a respeito da não localização do devedor ou da inexistência de bens penhoráveis no endereço fornecido;

**2)** Havendo ou não petição da Fazenda Pública e havendo ou não decisão judicial nesse sentido, findo o prazo de um ano, inicia-se automaticamente o prazo prescricional aplicável, durante o qual o processo deveria estar arquivado sem baixa na distribuição, na forma do art. 40, §§ 2º, 3º e 4º, da Lei n. 6.830, findo o qual estará prescrita a execução fiscal;

**3)** A efetiva penhora é apta a afastar o curso da prescrição intercorrente, mas não basta para tal o mero peticionamento em juízo requerendo a feitura da penhora sobre ativos financeiros ou sobre outros bens;

**4)** A Fazenda Pública, em sua primeira oportunidade de falar nos autos (art. 245 do Código de Processo Civil), ao alegar a nulidade pela falta de qualquer intimação dentro do procedimento do art. 40 da LEF, deverá demonstrar o prejuízo que sofreu (por exemplo, deverá demonstrar a ocorrência de qualquer causa interruptiva ou suspensiva da prescrição)".

### 7.2.3. Da execução para entrega de coisa

Prevista no CPC, arts. 806 e s., é utilizada diante do inadimplemento de uma obrigação de entregar, conforme previsto no título executivo extrajudicial. É também denominada **tutela específica das obrigações**, exatamente porque se busca que o executado cumpra especificamente obrigação de entregar a que se comprometeu.

O executado é citado para, dentro de 15 dias, entregar a coisa. Cabe a fixação de multa diária *(astreinte)* para o caso de não haver a entrega (CPC, art. 806, § 1º), ou seja, a forma de compelir o executado a entregar a coisa é a *astreinte*.

Se a coisa já tiver sido alienada, será expedido mandado contra o terceiro adquirente, que somente será ouvido após o depósito da coisa (CPC, art. 808).

### 7.2.4. Da execução de obrigação de fazer e de não fazer

Prevista no CPC, arts. 814 e s., é utilizada diante do inadimplemento de uma obrigação de fazer ou não fazer, prevista em título executivo extrajudicial. É também denominada **tutela específica das obrigações**, exatamente porque se busca que o executado cumpra especificamente obrigação de fazer a que se comprometeu.

O executado é citado para fazer ou não fazer algo, no prazo que o juiz fixar, se não houver previsão no título (CPC, art. 815).

O juiz, ao despachar a inicial, fixará **multa** por período de atraso e data a partir do qual será devida (CPC, art. 814), ou seja, a forma de compelir o executado a fazer ou deixar de fazer algo é a *astreinte*. Se o título já tiver previsão do valor da multa, o juiz poderá reduzi-lo, se for excessivo (CPC, art. 814, parágrafo único).

Se no prazo fixado o executado não satisfizer a obrigação, poderá o exequente requerer que (i) seja a obrigação realizada por terceiro à custa do executado ou (ii) converta a obrigação de fazer em indenização (CPC, arts. 816 e 817). E isso nos próprios autos da execução, sem a necessidade de um novo processo.

Já ao executado cabe cumprir a obrigação ou apresentar embargos à execução, que não dependem de penhora (CPC, art. 914).

### 7.2.5. Da execução contra a Fazenda Pública

Prevista no CPC, art. 910, é utilizada diante do inadimplemento de uma obrigação de pagar, em que o devedor é a Fazenda Pública (União, Estados, Municípios e suas autarquias e fundações – ou seja, pessoas jurídicas de direito público).

Assim, entes estatais com personalidade jurídica de direito privado não se inserem no conceito. Portanto, empresas públicas e sociedades de economia mista são executadas pelo regime geral, possuindo patrimônio próprio e penhorável.

A execução poderá ser fundada em título executivo judicial ou extrajudicial. No sistema anterior, havia alguma dúvida quanto à possibilidade de execução de título extrajudicial contra a Fazenda, afastada pela Súmula 279 do STJ:

É cabível execução por título extrajudicial contra a Fazenda Pública.

Quanto ao título extrajudicial, há apenas o art. 910, cujo § 3º remete aos arts. 534 e 53: do CPC (*vide* o item 6.2.3.1 da seção "Direito Processual Civil"). Além disso, aplica-se o art 100 da CF.

O ente estatal é citado para apresentar embargos, no prazo de 30 dias (CPC, art. 910 *caput*). Nos embargos, poderá a Fazenda apresentar **qualquer matéria de defesa**, que poderi: ser alegada no processo de conhecimento (CPC, art. 910, § 2º). Assim, os embargos da Fazend: não apresentam distinção procedimental quanto aos embargos em geral (CPC, arts. 914 e s.).

**Não há penhora**, já que bens públicos são impenhoráveis (CPC, art. 833, I, e CC, art. 100)

Não opostos embargos ou transitada em julgado a decisão que os rejeitar, o pagamento se dará mediante **precatório** (CF, art. 100), que é a requisição de pagamento de dívida judicial que o Tribunal encaminha ao órgão estatal devedor.

A depender da natureza do débito (se dívida alimentícia ou não – CF, art. 100, § 1º), este ser: ou não pago com preferência sobre os demais, destacando-se que as **obrigações ou requisições de pequeno valor** (OPV ou RPV) não se submetem ao regime dos precatórios.

Assim, os precatórios se classificam em:

1) **Comuns:** são expedidos por ordem própria e decorrem de verbas que não são diferenciadas.

2) **De natureza alimentícia** (CF, art. 100, § 1º): compreendem aqueles decorrentes de salários, vencimentos, proventos, pensões e suas complementações, benefícios previdenciários e indenizações por morte ou por invalidez, fundadas em responsabilidade civil, em virtude de sentença judicial transitada em julgado.

3) **Alimentícios de pessoas idosas** (60 anos ou mais) **ou que possuem doença grave** (CF, art. 100, § 2º): além de alimentícios tais quais os anteriores, há a característica específica do credor.

4) **RPV ou OPV:** nesse caso, o pagamento deve ser prontamente realizado pela Fazenda, sem necessidade de precatório.

### 7.2.6. Da execução de quantia certa

Esta, sem dúvida, a execução mais frequente na 2ª fase da OAB.

Suas regras aplicam-se **de forma subsidiária às demais espécies de execução** (especialmente no tocante à expropriação de bens) e, também, esta é a mais pedida em provas de OAB. Assim, será a execução analisada com mais vagar.

No CPC/73 havia a execução de quantia certa contra devedor solvente (a que agora é analisada) e a execução de quantia contra devedor insolvente (a "falência civil"), que **não é regulada pelo atual CPC**. O art. 1.052 do CPC destaca que, até edição de lei específica, as execuções contra devedor insolvente serão reguladas pelas regras do CPC/73 (ou seja, ainda estão em vigor alguns dispositivos do CPC/73).

Diante do inadimplemento e de um título executivo extrajudicial que traga obrigação de pagar, será utilizada a **execução por quantia certa** (CPC, art. 829).

A petição inicial do processo de execução segue a lógica da inicial do processo de conhecimento, com os seguintes requisitos:

**(i)** endereçamento (CPC, art. 319, I);

A **competência para ajuizar a execução** (CPC, art. 781) é ampla, sendo possível a propositura no foro do domicílio do executado, foro de eleição constante do título ou foro da situação dos bens que serão penhorados.

**(ii)** qualificação das partes (CPC, art. 319, II);

A **legitimidade para a execução** é apurada a partir da análise do título executivo extrajudicial;

**(iii)** demonstração do inadimplemento/exigibilidade da obrigação e da existência de título (CPC, art. 319, III);

São **documentos essenciais** à propositura da execução o título executivo e o demonstrativo de débito;

**(iv)** valor da causa (CPC, art. 319, V);

Nos termos do CPC, art. 292, I, o valor da causa será a quantia pleiteada na execução.

Quando admitida a execução, é permitido ao credor **dar publicidade a respeito da existência da execução**. Para tanto, o exequente poderá obter certidão, com identificação das partes e valor da causa, "para fins de averbação no registro de imóveis, de veículos ou de outros bens sujeitos a penhora, arresto ou disponibilidade" (CPC, art. 828). Essa averbação não impede a alienação do bem, mas dá ciência a terceiros, os quais não poderão alegar desconhecimento a respeito da execução.

Estando em termos a petição inicial, o juiz determinará a citação do executado, que poderá ser feita por correio.

Se o executado não for encontrado, será realizada nova diligência pelo oficial de justiça e, se o caso, haverá citação por hora certa ou por edital.

Há uma situação específica: se o oficial de justiça não encontrar o executado, mas encontrar bens passíveis de penhora, será possível a constrição de bens. Contudo, não se trata de penhora, que somente pode ser realizada após a citação (*vide* tópico a seguir).

Essa constrição é o **arresto executivo ou pré-penhora** (não confundir com a cautelar de arresto), previsto no art. 830 do CPC: a jurisprudência admite que esse arresto seja feito por meio eletrônico (*online* – STJ, REsp 1.370.687-MG, *Informativo 519 do STJ*).

### 7.2.6.1. Penhora

No caso de execução de quantia, se não houver o pagamento do débito, haverá a **penhora**, que é a constrição judicial de bem do executado, capaz de garantir o pagamento do débito exequendo. Uma vez efetivada a penhora, a avaliação do bem será realizada pelo oficial de justiça (CPC, art. 870).

O devedor responde pela execução com seus bens presentes e futuros (CPC, art. 789), ou seja, se durante a tramitação do processo o devedor adquirir algum bem, será possível a penhora.

Pode o exequente, já na inicial do processo de execução, indicar os bens do executado que devem ser penhorados (CPC, art. 829, § 1º) – salvo se outros forem indicados pelo executado e aceitos pelo juiz, diante da demonstração de que a constrição será menos onerosa e não trará prejuízo ao exequente.

Poderá o juiz determinar que o executado indique quais são, onde estão e quanto valem os bens passíveis de penhora, sob pena de ato atentatório à dignidade da justiça, que acarreta a imposição de multa (CPC, art. 774, V).

Efetivada a penhora, será nomeado um **depositário** (e, como já exposto, não há mais a prisão do depositário infiel). E o depositário só será o executado se o exequente concordar ou nos casos de difícil remoção do bem (CPC, art. 840, § 2º).

Se o oficial, ao tentar citar o devedor, não o encontrar, mas encontrar bens penhoráveis, poderá **arrestar tais bens** (CPC, art. 830). Não se trata de penhora, visto que esta somente pode ocorrer após a citação e se não houver o pagamento do débito. Uma vez efetivado o arresto e não encontrado o devedor, o credor deverá providenciar sua citação por edital. Após tal ato, o arresto será convertido em penhora (CPC, art. 830, § 3º). Não se deve confundir esse arresto do processo executivo com o arresto cautelar, pois são figuras distintas.

Pode o exequente requerer a **penhora *online* de bens do executado** (CPC, arts. 854 e s.). Porém, há inovações no procedimento.

Inicialmente, após requerimento do exequente, o juiz, sem dar ciência ao executado, determinará às instituições financeiras que tornem indisponíveis ativos financeiros do executado (CPC, art. 854). O juiz deverá cancelar, em 24 horas, eventual indisponibilidade excessiva (CPC, art. 854, § 1º).

Efetivada a indisponibilidade, o executado será intimado e terá prazo de 5 dias para comprovar que (§ 2º e 3º):

I – as quantias tornadas indisponíveis são impenhoráveis;
II – ainda remanesce indisponibilidade excessiva de ativos financeiros.

Somente após essa manifestação é que haverá **efetivamente a penhora**, e então a instituição financeira deverá transferir o montante penhorado para conta à disposição do juízo (§ 5º).

Assim, a penhora *online* somente ocorrerá **após a citação**: já o arresto executivo do art. 830 (inclusive *online*) ocorrerá **antes da citação** (REsp 1.370.687-MG, *Informativo* 519 do STJ).

No mais, o CPC ainda prevê expressamente a **penhora** de:

- créditos (art. 855);
- quotas ou ações de sociedades (art. 861 – inovação);
- empresa, outros estabelecimentos e semoventes (art. 862; inovação quanto aos semoventes);
- percentual de faturamento de empresa (art. 866);
- frutos e rendimentos de coisa móvel ou imóvel (art. 867 – o que era usufruto de bem móvel ou imóvel no sistema anterior).

### 7.2.6.2. Impenhorabilidades

O sistema brasileiro tem diversas **impenhorabilidades**, situações nas quais, por força de lei, a penhora não é permitida, com o fim de proteger o executado e a sociedade.

A Lei n. 8.009/90 trata da impenhorabilidade do bem de família, apontando ser impenhorável o imóvel destinado à residência, bem como os móveis que o guarnecem (art. 1º e parágrafo único).

Mas há exceções à impenhorabilidade, previstas na própria lei. Dentre outras, merecem destaque as seguintes situações nas quais se admite a penhora (Lei n. 8.009/90, art. 3º):

III – pelo credor de pensão alimentícia, resguardados os direitos, sobre o bem, do coproprietário que, com o devedor, integre união estável ou conjugal (inclusão da ressalva quanto ao cônjuge pela Lei n. 13.144/2015);
IV – para cobrança de impostos, predial ou territorial, taxas e contribuições devidas em função do imóvel familiar; (...)
VII – por obrigação decorrente de fiança concedida em contrato de locação.

Vale destacar que o inciso I do art. 3º da Lei n. 8.009/90, que previa a **possibilidade de penhora do bem de família em virtude de créditos de trabalhadores** da própria residência, foi revogada pela LC n. 150/2015 (Lei do Trabalho Doméstico).

De seu turno, o CPC trata do tema no art. 833, trazendo **diversas impenhorabilidades**:

(i) os bens inalienáveis e os declarados, por ato voluntário, não sujeitos à execução (exemplo dos bens públicos);

(ii) os móveis, pertences e utilidades domésticas que guarnecem a residência do executado – salvo os de elevado valor e os supérfluos (os não utilizados para as necessidades de um médio padrão de vida);

(iii) os vestuários e os bens de uso pessoal do executado – salvo se de elevado valor;

(iv) os salários, remunerações, aposentadorias e pensões de uma forma geral – salvo para pagamento de pensão alimentícia e quando o valor mensal percebido for **superior a 50 salários mínimos** (CPC, art. 883, § 2º – inovação relevante que afasta o paradigma da total impenhorabilidade do salário);

(v) os instrumentos necessários ao exercício da profissão (livros, ferramentas etc. – salvo se tais bens tiverem sido objeto de financiamento e estiverem vinculados em garantia a negócio jurídico ou quando responderem por dívida de natureza alimentar, trabalhista ou previdenciária – § 3º);

(vi) o seguro de vida;

(vii) os materiais necessários para obras em andamento, salvo se essas forem penhoradas;

(viii) a pequena propriedade rural, desde que trabalhada pela família;

(ix) os recursos públicos recebidos por instituições privadas para aplicação compulsória em educação, saúde ou assistência social;

**(x)** até o limite de 40 salários mínimos, a quantia depositada em caderneta de poupanç (para o STJ, qualquer aplicação e não só a poupança – REsp 1.230.060-PR, *Informativ* 547 do STJ; incidindo as mesmas acima mencionadas em relação ao salário, visto acima)

**(xi)** os recursos do fundo partidário, recebidos por partido político;

**(xii)** os créditos oriundos de alienação de unidades imobiliárias sob regime de incorporação, vinculados à execução da obra.

> A regra, no processo civil brasileiro, sempre foi a absoluta impenhorabilidade do salário, independentemente do valor recebido. O CPC quebra esse paradigma, permitindo a penhora de salário, mas apenas para valores mensais acima de 50 salários mínimos (art. 833, § 2º).

A regra da impenhorabilidade do salário tem sido relativizada também para créditos de natureza não alimentar – embora a questão esteja longe de ser pacificada nos Tribunais. O STJ tem admitido a penhora de salário em situações excepcionais, quando for possível preservar verba suficiente para a subsistência digna do devedor e de sua família (EREsp 1.582.475 e AREsp 1.336.881).

### 7.2.6.3. Procedimento da execução por quantia certa

Na sequência, é apresentado o **procedimento** dessa modalidade de execução:

1) A inicial é instruída com:
   - título executivo extrajudicial (CPC, art. 798, I, a); e
   - demonstrativo do débito atualizado (CPC, art. 798, I, *b*).

2) Estando em termos a inicial, o juiz:
   - fixa, no despacho inicial, honorários de 10% sobre o valor da causa. Se houver o pagamento em 3 dias, os honorários serão reduzidos à metade (art. 827, § 1º). Se houver embargos protelatórios, honorários majorados para 20% (§ 2º);
   - determina a citação do executado, para pagar o débito em 3 dias, contados da citação (CPC, art. 829).
   - A lei não prevê se são dias úteis ou corridos, e há divergência; mas há precedente do STJ pela contagem de prazos em dias úteis no cumprimento de sentença.
   - Se não houver pagamento, haverá a penhora e avaliação, por oficial de justiça (CPC, art. 870), dos bens indicados pelo exequente, salvo se o executado indicar bens que configurem situação menos onerosa a ele e que não traga prejuízo ao exequente (CPC, art. 829, §§ 1º e 2º).

   **2.1)** Recebida a petição inicial executiva, poderá o exequente obter certidão da execução (identificadas as partes e valor da causa), para "averbação no registro de imóveis, de veículos ou de outros bens sujeitos a penhora, arresto ou indisponibilidade" (CPC, art. 828).

Quando isso for efetivado, deverá ser comunicado ao juízo (§ 1º).

Se for realizada penhora no valor total da dívida, o exequente deverá providenciar, em 10 dias, o cancelamento das averbações dos bens não penhorados (§ 2º).

Se o exequente assim não fizer, o juiz fará de ofício (§ 3º).

No caso de averbação indevida ou não cancelada, caberá indenização por perdas e danos (§ 5º).

**2.2)** Além disso, cabe a inscrição do devedor em cadastro restritivo de crédito.

A previsão está no art. 782 do CPC.

- § 3º A requerimento da parte, o juiz pode determinar a inclusão do nome do executado em cadastros de inadimplentes;
- § 4º A inscrição será cancelada imediatamente se for efetuado o pagamento, se for garantida a execução ou se a execução for extinta por qualquer outro motivo.

Além disso, prevê o CPC que o mesmo se aplica ao cumprimento de sentença definitivo de título judicial (CPC, art. 782, § 5º).

3) Se o oficial de justiça não encontrar o executado: arresto executivo dos bens (art. 830), que, segundo jurisprudência do STJ, poderá ser *online*.

A citação pode ser feita por correio (CPC, art. 247 e Enunciado 85 CJF: Na execução de título extrajudicial ou judicial [art. 515, § 1º, do CPC] é cabível a citação postal). E há menção específica à citação por hora certa e edital (CPC, art. 830, §§ 1º e 2º).

O executado, reconhecendo o crédito do exequente e comprovando o depósito de 30% do valor devido, pode requerer o parcelamento do restante em 6 vezes (com juros e correção). Com isso, renuncia ao direito de embargar (CPC, art. 916).

4) Após a citação, cabem embargos.

5) Não suspensa a execução ou rejeitados os embargos: tentativa de alienação do bem penhorado (CPC, art. 875).

6) **Prosseguindo a execução, haverá a tentativa de expropriação do bem penhorado,** que poderá ocorrer de três maneiras, na seguinte ordem:

   **(i) adjudicação ao exequente,** em que o próprio exequente receberá o bem como forma de pagamento, pelo valor da avaliação (CPC, art. 876);

   **(ii) alienação por iniciativa particular,** em que o exequente tentará alienar o bem para quem não é parte no processo (CPC, art. 880); ou

   **(iii) leilão judicial eletrônico ou presencial,** alienação realizada no bojo do processo judicial (CPC, art. 881).

7) A primeira opção é a adjudicação por parte do exequente, pelo preço da avaliação. Se não houver êxito nesta, passa-se às demais. Se, ao final, não houver êxito, há nova oportunidade para adjudicar, podendo ser requerida nova avaliação (CPC, art. 878).

8) A segunda opção é a alienação por iniciativa particular, mediante requerimento do exequente, também pelo valor da avaliação, por conta própria ou corretor ou leiloeiro credenciados perante o Judiciário (CPC, art.880).

9) **Se não houver êxito nas hipóteses anteriores, haverá leilão,** preferencialmente presencial (CPC, art. 882).

A definição do preço mínimo do bem no leilão, condições de pagamento e garantia serão definidas pelo juiz (CPC, 885).

Será **preço vil** (e, portanto, não poderá ser aceito) o preço inferior ao mínimo estipulado pelo juiz ou, não tendo sido fixado preço mínimo, o preço inferir a 50% do valor da avaliação (CPC, art. 891, parágrafo único).

Será publicado edital com todas as informações do bem, inclusive data do 1º e 2º leilões – o 2º para o caso de não haver interessados no 1º (CPC, art. 886, V).

Não podem oferecer lance algumas pessoas, dentre as quais o juiz e demais servidores na localidade onde servirem, leiloeiros e advogados (CPC, art. 890). Portanto, o próprio exequente pode oferecer lance.

10) Expropriado o bem (seja pela adjudicação, alienação ou arrematação), é possível ao executado impugnar a expropriação, via ação autônoma (CPC, art. 903, § 4º).

Portanto, **deixam de existir os embargos de 2ª fase (embargos à arrematação/adjudicação)** e passa a ser cabível uma ação autônoma par desconstituir a expropriação, em que o arrematante será litisconsorte necessário.

11) Ao final, **extinção** da execução.

CPC, art. 924. Extingue-se a execução quando:

I – a petição inicial for indeferida;

II – a obrigação for satisfeita;

III – o executado obtiver, por qualquer outro meio, a extinção total da dívida;

IV – o exequente renunciar ao crédito;

V – ocorrer a prescrição intercorrente.

## 7.3. Da defesa do executado: embargos

A defesa do executado, na execução de título executivo extrajudicial, dá-se via **embargos do devedor** ou **embargos à execução**.

Os embargos correspondem a um processo de conhecimento, com trâmite por um procedimento especial (CPC, arts. 914 e s.). Na execução, em regra, não se discute defesa. Assim, a defesa é por petição inicial, em processo autônomo – distribuído por dependência.

**Não** há necessidade de **garantir o juízo** para embargar (CPC, art. 914).

**Matérias que podem ser alegadas nos embargos (CPC, art. 917):**

(i) inexequibilidade do título ou inexigibilidade da obrigação;

(ii) penhora incorreta ou avaliação errônea;

(iii) excesso de execução ou cumulação indevida de execuções;

(iv) retenção por benfeitorias necessárias ou úteis, nos casos de entrega de coisa certa;

(v) incompetência absoluta ou relativa do juízo da execução;

(vi) qualquer matéria de defesa, visto que **ainda não houve prévia manifestação do Poder Judiciário.**

Há **excesso de execução** quando (CPC, art. 917, § 2º):

(i) o exequente pleiteia quantia superior à do título;

(ii) recai sobre coisa diversa daquela declarada no título;

(iii) processa-se de modo diferente do que foi determinado na sentença;

**(iv)** o exequente, sem cumprir a prestação que lhe corresponde, exige o adimplemento da prestação do devedor;

**(v)** o exequente não prova que a condição se realizou.

Caso se alegue **excesso de execução com base em quantia superior à devida**, o embargante deverá indicar o valor que entende correto, com demonstrativo de cálculo, sob pena de rejeição liminar dos embargos ou não consideração desse argumento (CPC, art. 917, § 4º).

O **prazo para embargar** é de 15 dias, contado da juntada aos autos do mandado de citação da execução ou da juntada do AR (CPC, arts. 915 e 231, I e II).

Diferentemente do que ocorre no processo de conhecimento:

▪ se houver mais de um executado, o prazo será contado individualmente, salvo na hipótese de cônjuges ou companheiros, quando o prazo será contado a partir da juntada do comprovante de citação do último (CPC, art. 915, § 1º);

▪ ainda que existam litisconsortes com advogados distintos, não haverá aplicação do prazo em dobro do art. 229 do CPC (CPC, art. 915, § 3º).

Como já mencionado, no prazo para embargar pode o executado reconhecer que deve depositar 30% do valor devido e requerer o parcelamento do restante em 6 parcelas mensais (CPC, art. 916).

Em regra, **os embargos não terão efeito suspensivo**, ou seja, mesmo quando apresentados os embargos, prossegue normalmente a execução (CPC, art. 919).

Contudo, poderá o juiz, a requerimento do embargante, conceder **efeito suspensivo aos embargos** quando (CPC, art. 919, § 1º):

▪ presentes os requisitos para a tutela provisória;
▪ garantida a execução por penhora, depósito ou caução.

Ou seja, os embargos não dependem de penhora, mas o efeito suspensivo depende.

No mais, ainda que concedido o efeito suspensivo, isso não impedirá a penhora ou avaliação dos bens (CPC, art. 919, § 5º).

Trata-se de processo de conhecimento que tramita por **procedimento especial** (CPC, arts. 914 e s.):

1) Citado, o executado pode (a) parcelar a dívida, (b) permanecer silente ou (c) embargar, em 15 dias.

2) **Inicial:**
   ▫ **é distribuída** por dependência à execução e será autuada em apartado (CPC, art. 914, § 1º);
   ▫ será instruída com cópias das peças relevantes presentes na execução (CPC, art. 914, § 1º);
   ▫ independe de penhora (CPC, art. 914).
   
   **2.1)** O juiz **rejeitará liminarmente** os embargos quando (CPC, art. 918):
   ▫ intempestivos;

- no indeferimento ou improcedência liminar;
- se protelatórios (ato atentatório à dignidade justiça).

3) Em regra, os embargos não são recebidos no efeito suspensivo (CPC, art. 919).

   **3.1)** Somente será atribuído efeito suspensivo (com a suspensão de quaisquer atos executivos) se estiverem presentes, ao mesmo tempo, os seguintes requisitos (CPC art. 919, § 1º):

   **(i)** garantia do juízo (penhora, depósito ou caução);

   **(ii)** requisitos da tutela de urgência (relevantes alegações e perigo de dano).

   A concessão do efeito suspensivo não impede a penhora nem avaliação dos bens (CPC, art. 919, § 5º).

4) **Recebidos os embargos, o réu nos embargos (embargado) poderá se manifestar** em 15 dias (CPC, art. 920).

5) Se necessário, haverá **dilação probatória**. Caso contrário, julgamento antecipado do mérito (CPC, art. 920, II).

6) Decisão mediante **sentença**, da qual caberá apelação.

   Embargos protelatórios são penalizados com multa por ato atentatório à dignidade da justiça (CPC, art. 918, parágrafo único).

### 7.3.1. Comparativo entre embargos à execução e impugnação ao cumprimento de sentença

Uma vez exposto, no item 6 da seção "Direito Processual Civil", o trâmite da impugnação ao cumprimento de sentença e, ao longo deste item 7, o trâmite do processo de execução, cabe apresentar um quadro comparativo para facilitar a compreensão do assunto – e, especialmente, para ser um guia de consulta rápido antes da prova de 2ª fase da OAB.

O exposto no quadro pode ser útil tanto para a elaboração da peça prática como para a resposta às questões.

Vamos à comparação:

|  | Embargos à execução (execução de título extrajudicial) | Impugnação (cumprimento de sentença) |
|---|---|---|
| Prazo | 15 dias úteis (CPC, art. 915) | 15 dias úteis (CPC, art. 525). |
| Contagem do prazo | Contado da juntada aos autos do mandado de citação ou da juntada do AR (CPC, arts. 915 e 231) | Contado do transcurso do prazo de 15 dias úteis para pagamento voluntário (CPC, arts. 525 e 523). |
| Necessidade de penhora | Não (CPC, art. 914) | Não (CPC, art. 525). |

| | | |
|---|---|---|
| Efeito suspensivo | Em regra, não (CPC, art. 919). Para concessão (art. 919, § 1º): **(i)** garantia do juízo pela penhora; **(ii)** verificados os requisitos para a concessão da tutela provisória. \* São requisitos da tutela provisória de urgência (art. 300): (a) probabilidade do direito e (b) o perigo de dano ou o risco ao resultado útil do processo. | Em regra, não (CPC, art. 525, § 6º). Para concessão: **(i)** garantia do juízo pela penhora; **(ii)** fundamentos relevantes da impugnação; **(iii)** se o prosseguimento da execução for capaz de causar grave dano de difícil ou incerta reparação. \* Assim, os requisitos para a concessão do efeito suspensivo **são os mesmos**, nos embargos e impugnação, ainda que o legislador tenha dito isso, infelizmente, de forma distinta. |
| Autuação | Em apartado (CPC, art. 914, § 1º) | Nos mesmos autos do cumprimento de sentença (CPC, art. 525, *caput* e § 10). |
| Matérias de defesa | Qualquer matéria, já que não houve prévia manifestação do Poder Judiciário (CPC, art. 917, VI) | Matérias específicas (CPC, art. 525, § 1º), considerando que já houve manifestação do Judiciário (respeito à coisa julgada). |
| Recurso cabível | Apelação (CPC, art. 1.009) | Apelação, se a fase de cumprimento não prosseguir (CPC, art. 1.009). Agravo de instrumento, se a fase de cumprimento prosseguir (CPC, art. 1.015, parágrafo único). |

# 8. RECURSOS – TEORIA GERAL

## 8.1. Visão geral

O tema **recursos** é bastante relevante na advocacia e, consequentemente, na prova de 2ª da OAB.

Não é um tema simples, pois apresenta uma série de detalhes e peculiaridades. Mas, sendo possível consultar o Código na prova, a questão fica muito mais simples na 2ª fase do que na 1ª.

É uma peça frequente. Depois de inicial, é a peça mais pedida – especialmente apelação e agravo, e esporadicamente a banca pede um recurso especial (peça temida mas que acaba não sendo tão difícil, após a sua identificação).

Também há diversas questões que se referem a recursos. Ultimamente, uma situação frequente é a banca, após apresentar um caso concreto, perguntar qual é o recurso cabível.

Existem regras que se aplicam a todos os recursos, e isso é o denominado "teoria geral dos recursos", o assunto deste item 8 da seção "Direito Processual Civil". Por sua vez, há regras específicas de cada recurso, o que será estudado no item 9, sobre os "recursos em espécie".

## 8.2. Conceito

Recurso é ato voluntário da parte, capaz de ensejar, dentro do mesmo processo, a reforma, a invalidação, o esclarecimento ou a integração da decisão judicial impugnada.

A existência dos recursos decorre dos princípios processuais da ampla defesa, do contraditório e do duplo grau de jurisdição.

Pelo **princípio da taxatividade**, somente a lei pode prever quais são os recursos – que são os previstos no CPC, art. 994.

Da soma do conceito de recurso e do princípio da taxatividade, é possível concluir que:

**a)** A remessa necessária não é recurso.

A **remessa necessária (reexame necessário no Código anterior)** é a situação na qual a sentença é contrária à Fazenda Pública (União, Estados, Municípios e suas autarquias e fundações) e, mesmo sem recurso, a decisão de 1º grau tem de ser confirmada pelo Tribunal (CPC, art. 496).

Só não haverá a remessa necessária se (CPC, art. 496, §§ 3º e 4º):

(i) quando a condenação ou proveito econômico for de valor certo e líquido inferior a (a) 1.000 salários mínimos para a União, autarquias e fundações federais; (b) 500 salários mínimos para os Estados, o Distrito Federal, autarquias e fundações de direito público estaduais e os Municípios que forem capitais dos Estados; (c) 100 salários mínimos para todos os demais Municípios e autarquias e fundações de direito público municipais;

(ii) quando a sentença estiver fundada em (a) súmula de tribunal superior; (b) acórdão proferido pelo STF ou pelo STJ em julgamento de recursos repetitivos; (c) entendimento firmado em incidente de resolução de demandas repetitivas ou de assunção de competência; (d) entendimento coincidente com orientação vinculante firmada no âmbito administrativo do próprio ente público, consolidada em manifestação, parecer ou súmula administrativa.

**b)** Ações de impugnação autônomas não são recursos.

As **ações de impugnação autônomas**, apesar de impugnarem decisões judiciais, assim o fazem mediante a instauração de uma nova relação processual, ou seja, não se trata da mesma relação processual na qual a decisão foi proferida.

Como exemplos, a ação rescisória (que busca desconstituir a coisa julgada – CPC, art. 966), o mandado de segurança e o *habeas corpus* contra decisão judicial. Nessas três situações, há a instauração de uma nova relação processual;

**c)** Pedido de reconsideração não é recurso.

O **pedido de reconsideração** é a petição na qual a parte, uma vez que um pleito seu não foi atendido, busca a reconsideração pelo juiz. No cotidiano forense é utilizado com frequência pelos advogados, mas, como não está previsto no art. 994, não é recurso.

Assim, não modifica em nada o prazo para interposição do recurso cabível. Ou seja, se o juiz indeferir a tutela de urgência e a parte apresentar pedido de reconsideração, essa peça não alterará o prazo para interposição do agravo de instrumento.

## 8.3. Cabimento dos recursos

**São recursos** no processo civil (CPC, art. 994):

I – apelação (CPC, art. 1.009);
II – agravo de instrumento (CPC, art. 1.015);
III – agravo interno (CPC, art. 1.021);
IV – embargos de declaração (CPC, art. 1.022);
V – recurso ordinário constitucional (ROC – CPC, art. 1.027, e CF, art. 102, II, e 105, II);
VI – recurso especial (REsp – CPC, art. 1.029, e CF, art. 105, III);
VII – recurso extraordinário (RE – CPC, art. 1.029, e CF, art. 102, III);
VIII – agravo em recurso especial ou extraordinário (CPC, art. 1.042);
IX – embargos de divergência (CPC, art. 1.043).

Além destes, há ainda a modalidade de **recurso adesivo** para alguns dos acima arrolados CPC, art. 997, § 1º):

- apelação adesiva;
- RE adesivo;
- REsp adesivo.

Como já visto, (i) ações de impugnação autônoma não se configuram recursos (como ação rescisória, MS, HC e reclamação) e (ii) se não houver vontade, não se trata de recurso (remessa necessária e julgamento estendido do art. 942).

Já em relação ao sistema anterior, houve a supressão de dois recursos: embargos infringentes e agravo retido.

Quanto aos infringentes, agora existe a técnica de julgamento estendido previsto no art. 942, para a hipótese de voto vencido; em relação ao agravo retido, se a interlocutória não for agravável de instrumento (art. 1.015), deverá ser impugnada em preliminar de apelação (art. 1.009, § 1º).

O acima exposto é o que se tem em relação ao CPC. Fora do Código, é possível que existam variações. O principal exemplo, pensando na 2ª fase da OAB, é o sistema dos Juizados Especiais.

O panorama recursal é diverso nos Juizados Especiais, em que o quadro é mais simples. O sistema dos Juizados, como já visto no item 3.5 da seção "Direito Processual Civil", é composto pelo JEC (Juizado Especial Cível, Lei n. 9.099/95), JEF (Juizados Especiais Federais, Lei n. 10.259/2001) e JEFP (Juizado Especial da Fazenda Pública Estadual, Lei n. 12.153/2009).

No **JEC**, a Lei n. 9.099/95 prevê expressamente o cabimento de **apenas dois** recursos: embargos de declaração e recurso ("inominado", pois a Lei do JEC apenas o denomina "recurso") contra sentença.

Não há previsão de agravo contra decisões interlocutórias proferidas pelo JEC. Na maior parte do país, em casos extremos admite-se mandado de segurança contra decisão interlocutória, mas a questão é polêmica e ainda não está efetivamente sedimentada. Sendo assim, espera-se que não seja objeto de questão na 2ª fase da OAB.

No JEC é admissível também o recurso extraordinário, já que o STF, por força do que prevê a CF, art. 102, III, sempre deve poder se manifestar a respeito de uma violação à Constituição. Nesse exato sentido afirma a Súmula 640 do STF: "É cabível o recurso extraordinário contra decisão proferida por juiz de primeiro grau nas causas de alçada, ou por turma recursal de juizado especial cível e criminal".

Contudo, não cabe o recurso especial, porquanto o órgão prolator da decisão final dos Juizados Especiais, o Colégio Recursal, não constitui Tribunal, como exige o texto constitucional (art. 105, III, *caput*). A esse respeito, esclarece a Súmula 203 do STJ que "Não cabe recurso especial contra decisão proferida por órgão de segundo grau dos juizados especiais".

Assim, pela lei, não há como recorrer do acórdão do Colégio Recursal do JEC para chegar ao STJ. Porém, enquanto não se altera a lei, a jurisprudência dos Tribunais Superiores criou uma válvula de escape: o uso da reclamação como sucedâneo de recurso para o STJ. A questão é complexa:

> **(i)** inicialmente, o STF reconheceu que havia uma incongruência no sistema, então decidiu que, até a criação de um incidente de uniformização de jurisprudência no JEC, seria cabível reclamação ao STJ se uma decisão de Colégio Recursal de JEC fosse contrária à jurisprudência do STJ (RE 571.572, julgado em 2009);
>
> **(ii)** com a vigência do atual CPC, o STJ decidiu que **essa reclamação deveria ser julgada pelos Tribunais de Justiça dos Estados** (Resolução n. 3/2016 do STJ).

Como se percebe, algo bastante complicado e sem base legal, mas apenas jurisprudencial. Assim, não deveria o examinador da OAB perguntar isso na 2ª fase.

Mas passemos aos demais Juizados.

Nos **Juizados Especiais Cíveis Federais** (JEF, Lei n. 10.259/2001), além dos embargos de declaração, há ainda previsão de recurso (inominado) contra sentença (art. 5º) e recurso extraordinário (art. 15). Além disso, nos termos dos arts. 4º e 5º de tal lei, cabe, no JEF, recurso contra decisão interlocutória (ou seja, agravo – apesar de a lei não se valer dessa nomenclatura), desde que se trate de tutela de urgência (que é denominada "medida cautelar" pela lei).

Por fim, a Lei n. 12.153/2009, que regula os **Juizados Especiais das Fazendas Públicas Estaduais**, prevê expressamente o recurso contra a sentença e o recurso extraordinário (arts. 4º e 21). Tal qual no JEF, é possível a interposição de recurso contra decisão a respeito de providências cautelares e antecipatórias para evitar dano de difícil ou de incerta reparação (ou seja, há a possibilidade de agravo para impugnar decisões de tutela de urgência, como se vê nos arts. 4º, 1ª parte, 3º e 27 da lei).

No JEF e no JEFP, tal qual no JEC, não cabe recurso especial. Contudo, caso haja divergência entre os diversos Colégios Recursais ou entre estes e o STJ, **no JEF e no JEFP** é cabível **incidente de uniformização** – que não tem natureza recursal (art. 14 da Lei n. 10.259/2001 e art. 18 da Lei n. 12.153/2009). Como já exposto, esse incidente não é admitido no JEC.

> A jurisprudência usualmente não admite o recurso adesivo nos Juizados Especiais (Enunciado n. 88 do Fonaje [Fórum Nacional dos Juizados Especiais]: "Não cabe recurso adesivo em sede de Juizado Especial, por falta de expressa previsão legal").

Para sintetizar o exposto, a tabela a seguir apresenta os recursos existentes no sistema brasileiro, tanto no CPC como nos Juizados:

| Sistema | Recursos previstos |
|---|---|
| CPC – art. 994 | Apelação, agravo de instrumento, agravo interno, agravo em recurso especial ou extraordinário, embargos de declaração, recurso ordinário, recurso especial, recurso extraordinário e embargos de divergência. |
| JEC – Lei n. 9.099/95 | Embargos de declaração, recurso "inominado" contra sentença e recurso extraordinário (Súmula 640 do STF). |
| JEF – Lei n. 10.259/2001 | Embargos de declaração, recurso "inominado" contra sentença, recurso contra decisão interlocutória (desde que se trate de tutela de urgência) e recurso extraordinário. |
| JEFP – Lei n. 12.153/2009 | Embargos de declaração, recurso "inominado" contra sentença, recurso contra decisão interlocutória (desde que trate de tutela de urgência) e recurso extraordinário. |

### 8.3.1. Cabimento dos recursos previstos no CPC

Para cada espécie de decisão judicial a lei processual prevê um determinado recurso. E apenas um recurso. Esse é **princípio da unirrecorribilidade, singularidade ou unicidade**: para cada decisão só cabe um tipo de recurso.

> Assim, pelo princípio da unirrecorribilidade não é possível, por exemplo, ao mesmo tempo, para uma mesma decisão, utilizar-se de apelação e agravo.

Para saber o cabimento de cada recurso, a regra mais fácil é analisar a natureza da decisão: conforme a natureza da decisão impugnada, determina-se o recurso cabível.

Para tanto, é necessário que se saiba quais são as possíveis decisões que o Poder Judiciário pode proferir. E isso é variável conforme o grau de jurisdição.

O sistema processual diferencia as decisões proferidas por um juiz de 1º grau das decisões proferidas no âmbito dos Tribunais intermediários – seja Tribunal de Justiça (TJ – Justiça Estadual), Tribunal Regional Federal (TRF – Justiça Federal) ou Tribunais Superiores (STJ e STF).

**Em 1º grau de jurisdição**, três são as possíveis decisões de um juiz (CPC, art. 203):

a) **sentença** (§ 1º): decisão que põe fim à fase de conhecimento em 1º grau de jurisdição, resolvendo o mérito (CPC, art. 487) ou não (CPC, art. 485);

b) **decisão interlocutória** (§ 2º): decisão que soluciona questão incidente, mas não põe fim ao processo – ou seja, que não é sentença; e

c) **despacho** (§ 3º): decisão que simplesmente dá andamento ao processo, sem ser dotada de efetivo caráter decisório por não resolver qualquer ponto controvertido – ou seja, o que não é sentença nem interlocutória.

> A partir da identificação das decisões, fica mais simples compreender o cabimento dos recursos:
> - Da sentença cabe apelação (CPC, art. 1.009);
> - Da decisão interlocutória cabe agravo de instrumento (CPC, art. 1.015);
> - Do despacho não cabe recurso; trata-se, portanto, de decisão irrecorrível (CPC, art. 1.001).

**No âmbito dos Tribunais, duas são as possíveis decisões de um desembargador** (TJ ou TRF) ou Ministro (STJ ou STF):

**d) acórdão:** decisão colegiada, proferida por três ou mais julgadores (CPC, art. 204);

**e) decisão monocrática:** decisão proferida por apenas um julgador (relator), possível em hipóteses específicas (CPC, art. 932, III, IV e V).

É certo que o relator poderá proferir decisões monocráticas sem efetiva carga decisória ("despacho"). Porém, a lei não traz essa previsão legal em relação aos atos proferidos nos Tribunais. Assim, a rigor técnico, temos apenas decisão monocrática e acórdão no âmbito dos Tribunais.

Quando um recurso é distribuído ao Tribunal, é sorteado um **relator**, julgador que será o responsável pela elaboração do relatório e, na sessão de julgamento, lerá aos demais julgadores o seu relatório e voto. Assim, é a figura central no julgamento colegiado.

**Deixa de existir o revisor**, magistrado que, no sistema anterior, após o estudo do caso pelo relator, também analisava o processo. Assim, além do relator, em um tribunal intermediário, outros dois magistrados também votarão, mas sem acesso prévio aos autos (salvo pedido de vista): o **segundo** e o **terceiro** magistrados.

Quando o recurso tiver clara falha processual ou quando a matéria já estiver pacificada, poderá o relator julgar sem a participação dos pares: esta é a **decisão monocrática**. Três são os possíveis resultados do julgamento monocrático:

- **não conhecer** do recurso inadmissível, prejudicado ou que não tenha impugnado os fundamentos da decisão recorrida (CPC, art. 932, III);
- **conhecer e negar provimento** ao recurso que for contrário à jurisprudência dominante (CPC, art. 932, IV);
- **conhecer e dar provimento** ao recurso, após a possibilidade de contrarrazões, se a decisão recorrida for contrária à jurisprudência dominante (CPC, art. 932, V).

> Considerando a primazia do mérito no CPC, há a possibilidade de emenda dos recursos antes de seu indeferimento. Assim, antes de não conhecer monocraticamente (art. 932, III), deverá o relator permitir a correção da falha (art. 932, parágrafo único). Mas isso somente pode ocorrer em relação a vícios *sanáveis* (como ausência de cópias, falta de assinatura, não juntada de procuração e não recolhimento de custas), de modo que não se aplica, por exemplo, à intempestividade.

Pela redação do art. 932, IV e V, somente será possível o julgamento monocrático de mérito se houver (i) súmula do STF, STF ou tribunal local (portanto, seja súmula vinculante do STF ou não), (ii) acórdão dos tribunais superiores em RE ou REsp repetitivos e (iii) decisão em incidente de resolução de demandas repetitivas ou incidente de assunção de competência (IRDR ou IAC). No sistema anterior, para o julgamento monocrático bastava jurisprudência dominante, a critério do relator. Assim, pelo texto legal, houve **diminuição da possibilidade de julgamento monocrático** – mas, na prática, isso não ocorreu (*vide*, por exemplo, a Súmula 568/STJ).

> Diferenciado um acórdão de uma decisão monocrática, novamente fica mais simples a compreensão dos recursos cabíveis:
> **(i)** de decisões monocráticas cabe:
> - Agravo interno – no sistema anterior também conhecido por "legal" ou "regimental" (CPC, art. 1.021);
> - Agravo em recurso especial e em recurso extraordinário (CPC, art. 1.042, com cabimento restrito).
> Lembrando que, no caso de decisão monocrática sem carga decisória ("despacho"), não haverá interesse recursal para impugnar essa decisão;
> **(ii)** de acórdãos cabem os demais recursos (ou seja, que não são cabíveis de decisão de 1º grau ou de monocrática):
> - Recurso ordinário (ROC – CPC, art. 1.027);
> - Recurso especial (REsp – CPC, art. 1.029);
> - Recurso extraordinário (RE – CPC, art. 1.029); e
> - Embargos de divergência (CPC, art. 1.043).

Além disso, há recurso **cabível de qualquer ato judicial com carga decisória**: embargos de declaração (CPC, art. 1.022 – obscuridade, omissão, contradição e erro material).

O que foi exposto ao longo deste tópico pode ser assim sintetizado, em quadro útil para se lembrar na hora da prova da 2ª fase (e elaborado a partir dos dispositivos legais acima mencionados, de modo que o candidato pode até elaborá-lo na prova, na área do rascunho, para facilitar as respostas relativas a recursos):

| CABIMENTO DOS RECURSOS ||
|---|---|
| **Decisão judicial** | **Recurso cabível** |
| Sentença | Apelação |
| Decisão interlocutória | Agravo de instrumento |
| Despacho | Irrecorrível |
| Decisão monocrática | Agravo interno/AREsp e ARE |
| Acórdão | Demais recursos (REsp, RE, ROC, Divergência) |
| * Cabível de qualquer ato judicial com carga decisória: embargos de declaração. ||

### 8.3.1.1. Cabimento do recurso adesivo

O recurso pode ser interposto na sua modalidade principal ou, quando cabível, na sua modalidade adesiva. Nos termos do art. 997, § 2º, II, do CPC, cabe o recurso adesivo para a apelação, REsp e RE.

O recurso principal é aquele interposto pela parte no prazo previsto, sem se preocupar com a conduta da parte contrária. Não havendo total acolhimento do que foi pleiteado (ou seja, sucumbência), cada parte pode interpor seu recurso de forma independente.

Já o recurso adesivo é aquele interposto fora do prazo originalmente previsto; se "A" recorreu de forma principal, mas "B" não, este terá uma segunda chance: no prazo das contrarrazões, poderá interpor recurso adesivo. Só cabe em caso de sucumbência recíproca (ou seja, cada parte perdeu um pouco).

Para bem entender o recurso adesivo, é necessária a compreensão do princípio da vedação da *reformatio in pejus*, ou seja, vedação da reforma para pior em desfavor do recorrente, no âmbito de apenas um recurso por ele interposto. Assim, em regra, o Tribunal não pode, ao apreciar o recurso interposto por "A" (sendo que "B" não recorreu), piorar sua situação. Assim, se apenas uma das partes recorreu, sua situação ou é melhorada ou é mantida. A vedação da *reformatio in pejus* decorre do princípio da inércia. Contudo, a jurisprudência afirma que, caso se trate de matéria de ordem pública, será possível ao Tribunal analisar a questão, sem que isso importe em *reformatio in pejus* (STJ, EDcl nos EDcl no REsp 998.935/DF, 3ª T., *DJe* 4-3-2011).

Para ilustrar o exposto, vale um exemplo: "A" ingressa em juízo pleiteando indenização por danos materiais de R$ 10 mil. O juiz concede R$ 5 mil a título de danos. Podem autor e réu apelar de forma autônoma (porque ambos sucumbiram, ainda que parcialmente – CPC, art. 997). Mas, se somente "A" apelar pleiteando a majoração da indenização, o Tribunal somente poderá manter em R$ 5 mil ou aumentar a condenação – nunca diminuir (*reformatio in pejus*). Contudo, se no prazo de resposta da apelação "B" apresentar apelação adesiva (em peça apartada à das contrarrazões – CPC, art. 997, § 1º), poderá o Tribunal também diminuir a indenização.

É importante destacar que a admissibilidade do recurso adesivo vincula-se à do recurso principal, ou seja, se o principal não for conhecido por intempestividade ou houver a desistência do recurso, também não será conhecido o recurso adesivo (CPC, art. 997, § 2º, III).

### 8.4. Juízo de admissibilidade e juízo de mérito

O recurso pode ser objeto de **duas análises:** inicialmente, uma análise da **admissibilidade recursal**, e, se esta for positiva, passa-se à análise do **mérito recursal**.

No juízo de admissibilidade será verificado se estão presentes os requisitos formais para que o recurso seja analisado (requisitos de admissibilidade, semelhante à verificação das condições da ação e pressupostos processuais em 1º grau).

Se tais requisitos estiverem ausentes, o recurso não será conhecido ou não será admitido.

Por outro lado, uma vez presentes os requisitos, então o recurso será conhecido ou admitido.

Somente se conhecido o recurso passa-se à próxima fase, que é o juízo de mérito, ou seja, a efetiva análise da impugnação realizada pelo recorrente em seu recurso.

No mérito recursal é que haverá a análise dos erros da decisão impugnada, isto é, do *error in procedendo* (erro no processamento) e/ou do *error in judicando* (erro no julgamento).

O resultado do juízo de **mérito pode ser pelo provimento ou não provimento do recurso**.

Em síntese: inicialmente há o conhecimento (admissão) do recurso para que depois seja analisado o mérito (objeto) recursal, com o provimento ou não provimento. Assim, a ausência dos pressupostos ou requisitos de admissibilidade leva ao não conhecimento ou à não admissão do recurso – e, se isso ocorrer, não se fala em provimento ou desprovimento.

> Se houver vício formal (relativo aos requisitos de admissibilidade), o recurso não será conhecido. Somente se conhecido o recurso é que se passa à análise do mérito recursal, momento em que o recurso será provido ou não provido.

### 8.4.1. Requisitos de admissibilidade recursal

São **sete os requisitos de admissibilidade**. Na sequência, haverá a análise de cada um deles.

(i) **Cabimento:** o recurso interposto deverá ser aquele previsto na lei para a impugnação do tipo de decisão atacada.

Se for interposto agravo de uma sentença, o recurso não será conhecido por não ser o cabível.

O tema foi acima enfrentado, e aqui sintetizamos o que foi antes exposto:

| | | |
|---|---|---|
| Sentença (CPC, art. 203, § 1º) | Decisão que efetivamente resolve o mérito (CPC, art. 487), ou põe fim ao processo, sem análise do mérito (CPC, art. 485). | Da sentença cabe apelação (CPC, art. 1.009). |
| Decisão interlocutória (CPC, art. 203, § 2º) | Decisão que soluciona questão incidente, mas não põe fim ao processo (ou resolve parcialmente o mérito ou extingue parcialmente o processo sem resolução de mérito). | Da decisão interlocutória cabe agravo de instrumento, nas hipóteses previstas em lei (CPC, art. 1.015) ou, ainda, nas situações de urgência decorrentes da inutilidade do julgamento da questão no recurso de apelação (STJ, Tema Repetitivo n. 988). Se não estiver no art. 1.015 ou não se enquadrar na "situação de urgência", impugna-se em preliminar de apelação. |
| Despacho (CPC, art. 203, §§ 3º e 4º) | Pronunciamento do juiz que simplesmente dá andamento ao processo, sem carga decisória. | Do despacho não cabe recurso – trata-se de decisão irrecorrível (CPC, art. 1.001). |
| Acórdão (CPC, art. 204) | Decisão colegiada dos Tribunais. | Podem caber, nos termos específicos de cada recurso:<br>▪ Recurso ordinário (ROC);<br>▪ Recurso especial (REsp);<br>▪ Recurso extraordinário (RE); e<br>▪ Embargos de divergência. |
| Decisão monocrática dos relatores (CPC, art. 932, III, IV e V) | Decisão individual do relator (portanto, proferida nos Tribunais). | Contra a monocrática pode caber:<br>▪ agravo interno – CPC, art. 1.021);<br>▪ se for denegatória de recurso para Tribunal Superior, agravo em REsp ou RE (CPC, art. 1.042). |

**(ii) Legitimidade** para recorrer: o recurso somente poderá ser interposto por quem tem legitimidade recursal, ou seja, partes, MP e terceiro prejudicado (CPC, art. 996).

O MP pode recorrer seja na condição de parte, seja como fiscal da lei. O terceiro prejudicado, quando afetado por uma decisão, pode recorrer: trata-se de intervenção de terceiros na fase recursal.

Se o filho do autor ingressar com recurso para impugnar uma decisão, o recurso não será conhecido por ausência de legitimidade para recorrer.

Traçando um paralelo com as condições da ação, esse requisito pode ser entendido como a legitimidade de parte na esfera recursal.

**(iii) Interesse** em recorrer: o recorrente só tem necessidade na interposição do recurso quando houver pedido (ou seja, quando houver sucumbência).

Há sucumbência ainda que a parte tenha decaído de mínima parte do pedido. Assim, se o autor pediu 100 e recebeu 99,99, há sucumbência e, portanto, interesse recursal.

Logo, se o pedido foi julgado totalmente improcedente e o réu recorrer, o recurso não será conhecido por falta de interesse recursal – já que não houve qualquer sucumbência de sua parte, salvo se não tiver ocorrido condenação dos honorários e custas em favor do réu (mas aí haverá sucumbência).

Traçando um paralelo com as condições da ação, esse requisito pode ser entendido como o interesse de agir na esfera recursal.

**(iv) Tempestividade:** interposição do recurso no prazo fixado em lei. Será considerado intempestivo o recurso interposto fora do prazo previsto na legislação processual.

Há situações em que o prazo recursal é em dobro:

- para o MP, Fazenda Pública e Defensoria Pública (CPC, arts. 180, 183 e 186);
- para os litisconsortes com advogados distintos (CPC, art. 229), o que não se verifica no caso de processos eletrônicos (CPC, art. 229, § 2º), portanto só existe esse prazo diferenciado no caso de autos físicos.

Se houver interposição de agravo no prazo de 20 dias, o recurso não será conhecido pela intempestividade – salvo se estivermos diante de alguma das hipóteses acima indicadas.

Em regra, os recursos no CPC terão prazo de 15 dias; como exceção, os embargos de declaração, cujo prazo é de 5 dias (CPC, art. 1.003, § 5º).

Quanto ao recurso remetido pelo correio, será considerada como data de interposição a data da postagem (CPC, art. 1.003, § 4º).

O recorrente deve demonstrar, no ato da interposição do recurso, a ocorrência de feriado local. Mas, se não o fizer, nos termos do § 6º do art. 1.003 do CPC, **o tribunal determinará a correção do vício** ou poderá desconsiderar a omissão caso a informação já conste do processo eletrônico.

Observa-se que até a promulgação da Lei n. 14.939/2024, que alterou o § 6º do art. 1.003 do CPC, a jurisprudência do STJ era pacífica ao não admitir a comprovação de feriado local em momento posterior à interposição do recurso (nesse sentido: AREsp 957.821). Essa mudança de entendimento por força da alteração legislativa deve ser objeto de atenção por parte do candidato.

No mais, é tempestivo o recurso interposto antes da publicação da decisão judicial impugnada (CPC, art. 218, § 4º).

A síntese do que se expôs pode ser vista na seguinte tabela:

| RECURSO | PRAZO |
| --- | --- |
| Embargos de declaração | 5 dias |
| Outros recursos (Apelação, agravo de instrumento, recurso ordinário, recurso especial, recurso extraordinário, agravo interno, agravo em recurso especial/agravo em recurso extraordinário, embargos de divergência) | 15 dias |
| Contrarrazões recursais | Mesmo prazo do recurso |
| Atenção: prazo em dobro para MP, Defensoria Pública, Fazenda Pública e litisconsortes com advogados distintos (só em autos físicos) – inclusive para responder ao recurso. ||

(v) **Preparo:** a interposição de alguns recursos depende do pagamento de custas e porte de remessa e retorno (custo do correio), sob pena de deserção.

Em processo eletrônico, não há porte de remessa e retorno (CPC, art. 1.007, § 3º).

Se houver recolhimento a menor, cabe a complementação do preparo, no prazo de 5 dias; se mesmo após a concessão de prazo não houver o complemento, então o recurso será deserto (CPC, art. 1.007, § 2º).

Se não houver nenhum recolhimento, haverá a possibilidade de pagamento do preparo e porte, em dobro, sob pena de não ser conhecido pela deserção (inovação do CPC, art. 1.007, § 4º). Contudo, nesse caso do pagamento em dobro, não será possível a complementação do preparo (CPC, art. 1.007, § 5º).

Caso haja erro no preenchimento da guia de custas, não se poderá falar em deserção, devendo o relator intimar o recorrente para sanar o vício, em 5 dias (CPC, art. 1.007, § 7º).

(vi) **Inexistência de fato impeditivo ao direito de recorrer:** este requisito, diferentemente dos demais, é negativo – assim, se houver algum fato impeditivo, o recurso não será conhecido.

Existem três fatos impeditivos:

a) **desistência:** uma vez interposto, pode a parte, a qualquer momento e sem a concordância da parte contrária, desistir do recurso (CPC, art. 998). Havendo a desistência, prevalecerá a decisão que foi impugnada pelo recurso que posteriormente foi objeto da desistência;

Contudo, a desistência não impede a análise da questão que já tenha sido reconhecida para julgamento via REsp ou RE repetitivos (CPC, art. 998, parágrafo único).

b) **renúncia:** antes da interposição do recurso, podem as partes (ou uma das partes) renunciar ao direito de recorrer, também sem a necessidade de concordância da parte contrária (CPC, art. 999);

A diferença entre a renúncia e a desistência é que, na primeira, ainda não houve a interposição do recurso; na segunda, isso já ocorreu.

- c) **aquiescência** (concordância): a concordância decorre de um ato incompatível com a vontade de recorrer (CPC, art. 1.000). Pode ser expressa ou tácita.

Se, ao ser prolatada uma sentença condenatória, o réu prontamente realizar o pagamento, isso significa concordância com a decisão. Assim, se posteriormente vier a ser interposto recurso, não será conhecido pela aquiescência.

Se, após a prolação de uma sentença, o autor apresentar petição afirmando que abre mão do direito de recorrer e, posteriormente, interpuser apelação, o recurso não será conhecido pela renúncia.

Se, após a prolação de uma sentença e interposição da apelação, a parte recorrente peticionar afirmando que não mais quer a análise do recurso, este não será conhecido pela desistência.

- (vii) **Regularidade formal:** este é um requisito de admissibilidade que não se insere em nenhum dos outros antes expostos e que se refere a aspectos formais envolvendo os recursos. Existem requisitos gerais, iguais para todos os recursos, bem como requisitos específicos, variando conforme os recursos.

Como exemplos de requisitos gerais, a apresentação do recurso em petição escrita, em português, assinada pelo advogado, além da existência de impugnação que tenha relação com a decisão recorrida. Como exemplo de requisitos específicos, a juntada das cópias necessárias para instruir o agravo de instrumento.

Assim, se um agravo de instrumento for interposto sem as peças necessárias, o recurso não será conhecido por falta de regularidade formal.

A regularidade formal diz respeito aos requisitos formais que não se inserem em nenhum dos outros requisitos de admissibilidade acima expostos.

Pelo art. 938, § 1º, do CPC, constatada a **ocorrência de vício sanável**, inclusive que possa ser conhecido de ofício, o relator **determinará a correção da falha**, no próprio tribunal ou em 1º grau. O CPC não explicita o que seria o vício sanável, mas uma interpretação sistemática e pautada no acesso à justiça leva à conclusão de que, considerando os sete requisitos de admissibilidade acima expostos, somente a intempestividade e a existência de fato impeditivo ao direito de recorrer não poderiam ser sanados.

## 8.5. Sucumbência recursal

> Prevê o CPC a sucumbência recursal, ou seja, se a parte perde o recurso, haverá a majoração dos honorários fixados em 1º grau.

Trata-se de um desestímulo aos recursos (pois fica mais caro recorrer). Mas é preciso atentar que há o teto de 20% na fixação desses honorários.

Assim, por exemplo, se a sentença de procedência fixar os honorários em 10% e houver apelação, se esse recurso não for provido, com a sucumbência recursal haverá majoração para 15% e, em eventual recurso especial, haverá majoração para 20%.

O tema vem assim regulamentado: Art. 85. A sentença condenará o vencido a pagar honorários ao advogado do vencedor. (...) § 11. O tribunal, ao julgar recurso, majorará os honorários fixados anteriormente levando em conta o trabalho adicional realizado em grau recursal, observando, conforme o caso, o disposto nos §§ 2º a 6º, sendo vedado ao tribunal, no cômputo geral da fixação de honorários devidos ao advogado do vencedor, ultrapassar os respectivos limites estabelecidos nos §§ 2º e 3º para a fase de conhecimento.

## 9. RECURSOS EM ESPÉCIE

### 9.1. Visão geral

Como exposto no item 8 da seção "Direito Processual Civil", as regras que se aplicam a todos os recursos fazem parte da chamada teoria geral do recurso.

Já em relação às regras relativas a cada um dos recursos, fala-se em **recursos em espécie**, o tema deste último tópico de teoria em direito processual.

Como igualmente mencionado no item 8, há grande incidência de peças e de questões relativas a recursos, tanto em relação à teoria geral quanto aos recursos em espécies.

No que se refere às peças, as mais frequentes são apelação e agravo (por isso serão aqui tratadas com mais vagar). Mas, em relação às questões, é possível que se refiram a quaisquer recursos.

Vejamos, então, os principais aspectos de cada um dos recursos.

### 9.2. Apelação

Cabe apelação de **sentença**, qualquer que seja o procedimento, seja sentença definitiva (mérito – CPC, art. 487) ou sentença terminativa (sem resolução de mérito – CPC, art. 485).

Portanto, só cabe de decisão proferida por juiz de 1º grau.

Da sentença proferida no JEC cabe **recurso inominado** (Lei n. 9.099/95, art. 41).

O **prazo para apelar é de 15 dias** (CPC, art. 1.003, § 5º). Da mesma forma, é de 15 dias o prazo para responder ao recurso (contrarrazões de apelação – CPC, art. 1.010, § 1º).

Há **custas**.

Há, como em todos os recursos, **efeito devolutivo**.

**Em regra, há o efeito suspensivo (CPC, art. 1.012).**

As exceções, nas quais não há o efeito suspensivo, estão previstas em lei – tanto no CPC (art. 1.012, § 1º, incisos) como em legislação extravagante:

(i) sentença que homologa divisão ou demarcação;

(ii) sentença que condena a pagar alimentos;

(iii) sentença que extingue sem resolução de mérito ou julga improcedente os embargos à execução;

(iv) sentença que julga procedente o pedido de instituição de arbitragem;

(v) sentença que confirma, concede ou revoga a tutela provisória;

**(vi)** sentença que decreta a interdição;

**(vii)** sentenças previstas na Lei de Locação, como a que decreta o despejo (Lei n 8.245/91, art. 58, V).

Nesses casos, publicada a sentença, poderá a parte interessada pleitear o cumprimento provisório depois da publicação da sentença (CPC, art. 1.012, § 2º), sendo que o apelante poderá formular eventual pedido de concessão de efeito suspensivo, diretamente no Tribunal (§ 3º).

A seguir será apresentada a tramitação de uma apelação, desde sua interposição em 1º grau até a conclusão do julgamento, no Tribunal. Vale esclarecer que o processamento da apelação é a base do processamento dos demais recursos.

A apelação é **interposta em 1º grau** (juízo *a quo*), em petição que deverá trazer (CPC, art. 1.010) o nome e a qualificação das partes, exposição do fato e do direito, razões do pedido de reforma ou de decretação de nulidade (*error in judicando* e *error in procedendo*) e pedido de nova decisão.

O juiz intimará o apelado para apresentar contrarrazões e, se houver apelação adesiva, também intimará o apelante para as contrarrazões (CPC, art. 1.010, §§ 1º e 2º).

**Não haverá juízo de admissibilidade** e o juiz remeterá o processo ao Tribunal. Portanto, não cabe o não conhecimento pelo juiz de origem nem a indicação de quais são os efeitos do recurso de apelação.

Em regra, ao receber a apelação, o juiz não pode reconsiderar a sentença. Contudo, há exceções:

**(i)** tratando-se de indeferimento da inicial (CPC, art. 331), ou seja, quando houver grave vício processual na inicial, que sequer permita a emenda;

**(ii)** tratando-se de qualquer extinção sem resolução de mérito (CPC, art. 485, § 7º), portanto, a hipótese mencionada no item anterior (art. 485, I) também está inserida nesta previsão; e

**(iii)** tratando-se de improcedência liminar (CPC, art. 332, § 3º), ou seja, quando já houver jurisprudência pacífica contrária ao pedido do autor.

Somente nestes casos poderá o juiz reconsiderar a sentença, determinando a citação do réu e o normal prosseguimento da causa. Caso não haja a reconsideração por parte do juiz, os autos serão encaminhados ao Tribunal. Se ainda não tiver havido a citação do réu (sempre nos casos **i** e **iii** e às vezes no caso **ii**), apenas após a citação do réu, para apresentar contrarrazões do recurso, é que os autos irão ao Tribunal (CPC, arts. 331, § 1º, e 332, § 4º).

Uma vez remetida a apelação ao Tribunal, será **distribuída a um relator** (desembargador que ficará responsável pela principal análise do recurso). Essa distribuição será realizada imediatamente (CPC, art. 1.011) – ou seja, ainda que não venha a ser julgada desde logo, já se saberá quem é o relator responsável pela causa (CF, art. 93, XV).

Como já exposto, sendo a hipótese de vício processual ou de jurisprudência dominante (CPC, art. 932), **poderá o relator decidir a apelação monocraticamente**, seja para não conhecer, seja para conhecer e dar ou negar provimento. Não sendo a hipótese de julgamento monocrático, o relator elaborará relatório e voto, para julgamento pelo órgão colegiado (CPC, art. 1.011). Reitere-se que não mais há a necessidade de envio prévio para outro desembargador (o revisor, no sistema anterior).

Quando o recurso estiver em condições de julgamento (afirma o CPC que será em 30 dias art. 931), o relator enviará os autos, já com relatório, para a secretaria do Tribunal. O presidente do órgão julgador designará dia para julgamento, devendo ser a pauta publicada no diário oficial, para ciência das partes e interessados (CPC, art. 934). Deve haver prazo mínimo de 5 dias entre a publicação da pauta e a sessão de julgamento (CPC, art. 935).

No dia da sessão de julgamento, a ordem será a seguinte (CPC, art. 937):

- leitura do relatório pelo relator;
- se assim quiserem, sustentação oral dos advogados das partes, cabível na apelação, ROC, REsp, RE, embargos de divergência, ação rescisória, MS (inclusive na apreciação colegiada liminar – inovação da Lei n. 13.676/2018), reclamação e agravo de instrumento interposto contra interlocutórias que versem sobre tutela provisória – sustentação essa que poderá ser feita via videoconferência (§ 4º); portanto, **não cabe sustentação oral** no agravo interno, embargos de declaração e parte dos agravos de instrumento (vale destacar que, na versão aprovada no Congresso, era **admissível** a sustentação em agravo interno interposto de decisão monocrática que julgou apelação, recurso ordinário, REsp ou RE – porém, o dispositivo foi **vetado**);
- leitura do voto do relator;
- voto do segundo e terceiro magistrados.

Se algum dos magistrados não estiver em condições de proferir o voto (dúvida quanto ao julgamento), poderá **pedir vista** – ou seja, retirar de julgamento o recurso para estudo, retomando-o futuramente.

Pelo Código, o prazo de vista é de 10 dias, após o qual o recurso será reincluído em pauta na sessão seguinte à data da inclusão (CPC, art. 940). Poderá o relator pedir prorrogação de prazo por mais 10 dias (§ 1º). Passado esse prazo, o presidente do órgão julgador requisitará o processo para julgamento na próxima sessão. Se o magistrado que pediu vista ainda não se sentir habilitado a votar, o presidente convocará substituto para proferir voto (§ 2º). Resta verificar se, na prática forense, esse procedimento será observado ou se será ignorado nos tribunais (como ocorreu com qualquer outra tentativa de limitar prazo de vista).

Se houver voto vencido, deverá necessariamente ser declarado e considerado parte do acórdão, inclusive para fins de prequestionamento (CPC, art. 941, § 3º). E, nesse caso, ainda que não mais existam embargos infringentes, deverá haver o prosseguimento do julgamento, pelo chamado julgamento estendido (CPC, art. 942).

Se o acórdão não for publicado no prazo de 30 dias contados da data da sessão do julgamento (e isso pode ocorrer com a demora na revisão e liberação do voto pelo relator), as notas taquigráficas do julgamento serão publicadas, independentemente de revisão, e substituirão o acórdão (CPC, art. 944). Competirá ao presidente do órgão julgador (turma, câmara, seção ou pleno/órgão especial) lavrar as "conclusões e a ementa" e mandar publicar o acórdão (CPC, art. 944, parágrafo único).

O Tribunal apreciará a matéria impugnada pela parte, na apelação (efeito devolutivo – CPC, art. 1.013). Porém, poderá o Tribunal julgar todas as questões suscitadas e discutidas no processo, ainda que não tenham sido solucionadas, desde que relativas ao capítulo impugnado (CPC, art. 1.013, § 1º).

A **teoria da causa madura** é ampliada no Código, ou seja, se o processo estiver em condições de imediato julgamento, o Tribunal deve decidir desde logo o mérito quando (CPC, art. 1.013, §§ 3º e 4º):

> I – reformar sentença sem resolução de mérito;
>
> II – decretar a nulidade da sentença por não ser ela congruente com os limites do pedido ou da causa de pedir (ou seja, decisão *extra* ou *ultra petita*);
>
> III – constatar a omissão no exame de um dos pedidos, hipótese em que poderá julgá-lo (ou seja, decisão *infra petita*);
>
> IV – decretar a nulidade de sentença por falta de fundamentação (portanto, se a sentença não observar a exaustiva fundamentação, a rigor, não haverá a volta ao 1º grau para nova fundamentação, mas sim o julgamento de mérito perito pelo Tribunal).
>
> V – se reformada sentença que reconheça a decadência ou a prescrição, o Tribunal, se possível, julgará desde logo o mérito, sem determinar o retorno do processo ao juízo de primeiro grau.

Em relação à teoria da causa madura, a dúvida que se coloca é se essa previsão viola o princípio do duplo grau. A jurisprudência responde de forma negativa, sempre lembrando que (i) cabe recurso dessa decisão e que (ii) o princípio do duplo grau, em algumas situações, pode ser afastado.

### 9.2.1. Elaboração da apelação

Estrutura da peça de apelação

**I. Petição de interposição:**

Dirigida ao juiz de 1º grau (art. 1.010, *caput*), com o cumprimento dos requisitos formais de admissibilidade do recurso.

1) encaminhamento ao juiz de 1º grau;
2) qualificação/indicação das partes e do recurso;
3) pedido de conhecimento do recurso;
4) indicação dos efeitos do recurso (efeitos devolutivo e suspensivo ou apenas devolutivo);
5) encaminhamento ao Tribunal competente;
6) requerimento da juntada da guia de preparo/porte de remessa e retorno.

(Possíveis outros elementos: reconsideração pelo juiz e justificativa de tempestividade.)

**II. Petição das razões:**

Segunda parte do recurso, com os fatos, o teor das razões de ataque à decisão recorrida, a fundamentação e o pedido de nova decisão.

1) preâmbulo: dados do processo e saudação aos julgadores;
2) fatos/breve síntese da demanda;
3) do direito: fundamentação jurídica.
    - **3.1)** Houve decisão interlocutória que não era passível de impugnação via agravo de instrumento? Se sim, apontar, preliminarmente, o ponto e pedir o reconhecimento da nulidade do processo em relação a ele (CPC, art. 1.009, § 1º).

**3.2)** Há outra situação processual a ser resolvida (como falta de condições de ação, por exemplo)? Se for este o caso, pedir que seja reconhecida com a consequente extinção do processo sem resolução de mérito. Se houve outro tipo de problema processual, pedir a anulação da decisão, com o retorno dos autos ao 1º grau.

**3.3)** Houve erro do juiz quanto ao mérito, violando o direito material? Se sim, demonstrar, fundamentar e pedir a reforma da decisão!

**4)** Pedido de nova decisão: anulação ou reforma – ou ambos, subsidiariamente!

> **Atenção:** é possível formular vários tipos de alegações sucessivas e pedir ao juiz a anulação ou, caso assim não entenda, a reforma da decisão!

**5)** Data e indicação do nome do advogado/número da OAB.

## 9.3. Agravo de instrumento

Cabe agravo de instrumento de **decisão interlocutória** (CPC, art. 203, § 2º), proferida por magistrado de 1º grau.

Contudo, inova o CPC ao apresentar um rol taxativo de hipóteses de cabimento do agravo de instrumento. Assim, pela letra da lei, cabível agravo somente de decisões que versem sobre (CPC, art. 1.015):

---

**I** – tutelas provisórias;
**II** – mérito do processo;
**III** – rejeição da alegação de convenção de arbitragem;
**IV** – incidente de desconsideração da personalidade jurídica;
**V** – rejeição do pedido de gratuidade da justiça ou acolhimento do pedido de sua revogação;
**VI** – exibição ou posse de documento ou coisa;
**VII** – exclusão de litisconsorte;
**VIII** – rejeição do pedido de limitação do litisconsórcio;
**IX** – admissão ou inadmissão de intervenção de terceiros;
**X** – concessão, modificação ou revogação do efeito suspensivo ao embargo à execução;
**XI** – redistribuição do ônus da prova nos termos do art. 373, § 1º;
**XII** – (vetado);
**XII** – outros casos expressamente referidos em lei.

---

Como exemplos para os "outros casos", a decisão que extingue apenas parte do processo e a decisão de julgamento antecipado parcial do mérito – respectivamente, CPC, arts. 354, parágrafo único, e 356, § 5º.

Também cabe AI contra decisões interlocutórias proferidas na liquidação de sentença, no cumprimento de sentença, na execução e no procedimento especial do inventário (CPC, art. 1.015, **parágrafo único**).

Pelo CPC, somente nessas hipóteses caberia o agravo de instrumento. Porém, existem **outras situações relevantes** (como a incompetência) que ficaram de fora do rol de cabimento do AI. Para esses casos, há grande debate na doutrina e na jurisprudência, a respeito de ser cabível

**agravo de instrumento** mesmo (portanto, o rol não seria taxativo) ou se seria adequado o uso de **mandado de segurança**.

> A questão foi decidida pelo STJ em recurso repetitivo (REsps 1.696.396 e 1.704.520), no sentido de permitir o agravo em **outras hipóteses além das previstas em lei**, no seguinte sentido: "O rol do art. 1.015 do CPC/2015 é de **taxatividade mitigada**, por isso admite a interposição de agravo de instrumento quando *verifica a urgência decorrente da inutilidade do julgamento da questão no recurso de apelação*".

O **prazo** para interposição do agravo de instrumento é de **15 dias** (CPC, art. 1.003, § 5º). Da mesma forma, é de 15 dias o prazo para responder ao recurso (contraminuta ou contrarrazões de agravo de instrumento – CPC, art. 1.019, II).

Há possibilidade de cobrança de **custas e porte de retorno** (CPC, art. 1.017, § 1º), sendo que isso é regulamentado no âmbito de cada Tribunal (no âmbito da Justiça Federal, é cobrado em todas as regiões; na Justiça Estadual, a maioria dos Estados cobra). Para fins de Exame da OAB, a posição mais segura é entender pela existência de custas de preparo.

Há, como em todos os recursos, **efeito devolutivo**.

**Em regra, não há o efeito suspensivo**. Mas poderá o relator, se presentes os requisitos, atribuir efeito suspensivo ou antecipação de tutela recursal. Apesar da omissão da lei (CPC, art. 1.019, I) é de entender que são os requisitos usuais da tutela provisória (boa fundamentação e perigo da demora).

Cabe o **efeito suspensivo** se a decisão de 1º grau for positiva, ou seja, se o juiz conceder a liminar pleiteada pelo autor, o réu agrava de instrumento pleiteando a suspensão dos efeitos daquela decisão.

Por sua vez, cabe a **antecipação de tutela recursal** se a decisão de 1º grau for negativa, ou seja, se o juiz negar a liminar pleiteada pelo autor, este agrava de instrumento pleiteando a concessão da antecipação de tutela recursal. Seria o denominado "efeito suspensivo ativo", terminologia não técnica, que por vezes é utilizada no cotidiano forense e em provas de concursos jurídicos e OAB.

O agravo de instrumento é **interposto diretamente no Tribunal**. Trata-se do único recurso interposto diretamente no juízo *ad quem* (CPC, art. 1.016).

I – os nomes das partes;
II – a exposição do fato e do direito;
III – as razões do pedido de reforma ou de invalidação da decisão e o próprio pedido;
IV – o nome e o endereço completo dos advogados constantes do processo.

A petição do agravo deve trazer (CPC, art. 1.016):

O agravante desde logo se dirige ao Tribunal. Assim, para que se saiba qual a discussão, o recurso deverá trazer cópias do processo. Exatamente essas cópias é que formam o instrumento, que dá nome ao recurso (ainda que os autos sejam eletrônicos).

Existem **cópias necessárias ou obrigatórias** e **cópias facultativas**. São as seguintes (CPC, art. 1.017):

I – obrigatoriamente, com cópias da petição inicial, da contestação, da petição que ensejou a decisão agravada, da própria decisão agravada (para que se saiba qual a decisão recorrida), da certidão da respectiva intimação ou outro documento oficial que comprove a tempestividade e das procurações outorgadas aos advogados do agravante e do agravado (para que se saiba se o advogado do agravante tem poderes e quem é o advogado do agravado que deverá ser intimado para responder ao agravo);

II – com declaração de inexistência de qualquer dos documentos referidos no inciso I, feita pelo advogado do agravante, sob pena de sua responsabilidade pessoal;

III – facultativamente, com outras peças que o agravante reputar úteis.

No sistema anterior, caso não fossem juntadas cópias necessárias, não era possível a correção do instrumento e o recurso não seria conhecido. No CPC, **se faltar alguma cópia obrigatória** – ou existir outro vício sanável –, o relator deverá intimar o agravante para que corrija o recurso (CPC, arts. 932, parágrafo único, e 1.017, § 3º).

O agravo é interposto diretamente no Tribunal, de modo que o juiz de origem não tem ciência da interposição do recurso. Por isso, **poderá** o agravante requerer a **juntada, no juízo de origem**, da petição do agravo interposto e da relação de documentos que o instruíram (CPC, art. 1.018). Quando o juiz de 1º grau receber essa petição, poderá reconsiderar a decisão agravada (juízo de retratação), caso em que o agravo de instrumento será considerado prejudicado (CPC, art. 1.018, § 1º).

Frise-se que a juntada do agravo na origem é uma **opção** do agravante, tratando-se de processo eletrônico.

Se os autos forem físicos, a juntada do agravo na origem é um **dever**, cabendo ao agravante providenciar a juntada do recurso na origem, no prazo de 3 dias (CPC, art. 1.018, § 2º). Caso o agravante não cumpra essa providência, desde que alegado e provado pelo agravado, o recurso não será conhecido (CPC, art. 1.018, § 3º). Assim, não poderá o agravo não ser conhecido pela falta da observância pelo relator, de ofício – isso depende da provocação do agravado. A lógica dessa previsão é que o agravado tem de ter ciência do agravo de instrumento perante o juízo de origem, não sendo obrigado a se locomover ao Tribunal para ter ciência de qual o teor do recurso (ou seja, se o processo for eletrônico, não há essa necessidade – daí a distinção proposta pelo legislador entre autos físicos e eletrônicos).

O agravo de instrumento será distribuído a um relator, que poderá proceder da seguinte forma (CPC, art. 1.019):

- **julgar de forma monocrática**, não conhecendo ou conhecendo e negando provimento ao recurso (CPC, art. 932, III e IV) – se houver grave vício processual ou jurisprudência pacífica contra o agravante;
- **conceder, liminarmente, efeito suspensivo ou antecipação de tutela recursal;**
- intimar o agravado para apresentar resposta, em 15 dias;
- determinar a intimação do MP, para se manifestar em 15 dias.

Não há mais a previsão de pedir informações ao juiz de origem ou conversão do agravo de instrumento em retido (exatamente porque não mais existe o agravo retido).

Após a manifestação do agravado, poderá o relator: (i) julgar monocraticamente, para dar provimento ao recurso (CPC, art. 932, V) ou (ii) elaborar voto para julgamento colegiado, pautando o recurso. Pelo Código, o agravo deve ser julgado em até 1 mês contado da intimação do agravado (CPC, art. 1.020).

### 9.3.1. Elaboração do agravo de instrumento

Ao elaborar um agravo de instrumento na 2ª fase da OAB, o candidato não pode se esquecer do seguinte:

- **Cabimento:** contra decisão interlocutória indicada nos incisos do art. 1.015 ou outro dispositivos do CPC/2015 (atentar para a taxatividade mitigada do rol do art. 1015, conforme entendimento da Corte Especial do STJ –Tema repetitivo 988)
- **Prazo:** 15 dias.
- **Cabe retratação?** Sim (CPC, art. 1.018, § 1º).
- **Efeitos:** regra: apenas devolutivo (não obsta o seguimento do processo).
  - **Exceção:** art. 932, II. Efeito suspensivo.
  - Antecipação da tutela da pretensão recursal
- **Requisitos formais da petição:** endereçamento ao Tribunal competente (art. 1.016 *caput*).
  - Qualificação das partes (art. 1.016, I).
  - Justificativa do cabimento, afirmando ser uma das hipóteses dos incisos do art. 1.015 ou de outro dispositivo do CPC.
  - Indicação do nome e endereços dos advogados das partes (art. 1.016, IV).
  - Juntada das peças obrigatórias e facultativas (art. 1.017, I e III).
  - Juntada da guia de preparo e porte de retorno, quando exigida pela legislação local (art. 1.017, § 1º).
  - Informação de que haverá juntada de cópia do agravo junto ao juízo de origem (art. 1.018).
  - Eventual pedido de efeito suspensivo ou de antecipação de tutela (art. 1.019, I).
  - **Mérito:** exposição dos fatos e dos fundamentos jurídicos (art. 1.016, II).
  - Pedido de nova decisão ou invalidação da decisão recorrida (art. 1.016, III).

### 9.4. Embargos de declaração

Cabem embargos de declaração (CPC, art. 1.022) de qualquer pronunciamento judicial com caráter decisório (sentença, decisão interlocutória, decisão monocrática e acórdão).

O recurso se presta a **complementar uma decisão judicial** que contenha **obscuridade, omissão, contradição ou erro material.**

Decisão **obscura** é aquela que não é clara, que não permite a correta compreensão de seus termos.

Decisão **omissa** é aquela na qual o juiz não se manifesta a respeito de questão ou pedido que ele deveria se manifestar.

Decisão **contraditória** é aquela que apresenta em seu bojo duas afirmações inconciliáveis.

**Erro material** é a situação na qual haja alguma informação impertinente à lide em análise (como o nome errado na parte).

Nestes casos, há vício na decisão, a qual precisa ser aclarada, complementada e esclarecida. E isso deve ser realizado pelo próprio órgão que prolatou a decisão.

O CPC traz algumas situações que, por força de lei, já são consideradas como de **omissão** (CPC, art. 1.022, parágrafo único):

I – deixe de se manifestar sobre tese firmada em julgamento de casos repetitivos ou em incidente de assunção de competência aplicável ao caso sob julgamento;

II – incorra em qualquer das condutas descritas no art. 489, § 1º (fundamentação exaustiva da sentença).

Os embargos de declaração serão opostos em **5 dias** (CPC, art. 1.023). Trata-se do único recurso cujo prazo não é de 15 dias. Caso existam litisconsortes com advogados distintos, há prazo em dobro (CPC, arts. 229 e 1.023, § 1º).

Se houver necessidade de contraditório nos embargos, o prazo também será de 5 dias (CPC, art. 1.023, § 2º).

**Não há preparo** (CPC, art. 1.023, parte final).

Há, como em todos os recursos, **efeito devolutivo**. E, neste caso, haverá a devolução não só ao Judiciário como ao próprio órgão prolator da decisão embargada.

Quanto ao efeito suspensivo, o CPC afastou polêmica antes existente: **não há efeito suspensivo** (CPC, art. 1.026).

Além disso, opostos os declaratórios, haverá a **interrupção do prazo para interposição do outro recurso** cabível para impugnar a decisão, para ambas as partes (CPC, art. 1.026). A interrupção do prazo significa que há novo prazo para recorrer, na íntegra.

Os embargos de declaração são **opostos perante o órgão prolator da decisão embargada** (juiz ou relator no âmbito dos Tribunais). O recurso será julgado exatamente por tal órgão (CPC, art. 1.024, *caput* e § 1º), ou seja, tratando-se de embargos de declaração, os juízos *a quo* e *ad quem* são o mesmo.

Pelo CPC, os embargos devem ser julgados pelo juiz em 5 dias (art. 1.024) e devem ser apresentados em mesa pelo relator, na sessão subsequente (art. 1.024, § 1º).

Tratando-se de declaratórios opostos de decisão monocrática, os embargos deverão ser julgados apenas pelo relator, novamente de forma unipessoal. Contudo, caso se entenda que os embargos buscam reformar a decisão embargada, será possível ao relator converter os declaratórios em agravo interno, mas intimando previamente o recorrente para complementar as razões recursais (CPC, art. 1.024, §§ 2º e 3º), para julgamento colegiado.

Não cabe a utilização, ao mesmo tempo, de embargos de declaração e de outro recurso. Portanto, diante de uma sentença, inicialmente a parte deve opor embargos declaratórios para, somente após a decisão dos embargos, interpor a apelação. Assim é pois (i) não se sabe se haverá ou não a modificação da sentença (o que pode alterar o interesse recursal); e (ii) por força do princípio da unirrecorribilidade recursal.

## 9.5. Recurso ordinário (recurso ordinário constitucional)

O recurso ordinário tem cabimento bem específico (CPC, art. 1.027): é apenas cabível de **acórdão denegatório de ação constitucional** (mandado de segurança, *habeas corpus*, *habeas data*, mandado de injunção) **originária de Tribunal**.

Cabe, portanto, de decisão não concessiva da ordem de ações propostas diretamente nos Tribunais, e será julgado pelo STJ ou STF. Como tem previsão constitucional (CF, arts. 102, II e 105, II), é também denominado recurso ordinário constitucional. Caso a decisão seja concessiva, não caberá ROC, mas sim outro recurso para Tribunal Superior (REsp ou RE).

A hipótese mais comum de cabimento de ROC para o STJ é a de decisão denegatória de HC ou MS de competência originária do TJ ou TRF (CF, art. 105, II, *a* e *b*). Já a hipótese mais frequente de ROC para o STF ocorre no momento em que é denegado HC ou MS de competência originária dos Tribunais Superiores (CF, art. 102, II, *a*).

Há, ainda, outra hipótese, pouco frequente, de cabimento de ROC (CPC, art. 1.027, II, *b*) causas em que forem partes, de um lado, Estado estrangeiro ou organismo internacional e, de outro, Município ou pessoa residente ou domiciliada no País. Tais causas tramitam, em 1º grau, perante a Justiça Federal (CF, art. 109, II) e o ROC será julgado pelo STJ. Assim, da sentença proferida nesse processo caberá ROC, a ser julgado pelo STJ. E da interlocutória caberá agravo de instrumento, igualmente julgado pelo STJ (CPC, art. 1.027, § 1º), ou seja, excepcionalmente, não haverá julgamento por Tribunal de 2º grau, mas somente pelo de 1º grau da Justiça Federal, e o recurso ordinário ou agravo, pelo STJ.

No âmbito cível, o prazo para interposição do recurso ordinário é de **15 dias** (CPC, art. 1.003, § 5º). Da mesma forma, é de 15 dias o prazo para responder ao recurso (contrarrazões de recurso ordinário – CPC, art. 1.028, § 2º).

Há necessidade de **custas** (STJ, RMS 29.228/SE, 2ª T., j. 26-5-2009, *DJe* 4-6-2009).

Tratando-se de recurso ordinário de decisão denegatória de HC (ainda que interposto de hipótese de prisão civil, como no caso de alimentos não pagos), o prazo de interposição é de 5 dias (Lei n. 8.038/90, art. 30), não havendo custas de preparo. Resta verificar, com a edição do CPC, qual será o entendimento jurisprudencial – se 5 dias ou 15 dias (regra geral do CPC).

Há, como em todos os recursos, efeito devolutivo.

**Não há efeito suspensivo.**

A tramitação do ROC **tem por modelo a tramitação da apelação**, inclusive em relação à teoria da causa madura (CPC, art. 1.027, § 2º).

O recurso ordinário será **interposto na origem** (CPC, art. 1.028, § 2º) e, após as contrarrazões, será remetido para o Tribunal de destino (juízo *ad quem* – STJ ou STF), independentemente de juízo de admissibilidade (CPC, art. 1.028, § 3º).

A **competência** para julgamento será:
- Do STJ, no caso de acórdão denegatório proferido nos TJs ou TRFs;
- Do STF, no caso de acórdão denegatório proferido por Tribunais Superiores.

O ROC garante o **duplo grau de jurisdição** de decisão denegatória de ações constitucionais.

## 9.6. Agravo interno

Cabe agravo interno para **impugnar decisão monocrática proferida por relator** (CPC, art. 1.021). No sistema anterior, por ausência de nomenclatura específica, era também chamado de agravo regimental.

Já se apontou que é possível ao relator, diante de erro processual ou jurisprudência pacífica, decidir monocraticamente o recurso (CPC, art. 932, III a V). Também é possível ao relator apreciar, de forma unipessoal, uma tutela de urgência. Contra essas decisões monocráticas é que cabe o agravo interno.

Com a interposição do agravo, provido ou não o recurso, a **decisão monocrática se transformará em decisão colegiada** (acórdão).

O prazo para interposição do agravo interno é de **15 dias** (CPC, art. 1.003, § 5º). Há **contrarrazões** (inovação do CPC), a ser apresentada também em 15 dias (CPC, art. 1.021, § 2º).

**Não há custas na maioria dos Estados** e no âmbito da Justiça Federal (mas, em alguns tribunais estaduais, há previsão de custas).

Há, como em todos os recursos, efeito devolutivo.

**Não há o efeito suspensivo.**

A interposição do recurso é bem simples e segue o procedimento previsto no regimento interno dos Tribunais (CPC, art. 1.021). Não há necessidade de cópias (instrumento) ou qualquer outra formalidade.

O recurso é **interposto nos próprios autos** (por isso agravo interno, pois dentro dos autos), dirigido ao relator que proferiu a decisão monocraticamente. Deverá o argumento impugnar especificadamente os fundamentos da decisão agravada, sob pena de não conhecimento do recurso (CPC, art. 1.021, § 1º).

Deverá ser aberta **vista ao agravado**, para apresentar contrarrazões, no prazo de 15 dias (CPC, art. 1.021, § 2º). No sistema anterior não havia previsão (no Código ou nos regimentos internos dos tribunais) nesse sentido.

Se o relator reconsiderar (revogando a decisão monocrática), o recurso antes interposto volta a ter sua tramitação normal (CPC, art. 1.021, § 2º). Assim, se uma apelação foi julgada monocraticamente e o relator reconsiderar, haverá o processamento normal da apelação para um julgamento colegiado.

Caso o relator não reconsidere, o recurso será pautado, para julgamento colegiado e prolação de acórdão.

Inova o CPC, quanto ao agravo interno, para:

■ **vedar que o relator**, ao julgar o agravo interno, **apenas se limite a reproduzir os fundamentos** da decisão agravada (CPC, art. 1.021, § 3º);

■ se o agravo interno for declarado inadmissível ou improcedente em votação unânime, **deverá** ser imposta multa, em decisão fundamentada, entre 1 e 5% do valor atualizado da causa; a interposição de qualquer outro recurso fica condicionado ao depósito prévio da multa – salvo para a Fazenda e beneficiário da justiça gratuita, que recolherão a multa ao final do processo (CPC, art. 1.021, §§ 4º e 5º).

## 9.7. Agravo em recurso especial e em recurso extraordinário

Com a Lei n. 13.256/2016, confirmada a admissibilidade no Tribunal de origem para o REsp e RE. Caberá o agravo para **impugnar decisão do Tribunal de origem, que**, por seu presidente ou vice-presidente, **inadmitir recurso extraordinário ou recurso especial**, salvo quando fundada na aplicação de entendimento firmado em regime de repercussão geral ou em julgamento de recursos repetitivos (CPC, art. 1.042).

Também é utilizado no âmbito processual penal e no processo do trabalho (em relação ao recurso de revista).

O prazo para interposição do agravo em REsp ou RE é de **15 dias** (CPC, art. 1.003, § 5º). Da mesma forma, é de 15 dias o prazo para responder ao recurso (contraminuta ou contrarrazões de agravo – CPC, art. 1.042, § 3º).

**Não há custas** (CPC, art. 1.042, § 2º).

Há, como em todos os recursos, efeito devolutivo.

**Não há o efeito suspensivo**. Eventualmente, em casos de urgência, é possível a concessão de efeito suspensivo ao REsp e RE, mas não ao agravo.

O agravo será interposto no Tribunal de origem, endereçado ao órgão responsável pelo processamento do recurso especial e extraordinário (presidência ou vice-presidência, conforme o regimento interno de cada Tribunal) e que prolatou a decisão agravada (CPC, art. 1.042, § 2º).

Não há necessidade de qualquer documento, porque se está recorrendo nos próprios autos, que já traz todas as peças do processo.

O agravado será **intimado para apresentar resposta** e – **caso não haja retratação** (ou seja, a admissibilidade que antes foi negativa passe a ser positiva) – os **autos serão remetidos ao Tribunal Superior**, para apreciação do agravo (CPC, art. 1.042, § 4º). Se houver retratação, os autos serão remetidos para o Tribunal Superior, para apreciação do REsp ou RE (e não do agravo).

Se forem dois recursos concomitantes (REsp e RE) e ambos não forem admitidos, deverá o recorrente interpor **dois agravos** (CPC, art. 1.042, § 6º). Nesse caso, os autos primeiro irão para o STJ (§ 7º) e, depois, se ainda for o caso de julgamento do agravo em RE, para o STF (§ 8º).

No Tribunal Superior, será possível o julgamento do agravo em conjunto com o próprio REsp e RE – hipótese em que será possível sustentação oral (CPC, art. 1.042, § 5º).

Quanto ao julgamento do agravo, será observado tanto o CPC (que permite até mesmo o julgamento monocrático – art. 932, III, IV e V) como o regimento interno do STJ e do STF.

Há situação específica – e complexa – que pode trazer dúvida quanto ao cabimento do agravo em REsp/RE ou do agravo interno: se a decisão de não admissão se referir à **aplicação de recurso repetitivo ou repercussão geral**, será cabível o agravo interno e não o agravo em REsp/RE (CPC, art. 1.030, § 2º).

De seu turno, se a decisão de admissão apreciar dois capítulos dos recursos e **(i)** não admitir um capítulo com base em requisitos de admissibilidades regulares e **(ii)** não admitir outro capítulo com base em repetitivo ou repercussão geral, então serão cabíveis, **ao mesmo tempo**, agravo em REsp/RE (do item **i**) e agravo interno (do item **ii**). Nesse sentido, o Enunciado 77/CJF:

> **Enunciado 77 do Conselho da Justiça Federal**
> Para impugnar decisão que obsta trânsito a recurso excepcional e que contenha simultaneamente fundamento relacionado à sistemática dos recursos repetitivos ou da repercussão geral (art. 1.030, I, do CPC) e fundamento relacionado à análise dos pressupostos de admissibilidade recursais (art. 1.030, V, do CPC), a parte sucumbente deve interpor, simultaneamente, agravo interno (art. 1.021 do CPC) caso queira impugnar a parte relativa aos recursos repetitivos ou repercussão geral e agravo em recurso especial/extraordinário (art. 1.042 do CPC) caso queira impugnar a parte relativa aos fundamentos de inadmissão por ausência dos pressupostos recursais.

## 4.8. Recurso especial (REsp)

Cabe recurso especial de acórdão que **violar legislação infraconstitucional** ou quando Tribunais diversos derem interpretação distinta a um mesmo dispositivo legal infraconstitucional (CF, art. 105, III e CPC, art. 1.029).

Destaca-se que é cabível o REsp pela **divergência externa** e não pela divergência interna, ou seja, deve-se apontar o dissenso jurisprudencial em relação a outro Tribunal e não no próprio Tribunal. Nesse sentido, caso se ingresse com o REsp de um julgado do TJSP, não cabe apontar que o próprio TJSP tem posição divergente ao do acórdão recorrido (Súmula 13 do STJ: A divergência entre julgados do mesmo Tribunal não enseja recurso especial) – mas sim que a decisão do TJSP diverge da de qualquer outro Tribunal do País, inclusive o próprio STJ ou mesmo o TRF da 3ª Região (Tribunal Regional Federal situado em São Paulo).

Para o cabimento do REsp, o acórdão não deve admitir outros recursos, ou seja, não cabe REsp de decisão monocrática (será cabível o REsp após o agravo regimental). Portanto, só cabe REsp quando **esgotados os demais recursos**.

Na hipótese de o acórdão violar, ao mesmo tempo, dispositivo do CPC e da CF, serão **cabíveis, simultaneamente, recurso especial e recurso extraordinário**. Porém, cada recurso atacará matérias distintas: REsp, a violação à legislação infraconstitucional; RE, a violação à Constituição.

Nesse caso de interposição conjunta, os autos serão remetidos ao STJ; se o relator do recurso especial considerar prejudicial o recurso extraordinário, em decisão irrecorrível sobrestará o julgamento e remeterá os autos ao STF. Se o relator do recurso extraordinário, em decisão irrecorrível, rejeitar a prejudicialidade, devolverá os autos ao STJ para o julgamento do recurso especial (CPC, art. 1.031, §§ 2º e 3º).

O prazo para interposição do REsp é de **15 dias** (CPC, art. 1.003, § 5º). Da mesma forma, é de 15 dias o prazo para responder ao recurso (contrarrazões de REsp – CPC, art. 1.030).

Há **custas** (Lei n. 11.636/2007).

Além dos requisitos de admissibilidade usualmente existentes, o REsp tem também outros requisitos. E isso se justifica porque se trata de um recurso cuja finalidade não é simplesmente rediscutir a causa (como ocorre na apelação), mas discutir a unidade da interpretação da legislação infraconstitucional.

Assim, com o REsp, o STJ busca evitar a regionalização do direito. Exatamente por isso **não se discute matéria fática** em tal recurso, mas apenas matéria de direito (Súmula 5 do STJ: A simples interpretação de cláusula contratual não enseja recurso especial; Súmula 7 do STJ: A pretensão de simples reexame de prova não enseja recurso especial).

Ou seja, não será conhecido REsp que discuta se determinado fato ocorreu ou não. Debate-se no REsp, à luz de determinados fatos já fixados no Tribunal de origem, qual o direito aplicável.

Apesar de não ser possível discutir fato, o REsp permite a **discussão de matéria de mérito ou processual**. Cabe, portanto, o recurso tanto por violação ao CC (ou CDC ou Lei de Locação etc.) como por violação ao CPC.

Para que bem se delimite a discussão da matéria de direito, é também requisito do REsp o **prequestionamento**, que é a apreciação do artigo de lei pelo Tribunal *a quo* durante o julgamento do acórdão recorrido, ou seja, é o debate, pelos julgadores de origem, dos dispositivos apontados como violados no REsp.

> **STF – Súmula 282**
> É inadmissível o recurso extraordinário, quando não ventilada, na decisão recorrida, a questão federal suscitada.

Assim, se o Tribunal de origem não tiver se manifestado sobre determinado dispositivo legal apontado como violado no REsp, não terá ocorrido o prequestionamento.

Afirma o art. 1.029, § 3º, que o STJ poderá "desconsiderar vício formal de recurso tempestivo ou determinar sua correção, desde que não o repute grave", ou seja, é uma oportunidade que se dá para que o mérito recursal seja apreciado – resta verificar qual a amplitude que a jurisprudência dará à expressão **vício formal grave**.

Em 2022 houve a edição da Emenda Constitucional 125, que alterou o art. 105 da CF e trouxe mais um requisito de admissibilidade para o Recurso Especial, a existência de "relevância das questões de direito federal infraconstitucional" (relevância da questão federal).

Nos termos do previsto na EC – e já confirmado administrativamente pelo STJ, há necessidade de uma lei regulamentadora sobre o assunto (seja alteração no CPC ou outra lei infraconstitucional). Assim, somente após a edição dessa lei é que será exigida, como preliminar de REsp, a indicação da existência da relevância da questão federal.

De qualquer forma, é certo que essa alteração pode ser cobrada pela OAB.

O art. 105, § 3º, da CF passa a reconhecer hipóteses em que existe a relevância, ou seja, nessas situações, a relevância é presumida.

Essas situações podem ser divididas em três blocos: a) relevância pela natureza da discussão (matéria); b) relevância pela expressão econômica (valor da causa); e c) relevância pelo teor da decisão recorrida (discrepante da jurisprudência dominante).

Vejamos, com base nos incisos do art. 105, § 3º:

a) relevância presumida pela matéria:

Inciso I – ações penais;

Inciso II – ações de improbidade administrativa; e

Inciso IV – ações que possam gerar inelegibilidade.

Importante pontuar que têm presunção de relevância as ações penais. E, como não há nenhuma restrição da EC, falamos de relevância presumida em qualquer ação penal, seja relativa a crimes de "colarinho branco", seja com relação a crimes famélicos.

b) relevância presumida pelo valor da causa:

Inciso III – ações cujo valor da causa ultrapasse 500 (quinhentos) salários mínimos;

A EC menciona exclusivamente o critério valor da causa, existindo apenas a previsão de possibilidade de sua atualização monetária, nos termos do art. 2º da EC.

c) relevância presumida considerando a jurisprudência do STJ:

Inciso V – hipótese em que o acórdão recorrido contrariar jurisprudência dominante do Superior Tribunal de Justiça.

A EC faz menção a uma "lei regulamentadora", que ainda não existe. Há o debate se, sem essa lei, já seria possível exigir o requisito da relevância da questão federal. Mesmo que o mais correto seja que ainda não é necessário esse requisito, em eventual peça de OAB que seja o REsp, vale a pena abrir uma preliminar no seguinte sentido: "Considerando que ainda não há a lei gulamentadora do REsp, não há que se falar, até o momento, em relevância da questão federal, ão sendo esse ainda um requisito para o REsp ser admitido. Contudo, caso V. Exa. assim não ntenda – o que se admite apenas para argumentar – então a relevância está presente neste caso oncreto, considerando (...)"

Prosseguindo na análise do REsp, vejamos como se dá a questão dos efeitos.

Há, como em todos os recursos, efeito devolutivo.

**Não há, em regra, o efeito suspensivo.**

Contudo, é possível que se **tente atribuir efeito suspensivo ao REsp**. A previsão está no CPC, art. 1.029, § 5º – dispositivo cuja redação original foi alterada pela Lei n. 13.256/2016. A etição requerendo o efeito suspensivo será dirigida:

I – ao STJ, no período compreendido entre a publicação da decisão de admissão do recurso e sua distribuição, ficando o relator designado para seu exame prevento para julgá-lo;

II – ao relator no STJ, se já distribuído o recurso;

III – ao presidente ou ao vice-presidente do Tribunal recorrido, no período compreendido entre a interposição do recurso e a publicação da decisão de admissão do recurso, assim como no caso de o recurso ter sido sobrestado, por força de recurso repetitivo.

O REsp é **interposto no Tribunal de origem**, endereçado à presidência ou vice-presidência, conforme o regimento interno próprio de cada Tribunal (CPC, art. 1.029). Deve a petição recursal indicar (i) exposição do fato e do direito, (ii) demonstração do cabimento e (iii) razões do pedido de reforma ou invalidação da decisão recorrida.

Tratando-se de REsp fundado em dissídio jurisprudencial (divergência em relação a julgado de outro Tribunal – CF, art. 105, III, *c*), obrigatoriamente terá de ser instruído com o acórdão paradigma (a decisão do outro Tribunal). A divergência é comprovada mediante certidão, cópia ou citação do repositório de jurisprudência oficial (inclusive em mídia eletrônica), ou ainda via reprodução do julgado disponível na internet, com indicação da fonte (art. 1.029, § 1º). Deverá o recorrente mencionar as circunstâncias que identifiquem ou assemelhem os casos confrontados (o chamado **"cotejo analítico"** entre o acórdão recorrido e paradigma).

Nesse REsp fundado em dissídio jurisprudencial, é muito comum o recurso não ser admitido ao argumento de "situações fáticas distintas" entre os acórdãos. Por causa disso, inicialmente foi incluído o § 2º no art. 1.029 do CPC ("Quando o recurso estiver fundado em dissídio jurisprudencial, é vedado ao Tribunal inadmiti-lo com base em fundamento genérico de que as circunstâncias fáticas são diferentes, sem demonstrar a existência da distinção"). Contudo, com a Lei n. 13.256/2016, **esse parágrafo foi revogado**.

Interposto o REsp, a parte contrária é intimada para apresentar as contrarrazões, em 15 dias (CPC, art. 1.030). Em tal peça é possível impugnar não só o mérito, mas também a admissibilidade do recurso. Com as razões e contrarrazões do REsp, o recurso estará pronto para sua admissibilidade.

A **admissibilidade do REsp** se dá no Tribunal de origem, sendo que, no caso de inadmissão do REsp, **cabível o agravo em recurso especial** para tentar que o REsp seja admitido (como exposto no item 9.7 da seção "Direito Processual Civil").

Ao proceder à admissibilidade, existem **diversas possibilidades** ao desembargador que a realiza (inovações da Lei n. 13.256/2016), a saber (art. 1.030):

I – **negar seguimento** a recurso especial interposto contra acórdão que esteja em conformidade com entendimento do STJ, proferido com base em julgamento de recurso repetitivos;

II – **encaminhar o processo ao órgão julgador** (a turma ou câmara que proferiu o acórdão), para realização do juízo de retratação, se o acórdão recorrido divergir do entendimento do STJ proferido com base em julgamento de recursos repetitivos (ou seja, depois da prolação do acórdão, houve a decisão do repetitivo no STJ);

III – **sobrestar o recurso** que versar sobre controvérsia de caráter repetitivo ainda não decidida pelo STJ;

IV – **selecionar o recurso como representativo de controvérsia**, para que venha a ser julgado como repetitivo pelo STJ;

V – proceder à **admissibilidade do REsp**, e, no caso de **admissão**, remeter o recurso ao STJ, desde que: a) o recurso ainda não tenha sido submetido ao regime de julgamento de recursos repetitivos; b) o recurso tenha sido selecionado como representativo da controvérsia; ou c) o Tribunal recorrido tenha refutado o juízo de retratação.

Dessas **decisões monocráticas** acima arroladas, é possível **recorrer** (art. 1.030, §§ 1º e 2º):

**(i)** tratando-se de **inadmissão** por ausência de requisito de admissibilidade (inciso V), cabe agravo em recurso especial (art. 1.042, já exposto no item 9.7 da seção "Direito Processual Civil");

**(ii)** tratando-se de decisão relativa a recurso repetitivo (**negar seguimento**, inciso I ou **sobrestar**, inciso III), cabe agravo interno (art. 1.021), a ser julgado perante o próprio Tribunal de origem, sem que haja possibilidade – pela legislação – de se chegar ao Tribunal Superior.

Como se percebe, é um sistema complexo, com diversas possibilidades de julgamento e variação quanto aos recursos (e, pelo Código, somente recorríveis as decisões acima indicadas).

No mais, uma vez o REsp no STJ, se o ministro relator entender que o recurso especial versa sobre questão constitucional, concederá prazo de 15 dias para que o recorrente demonstre a repercussão geral e se manifeste sobre a questão constitucional; cumprida a diligência, o relator remeterá o recurso ao STF, que, em juízo de admissibilidade, poderá devolvê-lo ao STJ (CPC, art. 1.032), ou seja, tem-se uma situação de conversão do recurso especial em recurso extraordinário (e existe também a previsão no sentido inverso.

## 9.9. Recurso extraordinário (RE)

O RE apresenta uma série de similitudes em relação ao REsp.

Cabe **recurso extraordinário** de acórdão que violar a Constituição (CF, art. 102, III, e CPC, art. 1.029).

Há uma situação posterior à EC n. 45/2004 à qual se deve atentar: nos termos do art. 102, III, *d*, da CF, cabe RE de acórdão que julgar válida **lei local contestada em face de lei federal**.

Para o cabimento do RE, o acórdão não deve admitir outros recursos, ou seja, não cabe RE de acórdão que admita infringentes ou de decisão monocrática. Portanto, tal qual ocorre quanto ao REsp, só cabe RE quando **esgotados os demais recursos**.

Na hipótese de o acórdão violar, ao mesmo tempo, dispositivo do CPC e da CF, serão **cabíveis, simultaneamente, recurso especial e recurso extraordinário**. Porém, cada recurso atacará matérias distintas: REsp, a violação à legislação infraconstitucional; RE, a violação à Constituição.

Nesse caso de interposição conjunta, os autos serão remetidos ao STJ; se o relator do recurso especial considerar prejudicial o recurso extraordinário, em decisão irrecorrível sobrestará o julgamento e remeterá os autos ao STF. Se o relator do recurso extraordinário, em decisão irrecorrível, rejeitar a prejudicialidade, devolverá os autos ao STJ para o julgamento do recurso especial (CPC, art. 1.031, §§ 2º e 3º).

O prazo para interposição do RE é de **15 dias** (CPC, art. 1.003, § 5º). Da mesma forma, é de 15 dias o prazo para responder ao recurso (contrarrazões de RE – CPC, art. 1.030).

Há custas (tabela divulgada pelo STF).

Tal qual o REsp, também o RE tem distinções quanto à admissibilidade. Assim, além dos requisitos de admissibilidade usualmente existentes, o RE tem também outros requisitos. E isso se justifica porque se trata de um recurso cuja finalidade não é simplesmente rediscutir a causa (como ocorre, por exemplo, na apelação), mas sim buscar o respeito e a unidade na interpretação da Constituição.

Ou seja, com o RE, busca o STF zelar pela supremacia da Constituição, por isso **não se discute matéria fática** em tal recurso, mas apenas matéria de direito. Mas o RE permite a **discussão de matéria de mérito ou processual**, isto é, cabe o recurso tanto por violação a norma processual ou norma material contida na Constituição.

Também há a necessidade de **prequestionamento**, nos moldes do já debatido quando se tratou do tema no REsp.

Igualmente ao já exposto para o REsp, o art. 1.029, § 3º, prevê que o STF poderá "desconsiderar vício formal de recurso tempestivo ou determinar sua correção, desde que não o repute grave", ou seja, é uma oportunidade que se dá para que o mérito recursal seja apreciado – resta verificar qual a amplitude que a jurisprudência dará à expressão **vício formal grave**.

Por fim, a partir da EC n. 45/2004 (CF, art. 102, § 3º), também passou a ser requisito de admissibilidade específico para o RE: a **repercussão geral da questão constitucional**. Por esse requisito, o STF somente conhecerá um RE que seja relevante não só para as partes, mas para a sociedade como um todo (ou seja, a existência de questões relevantes do ponto de vista econômico, político, social ou jurídico, que ultrapassem os interesses subjetivos da causa).

Isso significa que o STF não se manifestará a respeito de uma "briga de vizinhos". O tema está regulado, do ponto de vista infraconstitucional, no CPC, pelo art. 1.035.

A **competência** para apreciar a existência da repercussão geral é exclusiva do STF. O recurso não será conhecido se 2/3 dos Ministros do STF (8 dos 11) entenderem pela ausência da repercussão geral. A decisão sobre a presença da repercussão é irrecorrível (CPC, art. 1.035, *caput*).

O recorrente deverá demonstrar, em preliminar do RE, a existência da repercussão geral (CPC, art. 1.035, § 2º).

A repercussão geral decorre de lei (ou seja, há repercussão geral presumida) se o acórdão recorrido (CPC, art. 1.035, § 3º):

I – contrariar súmula ou jurisprudência dominante do STF;

II – tenha reconhecido a inconstitucionalidade de tratado ou de lei federal, nos termos do art. 97 da Constituição Federal.

**Reconhecida a repercussão geral**, o relator determinará a suspensão de todos os processos, individuais ou coletivos, que tratem daquele tema, em todo o País (CPC, art. 1.035, § 5º). Prevê o Código que o recurso que tiver a repercussão geral reconhecida deverá ser "julgado no **prazo de 1 ano**" (§ 9º). Contudo, se não ocorrer o julgamento do RE com repercussão geral em 1 ano, não há qualquer consequência prevista na lei (na versão original do CPC, o § 10 previa que cessaria a suspensão dos processos passado esse prazo de 1 ano – porém, o dispositivo foi **revogado** pela Lei n. 13.256/2016).

**Negada a repercussão geral**, a presidência do Tribunal intermediário negará seguimento aos recursos extraordinários sobrestados na origem que versem sobre matéria idêntica (art. 1.035, § 8º).

Há, como em todos os recursos, efeito devolutivo.

**Não há, em regra, o efeito suspensivo.**

Quanto à concessão de efeito suspensivo, a regra é a mesma do REsp: é possível que haja a atribuição de efeito suspensivo ao RE, sendo a competência variável (*vide* o item 9.8 da seção "Direito Processual Civil").

O processamento do RE é igual ao do REsp.

Ao proceder à admissibilidade, existem **diversas possibilidades** ao desembargador que a realiza (inovações da Lei n. 13.256/2016), a saber (art. 1.030):

I – **negar seguimento** a RE que discuta questão à qual o STF não tenha reconhecido a existência de repercussão geral, ou a RE interposto contra acórdão que esteja em conformidade com entendimento do STF proferido no regime de repercussão geral, ou, ainda, a RE interposto contra acórdão que esteja em conformidade com entendimento do STF proferido no julgamento de recursos repetitivos;

II – **encaminhar o processo ao órgão julgador** (a turma ou câmara que proferiu o acórdão), para realização do juízo de retratação, se o acórdão recorrido divergir do entendimento do STF proferido nos regimes de repercussão geral ou de recursos repetitivos (ou seja, depois da prolação do acórdão, houve a decisão do repetitivo no STJ);

III – **sobrestar o recurso** que versar sobre controvérsia de caráter repetitivo ainda não decidida pelo STF;

**IV – selecionar o recurso como representativo de controvérsia constitucional, para julgamento como repetitivo;**

V – proceder à **admissibilidade do RE**, e, no caso de **admissão,** remeter o recurso ao STF, desde que:

a) o recurso ainda não tenha sido submetido ao regime de repercussão geral ou de recursos repetitivos;

b) o recurso tenha sido selecionado como representativo da controvérsia; ou

c) o Tribunal recorrido tenha refutado o juízo de retratação.

Dessas **decisões monocráticas** acima arroladas, é possível **recorrer** (art. 1.030, §§ 1º e 2º):

**(i)** tratando-se de **inadmissão** por ausência de requisito de admissibilidade (inciso V), cabe agravo em recurso especial (art. 1.042, já exposto no item 9.7 da seção "Direito Processual Civil");

**(ii)** tratando-se de decisão relativa a recurso repetitivo (**negar seguimento**, inciso I, ou **sobrestar**, inciso III), cabe agravo interno (art. 1.021), a ser julgado perante o próprio

Tribunal de origem, sem que haja possibilidade – pela legislação – de se chegar ao Tribunal superior.

Como se percebe, é um sistema complexo, com diversas possibilidades de julgamento e variação quanto aos recursos (e, pelo Código, somente recorríveis as decisões acima indicadas).

No mais, uma vez o RE no STF, se o relator considerar como **reflexa a ofensa à Constituição** afirmada no recurso extraordinário, por pressupor a revisão da interpretação de lei federal ou de tratado, o Tribunal remeterá o recurso ao STJ para julgamento como recurso especial (CPC, art. 1.033). Trata-se da conversão do RE em REsp. Nesse caso, não há necessidade de intimar o recorrente para emendar seu recurso (o que existe no caso de conversão do REsp para o RE).

Deixou de existir o RE retido.

## 9.10. Embargos de divergência

Os embargos de divergência são utilizados somente no âmbito do STJ e STF, após o julgamento do REsp ou do RE. Assim, são cabíveis quando o **acórdão proferido no julgamento do REsp/RE divergir do julgamento proferido por outro órgão colegiado do próprio Tribunal** (CPC, art. 1.043).

Portanto, a finalidade é pacificar internamente as divergências de entendimento.

Assim, quando do julgamento de algum REsp, se o STJ já tiver julgado de alguma outra maneira a questão, por algum outro órgão interno do Tribunal, serão cabíveis os embargos de divergência. O mesmo se diga quando do julgamento de um RE pelo STF.

Cabem embargos de divergência quando o acórdão (CPC, art. 1.043, I e III):

a) em recurso extraordinário ou em recurso especial, divergir do julgamento de qualquer outro órgão do mesmo Tribunal, sendo os acórdãos, embargado e paradigma, de mérito;

b) em recurso extraordinário ou em recurso especial, divergir do julgamento de qualquer outro órgão do mesmo Tribunal, sendo um acórdão de mérito e outro que não tenha conhecido do recurso, embora tenha apreciado a controvérsia.

Cabe o recurso para discutir teses firmadas entre dois recursos, de órgão internos distintos – seja de matéria processual ou material (CPC, art. 1.043, § 2º). Cabe, ainda, o recurso de julgado da mesma turma, se tiver havido mudança na composição (CPC, art. 1.043, § 3º).

O recurso é previsto em um único artigo no CPC, comparado com os demais recursos, e não é muito frequente, seja no cotidiano forense ou em provas da OAB – na maior parte das vezes, a banca coloca este recurso como uma resposta errada, para confundir o candidato em relação a outros recursos.

O prazo para interposição dos embargos de divergência é de **15 dias** (CPC, art. 1.003, § 5º). Da mesma forma, é de 15 dias o prazo para responder ao recurso (contrarrazões de embargos de divergência) – o CPC não prevê tal prazo, mas essa é a praxe nos regimentos internos e, ainda, é o prazo por força do princípio da isonomia entre os litigantes.

Há necessidade de **custas** (STJ, Lei n. 11.636/2007, e STF, RISTF, art. 57 e Tabela B de custas).

Há, como em todos os recursos, efeito devolutivo.

Não há efeito suspensivo, tal qual ocorre com o REsp e o RE.

Além disso, **a interposição do recurso no STJ interrompe o prazo para interposição do RE,** por qualquer das partes (CPC, art. 1.044, § 1º).

Os embargos de divergência são endereçados ao próprio relator do recurso. Após a vista parte contrária para contrarrazões, haverá o julgamento.

O art. 1.044 do CPC dispõe que o procedimento dos embargos de divergência seguirá previsto nos regimentos internos dos Tribunais (RISTJ, arts. 266 e 267; RISTF, arts. 330 a 336).

# Parte II – Prática

# PEÇAS PRÁTICAS

Outras peças práticas estão disponíveis *online* com acesso via *QR Code* ou *link* abaixo:
> http://uqr.to/1yks2

## 1. Petição Inicial

**(38º Exame de Ordem Unificado/FGV)** Aurora Rosa, jornalista, domiciliada em São Paulo, é casada com Solano e costumam compartilhar entre eles conteúdos diversos por meio de plataformas digitais, inclusive fotos e vídeos íntimos, que ficavam armazenados em seus dispositivos.

Devido ao furto do seu celular, registrado em boletim de ocorrência, Aurora entrou em contato com a operadora do serviço móvel, dois dias depois do ocorrido, para solicitar o bloqueio do seu aparelho, o que foi imediatamente atendido.

Apesar da sua rotina ter sido alterada pela perda do celular, o que a fazia sentir-se insegura com a possível utilização do material íntimo nele contido, Aurora imaginava que o problema estava resolvido. Para sua tristeza, foi surpreendida com mensagens enviadas por seus amigos, informando que seus vídeos e fotos estavam disponíveis em *sites* eróticos, localizados a partir de simples pesquisa por meio da Web Busca, cujo serviço é fornecido pela empresa Web Brasil Internet Ltda., situada em São Paulo.

Diante disso, Aurora notificou judicialmente a Web Brasil, explicando detalhadamente o que ocorreu, identificando o material, fornecendo o localizador URL das páginas e solicitando a indisponibilização do conteúdo infringente pelo provedor. No entanto, apesar da notificação realizada por Aurora, nenhuma providência havia sido tomada pelo provedor para a retirada do conteúdo ilícito.

Registre-se, ainda, que a recusa injustificada do provedor em atender a notificação judicial e promover a remoção do conteúdo ilícito causou prejuízos materiais à Aurora que teve um contrato de assessoria de imprensa no valor de R$ 85.000,00 cancelado e, diante da rapidez com que as informações circulam no ambiente digital, teme que esta situação possa afetar ainda mais a sua atividade profissional.

Em virtude da medida judicial já adotada, Aurora não demonstra interesse em participar de qualquer outra tentativa conciliatória.

Inconformada, Aurora procura você, na qualidade de advogado(a), para propor a medida judicial adequada para a defesa dos seus interesses.

Redija a peça processual adequada para a remoção do conteúdo prejudicial à imagem de sua cliente, abordando todos os aspectos de direito material e processual pertinentes. (Valor: 5,00)

*Obs.: a peça deve abranger todos os fundamentos de Direito que possam ser utilizados para dar respaldo à pretensão. A simples menção ou transcrição do dispositivo legal não confere pontuação.*

### GABARITO DA OAB

A peça processual a ser proposta é uma petição inicial de ação de indenização por danos materiais e obrigação de fazer, com pedido de tutela antecipada para a remoção de conteúdo virtual, direcionada ao juízo de uma das varas cíveis da comarca de São Paulo.

Deve ser destacada a aplicação da Lei n. 12.965/14, pois se trata de conteúdo gerado na internet. Indica no polo passivo o provedor de aplicações da internet, a Web Brasil Ltda., que responde subsidiariamente pela disponibilização de conteúdo gerado por terceiro, violando a intimidade decorrente da divulgação sem autorização dos seus participantes, de imagens, vídeos ou outros materiais contendo cenas de nudez ou atos sexuais de caráter privado quando, após o recebimento de notificação pelo participante, deixa de promover a indisponibilização desse conteúdo, conforme o art. 21, *caput*, da Lei n. 12.965/14.

A responsabilidade subsidiária do provedor de aplicações da internet por conteúdo gerado por terceiro exige, neste caso, que tenha existido apenas o pedido do ofendido para a exclusão do conteúdo e, neste caso, fica caraterizada pela omissão na retirada do conteúdo ilícito mesmo após a notificação judicial feita pela autora.

A recusa injustificada da remoção do conteúdo após a notificação judicial causou prejuízos a Aurora, gerando o dever de indenizar.

Diante da urgência da providência, deve ser requerida tutela de urgência antecipada na forma do art. 300 do CPC ou art. 19, § 4º, da Lei n. 12.965/14, demonstrando seus requisitos. Por fim, o examinando deve redigir o fechamento.

## DISTRIBUIÇÃO DOS PONTOS

| ITEM | PONTUAÇÃO |
|---|---|
| **Endereçamento** | |
| 1. A peça processual deve ser direcionada ao Juízo da __ Vara Cível da Comarca de São Paulo (0,10). | 0,00/0,10 |
| 2. Autor: Aurora Rosa, jornalista (qualificação) (0,10); réu: Web Brasil Internet Ltda. (qualificação) (0,10). | 0,00/0,10/0,20 |
| **Fatos** | |
| 3. Exposição dos fatos (0,10). | 0,00/0,10 |
| **Fundamentos Jurídicos** | |
| 4. Qualificar a utilização da Lei n. 12.965/14, em virtude da violação da intimidade decorrente da divulgação de imagens e vídeos íntimos na internet sem a autorização de seus participantes (0,40). | 0,00/0,40 |
| 5. Demonstrar o descumprimento do dever legal de, após o recebimento de notificação judicial, promover a indisponibilização do conteúdo virtual (0,40), na forma do art. 21, *caput*, da Lei n. 12.965/14 (0,10). | 0,00/0,40/0,50 |
| 6. Demonstrar que a autora cumpriu a exigência legal de identificação de forma clara e específica do conteúdo apontado como infringente, a permitir a localização do material (0,40), nos termos do art. 21, parágrafo único, da Lei n. 12.965/14) (0,10). | 0,00/0,40/0,50 |
| 7. Identificar que o réu possui responsabilidade subsidiária (0,30). | 0,00/0,30 |
| 8. A recusa injustificada em retirar o conteúdo ilícito após a notificação judicial gera o dever de indenizar o dano decorrente da divulgação do material privado (0,30), nos termos do art. 21, *caput*, da Lei n. 12.965/14 (0,10). | 0,00/0,30/0,40 |

| | |
|---|---|
| 9. Cabimento de tutela de urgência antecipada (0,20), pois presentes a probabilidade do direito (0,15) e o perigo de dano (0,15), segundo o art. 300, *caput*, do CPC, ou o art. 19, § 4º, da Lei n. 12.965/14 (0,10). | 0,00/0,20/0,30/0,35/ 0,45/0,50/0,60 |
| **Dos Pedidos** | |
| 10. A concessão da tutela de urgência antecipada para a remoção do conteúdo ilícito (0,40). | 0,00/0,40 |
| 11. A procedência do pedido para condenar a ré a remover definitivamente o conteúdo virtual contido nos *sites* indicados pela autora (0,40). | 0,00/0,40 |
| 12. A procedência do pedido para condenar a ré ao pagamento de indenização por danos materiais no valor de R$ 85.000,00 (0,40). | 0,00/0,40 |
| 13. A condenação do réu ao pagamento dos ônus sucumbenciais (0,20) ou condenação da ré ao ressarcimento das custas (0,10) e honorários advocatícios (0,10). | 0,00/0,10/0,20 |
| 14. Indicação do desinteresse na realização da audiência de conciliação ou de mediação (0,10), segundo o art. 319, inciso VII, ou art. 334, § 5º, ambos do CPC (0,10). | 0,00/0,10/0,20 |
| **Das provas** | |
| 15. Requerimento de produção de provas (0,10). | 0,00/0,10 |
| **Fechamento** | |
| 16. Valor da causa: R$ 85.000,00 (0,10). | 0,00/0,10 |
| 17. Local..., Data..., Advogado(a)..., OAB n.... (0,10). | 0,00/0,10 |

## COMENTÁRIOS DOS AUTORES

A peça do Exame 38 foi, uma vez mais, petição inicial, e pelo procedimento comum.

Do ponto de vista do direito material, pela segunda vez a OAB enfrentou questões ligadas à aplicação do marco civil da internet, de maneira que vale atentar para esse tema e as consequências daí decorrentes. Apesar de repetir tema disciplinado em lei especial, o faz com pouca complexidade, bastando a consulta à lei para que o candidato desenvolva a argumentação.

Do ponto de vista do direito processual, o destaque seria a concessão da "liminar" – ou seja, uma tutela provisória de urgência.

Assim, o candidato deveria formular pedido de tutela de urgência antecipada, pois se trata de uma medida já satisfativa (a cautelar – que busca resguardar / evitar o perecimento do direito seria mais difícil aqui – mas, se foi pleiteada, seria conveniente falar em fungibilidade). O pedido seria para obter a imediata remoção do conteúdo virtual, demonstrando a presença dos requisitos do art. 300 do CPC, quais sejam: (i) a probabilidade do direito, que se verifica pelo fato de que a autora enviou notificação à ré solicitando a indisponibilização do conteúdo. Referida notificação compreendeu todas as informações exigidas no art. 21 da Lei n. 12.965/14; e (ii) o perigo de dano ou risco ao resultado útil do processo, que está caracterizado pelo prejuízo que a permanência dos vídeos e fotos na *web* está causando, especialmente reputacional e profissional (já houve, inclusive, rescisão de um dos seus contratos). Ainda, sustentar que é possível haver a reversibilidade da medida, na linha de o conteúdo voltar a ser divulgado *online*.

Poderia, também, formular o pedido de tutela de urgência antecipada com fundamento no art. 19, § 4º, da Lei n. 12.965/14, demonstrando seus requisitos.

Apesar de não constar no gabarito, importante mencionar que se trata de uma relação de consumo, considerando que a autora é consumidora por equiparação nos termos dos arts. 17 e 29 do CDC. E, ainda pode ser considerado consumidor a coletividade de consumidores (CDC, art. 2º, parágrafo único).

Quanto à relação da internet, seria necessário utilizar como fundamento a Lei n. 12.965/14, que prevê os princípios, garantias, direitos e deveres para o uso da Internet no Brasil.

O art. 21 da referida Lei estabelece a responsabilidade subsidiária do provedor de aplicações de internet pela violação da intimidade decorrente da divulgação, sem autorização de seus participantes, de imagens, vídeos ou outros materiais contendo cenas de nudez.

Ressalta-se que o provedor responderá somente quando, após o recebimento da notificação pelo participante, deixar de promover, dentro dos limites técnicos, a indisponibilização do conteúdo em questão.

- Polo ativo: Rosa
- Polo passivo: Web Brasil Internet Ltda.
- Causa de pedir: narrar o problema constante do enunciado, expor que a autora enviou notificação à empresa ré solicitando a indisponibilização do conteúdo. Fundamental indicar que a autora (i) forneceu informações para possibilitar a identificação dos vídeos e fotos, inclusive o URL das páginas; e (ii) relatou todo o ocorrido para demonstrar sua legitimidade para a solicitação formulada. Além disso, deveria constar que a empresa ré, quando notificada, não promoveu a indisponibilização do conteúdo.
- Pedido: (i) concessão da tutela provisória; (ii) condenação da ré ao pagamento de indenização por danos materiais; (iii) inversão do ônus da prova; (iv) produção de todos os meios de prova em direito admitidos; e (v) condenação da ré ao pagamento de custas e honorários advocatícios.
- Valor da causa: o valor relativo aos danos materiais, no caso, R$ 85.000,00 (oitenta e cinco mil reais).

## MODELO

EXCELENTÍSSIMO SENHOR DOUTOR JUIZ DE DIREITO DE UMA DAS VARAS CÍVEIS DO FORO DA COMARCA DE SÃO PAULO/SP

*(5 linhas)*

ROSA, [nacionalidade], [estado civil], Jornalista, portadora da cédula de identidade RG n. XXX, inscrita no CPF/MF sob o n. XXX, com endereço eletrônico XXX, residente e domiciliada na Rua XXX, n. XXX, bairro XXX, cidade XXX, Estado de São Paulo, CEP XXX, vem, respeitosamente, perante Vossa Excelência, por seu advogado (procuração anexa), com base nos artigos 318 e seguintes do Código de Processo Civil, propor a presente

**AÇÃO DE CONHECIMENTO PELO PROCEDIMENTO COMUM COM PEDIDO DE TUTELA ANTECIPADA** em face de **WEB BRASIL INTERNET LTDA.**, pessoa jurídica de direito privado, inscrita no CNPJ/MF sob o n. XXX, com endereço eletrônico XXX, e sede na Rua XXX, n. XXX, bairro XXX, cidade XXX, Estado XXX, CEP XXX, pelas razões de fato e de direito a seguir aduzidas.

### I. SÍNTESE DOS FATOS

A autora teve seu aparelho celular furtado, e então registrou boletim de ocorrência e contatou a operadora do serviço móvel, dois dias depois do ocorrido, para solicitar o bloqueio do aparelho, o que foi prontamente atendido.

Contudo, mesmo após adotar todas as medidas para evitar a divulgação das informações e documentos arquivados em seu aparelho, foi surpreendida com mensagens de amigos comunicando que vídeos e fotos pessoais estavam disponíveis em *sites* eróticos, localizados a partir do sistema de busca na *web* fornecido pela empresa ré.

À vista do ocorrido, a autora notificou a ré, ocasião na qual relatou o ocorrido, indicou o material, forneceu o URL das páginas e solicitou a indisponibilização do conteúdo. No entanto, a ré permaneceu inerte.

Oportuno consignar que a conduta da ré acarretou a rescisão de um contrato de assessoria de imprensa da autora, no valor de R$ 85.000,00 (oitenta e cinco mil reais), conforme se depreende de documento anexo. Além disso, há manifesto risco de maior prejuízo profissional, caso o conteúdo não seja removido, em relação a outros contratos e atividades da autora.

Assim, à autora não resta alternativa senão recorrer à tutela jurisdicional, a fim de obter a imediata remoção do conteúdo divulgado, bem como a reparação por danos no valor de R$ 85.000,00 (oitenta e cinco mil reais).

## II. DO DIREITO

### II.1. Incidência do Código de Defesa do Consumidor

Inicialmente, ressalta-se que o Código de Defesa do Consumidor aplica-se ao presente caso, vez que a ré é fornecedora de serviços, nos termos do art. 3º do CDC.

Já o autor, nos termos dos arts. 17 e 29 do CDC, é consumidor por equiparação. E, ainda, pode ser considerado consumidor a coletividade de consumidores (CDC, art. 2º, parágrafo único).

Portanto, aplicável o CDC ao presente caso, requerendo, inclusive, a inversão do ônus da prova, nos termos do art. 6º, VIII.

### II.2. Responsabilidade do provedor de aplicações de internet

Conforme já mencionado na síntese dos fatos, os vídeos e fotos foram disponibilizados no sistema "*web* busca", cujo serviço é fornecido pela empresa ré.

A autora, nos termos do art. 21, parágrafo único, da Lei n. 12.965/14, enviou notificação à ré com o URL das páginas, o que, por certo, permitiu a identificação do material ilícito em questão.

Além disso, em referida notificação, a autora relatou de forma precisa todo o ocorrido a fim de demonstrar sua legitimidade para o pedido de indisponibilização do conteúdo. Contudo, nenhuma providência para retirada do conteúdo foi adotada pela ré.

Diante disso, é inegável que possui responsabilidade pela violação da intimidade decorrente da divulgação dos arquivos, sem autorização da autora, nos termos do art. 21, *caput*, da Lei n. 12.965/14.

### III. DA CONCESSÃO DA TUTELA PROVISÓRIA DE URGÊNCIA ANTECIPADA

Nos termos do art. 300 do CPC, a concessão da tutela provisória de urgência, de natureza antecipada, dependerá da presença dos seguintes requisitos: (i) a probabilidade do direito; e (ii) o perigo de dano ou risco ao resultado útil do processo. O parágrafo terceiro do art. 300 do CPC exige, também, a reversibilidade dos efeitos para concessão da medida.

Ainda, o art. 19, § 4º, da Lei n. 12.965/14 permite a concessão da tutela antecipada, quando houver prova inequívoca do fato e considerando o interesse da coletividade na disponibilização do conteúdo, desde que presentes os requisitos de verossimilhança da alegação do autor e de fundado receio de dano irreparável ou de difícil reparação.

No presente caso, os fatos narrados evidenciam a probabilidade do direito, vez que a autora identificou os vídeos e fotos que estavam em seu aparelho celular furtado, bem como acostou aos autos a notificação enviada à ré solicitando a indisponibilização do conteúdo.

Ressalta-se, ainda, que o CDC é norma protetiva, que garante a inversão do ônus da prova, prevendo expressamente o direito à reparação pelos danos (art. 6º do CDC).

Por sua vez, o perigo de dano está caracterizado pelo prejuízo reputacional e profissional que a permanência dos vídeos e fotos divulgados acarretam à autora. Frisa-se que, conforme mencionado na síntese dos fatos, a autora teve contrato relevante rescindido em razão do conteúdo ilícito que está no sistema de pesquisa da ré. Mais do que isso, a intimidade da autora está sendo violada com a permanência dessas fotos *online*, por óbvio.

Sendo assim, presentes os requisitos ensejadores da concessão da tutela provisória de urgência, requer a autora seja determinada a imediata remoção dos vídeos e fotos divulgadas.

### IV. DOS REQUERIMENTOS E DOS PEDIDOS

Diante de todo o exposto, requer:

(i) A concessão da tutela provisória de urgência antecipada, nos termos do art. 300 do CPC e art. 19, § 4º, da Lei n. 12.965/14, a fim de que seja determinada a imediata remoção dos vídeos e fotos divulgados;

(ii) A citação da ré para, querendo, oferecer contestação;

(iii) Ao final, seja a ação julgada procedente, a fim de (a) confirmar a tutela provisória de urgência concedida, reconhecendo a obrigação da ré de remover os vídeos e fotos divulgados; (b) condenar a ré ao pagamento de indenização por danos materiais no valor de R$ 85.000,00 (oitenta e cinco mil reais);

(iv) A condenação da ré ao pagamento das custas processuais e dos honorários advocatícios, nos termos dos arts. 82 a 85 do CPC.

(v) Provar o alegado por todos os meios de prova em direito admitidos;

(vi) A inversão do ônus da prova, nos termos do art. 6º, inciso VIII, do CDC;

Em atendimento ao disposto no art. 319, VII, do CPC, a autora informa que não há interesse na designação de audiência de conciliação.

Por fim, requer-se a juntada dos respectivos comprovantes de recolhimento das custas.

Dá-se à causa o valor de R$ 85.000,00 (oitenta e cinco mil reais);

Termos em que,

Pede deferimento.


Local, data.


ADVOGADO

OAB n. XXX

## 2. Contestação

(**35º Exame de Ordem Unificado/FGV**) Jorge, empresário, decide delegar a gestão de seus bens imóveis a Miguel. Assim o faz, por via de contrato, no qual outorga poderes gerais a Miguel, de modo a extrair os melhores resultados financeiros na administração dos bens. Estipulou-se que, a cada operação de gestão que resultasse lucrativa, o outorgado teria direito à remuneração de 5% (cinco por cento) sobre a receita gerada. Miguel, então, decide vender um apartamento de Jorge, em nome deste, porque Maria fez uma oferta para pagamento de preço apenas 10% abaixo do mercado, colocando-se à disposição para o pagamento à vista, no valor de R$ 1.000.000,00 (um milhão de reais).

Miguel, então, em nome de Jorge, firmou, com Maria, instrumento particular de compromisso de compra e venda, recebendo um sinal de R$ 20.000,00 (vinte mil reais). Ato contínuo, comunicou a

Jorge acerca da transação finalizada, informando que irá transferir o valor da venda, com a dedução de sua remuneração, compensando os valores.

Revoltado, Jorge esbraveja com Miguel, acusando-o de prometer a venda de um imóvel que não era para ser alienado, ressaltando que os poderes que lhe foram outorgados não abrangiam o direito de alienar imóveis. Pediu-lhe que desfizesse o negócio, deixando claro que ele não tem poder para vender seus imóveis, uma vez que não tem interesse em se desfazer deles.

Miguel aceita a crítica, comunicando que conseguiu desfazer a operação contratual com Maria, mas informou que lhe é devido o valor de 5% da venda (R$ 50.000,00), pelo esforço despendido, fazendo incidir a cláusula de remuneração. Afirma, ainda, que teve de devolver o sinal, em dobro, para Maria, totalizando R$ 40.000,00 (quarenta mil reais). Solicita, assim, o depósito de R$ 90.000,00 (noventa mil reais) em sua conta.

Indignado, Jorge não efetua o pagamento, revogando os poderes concedidos a Miguel. Dias depois, recebe mandado de citação da 1ª Vara Cível da Comarca de Curitiba, para integrar o polo passivo da Ação de Cobrança movida por Miguel.

Na qualidade de advogado(a) de Jorge, elabore a peça processual cabível para tutelar os interesses de seu cliente, indicando requisitos e fundamentos nos termos da legislação vigente.

## GABARITO DA OAB

Cabe a Jorge, na forma do art. 335 do CPC, oferecer contestação, tempestiva e no prazo de 15 dias, com os seguintes fundamentos:

O contrato firmado entre Jorge e Miguel é qualificado como contrato de mandato, regulado pelo art. 653 e seguintes do Código Civil.

Na hipótese vertente, como Jorge (mandante) outorgou apenas poderes gerais para Miguel (mandatário) gerir seus imóveis, sua representação se limitava aos poderes de administração, como delimita o art. 661, *caput*, do Código Civil. A propósito, o art. 661, § 1º, esclarece que para alienar (...) depende a procuração de poderes especiais e expressos, razão pela qual a ausência de tais poderes – especiais e expressos – importa exercício exorbitante do mandato.

O art. 662 do Código Civil prevê que os atos praticados por quem não tenha poderes suficientes são ineficazes em relação àquele em cujo nome foram praticados, salvo se os ratificar. Como Jorge não emitiu ratificação, expressa ou tácita, trata-se de negócio jurídico ineficaz perante o mandante, proprietário do imóvel.

Por outro lado, o mandante só tem o dever de pagar a remuneração ao mandatário na conformidade do mandato conferido, segundo o art. 675 ou 676 ambos do CC.

Finalmente, incabível o pedido de reembolso do prejuízo que o mandatário teve com a restituição das arras, em dobro, à promitente compradora, na medida em que é do mandatário a obrigação de indenizar qualquer prejuízo causado por sua culpa, como preceitua o art. 667, *caput*, do Código Civil.

Portanto, a ação deve ter seus pedidos julgados improcedentes.

## DISTRIBUIÇÃO DOS PONTOS

| ITEM | PONTUAÇÃO |
|---|---|
| **Endereçamento** | |
| 1. A peça de defesa deve ser apresentada perante o juízo onde a ação foi distribuída, 1ª Vara Cível da Comarca de Curitiba (0,10). | 0,00/0,10 |

| | |
|---|---|
| 2. Qualificação do réu, Jorge (0,10), e do autor, Miguel (0,10). | 0,00/0,10/0,20 |
| **Preliminar da contestação** ||
| 3. Demonstrar a tempestividade da peça, oferecida dentro do prazo de 15 dias úteis (0,10), na forma do art. 335 do CPC (0,10). | 0,00/0,10/0,20 |
| 4. Qualificar o contrato de mandato (0,50), na forma do art. 653 do CC (0,10). | 0,00/0,50/0,60 |
| 5. Demonstrar que os poderes gerais outorgados implicam apenas poderes de administração (0,50), nos termos do art. 661, *caput*, do CC (0,10). | 0,00/0,50/0,60 |
| 6. Destacar que para alienar os imóveis dependeria de procuração com poderes especiais e expressos (0,50), nos moldes do art. 661, § 1º, do CC (0,10). | 0,00/0,20/0,30 |
| 7. Apontar que o exercício exorbitante do mandato gera a ineficácia do ato em relação àquele em cujo nome foi praticado (0,40), na medida que não houve ratificação do ato praticado (0,20) na forma do art. 662 do CC (0,10). | 0,00/0,20/0,30/ 0,40/0,50/0,70 |
| 8. Asseverar que o mandante só tem o dever de pagar a remuneração ao mandatário nos limites do mandato conferido (0,50), como determina o art. 675 ou o art. 676, ambos do CC (0,10). | 0,00/0,50/0,60 |
| 9. Indicar que não tem o dever de restituir o prejuízo pelo pagamento das arras em dobro (0,20), porque é do mandatário a obrigação de indenizar qualquer prejuízo causado por culpa sua (0,30), como preceitua o art. 667, *caput*, do CC (0,10). | 0,00/0,20/0,30/ 0,40/0,50/0,60 |
| **Pedidos** ||
| 10. Improcedência dos pedidos fixados na inicial (0,30), na forma do art. 487, inciso I, do CPC (0,10). | 0,00/0,30/0,40 |
| 11. Condenação em custas e/ou despesas processuais (0,10). | 0,00/0,10 |
| 12. Condenação em honorários de sucumbência (0,10). | 0,00/0,10 |
| 13. Protesto pela produção de provas (0,10). | 0,00/0,10 |
| **Provas** ||
| 14. Local, data, nome e OAB (0,10). | 0,00/0,10 |

## COMENTÁRIOS DOS AUTORES

A contestação não é uma peça muito frequente na OAB, mas vez ou outra é pedida.

Identificar que seria a contestação parece não ser algo difícil (afinal, estamos diante de uma inicial).

Assim, do ponto de vista formal:

- endereçamento onde já tramitava a inicial (não distribuição por dependência);
- Demonstrar a tempestividade da peça, nos termos do art. 335 (considerando que não há indicação quanto a posição do autor acerca da audiência de conciliação e mediação, bem como o enunciado não menciona se há ou não interesse por parte do réu, deve-se demonstrar a tempestividade de forma genérica, sem mencionar o tempo inicial do prazo).
- trazer a defesa de mérito da contestação;

■ Segure-se que haja a qualificação completa, considerando que, não há como em outros casos, menção à possibilidade de colocar "já qualificadas".

Não existe defesa preliminar (CPC, art. 337).

Quanto ao mérito, trata-se de uma venda realizada por mandatário sem poderes especiais e expressos, necessários para atos de alienação (art. 661, §1º, do CC), na medida em que "o mandato em termos gerais só confere poderes de administração", nos termos do art. 661, do CC.

Dispõe o legislador, neste sentido, que o ato praticado pelo mandatário sem poderes suficientes será ineficaz em relação ao mandante, que não os ratificar (art. 662, do CC), razão pela qual não há que se falar em pagamento do sinal da operação por Jorge, o que se confirma pelo art. 675, do CC, que só obriga o mandante a satisfazer as obrigações contraídas pelo mandatário, na conformidade do mandato conferido. Além disso, conforme o art. 667, do CC, o mandatário responde pelos prejuízos que por culpa sua causar ao mandante, o que inclui as arras pagas indevidamente.

Em paralelo, não é devida a remuneração ao mandatário, uma vez que a frustração da operação se deu por sua culpa (art. 676, do CC).

MODELO

---

EXCELENTÍSSIMO SENHOR DOUTOR JUIZ DE DIREITO DA 1ª VARA CÍVEL DA COMARCA DE CURITIBA DO ESTADO DO PARANÁ

Processo n. ...

(5 linhas)

JORGE, [nacionalidade], [estado civil], [profissão], portador da cédula de identidade RG n. XXX, inscrito no CPF/MF sob o n. XXX, com endereço eletrônico XXX, residente e domiciliado na Rua XXX, n. XXX, bairro XXX, cidade XXX, Estado XXX, CEP XXX, vem, respeitosamente, perante Vossa Excelência, por intermédio de seu advogado, abaixo assinado (procuração em anexo), na forma dos artigos 335 e seguintes do Código de Processo Civil, oferecer a presente

CONTESTAÇÃO

em face de MIGUEL, [nacionalidade], [estado civil], [profissão], portadora da cédula de identidade RG n. XXX, inscrita no CPF/MF sob o n. XXX, com endereço eletrônico XXX, residente e domiciliada na Rua XXX, n. XXX, bairro XXX, cidade XXX, Estado XXX, CEP XXX, pelas razões de fato e de direito abaixo aduzidas.

1) SÍNTESE DA INICIAL E EXPOSIÇÃO DE FATOS

Cuida-se de ação de cobrança proposta pelo autor em face do réu, a fim de que este seja condenado ao pagamento de R$ 90.000, 00 (noventa mil reais).

Como se sabe, o réu, por meio de contrato, havia outorgado poderes gerais ao autor, a fim de extrair os melhores resultados financeiros na administração dos seus bens.

O autor, então, decidiu vender um apartamento do réu, pelo valor R$ 1.000.000,00 (um milhão de reais), recebendo como sinal R$ 20.000,00 (vinte mil reais). O réu, ao ser comunicado, consignou que os poderes outorgados não abrangiam o direito de alienar imóveis, razão pela qual pediu ao autor que desfizesse o negócio.

Diante disso, o autor desfez o negócio, mas informou que lhe seria devido o valor de 5% da venda (R$ 50.000,00). Afirmou, ainda, que teve de devolver à Maria, promitente compradora, o valor do sinal, em dobro, totalizando R$ 40.000,00. Solicitou, assim, o pagamento de R$ 90.000,00 (noventa mil reais).

O réu, indignado, não efetuou o pagamento, revogando os poderes concedidos.

Diante disso, o autor propôs a presente ação a fim de receber o referido valor.

Contudo, conforme se demonstrará a seguir, houve a outorga de poderes gerais necessários à administração, sendo vedada a alienação de qualquer bem sem procuração com poderes especiais expressos.

### 2) DA TEMPESTIVIDADE

A contestação é tempestiva, vez que oferecida dentro do prazo de 15 (quinze), conforme dispõe o art. 335 e seguintes do CPC.

### 3) DO MÉRITO: IMPROCEDÊNCIA DO PEDIDO ...

### 4) DOS REQUERIMENTOS E DOS PEDIDOS

Diante de todo o exposto, requer:

(iii) Sejam julgados totalmente improcedentes os pedidos do autor, nos termos do art. 487, I do CPC.

(vi) Seja o Autor condenado ao pagamento das custas processuais e dos honorários advocatícios;

(vii) Protesta provar o alegado por todos os meios de prova em direito admitidos;

(viii) Em atendimento ao disposto no art. 319, VII, do CPC, o Réu informa que há / não há interesse na designação de audiência de conciliação.

Termos em que,

Pede deferimento.

Local, data

ADVOGADO

OAB n. XXX

## 3. Contestação e Reconvenção

**(XXVIII Exame de Ordem Unificado/FGV)** Julia dirigia seu veículo na Rua 001, na cidade do Rio de Janeiro, quando sofreu uma batida, na qual também se envolveu o veículo de Marcos. O acidente lhe gerou danos materiais estimados em R$ 40.000,00 (quarenta mil reais), equivalentes ao conserto de seu automóvel. Marcos, por sua vez, também teve parte de seu carro destruído, gastando R$ 30.000,00 (trinta mil reais) para o conserto.

Diante do ocorrido, Julia pagou as custas pertinentes e ajuizou ação condenatória em face de Marcos, autuada sob o n. 11111111111 e distribuída para a 8ª Vara Cível da Comarca da Capital do Estado do Rio de Janeiro, com o objetivo de obter indenização pelo valor equivalente ao conserto de seu automóvel, alegando que Marcos teria sido responsável pelo acidente, por dirigir acima da velocidade permitida. Julia informou, em sua petição inicial, que não tinha interesse na designação de audiência de conciliação, inclusive porque já havia feito contato extrajudicial com Marcos, sem obter êxito nas negociações. Julia deu à causa o valor de R$ 1.000,00 (hum mil reais).

Marcos recebeu a carta de citação do processo pelo correio, no qual fora dispensada a audiência inicial de conciliação, e procurou um advogado para representar seus interesses, dado que entende que a responsabilidade pelo acidente foi de Julia, que estava dirigindo embriagada, como atestou o boletim de ocorrência, e que ultrapassou o sinal vermelho. Entende que, no pior cenário, ambos concorreram para o acidente, porque, apesar de estar 5% acima do limite de velocidade, Julia teve maior responsabilidade, pelos motivos expostos.

Aproveitando a oportunidade, Marcos pretende obter de Julia indenização em valor equivalente ao que dispendeu pelo conserto do veículo. Marcos não tem interesse na realização de conciliação.

Na qualidade de advogado(a) de Marcos, elabore a peça processual cabível para defender seus interesses, indicando seus requisitos e fundamentos, nos termos da legislação vigente. Considere que o aviso de recebimento da carta de citação de Marcos foi juntado aos autos no dia 04/02/2019 (segunda-feira), e que não há feriados no mês de fevereiro.

## GABARITO DA OAB

A peça processual cabível é uma contestação (art. 335 do CPC), com reconvenção (art. 343 do CPC), apresentada no prazo de 15 dias úteis (art. 219 do CPC) a partir da juntada do AR relativo à carta de citação (art. 335 e art. 231, inciso I, ambos do CPC) ou seja, até 25/02/2019.

O examinando deverá apresentar a contestação dirigida ao processo n. 11111111111, para a 8ª Vara Cível da Comarca da Capital do Estado do Rio de Janeiro.

Na contestação, deverá alegar, em preliminar, incorreção do valor da causa, que deve corresponder ao proveito econômico pretendido por Julia, nos termos do art. 292, inciso V, do CPC (ou seja, R$ 40.000,00).

No mérito da contestação, deverá indicar como os fatos ocorreram, defendendo a ausência de responsabilidade pelo acidente, porque não praticou ilícito (art. 927 e art. 186 do Código Civil), imputando à Julia a responsabilidade exclusiva pelo acidente. Subsidiariamente, deve defender a responsabilidade concorrente de Julia (art. 945 do CC).

Na reconvenção, deverá reiterar a responsabilidade de Julia, e demonstrar os prejuízos sofridos com o conserto de seu veículo, comprovando-o com notas fiscais e comprovantes de pagamento dos R$ 30.000,00, para comprovar a extensão do dano (art. 944 do Código Civil).

Ao final, deve requerer a improcedência do pedido de Julia, ou subsidiariamente, o reconhecimento de culpa concorrente, reduzindo-se o valor da indenização. Deve requerer também a procedência do pedido reconvencional.

## DISTRIBUIÇÃO DOS PONTOS

| ITEM | PONTUAÇÃO |
|---|---|
| **Endereçamento** | |
| 1. Petição endereçada à 8ª Vara Cível da Comarca da Capital do Estado do Rio de Janeiro (0,10), indicando o número da ação de origem (0,10). | 0,00/0,10/0,20 |
| **Partes** | |
| 2. Nomes de Marcos (0,10) e Julia (0,10) e qualificação, ou indicação de que as partes já estão qualificadas. | 0,00/0,10/0,20 |

| Preliminar da contestação | |
|---|---|
| 3. Alegar a incorreção do valor da causa (0,20), nos termos do art. 337, III, do CPC (0,10). | 0,00/0,20/0,30 |
| 4. Indicar que o valor da causa deve ser o proveito econômico pretendido (0,20), conforme o art. 292, inciso V, do CPC (0,10). | 0,00/0,20/0,30 |
| **Mérito da contestação/reconvenção** | |
| 5. Exposição dos fatos – explorar a dinâmica do acidente, indicando que Julia estava embriagada (0,10) e ultrapassou o sinal vermelho (0,10). | 0,00/0,10/0,20 |
| 6. Defender a ausência de responsabilidade pelo acidente, porque não praticou ilícito (0,50), segundo o art. 927 **OU** o art. 186, ambos do Código Civil (0,10). | 0,00/0,50/0,60 |
| 7. Imputar a Julia a responsabilidade exclusiva pelo acidente (0,50). | 0,00/0,50 |
| 8. Subsidiariamente, deve defender a responsabilidade concorrente de Julia (0,50), segundo o art. 945 do Código Civil (0,10). | 0,00/0,50/0,60 |
| 9. Na reconvenção, diante da responsabilidade de Julia, demonstrar os prejuízos sofridos com o conserto de seu veículo (0,50), nos termos do art. 944 do Código Civil (0,10). | 0,00/0,50/0,60 |
| **Pedidos** | |
| 10. Requerer o acolhimento da preliminar (0,10) e a improcedência dos pedidos formulados por Julia (0,20). | 0,00/0,10/0,20/0,30 |
| 11. Subsidiariamente, requerer a procedência parcial em razão da responsabilidade concorrente (0,20). | 0,00/0,20 |
| 12. Requerer a procedência do pedido reconvencional, para condenação da autora-reconvinda ao pagamento da indenização no valor de R$ 30.000,00 (0,20). | 0,00/0,20 |
| 13. Condenação em custas (0,10) e honorários advocatícios (0,10) OU condenação nos ônus da sucumbência (0,20). | 0,00/0,10/0,20 |
| **Provas** | |
| 14. Juntada das notas fiscais e comprovantes de pagamento dos R$ 30.000,00 (0,10). | 0,00/0,10 |
| 15. Juntada do boletim de ocorrência (0,10). | 0,00/0,10 |
| 16. Protesto pela produção das provas em direito admitidas (0,10). | 0,00/0,10 |
| **Tempestividade** | |
| 17. Indicação de data dentro do prazo de 15 dias úteis a partir da juntada do AR relativo à carta de citação, ou seja, até 25/02/2019 (0,10). | 0,00/0,10 |
| **Fechamento** | |
| 18. Indicação de valor da causa para a reconvenção (R$ 30.000,00) (0,10). | 0,00/0,10 |
| 19. Local, data (até 25/2/2019), assinatura do advogado e OAB (0,10). | 0,00/0,10 |

## COMENTÁRIOS DOS AUTORES

A contestação não é uma peça muito frequente na OAB, mas vez ou outra é pedida. E, neste caso, além da contestação há ainda o pedido de reconvenção – ou seja, a OAB pede a contestação e também uma inicial (pois a reconvenção não deixa de ser isso, com determinadas características adicionais).

Identificar que seria a contestação parece não ser algo difícil (afinal, estamos diante de uma inicial). Mas a parte do enunciado que aponta que "Marcos pretende obter de Julia indenização em valor" também deixa claro que deve ser formulado pedido contra a autora. E, como no CPC/2015 reconvenção e contestação são elaboradas em conjunto, ficava simples identificar que era essa a solução (para quem eventualmente não recordasse disso, poderia haver alguma dúvida – que na consulta ao art. 343 do CPC ficaria afastada).

Assim, do ponto de vista formal:

- endereçamento onde já tramitava a inicial (não distribuição por dependência);
- expor a preliminar da contestação (pois há clara indicação de matéria processual, como o erro do valor da causa);
- trazer a defesa de mérito da contestação;
- expor que há reconvenção (formulando os argumentos do pedido);
- indicar o valor da causa (a contestação não tem; mas, se há reconvenção, há valor da causa);
- interessante que o examinador colocou no gabarito que seria possível, quanto às partes, colocar "já qualificadas", mas não é sempre assim que a banca entende, especialmente por haver a reconvenção; assim, sugere-se sempre que haja a qualificação completa.

Se do ponto de vista processual não tivemos uma peça tão frequente, quanto ao mérito aí temos algo que se vê bastante na OAB 2ª fase Civil: responsabilidade civil. No caso, temos a aplicação do Código Civil, visto que não se verifica a configuração de relação de consumo.

Sempre que estivermos diante da discussão acerca da existência de responsabilidade, é preciso a identificação do tipo de responsabilidade e a abordagem dos seus pressupostos. A responsabilidade é subjetiva ou por ato ilícito, visto que não se verificam hipóteses de responsabilidade objetiva, conforme o parágrafo único do art. 927 do CC: não há hipótese prevista na lei nem atividade que gere risco. Não há também responsabilidade contratual, na medida em que não há obrigação anterior entre as partes que tenha sido descumprida. Dessa forma, os requisitos devem ser buscados nos arts. 186 c/c 927 do CC: (i) ação ou omissão culposa; (ii) nexo de causalidade; e (iii) dano. No caso, a defesa de Marcos se refere à inexistência de ilícito pela ausência de nexo de causalidade entre sua conduta e os danos sofridos pela autora.

Diretamente ligado a essa constatação está o segundo argumento, pois a ausência de nexo decorre da verificação de uma excludente de nexo de causalidade: culpa ou fato exclusivo da autora (não há dispositivo no CC a ser indicado, como corretamente indicou a banca).

Contudo, diante das alegações da autora de que Marcos conduzia seu veículo em excesso de velocidade, é possível a alegação subsidiária de culpa concorrente da vítima (autora), com base no art. 945 do CC. Nesse caso, o valor da indenização deve ser reduzido proporcionalmente à contribuição de cada conduta para o resultado danoso.

Finalmente, na reconvenção, deve-se apontar os danos sofridos por Marcos para que se formule o pedido de indenização, com base no art. 944 do CC e na verificação dos pressupostos da responsabilidade civil já citados.

## MODELO

---

**EXCELENTÍSSIMO SENHOR DOUTOR JUIZ DE DIREITO DA 8ª VARA CÍVEL DO FORO DA COMARCA DA CAPITAL DO ESTADO DO RIO DE JANEIRO**

Processo n. 11111111111

*(5 linhas)*

MARCOS, [nacionalidade], [estado civil], [profissão], portador da cédula de identidade RG n. XXX, inscrito no CPF/MF sob o n. XXX, com endereço eletrônico XXX, residente e domiciliado na Rua XXX, n. XXX, bairro XXX, cidade XXX, Estado XXX, CEP XXX, vem, respeitosamente, perante Vossa Excelência, por intermédio de seu advogado, abaixo assinado (procuração em anexo), na forma dos artigos 335 e 343 do Código de Processo Civil, oferecer a presente

### CONTESTAÇÃO COM RECONVENÇÃO

em face de JULIA, [nacionalidade], [estado civil], [profissão], portadora da cédula de identidade RG n. XXX, inscrita no CPF/MF sob o n. XXX, com endereço eletrônico XXX, residente e domiciliada na Rua XXX, n. XXX, bairro XXX, cidade XXX, Estado XXX, CEP XXX, pelas razões de fato e de direito abaixo aduzidas.

### 1) SÍNTESE DA INICIAL E EXPOSIÇÃO DE FATOS

Cuida-se de ação de indenização por danos materiais proposta pela autora em face do réu, a fim de que este seja condenado ao pagamento de danos materiais referentes ao conserto do automóvel, no valor estimado de R$ 40.000,00 (quarenta mil reais).

Como se sabe, a autora e o réu envolveram-se em acidente de trânsito na Rua 001, na cidade do Rio de Janeiro. O acidente gerou danos materiais a ambos para o conserto dos respectivos veículos.

Muito embora a autora estivesse nitidamente embriagada no momento do acidente, situação registrada no boletim de ocorrência (Doc. XXX), entendeu por bem ajuizar a presente ação, a fim de que o réu fosse condenado a indenizá-la pelo valor equivalente ao conserto, sob a alegação de que o réu teria sido responsável pelo acidente, por dirigir acima da velocidade permitida.

Contudo, conforme se demonstrará a seguir, a responsabilidade pelo acidente é, na realidade, da autora, pois como dito dirigia embriagada e, por conta disso, ultrapassou o sinal vermelho.

### 2) DA TEMPESTIVIDADE

Dispõe o art. 335, III, do CPC que a contestação deve ser oferecida no prazo de 15 (quinze) dias úteis, contado da juntada aos autos do aviso de recebimento referente à citação postal.

Assim, considerando que o AR da carta de citação foi juntado aos autos no dia 04/02/2019 (segunda-feira), o termo final para apresentação de contestação é 25/02/2019 (segunda-feira). Logo, a presente manifestação é tempestiva.

### 3) PRELIMINARMENTE: IMPUGNAÇÃO AO VALOR DA CAUSA

Preliminarmente, impugna-se o valor de R$ 1.000,00 (mil reais) atribuído à causa pela autora, com fundamento no art. 292, V, do CPC.

Conforme o referido dispositivo, nas causas indenizatórias, o valor atribuído à causa deve corresponder ao valor pretendido pelo autor – e o pedido de indenização foi bem maior do que o valor da causa.

Logo, requer seja adequado o valor da causa ao pleito indenizatório (R$ 40.000,00), bem como intimada a autora a complementar das custas (CPC, art. 293), sob pena de extinção do processo sem resolução do mérito (CPC, art. 485, IV).

### 4) DO MÉRITO: IMPROCEDÊNCIA DO PEDIDO

No mérito, não há razão para o deferimento do pleito indenizatório, tendo em vista que a responsável pela ocorrência do acidente é, a bem da verdade, a autora.

Conforme já noticiado nos presentes autos, Julia dirigia alcoolizada no momento do acidente, conforme registrado em boletim de ocorrência, e, por essa razão, ultrapassou o sinal vermelho, gerando o acidente entre os veículos.

Ausente o nexo de causalidade, observa-se que ao réu não pode ser imputada qualquer responsabilidade pela ocorrência do acidente, já que não praticou qualquer ato ilícito causador de dano, conforme arts. 186 e 927 do CC.

Contrariamente, a autora é a única e exclusiva responsável pela ocorrência do acidente, diante da demonstração de que dirigia alcoolizada e ultrapassou sinal vermelho, o que caracteriza fato ou culpa exclusiva da vítima. Portanto, ela deve indenizar os danos causados e não ser indenizada.

Subsidiariamente, caso não seja esse o entendimento de V. Exa., é certo que deve ser reconhecida, ao menos, a causalidade concorrente da autora para a ocorrência do evento danoso.

Dessa forma, se V. Exa. não aceitar a tese de culpa exclusiva da autora, o que se admite apenas para argumentar, e reconhecer eventual responsabilidade do réu, a fixação do valor da indenização deve considerar a gravidade da conduta da autora (embriaguez no volante e desrespeito ao sinal de trânsito) em confronto com a gravidade da conduta do réu (5% acima do limite de velocidade), nos termos do art. 945 do CC.

### 5) DA RECONVENÇÃO: CONDENAÇÃO DA AUTORA AO PAGAMENTO DE INDENIZAÇÃO AO RÉU

Caracterizada a responsabilidade da autora pela ocorrência do acidente, considerando que dirigia em estado de embriaguez e, por isso, ultrapassou o sinal vermelho, deve o réu ser indenizado pelos danos materiais sofridos, em montante equivalente ao valor do conserto de seu veículo.

De acordo com os arts. 186 e 927, ambos do CC, aquele que, por ato ilícito (ação ou omissão culposa), causar dano a outrem fica obrigado a indenizá-lo. Ainda, nos termos do art. 944 do CC, o valor da indenização será calculado de acordo com a extensão do dano sofrido.

Desse modo, evidente o direito do Réu à indenização pelos danos materiais referentes ao conserto de seu veículo, no valor de R$ 30.000,00, (trinta mil reais), conforme notas fiscais e comprovantes de pagamento (Doc. XXX).

### 6) DOS REQUERIMENTOS E DOS PEDIDOS

Diante de todo o exposto, requer:

(i) Seja a autora reconvinda intimada, na pessoa de seu advogado, para, querendo, (a) apresentar réplica à contestação e (b) apresentar contestação à reconvenção no prazo legal;

(ii) Seja acolhida a preliminar suscitada pelo réu, de modo a se corrigir o valor da causa para R$ 40.000,00 (quarenta mil reais) e determinar à autora que recolha as custas faltantes, sob pena de extinção do processo sem resolução do mérito;

(iii) Ao final, sejam julgados totalmente improcedentes os pedidos da autora;

(iv) Subsidiariamente, caso não seja esse o entendimento de V. Exa., pede, ao menos, o julgamento pela procedência parcial, ante a culpa concorrente da autora, com condenação proporcional à gravidade das condutas de cada parte;

(v) No mais, seja o pedido reconvencional julgado totalmente procedente, com a condenação da autora reconvinda ao pagamento de indenização pelos danos materiais causados, no valor de R$ 30.000,00 (trinta mil reais);

(vi) Seja a Autora reconvinda condenada ao pagamento das custas processuais e dos honorários advocatícios;

(vii) Protesta provar o alegado por todos os meios de prova em direito admitidos, especialmente a juntada de eventuais novos documentos, além dos documentos que já instruem a presente peça (boletim de ocorrência e notas fiscais e comprovantes de pagamento referentes aos reparos do veículo);

(viii) Em atendimento ao disposto no art. 319, VII, do CPC, o Réu informa que há / não há interesse na designação de audiência de conciliação.

Em relação à reconvenção, dá-se à causa o valor de R$ 30.000,00 (trinta mil reais).

Termos em que,

Pede deferimento.

Local, data

ADVOGADO

OAB n. XXX

## 4. Ação de Consignação em Pagamento

**(XXXIII Exame de Ordem Unificado/FGV)** João Paulo, residente na cidade do Rio de Janeiro, ao tentar comprar um eletrodoméstico, foi informado pelo estabelecimento vendedor que não seria possível aceitar o pagamento financiado, em virtude de uma negativação de seu nome junto aos cadastros restritivos de crédito pelo Banco XYZ, sediado no Rio de Janeiro. João Paulo ficou surpreso, tendo em vista que nunca contratou com tal banco.

Diante do ocorrido, João Paulo buscou informações e verificou que a dívida, origem da negativação, era referente a um contrato de empréstimo de R$ 10.000,00 que ele nunca celebrou, sendo, portanto, fruto de alguma fraude com seu nome. João Paulo dirigiu-se ao banco, pedindo a imediata exclusão de seu nome do cadastro restritivo de crédito, o que foi negado pelo Banco XYZ.

Diante desse cenário, João Paulo entra em contato com você, como advogado(a), pois pretende a retirada imediata de seu nome dos cadastros restritivos de crédito, já que nunca contraiu a dívida apontada, além de indenização por danos morais no equivalente a R$ 30.000,00.

Na condição de advogado(a) de João Paulo, elabore a peça processual cabível e mais adequada para a tutela integral de todos os pedidos. (Valor: 5,00)

*Obs.: a peça deve abranger todos os fundamentos de Direito que possam ser utilizados para dar respaldo à pretensão. A simples menção ou transcrição do dispositivo legal não confere pontuação.*

# OAB ESQUEMATIZADO 2ª FASE – CIVIL

## GABARITO DA OAB

Tendo em vista que os objetivos de João Paulo são a retirada imediata de seu nome dos cadastros restritivos de crédito, bem como a declaração de inexistência da dívida, além de indenização por danos morais no equivalente a R$ 30.000,00, a peça cabível é uma petição inicial, de conhecimento, com pedidos de declaração e condenação. A petição deve ser endereçada a uma das Varas ou um dos Juizados Cíveis da Comarca da capital do Estado do Rio de Janeiro, foro do domicílio do autor consumidor, foro competente nos termos do art. 101, inciso I, do CDC, bem como foro de domicílio do réu, competente com base no art. 46 do CPC. João Paulo deve ser indicado como autor e o Banco XYZ, como réu.

Nos fundamentos, deve ser destacado que o autor não celebrou o contrato. João, outrossim, é consumidor por equiparação, na forma do art. 17 ou art. 29, ambos do CDC. Ademais, a existência dos elementos da responsabilidade civil objetiva: o ilícito pelo Banco XYZ, que levou à ocorrência de danos ao autor. Ao lado da informação da impossibilidade de contratação, que causou danos a João Paulo, deve ser defendido que a inclusão do nome do autor, indevidamente, em cadastros restritivos de crédito, leva a dano moral *in re ipsa*.

Diante da necessidade de retirada imediata do nome do autor dos cadastros restritivos de crédito, deve haver pedido de tutela de urgência, com a demonstração da presença de seus requisitos. Deve haver a demonstração dos requisitos para a inversão do ônus da prova, qual seja, a verossimilhança das alegações de João Paulo, por força do art. 6º, inciso VIII, do CDC.

## DISTRIBUIÇÃO DOS PONTOS

| ITEM | PONTUAÇÃO |
|---|---|
| **Endereçamento** | |
| 1. Vara Cível ou Juizado Especial Cível da Comarca da capital do Estado do Rio de Janeiro (0,10). | 0,00/0,10 |
| 2. Nome e qualificação das partes: João Paulo (autor) (0,10) e Banco XYZ (réu) (0,10). | 0,00/0,10/0,20 |
| **Fundamentos** | |
| 3. Exposição fática (0,20). | 0,00/0,20 |
| 4. João é consumidor por equiparação (0,30), na forma do art. 17 ou art. 29, ambos do CDC (0,10). | 0,00/0,30/0,40 |
| 5. Ocorrência de ilícito, pela celebração de contrato fraudulento, com inclusão do nome do autor em cadastro restritivo de crédito (0,50), na forma do art. 14, *caput* ou § 1º, do CDC ou art. 186 do CC ou art. 927 do CC (0,10). | 0,00/0,50/0,60 |
| 6a. Ocorrência de dano moral (0,20). | 0,00/0,20 |
| 6b. *In re ipsa* ou presumido (0,20). | 0,00/0,20 |
| 6c. Pela inclusão indevida do nome de João Paulo nos cadastros restritivos de crédito (0,30). | 0,00/0,30 |
| 7a. Alegação da responsabilidade objetiva (0,20). | 0,00/0,20 |
| 7b. Existência de nexo causal entre o ilícito e os danos (0,20). | 0,00/0,20 |
| 8a. Possibilidade de concessão de tutela de urgência sem a oitiva da parte contrária (0,20), na forma do art. 300 do CPC (0,10), diante da presença dos requisitos: | 0,00/0,20/0,30 |

| | |
|---|---|
| 8b. *fumus boni iuris* (0,10). | 0,00/0,10 |
| 8c. *periculum in mora* (0,10). | 0,00/0,10 |
| 8d. reversibilidade da medida (0,10). | 0,00/0,10 |
| 9. Demonstração de que suas alegações são verossímeis, a ensejar a inversão do ônus da prova (0,20), na forma do art. 6º, inciso VIII, do CDC (0,10). | 0,00/0,20/0,30 |
| **Pedidos** | |
| 10. Concessão de tutela liminar sem a oitiva da parte contrária, para retirada do nome dos cadastros restritivos de crédito (0,20). | 0,00/0,20 |
| 11. Confirmação da tutela liminar (0,20). | 0,00/0,20 |
| 12. Declaração de inexistência da dívida ou do contrato (0,30). | 0,00/0,30 |
| 13. Condenação ao pagamento de indenização por danos morais (0,30). | 0,00/0,30 |
| 14. Condenação em custas e honorários advocatícios ou condenação nos ônus da sucumbência ou isenção de custas e honorários advocatícios no caso de Juizado Especial (0,10). | 0,00/0,10 |
| 15. Pedido de inversão do ônus da prova (0,10). | 0,00/0,10 |
| 16. Pedido de produção de todas as provas cabíveis (0,10). | 0,00/0,10 |
| 17. Indicação do valor da causa: R$ 40.000,00 (0,10). | 0,00/0,10 |
| **Fechamento** | |
| 18. Local, data, assinatura e OAB (0,10). | 0,00/0,10 |

## COMENTÁRIOS DOS AUTORES

A peça do Exame XXXIII foi, uma vez mais, a petição inicial – a mais frequente em 2ª fase. Contudo, dessa vez, uma ação de conhecimento pelo procedimento comum.

O candidato deveria formular pedido de tutela de urgência, demonstrando a presença dos requisitos do art. 300 do CPC, quais sejam: (i) a probabilidade do direito, que se verifica pelo fato de que o autor não contratou com o réu e foi vítima de fraude; e (ii) o perigo de dano ou risco ao resultado útil do processo, que está caracterizado pelo prejuízo que a negativação indevida vem causando ao autor, especialmente pela impossibilidade em adquirir os bens que necessita. Ainda, sustentar que é possível haver a reversibilidade medida.

Além disso, não constou no gabarito o art. 84 do CDC, que prevê a possibilidade da concessão da tutela específica para determinar o cumprimento da obrigação.

No mérito, o examinando deveria alegar o direito à indenização pelos danos morais sofridos em virtude da negativação indevida de seu nome, diante da ofensa de sua honra subjetiva (apreço por si mesmo) e objetiva (reputação social). Neste sentido, há dano moral *in re ipsa*, decorrente da mera inserção indevida no cadastro restritivo de crédito, não sendo necessária a prova de prejuízo ou sequer ciência de terceiros. A responsabilidade do banco XYZ é objetiva e se funda no art. 14 do CDC, uma vez que João Paulo é consumidor por equiparação, tendo em vista se tratar de vítima do evento relacionado à disponibilização de serviço no mercado de consumo (art. 17, do CDC) ou de pessoa exposta a prática comercial regulada no CDC (art. 29, do CDC).

- Polo ativo: João Paulo

- Polo passivo: Banco XYZ

- Causa de pedir: narrar o problema constante do enunciado, expor que o autor não firmou contrato de empréstimo com o banco XYZ, razão pela qual há de se declarar a inexistência da dívida, bem como condenar o réu ao pagamento de indenização por danos morais no valor de R$ 30.000,00 (trinta mil reais).

- Pedido: (i) concessão da tutela provisória; (ii) declaração de inexistência da dívida, confirmando a tutela concedida; (iii) condenação do réu ao pagamento da indenização por danos morais; (iv) inversão do ônus da prova; (v) produção de todos os meios de prova em direito admitidos; e (vi) condenação do réu ao pagamento de custas e honorários advocatícios.

- Valor da causa: o valor do contrato de empréstimo somando ao montante pleiteado a título de indenização por danos morais.

## MODELO

EXCELENTÍSSIMO SENHOR DOUTOR JUIZ DE DIREITO DE UMA DAS VARAS CÍVEIS DO FORO DA COMARCA DO RIO DE JANEIRO

*(5 linhas)*

**JOÃO PAULO**, [nacionalidade], [estado civil], [profissão], portadora da cédula de identidade RG n. XXX, inscrita no CPF/MF sob o n. XXX, com endereço eletrônico XXX, residente e domiciliada na Rua XXX, n. XXX, bairro XXX, cidade XXX, Estado do Rio de Janeiro, CEP XXX, vem, respeitosamente, perante Vossa Excelência, por intermédio de seu advogado, abaixo assinado (procuração anexa), com base nos artigos 318 e seguintes do Código de Processo Civil, propor a presente

**AÇÃO DE CONHECIMENTO PELO PROCEDIMENTO COMUM COM PEDIDO DE TUTELA ANTECIPADA**

em face de **BANCO XYZ**, pessoa jurídica de direito privado, inscrita no CNPJ/MF sob o n. XXX, com endereço eletrônico XXX, e sede na Rua XXX, n. XXX, bairro XXX, cidade XXX, Estado XXX, CEP XXX, pelas razões de fato e de direito a seguir aduzidas.

### I. SÍNTESE DOS FATOS

O Autor em XXX se dirigiu a uma loja para efetuar a compra de um eletrodoméstico. Contudo, ao término do procedimento, foi informado pelo estabelecimento vencedor que não seria possível financiar o produto, em virtude de uma negativação em seu nome junto aos cadastros restritivos de crédito pelo Banco XYZ.

O autor nunca havia contratado com referida instituição financeira, razão pela qual procurou obter informações acerca do quanto exposto na loja, verificando que a dívida decorria de um contrato de empréstimo de R$ 10.000,00 (dez mil reais) fruto de alguma fraude.

Diante disso, dirigiu-se ao banco, solicitando a imediata exclusão de seu nome do cadastro restritivo de crédito, o que foi negado.

Assim, o autor não teve alternativa senão recorrer à tutela jurisdicional, a fim de declarar a inexistência da dívida, bem como condenar o réu ao pagamento de indenização por danos morais no valor de R$ 30.000,00 (trinta mil reais).

## II. DO DIREITO

### II.1. Incidência do Código de Defesa do Consumidor

Inicialmente, ressalta-se que o Código de Defesa do Consumidor aplica-se ao presente caso, vez que conforme art. 3º o réu é considerado fornecedor de serviços. Ademais, a súmula 297 do Superior Tribunal de Justiça estabelece a aplicação do CDC às instituições financeiras.

Já o autor, nos termos do arts. 17 e 29 do CDC é consumidor por equiparação, tendo em vista se tratar de vítima do evento relacionado à disponibilização de serviço no mercado de consumo ou de pessoa exposta a prática comercial regulada no CDC. E, ainda, pode ser considerado consumidor a coletividade de consumidores (CDC, art. 2º, § único).

Portanto, aplicável o CDC ao presente caso, requerendo, inclusive, a inversão do ônus da prova, nos termos do art. 6º, VIII.

### II.2. Responsabilidade do banco réu

Verifica-se a inexistência de contrato, diante da ausência de manifestação de vontade do autor na contratação. Em consequência, a inserção de seu nome em cadastro restritivo de crédito mostra-se indevida, assistindo-lhe direito à indenização pelos danos morais sofridos em virtude da negativação indevida de seu nome, diante da ofensa de sua honra subjetiva (apreço por si mesmo) e objetiva (reputação social). Há, na hipótese, dano moral in re ipsa, decorrente da mera inserção indevida no cadastro restritivo de crédito, não sendo necessária a prova de prejuízo ou sequer ciência de terceiros.

A responsabilidade do banco XYZ é objetiva e se funda no art. 14 do CDC, visto que os danos decorrem de defeitos na prestação de serviços.

## III. DA CONCESSÃO DA TUTELA PROVISÓRIA DE URGÊNCIA

Nos termos do art. 300 do CPC, a concessão da tutela provisória de urgência, de natureza antecipada, dependerá da presença dos seguintes requisitos: (i) a probabilidade do direito ("fumus boni iuris" ou bons argumentos); e (ii) o perigo de dano ou risco ao resultado útil do processo ("periculum in mora" ou situação de urgência). O parágrafo terceiro do art. 300 do CPC exige, também, a reversibilidade dos efeitos para concessão da medida.

No presente caso, os fatos narrados evidenciam a probabilidade do direito, vez que o autor não contratou empréstimo com o réu e foi vítima de fraude.

Ressaltando, ainda, que o CDC é norma protetiva, que garante a inversão do ônus da prova, prevendo expressamente o direito à reparação pelos danos (art. 6º do CDC).

Por sua vez, o perigo de dano está caracterizado pelo prejuízo que a negativação indevida vem causando ao autor, especialmente pela impossibilidade em adquirir os bens que necessita.

Sendo assim, presentes os requisitos ensejadores da concessão da tutela provisória de urgência, requer seja determinada a imediata exclusão do nome do autor dos cadastros restritivos de crédito.

## IV. DOS REQUERIMENTOS E DOS PEDIDOS

Diante de todo o exposto, requer:

(i) Seja concedida a tutela provisória de urgência, nos termos do art. 300 do CPC, a fim de que seja determinada a imediata exclusão do nome do autor dos cadastros restritivos de crédito;

(ii) Seja o réu citado para, querendo, levantar o depósito ou oferecer contestação;

(iii) Ao final, seja a ação julgada procedente, a fim de (a) declarar a inexistência da dívida, confirmando-se a tutela de urgência concedida; (b) condenar o réu ao pagamento de indenização por danos morais no valor de R$ 30.000,00 (trinta mil reais);

(iv) Seja o réu condenado ao pagamento das custas processuais e dos honorários advocatícios, nos termos dos arts. 82 a 85 do CPC.

(v) Provar o alegado por todos os meios de prova em direito admitidos;

(vi) A inversão do ônus da prova, nos termos do art. 6º inciso VIII do CDC;

Em atendimento ao disposto no art. 319, VII, do CPC, a Autora informa que há / não há interesse na designação de audiência de conciliação.

Dá-se à causa o valor de R$ 40.000,00 (quarenta mil reais);

Termos em que,

Pede deferimento.

Local, data.

ADVOGADO

OAB n. XXX

## 5. Embargos à Execução

**(XXXI Exame de Ordem Unificado/FGV)** Carla, domiciliada em Porto Alegre, firmou, em sua cidade, com o Banco Só Descontos S/A, sediado no Rio de Janeiro, um contrato de empréstimo, de adesão, subscrito por duas testemunhas, com cláusula de eleição de foro também no Rio de Janeiro, por meio do qual obteve R$ 200.000,00 (duzentos mil reais) para pagar seus estudos na faculdade. O vencimento das parcelas do empréstimo ocorreria em 05/01/2018, 05/05/2018 e 05/09/2018.

No primeiro vencimento, tudo correu conforme o programado, e Carla pagou o valor devido ao Banco Só Descontos S/A. Não obstante, na segunda data de vencimento, devido a dificuldades financeiras, Carla não conseguiu realizar o pagamento. O Banco Só Descontos S/A, então, notificou Carla, em junho de 2018, sobre o vencimento antecipado da dívida. Indicou, na referida notificação, que, considerando os encargos remuneratórios e moratórios e outras tarifas, o valor da dívida totalizava R$ 250.000,00, já descontada a parcela paga por Carla. Esta, assustada com o valor e sem condições financeiras, não realizou o pagamento da dívida.

Em novembro de 2018, o Banco Só Descontos S/A ajuizou ação de execução em face de Carla, na Comarca do Rio de Janeiro, indicada no contrato de empréstimo como foro de eleição, distribuída para a 1ª Vara Cível e autuada sob o n. 0000-0000XXXX, pelo valor de R$ 350.000,00 (trezentos e cinquenta mil reais), e indicou à penhora o único imóvel de Carla, no qual reside com seu marido, José. Houve decisão, determinando a citação de Carla e postergando a análise sobre o pedido de penhora e constrição de bens para momento futuro.

Carla foi citada e o mandado cumprido foi juntado aos autos em 01/08/2019, uma quinta-feira. Carla procurou seu advogado a fim de analisar qual seria a melhor medida processual para, a um só tempo, afastar a penhora de seu único imóvel, em que reside com seu marido, questionar a tramitação da ação na Comarca do Rio de Janeiro, vez que tem domicílio em Porto Alegre, e questionar o valor do crédito, que, em sua visão, é excessivo.

Relatou Carla que, embora reconheça a existência do contrato de empréstimo, não concorda com o valor indicado pelo Banco Só Descontos S/A, que incluiu no cálculo diversas tarifas não previstas no contrato, além de não terem aplicado na atualização monetária os parâmetros contratados, e sim taxas mais elevadas e abusivas, o que estaria claro na planilha de débito.

Após consultar um contador, Carla constatou que a dívida seria equivalente a R$ 180.000,00 (cento e oitenta mil reais), valor muito inferior ao indicado pelo Banco Só Descontos S/A, e que seria comprovado mediante dilação probatória. Ainda quer impedir os atos de bloqueio de seus bens, de modo que pretende contratar seguro garantia para a referida execução.

Na qualidade de advogado de Carla, elabore a peça processual cabível para a defesa dos interesses de sua cliente, indicando seus requisitos e fundamentos, assim como a data-limite para o ajuizamento nos termos da legislação vigente. Considere que não há feriados ou suspensão de expediente forense.

## GABARITO DA OAB

A peça processual cabível é a de embargos à execução (art. 914 do CPC), que independe de penhora e deve ser dirigida ao Juízo em que tramita a execução, por dependência.

O prazo é de 15 (quinze) dias úteis (art. 915 e art. 219, ambos do CPC), a partir da juntada aos autos do mandado cumprido. Considerando que na contagem dos prazos se exclui o dia do começo (art. 224), verifica-se que o prazo se encerraria em 22/08/2019.

Nos embargos, que devem ser apresentados, seguindo os requisitos do art. 319 do CPC, Carla pode alegar: (i) incompetência do juízo da execução, invocando a aplicação do Código de Defesa do Consumidor, em razão da abusividade da cláusula de eleição de foro inserta em contrato de adesão (art. 917, inciso V, do CPC c/c. o art. 54 do CDC). (ii) impenhorabilidade de seu imóvel, que é bem de família, nos termos do art. 917, inciso II, c/c. o art. 833 do CPC e o art. 1º da Lei n. 8.009/90; (iii) excesso de execução (art. 917, § 2º, inciso I, do CPC), indicando o motivo do excesso, ou seja, cobrança de tarifas não previstas no contrato, e aplicação de atualização monetária fora dos parâmetros contratados, e taxas abusivas (art. 6º, incisos IV e V e art. 51, inciso IV, ambos do CDC), e apontando o valor devido (art. 917, inciso III, § 3º, do CPC), qual seja, de R$ 180.000,00.

Deve pedir, portanto, o reconhecimento da incompetência do juízo e a remessa dos autos ao juízo de Porto Alegre, onde reside, a impenhorabilidade de seu imóvel, e, ainda, o excesso de execução, para que a execução prossiga apenas pela quantia de R$ 180.000,00.

Considerando que Carla pretende contratar seguro garantia, deve-se formular pedido de concessão de efeito suspensivo aos embargos à execução (art. 919 c/c. o art. 845 e o art. 848, todos do CPC), indicando os requisitos da tutela provisória e apresentando o seguro-garantia.

Por fim, o fechamento da peça.

## DISTRIBUIÇÃO DOS PONTOS

| ITEM | PONTUAÇÃO |
|---|---|
| **Endereçamento** | |
| 1. A peça deve ser encaminhada à 1ª Vara Cível da Comarca do Rio de Janeiro (0,10). | 0,00/0,10 |

| | |
|---|---|
| 2. Distribuição por dependência à execução (0,10). | 0,00/0,10 |
| 3. Preâmbulo – nomes e qualificação: autor (0,10) e réu (0,10). | 0,00/0,10/0,20 |
| 4. Tempestividade: oferta em 15 dias (0,10), por força do art. 915 do CPC (0,10). | 0,00/0,10/0,20 |
| **Tempestividade** | |
| 5. Cabimento dos Embargos à Execução, na forma do art. 914 do CPC (0,10). | 0,00/0,10 |
| 6. Alegar a incidência do CDC na relação de consumo (0,20) conforme art. 2º, *caput*, ou art. 3º, *caput*, do CDC (0,10). | 0,00/0,20/0,30 |
| 7. Incompetência do juízo da execução (0,25) na forma do art. 917, inciso V, do CPC (0,10). | 0,00/0,25/0,35 |
| 8. Alegar a abusividade da cláusula de eleição de foro inserta em contrato de adesão (0,15), na forma do art. 54 do CDC (0,10). | 0,00/0,15/0,25 |
| 9. Impenhorabilidade do bem de família (0,40), nos termos do art. 832 do CPC, ou art. 1º da Lei n. 8.009/90 (0,10). | 0,00/0,40/0,50 |
| 10. Excesso de execução (0,25), na forma do art. 917, *caput*, inciso III (0,10), bem como os motivos do excesso (0,15), na forma do art. 917, § 2º, inciso I, do CPC (0,10). | 0,00/0,25/0,35/ 0,40/0,50/0,60 |
| 11. Indicação do valor devido (0,20). (art. 917, § 3º, do CPC) (0,10). | 0,00/0,20/0,30 |
| **Atribuição de efeito suspensivo** | |
| 12. Pedido de concessão de efeito suspensivo aos embargos, sujeito à apresentação de seguro garantia (0,20), haja vista a demonstração dos requisitos da tutela provisória (0,30), na forma do art. 919, § 1º, do CPC (0,10). | 0,00/0,20/0,30/ 0,40/0,50/0,60 |
| 13. Pedido para que haja o reconhecimento da incompetência do juízo da Comarca do Rio de Janeiro (0,15) e a remessa dos autos ao juízo da Comarca de Porto Alegre (0,25). | 0,00/0,15/0,25/0,40 |
| 14. Pedido de reconhecimento da impenhorabilidade de seu imóvel (0,30). | 0,00/0,30 |
| 15. Pedido de reconhecimento do excesso de execução no que ultrapassar a quantia de R$ 180.000,00 (0,30). | 0,00/0,30 |
| 16. Pedido de produção de provas (0,10). | 0,00/0,10 |
| 17. Condenação do embargado ao pagamento de verbas de sucumbência (0,10). | 0,00/0,10 |
| 18. Valor da causa: equivalente ao valor controvertido, ou seja, R$ 170.000,00 (0,10). | 0,00/0,10 |
| **Pedidos** | |
| 19. Local, data, assinatura e inscrição OAB (0,10). | 0,00/0,10 |

## COMENTÁRIOS DOS AUTORES

O que mais se vê na OAB 2ª fase é processo de conhecimento. Vez ou outra temos algo de execução ou cumprimento de sentença. Neste exame, estamos diante de uma execução, e devemos atuar em favor do executado. Mas, ainda assim, é uma petição inicial e em processo de conhecimento – ou seja, o tema mais frequente da 2ª fase.

Sendo execução, a defesa do executado se dá por embargos à execução (ou embargos do devedor/executado), que é, exatamente, uma petição inicial, de processo de conhecimento, que tramita por um procedimento especial. Mas nada disso precisa ser mencionado na peça.

A inicial de embargos tem algumas características curiosas, pois apresenta uma tese de defesa (tal qual já se viu em relação aos embargos de terceiro).

É uma peça relativamente tranquila de ser identificada e de ser elaborada (pois seus requisitos estão na lei). Mas, no caso deste exame, não foi uma peça simples, pois traz a necessidade de uma série de argumentos que a tornam bastante trabalhosa. Além dos requisitos da peça, o examinador pediu diversas teses: (i) incompetência do Juízo da execução, diante da abusividade da cláusula de eleição de foro em contrato de adesão; (ii) excesso de execução, pela cobrança de tarifas não previstas, atualização monetária com base em parâmetros distintos dos contratados e taxas abusivas; (iii) impenhorabilidade de bem de família, visto que o bem penhorado era o único imóvel, usado para a residência da devedora e sua família; e (iv) atribuição de efeito suspensivo, diante da presença dos requisitos da tutela provisória e contratação de seguro fiança.

Importante mencionar que o enunciado indicou que Carla estaria pretendia contratar seguro garantia, reforçando, portanto, que seria o caso de pleitear o efeito suspensivo aos embargos.

Quando da prova, muitos candidatos não colocaram todas essas 4 teses. Mas relembra-se que isso não significa que a peça vai ser zerada; muito ao contrário, apenas haverá a perda de pontos daquele tópico, conforme indicação no espelho.

## MODELO

---

EXCELENTÍSSIMO SENHOR DOUTOR JUIZ DE DIREITO DA 1ª VARA CÍVEL DA COMARCA DO RIO DE JANEIRO

Distribuição por dependência

Ação de Execução n. 0000-0000XXXX

*(5 linhas)*

     CARLA, [nacionalidade], [estado civil], [profissão], portadora da cédula de identidade RG n. XXX, inscrita no CPF/MF sob o n. XXX, com endereço eletrônico XXX, residente e domiciliada na Rua XXX, n. XXX, bairro XXX, cidade XXX, Estado XXX, CEP XXX, vem, respeitosamente, perante Vossa Excelência, por intermédio de seu advogado, abaixo assinado (procuração anexa), com fulcro no artigo 914 e seguintes do Código de Processo Civil, opor os presentes

**EMBARGOS À EXECUÇÃO COM PEDIDO DE CONCESSÃO DE EFEITO SUSPENSIVO**

     no âmbito da Ação de Execução em epígrafe, movida por BANCO SÓ DESCONTOS S/A, pessoa jurídica de direito privado, inscrita no CNPJ/MF sob o n. XXX, com endereço eletrônico XXX, e sede na Rua XXX, n. XXX, bairro XXX, cidade XXX, Estado XXX, CEP XXX, pelas razões de fato e de direito a seguir aduzidas.

## I. SÍNTESE DOS FATOS

Cuida-se de ação de execução proposta pelo embargado em face da embargante, fundamentada em título executivo extrajudicial, por meio da qual pleiteia-se o adimplemento da quantia de R$ 350.000,00 (trezentos e cinquenta mil reais).

A embargante deixou de adimplir os valores previstos no contrato, razão pela qual o Banco notificou Carla, em junho de 2018, sobre o vencimento antecipada da dívida. Em referida notificação, indicou que, considerando os encargos remuneratórios, moratórios e outras tarifas, o valor da dívida totalizava R$ 250.000,00 (duzentos e cinquenta mil reais), descontando a parcela que havia sido paga. A ora embargada não efetuou o pagamento.

Diante disso, houve a propositura da presente execução, que foi distribuída ao Juízo da 1ª Vara Cível da Comarca do Rio de Janeiro, em virtude da eleição de foro prevista no contrato de adesão. Contudo, como restará demonstrado referida previsão é abusiva.

Em sede de execução, o embargado apresentou memória de cálculo, incluindo inúmeras tarifas e atualização monetária que não estavam previstas no contrato, mas sim taxas elevadas e abusivas. Além disso, o embargado indicou à penhora o único imóvel em que a embargada reside com sua família.

Assim, ante a constrição que recai sobre seu bem e o excesso de execução, não restou alterativa à embargante senão a oposição dos presentes embargos.

## II. DO CABIMENTO E DA TEMPESTIVIDADE

Conforme já mencionado, trata-se de execução de título executivo extrajudicial. Portanto, cabível a oposição de embargos à execução (CPC, art. 914).

Nos termos do arts. 915 e 219 do CPC, os embargos do devedor devem ser apresentados no prazo de 15 (quinze) dias úteis, contados da data da juntada do mandado cumprido, nos termos do art. 231, II, do CPC.

Assim, considerando que na contagem dos prazos se exclui o dia do começo (CPC, art. 224) e que o mandado cumprido foi juntado aos autos em 01/08/2019, o termo final para apresentação dos embargos à execução é 22/08/2019.

## III. DO DIREITO: INCOMPETÊNCIA DO JUÍZO DA EXECUÇÃO

Aplica-se ao presente caso o CDC, tendo em vista que a embargante é considerada consumidora nos termos do art. 2º, *caput*, do CDC e o embargado é fornecedor de serviços (CDC, art. 3º *caput*).

Assim, nos termos do art. 54 do CDC, a cláusula de eleição de foro prevista no contrato de adesão é abusiva, razão pela qual os autos deverão ser remetidos ao foro da comarca de Porto Alegre, domicílio do embargante (art. 917, V do CPC).

## IV. DO DIREITO: A IMPENHORABILIDADE DO IMÓVEL

Em relação aos atos de penhora, melhor sorte não assiste ao embargado. Observa-se que o bem objeto da constrição representa o único imóvel de propriedade da embargada, que é utilizado como moradia (CPC, art. 917, II).

Conforme dispõe o art. 1º da Lei n. 8.009/90 e o art. 833 do CPC, referido imóvel é considerado bem de família e, portanto, impenhorável.

Dessa forma, resta demonstrada a necessária desconstituição da penhora, devendo ser reconhecida a impenhorabilidade do imóvel.

## V. DO DIREITO: EXCESSO DE EXECUÇÃO

Conforme verifica-se no documento elaborado por contador (doc.x), há evidente excesso de execução, vez que a instituição financeira embargada incluiu inúmeras tarifas não previstas no contrato, violando o disposto no art. 917, § 2º, inciso III do CPC.

Além disso, o cálculo apresentado não observou a atualização monetária prevista no contrato, vez que foram aplicadas taxas abusivas, configurando, portanto, a hipótese de excesso de execução prevista no art. 917, § 1º, inciso I do CPC.

Portanto, deve ser reconhecido o excesso de execução (CPC, art. 917, III). Ao afastar as tarifas não previstas no contrato, bem como as taxas abusivas, tem-se como devido, nos termos do art. 917, § 3º do CPC, o montante de R$ 180.000,00 (cento e oitenta mil reais).

### VI. DA CONCESSÃO DE EFEITO SUSPENSIVO AOS EMBARGOS

Nos termos do art. 919, § 1º, do CPC, a atribuição de efeito suspensivo aos embargos do devedor dependerá, cumulativamente, da presença de três requisitos: (i) probabilidade do direito aventado; (ii) perigo de dano ou risco ao resultado útil do processo; e (iii) garantia do juízo.

No caso em análise, os três requisitos encontram-se presentes.

A probabilidade do direito da embargante resta demonstrada por todas as alegações expostas, especialmente em razão da impenhorabilidade de seu bem imóvel.

O perigo de dano, por sua vez, decorre dos danos a que a embargante estará sujeita ante a penhora de seu único imóvel utilizado como moradia.

Por fim, o juízo foi garantido por meio de seguro garantia.

### VII. DOS REQUERIMENTOS E DOS PEDIDOS

Diante de todo o exposto, requer:

(i) Liminarmente, seja atribuído efeito suspensivo aos presentes embargos, nos termos do art. 919, § 1º, do CPC, pois presentes todos os seus requisitos;

(ii) Seja reconhecida a incompetência relativa do Juízo da Comarca do Rio de Janeiro, remetendo-se os autos a Comarca de Porto Alegre (domicílio da embargante);

(ii) Seja o embargado intimado para, querendo, responder aos embargos no prazo legal;

(iv) Ao final, sejam os presentes embargos julgados procedentes, reconhecendo-se (a) a impenhorabilidade do bem de família e; (b) o excesso de execução no que ultrapassar o valor devido de R$ 180.000,00 (cento e oitenta mil reais);

(v) Seja o embargado condenado ao pagamento das custas processuais e dos honorários advocatícios.

Protesta provar o alegado por todos os meios de prova em direito admitidos, especialmente a prova documental, pericial e testemunhal.

Em atendimento ao disposto no art. 319, VII, do CPC, a embargante informa que há / não há interesse na designação de audiência de conciliação.

Ainda, em atenção ao art. 914, § 1º, do CPC, instrui a presente inicial com cópias das principais peças do processo executivo, declaradas autênticas pelo subscritor destes embargos (Doc. XXX).

Requer, por fim, a juntada do comprovante de recolhimentos das custas iniciais (Doc. XXX).

Dá-se à causa o valor de R$ 170.000,00 (cento e setenta mil reais).

Nestes termos,

Pede deferimento.

Local, data.

ADVOGADO
OAB n. XXX

## 6. Embargos de Terceiro

**37º Exame de Ordem Unificado/FGV)** Ana celebrou, em 1-3-2022, com a revendedora de automóveis Velocidade, em Maceió, contrato de compra e venda de seu primeiro veículo, pelo valor de R$ 50.000,00. Na data da alienação, foram efetuados o pagamento integral da quantia devida e a entrega do bem, tudo mediante recibo.

Em virtude de estar assoberbada de afazeres, Ana somente procurou o Detran/AL para realizar a transferência de registro de propriedade do automóvel em 10-12-2022, tendo sido impedida de fazê-lo por constar uma penhora desse bem, promovida em 20-11-2022, nos autos da Execução por título extrajudicial n. 12345, em trâmite na 5ª Vara Cível de Maceió.

Tal ação havia sido ajuizada em 15-7-2022 pela financeira XYZ em face de Velocidade, na qual a exequente buscava a satisfação de uma dívida de R$ 10.000,00, contraída em abril de 2022 e não quitada em seu vencimento, fixado para 10-5-2022.

Em consulta aos autos da execução, Ana constatou que foi executada Velocidade quem indicou à penhora o automóvel por ela adquirido.

Tendo em vista a constrição existente em seu automóvel e o impedimento de transferência desse bem para seu nome, Ana busca uma solução jurídica para seu caso.

Na qualidade de advogado(a) de Ana, elabore a peça processual cabível para a defesa dos interesses de sua cliente, indicando seus requisitos e fundamentos, nos termos da legislação vigente. (Valor: 5,00)

*Obs.: a peça deve abranger todos os fundamentos de Direito que possam ser utilizados para dar respaldo à pretensão. A simples menção ou transcrição do dispositivo legal não confere pontuação.*

### GABARITO DA OAB

A peça correta para defender os interesses de Ana é a petição inicial da ação de embargos de terceiro. O foro competente é o da 5ª Vara Cível de Maceió/AL, devendo ser requerida a distribuição por dependência aos autos da Execução n. 12345, na forma do art. 676 do CPC.

Ana deverá figurar como autora dos embargos de terceiro, tendo Velocidade e XYZ como réus. As partes devem estar devidamente qualificadas.

A autora deverá indicar a tempestividade dos embargos de terceiro, nos termos do art. 675 do CPC. Ana deverá narrar os fatos em tela, alegando que a loja Velocidade também é legitimada passiva, nos termos do art. 677, § 4º, do CPC, na medida em que indicou à penhora o automóvel adquirido. Na petição inicial, deverá ser sustentado que Ana é a proprietária do automóvel, pois a transferência de propriedade do automóvel se deu com a tradição, na forma do art. 1.267 do CC. Portanto, não há fraude à execução, uma vez que a aquisição do veículo foi anterior à dívida/ação de execução (art. 792, inciso III, do CPC o Súmula 375 do STJ).

Ana deverá fazer a prova sumária de seu domínio e da qualidade de terceiro, mediante a juntada do contrato de compra e venda e do recibo de pagamento, conforme previsto no art. 677, *caput*, do CPC, requerendo a suspensão da penhora, com a manutenção provisória da posse, na forma do art. 678, *caput*, do CPC.

Deverá ser formulado o pedido de cancelamento da penhora, com o reconhecimento do domínio do bem pela autora, consoante o disposto no art. 681 do CPC.

## DISTRIBUIÇÃO DOS PONTOS

| ITEM | PONTUAÇÃO |
|---|---|
| **Regularidade Formal** | |
| 1. A petição inicial deve ser dirigida à 5ª Vara Cível da Comarca de Maceió/AL (0,10). | 0,00/0,10 |
| 2. Distribuição por dependência à ação de Execução n. 12345 (0,15), na forma do art. 676 do CPC (0,10). | 0,00/0,15/0,25 |
| 3. Nome e qualificação das partes: Ana (autora) (0,10); XYZ (réu) (0,10) e Velocidade (réu) (0,10). | 0,00/0,10/0,20/0,30 |
| 4. Tempestividade, nos termos do art. 675 do CPC (0,10). | 0,00/0,10 |
| **Fatos e Fundamentos Jurídicos** | |
| 5. Síntese dos fatos (0,10). | 0,00/0,10 |
| 6. Velocidade é legitimada passiva (0,15), pois indicou à penhora o automóvel adquirido (0,25), nos termos do art. 677, § 4º, do CPC (0,10). | 0,00/0,15/0,25/ 0,35/0,40/0,50 |
| 7. Alegação de que Ana é a proprietária do automóvel (0,30), pois a transferência de propriedade do automóvel se deu com a tradição (0,20), nos termos do art. 1.267 do CC (0,10). | 0,00/0,20/0,30/ 0,40/0,50/0,60 |
| 8. A alienação do veículo não configurou fraude à execução (0,30), pois sua aquisição foi anterior à dívida/ação de execução (0,20) (art. 792 do CPC ou Súmula 375 do STJ) (0,10). | 0,00/0,20/0,30/ 0,40/0,50/0,60 |
| 9. Prova sumária do domínio (0,30), consubstanciada no contrato de compra e venda e no recibo de pagamento (0,20), e da qualidade de terceiro (0,25), conforme previsto no art. 677, *caput*, do CPC (0,10). | 0,00/0,25/0,30/0,35/ 0,40/0,50/0,55/0,60/ 0,65/0,75/0,85 |
| **Pedidos** | |
| 10. Suspensão liminar da penhora (0,25), com a manutenção provisória da posse (0,15), na forma do art. 678, *caput*, do CPC (0,10). | 0,00/0,15/0,25/ 0,35/0,40/0,50 |
| 11. Procedência do pedido com o cancelamento da penhora (0,25), com o reconhecimento do domínio do bem pela autora (0,15), na forma do art. 681 do CPC (0,10). | 0,00/0,15/0,25/ 0,35/0,40/0,50 |
| 12. Produção de todas as provas em direito admitidas (0,20). | 0,00/0,20 |

| | |
|---|---|
| 13. Condenação dos réus nos ônus da sucumbência (0,20) ou condenação dos réus no pagamento de custas processuais (0,10) e honorários advocatícios (0,10). | 0,00/0,10/0,20 |
| **Fechamento** | |
| 14. Valor da causa: equivalente ao bem controvertido, ou seja, R$ 50.000,00 (0,10). | 0,00/0,10 |
| 15. Local, data, assinatura e inscrição OAB (0,10). | 0,00/0,10 |

**COMENTÁRIOS DOS AUTORES**

Mais um exame em que a peça é uma petição inicial. Temos aqui uma petição inicial de processo de conhecimento, e um procedimento especial. E a partir de um processo de execução. Isso pode ter trazido alguma dificuldade no início do problema. Mas, ao se ter claro que a execução não envolvia a cliente, a peça de embargos de terceiro possivelmente veio à mente de quem estudou o tema. E novamente embargos de terceiro, que já caiu no Exame XXVII.

Sendo uma petição inicial, deve seguir todos os requisitos do art. 319 do CPC. A competência é simples, pois endereçada ao próprio juízo onde tramita a execução (algo mais simples do que usualmente se tem em relação a uma petição inicial).

Mas, sendo também uma defesa contra a penhora, apresenta algumas características de contestação, por exemplo, a necessidade de justificar a tempestividade (que é algo especificamente previsto no Código em relação aos embargos de terceiro).

Do ponto de vista da legitimidade, nos termos do art. 677, § 4º, do CPC, a executada "Velocidade" é parte legítima para compor o polo passivo da demanda, na medida em que indicou o veículo para constrição judicial. A exequente Financeira também deverá figurar no polo passivo, uma vez que a penhora do automóvel aproveitará a ela.

Quanto aos argumentos dos embargos em si, seria necessário sustentar que a transferência de bem móvel ocorre com a tradição, nos termos dos arts. 1.226 e 1.267 do Código Civil (ou seja, com a entrega da coisa pelo alienante ao adquirente).

Além disso, seria necessário apontar que a propositura da ação de execução ocorreu após a efetiva transferência da propriedade do veículo e, assim, não caracterizou fraude à execução, nos termos do art. 792, inciso III, do CPC e/ou Súmula 375 do E. STJ (a banca apontou no gabarito que não havia necessidade de indicar os dois fundamentos).

Na hipótese de o candidato optar por fundamentar na Súmula 375 do E. STJ, mostra-se necessário indicar que não existem elementos nos autos para ilidir a boa-fé da Embargante, sendo das Embargadas o ônus da prova de que houve má-fé, conforme art. 373, II do CPC.

No tocante à sucumbência, a Súmula 303/STJ dispõe que deverá arcar com os honorários advocatícios quem deu causa à constrição (ou seja, a executada Velocidade). Curioso que não tenha constado do gabarito esse ponto – mas, no caso de embargos de terceiro, sem dúvidas, recomenda-se que o candidato faça menção a essa súmula, para demonstrar conhecimento.

Por fim, nos embargos de terceiro o valor da causa deve corresponder ao valor do bem penhorado (conforme jurisprudência do STJ: REsp 1.689175/MS, Rel. Min. Ricardo Villas Bôas Cueva, Terceira Turma, J. 6-3-2018), no caso, o enunciado indica R$ 50.000,00 (cinquenta mil reais).

MODELO

EXCELENTÍSSIMO SENHOR DOUTOR JUIZ DE DIREITO DA 15ª VARA CÍVEL DO FORO DA COMARCA DO RIO DE JANEIRO/RJ

Distribuição por dependência

Ação de Execução n. 12345

(5 linhas)

ANA, [nacionalidade], [estado civil], [profissão], portadora da cédula de identidade RG n. XXX, inscrita no CPF/MF sob o n. XXX, com endereço eletrônico XXX, residente e domiciliada na Rua XXX, n. XXX, bairro XXX, cidade XXX, Estado XXX, CEP XXX, vem, respeitosamente, perante Vossa Excelência, por intermédio de seu advogado, abaixo assinado (procuração em anexo), com fulcro nos artigos 674 e seguintes do Código de Processo Civil, opor os presentes

### EMBARGOS DE TERCEIRO

em face de **FINANCEIRA XYZ**, pessoa jurídica de direito privado, inscrita no CNPJ/MF sob o n. XXX, com endereço eletrônico XXX, sede na Rua XXX, n. XXX, bairro XXX, cidade XXX, Estado XXX, CEP XXX, e **VELOCIDADE**, pessoa jurídica de direito privado, inscrita no CNPJ/MF sob o n. XXX, com endereço eletrônico XXX, sede na Rua XXX, n. XXX, bairro XXX, cidade XXX, Estado XXX, CEP XXX, pelas razões de fato e de direito a seguir aduzidas.

### I. SÍNTESE DOS FATOS

Na origem, trata-se de ação de execução de título extrajudicial ajuizada por financeira XYZ em face da Embargada Velocidade, objetivando a satisfação da dívida de R$ 10.000,00, contraída em abril de 2022 e não adimplida.

Durante o trâmite da mencionada execução a Embargada Velocidade indicou à penhora o automóvel XXX.

Ocorre que, por meio de contrato de compra e venda celebrado 4 (quatro) meses antes da propositura da Ação de Execução, a ora Embargante adquiriu referido veículo da Embargada Velocidade, conforme documentação comprobatória anexa.

Assim, a Embargante foi absolutamente surpreendida com a constrição de seu bem, ao tentar registrar o veículo perante o DETRAN/AL (cf. doc. anexo).

Diante disso, a Embargante vale-se dos presentes embargos de terceiro, a fim de que seja definitivamente desconstituída a restrição indevida que recai sobre o bem móvel adquirido.

### II. DA TEMPESTIVIDADE

De acordo com o art. 675 do CPC, os embargos de terceiro poderão ser opostos, no cumprimento de sentença ou no processo de execução, em até 5 (cinco) dias depois da adjudicação, da alienação por iniciativa particular ou da arrematação do bem, mas sempre antes da assinatura da respectiva carta.

No caso em exame, observa-se que os presentes embargos de terceiro são opostos em momento anterior à prática de qualquer dos atos descritos, no âmbito da ação de execução em curso perante esse d. Juízo.

Logo, os presentes embargos são tempestivos.

### III. DO DIREITO

#### III.1. Da legitimidade

Como dispõe o art. 674, § 1º, do CPC, é considerado terceiro, para fins de ajuizamento dos embargos, o proprietário e/ou possuidor do bem que foi objeto de constrição. No caso, é exatamente a hipótese da Embargante, que adquiriu o bem, está na posse do bem e não logrou registrar no DETRAN a transferência.

Por outro lado, o art. 677, § 4º, do CPC é expresso ao prever que será legitimado passivo a parte a quem o ato de contrição aproveita, bem como aquele que indicou o bem à penhora.

Assim, tendo em vista que, no caso, a constrição aproveita à exequente, ora Embargada Financeira XYZ, bem como o fato de que foi a Embargada "Velocidade" que indicou à penhora o automóvel em questão, resta demonstrado que ambas possem legitimidade passiva, nos termos do 677, § 4º, do CPC.

#### III.2. Aquisição do bem em momento anterior à propositura da ação de execução

O art. 674 do CPC estabelece que os embargos de terceiro são cabíveis quando alguém, que não é parte na execução, sofre indevida constrição em seu patrimônio.

Conforme documentação acostada à exordial, a Embargante adquiriu o veículo em discussão quatro meses antes (em 1-3-2022) do ajuizamento da ação de execução.

Tratando-se veículo automotor (bem móvel), a transferência da propriedade ocorre com a tradição, nos termos dos arts. 1.226 e 1.267 do Código Civil, e não com o registro perante o órgão responsável (DETRAN/AL).

Dessa maneira, considerando que a venda ocorreu em 1-3-2022, com a tradição, antes, portanto, da propositura da demanda executiva, não houve fraude à execução (art. 792, inciso III, do CPC).

Oportuno consignar que, não há nos autos quaisquer elementos para ilidir a boa-fé da Embargante, que celebrou o contrato de compra e venda sem que constasse, à época do negócio, qualquer penhora ou restrição sobre o bem.

Reforça a argumentação o disposto na Súmula 375 do STJ: *"O reconhecimento de fraude à execução depende do registro da penhora do bem alienado ou da prova de má-fé do terceiro adquirente".*

Em cumprimento ao disposto no art. 677 do CPC, a Embargante traz prova sumária de seu domínio (contrato de compra e venda e recibo de pagamento) e dúvida não há de que a Embargante é terceira (CPC, art. 677).

Assim sendo, mostra-se de rigor a desconstituição da penhora sobre o veículo.

#### III.3. Suspensão da medida constritiva sobre o automóvel

Os documentos anexos comprovam, de forma inequívoca, o domínio da Embargante sobre o veículo. Diante disso, incide, na hipótese, o disposto no art. 678 do CPC, sendo de rigor a concessão de medida liminar para suspender, desde logo, a constrição sobre o veículo.

### III.4. Da sucumbência da Velocidade

A questão relativa à sucumbência nos embargos de terceiro já foi definida pela jurisprudência do E. STJ, no âmbito da Súmula 303, que tem a seguinte redação: *"Em embargos de terceiro, quem deu causa à constrição indevida deve arcar com os honorários advocatícios."*

Ora, é incontroverso, pela documentação aqui acostada, que a Velocidade é quem indicou o veículo à penhora, seja por má-fé ou falha interna.

Sendo assim, a sucumbência deve recair para essa Embargada.

### IV. DOS REQUERIMENTOS E DOS PEDIDOS

Diante de todo o exposto, requer:

(i) Sejam os presentes embargos recebidos e autuados em apartado à execução em trâmite, com fundamento no art. 676 do CPC, desde logo com a suspensão da medida constritiva (CPC, art. 678);

(ii) Sejam as Embargadas citadas para apresentar resposta à presente ação no prazo de 15 (quinze) dias;

(iii) Ao final, sejam os presentes embargos julgados procedentes, com o levantamento definitivo da penhora sobre o veículo XXX; e

(iv) Sejam as Embargadas condenadas ao pagamento das custas processuais e, nos termos da Súmula 303/STJ, seja a Embargada Velocidade condenada no pagamento dos honorários advocatícios, nos termos do art. 82 a 85 do CPC;

(v) Requer provar o alegado por todos os meios de prova em direito admitidos, especialmente pela juntada dos documentos anexos, conforme exige o art. 677 do CPC.

Em atendimento ao disposto no art. 319, VII, do CPC, a Embargante informa que há / não há interesse na designação de audiência de mediação.

Por fim, requer a juntada dos respectivos comprovantes de recolhimento das custas e despesas processuais (Doc. XXX).

Dá-se à causa o valor de R$ 50.000,00 (cinquenta mil reais).

Nestes termos, Pede deferimento.

Local, data.

ADVOGADO
OAB n. XXX

## 7. Reintegração de Posse

**(41º Exame de Ordem Unificado/FGV)** Paulo adquiriu os direitos possessórios sobre uma casa situada na Rua XYZ, n. 99, em Goiânia, GO, por meio de adjudicação em um processo de inventário, com sentença datada de 21/01/2012, transitada em julgado. O imóvel não tem matrícula regular ou registro de propriedade, situando-se em área onde historicamente há problemas de regularização fundiária.

Na casa, Cíntia, como cuidadora, morava com José, pai de Paulo, assistindo-o durante toda a sua enfermidade. Depois da morte do pai, Paulo decidiu realizar o desejo dele, que fora manifestado oralmente antes do falecimento, ou seja, permitir que Cíntia, exclusivamente, residisse no imóvel pelo tempo que julgasse necessário, enquanto viva fosse. Assim, em 30/01/2012, poucos dias após a sentença de adjudicação, Paulo e Cíntia se encontraram para a celebração de contrato de comodato, no qual ficou ajustado que ela poderia residir no imóvel pelo tempo que quisesse.

Doze anos depois, em 10/01/2024, Paulo foi informado pelo síndico do condomínio de que Cíntia falecera de infarto fulminante no dia anterior, deixando no imóvel o seu filho João. Em 11/01/2024, Paulo notificou João para que, no prazo de 30 (trinta) dias, restituísse o bem, com a entrega das chaves na portaria.

Ocorre que João descumpriu a ordem, enviando contranotificação, em 20/01/2024, informando que não reconhecia a posse de Paulo, porque sabe que o imóvel não tem matrícula regular ou registro de propriedade, sendo ele o verdadeiro dono do bem, por força de usucapião. O imóvel está avaliado em R$ 200.000,00 (duzentos mil reais).

Na qualidade de advogado(a) de Paulo, elabore a peça processual cabível para a defesa imediata dos interesses de seu cliente, indicando seus requisitos e fundamentos nos termos da legislação vigente. (Valor: 5,00)

*Obs.: a peça deve abranger todos os fundamentos de Direito que possam ser utilizados para dar respaldo à pretensão. A simples menção ou transcrição do dispositivo legal não confere pontuação.*

## GABARITO DA OAB

A peça processual adequada é a *petição inicial de ação de reintegração de posse* (art. 560 do Código de Processo Civil).

A parte autora (Paulo) deve propor a demanda em face de João (réu), pelo rito especial do art. 560 e pelos seguintes presentes no Código de Processo Civil, em razão da propositura da demanda dentro de ano e dia do esbulho (art. 558 do Código de Processo Civil), distribuindo a ação em uma das Varas Cíveis da Comarca de Goiânia/GO, requerendo gratuidade de justiça ou informando o recolhimento das custas iniciais.

No mérito, deve o demandante argumentar, em seus fundamentos jurídicos, que:

(i) na qualidade de possuidor do bem, cedeu a posse direta, voluntariamente, à Cíntia, por meio de contrato de comodato, na forma do art. 579 do Código Civil, mantendo a posse indireta sobre o bem, como admite o art. 1.197 do Código Civil;

(ii) o contrato se extinguiu pela morte da comodatária (Cíntia), na forma do art. 581 do Código Civil;

(iii) a posse de João é injusta, porque precária, na forma do art. 1.200 do Código Civil;

(iv) a negativa de João de restituir o bem configura o ato de esbulho possessório, ante a perda do poder sobre o bem, como preceitua o art. 1.223 do Código Civil;

(v) em face do esbulho tem o direito a ser reintegrado na posse do bem, como garante o art. 1.210 do Código Civil, não obstando a reintegração a alegação de propriedade (por usucapião) realizada pelo réu, conforme art. 1.210, § 2º, do Código Civil;

(vi) o autor faz prova documental (a) da posse anterior de Paulo; (b) do esbulho; (c) da data do esbulho; e (d) da perda da posse, na forma do art. 561 do Código de Processo Civil;

(vii) considerando que a inicial está devidamente instruída, o juiz deve deferir, sem ouvir o réu, a medida liminar de reintegração de posse, na forma do art. 562 do Código de Processo Civil.

Por tais razões, o autor deve pedir:

(i) a concessão da medida liminar, com a expedição do mandado de reintegração de posse;

(ii) a procedência do pedido para determinar a reintegração do autor na posse do imóvel;

(iii) a condenação do réu ao pagamento de custas e honorários de sucumbência.

O autor deve informar o valor da causa em R$ 200.000,00 (duzentos mil reais), aplicando-se analogicamente o disposto no art. 292, inciso IV, do Código de Processo Civil, protestando pela produção de provas. Finalizando a peça, indicar local, data, nome e OAB.

## DISTRIBUIÇÃO DOS PONTOS

| ITEM | PONTUAÇÃO |
|---|---|
| **Endereçamento** | |
| 1. A ação deve ser ajuizada perante uma das Varas Cíveis da Comarca de Goiânia/GO (0,10). | 0,00/0,10 |
| 2. Indicação do autor, Paulo, (0,10) e do réu João (0,10). | 0,00/0,10/0,20 |
| 3. Pedido de gratuidade de justiça *ou* recolhimento das custas iniciais (0,10). | 0,00/0,10 |
| **Fundamentação Jurídica/Legal** | |
| 4. Demonstrar que a demanda é proposta dentro de ano e dia do esbulho (0,15), na forma do art. 558 do Código de Processo Civil (0,10), adotando-se o rito especial do art. 560 do Código de Processo Civil (0,10). | 0,15/0,25/0,35 |
| 5. Exposição dos fatos. | 0,00/0,10 |
| 6. Argumentar que cedeu a posse à Cíntia, por meio de contrato de comodato (0,20), na forma do art. 579 do Código Civil (0,10). | 0,00/0,20/0,30 |
| 7. Afirmar que manteve a posse indireta sobre o bem (0,20), como admite o art. 1.197 do Código Civil (0,10). | 0,00/0,20/0,30 |
| 8. Indicar que o contrato se extinguiu pela morte da comodatária (Cíntia) (0,20), na forma do art. 581 do Código Civil (0,10). | 0,00/0,20/0,30 |
| 9. Apontar que a posse de João é injusta, porque precária (0,20), na forma do art. 1.200 do Código Civil (0,10). | 0,00/0,20/0,30 |
| 10. Salientar que a negativa de João de restituir o bem configura o ato de esbulho possessório (0,20), ante a perda do poder sobre o bem (0,10), como preceitua o art. 1.223 do Código Civil (0,10). | 0,00/0,20/0,30/0,40 |
| 11. Sustentar que, em face do esbulho, tem o direito a ser reintegrado na posse do bem (0,20), nos moldes do art. 1.210 do Código Civil (0,10). | 0,00/0,20/0,30 |
| 12. A alegação de propriedade (por usucapião) realizada pelo réu não obsta a reintegração (0,20), conforme art. 1.210, § 2º, do Código Civil (0,10). | 0,00/0,20/0,30 |
| 13. Acentuar que o autor faz prova documental (a) da posse anterior de Paulo; (b) do esbulho; (c) da data do esbulho; e (d) da perda da posse (0,20), cumprindo com os requisitos do art. 561 do Código de Processo Civil (0,10). | 0,00/0,20/0,30 |
| 14. Aduzir que, estando a inicial devidamente instruída, o juiz deve deferir, sem ouvir o réu, a medida liminar de reintegração de posse (0,20), na forma do art. 562 do Código de Processo Civil (0,10). | 0,00/0,20/0,30 |

**OAB ESQUEMATIZADO 2ª FASE – CIVIL** 373

| Pedidos | |
|---|---|
| 15. Concessão da medida liminar (0,25), com a expedição do mandado de reintegração de posse (0,15). | 0,00/0,30 |
| 16. Reintegração do autor na posse do bem (0,25). | 0,00/0,20 |
| 17. Citação do réu para, querendo, apresentar contestação (0,10), na forma do art. 564 do Código de Processo Civil (0,10). | 0,00/0,25/0,35 |
| 18. Condenação do réu ao pagamento das custas (0,10) e honorários de advogado (0,10) *ou* no ônus de sucumbência (0,20). | 0,00/0,10/0,20 |
| 19. Protestar pela produção de provas (0,10). | 0,00/0,10 |
| **Fechamento** | |
| 20. Indicação do valor da causa (R$ 200.000,00) (0,10). | 0,00/0,10 |
| 21. Local, data, assinatura e inscrição OAB (0,10). | 0,00/0,10 |

## COMENTÁRIOS DOS AUTORES

Como sempre se comenta, petição inicial é a peça mais comum em 2ª fase de OAB, sendo que há alta incidência de ação possessória, especialmente de reintegração de posse. Ou seja, estamos diante de uma petição inicial pelo procedimento especial.

Sendo assim, deve o candidato (i) seguir o art. 319 do CPC, (ii) identificar qual das possessórias está sendo usada, (iii) seguir todos os requisitos da inicial do procedimento comum (art. 319) além os requisitos tópicos do procedimento especial (no caso, art. 554 e ss.), (iv) atentar para os aspectos de direito material (efeitos da posse), (v) tomar bastante cuidado com o pedido, que deve reproduzir todas as situações previstas em lei.

O examinando deve construir uma argumentação em que analise cada ponto do direito material colocado na narrativa, tanto no que concerne o direito contratual (comodato) quanto o direito das coisas (proteção possessória).

Verifica-se que, a partir do contrato de comodato (art. 579 do CC), deu-se o desmembramento da posse, transferindo Paulo a posse direta a Cíntia, e mantendo a posse indireta (art. 1.197 do CC). Com o falecimento de Cíntia, extingue-se o contrato, na medida em que o uso concedido, e que determinava a duração do contrato, se destinava à residência de Cíntia (art. 581 do CC).

Diante da extinção do contrato, a permanência de João caracteriza posse injusta, em face da precariedade, por abuso de confiança de um sujeito que retém o bem que deveria devolver (art. 1.200 do CC). A recusa de João de restituir o imóvel caracteriza esbulho possessório, uma vez que a ocupação por ele do imóvel priva o possuidor, Paulo, do bem (art. 1.223 do CC). Paulo tem, então, direito à proteção possessória – efeito da posse –, por meio da reintegração na posse, a teor do art. 1.210 do CC. Neste ponto, deve o examinando estabelecer se tratar de posse nova, destacando a data da perda da posse (menos de ano e dia), para justificar o direito à tutela liminar.

Importante salientar que, em sede de discussão ou tutela possessória, não se admite qualquer discussão acerca da titularidade de direitos sobre o bem (art. 1.210, § 2º, do CC), não socorrendo a João a defesa de que adquiriu a propriedade por usucapião.

Observa-se que para a concessão da liminar de reintegração de posse o autor deve comprovar de plano (prova pré-constituída, que seria o contrato de comodato) os requisitos do art. 561 do CPC, no caso, especialmente, a posse nova (menos de ano e dia).

Embora não tenha constado no gabarito, importante que o examinado formule pedido subsidiário de designação da audiência de justificação da posse, para hipótese de o juiz não se convencer com os fatos alegados na inicial. Ressalta-se que a audiência de justificação proporcionará a colheita da prova oral aferição da efetiva presença dos requisitos legais (CPC, art. 562).

Considerando que o imóvel não possui matrícula regular ou registro de propriedade, o valor da causa deveria corresponder ao valor de avaliação do bem (R$ 200.000,00).

## MODELO

---

EXCELENTÍSSIMO SENHOR DOUTOR JUIZ DE DIREITO DE UMA DAS VARAS CÍVEIS DA COMARCA DE GOIÂNIA/GO

*(10 linhas)*

**PAULO**, [nacionalidade], [estado civil], [profissão], portador da cédula de identidade RG n. XXX, inscrito no CPF/MF sob o n. XXX, com endereço eletrônico XXX, residente e domiciliado na Rua XXX, n. XXX, bairro XXX, cidade XXX, Estado XXX, CEP XXX, vem, respeitosamente, perante Vossa Excelência, por intermédio de seu advogado, abaixo assinado (procuração anexa), com fundamento no artigo 554 e ss. do Código de Processo Civil (CPC), propor a presente

### AÇÃO DE REINTEGRAÇÃO DE POSSE

### COM PEDIDO DE LIMINAR

pelo procedimento especial previsto no CPC, em face de JOÃO, [nacionalidade], [estado civil], [profissão], portador da cédula de identidade RG n. XXX, inscrito no CPF/MF sob o n. XXX, com endereço eletrônico XXX, residente e domiciliado na Rua XYZ, n. 99, bairro XXX, Goiânia/GO, CEP XXX, pelas razões de fato e de direito abaixo aduzidas.

### I. SÍNTESE DOS FATOS

O autor adquiriu os direitos possessórios de uma casa, sem matrícula regular, situada na Rua XYZ, n. 99, em Goiânia/GO, por meio de adjudicação em processo de inventário, com sentença de 21/01/2012.

Quando da adjudicação, residiam no local Cíntia (cuidadora) e José, Pai do autor.

Após o falecimento de seu Pai, o autor celebrou contrato de comodato com Cíntia, no qual ficou ajustado que ela poderia residir no imóvel pelo tempo que julgasse necessário, enquanto viva fosse.

Doze anos depois, em 10/01/2024, o síndico do condomínio informou o autor que Cíntia havia falecido (no dia anterior), deixando no imóvel seu filho João (ora réu).

O réu João, notificado a desocupar o imóvel no prazo de 30 dias, além de descumprir a ordem, encaminhou contranotificação ao autor (em 20/01/2024) apontando ser o verdadeiro possuidor, por força de usucapião.

Houve, portanto, esbulho por parte do réu, em virtude de posse precária. A posse, antes legítima, passa a não mais sê-la diante do término do comodato.

Assim, a autora serve-se da presente medida judicial, a fim de ser restituída na posse de seu imóvel, bem como indenizada pelos prejuízos causados pelos réus no período.

É o necessário relato dos fatos.

## II. DOS EFEITOS DA POSSE: REINTEGRAÇÃO NO CASO DE ESBULHO

De acordo com o art. 560 do CPC e o art. 1.210 do CC, o possuidor tem direito a ser restituído na posse do imóvel, no caso de esbulho, mediante a propositura da ação de reintegração de posse.

O art. 558 do CPC determina que a referida ação será regida pelo procedimento especial. Além disso, há possibilidade de liminar, contanto que seja proposta dentro de ano e dia da data do esbulho (art. 562 do CPC).

Logo, a presente ação é cabível e será regida pelo procedimento especial, considerando que foi proposta muito antes desse prazo de ano e dia.

### III. DO DIREITO: DEVOLUÇÃO DA POSSE

Conforme já exposto, o autor adquiriu os direitos possessórios do imóvel por meio de adjudicação em processo de inventário (doc. XXX).

Na qualidade de possuidor do bem, cedeu a posse direta, voluntariamente, à Cíntia, por meio de contrato de comodato (doc. XXX), conforme previsão do art. 579 do Código Civil, conservando a posse indireta sobre o bem (CC, art. 1.197).

A extinção do contrato de comodato ocorreu com a morte de Cíntia, conforme prevê o art. 581 do Código Civil (ou seja, em janeiro de 2024).

O réu, exercendo a posse precária do imóvel (CC, art. 1.200), mesmo notificado a proceder com a desocupação do imóvel em conduta pautada por evidente má-fé, se negou a cumprir a ordem.

Nos termos do art. 1.223 do Código Civil, a negativa de João de restituir o bem configura esbulho possessório.

Assim, resta caracterizada a posse precária do réu e, por consequência, injusta, nos termos do art. 1.200 do CC, sendo medida de rigor a restituição da posse do imóvel ao autor.

Diante do exposto, e considerando que, em observância ao art. 561 do CPC, o autor faz prova documental da posse anterior, do esbulho, da respectiva data do esbulho e da perda da posse, não restam dúvidas acerca do direito à restituição da posse do imóvel, nos termos do art. 560.

### IV. DA CONCESSÃO DA LIMINAR POSSESSÓRIA

Nos termos do art. 562 do CPC, instruída a petição inicial com a prova de que a posse esbulhada é nova, o magistrado determinará a expedição do mandado liminar de reintegração, sem ouvir o réu.

No presente caso, resta comprovada a posse anterior da autora, bem como o esbulho praticado pelos réus, em período inferior a um ano e um dia, conforme exigido pelo art. 558 do CPC.

Sendo assim, presentes os requisitos para concessão da medida liminar, requer a expedição do mandado liminar de reintegração, inaudita altera parte, de modo que a autora seja reintegrada provisoriamente na posse do imóvel.

Subsidiariamente, caso V. Exa. assim não entenda – o que somente se admite para argumentar –, requer a designação de audiência de justificação (CPC, art. 562, parte final).

### V. DOS REQUERIMENTOS E DOS PEDIDOS

Diante do exposto, o autor requer seja deferida a medida liminar pleiteada, determinando-se a expedição do mandado liminar de reintegração de posse e, ao final, seja confirmada a liminar, julgando-se procedente o pedido da presente demanda.

Caso V. Exa. não entenda possível a concessão da liminar de plano, requer a designação de audiência de justificação, nos termos dos arts. 562 e 563 do CPC, com a oitiva de testemunhas, conforme rol anexo.

Ainda, pede e requer:

(i) a citação do réu para que apresente contestação no prazo legal, sob pena de revelia;

(ii) com a procedência da presente ação e consequente reintegração definitiva da autora ao imóvel, sejam os réus condenados ao pagamento dos ônus de sucumbência.

(iii) a juntada da guia de custas e o respectivo comprovante de recolhimento.

(iv) a condenação do réu ao pagamento de custas processuais (CPC, art. 82, § 2º) e honorários de sucumbência (CPC, art. 85).

Protesta provar o alegado por todos os meios de prova em direito admitidos.

Em atendimento ao disposto no art. 319, VII, do CPC, a autora informa que há / não há interesse na designação de audiência de conciliação.

Dá-se à causa o valor de R$ 200.000,00.

Nestes termos,

Pede deferimento.

Local, data.

ADVOGADO

OAB n. XXX

## 8. Ação de Imissão na Posse

**(XI Exame de Ordem Unificado/FGV)** Jorge, professor de ensino fundamental, depois de longos 20 anos de magistério, poupou quantia suficiente para comprar um pequeno imóvel à vista. Para tanto, procurou Max com objetivo de adquirir o apartamento que ele colocara à venda na cidade de Teresópolis/RJ. Depois de visitar o imóvel, tendo ficado satisfeito com o que lhe foi apresentado, soube que este se encontrava ocupado por Miranda, que reside no imóvel na qualidade de locatária há dois anos.

O contrato de locação celebrado com Miranda não possuía cláusula de manutenção da locação em caso de venda e foi oportunizado à locatária o exercício do direito de preferência, mediante notificação extrajudicial, certificada a entrega a Miranda.

Jorge firmou contrato de compra e venda por meio de documento devidamente registrado no Registro de Imóveis, tendo adquirido sua propriedade, e notificou a locadora a respeito da sua saída. Contudo, ao tentar ingressar no imóvel, para sua surpresa, Miranda ali permanecia instalada. Questionada, respondeu que não havia recebido qualquer notificação de Max, que seu contrato foi concretizado com Max e que, em virtude disso, somente devia satisfação a ele, dizendo, por fim, que dali só sairia a seu pedido.

Indignado, Jorge conta o ocorrido a Max, que diz lamentar a situação, acrescentando que Miranda sempre foi uma locatária de trato difícil. Disse, por fim, que como Jorge é o atual proprietário cabe a ele lidar com o problema, não tendo mais qualquer responsabilidade sobre essa relação. Com isso,

Jorge procura o advogado, que o orienta a denunciar o contrato de locação, o que é feito ainda na mesma semana.

Diante da situação apresentada, na qualidade de advogado constituído por Jorge, proponha a medida judicial adequada para a proteção dos interesses de seu cliente para que adquira a posse do apartamento comprado, abordando todos os aspectos de direito material e processual pertinentes.

## GABARITO DA OAB

A Ação de Imissão na Posse deverá ser proposta no foro da situação do imóvel (art. 58, II, da Lei n. 8.245/91).

O comprador deve figurar no polo ativo e aquele que detém injustamente o imóvel no polo passivo, ambos qualificados, atendendo ao disposto no art. 319 do CPC/15. Ao explicitar os fatos, deve-se destacar a existência de contrato de compra e venda de bem imóvel como fonte da pretensão, e a prova da posse injusta pela ré após a compra do imóvel, mediante notificação. Deve fundamentar sua pretensão nos arts. 1.228 e 1.245 do Código Civil.

Deverá formular pedido de antecipação de tutela alegando presentes a probabilidade do direito e o *periculum in mora*, na forma do art. 300 do CPC/15, e requerer a confirmação da liminar para determinar a expedição de mandado de desocupação do imóvel contra a Ré, além de custas e honorários de advogado.

Além disso, também poderá ser considerada a hipótese do examinando ter nomeado a sua ação de reivindicatória, se a fundamentação e o pedido forem compatíveis com o descrito acima, em que o proprietário reclama obter a posse, levando-se em consideração o direito do proprietário de reaver a coisa de quem quer que injustamente a possua.

Caso opte o candidato por encerrar a pretensão apenas em torno da questão possessória, especialmente o disposto no art. 554 do CPC/15, também será considerada como resposta possível a propositura de ação de REINTEGRAÇÃO DE POSSE que contiver os fundamentos (existência de posse derivada do contrato de compra e venda de bem imóvel e a prova do esbulho da posse, que se tornou injusta pela ré após a compra do imóvel) e os pedidos indicados acima (antecipação de tutela e confirmação da liminar para expedição de mandado de desocupação do imóvel), que for proposta observando o que prescrevem os artigos 560, 561 e 562 do CPC/15.

## DISTRIBUIÇÃO DOS PONTOS

| ITEM | PONTUAÇÃO |
|---|---|
| **Endereçamento** | |
| Foro (0,15) e juízo competente (0,15). | 0,00/0,15/0,30 |
| **Partes** | |
| Indicação correta do polo ativo (0,15); indicação de qualificação da parte (0,05). | 0,00/0,15/0,20 |
| Indicação correta do polo passivo (0,15); indicação de qualificação da parte (0,05). | 0,00/0,15/0,20 |
| **Identificação da ação** | |
| Tipo de ação (Ação de Imissão na posse/reintegração de posse/reivindicatória de propriedade) (0,30). | 0,00/0,30 |
| **Fatos e fundamentos jurídicos** | |
| a) Prova do contrato de compra e venda do bem imóvel registrado. | 0,00/0,50 |

| | |
|---|---|
| b) Prova da posse injusta pela ré após cientificada da compra do imóvel. | 0,00/0,50 |
| **Fundamentação legal** ||
| Para a hipótese de imissão e/ou reivindicatória de propriedade: art. 1.228, CC/02 (0,30) e art. 1.245, CC/02 (0,30). | 0,00/0,30/0,60 |
| Para a hipótese de reintegração de posse: art. 1.228, CC/02 (0,20), art. 1.245, CC/02 (0,20), art. 926, CPC (0,10) e art. 927 (0,10). ||
| **Fundamentação – tutela provisória** ||
| Fundamentação para o pleito de antecipação de tutela quanto à obrigação de fazer, ou medida liminar com ou sem audiência de justificação prévia (0,25). | 0,00/0,25/0,50 |
| Indicação dos dispositivos legais: art. 300 ou 562 do CPC (0,25). ||
| **Pedidos** ||
| a) concessão *initio litis* de antecipação de tutela ou medida liminar para que a ré desocupe o imóvel. | 0,00/0,30 |
| b) citação da ré. | 0,00/0,30 |
| c) confirmação da tutela antecipada para determinar a expedição de mandado de desocupação do imóvel contra a Ré (0,40). | 0,00/0,20/0,40 |
| d) condenação da ré em custas processuais (0,15) e honorários advocatícios (0,15). | 0,00/0,15/0,30 |
| Produção de provas. | 0,00/0,30 |
| Valor da causa. | 0,00/0,30 |

## COMENTÁRIOS DOS AUTORES

Neste caso, novamente estamos diante de uma inicial, mas há uma característica curiosa: a OAB aceitou três peças como corretas: duas ações petitórias (imissão ou reivindicatória) e uma ação possessória (reintegração de posse). Isso evidencia que a banca considerou seu enunciado falho, e evitou prejudicar os candidatos. Contudo, o problema certamente gerou insegurança entre os candidatos, o que poderia ter sido evitado com a inserção de informações adicionais no próprio enunciado.

Pelo enunciado, não nos parece que seria possível usar a reintegração. Isso porque só é possível o uso das possessórias se o autor tem (ou teve) posse. E, pelo enunciado, NÃO HÁ posse do autor. Ele adquiriu a PROPRIEDADE do vendedor, mas não a posse (se o enunciado dissesse que teria havido a transferência contratual da posse – algo que é totalmente possível –, o cenário seria outro). Mas, reitere-se, como o problema só fala em venda da propriedade, não seria o caso de reintegração. Assim, analisaremos a questão apenas sob essa perspectiva.

Sendo a causa de pedir a propriedade e o pedido a posse, a medida cabível é uma ação petitória. Enquanto as possessórias (causa de pedir posse e pedido posse) têm procedimento especial, isso não acontece com as petitórias – que, portanto, tramitam pelo procedimento comum.

Temos aqui algo semelhante ao que se expôs na peça anterior (pauliana), em que talvez a principal dificuldade seja o nome da ação. E, novamente, o mais importante não é o nome, mas sim a causa de pedir e o pedido.

Dentro da história processual, duas são as petitórias mais relevantes: imissão e reivindicatória – e a OAB, correta e felizmente, admitiu que qualquer uma das duas poderia ser utilizada (reitere-se, o que importa são a causa de pedir e o pedido).

Definida a causa de pedir e o pedido, segue-se então o previsto no art. 319, com formulação do pedido de posse como efeito da propriedade (CC, art. 1.228).

E, dada a urgência, deve ser pleiteada liminar com base no art. 300 do CPC.

**MODELO**

---

EXCELENTÍSSIMO SENHOR DOUTOR JUIZ DE DIREITO DE UMA DAS VARAS CÍVEIS DO FORO DA COMARCA DE TERESÓPOLIS-RJ

*(5 linhas)*

**JORGE**, [nacionalidade], [estado civil], professor de ensino fundamental, portador da cédula de identidade RG n. XXX, inscrito no CPF/MF sob o n. XXX, com endereço eletrônico XXX, residente e domiciliado na Rua XXX, n. XXX, bairro XXX, cidade XXX, Estado XXX, CEP XXX, vem, respeitosamente, perante Vossa Excelência, por intermédio de seu advogado, abaixo assinado (procuração anexa), com fundamento nos artigos 1.228 e 1.245 do Código Civil, propor a presente

**AÇÃO DE IMISSÃO NA POSSE COM PEDIDO LIMINAR**

em face de **MIRANDA**, [nacionalidade], [estado civil], [profissão], portadora da cédula de identidade RG n. XXX, inscrita no CPF/MF sob o n. XXX, com endereço eletrônico XXX, residente e domiciliada na Rua XXX, n. XXX, bairro XXX, cidade XXX, Estado XXX, CEP XXX, pelas razões de fato e de direito abaixo aduzidas.

**I. SÍNTESE DOS FATOS**

Jorge adquiriu o imóvel situado na cidade de Teresópolis/RJ, mediante a celebração de contrato de compra e venda, por meio de documento devidamente registrado no Registro de Imóveis (Doc. XXX).

Quando da negociação com o antigo proprietário, Sr. Max, o Autor foi informado de que o imóvel se encontrava ocupado pela Ré, que ali residia na qualidade de locatária há dois anos. Assim, em atendimento às exigências legais, foi oportunizado à locatária o exercício do direito de preferência, mediante notificação extrajudicial, certificada a entrega à Ré (Doc. XXX).

Após a aquisição da propriedade, o Autor notificou a locatária a respeito da sua saída. Contudo, ao tentar ingressar no imóvel, foi surpreendido com a permanência de Miranda no apartamento, sob a justificativa de que não teria recebido qualquer notificação enviada por Max e que só sairia a pedido dele.

Nesse ponto, importante mencionar que o contrato de locação celebrado entre a Ré e o antigo proprietário do imóvel não possui cláusula de manutenção da locação em caso de venda do imóvel.

Indignado, o Autor entrou em contato com o antigo proprietário, que lamentou o ocorrido, mas se negou a ajudá-lo, afirmando que não teria mais qualquer responsabilidade sobre aquela relação com a Ré.

Assim, o Autor serve-se da presente medida judicial, a fim de seja determinada a imediata desocupação do imóvel.

**II. DO DIREITO**

Dispõe o art. 1.228 do CC que o proprietário tem direito de usar, gozar e dispor da coisa, assegurado o direito de reavê-la de quem, injustamente, a possua ou a detenha. Ainda, o art. 1.245 do CC é expresso ao estabelecer que a propriedade de bem imóvel transfere-se mediante o registro do título translativo no Registro de Imóveis.

No caso concreto, conforme já demonstrado, o Autor adquiriu a propriedade do imóvel mediante a celebração de contrato de compra e venda, devidamente registrado perante o Cartório de Registro de Imóveis, e notificou a Ré a respeito da sua saída.

Não é demais reforçar que foi oportunizado à Ré o exercício do direito de preferência para aquisição do imóvel locado, em observância ao art. 27 da Lei n. 8.245/91 (Lei de Locações).

Não há, portanto, motivo justo para a manutenção da locatária no imóvel, tendo em vista, inclusive, que o contrato de locação firmado com o antigo proprietário não possuía cláusula de manutenção da locação no caso de venda e que a Ré foi devidamente notificada da denúncia do contrato.

Diante do exposto, resta demonstrado o direito do Autor de ser imediatamente imitido na posse do imóvel ocupado atualmente, de forma injusta, pela Ré. E, como não tem ou teve posse, necessário o uso de uma ação petitória, o que se ora adota.

### III. DA CONCESSÃO DA TUTELA PROVISÓRIA DE URGÊNCIA

Nos termos do art. 300 do CPC, a concessão da tutela provisória de urgência, de natureza antecipada, dependerá da presença dos seguintes requisitos: (i) a probabilidade do direito ("fumus boni iuris"); e (ii) o perigo de dano ou risco ao resultado útil do processo ("periculum in mora").

No presente caso, a probabilidade do direito aventado pelo Autor resta evidenciada pela comprovação do registro do contrato de compra e venda do imóvel, perante o Cartório de Registro de Imóveis, bem como pelo comprovante de entrega da notificação extrajudicial à Ré.

Por sua vez, o perigo de dano está caracterizado pelos prejuízos causados pela prolongação no tempo da manutenção da Ré, cuja conduta está evidentemente pautada na má-fé, na posse do imóvel.

Sendo assim, presentes os requisitos ensejadores da concessão da tutela provisória de urgência, requer seja determinada a imediata desocupação do imóvel pela Ré.

### IV. DOS REQUERIMENTOS E DOS PEDIDOS

Diante de todo o exposto, requer:

(i) a concessão da tutela provisória de urgência, nos termos do art. 300 do CPC, determinando-se a imediata desocupação do imóvel pela Ré, e, em caso de negativa de cumprimento voluntário da ordem, requer seja expedido o mandado de imissão na posse, autorizando o uso de força policial, se necessário;

(ii) a citação da Ré para que, querendo, apresente contestação no prazo legal, sob pena de revelia;

(iii) ao final, a confirmação da tutela provisória concedida, com a total procedência da presente ação, tornando definitiva a desocupação do imóvel pela Ré; e

(iv) a condenação da Ré ao pagamento dos ônus de sucumbência.

Protesta provar o alegado por todos os meios de prova em direito admitidos, especialmente a oitiva de testemunhas, conforme rol anexo, e o depoimento pessoal da Ré.

Em atendimento ao disposto no art. 319, VII, do CPC, o Autor informa que há / não há interesse na designação de audiência de conciliação.

Dá-se à causa o valor de R$ XXX (XXX reais).

Nestes termos,

Pede deferimento.

Local, data.

ADVOGADO

OAB n. XXX

## 9. Divórcio Consensual

**(40º Exame de Ordem Unificado/FGV – Reaplicação Porto Alegre-RS)** Paulo Cruz, servidor público federal, e Cristina Silva Cruz, autônoma, residentes e domiciliados em Campina Grande, no Estado da Paraíba, contraíram matrimônio sem pacto antenupcial em 2018. Em 16 de dezembro de 2021, nasceu Júlia, a única filha do casal. Não obstante eles tenham sempre mantido um bom relacionamento, concluíram que não mais permaneceriam casados.

Paulo e Cristina eram solteiros antes do casamento, portanto, nunca viveram em união estável ou matrimônio com qualquer pessoa, não tendo outros descendentes.

Diante da decisão, procuram você, na qualidade de advogado(a) para tomar as providências necessárias para formalizar a extinção do vínculo conjugal e a partilha dos bens, bem como as questões relativas à filha.

Em reunião conjunta, informam que decidiram pela guarda compartilhada, mas que Júlia manterá residência fixa com a mãe, tendo o pai direito à convivência em dois dias da semana, além dos finais de semana alternados. Concordaram que não será devida pensão alimentícia entre eles e que as despesas da filha serão igualmente repartidas, pois possuem capacidade financeira semelhante.

Acordam ainda que Paulo Cruz pagará R$ 3.000,00 (três mil reais), que corresponde a 20% (vinte por cento) dos seus rendimentos, a título de pensão para a filha menor. Pactuaram, ainda, que alterarão as comemorações de Natal e réveillon, cabendo à mãe os anos pares. Como Cristina é cristã e o pai, ateu, estabeleceram que no feriado de Páscoa, Júlia passará com a genitora. No que tange aos demais feriados, nada foi estabelecido.

O casal deseja realizar a partilha de bens no curso do divórcio. Assim, informaram que o patrimônio deles é constituído de dois imóveis. Um apartamento, residência do casal, localizado em Catolé, um bairro de Campina Grande, no Estado da Paraíba, adquirido onerosamente em janeiro de 2021, no valor atual de R$ 600.000,00 (seiscentos mil reais). Destaca-se que 50% (cinquenta por cento) do valor pago por este imóvel adveio da herança legítima do pai de Cristina, que faleceu em 2019, circunstância reconhecida por Paulo. O outro bem é uma loja comercial, situada a 100 (cem) metros da residência do casal, adquirida por meio de compra e venda em 2022, avaliada em R$ 200.000,00 (duzentos mil reais). Todos os dois bens encontram-se pagos e quitados.

Salienta-se que Cristina e Júlia manterão residência no apartamento supracitado, devendo Paulo sair do bem.

Por fim, Cristina informa que voltará a usar o nome de solteira, e eles acordam o rateio das despesas processuais.

Na qualidade de advogado(a) de Paulo e Cristina, elabore a peça processual cabível para a defesa imediata dos interesses de seus clientes, indicando seus requisitos e fundamentos nos termos da legislação vigente. (Valor: 5,00)

*Obs.: A peça deve abranger todos os fundamentos de Direito que possam ser utilizados para dar respaldo à pretensão. A simples menção ou transcrição do dispositivo legal não confere pontuação*

## GABARITO DA OAB

A peça a ser proposta é uma petição inicial de divórcio consensual que inclui uma filha menor e a partilha de bens, conforme os arts. 731 a 734 do Código de Processo Civil (CPC). É direcionada ao Juízo de uma Vara em Campina Grande, no Estado da Paraíba.

Como se trata de procedimento de jurisdição voluntária, não haverá autor e réu, mas sim, interessados que são Paulo Cruz e Cristina Silva Cruz, atendendo-se aos requisitos previstos no art. 319 do CPC.

Deve ser destacado que o divórcio, um direito potestativo, pode ser realizado na modalidade consensual, inexistindo requisito prévio.

A peça deve indicar a guarda compartilhada com regime de convivência, revezamento nos feriados de fim de ano. Já o feriado de Páscoa deve ser passado, exclusivamente, na companhia da mãe.

Como não foi feito pacto antenupcial, o regime matrimonial é da comunhão parcial de bens por força do art. 1.640 do Código Civil.

Para a partilha de bens, deve ser considerado que o imóvel comercial pertence ao casal, cabendo a cada um, 50% (cinquenta por cento) do bem. O fundamento legal é o art. 1.658 ou o art. 1.660, inciso I, ambos do Código Civil.

Em relação ao apartamento, 50% (cinquenta por cento) adveio da sub-rogação da herança paterna percebida por Cristina, por força do art. 1.659, inciso I, do Código Civil. Já os outros 50% (cinquenta por cento) entram na comunhão. Portanto, Cristina terá direito a 75% (setenta e cinco por cento) do imóvel, sendo o restante de Paulo.

Deve ser fixada a continuação da residência de Júlia e Cristina no apartamento, devendo Paulo deixar de habitar o imóvel.

A pensão alimentícia será de R$ 3.000,00 (três mil reais), que corresponde a 20% dos rendimentos de Paulo, a título de pensão para a filha menor.

Cristina retornará ao uso do nome de solteira, em razão do art. 1.571 do Código Civil.

As despesas processuais serão rateadas igualmente entre as partes.

Deverá ser requerida a homologação do acordo com prévia assinatura das partes OU apresentação de procuração com poderes específicos.

Deverá ser requerida a intimação do Ministério Público.

Deverá ser indicado o valor da causa.

Por fim, o fechamento, indicando local, data, advogado e OAB.

## DISTRIBUIÇÃO DOS PONTOS

| ITEM | PONTUAÇÃO |
|---|---|
| **Endereçamento** | |
| 1. Juízo de Direito da Vara de Campina Grande, PB (0,10). | 0,00/0,10 |

| Qualificação dos interessados/ requerentes ||
|---|---|
| 2. Nome e qualificação dos interessados, Paulo Cruz, servidor público federal (0,10) e Cristina Silva Cruz, autônoma (0,10). | 0,00/0,10/0,20/0,30 |
| **Procedimento** ||
| 3. O divórcio será na modalidade consensual (0,25), sendo aplicado o procedimento de jurisdição voluntária (0,15), com base no art. 731 do Código de Processo Civil (0,10). | 0,00/0,15/0,25/ 0,35/0,40/0,50 |
| **Fatos** ||
| 4. Exposição dos fatos (0,10). | 0,00/0,10 |
| **Fundamentação** ||
| 5. A guarda será compartilhada (0,20), com base no art. 1.584, inciso I, do Código Civil (0,10). | 0,00/0,20/0,30 |
| 6. Apresentação do plano de convivência (0,30), aplicando-se o disposto no art. 1.583, § 2º, do Código Civil OU art. 731, III, do Código de Processo Civil (0,10). | 0,00/0,30/0,40 |
| 7. O regime de bens é o da comunhão parcial (0,20), devido a inexistência de pacto antenupcial (0,15) de acordo com o art. 1.640 do Código Civil (0,10). | 0,00/0,15/0,20/ 0,30/0,35/0,45 |
| 8. Para a partilha do imóvel comercial, cada cônjuge terá direito a cinquenta por cento do bem (0,30), pois o bem foi adquirido onerosamente na constância do casamento (0,15), com fundamento no art. 1.658 ou no art. 1.660, inciso I, ambos do Código Civil (0,10). | 0,00/0,15/0,30/ 0,40/0,45/0,55 |
| 9. Para a partilha do apartamento, apenas 50 entram na comunhão (0,30); os outros 50% estão excluídos em razão de advirem da sub-rogação da herança do pai de Cristina (0,15), nos termos do art. 1659, inciso I, do CC (0,10). | 0,00/0,15/0,30/ 0,40/0,45/0,55 |
| 10. A residência de Júlia e Cristina continuará sendo o apartamento do casal (0,15), devendo Paulo deixar de habitar o bem (0,10). | 0,00/0,10/0,15/ 0,25 |
| 11. A pensão alimentícia será de R$ 3.000,00 (vinte por cento da remuneração mensal do pai) (0,30). | 0,00/0,30 |
| 12. Cristina retornará ao uso do nome de solteira (0,20), em razão do art. 1.571 do Código Civil (0,10). | 0,00/0,20/0,30 |
| **Pedidos** ||
| 13. Pedido de homologação judicial do acordo de divórcio consensual (0,20). | 0,00/0,20 |
| 14. Pedido de intimação do Ministério Público (0,20). | 0,00/0,20 |
| 15. Produção OU juntada de prova documental (0,10). | 0,00/0,10 |
| **Fechamento** ||
| 16. Comprovação do pagamento das custas processuais (0,10). | 0,00/0,10 |
| 17. Indicação do valor da causa (0,10). | 0,00/0,10 |

| | |
|---|---|
| 18. Assinatura das partes OU juntada de procuração com poderes específicos (0,20). | 0,00/0,20 |
| 19. Local..., Data..., Advogado(a)..., OAB n. ... (0,10). | 0,00/0,10 |

## COMENTÁRIOS DOS AUTORES

Neste exame, novamente uma inicial, de modo que o candidato deveria seguir todos os requisitos do art. 319 do CPC. Mas, no caso, foi uma petição inicial de procedimento especial de jurisdição voluntária, sendo que isso pode ter trazido alguma dificuldade. Observe-se que a redação atual do art. 34, § 2º, da Resolução CNJ n. 35/2007 permite que o divórcio do casal seja feito por escritura pública, desde que, além de consenso, seja devidamente comprovada a prévia resolução judicial de todas as questões referentes a guarda, visitação e alimentos deles. Como no caso tais questões estão pendentes de solução, a via judicial se impõe.

Importante observar que nos procedimentos de jurisdição voluntária não há autor e réu (litigantes em polos opostos, existindo o conflito), mas interessados, que buscam o judiciário para "administração pública de interesses privados". Pode ser apenas um advogado (como é o caso), mas nada impede que sejam advogados distintos para cada um dos cônjuges.

No que se refere à competência, a ação deveria ser endereçada a uma das varas da Comarca de Campina Grande/PB, local que ambos os requerentes residem. Não se sabe se a cidade tem divisão entre vara cível e de família, de modo que qualquer das possibilidades deve ser aceita (e o gabarito não enfrentou essa questão).

Considerando que há filho incapaz, necessário requerer a intimação do Ministério Público, nos termos do art. 178 do CPC.

Quanto às custas, o próprio enunciado já deixou claro que as despesas serão rateadas, o que está em consonância com a previsão do art. 80 do CPC.

No que concerne o direito material, o examinando deve trazer cada ponto do acordo formulado entre o casal, acerca da guarda dos alimentos para a filha, além da partilha dos bens adquiridos na constância da união, a qual se rege pelo regime da comunhão parcial de bens, na ausência de pacto antenupcial (art. 1.640 do CC). Nesse sentido, os dados do enunciado não representam grande complexidade.

Sobre a guarda, deverá ser fixada de forma compartilhada, seguindo a regra geral no direito brasileiro, diante da ausência de justificação para fixação unilateral, nos termos do art. 1.584, § 2º, do CC. Nela, o tempo de convívio com os filhos deve ser dividido de forma equilibrada entre os pais (art. 1.583, § 2º, do CC), o que deve ser estabelecido na peça, a partir das informações trazidas no enunciado.

Deve ser informada a fixação consensual de alimentos em favor do filho, no importe de R$ 3.000,00, valor correspondente a 20% da remuneração do pai.

Finalmente, sobre a partilha dos bens, deve-se abordar o caráter particular ou comum de cada bem, para que se possa aferir o modo de divisão. O imóvel comercial, bem adquirido onerosamente na constância do casamento, é bem comum (art. 1.660, I, do CC), devendo ser dividido à metade entre os cônjuges. Já o apartamento tem situação mais complexa, tendo em vista que a metade de seu valor decorre da sub-rogação de bens particulares de Cristina (adquiridos na constância do casamento por sucessão – art. 1.659, I, do CC), sendo objeto de seu patrimônio exclusivo. A outra metade, adquirida onerosamente pelos dois, integra a comunhão e deve ser partilhada à metade. Assim, Cristina fará jus a 75% do apartamento e a 50% do imóvel comercial.

Deve-se indicar também o uso exclusivo do apartamento como residência de Julia e Cristina, com a retirada de Paulo, além da retomada do nome de solteira pela esposa, em exercício de faculdade conferida pela lei (art. 1.571 do CC).

**OAB ESQUEMATIZADO 2ª FASE – CIVIL** 385

ODELO

EXCELENTÍSSIMO SENHOR DOUTOR JUIZ DE DIREITO DE UMA DAS VARAS CÍVEIS / DE FAMÍLIA DA COMARCA CAMPINA GRANDE/PB

*(5 linhas)*

**PAULO CRUZ**, [nacionalidade], casado, servidor Público Federal, portador da cédula de identidade RG n. XXX, inscrito no CPF/MF sob o n. XXX, com endereço eletrônico XXX, residente e domiciliado na Rua XXX, n. XXX, bairro XXX, Campina Grande, Estado da Paraíba, CEP XXX e **CRISTINA SILVA CRUZ**, [nacionalidade], casada, autônoma, portadora da cédula de identidade RG n. XXX, inscrita no CPF/MF sob o n. XXX, com endereço eletrônico XXX, residente e domiciliada na Rua XXX, n. XXX, bairro XXX, Campina Grande, Estado da Paraíba, CEP XXX, vêm, respeitosamente, perante Vossa Excelência, por intermédio do procurador que os representa (procuração com poderes específicos anexa), apresentar o presente pedido de

### DIVÓRCIO CONSENSUAL

Pelo procedimento especial de jurisdição voluntária, previsto no art. 731 e ss. do Código de Processo Civil (CPC), com base nos motivos a seguir expostos.

### I. DOS FATOS

No ano de 2018, os interessados contraíram matrimônio, sem pacto antenupcial, conforme depreende-se da certidão anexa.

O casal possui uma única filha, Júlia, nascida em 16/12/2021, conforme resta comprovado pela certidão de nascimento anexa.

Em que pese o bom relacionamento, a manutenção do casamento não se faz mais possível, de modo que os interessados pretendem dissolver o casamento pelo divórcio.

Existem bens comuns a serem partilhados. Há consenso acerca de alimentos, guarda e regime de visitas, de maneira que possível a solução da questão pela via consensual.

### II. DO DIREITO

O divórcio, existindo consenso entre os cônjuges, pode ser realizado na modalidade consensual.

Destaca-se que a Emenda Constitucional n. 66/2010 suprimiu o requisito de prévia separação judicial por mais de um (ano) ou de comprovada separação de fato por mais de 2 (dois) anos, de modo que não há qualquer requisito prévio ao pleito de divórcio (CF, art. 226, § 6º).

Todas as questões necessárias à conclusão do feito estão presentes, a seguir apresentadas.

#### II.1. Regime matrimonial

Considerando que os interessados contraíram matrimônio sem pacto antenupcial, aplica-se o regime da comunhão parcial de bens (CC, art. 1.640).

#### II.2. Descrição de bens e partilha

O patrimônio do casal é constituído por 2 (dois) imóveis (integralmente quitados), sendo: (i) um apartamento residencial, localizado em Catolé, Campina Grande, Estado da Paraíba, adquirido onerosamente em janeiro de 2021, no valor de R$ 600.000,00 (seiscentos mil reais); e (ii) uma loja comercial, localizada em Campina Grande, Estado da Paraíba, adquirida por meio de compra e venda em 2022, no valor de R$ 200.000,00.

Importante observar que 50% (cinquenta por certo) do valor pago para a aquisição do imóvel residencial adveio da sub-rogação da herança paterna percebida por Cristina.

Diante disso, nos termos do art. 1.659, I, do Código Civil, apenas 50% do referido imóvel serão objeto da partilha, sendo certo que Cristina fará jus a 75% (setenta e cinco por cento) do imóvel e Paulo terá direito a 25% (vinte cinco por cento) do bem.

Já com relação à loja comercial pertencente ao casal, caberá a cada um 50% (cinquenta por cento) do bem, conforme previsão dos arts. 1.658 e 1.660, I, do Código Civil.

### II.3. Residência da mulher e da filha

Os interessados estabelecem que a requerente Cristina e a filha do casal, Júlia, permanecerão residindo no apartamento localizado em Catolé, Campina Grande, devendo Paulo deixar de habitar o local.

### II.4. Guarda da filha

Os interessados, de comum acordo, definem o regime de guarda compartilhada da filha, Júlia, com revezamento nos feriados de fim de ano. No feriado de Páscoa, por sua vez, a filha ficará, exclusivamente, na companhia da mãe.

### II.5. Pensão alimentícia

A título de pensão para a filha menor, o genitor Paulo arcará, mensalmente, com R$ 3.000,00 (três mil reais), que corresponde a 20% (vinte por cento) de seus rendimentos.

### II.6. Nome da mulher

Nos termos do art. 1.571 do Código Civil, a requerente Cristina retornará ao uso do nome de solteira.

### III. DOS REQUERIMENTOS E DOS PEDIDOS

Diante de todo o exposto, requer-se:

(i) o decreto do divórcio, com a homologação do acordo nos termos ora fixados, expedindo-se mandado ao registro das pessoas naturais para averbação à margem do assento de casamento, conforme previsão do art. 97 da Lei n. 6.015/1973;

(ii) a intimação do Ministério Público, nos termos do art. 178 do CPC, diante da existência de interesse de incapaz;

(iii) a produção de todos os meios de prova em direito admitidos e/ou a juntada de novas provas documentais.

(iv) a juntada da guia de custas e respectivo comprovante de pagamento;

(v) a juntada de procuração.

Consigna-se que as despesas processuais serão rateadas igualmente entre as partes.

Dá-se à causa o valor de R$ 36.000,00 (doze vezes o valor dos alimentos fixados, nos termos do art. 292, III, do CPC).

Termos em que,

Pede deferimento.

Local, data.

ADVOGADO
OAB n. XXX

## 10. Ação de Alimentos

**(XXV Exame de Ordem Unificado/FGV – Reaplicação Porto Alegre-RS)** Luísa dos Santos Bastos, nascida em 01/01/2010, domiciliada na cidade Alfa, é filha de Maria dos Santos e de Paulo Bastos. A avó paterna, Alice Bastos, goza de confortável situação patrimonial e mora na cidade Delta. Todos os demais avós faleceram antes de Luísa nascer. Maria dos Santos e Paulo Bastos se divorciaram em 04/07/2013, e ficou ajustado que o pai pagaria pensão alimentícia a Luísa no valor de R$ 2.000,00 (dois mil reais), o que fez até o dia da sua morte, em 25/08/2015.

Paulo Bastos não deixou bens a partilhar, de modo que Luísa nada recebeu de herança. Sem condições de arcar sozinha com a manutenção e educação da filha, já que recebe apenas um salário mínimo nacional de remuneração por mês – valor absolutamente insuficiente para arcar com as necessidades da menor –, Maria dos Santos procura você, como advogado(a), e pergunta o que pode ser feito em relação ao sustento da criança.

Na qualidade de advogado(a) de Maria dos Santos, elabore a peça processual cabível para a tutela dos interesses da filha desta, que pretende haver R$ 1.500,00 (mil e quinhentos reais) a título de alimentos.

### GABARITO DA OAB

Cuida-se de petição inicial de Ação de Alimentos, com pedido de fixação de alimentos provisórios, a ser ajuizada em face da avó paterna, Alice Bastos.

O examinando deve identificar que o juízo competente é o juízo da comarca da cidade Alfa, nos termos do art. 53, inciso II, do CPC/15. Ademais, na qualificação da parte autora, deve apontar que ela está, no ato, representada por sua mãe.

Impõe-se seja requerida a gratuidade de justiça, com base nos artigos 98 e 99 do CPC/15 e no art. 1º, §§ 2º e 3º, da Lei n. 5.478, já que a autora, menor que depende de pensionamento, não possui condições financeiras para suportar as custas processuais e honorários advocatícios da presente ação.

Deve, ainda, discorrer sobre o histórico familiar, explicar a admissibilidade de fixação de alimentos avoengos, nos termos do art. 1.698 do CC, e destacar a presença do binômio necessidade/possibilidade dos alimentos, bem com o caráter subsidiário da obrigação.

Os pedidos devem ser formulados da seguinte forma:

I) deferimento de gratuidade de justiça;

II) fixação, em sede liminar, de alimentos provisórios no valor de R$ 1.500,00;

III) procedência final do pedido com a condenação da ré no pagamento mensal de alimentos definitivos no valor de R$ 1.500,00; e

IV) produção de todas as provas em direito admitidas, em especial de prova oral com oitiva de testemunhas, depoimento pessoal da ré e prova documental suplementar.

O examinando deve dar à causa o valor de R$ 18.000,00 (12 vezes R$ 1.500,00), nos termos do art. 292, inciso III, do CPC/15.

Por fim, o fechamento da peça (local, data, assinatura e inscrição OAB).

## DISTRIBUIÇÃO DOS PONTOS

| ITEM | PONTUAÇÃO |
|---|---|
| **Endereçamento** | |
| Ao juízo da comarca da cidade Alfa (0,10). | 0,00/0,10 |
| **Partes** | |
| Autora: Luísa dos Santos Bastos e sua qualificação completa (0,10), representada no ato por sua mãe, Maria dos Santos e sua qualificação completa (0,10); Ré: Alice Bastos e sua qualificação completa (0,10). | 0,00/0,10/0,20/0,30 |
| **Fundamentos da gratuidade da justiça** | |
| Sustentar o direito à gratuidade de justiça, já que a autora, menor que depende de pensionamento, não possui condições financeiras para suportar as custas processuais e honorários advocatícios da presente ação (0,20), com base nos artigos 98 e 99 do CPC/15 OU no art. 1º, §§ 2º e 3º, da Lei n. 5.478 (0,10). | 0,00/0,20/0,30 |
| **Fundamentação fática e jurídica/legal** | |
| Explicar a necessidade da autora (0,30), já que sempre dependeu da pensão alimentícia do pai para seu sustento (0,30). | 0,00/0,30/0,60 |
| Argumentar que a mãe não tem condições de, sozinha, manter Luísa (0,40). | 0,00/0,40 |
| Indicar a possibilidade dos alimentos pela avó paterna, que goza de confortável situação patrimonial (0,40). | 0,00/0,40 |
| Tratar da admissibilidade dos alimentos avoengos (0,70), previstos no art. 1.698 do CC (0,10). | 0,00/0,70/0,80 |
| Abordar o caráter subsidiário da obrigação (0,40). | 0,00/0,40 |
| Indicar o cabimento da concessão de alimentos provisórios (0,50), na forma do art. 4º da Lei n. 5.478 (0,10). | 0,00/0,50/0,60 |
| **Pedidos** | |
| I) deferimento de gratuidade de justiça (0,10). | 0,00/0,10 |
| II) fixação, em sede liminar, de alimentos provisórios no valor de R$ 1.500,00 (0,20). | 0,00/0,20 |
| III) procedência final do pedido com a condenação da ré no pagamento mensal de alimentos definitivos no valor de R$ 1.500,00 (0,30). | 0,00/0,30 |
| IV) a produção de todas as provas em direito admitidas (0,10), em especial de prova oral com oitiva de testemunhas, depoimento pessoal da ré e prova documental suplementar (0,10). | 0,00/0,10/0,20 |
| Dar à causa o valor de R$ 18.000,00 (12 vezes R$ 1.500,00) (0,20). | 0,00/0,20 |
| **Fechamento** | |
| Local, data, assinatura e OAB (0,10). | 0,00/0,10 |

## COMENTÁRIOS DOS AUTORES

Neste exame, novamente uma inicial. E, como em diversos outros exames ao longo dos anos, uma ação de alimentos.

A ação de alimentos é uma das mais frequentes no cotidiano forense e, também, uma das mais usuais na 2ª fase da OAB.

Sendo uma petição inicial, deve seguir todos os requisitos do art. 319 do CPC. Mas também é um procedimento especial, o que faz com que sejam também observadas as características desse procedimento (Lei n. 5.478/68) e ainda as regras do CPC quanto ao procedimento das ações de família (art. 693 e s.) – sendo curioso destacar que o examinador não colocou isso no gabarito, mas é algo relevante a ser mencionado na peça (dificilmente numa futura prova o examinador deixará de cobrar essa previsão do CPC).

É comum que as ações de alimentos tenham por objeto interesse ou direito de menor ou outro incapaz, como ocorre no caso do enunciado. Nesta situação, é preciso cautela para não incorrer no risco de apontar como parte a mãe, o pai ou o representante legal do incapaz, sendo certo que este tem capacidade para ser parte, mas agirá representado ou assistido (art. 70 do CPC).

Sempre na ação de alimentos deve se lembrar também da liminar, ou seja, a fixação de alimentos provisórios (art. 4º da Lei n. 5.478/68).

No mais, em relação ao direito material, em toda ação que discuta a existência do direito a alimentos, seja para a fixação, seja para a revisão ou exoneração, é essencial a argumentação em torno do binômio necessidade-possibilidade, previsto no art. 1.695 do CC. Na fixação, é necessária ainda a discussão do dever legal de prestar alimentos, que pode ser atribuído a cônjuge/companheiro ou parentes. No caso dos parentes, importante demonstrar a impossibilidade daqueles que figuram em primeiro lugar na ordem dos devedores, quando se pretendem os alimentos contra os obrigados subsidiários (art. 1.698).

## MODELO

**EXCELENTÍSSIMO SENHOR DOUTOR JUIZ DE UMA DAS VARAS DE FAMÍLIA DO FORO DA COMARCA ALFA**

*(5 linhas)*

**LUÍSA DOS SANTOS BASTOS**, nascida em 01/01/2010, domiciliada na cidade Alfa, menor impúbere, representada por sua genitora, **MARIA DOS SANTOS**, [nacionalidade], [estado civil], [profissão], portadora da cédula de identidade RG n. XXX, inscrita no CPF/MF sob o n. XXX, com endereço eletrônico XXX, residente e domiciliada na Rua XXX, n. XXX, bairro XXX, cidade XXX, Estado XXX, CEP XXX, vem, respeitosamente, perante Vossa Excelência, por intermédio de seu advogado, abaixo assinado (procuração anexa), com fundamento na Lei n. 5.478/68 e no CPC, art. 693 e ss., propor a presente

**AÇÃO DE ALIMENTOS COM PEDIDO LIMINAR DE ALIMENTOS PROVISÓRIOS**

em face de **ALICE BASTOS**, [nacionalidade], [estado civil], [profissão], portadora da cédula de identidade RG n. XXX, inscrita no CPF/MF sob o n. XXX, com endereço eletrônico XXX, residente e domiciliada na Rua XXX, n. XXX, bairro XXX, cidade XXX, Estado XXX, CEP XXX, pelas razões de fato e de direito abaixo aduzidas.

**I. SÍNTESE DOS FATOS**

A Autora, menor impúbere, é filha de Maria dos Santos e de Paulo Bastos, já falecido. Seus pais divorciaram-se em 04/07/2013, restando ajustado que o genitor pagaria pensão alimentícia à Autora, no valor de R$ 2.000,00 (dois mil reais).

O pai da menor honrou com o pagamento mensal da pensão até a data de sua morte, em 25/08/2015. Paulo não deixou bens a partilhar, de modo que a Autora não recebeu qualquer valor ou bem a título de herança.

Após a morte do pai da Autora, sua mãe se viu impossibilitada de arcar sozinha com as despesas para manutenção e educação da filha, já que percebe remuneração mensal correspondente a um salário mínimo nacional, o que é insuficiente para atender às necessidades da menor.

Assim, considerado que os demais avós da menor faleceram antes de seu nascimento, a Autora utiliza-se da presente medida judicial, a fim de que sejam fixados alimentos avoengos para o sustento da menor.

### II. DA CONCESSÃO DO BENEFÍCIO DA GRATUIDADE DE JUSTIÇA

Nos termos do art. 1º, §§ 2º e 3º, da Lei n. 5.478/68, a parte que não tiver condições de arcar com o pagamento das custas e despesas processuais sem prejuízo de seu sustento e de sua família terá concedido o benefício da gratuidade.

Desse modo, considerando que a Autora é menor dependente de pensionamento mensal e que sua mãe percebe remuneração mensal correspondente a um salário mínimo, requer a concessão da gratuidade de justiça.

### III. DO DIREITO

De acordo com a disposição do art. 1.695 do CC, são devidos alimentos quando quem os pretende não possui bens, nem pode prover à própria mantença por meio de seu trabalho; ao passo que aquele a quem se reclama pode fornecê-los, sem prejuízo de seu próprio sustento.

Conforme já exposto, a menor depende do recebimento de pensão alimentícia para garantia de sua subsistência desde o acordo firmado com o pai, no ano de 2013. Com a morte de seu genitor, a menor viu-se desamparada, considerando que a remuneração mensal percebida pela mãe é insuficiente para arcar com as necessidades da Autora.

Por outro lado, a avó paterna da Autora, ora Ré, goza de situação patrimonial bastante confortável, que lhe possibilita arcar com o pagamento de pensão alimentícia, no valor proposto, sem qualquer prejuízo ao seu próprio sustento.

De acordo com o art. 1.698 do CC, a fixação dos alimentos avoengos é possível, em caráter subsidiário, na impossibilidade de cumprimento da obrigação alimentar pelo parente que deve alimentos em primeiro lugar – entendimento validado recentemente pelo E. STJ no enunciado da Súmula n. 596 ("A obrigação alimentar dos avós tem natureza complementar e subsidiária, somente se configurando no caso de impossibilidade total ou parcial de seu cumprimento pelos pais").

No presente caso, com a morte de seu pai e de seus outros avós, a avó paterna da Autora é a ascendente de grau mais próximo, apta a assumir a obrigação.

Dessa forma, demonstrada a necessidade da Autora e a possibilidade financeira da Ré para arcar com a pensão alimentícia, no valor proposto, requer sejam fixados, desde logo, os alimentos provisórios, nos termos do art. 4º da Lei n. 5.478/68.

### IV. DOS REQUERIMENTOS E DOS PEDIDOS

Diante do exposto, a Autora requer:

(i) a concessão do benefício da gratuidade de justiça;

(ii) a fixação de alimentos provisórios, nos termos do art. 4º da Lei n. 5.478/68, no valor de R$ 1.500,00 (mil e quinhentos reais) a serem pagos mensalmente;

(iii) a citação postal da Ré para comparecimento em audiência e para que, querendo, apresente contestação no prazo legal;

(iv) considerando que estamos diante de um procedimento de ação de família (CPC, art. 693, p.u.), requer que o mandado de citação não traga cópia da petição inicial (CPC, art. 695, § 1º);

(v) a intimação do Ministério Público para se manifestar, diante da presença de menor (art. 178, II, do CPC); e

(vi) ao final, a procedência da presente ação, com a fixação de pensão mensal alimentícia, em definitivo, no valor de R$ 1.500,00 (mil e quinhentos reais), e a condenação da Ré ao pagamento dos ônus de sucumbência;

(vii) requer provar o alegado por todos os meios de prova em direito admitidos, especialmente a oitiva de testemunhas, o depoimento pessoal da Ré e, ainda, eventual juntada de novos documentos, conforme o art. 8º da Lei n. 5.478/68.

Dá-se à causa o valor de R$ 18.000,00 (dezoito mil reais), correspondente à soma de doze vezes o valor pleiteado, nos termos do art. 292, III, do CPC.

Nestes termos,

Pede deferimento.

Local, data.

ADVOGADO
OAB n. XXX

## 1. Ação Pauliana

**(XX Exame de Ordem Unificado/FGV – Reaplicação Porto Velho-RO[1])** Ulisses, domiciliado no Rio de Janeiro, solicitou empréstimo de R$ 35.000,00 de Tertuliano, também domiciliado no Rio de Janeiro. Tertuliano não titubeou em conceder o empréstimo, já que sabia que Ulisses estava empregado em renomada empresa hoteleira como gerente, possuindo conta corrente regular. Pactuaram que o valor seria devolvido no prazo de trinta dias.

No último dia do prazo estipulado, Tertuliano notificou extrajudicialmente Ulisses para que este realizasse o pagamento. Contudo, devidamente notificado, Ulisses afirmou que não poderia efetuá-lo por não possuir os recursos necessários. Tertuliano sabe que Ulisses não possui quaisquer bens em seu nome e não possui recursos em sua conta corrente.

Uma semana após a notificação, Tertuliano teve conhecimento de que, naquela mesma semana, Ulisses perdoou dívidas de R$ 36.000,00 de Marius, seu credor, que, em conluio com Ulisses, aceitou a remissão para fins de auxiliá-lo maliciosamente em seu intuito de esvaziar seu patrimônio e fugir ao compromisso assumido com Tertuliano.

Na qualidade de advogado(a) de Tertuliano, redija a peça processual cabível, mencionando, ao final, a providência a ser requerida.

### GABARITO DA OAB

A peça cabível será uma Ação Pauliana, direcionada ao Juízo de uma das Varas Cíveis da Comarca do Rio de Janeiro (art. 46 do CPC/15 c/c o art. 259, inciso V, do CC).

---

[1] O Exame é nacional mas, em algumas situações, por questões específicas do local (como falta de luz), há necessidade de nova aplicação apenas em determinadas praças. Foi o que aconteceu neste Exame XX, que teve nova aplicação apenas em Porto Velho.

O examinando deve destacar que se trata de hipótese de fraude contra credores com todos os seus requisitos, nos termos do art. 159 do CC.

A legitimidade ativa para a ação é de Tertuliano, posto que já era credor antes da remissão de dívida, nos termos do art. 158, § 2º, do CC.

A legitimidade passiva deve ser de Ulisses e Marius, já que ambos celebraram a estipulação considerada fraudulenta, nos termos do art. 161 do CC, em litisconsórcio passivo necessário (art. 114 do CPC/15). Caso contrário, o provimento jurisdicional se tornaria ineficaz, já que o processo como regra só faz coisa julgada entre as partes (art. 506 do CPC/15) e o valor que se visa obter está em poder de Marius.

Deve destacar ainda que o débito era preexistente à remissão operada e que a fraude quando proveniente de remissão de dívida é presumida, pois resta inequivocamente caracterizada a má-fé, não havendo que se falar em conluio fraudulento, tendo em vista o exposto no art. 158, *caput*, do CC.

Por fim, deve pugnar pela anulação do negócio celebrado, nos termos do art. 171, inciso II, do CC.

## DISTRIBUIÇÃO DOS PONTOS

| ITEM | PONTUAÇÃO |
|---|---|
| **Endereçamento** | |
| Juízo de uma das Varas Cíveis da Comarca do Rio de Janeiro | 0,00/0,10 |
| **Identificação da ação** | |
| Identificação da ação (Ação Pauliana) | 0,00/0,40 |
| **Partes** | |
| Indicação correta dos polos ativo (Tertuliano) (0,10), nos termos do art. 158, § 2º, do CC (0,10), e passivo (Marius e Ulisses) (0,20), nos termos do art. 161 do CC (0,10), com qualificação do polo ativo (0,10) e do polo passivo (0,20). | 0,00/0,10/0,20/0,30/0,40/0,50/0,60/0,70/0,80 |
| Indicação de litisconsórcio necessário (0,40), nos termos do art. 114 do CPC (0,10). | 0,00/0,40/0,50 |
| **Fundamentação jurídica** | |
| 1) Fraude contra credores (0,40), nos termos do art. 159 do CC (0,10). | 0,00/0,40/0,50 |
| 2) Débito era preexistente à remissão de dívidas, por isso pode ocorrer o pleito (0,40), nos termos do art. 158, § 2º, do CC (0,10). | 0,00/0,40/0,50 |
| 3) Quando ocorre fraude proveniente de remissão de dívidas é presumida a má-fé do devedor (0,40), sendo que, no caso, há conluio fraudulento entre Marius e Ulisses (0,30), nos termos do art. 158 do CC (0,10). | 0,00/0,30/,40/0,50/0,70 |
| **Pedidos** | |
| a) Indicar a opção pela realização ou não da audiência de conciliação ou mediação (0,20). | 0,00/0,20 |
| b) anulação do negócio celebrado (0,30), nos termos do art. 171, inciso II, do CC (0,10). | 0,00/0,30/0,40 |
| c) condenação em custas e honorários (0,10). | 0,00/0,10 |

**OAB Esquematizado 2ª Fase – Civil** | 393

| Estruturar a peça corretamente: fatos/fundamentos/pedidos (0,50). | 0,00/0,50 |
| Protesto pela produção de provas (0,10). | 0,00/0,10 |
| Valor da causa (0,10). | 0,00/0,10 |
| **Fechamento** | |
| Local, data, assinatura e OAB (0,10). | 0,00/0,10 |

## COMENTÁRIOS DOS AUTORES

Temos aqui mais uma inicial, e de uma ação que igualmente aparece com alguma frequência na OAB 2ª fase, como peça ou objeto de questões: ação pauliana.

A maior dificuldade da ação pauliana é seu nome, pois não há, na legislação, previsão nesse sentido (esse nome é decorrente de tradição, vindo desde o direito romano). Sendo assim, não se trata de procedimento especial, mas sim de procedimento comum, seguindo todos os requisitos do art. 319 do CPC. Não deveria, contudo, haver perda de pontos pela utilização de outros nomes, tais como "ação de anulação" ou "ação anulatória do negócio jurídico por fraude contra credores" (e os que foram prejudicados poderiam apresentar recurso).

A causa de pedir será narrar que houve a situação de fraude contra credores em negócio jurídico gratuito (e não fraude à execução), e o pedido a anulação do negócio. Assim, se houver a correta causa de pedir e pedido, mas não o nome de "pauliana", é possível que mesmo parte da pontuação pelo nome seja atribuída. Isso porque, no sistema processual brasileiro, o mais relevante é a exposição dos elementos da ação (partes, causa de pedir e pedido) e não do "nome da ação".

Quanto ao mérito, o examinando deve abordar os requisitos para anulação de negócios jurídicos gratuitos (incluindo remissão de dívidas), nos termos do art. 158 do CC: (i) basta que o negócio gratuito reduza ou agrave a insolvência do devedor, não sendo necessária a demonstração de *consilium fraudis* ou conluio entre as partes do negócio (apesar de o enunciado evidenciar a existência, o que torna recomendável a menção na peça); (ii) o crédito de Tertuliano é anterior ao negócio fraudulento (art. 158, § 2º, do CC).

Andou mal o gabarito oficial ao indicar como fundamento o art. 159 do CC e exigir a menção do conluio para caracterização da fraude, pois tal dispositivo trata da anulação de negócios onerosos, a qual depende de requisitos distintos dos negócios gratuitos. Acreditamos, contudo, que a banca tenha pontuado as respostas elaboradas com base no art. 158 do CC, mesmo sem retificar o gabarito. Os prejudicados foram orientados a elaborar recurso.

## MODELO

---

EXCELENTÍSSIMO SENHOR DOUTOR JUIZ DE DIREITO DE UMA DAS VARAS CÍVEIS DO FORO DA COMARCA DO RIO DE JANEIRO-RJ

*(5 linhas)*

TERTULIANO, [nacionalidade], [estado civil], [profissão], portador da cédula de identidade RG n. XXX, inscrito no CPF/MF sob o n. XXX, com endereço eletrônico XXX, residente e domiciliado na Rua XXX, n. XXX, bairro XXX, cidade XXX, Estado XXX, CEP XXX, vem, respeitosamente, perante Vossa Excelência, por intermédio de seu advogado, abaixo assinado (procuração anexa), com fulcro nos artigos 158 e 161 do Código Civil e na forma do 319 do Código de Processo Civil, propor a presente

## AÇÃO PAULIANA

pelo procedimento comum, em face de **ULISSES**, [nacionalidade], [estado civil], [profissão], portador da cédula de identidade RG n. XXX, inscrito no CPF/MF sob o n. XXX, com endereço eletrônico XXX, residente e domiciliado na Rua XXX, n. XXX, bairro XXX, cidade XXX, Estado XXX, CEP XXX, e **MARIUS**, [nacionalidade], [estado civil], [profissão], portador da cédula de identidade RG n. XXX, inscrito no CPF/MF sob o n. XXX, com endereço eletrônico XXX, residente e domiciliado na Rua XXX, n. XXX, bairro XXX, cidade XXX, Estado XXX, CEP XXX, em litisconsórcio passivo necessário (CPC, art. 114), pelas razões de fato e de direito abaixo aduzidas.

### I. SÍNTESE DOS FATOS

O Autor concedeu empréstimo ao Réu Ulisses, no valor de R$ 35.000,00 (trinta e cinco mil reais), a ser devolvido no prazo de 30 (trinta) dias.

No último dia do prazo estipulado, o Autor notificou extrajudicialmente o Réu Ulisses para que este realizasse o pagamento, a fim de constituí-lo em mora. Contudo, devidamente notificado, o Réu afirmou que não poderia efetuá-lo por não possuir os recursos necessários.

Ocorre que, uma semana após a notificação, o Autor teve conhecimento de que, naquela mesma semana, o Réu Ulisses perdoou dívidas de seu credor, Marius, no montante de R$ 36.000,00 (trinta e seis mil reais) – valor suficiente para quitar o débito existente com o Autor.

Sabe-se que o Réu Ulisses não possui bens em seu nome ou recursos em conta bancária. Segundo se tem notícias, os Réus agiram em conluio, maliciosamente, a fim de dilapidar o patrimônio de Ulisses, impossibilitando-o de honrar sua dívida.

Assim, serve-se o Autor da presente ação, com o intuito de que seja anulado o negócio jurídico celebrado entre os Réus, em evidente fraude contra credores.

### II. DO DIREITO

Conforme dispõe o art. 158 do CC, presume-se fraudulenta a remissão de dívida quando praticada por devedor insolvente ou por ela reduzido à insolvência, cabendo aos credores quirografários pleitear a anulação do negócio.

Ainda no âmbito do referido dispositivo, em seu § 2º, o direito à propositura da ação pauliana é restrito aos credores cujos débitos já existiam ao tempo da celebração do negócio fraudulento.

No caso em exame, conforme já noticiado, os Réus agiram em conluio com a finalidade única de dilapidar o patrimônio do devedor, por meio do perdão de dívida em montante suficiente para o pagamento do débito preexistente em favor do Autor, impossibilitando o cumprimento da obrigação assumida.

Assim, resta demonstrado o direito do Autor, credor quirografário, à anulação do negócio jurídico celebrado, nos termos do art. 158 do CC.

### III. DOS REQUERIMENTOS E DOS PEDIDOS

Diante de todo o exposto, requer:

(i) Sejam os Réus citados para, querendo, oferecer contestação no prazo legal;

(ii) Ao final, seja a presente ação julgada procedente, com a anulação do negócio jurídico celebrado entre os Réus, nos termos do art. 171, II, do CC; e

(iii) Sejam os Réus condenados ao pagamento das custas processuais e dos honorários advocatícios;

(iv) Requer provar o alegado por todos os meios de prova em direito admitidos, especialmente a juntada de eventuais novos documentos.

Em atendimento ao disposto no art. 319, VII, do CPC, o Autor informa que há / não há interesse na designação de audiência de conciliação.

Dá-se à causa o valor de R$ XXX (XXX reais).

Nestes termos,

Pede deferimento.

Local, data.

ADVOGADO
OAB n. XXX

## 12. Apelação

**(36º Exame de Ordem Unificado/FGV)** João ajuizou ação monitória em face de Daniel, instruída com instrumento particular de confissão de dívida, assinada por Daniel e sem assinatura de testemunhas, em que Daniel confessa ser devedor da quantia de R$ 200.000,00 em favor de João, resultante de contrato de mútuo anteriormente firmado entre as partes, e assumindo o compromisso de efetuar a quitação integral do débito em 30 dias, a contar da assinatura do instrumento particular de confissão de dívida. João recolheu devidamente as custas judiciais.

Daniel, regularmente citado, opõe embargos monitórios, sustentando como tese defensiva e não instruindo sua defesa com qualquer documento, que o valor pleiteado por João é excessivo, sem indicar o montante que entende correto. Em acréscimo, aponta que João somente lhe disponibilizou R$ 100.000,00, razão pela qual o pagamento do montante de R$ 200.000,00, em seu entender, é indevido.

Em resposta aos embargos, João, preliminarmente, pugnou pelo não conhecimento dos embargos monitórios, ante a falta de indicação do valor que entende correto. Quanto ao mérito, aponta que o valor de R$ 200.000,00, alegadamente excessivo, é resultante da soma da quantia emprestada a Daniel, equivalente a R$ 180.000,00, e R$ 20.000,00 dizem respeito à cláusula penal e aos juros compensatórios que foram pactuados entre as partes na hipótese de descumprimento da avença.

Além disso, João apontou que houve o empréstimo do valor de R$ 180.000,00, instruindo sua resposta com extratos bancários que comprovam a efetiva transferência desta soma para Daniel.

O juízo da 2ª Vara Cível da Comarca do Rio de Janeiro, que não se manifestou na sentença acerca da preliminar levantada e da defesa apresentada por João, julgou procedentes os embargos monitórios, entendendo pela improcedência da pretensão de João, deixando de constituir o título executivo e o condenando ao pagamento das custas e honorários advocatícios. Após a prolação da sentença, foram rejeitados embargos de declaração por decisão publicada em 03/06/2021, quinta-feira.

Na qualidade de advogado de João, elabore a peça processual cabível em defesa de seus interesses. O recurso deverá ser datado no último dia do prazo para sua apresentação. Desconsidere a existência de feriados nacionais ou locais. (Valor: 5,00)

*Obs.: a peça deve abranger todos os fundamentos de Direito que possam ser utilizados para dar respaldo à pretensão. A simples menção ou transcrição do dispositivo legal não confere pontuação.*

## GABARITO DA OAB

A peça processual a ser elaborada é a apelação em embargos monitórios (art. 702, § 9º c/c. o art. 1.009, ambos do CPC). A apelação deve ser endereçada ao Juízo de Direito da 2ª Vara Cível da Comarca do Rio de Janeiro. O apelante é João e o apelado é Daniel. Deve ser indicada a tempestividade da peça recursal na forma do art. 1003, § 5º, do CPC, e indicar ter efetuado o preparo do recurso, na forma do art. 1007 do CPC. Tendo em vista que a publicação ocorreu no dia 03/06/2021, o termo final para apresentação da apelação é o dia 24/06/2021.

João, preliminarmente, deve sustentar que a sentença é nula ante a ausência de fundamentação, tendo descumprido o disposto no art. 489, § 1º, inciso IV, do CPC, pois a alegação de violação ao art. 702, § 2º, do CPC era capaz de infirmar as conclusões do órgão julgador acerca da procedência dos embargos monitórios.

Em acréscimo, deve-se apontar que, se Daniel não indicou o valor que entende correto e, tampouco, trouxe aos autos demonstrativo discriminado e atualizado da dívida; tal conduta enseja o não conhecimento dos embargos monitórios, na forma do art. 702, § 3º, do CPC, pugnando, assim, pela declaração de nulidade da sentença. Ademais, deverá alegar violação aos artigos 10 e 11 do CPC.

Quanto ao mérito, João deve indicar que, nos termos do art. 586 do CC, o mutuário é obrigado a restituir ao mutuante o que dele recebeu em coisa do mesmo gênero, qualidade e quantidade, razão pela qual a devolução do montante integralmente emprestado é devido, ou seja, R$ 180.000,00, acrescidos dos juros e cláusula penal pactuada.

Além disso, em razão de o processo se encontrar em condições de imediato julgamento, João deve fundamentar e requerer a aplicação da teoria da causa madura (art. 1.013, § 3º, inciso IV, do CPC), para que o Tribunal julgue improcedentes os embargos monitórios opostos por Daniel, com lastro no art. 488 e no art. 702, §§ 2º e 3º, ambos do CPC, e constitua o título executivo judicial. Deve-se requerer a inversão dos ônus da sucumbência e fixação de honorários recursais. Por fim, local, data, assinatura e inscrição OAB.

## DISTRIBUIÇÃO DOS PONTOS

| ITEM | PONTUAÇÃO |
|---|---|
| **Endereçamento** | |
| 1. A apelação deve ser dirigida ao Juízo de Direito da 2ª Vara Cível da Comarca do Rio de Janeiro (0,10). | 0,00/0,10 |
| 2. As razões devem ser dirigidas ao Tribunal de Justiça do Rio de Janeiro (0,10). | 0,00/0,10 |
| **Partes** | |
| 3. Nome e qualificação de João (apelante) (0,10) e de Daniel (apelado) (0,10). | 0,00/0,10/0,20 |
| **Tempestividade** | |
| 4. Interposição no prazo de 15 dias (0,10), ou seja, 24/06/21 (0,10), último dia do prazo, na forma do art. 1.003, § 5º, do CPC (0,10). | 0,00/0,10/0,20/0,30 |
| **Regularidade Formal** | |
| 5. Preparo (0,10), na forma do art. 1007 do CPC (0,10). | 0,00/0,10/0,20 |
| 6. Intimação do apelado para a oferta de contrarrazões (0,20), na forma do art. 1010, § 1º, do CPC (0,10). | 0,00/0,20/0,30 |

| | |
|---|---|
| 7. Exposição dos fatos (0,10). | 0,00/0,10 |
| **Fundamentação** | |
| 8. Nulidade da sentença ante a ausência de fundamentação (0,50), tendo descumprido o disposto no art. 489, § 1º, inciso IV, do CPC ou no art. 11 do CPC ou no art. 93, inciso IX, da CF (0,10). | 0,00/0,50/0,60 |
| 9. O apelado não declarou o valor que entende correto ou apresentou o demonstrativo da dívida (0,50), violando o art. 702, § 2º, do CPC (0,10). | 0,00/0,50/0,60 |
| 10. A omissão de Daniel enseja o não conhecimento/rejeição da alegação de excesso nos embargos monitórios (0,50), na forma do art. 702, § 3º, do CPC (0,10). | 0,00/0,50/0,60 |
| 11.a. O mutuário é obrigado a restituir o valor emprestado (0,50), nos termos do art. 586 do CC (0,10). | 0,00/0,50/0,60 |
| 11.b. Acrescido dos juros compensatórios (0,10). | 0,00/0,10 |
| 11.c. Acrescido da cláusula penal pactuada (0,10), nos termos do art. 408 do CC (0,10). | 0,00/0,10/0,20 |
| **Pedidos** | |
| 12. Declaração de nulidade da sentença (0,25). | 0,00/0,25 |
| 13.a. Reforma da sentença (0,20). | 0,00/0,20 |
| 13.b. Julgamento de improcedência/rejeição do pedido dos embargos monitórios (0,15). | 0,00/0,15 |
| 13.c. Constituição do título executivo judicial (0,10). | 0,00/0,10 |
| 14. Inversão dos ônus de sucumbência (0,20). ou Condenação do recorrido ao pagamento das custas (0,10) e dos honorários advocatícios (0,10). | 0,00/0,10/0,20 |
| **Fechamento** | |
| 15. Local, data (24/06/2021), assinatura e inscrição OAB (0,10). | 0,00/0,10 |

## COMENTÁRIOS DOS AUTORES

Novamente a OAB pediu uma das peças que é das mais frequentes em exames de 2ª fase: uma apelação.

A identificação do recurso é relativamente simples, pois o enunciado fala expressamente em sentença, cujo recurso cabível é a apelação (CPC, art. 1.009). Ademais, o art. 702, § 9º, do CPC menciona expressamente que a apelação é o recurso cabível contra a sentença que acolhe ou rejeita os embargos monitórios (que são a contestação da ação monitória).

Pelo Código, a sentença deve observar uma série de requisitos para que seja considerada fundamentada (CPC, art. 489, § 1º). A partir da leitura do enunciado, já se percebe que houve omissão em relação a alguns argumentos – e o próprio examinador, felizmente, afirmou que os declaratórios foram negados, o que evita a dúvida quanto a se eventualmente fazer esse recurso (o que é bastante raro na OAB).

Assim, considerando que a alegação de violação ao art. 702, § 2º, do CPC (falta de indicação do valor devido) era capaz de alterar a conclusão do juiz (por levar à rejeição dos embargos, nos termos do § 3º do art. 702), diante da ausência de fundamentação, há nulidade da sentença, nos termos do arts. 11 e 489,

§ 1º, IV, do CPC. Por sua vez, diante da nulidade por falta de fundamentação, era possível se requerer julgamento diretamente no Tribunal (teoria da causa madura – art. 1.013, § 3º, IV, do CPC).

Além da alegação de nulidade por não apreciação desse dispositivo, também deveria constar da apelação que o devedor, em sede de embargos monitórios, sustentou apenas haver excesso no valor pleiteado, mas sem indicar o montante que entendia correto ou de juntar o demonstrativo discriminado e atualizado da dívida. Assim, como já mencionado, a solução seria a rejeição liminar dos embargos monitórios (CPC, art. 702, § 3º) – vale destacar que o gabarito fala erroneamente em "não conhecimento dos embargos"; essa expressão "não conhecer" é relativa a recursos, não a defesa, em 1º grau.

No mérito, o examinando deveria alegar a regularidade de sua cobrança, uma vez que foi demonstrada a existência de contrato de mútuo, com o empréstimo da quantia de R$ 180.000,00, devendo o mutuário ao final do prazo pactuado, restituir o valor emprestado (coisa do mesmo gênero, qualidade e quantidade – art. 586 do CC), acrescido da multa estabelecida em cláusula penal (art. 408 do CC) e juros de mora (art. 395 do CC).

Quanto ao pedido, seria o caso de pleitear o conhecimento e provimento do recurso para (i) devolver os autos à origem para julgamento em 1º grau do que foi omisso ou (ii) desde logo julgar o mérito, com base no art. 1.013, § 3º (teoria da causa madura), rejeitando os embargos monitórios apresentados pelo devedor.

Deveria haver menção ao recolhimento de custas de preparo, inversão do ônus da sucumbência e menção a ser hipótese de recurso com duplo efeito (CPC, art. 1.012).

Por fim, o prazo é de 15 dias (CPC, art. 1.003, § 5º), contado nos termos do art. 224 do CPC. Assim, exclui--se o dia da publicação, contam-se somente os dias úteis e inclui-se o dia do término, o que chega ao dia 24/06 – sem considerar a existência de qualquer feriado no período.

## MODELO

---

EXCELENTÍSSIMO SENHOR DOUTOR JUIZ DE DIREITO DA 2ª VARA CÍVEL DA COMARCA DO RIO DE JANEIRO

*(5 linhas)*

Processo n. XXX

JOÃO, [nacionalidade], [estado civil], [profissão], portador da cédula de identidade RG n. XXX, inscrito no CPF/MF sob o n. XXX, com endereço eletrônico XXX, residente e domiciliado na Rua XXX, n. XXX, bairro XXX, cidade XXX, Estado XXX, CEP XXX, vem, respeitosamente, perante Vossa Excelência, por intermédio de seu advogado, abaixo assinado (procuração anexa), com fulcro nos artigos 1.009, "caput", e 702, § 9º do Código de Processo Civil, interpor o presente

**RECURSO DE APELAÇÃO**

em face da r. sentença de fls., que acolheu os embargos monitórios opostos por Daniel [nacionalidade], [estado civil], [profissão], portador da cédula de identidade RG n. XXX, inscrito no CPF/MF sob o n. XXX, com endereço eletrônico XXX, residente e domiciliado na Rua XXX, n. XXX, bairro XXX, cidade XXX, Estado XXX, CEP XXX, pelas razões de fato e de direito a seguir aduzidas.

Requer, assim, que seja intimada a parte Apelada para, querendo, apresentar contrarrazões, com a posterior remessa ao Egrégio Tribunal de Justiça do RJ, sem que haja juízo de admissibilidade na origem (CPC, art. 1.010, § 3º). Vale lembrar que, neste caso, a hipótese é de recurso no duplo efeito (CPC, art. 1.012).

Por fim, requer a juntada do respectivo comprovante de recolhimento do preparo recursal (Doc. XXX).

Nestes termos,

Pede deferimento.

Local, 24/06/2021 (CPC, art. 224).

ADVOGADO

OAB n. XXX

---

## RAZÕES DO RECURSO DE APELAÇÃO

**APELANTE:** JOÃO

**APELADO:** DANIEL

**ORIGEM:** Ação monitória n. XXX – 2ª Vara Cível da Comarca do Rio de Janeiro

Egrégio Tribunal,

Colenda Câmara,

Eminentes Julgadores,

### I. SÍNTESE DA PRESENTE DEMANDA

Na origem, trata-se de ação monitória ajuizada pelo Apelante em face do Apelado, lastreada por instrumento particular de confissão de dívida.

Citado, o Apelado opôs embargos monitórios, apontando excesso no valor pleiteando, sem juntar aos autos qualquer documento comprobatório ou indicando o valor que entende devido. Além disso, consignou que o Apelante disponibilizou apenas R$ 100.000,00, razão pela qual o pagamento do montante de R$ 200.000,00 seria indevido.

O Apelante, em resposta, pugnou pela rejeição liminar dos embargos monitórios, nos termos do parágrafo 3º do art. 702 do CPC.

O Juízo de origem acolheu os embargos opostos pelo Apelado e, julgou improcedente a monitória ajuizada.

Com a devida vênia, a r. sentença deve ser reformada, pelas razões de fato e de direito a seguir expostas.

## II. DO CABIMENTO E DA TEMPESTIVIDADE DA APELAÇÃO

De acordo com os arts. 1.003, § 5º, 1.009 e 702, § 9º, todos do CPC, da sentença caberá a interposição de recurso de apelação, no prazo de 15 (quinze) dias úteis.

Assim, considerando que a sentença foi publicada no dia 03/06/2021, o termo final para a interposição de apelação é 24/06/2021. Logo, o presente recurso é tempestivo, nos termos do art. 224 do CPC (com a exclusão do dia da publicação, inclusão do dia do término e contando apenas os dias úteis, conforme art. 219 do CPC).

No caso concreto, o Apelante se insurge contra a r. sentença de fls. XXX, por meio da qual o Juízo "a quo" julgou procedente os embargos monitórios, entendendo pela improcedência da pretensão do Apelante.

Logo, nos termos dos arts. 702, § 9º e 1.009 do CPC, a presente apelação representa o meio adequado para impugnar a r. sentença e sua interposição é tempestiva.

## III. DA NULIDADE DA R. SENTENÇA

### III.1. Da ausência de fundamentação

A disposição do art. 489, § 1º, do CPC especifica o que seria considerada uma decisão com vícios de fundamentação, trazendo, em seu inciso IV, a seguinte situação: não enfrentar todos os argumentos deduzidos pela parte capazes de, em tese, infirmar as conclusões do julgador.

No caso concreto, o magistrado de 1º grau não apreciou o fato de que o executado alegou excesso de execução sem indicar o montante que entendia correto, bem como sem juntar o demonstrativo discriminado e atualizado da dívida – ou seja, o que está previsto no art. 702, §§ 2º e 3º.

Por essa razão, é medida de rigor a anulação da r. sentença recorrida, em virtude da clara violação aos arts. 11 e 489, § 1º, do CPC.

### III.2. Da possibilidade de análise do mérito por esse E. Tribunal

Contudo, ainda que haja a nulidade da r. sentença por falta de fundamentação, é possível desde já a esse E. Tribunal decretar a nulidade e, nos termos do art. 1.013, § 3º, inciso IV, analisar o mérito da questão e consequentemente, rejeitar os embargos opostos pelo Apelado.

Trata-se de aplicação da "teoria da causa madura", que atende ao princípio da celeridade e não causa prejuízo a qualquer das partes.

## IV. DAS RAZÕES PARA REFORMA DA R. SENTENÇA

### IV.1. Da ausência de indicação do valor correto: rejeição dos embargos monitórios

Além da nulidade, já é possível dar provimento ao recurso no mérito, com a reforma da r. sentença, de modo a se rejeitar os embargos monitórios do Apelado.

Isso porque consigna o Apelante que os embargos monitórios não foram instruídos com os documentos necessários, especialmente com o demonstrativo discriminado e atualizado da dívida e, ainda, não houve a indicação do suposto valor devido.

Esses são requisitos essenciais dos embargos monitórios (CPC, art. 702, § 2º), sendo que se isso não é observado, a hipótese é de rejeição da defesa (CPC, art. 702, § 3º).

Além disso, a ação monitória deve ser julgada procedente, uma vez que resta demonstrada a existência de contrato de mútuo, conforme instrumento particular de confissão de dívida anexado. Deve, pois, o mutuário, ao final do prazo pactuado, restituir o valor emprestado (coisa do mesmo gênero, qualidade e quantidade – art. 586, do CC), acrescido da multa estabelecida em cláusula penal (art. 408, CC) e juros de mora (art. 395, CC), totalizando a quantia de R$200.000,00 objeto da presente cobrança.

Assim, desde já é possível o provimento do recurso, com a aplicação desses dispositivos do CPC e consequente rejeição dos embargos e procedência da ação monitória.

### V. DOS PEDIDOS

Diante de todo o exposto, requer:

(i) Após vista à parte contrária para contrarrazões, seja o recurso enviado ao E. TJRJ;

(ii) No E. Tribunal, o presente recurso seja conhecido e provido para:

(a) sejam devolvidos os autos à origem para julgamento em 1º grau, diante da nulidade por falta de fundamentação; ou, ainda,

(b) seja, desde logo, analisado o mérito, com base no art. 1.013, § 3º, do CPC (teoria da causa madura), sendo que, nesse caso, sejam rejeitados os embargos monitórios opostos pelo Apelado e julgada procedente a monitória proposta pelo Apelante;

(iii) a juntada da guia de custas recolhida, conforme art. 1.007 do CPC;

(iv) a inversão do ônus da sucumbência, com a majoração dos honorários advocatícios, conforme art. 85, § 11º do CPC.

Nestes termos,

Pede deferimento.

Local, 24/06/2021

ADVOGADO

OAB n. XXX

## 13. Contrarrazões de Apelação

**(39º Exame de Ordem Unificado/FGV)** Olga, domiciliada em Teresina, PI, adquiriu, em janeiro de 2022, uma chapinha de cabelo na loja Casa Mil, sediada em Campo Grande, MS, com o objetivo de fazer um penteado especial para um casamento em que seria madrinha, a se realizar na semana seguinte.

No dia da cerimônia, Olga pela primeira vez ligou o produto, que esquentou em excesso e queimou seus longos cabelos.

Em consequência, Olga precisou procurar um hospital e não pôde comparecer ao casamento. Olga então, ajuizou em março de 2023 ação de reparação de danos morais e materiais em face de Casa Mil, objetivando o recebimento de indenização no valor total de R$ 100.000,00 (cem mil reais), tendo sido a petição inicial distribuída à 2ª Vara Cível de Teresina.

Em contestação, a Ré sustentou preliminarmente a incompetência do juízo, por não ser o de sua sede. No mérito, sustentou a ocorrência da prescrição em virtude do transcurso de prazo superior a um ano entre a ocorrência do dano e o ajuizamento da ação. Alegou também a ausência de sua responsabilidade, seja porque não restou comprovada sua culpa, seja porque não fabricou o produto alegadamente defeituoso.

Em provas, a parte autora requereu a oitiva de testemunhas, o que foi indeferido pela juíza responsável pelo caso, por entender impertinente ao esclarecimento dos fatos, embora Olga entendesse necessária tal prova, em nome de sua ampla defesa.

No dia 03/07/2023, segunda-feira, foi publicada a sentença do processo. O pedido foi julgado procedente, com a condenação de Casa Mil ao pagamento da integralidade da indenização pleiteada na inicial. Nenhuma das alegações da ré foi acolhida.

Inconformada, Casa Mil apresentou recurso de apelação no dia 24/07/2023. Repisou o alegado em sua contestação, no sentido da incompetência da 2ª Vara de Teresina, bem como da prescrição e da ausência de sua responsabilidade. Pleiteou a reforma da sentença para que o pedido seja julgado improcedente.

Em seguida, a parte autora foi intimada a se manifestar sobre a apelação apresentada.

Na qualidade de advogado(a) de Olga, elabore a peça processual cabível para a defesa dos interesses de sua cliente, indicando seus requisitos, nos termos da legislação vigente. Considere a ausência de feriados no período. (Valor: 5,00)

*Obs.: a peça deve abranger todos os fundamentos de Direito que possam ser utilizados para dar respaldo à pretensão. A simples menção ou transcrição do dispositivo legal não confere pontuação.*

## GABARITO DA OAB

**A peça correta para defender os interesses de Olga é a de contrarrazões, nos termos do art. 1.010, § 1º, do CPC. A peça deve ser direcionada à 2ª Vara Cível de Teresina/PI, com Olga figurando como apelada e, Casa Mil, como apelante.**

**Nas contrarrazões deverá ser sustentada preliminarmente sua tempestividade, com alegação de interposição dentro do prazo de quinze dias previsto no art. 1.010, § 1º, OU no art. 1.003, § 5º, ambos do CPC.**

**Ainda em sede preliminar, deverá ser suscitada, de forma subsidiária, a nulidade ou a reforma da decisão que indeferiu a produção de prova oral pela parte autora, nos termos do art. 1.009, § 1º, do CPC, sob alegação de ofensa à ampla defesa.**

**Deverá ser feita a exposição dos fatos.**

**No mérito, você deverá sustentar que a relação entre as partes é de consumo, nos termos do art. 2º ou do art. 3º, ambos do Código de Defesa do Consumidor, uma vez que Olga é destinatária final e a Casa Mil é considerada fornecedora por ter comercializado o produto vendido.**

**Deverá ser sustentada a competência territorial da comarca de Teresina/PI, por ser o domicílio da parte autora, conforme previsto no art. 101, inciso I, do CDC.**

Você deverá, ainda, alegar que o prazo prescricional aplicável ao caso é o quinquenal, de acordo com o art. 27 do CDC, sendo descabida a alegação de prescrição pela apelante.

Também deverá ser sustentado que a responsabilidade da apelante é de natureza objetiva, independendo de culpa (art. 12 do CDC).

Ao fim, você deverá formular os seguintes pedidos:

a) desprovimento do recurso com a manutenção da sentença apelada;

b) acolhimento da preliminar das contrarrazões, caso conhecida a apelação; e

c) majoração da condenação da ré em honorários advocatícios.

Por fim, deverá ser encerrada a petição com local, data, assinatura e inscrição na OAB.

## DISTRIBUIÇÃO DOS PONTOS

| ITEM | PONTUAÇÃO |
|---|---|
| **Endereçamento** | |
| 1. As contrarrazões devem ser dirigidas à 2ª Vara Cível de Teresina/PI (0,10). | 0,00/0,10 |
| 2. Nome e qualificação das partes: apelante (Casa Mil) (0,10), Olga (apelada) (0,10). | 0,00/0,10/0,20 |
| **Alegações Preliminares** | |
| 3. Tempestividade das contrarrazões, pois interpostas no prazo de 15 (quinze) dias (0,30), segundo o art. 1.010, § 1º, OU o art. 1.003, § 5º, ambos do CPC (0,10). | 0,00/0,30/0,40 |
| 4. Reforma OU nulidade da decisão que indeferiu a produção de prova oral pela parte autora (0,15), segundo o art. 1.009, § 1º, do CPC (0,10). | 0,00/0,15/0,25 |
| **Fatos e Alegações de Mérito** | |
| 5. Exposição dos fatos (0,10). | 0,00/0,10 |
| 6. A relação das partes é de natureza consumerista (0,40), uma vez que a Casa Mil é considerada fornecedora por ter comercializado o produto vendido (0,20), segundo o art. 3º do CDC (0,10). | 0,00/0,40/0,50/0,60/0,70 |
| 7. Olga é destinatária final do produto (0,40), nos termos do art. 2º do CDC (0,10). | 0,00/0,40/0,50 |
| 8. Competência do foro de domicílio dos autores (0,50), segundo o art. 101, inciso I, do CDC (0,10). | 0,00/0,50/0,60 |
| 9. O prazo prescricional aplicável é o de cinco anos (0,50), segundo o art. 27 do CDC (0,10). | 0,00/0,50/0,60 |
| 10. A responsabilidade da apelante é de natureza objetiva OU independe de culpa (0,50), segundo o art. 12 do CDC (0,10). | 0,00/0,50/0,60 |
| **Pedidos** | |
| 11. Desprovimento do recurso com manutenção da sentença apelada (0,30). | 0,00/0,30 |
| 12. Acolhimento da preliminar das contrarrazões, caso conhecida a apelação (0,20). | 0,00/0,20 |
| 13. Majoração dos honorários advocatícios (0,25), segundo o art. 85, § 11, do CPC (0,10). | 0,00/0,25/0,35 |

| Fechamento | |
|---|---|
| 14. Local, data, assinatura e inscrição OAB (0,10). | 0,00/0,10 |

## COMENTÁRIOS DOS AUTORES

Trata-se de peça não comum em prova da OAB: contrarrazões ao recurso de apelação, conforme previsão do art. 1010, § 1º, do CPC.

Tendo em vista a interposição de recurso pela parte contrária em face da sentença que julgou o pedido da autora integralmente procedente, possível identificar que não haveria outra peça senão a resposta à apelação – o que é denominado, exatamente, de contrarrazões. Logo, acredita-se que não haveria maiores dificuldades para identificar a peça – exceto pelo fato de não ser uma peça comum.

O enunciado afirma que a Casa Mil foi condenada ao pagamento da integralidade da indenização pleiteada. Assim, não seria possível Olga obter situação mais favorável em eventual recurso, de modo que não há interesse recursal (CPC, art. 996) para a interposição de apelação adesiva (CPC, art. 997, § 2º, II).

Quanto ao nome da peça, o art. 1010, § 1º, do CPC fala em intimação do apelado para apresentar "contrarrazões", sendo essa a melhor nomenclatura. Mas também deveria ser aceita a nomenclatura "contraminuta", a qual é utilizada principalmente para agravo.

Sendo uma peça de resposta, acaba sendo mais simples identificar os temas a se argumentar, pois todos estão presentes no enunciado e não deve haver criação de teses.

No que se refere ao endereçamento, a remessa dos autos ao tribunal, para julgamento do recurso interposto, ocorrerá somente após a apresentação de contrarrazões pela parte contrária (apelado). Assim, a peça deve ser endereçada ao Juízo de primeiro grau (CPC, art. 1.010, *caput* e § 1º).

Pelo gabarito comentado da OAB, seria necessário demonstrar a tempestividade das contrarrazões, com fundamento no art. 1.010, § 1º, ou art. 1.003, § 5º, do CPC. E isso é feito em preliminar. É sempre conveniente, nas provas de OAB, destacar a tempestividade quanto a defesas e recursos.

Também havia a preliminar quanto à prova. Trata-se de preliminar pois, uma vez acolhida a tese, haveria a nulidade e a devolução dos autos à origem. O gabarito falou em nulidade ou reforma, mas tecnicamente estamos diante de nulidade (erro de processamento / *error in procedendo*), pois isso acarreta a devolução dos autos à origem. Mas, melhor o gabarito assim do que uma afirmação equivocada. E, no caso, essa prova não sendo algo urgente, não importaria em agravo de instrumento (pois não está no rol do art. 1.015 nem no Tema 988 do STJ). E, portanto, não sendo cabível o agravo de instrumento durante a tramitação, isso deve ser impugnado em preliminar de contrarrazões (CPC, art. 1.009, § 1º).

Mas há um ponto adicional quanto a isso: o pedido principal é o não provimento do recurso; mas, se o recurso for provido, somente então se fala em nulidade da decisão, com a necessidade de devolução dos autos à origem, para a produção da prova. É uma situação curiosa – e possivelmente essa foi a tese mais difícil aos candidatos.

No mérito do recurso, o examinando deveria apontar que se trata de uma relação de consumo, nos termos dos arts. 2º e 3º do CDC. Observa-se que a Casa Mil é comercializadora de produtos e, portanto, se enquadra como fornecedora.

Por se tratar de relação de consumo, aplicável o art. 101, I, do CDC, que, por considerar o consumidor parte vulnerável, permite a propositura da ação no domicílio do autor. Esse ponto, pelo gabarito, seria mérito. Mas, se algum candidato o colocou como preliminar, por se tratar de uma questão processual, deveria o examinador também aceitar.

Vale destacar, ainda, que nas relações de consumo é possível a inversão do ônus da prova, desde que presente a hipossuficiência do consumidor ou verossimilhança da alegação (CDC, art. 6º, VIII).

Quanto ao prazo prescricional, o art. 27 do CDC estabelece o prazo de 5 (cinco) anos para a reparação decorrente de danos causados por fato do produto.

Deveria haver menção a responsabilidade objetiva da Casa Mil pelos danos causados, conforme disposto no art. 12 do CDC, na medida em que o comerciante responde solidariamente com o fabricante pelos danos oriundos de fato do produto, não se socorrendo da alegação de que não fabricou o produto defeituoso.

Por fim, o examinado deveria requerer: (a) o não provimento do recurso, com a manutenção da sentença recorrida; (b) subsidiariamente, o acolhimento da preliminar das contrarrazões; e (c) a majoração da verba honorária, por força da sucumbência recursal (CPC, art. 85, § 11).

Como já dito, uma peça não usual, mas que, uma vez identificada, apresenta no enunciado os argumentos necessários à sua elaboração, existindo um predomínio de questões processuais, com algum debate de direito material relativo a consumidor.

## MODELO

---

EXCELENTÍSSIMO SENHOR DOUTOR JUIZ DE DIREITO DA 2ª VARA CÍVEL DE TERESINA/PI

*(10 linhas)*

Processo n. XXX

OLGA, [nacionalidade], [estado civil], [profissão], portadora da cédula de identidade RG n. XXX, inscrita no CPF/MF sob o n. XXX, com endereço eletrônico XXX, residente e domiciliada na Rua XXX, n. XXX, bairro XXX, cidade XXX, Estado XXX, CEP XXX, vem, respeitosamente, perante Vossa Excelência, por intermédio de seu advogado abaixo assinado, com fulcro no 1.101, § 1º, do Código de Processo Civil apresentar

**CONTRARRAZÕES DE APELAÇÃO**

ao recurso interposto por Casa Mil, pelas razões de fato e de direito a seguir aduzidas.

Nestes termos,

Pede deferimento.

Local e data

ADVOGADO

OAB n. XXX

## CONTRARRAZÕES AO RECURSO DE APELAÇÃO

**APELANTE:** CASA MIL

**APELADA:** OLGA

**ORIGEM:** Ação n. XXX – 2ª Vara Cível da de Teresina/PI

Egrégio Tribunal,

Colenda Câmara,

Eminentes Julgadores,

### I. SÍNTESE DA PRESENTE DEMANDA

Trata-se de ação de reparação de danos morais e materiais ajuizada pela ora apelada OLGA em face da ora apelante CASA MIL, objetivando o recebimento de indenização no valor de R$ 100.000,00 (cem mil reais).

Citada, CASA MIL apresentou contestação alegando: (i) a incompetência do Juízo, (ii) a ocorrência de prescrição da pretensão da ora apelada; e (iii) ausência de responsabilidade, seja porque não restou comprovada sua culpa, seja porque não fabricou o produto alegadamente defeituoso.

Esta apelada requereu a produção de prova oral (oitiva de testemunhas), entretanto, o pedido foi indeferido pelo Juízo de origem, sob o fundamento de que seria "impertinente ao esclarecimento dos fatos".

Em 03/07/2023, o MM. Juízo de origem julgou integralmente procedente o pedido formulado pela apelada na petição inicial, condenando a apelante ao pagamento da indenização pleiteada.

Em face da referida sentença a Casa Mil (ora apelante) interpor recurso de apelação, reiterando as alegações suscitadas em contestação, buscando a reforma da r. sentença.

É a síntese do necessário.

### II. PRELIMINARMENTE

#### II.1. Da tempestividade desta peça

De acordo com os arts. 1.003, § 5º, e 1.010, § 1º, do CPC, a parte apelada será intimada para apresentar contrarrazões ao recurso de apelação no prazo de 15 (quinze) dias úteis (CPC, art. 219).

Assim, considerando que na contagem dos prazos se exclui o dia do começo (CPC, art. 224), a presente peça é apresentada de forma tempestiva.

#### II.2. Nulidade da r. decisão que indeferiu a produção de provas

Conforme exposto na síntese dos fatos, o MM. Juízo de primeiro grau indeferiu o pedido de produção de prova oral (oitiva de testemunhas), formulado pela apelada, sob o fundamento de que seria "impertinente ao esclarecimento dos fatos".

Contudo, a prova pleiteada seria útil para o esclarecimento dos fatos ocorridos, de modo que o indeferimento acabou por violar os princípios do contraditório e da ampla defesa (CPC, art. 9º).

Por essa razão, com fundamento no art. 1.009, § 1º, do CPC, caso esse E. Tribunal entenda pelo provimento do recurso de apelação (o que se admite apenas para argumentar), mostra-se necessário, então, o reconhecimento da nulidade da r. decisão que indeferiu a produção de prova oral, com a devolução dos autos à origem para que seja realizada a produção de prova.

### III. DAS RAZÕES PARA MANUTENÇÃO DA R. SENTENÇA

#### III.1. Relação de consumo e consequente competência da 2ª Vara de Teresina/PI

Inicialmente, ressalta-se que o Código de Defesa do Consumidor (CDC) é aplicável ao presente caso, vez que a apelante comercializa produtos de forma habitual e, portanto, se enquadra como fornecedora nos termos do art. 3º do CDC. A apelada, por sua vez, é consumidora conforme previsão do art. 2º do CDC.

Em razão da relação de consumo, incide o art. 101, I, do CDC, que por considerar o consumidor parte vulnerável, permite a propositura da ação no domicílio do autor.

Assim, resta demonstrado que se trata de relação de consumo, como também a competência da 2ª Vara de Teresina/PI (CDC, art. 101, I).

#### III.2. Prazo prescricional

A apelante alegou em seu recurso a ocorrência da prescrição em virtude do transcurso de prazo superior a um ano entre a ocorrência do dano e o ajuizamento da ação.

Entretanto, o art. 27 do CDC prevê expressamente que a pretensão à reparação pelos danos causados por fato do produto ou do serviço prescreve em 5 anos, iniciando-se a contagem do prazo a partir do conhecimento do dano e de sua autoria.

No caso dos autos, a autora adquiriu a chapinha de cabelo na loja da apelante em janeiro de 2022, sendo que uma semana após a compra o produto apresentou o defeito que causou danos à apelada.

A ação de origem (objetivando a reparação dos danos) foi ajuizada em março de 2023 e, portanto, antes do decurso do prazo prescricional.

Dessa forma, de rigor a manutenção da r. sentença recorrida tal como proferida.

#### III.3. Da responsabilidade objetiva

Todos os fornecedores respondem solidariamente pelos danos decorrentes de fato do produto, nos termos do art. 12 do CDC.

Assim, tendo a apelante participado da cadeia de fornecimento, colocando o produto no mercado, na qualidade de comerciante, se responsabiliza pela reparação dos danos causados aos consumidores, independentemente da existência de culpa ou de não ter sido ela responsável pela fabricação do produto.

### IV. DOS PEDIDOS

Diante de todo o exposto, pede e requer a apelada:

(i) que esse E. Tribunal negue provimento ao recurso de apelação, mantendo na íntegra a r. sentença recorrida;

(ii) subsidiariamente, caso esse E. Tribunal entenda pelo provimento do recurso, o que se admite apenas para argumentar, requer-se o acolhimento da preliminar para anulação da r. decisão que indeferiu a produção de prova oral, com a devolução dos autos à origem para a realização de oitiva de testemunha, para então existir novo julgamento;

(iii) a majoração da verba honorária, com fundamento no art. 85, § 11, do CPC.

Nestes termos,

Pede deferimento.

Local e data

ADVOGADO
OAB n. XXX

## 14. Agravo de Instrumento

**(XX Exame de Ordem Unificado/FGV)** Em 2015, Rafaela, menor impúbere, representada por sua mãe Melina, ajuizou Ação de Alimentos em Comarca onde não foi implantado o processo judicial eletrônico, em face de Emerson, suposto pai. Apesar de o nome de Emerson não constar da Certidão de Nascimento de Rafaela, ele realizou, em 2014, voluntária e extrajudicialmente, a pedido de sua ex-esposa Melina, exame de DNA, no qual foi apontada a existência de paternidade de Emerson em relação a Rafaela.

Na petição inicial, a autora informou ao juízo que sua genitora encontrava-se desempregada e que o réu, por seu turno, não exercia emprego formal, mas vivia de "bicos" e serviços prestados autônoma e informalmente, razão pela qual pediu a fixação de pensão alimentícia no valor de 30% (trinta por cento) de 01 (um) salário mínimo. A Ação de Alimentos foi instruída com os seguintes documentos: cópias do laudo do exame de DNA, da certidão de nascimento de Rafaela, da identidade, do CPF e do comprovante de residência de Melina, além de procuração e declaração de hipossuficiência para fins de gratuidade.

Recebida a inicial, o juízo da 1ª Vara de Família da Comarca da Capital do Estado Y indeferiu o pedido de tutela antecipada *inaudita altera parte*, rejeitando o pedido de fixação de alimentos provisórios com base em dois fundamentos:

(i) inexistência de verossimilhança da paternidade, uma vez que o nome de Emerson não constava da certidão de nascimento e que o exame de DNA juntado era uma prova extrajudicial, colhida sem o devido processo legal, sendo, portanto, inservível; e

(ii) inexistência de "possibilidade" por parte do réu, que não tinha como pagar pensão alimentícia pelo fato de não exercer emprego formal, como confessado pela própria autora.

A referida decisão, que negou o pedido de tutela antecipada para fixação de alimentos provisórios, foi publicada no Diário da Justiça Eletrônico em 01/12/2015, segunda-feira. Considere-se que não há feriados no período.

Na qualidade de advogado(a) de Rafaela, elabore a peça processual cabível para a defesa imediata dos interesses de sua cliente, indicando seus requisitos e fundamentos nos termos da legislação vigente.

# GABARITO DA OAB

Em Ação de Alimentos, é plenamente possível a fixação liminar de alimentos provisórios, medida que desfruta da natureza jurídica de tutela provisória de urgência antecipada.

Para a concessão de alimentos provisórios, embora a necessidade do menor seja presumida, deve ser apontada a necessária comprovação de dois requisitos ("verossimilhança da alegação" e "risco de dano irreparável") a respeito do dever alimentar (presunção de paternidade por meio de realização de prova extrajudicial) o binômio necessidade-possibilidade (necessidade pelo alimentando e possibilidade de pagamento pelo alimentante).

No caso vertente, há verossimilhança do dever de prestar alimentos, uma vez que foi apresentado exame de DNA realizado extrajudicialmente, que apontou o réu como o pai da autora, menor. Há, ainda, possibilidade de pagamento de alimentos pelo réu (que, apesar de não ter emprego formal, realiza atividade informal remunerada) e risco de dano irreparável (necessidade de percepção de alimentos pela autora, que vive com a mãe, desempregada).

A decisão do juiz, que indefere o pedido de tutela provisória de urgência antecipada para fixação dos alimentos provisórios, tem natureza de decisão interlocutória, a qual deve ser recorrida por agravo de instrumento.

Deve a autora interpor recurso de agravo de instrumento, com pedido de tutela antecipada recursal ("efeito suspensivo ativo") por parte do relator, a fim de ser reformada a decisão que indeferiu o pagamento de alimentos provisórios, até que venha a ser proferida a decisão final, colegiada, pelo órgão julgador do agravo, confirmando a reforma do conteúdo da decisão agravada, para que seja mantido o deferimento de pensão alimentícia provisória.

# DISTRIBUIÇÃO DOS PONTOS

| ITEM | PONTUAÇÃO |
|---|---|
| **Endereçamento** | |
| Câmara Cível do Tribunal de Justiça do Estado Y (0,10). | 0,00/0,10 |
| **Partes** | |
| Agravante Rafaela, representada por sua mãe, Melina (0,10); Agravado Emerson (0,10). | 0,00/0,10/0,20 |
| **Preparo** | |
| Identificação do preparo ou pedido de gratuidade de justiça (0,20). | 0,00/0,20 |
| **Documentos obrigatórios** | |
| Identificação do rol de peças/documentos cuja cópia é de juntada obrigatória (0,30). | 0,00/0,30 |
| **Fundamentação jurídica** | |
| 1) Demonstração de que há presunção sobre a paternidade biológica, tendo em vista que foi realizado, extrajudicialmente, exame de DNA, apontando que o agravado-réu seria o pai de agravante-autora (0,80). | 0,00/0,80 |
| 2) Identificação de que, embora a necessidade do menor seja presumida, deve ser apontada a presença do binômio "necessidade-possibilidade" (0,80). | 0,00/0,80 |
| 3) Asseverar o direito da agravante ao recebimento de alimentos provisórios (0,80). | 0,00/0,80 |

| Pedidos | |
|---|---|
| a) pedido de deferimento de tutela antecipada recursal ("efeito suspensivo ativo"), a fim de que sejam fixados alimentos provisórios (0,70). | 0,00/0,70 |
| b) pedido de provimento final do agravo OU da reforma integral da decisão (0,40), para que sejam fixados alimentos provisórios em favor da agravante (0,30). | 0,00/0,30/0,40/0,70 |
| c) pedido de intimação do advogado da parte contrária para contrarrazões (0,20). | 0,00/0,20 |
| d) requerimento de intimação do MP (0,10). | 0,00/0,10 |
| **Fechamento** | |
| Local, data, assinatura e OAB (0,10). | 0,00/0,10 |

## COMENTÁRIOS DOS AUTORES

No que se refere aos recursos, como já mencionado, a peça mais frequente é a apelação. Depois disso tem-se o agravo de instrumento, recurso a ser feito neste exame.

Contudo, infelizmente, NÃO foi bem o examinador... A banca fez algo incompreensível. A peça prática envolveu uma decisão proferida em 2015, que teria de ser impugnada por um recurso a ser interposto ainda em 2015 – ou seja, ANTES da vigência do CPC/15, que se deu em março de 2016!

Ou seja, se o enunciado fosse seguido à risca, o candidato teria de elaborar um agravo com base no CPC/73 (?!). Ora, a OAB está querendo avaliar o advogado para o futuro ou para o passado?

O principal problema, sem dúvida, foi a data, como já mencionado acima, e que trouxe dúvidas a uma série de candidatos que fizeram esse exame. De qualquer modo, no gabarito oficial, como visto acima, nenhum comentário a respeito desse problema...

Fora isso, outro ponto também trouxe dúvidas a alguns candidatos: não havia prova pré-constituída de paternidade (certidão de nascimento), mas "apenas" um exame de DNA positivo. Seria isso suficiente para se ingressar com uma ação de alimentos pelo procedimento especial? A questão é polêmica – mas NÃO foi objeto de discussão na peça prática, visto que o debate versava a respeito da liminar que foi negada ao autor. Mas não era necessário que essa dificuldade existisse.

Tirando esses problemas, a peça foi simples de ser identificada: havia uma decisão interlocutória desfavorável ao cliente, em uma situação de tutela de urgência. Logo, sem maiores dúvidas quanto ao recurso de agravo de instrumento, sendo essa uma hipótese expressa de cabimento do agravo de instrumento no CPC (art. 1.015, I).

Existem diversos requisitos formais que devem ser observados ao se elaborar um agravo de instrumento. A vantagem é que todos estão no Código. Vejamos:

- deve o agravo ser endereçado ao presidente do Tribunal de Justiça do Estado Y;
- a peça deve seguir a estrutura prevista no art. 1.016 do CPC, com a indicação de nome e endereço dos advogados das partes;
- como o problema menciona que são autos físicos, deve ser requerida a juntada das cópias obrigatórias e eventuais facultativas, bem como o recolhimento de custas, pois não há menção a justiça gratuita no enunciado (CPC, art. 1.017);
- deve a petição informar que, em 3 dias, haverá a juntada de cópia do agravo na origem (CPC, art. 1.018).

No mérito, o recurso deve apontar que estão presentes os requisitos para a concessão dos alimentos provisórios: presunção da paternidade indicada pelo exame de DNA; verificação do binômio necessidade-possibilidade (aqui se reafirma que, em toda a ação que tem por objeto a existência de direito a alimentos, o binômio deve ser identificado); e o próprio fundamento do direito a alimentos provisórios.

Deve, também, pleitear a concessão da tutela antecipada recursal (CPC, art. 1019, I) – a qual, de forma atécnica, é mencionada no gabarito como "efeito suspensivo ativo" (assim, não se recomenda a utilização dessa expressão).

# MODELO

EXCELENTÍSSIMO SENHOR DOUTOR DESEMBARGADOR PRESIDENTE DO EGRÉGIO TRIBUNAL DE JUSTIÇA DO ESTADO Y

*(5 linhas)*

RAFAELA, menor impúbere, representada por sua genitora, MELINA, [nacionalidade], [estado civil], [profissão], portadora da cédula de identidade RG n. XXX, inscrita no CPF/MF sob o n. XXX, com endereço eletrônico XXX, residente e domiciliada na Rua XXX, n. XXX, bairro XXX, cidade XXX, Estado XXX, CEP XXX, vem, respeitosamente, perante esse E. Tribunal, por intermédio de seu advogado, abaixo assinado (procuração anexa), com fulcro no artigo 1.015, I, do Código de Processo Civil, interpor o presente

**AGRAVO DE INSTRUMENTO**
com pedido de antecipação dos efeitos da tutela recursal para
concessão de alimentos provisórios à agravante

em face da r. decisão interlocutória de fls., que negou a concessão de tutela de urgência para fixação de alimentos provisórios, nos autos da Ação de Alimentos proposta em face de **EMERSON**, [nacionalidade], [estado civil], [profissão], portador da cédula de identidade RG n. XXX, inscrito no CPF/MF sob o n. XXX, com endereço eletrônico XXX, residente e domiciliado na Rua XXX, n. XXX, bairro XXX, cidade XXX, Estado XXX, CEP XXX, pelas razões inclusas.

Em atenção ao disposto no art. 1.016, IV, do CPC, a agravante faz consignar os nomes e os endereços dos advogados constantes do processo:

– pela agravante: [advogado], inscrito na OAB/[UF] sob o n. XXX, com escritório profissional na Rua XXX, n. XXX, bairro XXX, cidade XXX, Estado XXX, CEP XXX.

– pelo agravado: [advogado], inscrito na OAB/[UF] sob o n. XXX, com escritório profissional na Rua XXX, n. XXX, bairro XXX, cidade XXX, Estado XXX, CEP XXX.

Outrossim, considerando que estamos diante de autos físicos, em observância ao art. 1.017, I, do CPC, a agravante apresenta cópias dos documentos cuja juntada é obrigatória e que, para os devidos fins, são expressamente declaradas autênticas pelos subscritores da presente peça.

Requer, por fim, a juntada dos comprovantes de recolhimento do preparo recursal (Doc. XXX).

Nestes termos,

Pede deferimento.

Local, data.

ADVOGADO

OAB n. XXX

## RAZÕES DO AGRAVO DE INSTRUMENTO

**AGRAVANTE:** RAFAELA

**AGRAVADO:** EMERSON

**ORIGEM:** Ação de Alimentos n. XXX, em trâmite perante a 1ª Vara de Família da Comarca da Capital do Estado Y.

Egrégio Tribunal,

Colenda Câmara Cível,

Eminentes Julgadores,

### I. SÍNTESE DA PRESENTE DEMANDA

Na origem, cuida-se de ação de alimentos ajuizada pela agravante, menor devidamente representada por sua genitora, em face de seu pai, ora agravado, por meio da qual se pleiteia a fixação de pensão alimentícia no valor de 30% (trinta por cento) de 01 (um) salário mínimo.

Apesar de o nome de Emerson não constar da Certidão de Nascimento de Rafaela até o momento, é indubitável que o agravado é o pai da agravante. Isso porque ele realizou, em 2014, voluntária e extrajudicialmente, exame de DNA, a pedido da ex-esposa Melina, no qual foi apontada a existência de paternidade de Emerson em relação a Rafaela.

Em sua petição inicial, a agravante informou ao juízo que sua genitora se encontra desempregada e que o agravado, por seu turno, não exerce emprego formal, mas vive de "bicos" e serviços prestados autônoma e informalmente.

A inicial foi instruída, ainda, com os seguintes documentos: cópias do laudo do exame de DNA, da certidão de nascimento de Rafaela, da identidade, do CPF e do comprovante de residência de Melina, além de procuração e declaração de hipossuficiência para fins de gratuidade.

Não obstante a robusta prova documental carreada aos autos (plausibilidade da alegação), bem com a necessidade de sobrevivência da agravante (urgência), o ilustre Juízo "a quo" indeferiu o pedido de fixação de alimentos provisórios, com base em dois fundamentos:

(i) inexistência de verossimilhança da paternidade, uma vez que o nome de Emerson não consta da certidão de nascimento da agravante e que o exame de DNA juntado seria uma prova extrajudicial, colhida sem o devido processo legal, sendo, portanto, inservível; e

(ii) inexistência de "possibilidade" por parte do agravado, que não teria como pagar pensão alimentícia pelo fato de não exercer emprego formal.

Com a devida vênia, a r. decisão deve ser reformada, pelas razões de fato e de direito a seguir expostas.

## II. DO CABIMENTO E DA TEMPESTIVIDADE DO AGRAVO DE INSTRUMENTO

De acordo com os arts. 1.003, § 5º, e 1.015, I, do CPC, das decisões interlocutórias que versem sobre tutelas provisórias caberá a interposição de agravo de instrumento, no prazo de 15 (quinze) dias úteis.

No caso concreto, a agravante se insurge contra a r. decisão interlocutória de fls. XXX, publicada no Diário da Justiça Eletrônico em 01/12/2015, por meio da qual foi negada a fixação de alimentos provisórios em favor da menor.

Logo, o presente agravo de instrumento representa o meio adequado para impugnar a r. decisão e sua interposição é tempestiva.

## III. DAS RAZÕES PARA REFORMA DA R. DECISÃO

Como exposto acima, na r. decisão agravada, o magistrado de origem trouxe dois fundamentos para o indeferimento da fixação dos alimentos provisórios: (i) inexistência de verossimilhança da paternidade; e (ii) impossibilidade do agravado de pagar pensão alimentícia. Os dois pontos, no entanto, não merecem qualquer guarida.

A uma, porque a verossimilhança da paternidade biológica é presumida pelo resultado positivo do exame de DNA feito, de forma voluntária e extrajudicial, pelo próprio agravado. Assim, mesmo que seu nome (ainda) não conste da certidão de nascimento da menor, não há razões para desconsiderar o resultado do exame, que aponta o agravado como pai da agravante.

A duas, porque o binômio "necessidade-possibilidade" foi observado na pretensão da agravante (CC, art. 1.694, § 1º).

Em primeiro lugar, a agravante é menor, sendo presumida a sua necessidade em relação aos alimentos pleiteados. Como dito, a genitora da agravante se encontra, atualmente, desempregada, sem condição de arcar com as despesas básicas da filha, e, portanto, a fixação dos alimentos provisórios é fundamental para a garantia da subsistência da menor. Além disso, muito embora o agravado não possua emprego formal, exerce atividades remuneradas, que possibilitam que seja pago o valor requerido. Ora, se recebe algum valor, menor que seja, tem o dever ético e legal de contribuir para com a sobrevivência de sua filha.

Sendo assim, nos termos do art. 4º da Lei n. 5.478/68, deve ser reconhecido o direito da agravante aos alimentos provisórios a serem pagos, desde logo, pelo agravado.

## IV. DA ANTECIPAÇÃO DOS EFEITOS DA TUTELA RECURSAL

De acordo com os arts. 995, parágrafo único, e 1.019, I, ambos do CPC, o relator poderá antecipar os efeitos da pretensão recursal, caso presentes os requisitos autorizadores: (i) probabilidade de provimento do recurso; e (ii) risco de dano grave, de difícil ou impossível reparação.

No caso em apreço, a probabilidade do direito (o bom argumento ou "fumus boni iuris") resta demonstrado por todos os fundamentos acima expostos (devidamente comprovados documentalmente), que evidenciam a necessária reforma da r. decisão. Ora, é clara a necessidade de alimentos por qualquer menor, e o agravado é pai, com possibilidade de pagamento,

Por sua vez, o dano grave (a urgência ou "periculum in mora") é igualmente evidente, considerando que a genitora da menor se encontra desempregada e a fixação dos alimentos provisórios seria fundamental para a garantia da subsistência da alimentanda. Ou seja, estamos falando da sobrevivência de uma criança.

Diante do exposto, requer a concessão da antecipação dos efeitos da tutela recursal, fixando-se, desde logo, os alimentos provisórios em favor da menor, no montante de 30% do valor correspondente a um salário mínimo.

### V. DOS PEDIDOS

Diante de todo o exposto, requer:

(i) Seja conhecido o presente agravo de instrumento, pois presentes todos seus requisitos formais;

(ii) Seja concedida a antecipação dos efeitos da tutela recursal, nos termos do art. 995, parágrafo único, e do art. 1.019, I, ambos do CPC, de modo que sejam fixados os alimentos provisórios nos termos requeridos pela agravante, até o julgamento definitivo do presente recurso;

(iii) Seja o agravado intimado para, querendo, apresentar contraminuta ao presente agravo de instrumento, conforme o art. 1.019, II, do CPC;

(iv) Seja o Ministério Público intimado para apresentar manifestação, conforme preconiza o art. 178, II, do CPC; e

(v) Ao final, seja dado provimento ao presente agravo de instrumento, com a consequente reforma da r. decisão interlocutória, confirmando-se a tutela provisória deferida.

Em conformidade com o art. 1.018, § 2º, do CPC, informa a agravante que apresentará perante o juízo "a quo", no prazo de 3 dias, petição com cópia do Agravo de Instrumento, comprovando a interposição do recurso e possibilitando o exercício do juízo de retratação.

Nestes termos,

Pede deferimento,

Como medida de Justiça!


Local, data.


ADVOGADO

OAB n. XXX

## 15. Recurso Especial

**(XXV Exame de Ordem Unificado/FGV)** Em uma determinada ação indenizatória que tramita na capital do Rio de Janeiro, o promitente comprador de um imóvel, Serafim, pleiteia da promitente vendedora, Incorporadora X, sua condenação ao pagamento de quantias indenizatórias a título de (i) lucros cessantes em razão da demora exacerbada na entrega da unidade imobiliária e (ii) danos morais. Todas as provas pertinentes e relevantes dos fatos constitutivos do direito do autor foram carreadas nos autos.

Na contestação, a ré suscitou preliminar de ilegitimidade passiva, apontando como devedora de eventual indenização a sociedade Construtora Y, contratada para a execução da obra. Alegou, no mérito, o descabimento de danos morais por mero inadimplemento contratual e, ainda, aduziu que a situação casuística não demonstrou a ocorrência dos lucros cessantes alegados pelo autor.

O juízo de primeira instância, transcorridos regularmente os atos processuais sob o rito comum, acolheu a preliminar de ilegitimidade passiva.

Da sentença proferida já à luz da vigência do CPC/15, o autor interpôs recurso de apelação, mas o acórdão no Tribunal de Justiça correspondente manteve integralmente a decisão pelos seus próprios fundamentos, sem motivar específica e casuisticamente a decisão.

O autor, diante disso, opôs embargos de declaração por entender que havia omissão no Acórdão, para prequestionar a violação de norma federal aplicável ao caso em tela. No julgamento dos embargos declaratórios, embora tenha enfrentado os dispositivos legais aplicáveis à espécie, o Tribunal negou provimento ao recurso e também aplicou a multa prevista na lei para a hipótese de embargos meramente protelatórios.

Na qualidade de advogado(a) de Serafim, indique o meio processual adequado para a tutela integral do seu direito em face do acórdão do Tribunal, elaborando a peça processual cabível no caso, excluindo-se a hipótese de novos embargos de declaração, indicando os seus requisitos e fundamentos nos termos da legislação vigente.

## GABARITO DA OAB

A medida cabível para Serafim, em seu processo, é a interposição do Recurso Especial para o STJ, cujas razões recursais devem rechaçar a ilegitimidade passiva da incorporadora imobiliária, visto que é ela responsável solidária pelos danos ocasionados, na forma do art. 25, § 1º, do Código de Defesa do Consumidor, do art. 942 do Código Civil ou do art. 30 da Lei n. 4.591/64.

Além disso, o examinando deve abordar a prática do ilícito contratual e os danos sofridos. Ao final, o pedido recursal deve ser no sentido de obter a anulação do acórdão em razão da falta de fundamentação específica e, caso o STJ entenda que a invalidação será excessivamente prejudicial ao recorrente, deve ser pedida reforma integral do julgado, com base no art. 282, § 2º, do CPC.

Em relação à multa aplicada em razão do entendimento do Tribunal (embargos protelatórios), esta também deve ser rechaçada pelo examinando, por se tratar de recurso com finalidade de prequestionamento, o que resulta na inaplicabilidade do art. 1.026, § 2º, do CPC/15 e na violação ao enunciado de Súmula de Jurisprudência predominante do STJ (Súmula 98).

## DISTRIBUIÇÃO DOS PONTOS

| ITEM | PONTUAÇÃO |
|---|---|
| Endereçamento | |
| O recurso deverá ser interposto perante o presidente ou o vice-presidente do tribunal recorrido (Rio de Janeiro) (0,10). | 0,00/0,10 |
| Indicação do recorrente (0,10) e do recorrido (0,10). | 0,00/0,10/0,20 |
| Interposição no prazo de 15 dias (0,10), na forma do art. 1.003, § 5º, do CPC/15 (0,10). | 0,00/0,10/0,20 |
| Preparo ou gratuidade de Justiça (0,10). | 0,00/0,10 |
| Cabimento | |
| 1. Decisão advinda de Tribunal (0,20) e decisão proferida em última instância (0,20). | 0,00/0,20/0,40 |

| | |
|---|---|
| 2. Requisito específico de violação a Lei Federal (0,40). | 0,00/0,40 |
| 3. Fundamento legal: art. 105, inciso III, alínea *a*, da CRFB/88 OU art. 1.029 do CPC/15 (0,10). | 0,00/0,10 |
| **Fundamentação** | |
| Prequestionamento realizado pela via dos Embargos de Declaração (0,50), nos termos do art. 1.025 do CPC/15 (0,10). | 0,00/0,50/0,60 |
| Ausência de fundamentação específica do acórdão recorrido (0,20), violando o disposto no art. 489, § 1º, do CPC/15 (0,10). | 0,00/0,20/0,30 |
| Legitimidade passiva da Incorporadora porque não observada a responsabilidade solidária prevista (0,60). | 0,00/0,60 |
| Indicação de violação do disposto no art. 7º, parágrafo único, OU art. 25, § 1º, do CDC OU art. 942 do CC OU do art. 30 da Lei n. 4.591/64 (0,10). | 0,00/0,10 |
| Alegação da prática do ilícito contratual (0,20). | 0,00/0,20 |
| Identificação dos danos sofridos: lucros cessantes (0,20) e dano moral (0,20). | 0,00/0,20/0,40 |
| Aplicação de multa indevida nos Embargos declaratórios por se tratar de recurso com finalidade de prequestionamento (0,50), o que resulta na inaplicabilidade do art. 1.026, § 2º, do CPC/15 (0,10). | 0,00/0,50/0,60 |
| **Pedidos** | |
| 1. de admissão do recurso (0,10). | 0,00/0,10 |
| 2. de provimento para anular o acórdão do Tribunal local (0,20). | 0,00/0,20 |
| 3. eventual, para a reforma integral da decisão recorrida (0,10). | 0,00/0,10 |
| 4. eventual, provimento parcial para afastar a aplicação da multa (0,20). | 0,00/0,20 |
| **Fechamento** | |
| Local, data, assinatura e OAB (0,10). | 0,00/0,10 |

## COMENTÁRIOS DOS AUTORES

Não é muito comum REsp em prova de OAB. Mas, vez ou outra, essa peça aparece – e assusta muito os candidatos.

Contudo, lendo o problema já se percebe claramente que não haveria outro recurso senão algum recurso do tribunal intermediário para o STJ (pois há violação de lei federal e não da Constituição). Sendo assim, o único recurso cabível a ser interposto é o especial.

E, para isso, o examinador já precisa ter apresentado todas as teses de debate (e fez isso, em relação à discussão da responsabilidade) e deixar claro o cabimento (e fez isso, por exemplo, ao mencionar que houve embargos de declaração para fins de prequestionamento – e ao expressamente afastar a hipótese de novos declaratórios). Ou seja, quando cai essa peça, na verdade o próprio enunciado já traz todas as informações. E, no caso, além do mérito debatido em 1º e 2º graus, há ainda a discussão da multa por embargos protelatórios, que também deve ser debatida (e isso foi esquecido por alguns candidatos, o que acarretou a perda de parte da nota – mas não que a peça fosse zerada, como se vê do espelho de correção acima).

Identificado que se trata de um REsp, necessário ir ao Código e à CF, verificar todos os requisitos e elaborar a peça recursal. Vale destacar que o examinador não pediu, no gabarito, que se falasse estar diante de discussão de matéria de direito e não fática (Súmulas 5 e 7 do STJ), que é algo necessário ao REsp. Assim, conveniente que se faça menção também a esse requisito de admissibilidade.

Portanto, se inicialmente o REsp assusta, com calma e na leitura da legislação (e lembrando do que foi estudado e da estrutura do recurso) o candidato bem preparado costuma se sair bem quando esse recurso é pedido e a questão bem formulada. Como há uma série de requisitos de admissibilidade, a sugestão é deixar isso claro na peça.

**MODELO**

---

**EXCELENTÍSSIMO SENHOR DOUTOR DESEMBARGADOR VICE-PRESIDENTE DO EGRÉGIO TRIBUNAL DE JUSTIÇA DO ESTADO DO RIO DE JANEIRO**

*(5 linhas)*

**SERAFIM,** [nacionalidade], [estado civil], [profissão], portador da cédula de identidade RG n. XXX, inscrito no CPF/MF sob o n. XXX, com endereço eletrônico XXX, residente e domiciliado na Rua XXX, n. XXX, bairro XXX, cidade XXX, Estado XXX, CEP XXX, vem, respeitosamente, perante Vossa Excelência, por intermédio de seu advogado, abaixo assinado (procuração anexa), com fundamento no art. 105, III, "a", da Constituição Federal e na forma do art. 1.029 e ss. do Código de Processo Civil, interpor o presente

**RECURSO ESPECIAL**

em face do v. acórdão de fls., que negou provimento à apelação interposta no processo contra a **INCORPORADORA X**, pessoa jurídica de direito privado, inscrita no CNPJ/MF sob o n. XXX, com sede na Rua XXX, n. XXX, bairro XXX, cidade XXX, Estado XXX, CEP XXX, pelas razões de fato e de direito a seguir aduzidas.

Requer seja a recorrida intimada a apresentar contrarrazões e, após, seja o presente Recurso Especial admitido, considerando a presença de todos os seus requisitos de admissibilidade (como se demonstrará nas razões recursais), com a devida remessa ao Col. Superior Tribunal de Justiça, onde haverá de receber integral provimento.

Por fim, junta, nesta oportunidade, as guias comprobatórias do recolhimento do preparo recursal (Doc. XXX).

Nestes termos,

Pede deferimento.

Local, data.

ADVOGADO

OAB n. XXX

# RECURSO ESPECIAL

**RECORRENTE:** SERAFIM

**RECORRIDA:** INCORPORADORA X

**ORIGEM:** Apelação n. XXX, em trâmite perante a XXX Câmara do Tribunal de Justiça do Estado do Rio de Janeiro.

Egrégio Superior Tribunal de Justiça,

Colenda Turma Julgadora,

Eminentes Ministros:

## I. SÍNTESE DA PRESENTE DEMANDA

Na origem, cuida-se de ação de indenização ajuizada pelo recorrente em face da recorrida, por meio da qual se pleiteou a condenação da recorrida ao pagamento de quantias indenizatórias a título de (i) lucros cessantes em razão da demora exacerbada na entrega da unidade imobiliária e (ii) danos morais.

Em sua inicial, o recorrente demonstrou, de forma exaustiva, todos os prejuízos causados pela recorrida, instruindo a peça com todas as provas pertinentes e relevantes dos fatos constitutivos de seu direito.

Na contestação, a recorrida suscitou preliminar de ilegitimidade passiva, apontando como devedora de eventual indenização a sociedade Construtora Y, contratada para a execução da obra. Alegou, no mérito, o descabimento de danos morais por mero inadimplemento contratual e, ainda, aduziu que a situação casuística não demonstrou a ocorrência dos lucros cessantes alegados.

Na r. sentença, de forma surpreendente o d. magistrado acolheu a preliminar de ilegitimidade passiva da recorrida.

Dessa r. sentença, o recorrente interpôs apelação, mas igualmente de forma surpreendente o E. Tribunal de Justiça manteve integralmente a decisão pelos seus próprios fundamentos, sem motivar especificadamente a decisão.

Inconformado, o ora recorrente opôs embargos de declaração, por entender que havia omissão no v. acórdão, de modo a prequestionar a violação de norma federal aplicável ao caso em tela. No julgamento dos declaratórios, embora tenha enfrentado os dispositivos legais aplicáveis à espécie, o E. Tribunal negou provimento ao recurso, e também aplicou a multa prevista na lei para a hipótese de embargos meramente protelatórios.

Com a devida vênia, o v. acórdão não merece prosperar, pelas razões de fato e de direito a seguir expostas.

## II. DA PRESENÇA DOS REQUISITOS DE ADMISSIBILIDADE DO RECURO ESPECIAL

Estão presentes todos os requisitos que levam à admissibilidade deste recurso especial.

### 1) DA TEMPESTIVIDADE DO RECURSO ESPECIAL

De acordo com o art. 1.003, § 5º, do CPC, a parte poderá interpor recurso especial no prazo de 15 (quinze) dias úteis. No caso concreto, considerando a publicação no Diário Oficial do v. acórdão que não acolheu os embargos declaratórios opostos pelo Recorrente no dia XXX, observa-se que o recurso foi interposto dentro do prazo de 15 (quinze) dias úteis.

## 2) DO CABIMENTO DO RECURSO ESPECIAL: VIOLAÇÃO DE DISPOSITIVO LEGAL INFRACONSTITUCIONAL (alínea "a" do permissivo constitucional)

O presente REsp possui fundamento no artigo 105, III, alínea "a", da Constituição Federal, que dispõe sobre a competência desse Col. Superior Tribunal de Justiça para julgamento dos especiais que impugnem decisões contrárias a leis federais.

Sob esse aspecto, cumpre observar que o presente recurso tem por objeto v. acórdão, proferido pelo E. Tribunal de Justiça, eivado de violação aos ditames do § 1º do art. 489 e do art. 11, ambos do CPC (fundamentação da sentença), bem como art. art. 25, § 1º, do CDC e art. 402 do CC (legitimidade e responsabilidade da recorrida) e art. 1.026, § 2º, do CPC (embargos protelatórios).

## 3) DO PREQUESTIONAMENTO

No tocante ao prequestionamento, outro requisito de admissibilidade do especial, cumpre elucidar que toda a matéria aqui discutida foi devidamente arguida nas instâncias ordinárias. Tal fato fica evidenciado a partir da oposição dos embargos declaratórios contra o v. acórdão recorrido, em conformidade com o art. 1.025 do CPC.

E, com os declaratórios, o E. TJ de origem efetivamente enfrentou os dispositivos legais mencionados, como se depreende do v. acórdão dos embargos de declaração. Mas, ainda assim, não acolheu a tese do recorrente.

## 4) DA DECISÃO DE TRIBUNAL, ESGOTADOS OS RECURSOS NO TRIBUNAL DE ORIGEM

Cabível o REsp, pois estamos diante de um acórdão (e não de decisão monocrática), do qual não há mais recurso a ser interposto no Tribunal de origem (esgotada a instância na origem), outro dos requisitos deste recurso, conforme art. 105, III, da CF.

## 5) DA AUSÊNCIA DE DISCUSSÃO DE MATÉRIA FÁTICA OU DE PROVA

Por fim, esclarece-se não se debater neste REsp qualquer aspecto de fato ou probatório (o que é vedado pelas Súmulas 5 e 7 do STJ), sendo que a discussão é eminentemente de tese de direito.

Sendo assim, resta devidamente demonstrado o cabimento do presente Recurso Especial.

## III. DAS RAZÕES PARA O PROVIMENTO DO RECURSO

### 1) Da violação aos arts. 11 e 489, § 1º, do CPC – Não observância da motivação das decisões judiciais

Nos termos do art. 11 do CPC, todas as decisões judiciais serão devidamente fundamentadas, sob pena de nulidade.

A disposição do art. 489, § 1º, do CPC, por sua vez, especifica o que seria considerada uma decisão com vícios de fundamentação, trazendo, em seu inciso IV, a seguinte situação: não enfrentar todos os argumentos deduzidos pela parte capazes de, em tese, infirmar as conclusões do julgador.

No caso concreto, não há dúvida acerca da violação aos dispositivos da legislação federal. Por meio do v. acórdão recorrido, o E. Tribunal de Justiça limitou-se a manter a r. sentença por seus próprios fundamentos, sem qualquer fundamentação específica para o caso em exame.

Por essas razões, é medida de rigor a anulação do v. acórdão recorrido, em virtude da clara violação aos arts. 11 e 489, § 1º, do CPC.

## 2) Da violação aos art. 25, § 1º, do CDC e art. 402, do CC – Da legitimidade passiva e do dever de indenizar da recorrida

O v. acórdão recorrido, ao manter a r. sentença por seus próprios fundamentos, manteve o entendimento de ilegitimidade passiva da recorrida, em grave violação ao art. 25, § 1º, do CDC.

Nos termos do referido dispositivo, havendo mais de um responsável por causar o dano ao consumidor, todos deverão responder solidariamente pela reparação. Logo, há responsabilidade solidária entre a Recorrida e a Construtora Y.

Há no caso clara situação de inadimplemento contratual, na medida em que a incorporadora descumpre a principal obrigação assumida no contrato, que é a de entregar a obra concluída, no prazo avençado. Havendo dano, deve o recorrente ser indenizado pelo ilícito contratual praticado pela recorrida, conforme dispõe o art. 395 do CC.

Portanto, evidente o dever de a recorrida indenizar o recorrente pelos danos sofridos em virtude do inadimplemento contratual, compreendendo danos materiais por lucros cessantes e danos morais. Há, em primeiro lugar, lucros cessantes em razão da demora exacerbada na entrega da unidade imobiliária, nos termos do art. 402 do CC. Além disso, os transtornos ocasionados pelo atraso ultrapassam em muito o que se pode considerar um mero aborrecimento, caracterizando danos morais cuja indenização se faz necessária.

## 3) Da violação ao 1.026, § 2º, do CPC – Necessário afastamento da aplicação da multa por embargos protelatórios

Por fim, na remota hipótese de manutenção do v. acórdão recorrido (o que se admite apenas para argumentar), deve, ao menos, ser afastada a aplicação da multa por supostos embargos protelatórios.

Isso porque o objeto do recurso de embargos de declaração foi, claramente, prequestionar o v. acórdão para que se garantisse a interposição do presente recurso. E, ainda mais gritante a falha, os declaratórios foram acolhidos, para se integrar o v. acórdão.

Ora, o art. 1.026, § 2º, do CPC não se aplica ao presente caso, já que os embargos de declaração opostos não possuem natureza manifestamente protelatória, mas sim finalidade – a qual foi atingida, reitere-se – de prequestionar a matéria, garantindo a admissão do presente recurso.

Sendo assim, caso seja mantido o v. acórdão recorrido, deve, ao menos, ser afastada a aplicação da multa, tendo em vista que os embargos protelatórios com finalidade de prequestionamento não têm natureza protelatória, conforme a Súmula n. 98 do STJ.

## IV. DOS PEDIDOS

Diante de todo o exposto, requer:

Após as contrarrazões, seja o presente recurso admitido na origem e remetido ao E. STJ.

(i) No STJ, seja o recurso conhecido e provido para anular o v. acórdão recorrido, em virtude da falta de motivação das decisões judiciais (arts. 11 e 489, § 1º, do CPC);

(ii) Ou, desde logo, com base no princípio da primazia do mérito (CPC, art. 282, § 2º) e da celeridade, já se dê provimento ao recurso para reformar integralmente o v. acórdão, (a) afastando-se o entendimento da ilegitimidade passiva da recorrida e (b) reconhecendo-se os danos causados ao recorrente, que devem ser indenizados; e

(iii) Por fim, subsidiariamente, caso não acolhidos os pedidos (ii) ou (iii), pede o provimento ao recurso, ao menos para se afastar a aplicação da multa por embargos protelatórios.

Termos em que,

Pede deferimento.

Local, data.

ADVOGADO

OAB n. XXX

# QUESTÕES DISCURSIVAS

Outras peças práticas estão disponíveis *online* com acesso via *QR Code* ou *link* abaixo:
> http://uqr.to/1yks3

## 1. 41º Exame de Ordem Unificado/FGV

### QUESTÃO 1

**ENUNCIADO**

Joaquim conduzia seu automóvel por avenida movimentada do bairro de Copacabana, no Rio de Janeiro, em velocidade acima da permitida, após consumir elevada dose de bebida alcoólica. Ao tentar desviar de outro veículo, Joaquim perdeu o controle e subiu na calçada, vindo a colidir contra um poste.

Maria, que andava pela calçada, viu o momento em que Joaquim perdeu o controle de seu automóvel e, para salvar Joana, que estava ao seu lado, empurrou-a, vindo ambas a caírem em cima da vidraça de uma loja. Na queda, quebraram o vidro e danificaram alguns itens que estavam em exibição na vitrine.

Sobre o caso narrado, responda aos itens a seguir.

**A) Maria praticou ato ilícito ao empurrar Joana, quebrando o vidro e danificando os itens da vitrine? Justifique. (Valor: 0,65)**

**B) Maria, uma vez demandada em Juízo pelo dono da loja para ser indenizado pelos danos sofridos, poderá provocar intervenção de terceiros? Caso afirmativo, qual a modalidade e em face de quem? Justifique. (Valor: 0,60)**

*Obs.: o(a) examinando(a) deve fundamentar suas respostas. A mera citação do dispositivo legal não confere pontuação.*

**GABARITO DA OAB**

A) Maria não cometeu ato ilícito ao empurrar Joana, eis que agiu em estado de necessidade, conforme o art. 188, inciso II, do CC.

B) Maria poderá denunciar a lide em face de Joaquim, com amparo no art. 125, inciso II, do CPC, pois tem direito de regresso em face deste, conforme o art. 930 do CC.

**DISTRIBUIÇÃO DOS PONTOS**

| ITEM | PONTUAÇÃO |
|---|---|
| A. Não, pois agiu em estado de necessidade (0,55), conforme o art. 188, inciso II, do CC (0,10). | 0,00/0,55/0,65 |
| B. Sim. Maria poderá denunciar a lide em face de Joaquim (0,20), com amparo no art. 125, inciso II, do CPC (0,10), pois tem direito de regresso em face deste (0,20), conforme o art. 930 do CC (0,10). | 0,00/0,20/0,30/ 0,40/0,50/0,60 |

## COMENTÁRIOS DOS AUTORES

A) A deterioração ou destruição da coisa alheia, ou a lesão a pessoa, a fim de remover perigo iminente caracteriza estado de necessidade, circunstância estabelecida como excludente de ilicitude, conforme art. 188, II, do CC.

B) A denunciação da lide é o meio processual que tem por finalidade fazer com que terceiro venha a litigar em conjunto com o denunciante, e, se houver a condenação deste, o denunciado ressarcirá o prejuízo do denunciante. Ou seja, é a hipótese de ação de regresso (vale associar a denunciação com ação de regresso).

Assim, no caso, será possível Maria denunciar a lide em face de Joaquim (terceiro que não integra a relação jurídico processual). No caso, é a hipótese do inciso I.

Importante observar que no CPC a denunciação é admissível e não obrigatória (art. 125, *caput*). Ou seja, se a denunciação for indeferida, não for proposta ou não for permitida, será possível utilizar ação autônoma (CPC, art. 125, § 1º).

A pergunta foi acerca do meio processual de intervenção de terceiro, então a base seria o CPC, e não a legislação de direito material. Logo, eventual desconto de ponto pela não menção ao direito material poderia ser objeto de recurso.

## QUESTÃO 2

### ENUNCIADO

O gado Nelore criado por Duarte vem sofrendo de doença desconhecida. Inocêncio, produtor rural, comprometeu-se a ajudá-lo, conseguindo que o melhor veterinário da região e também produtor rural, Matias, concordasse em visitar o rebanho de Duarte em, no máximo, três dias, em virtude da urgência da situação. Matias aceitou o compromisso, mas não compareceu em razão dos seus próprios compromissos em sua fazenda, especialmente por causa do recebimento de duas novas máquinas agrícolas. Na semana seguinte, Matias foi até a fazenda de Duarte e constatou a morte de toda a criação. Duarte, diante disso, acionou Inocêncio e Matias pleiteando indenização pelos danos sofridos.

Sobre a hipótese narrada, responda aos itens a seguir.

A) O pedido de perdas e danos em face de Inocêncio merece prosperar? Justifique. (Valor: 0,65)

B) Se Matias for condenado, as duas máquinas agrícolas de sua propriedade poderão ser penhoradas? Justifique. (Valor: 0,60)

*Obs.: o(a) examinando(a) deve fundamentar suas respostas. A mera citação do dispositivo legal não confere pontuação.*

### GABARITO DA OAB

A) Não. Trata-se de promessa de fato de terceiro. Inocêncio se comprometeu a conseguir que Matias, o melhor veterinário da região e produtor rural, visitasse a criação do gado Nelore de Duarte, que padecia de desconhecida doença. Matias aceitou o compromisso, mas não compareceu, o que resultou na morte de toda a criação. O pedido de perdas e danos em face de Inocêncio não merece prosperar, pois Matias se obrigou, exonerando Inocêncio, de acordo com o art. 440 do Código Civil.

B) Não. As máquinas agrícolas de Matias são consideradas necessárias ao exercício da profissão e, por isso, são consideradas impenhoráveis, conforme art. 833, § 3º, do Código de Processo Civil.

## DISTRIBUIÇÃO DOS PONTOS

| ITEM | PONTUAÇÃO |
|---|---|
| A. Não. Tratando-se de promessa de fato de terceiro (0,30), uma vez que Matias se comprometeu a visitar o gado de Duarte (0,25), Inocêncio fica exonerado, conforme art. 440 do Código Civil (0,10). | 0,00/0,25/0,30/0,35/ 0,40/0,55/0,65 |
| B. Não. As máquinas agrícolas pertencentes à pessoa física são impenhoráveis, porque são necessárias ao exercício da profissão de Matias (0,50), de acordo com o art. 833, § 3º, do Código de Processo Civil (0,10). | 0,00/0,50/0,60 |

## COMENTÁRIOS DOS AUTORES

A) Na promessa de fato de terceiro, em face da relatividade das obrigações, não há, em regra, como compelir o terceiro a cumprir a obrigação assumida por outrem, caso em que este (promitente) responderá exclusivamente por perdas e danos (art. 439 do CC). Contudo, se o terceiro se comprometer, concordando com a obrigação assumida, passa a se responsabilizar por esta, liberando-se o promitente (art. 440 do CC).

B) O tópico processual da questão envolve a impenhorabilidade de bens. Prevê o art. 833, V, do CPC que "são impenhoráveis (...) as máquinas, as ferramentas, (...) os instrumentos e outros bens móveis necessários ou úteis ao exercício da profissão do executado". É exatamente, a hipótese narrada no enunciado. Curioso que o gabarito mencionou o § 3º, mas o mais adequado é o inciso V.

Logo, considerando essa previsão legal e diante da profissão de Matias (produtor rural), as máquinas agrícolas não poderão ser penhoradas.

## QUESTÃO 3

### ENUNCIADO

Iara, atriz famosa por interpretar papéis de protagonista em diversas novelas, descobre que seu nome e sua imagem vêm sendo utilizados, indevidamente e sem sua autorização, por uma clínica de estética, em publicidade anunciando seus serviços.

Na publicidade em questão, constava a foto da atriz com uma frase, entre aspas, dizendo que ela só realizava procedimentos estéticos naquela clínica, por considerá-la a melhor do ramo. Ocorre que a atriz sequer conhecia a referida clínica e não havia autorizado a utilização de sua imagem.

Com receio de perder nova oportunidade de trabalho, já em fase de negociação de exclusividade, Iara procura você, como advogado(a), buscando a proibição da utilização de sua imagem pela clínica.

Diante do caso narrado, responda aos itens a seguir.

**A) Pode haver a proibição da utilização da imagem da atriz? Justifique. (Valor: 0,60)**

**B) Para requerer a imediata cessação da divulgação da imagem, antes de eventual sentença de mérito, qual instrumento processual é cabível? Justifique. (Valor: 0,65)**

*Obs.: o(a) examinando(a) deve fundamentar suas respostas. A mera citação do dispositivo legal não confere pontuação.*

### GABARITO DA OAB

A) Sim. Na hipótese, a atriz poderá requerer que a clínica de estética seja proibida de utilizar a sua imagem, sem a sua autorização, para fins comerciais, nos termos do art. 20 do CC ou do art. 5º, inciso X, da CRFB/88.

B) A imediata cessação da divulgação da imagem poderá ser requerida por meio de tutela de urgência antecipada, em caráter antecedente ou incidental, nos termos do art. 294, parágrafo único, do CPC.

## DISTRIBUIÇÃO DOS PONTOS

| ITEM | PONTUAÇÃO |
|---|---|
| A. Sim, a atriz poderá requerer que a clínica de estética seja proibida de utilizar a sua imagem, sem a sua autorização (0,50), nos termos do art. 20 do CC ou do art. 5º, inciso X, da CRFB/88 (0,10). | 0,00/0,50/0,60 |
| B. Tutela de urgência antecipada (0,40), em caráter antecedente ou incidental (0,15), nos termos do art. 294, parágrafo único, ou art. 303, ambos do CPC (0,10). | 0,00/0,40/0,50/0,55/0,65 |

## COMENTÁRIOS DOS AUTORES

A) Houve, no caso, violação do direito à imagem da atriz, como direito da personalidade, diante do uso não consentido de sua imagem, notadamente com finalidades comerciais, assistindo à titular direito de proibir tal veiculação, além de reclamar perdas e danos (art. 20, do CC, ou art. 5º, X, da CRFB/88).

B) Nos termos do art. 294, parágrafo único, do CPC, é possível pleitear a concessão de tutela provisória de urgência ("liminar"), desde que a parte demonstre o preenchimento dos seguintes requisitos cumulativos (a) a probabilidade do direito; e (b) o perigo de dano ou risco ao resultado útil do processo (CPC, art. 300).

No caso, a hipótese é de tutela antecipada, pois busca-se imediatamente a fruição da decisão final, que viria após a instrução e com a sentença de mérito. Portanto, é algo satisfativo. Se fosse algo para resguardar, evitar o perecimento do objeto do processo, a hipótese seria de tutela cautelar (CPC, art. 301).

Observa-se que a tutela provisória poderá ser pleiteada durante o curso do processo (incidentalmente) ou mesmo antes de debater o pedido principal (tutela de urgência antecedente), conforme previsão do art. 303 do CPC.

## QUESTÃO 4

### ENUNCIADO

Antônio, casado com Maria em regime de separação voluntária de bens, desde 2015, celebrou um contrato de seguro de vida em 2017, renovando-o anualmente. Antônio não indicou os beneficiários do seguro de vida quando da celebração do contrato, nem em suas consecutivas renovações.

Após seu falecimento, que se deu na vigência do contrato de seguro de vida, sua esposa, Maria, individualmente, e seus dois filhos de um relacionamento anterior, Caetano e Caio, conjuntamente, requereram o pagamento integral do capital estipulado no seguro. Maria alega que, na condição de cônjuge, é, por direito, a beneficiária do seguro. Já os filhos alegam que seu pai, ao optar pelo regime da separação de bens, indicou a intenção de que Maria não participasse de seu patrimônio; sendo assim, ela não poderia ser beneficiária, restando tal condição a eles, filhos.

Diante dessa situação, você, na qualidade de advogado(a) do corpo jurídico da seguradora é consultado sobre os itens a seguir.

**A) O argumento apresentado por Caetano e Caio é válido? Justifique e indique a quem deve ser pago o capital estipulado no contrato. (Valor: 0,65)**

**B) Diante do impasse, qual medida processual a seguradora deve adotar para efetuar o pagamento do capital segurado de forma segura? Justifique. (Valor: 0,60)**

*Obs.: o(a) examinando(a) deve fundamentar suas respostas. A mera citação do dispositivo legal não confere pontuação.*

## GABARITO DA OAB

**A)** Não, pois o capital estipulado no seguro de vida não integra o patrimônio de Antônio e a herança, nos termos do art. 794 do CC, porque, na ausência de indicação de beneficiário, o capital estipulado será dividido entre o cônjuge e os herdeiros, segundo ordem de vocação hereditária, nos termos do art. 792 do CC.

**B)** A seguradora deverá ajuizar ação de consignação em pagamento, por haver dúvida sobre quem deve legitimamente receber o pagamento, nos termos do art. 547 do CPC ou art. 539 do CPC c/c art. 335, IV, do CC.

## DISTRIBUIÇÃO DOS PONTOS

| ITEM | PONTUAÇÃO |
|---|---|
| A1. Não, pois o capital estipulado no seguro de vida não integra o patrimônio de Antônio e a herança (0,25), nos termos do art. 794 do CC (0,10). | 0,00/0,25/0,35 |
| A2. O capital estipulado será dividido entre o cônjuge e os herdeiros (0,20), nos termos do art. 792 do CC (0,10). | 0,00/0,20/0,30 |
| B. A seguradora deverá ajuizar ação de consignação em pagamento (0,30), por haver dúvida sobre quem deve legitimamente receber o pagamento (0,20), nos termos do art. 547 do CPC ou art. 539 do CPC c/c art. 335, IV, do CC (0,10). | 0,00/0,30/0,40/ 0,50/0,60 |

## COMENTÁRIOS DOS AUTORES

**A)** O capital segurado não é bem integrante do patrimônio de Antônio, para que se discuta seja o direito à meação, seja o direito de herança sobre este, em face do falecimento do segurado (art. 794 do CC). Com a morte de Antônio, nasce para os beneficiários do seguro direito próprio, sem que se configure transmissão patrimonial oriunda do segurado. Os beneficiários são, em regra, aqueles indicados pelo segurado, trazendo o art. 792 do CC, norma supletiva que estabelece o pagamento de metade do capital segurado ao cônjuge não separado judicialmente – independentemente do regime de bens do casamento – e o restante aos herdeiros do segurado, obedecida a ordem da vocação hereditária.

Vale lembrar que mesmo que se discutisse a devolução hereditária do patrimônio de Antônio – o que se frise, não é o caso do enunciado –, o cônjuge casado pelo regime da separação convencional ou voluntária de bens participaria da sucessão, em concorrência com os descendentes, nos termos do art. 1.829, I, do CC.

**B)** Havendo dúvida sobre quem deva legitimamente receber ou pender litígio sobre o objeto ou a coisa (CC, art. 335, V), a medida cabível é a ação de consignação em pagamento (CPC, arts. 539 e 547), sendo um processo de conhecimento, com procedimento especial.

Nesse caso, deverá o autor depositar a quantia em juízo, requerendo a citação dos possíveis titulares do crédito para provarem o seu direito.

Embora não tenha constado no gabarito, importante mencionar que existe a possibilidade de consignação extrajudicial prévia (CPC, art. 539, § 1º), mediante depósito em banco.

Esse é um exemplo de questão que bem poderia ser uma peça prática, sendo que a OAB já pediu como peça, exatamente, uma consignação em pagamento.

## 2. 40º Exame de Ordem Unificado/FGV

### QUESTÃO 1

**ENUNCIADO**

Otávio, no meio da noite, foi acordado por ruidoso estrondo. Imediatamente, levantou-se e conseguiu observar da janela de seu apartamento que dois pesados halteres esportivos haviam caído de outra unidade e atingiram em cheio seu veículo, que estava estacionado no pátio do edifício, resultando no amassamento do teto e no estilhaçamento do vidro frontal.

Na manhã seguinte, ao analisar a cena de destruição e as imagens das câmeras de vigilância do prédio, constatou que a única explicação possível e lógica para o acidente fora a de que os halteres haviam caído de uma unidade residencial do edifício em que mora, e que não era possível identificar a origem. Diante dessa não identificação precisa da unidade, Otávio decidiu, então, ingressar com demanda indenizatória por danos materiais em face do condomínio, a qual foi ajuizada no Juizado Especial Cível do local do imóvel.

A respeito do caso de Otávio, responda aos itens a seguir.

**A)** Seria o condomínio responsável pelos danos materiais experimentados por Otávio? Em caso afirmativo, qual a natureza dessa responsabilidade? Justifique. (Valor: 0,65)

**B)** Considerando que as partes obtenham a conciliação em audiência e o condomínio isente Otávio do pagamento de três cotas condominiais, qual deverá ser o procedimento judicial adotado pelo juízo? Justifique. (Valor: 0,60)

*Obs.: O(Aa) examinando(a) deve fundamentar suas respostas. A mera citação do dispositivo legal não confere pontuação.*

**GABARITO DA OAB**

A) Sim. Considerando que não foi possível determinar com exatidão a unidade de onde os halteres haviam caído, responderá o condomínio, de forma objetiva, conforme o art. 938 do CC.

B) Conforme previsto no art. 22, § 1º, da Lei n. 9.099/1995, uma vez obtida a conciliação no curso de audiência, os termos conciliatórios serão reduzidos a escrito e a conciliação será homologada pelo Juiz togado mediante sentença, que será dotada de natureza e eficácia de título executivo.

**DISTRIBUIÇÃO DOS PONTOS**

| ITEM | PONTUAÇÃO |
|---|---|
| A. Sim, ante a impossibilidade de se determinar com exatidão a unidade de onde os halteres caíram (0,20). Responderá o condomínio de forma objetiva (0,35), conforme disposto no art. 938 do CC (0,10). | 0,00/0,20/0,35/ 0,45/0,55/0,65 |
| B. Uma vez obtida a conciliação entre as partes, esta será reduzida a escrito e homologada pelo Juiz togado mediante sentença (0,50), por força do disposto no art. 22, § 1º, da Lei n. 9.099/1995 (0,10). | 0,00/0,50/0,60 |

**COMENTÁRIOS DOS AUTORES**

A) Trata-se de hipótese de responsabilidade pelo fato de coisas, em caráter objetivo, que recai sobre os que habitarem o prédio, quando o dano for oriundo de coisas que dele caírem (art. 938 do CC). Não se tendo como averiguar a unidade causadora, todas respondem por meio do condomínio.

B) No âmbito do Juizado Especial Cível (JEC), a audiência de conciliação poderá ser conduzida por Juiz togado ou leigo, ou mesmo por conciliador. E, efetuada a conciliação em audiência, será homologado o acordo. Se o juiz conduzindo a audiência, diretamente por ele. Se não, o juiz leito ou o conciliador remeterão ao juiz togado, para que homologue.

Bastava, no caso, mencionar que o acordo seria homologado pelo juiz, por sentença. E essa sentença homologatória possui eficácia de título executivo judicial (Lei n. 9.099/1995, art. 22, § 1º).

## QUESTÃO 2

### ENUNCIADO

Maria Lima, 65 anos, aposentada, viúva, não convivente em união estável e sem filhos, celebrou contrato de doação do seu único imóvel, em favor de Thiago Correia Lima, 31 anos, e Beatrice Correia Lima, 29 anos, seus sobrinhos.

Pelo referido contrato, Maria Lima doou seu único imóvel para os sobrinhos com reserva de usufruto vitalício, constando que os donatários deveriam realizar alguns reparos na parte elétrica do imóvel em até 45 dias da aceitação da doação. Passados 120 dias da celebração do contrato, Thiago e Beatrice, além de não terem providenciado os reparos devidos, passaram a residir no imóvel, sob a alegação de que eram os proprietários, não obstante os reiterados pedidos de Maria Lima para que não residissem no local enquanto ela lá vivia. Além disso, passaram a dar festas no local, ignorando a presença de Maria na casa, o que a deixou muito aborrecida.

Diante da situação, Maria procura Tereza, amiga de infância e pede apoio para a resolução do problema, afirmando que se arrependeu da doação e que deveria ter doado o imóvel para Tereza. Tereza, vendo a aflição da amiga e interessada em ser beneficiada com o imóvel, indica você, na qualidade de advogado(a), para orientá-la sobre o que pode ser feito.

**A) Há algo que Maria possa fazer para que o imóvel doado retorne à sua propriedade, não mais beneficiando os sobrinhos? Justifique. (Valor: 0,60)**

**B) Qual a medida judicial que Maria deverá adotar para que seus sobrinhos não sejam mais os proprietários do bem? Tereza, considerando sua amizade e seu interesse jurídico, pode promover a referida medida judicial, caso Maria não o faça? Justifique. (Valor: 0,65)**

*Obs.: o(a) examinando(a) deve fundamentar suas respostas. A mera citação do dispositivo legal não confere pontuação.*

### GABARITO DA OAB

A) Sim, Maria pode revogar a doação por descumprimento do encargo, nos termos do art. 562 ou do art. 555, ambos do Código Civil.

B) Maria deverá promover ação de revogação da doação. Apenas Maria tem legitimidade para promover essa ação que é personalíssima, nos termos do art. 18 do CPC.

### DISTRIBUIÇÃO DOS PONTOS

| ITEM | PONTUAÇÃO |
|---|---|
| A. Sim. Maria pode revogar a doação (0,30) por descumprimento do encargo (0,20), nos termos do art. 562 OU do art. 555, ambos do Código Civil (0,10). | 0,00/0,20/0,30/0,50/0,60 |
| B. Maria deverá promover ação de revogação da doação (0,25). Não, apenas Maria tem legitimidade para promover essa ação que é personalíssima (0,30), nos termos do art. 560 do Código Civil OU art. 18 do CPC (0,10). | 0,00/0,25/0,30/0,35/0,40/0,55/0,65 |

## COMENTÁRIOS DOS AUTORES

**A)** Cabe revogação da doação por descumprimento do encargo (art. 555 do CC). Como havia sido fixado prazo para o cumprimento, há mora *ex re*, pelo mero decurso do prazo, o que autoriza a revogação imediata (art. 562 do CC). Caso não tivesse sido fixado prazo, seria necessária a notificação dos donatários com estabelecimento de prazo razoável para o cumprimento.

**B)** Caberá a propositura de ação de conhecimento pelo procedimento comum (CPC, art. 319), com pedido de revogação da doação (não precisava mencionar exatamente o nome "ação de revogação de doação" mas sim esclarecer o pedido).

Referida ação, como a maior parte das ações, tem natureza personalíssima (CC, art. 560), de modo que somente poderá ser proposta pelo próprio doador (no caso, Maria – CPC, art. 18). Ademais, a regra é a legitimidade da própria parte (legitimação ordinária), sendo exceção quando terceiro pode pedir, em nome próprio, direito de outrem (legitimação extraordinária, prevista em lei). E, por certo, a amizade não permite isso. Ajuizada essa ação, haveria extinção sem mérito, pela ilegitimidade (CPC, art. 485, VI).

Como regra, os herdeiros somente poderão prosseguir na ação eventualmente já ajuizada pelo doador em vida, após o óbito.

De qualquer forma, no caso, bastava falar da ação pelo procedimento comum, para revogar a doação, e a questão da legitimidade.

## QUESTÃO 3

### ENUNCIADO

Marcela e Carlos são irmãos, ambos maiores de idade e filhos de Dulce, que é viúva há muitos anos. Dulce é uma mulher independente e administra sozinha as locações de sete imóveis que possui, sendo essa sua única fonte de renda.

Contudo, depois de completar 75 anos, Dulce passou a apresentar algumas confusões mentais. Preocupados, os filhos a levaram ao médico, que a diagnosticou com a doença de Alzheimer. Apesar de terem iniciado o tratamento médico, o quadro agravou-se rapidamente, e, cerca de três meses depois, a capacidade cognitiva e decisória de Dulce estava totalmente comprometida.

Preocupados com o bem-estar e a administração dos bens da mãe, Carlos e Marcela procuram você, como advogado(a), para obter a devida orientação.

Sobre o caso, responda, como advogado(a), às questões a seguir.

**A) Qual a ação judicial cabível para que Carlos e Marcela possam assumir a administração dos bens de Dulce? O que deverá constar na petição inicial para viabilizar essa administração o mais rápido possível? Justifique. (Valor: 0,65)**

**B) Considerando que Marcela e Carlos cuidam juntos da mãe, e que não há conflito entre eles, os irmãos questionam se é possível administrar em conjunto os bens de Dulce. Justifique. (Valor: 0,60)**

*Obs.: O(A) examinando(a) deve fundamentar suas respostas. A mera citação do dispositivo legal não confere pontuação.*

### GABARITO DA OAB

**A)** Carlos e Marcela deverão ingressar com uma ação, com pedido de curatela provisória em sede de antecipação de tutela, devendo especificar em petição inicial os fatos que demonstram a incapacidade do interditando para administrar seus bens e, se for o caso, para praticar atos da vida civil, bem como o momento em que a incapacidade se revelou, na forma do art. 300 e do art. 749, *caput* e parágrafo único, ambos do CPC.

**B)** Marcela e Carlos podem pedir a curatela compartilhada, com base no art. 1775-A do CC.

## DISTRIBUIÇÃO DOS PONTOS

| ITEM | PONTUAÇÃO |
|---|---|
| A1. Carlos e Marcela deverão ingressar com uma ação de curatela com pedido de curatela provisória (0,20), conforme o art. 749, *caput*, do CPC. | 0,00/0,20 |
| A2. Na petição inicial devem ser especificados os fatos que demonstram a incapacidade de Dulce para administrar seus bens e para praticar atos da vida civil (0,20), bem como o momento em que a incapacidade se revelou (0,15), segundo o art. 749, *caput* e parágrafo único, OU o art. 300, ambos do CPC (0,10). | 0,00/0,20/0,30/ 0,35/0,45 |
| B. Marcela e Carlos podem pedir a curatela compartilhada (0,50), com base no art. 1775-A do CC (0,10). | 0,00/0,50/0,60 |

## COMENTÁRIOS DOS AUTORES

A) A solução passa por uma "ação de interdição", com pedido liminar (tutela provisória) para a nomeação, desde logo, de um curador provisório (CPC, arts. 300 e 749). Essa ação, como se percebe, busca interditar alguém, para que não realize mais os atos da vida civil, no caso, pela questão de saúde.

O art. 749 do CPC prevê que o autor, na petição inicial, além dos requisitos estabelecidos no art. 319 do CPC, deverá especificar os fatos que demonstram a incapacidade do interditando para administrar os bens e, se o caso, para a prática de atos da vida civil, como também indicar o momento em que a incapacidade se revelou.

A nomeação de curador provisório (de modo a viabilizar a prática de atos imprescindíveis ao interesse do incapaz), desde que justificada a urgência, poderá ocorrer mesmo de ofício pelo juiz ou, por certo, a requerimento do interessado, após a oitiva do Ministério Público (CPC, art. 178, II).

B) O legislador estabelece no art. 1.775 do CC ordem preferencial para a nomeação dos curadores, devendo a escolha ser realizada de modo a atender os interesses do curatelado. Nesse sentido, permite o art. 1.775-A do CC que se estabeleça a curatela compartilhada a mais de uma pessoa.

## QUESTÃO 4

### ENUNCIADO

Beatriz, professora, celebrou contrato com a sociedade empresária Soluções em Arquitetura com o objetivo de realizar, no prazo de seis meses, a reforma completa do apartamento de sua propriedade. O contrato foi assinado na presença de duas testemunhas.

Passados oito meses, a reforma ainda não fora concluída, o que levou Beatriz a ajuizar ação de execução de título extrajudicial em face da sociedade. Citada, Soluções em Arquitetura esclarece a você, advogado(a), que Beatriz não forneceu todo o material necessário para a realização da obra, obrigação que constava de cláusula expressa do contrato. Em consequência, não foi possível a finalização da obra no prazo estabelecido.

Sobre tais fatos, responda aos itens a seguir.

**A) O não cumprimento da obrigação por Beatriz exime a sociedade empresária Soluções em Arquitetura de cumprir o prazo contratualmente previsto para a finalização da obra? Justifique. (Valor: 0,65)**

**B) Qual instrumento processual deverá ser usado pela sociedade empresária Soluções em Arquitetura para veicular sua defesa e qual o prazo legal para sua apresentação? Justifique. (Valor: 0,60)**

*Obs.: O(A) examinando(a) deve fundamentar suas respostas. A mera citação do dispositivo legal não confere pontuação.*

## GABARITO DA OAB

A) Sim. Beatriz não pode exigir da sociedade empresária Soluções em Arquitetura o cumprimento da obrigação antes de cumprir a sua, uma vez que o contrato celebrado entre as partes é de natureza bilateral, nos termos do art. 476 do Código Civil.

B) A sociedade empresária Soluções em Arquitetura deverá ajuizar ação de embargos à execução, a ser apresentada no prazo de 15 (quinze) dias, nos termos do art. 915 do CPC.

## DISTRIBUIÇÃO DOS PONTOS

| ITEM | PONTUAÇÃO |
|---|---|
| A. Sim. Beatriz não pode exigir da sociedade empresária Soluções em Arquitetura o cumprimento da obrigação antes de cumprir a sua (exceção do contrato não cumprido) (0,30), uma vez que o contrato celebrado entre as partes é de natureza bilateral (0,25), com base no art. 476 do Código Civil (0,10). | 0,00/0,25/0,30/ 0,35/0,40/0,55/ 0,65 |
| B. A sociedade empresária Soluções em Arquitetura deverá ajuizar ação de embargos à execução (0,30), a ser apresentada no prazo de 15 (quinze) dias (0,20), segundo o art. 915 do CPC (0,10). | 0,00/0,30/0,40/ 0,50/0,60 |

## COMENTÁRIOS DOS AUTORES

A) A exceção de contrato não cumprido é defesa que pode ser alegada em contratos bilaterais, quando um contratante exige o cumprimento da prestação do outro, sem antes ter cumprido a prestação que lhe incumbe (art. 476 do CC).

B) Tratando-se de ação de execução de título extrajudicial, a defesa do executado se dá por embargos à execução (ou embargos do devedor/executado), nos termos do art. 914 do CPC.

Os embargos à execução serão oferecidos no prazo de 15 (quinze) dias (art. 915 do CPC), contado, conforme o caso, na forma do art. 231 do CPC – ou seja, por exemplo, se citação por correio, da juntada da carta aos autos; se por oficial de justiça, da juntada do mandado aos autos. O gabarito não exigiu a questão da contagem do prazo, mas em outros casos o examinador pede esse tipo de informação, de maneira que conveniente que a resposta seja o mais completa possível, especialmente em caso de questão mais simples.

E esta questão, como se percebe, é bastante simples, apenas procurando saber como se dá a defesa na execução – não se podendo confundir com a impugnação ao cumprimento de sentença, no caso de título judicial. Além disso, se estamos no prazo regular de defesa via embargos, não há se falar na utilização da exceção de pré-executividade.

### 3. 39º Exame de Ordem Unificado/FGV

#### QUESTÃO 1

## ENUNCIADO

João, em 2011, celebra contrato escrito com sua sobrinha Maria (maior e capaz), sem prazo determinado, por via do qual empresta uma loja comercial de 350m², situada em área urbana, transferindo-lhe a posse com a finalidade estrita de dar-lhe oportunidade de explorar atividade empresarial para a sua subsistência. Passados 12 (doze) anos (2023), João descobre que Maria passou a residir no imóvel, desde que desistiu de empreender, há quatro anos (2019), e conseguiu emprego formal na iniciativa privada.

**OAB ESQUEMATIZADO 2ª FASE – CIVIL** 433

Inconformado, João notifica Maria para que ela restitua o bem imóvel no prazo de 30 (trinta) dias, denunciando unilateralmente o contrato. Três semanas depois, recebe citação eletrônica em ação de usucapião promovida por Maria, na qual requer a declaração de usucapião, considerando o uso pacífico e contínuo da posse por mais de 10 (dez) anos, com base na usucapião extraordinária com redução de prazo, considerando o estabelecimento de moradia e serviços de caráter produtivo.

Em sua defesa, João afirma que ele é o proprietário do imóvel e Maria é quem está obrigada a restituir-lhe o bem, em razão da extinção do contrato outrora firmado entre as partes.

Diante do caso narrado, responda aos itens a seguir

**A) Maria tem direito de usucapir o imóvel? Justifique. (Valor: 0,65)**

**B) Em contestação, João pode formular pedido de condenação de Maria a restituir o imóvel a seu favor, nos autos da ação de usucapião? Justifique. (Valor: 0,60)**

*Obs.: o(a) examinando(a) deve fundamentar suas respostas. A mera citação do dispositivo legal não confere pontuação.*

## GABARITO DA OAB

A) Não. Maria não tem direito a obter a declaração de usucapião do bem imóvel em questão. A despeito de ter o tempo de posse suficiente e adequado ao seu pedido (usucapião extraordinária de prazo reduzido – art. 1.238, *caput* e parágrafo único, do CC), com a demonstração dos requisitos da moradia e utilização do bem em caráter produtivo, bem como as características objetivas da posse bem delineadas (posse pacífica e ininterrupta), falta o requisito subjetivo do *animus domini*. Isso porque havia relação contratual de comodato (empréstimo de coisa infungível), o que reflete a ausência de intenção e consciência da comodatária de "possuir a coisa como sua", eis que era sabidamente comodatária.

B) Sim. A ação de usucapião segue o procedimento comum no CPC, sendo lícito ao réu, em contestação, propor reconvenção para manifestar pretensão própria, conexa com a ação principal, na forma do art. 343 do CPC.

## DISTRIBUIÇÃO DOS PONTOS

| ITEM | PONTUAÇÃO |
| --- | --- |
| A. Não. Como havia relação contratual de comodato (0,15), não foi cumprido o requisito subjetivo do *animus domini* (possuir como seu o imóvel) (0,40), segundo o art. 1.238, *caput*, do CC (0,10). | 0,00/0,15/0,25/0,40 0,50/0,55/0,65 |
| B. Sim. Em se tratando de procedimento comum, é lícito ao réu, em contestação, propor reconvenção (0,30) para manifestar pretensão própria, conexa com a ação principal (0,20), na forma do art. 343 do CPC (0,10). | 0,00/0,30/0,50/0,60 |

## COMENTÁRIOS DOS AUTORES

A) A configuração de posse tolerada, em decorrência da existência de contrato de comodato (empréstimo gratuito) entre os sujeitos, afasta o caráter *ad usucapionem* da posse, ao descaracterizar o *animus domini*, necessário para que se permita a contagem para aquisição originária da propriedade. A partir do momento em que o possuidor direto afronta o proprietário, rompendo o princípio da confiança, passaria a contar o prazo para a aquisição por usucapião, não se verificando no caso, contudo, o transcurso do prazo de dez anos, previsto no art. 1.238, parágrafo único, do CC.

B) A ação de usucapião observa o procedimento comum (CPC, art. 319 e ss.), visto que atualmente não existe um procedimento especial para essa demanda, ainda que existam algumas características específicas quanto à citação, por exemplo (CPC, art. 248, § 3º).

Sendo assim, tratando-se de ação que tramita pelo procedimento comum, cabe reconvenção, conforme previsão do art. 343 do CPC, que é o pedido formulado pelo réu, contra o autor, na própria contestação (isso é feito atualmente na própria contestação, e não mais em peça apartada, como no passado).

Pode então existir pedindo reconvencional para que seja reconhecida a propriedade do réu, bem como devolução do imóvel. Isso porque existe conexão entre a reconvenção e a própria contestação (matéria de defesa) ofertada pelo réu (CPC, art. 343).

## QUESTÃO 2

### ENUNCIADO

José e Maria casaram-se no regime da comunhão parcial de bens. Após separação de fato há seis meses, Maria ingressa com ação de divórcio em face de José. Na petição inicial, Maria afirma que os bens comuns já foram partilhados e requer a decretação do divórcio e a homologação da partilha realizada. José, por sua vez, alega que, durante o casamento, Maria ganhou na loteria o valor de R$ 6.000.000,00 (seis milhões de reais), que não foram partilhados.

Considerando essas informações, responda aos itens a seguir.

**A) O prêmio auferido em loteria oficial é bem comum? (Valor: 0,60)**

**B) Poderia o julgador dividir o mérito, decretar desde logo o divórcio e prosseguir com o processo para julgamento da partilha? (Valor: 0,65)**

*Obs.: o(a) examinando(a) deve fundamentar as respostas. A mera citação do dispositivo legal não confere pontuação.*

### GABARITO DA OAB

A) O prêmio auferido em loteria oficial se qualifica como bem adquirido por fato eventual, razão pela qual constitui bem comum, nos termos do art. 1.660, inciso II, do CC.

B) Por se tratar de pedido incontroverso, pode o magistrado julgar antecipada e parcialmente o mérito, consoante prevê o art. 356, inciso I, do CPC c/c o art. 1.581 do CC.

### DISTRIBUIÇÃO DOS PONTOS

| ITEM | PONTUAÇÃO |
|---|---|
| A. Sim, porque o prêmio da loteria é fato eventual (0,50), conforme o art. 1.660, inciso II, do CC (0,10). | 0,00/0,50/0,60 |
| B. Sim. Trata-se de pedido incontroverso (0,25), por isso permitido o julgamento antecipado parcial do mérito (0,30), nos termos do art. 356, inciso I, do CPC c/c art. 1.581 do CC (0,10). | 0,00/0,25/0,30/0,35/0,40/0,55/0,65 |

### COMENTÁRIOS DOS AUTORES

A) A partilha de prêmios de loteria, no término de casamentos sob o regime de comunhão parcial de bens, apesar de ser algo raro na realidade, é tema que aparece com frequência nas provas de OAB, 1ª e 2ª fases.

No caso, trata-se de bens adquiridos por fato eventual ou fortuito – não decorrendo de esforço laborativo ou econômico dos sujeitos –, considerados comuns e, portanto, partilháveis, conforme o art. 1.660, II, do CC. Observe-se que na jurisprudência do STJ, reconhece-se o direito à meação sobre prêmios de loteria mesmo aos cônjuges casados por separação obrigatória de bens, por força da aplicação da Súmula 377 do STF.

**B)** A pergunta envolve o "julgamento antecipado parcial do mérito", previsto no art. 356 do CPC. O Código permite o "fatiamento" do pedido, o que foi chamado de "divisão do mérito" pelo examinador, expressão que não é utilizada pela legislação e nem comum na doutrina.

E uma das hipóteses em que cabe esse julgamento antecipado parcial é, exatamente, a existência de um pedido incontroverso (CPC, art. 356, I). E, no caso, foi isso o que se verificou, em relação ao divórcio.

Além disso, o gabarito mencionou ainda o CC. Contudo, não haveria necessidade disso, pois o foco desse item da pergunta é processual (o que aconteceria no processo, e não o direito material).

## QUESTÃO 3

### ENUNCIADO

Maria cadastrou-se e adquiriu serviço de aprendizagem *on-line* de língua estrangeira na sociedade empresária Hello English Ltda., dando consentimento, informado nos termos de uso e autorização, para tratamento de seus dados pessoais. Após 1 (um) ano de curso, decidiu romper o vínculo, mas continuou recebendo muitas notificações indesejadas da sociedade empresária.

Mesmo sem visualizar qualquer ilegalidade quanto ao tratamento de seus dados pessoais, formulou requerimento expresso via canal de comunicação da empresa para (i) retirar o consentimento no tratamento de dados; e (ii) eliminar os seus dados cadastrais em definitivo, para fins de publicidade e *marketing*.

Em resposta, a sociedade empresária informou que não atenderia à solicitação porque a operadora dos dados (SuperData Ltda.) informou que os dados foram tratados dentro da lei, e que Maria não teria direito a pedir a eliminação dos dados para os fins desejados (evitar a publicidade e *marketing*), considerando que os dados não são sensíveis.

Irritada, até porque continuou a receber material publicitário, Maria ajuizou ação judicial contra a sociedade empresária SuperData Ltda., e notificou a Autoridade Nacional de Proteção de Dados (ANPD) sobre a conduta adotada por ambas as empresas.

A sociedade empresária ré (SuperData Ltda.) alega que sua responsabilidade é apenas tratar os dados, não sendo ela quem determina a exclusão dos dados, mas somente a controladora (Hello English Ltda.), razão pela qual não responde pelo pedido de Maria, pois nunca recebeu uma ordem da controladora para excluir os dados de Maria. Sobre a hipótese apresentada, responda aos itens a seguir.

**A) Maria tem o direito de promover a eliminação de seus dados cadastrais especificamente voltados para as ações de publicidade e *marketing*? Justifique. (Valor: 0,65)**

**B) A sociedade empresária SuperData Ltda., na posição de simples operadora de dados pessoais, responde por danos eventualmente causados a Maria? Justifique. (Valor: 0,60)**

*Obs.: o(a) examinando(a) deve fundamentar suas respostas. A mera citação do dispositivo legal não confere pontuação.*

### GABARITO DA OAB

**A)** Sim. O art. 8º, § 5º, da Lei n. 13.709/18 (LGPD) dispõe que "o consentimento pode ser revogado a qualquer momento mediante manifestação expressa do titular, por procedimento gratuito e facilitado, ratificados os tratamentos realizados sob amparo do consentimento anteriormente manifestado, enquanto não houver requerimento de eliminação". Em razão disso, deve-se operar o término no tratamento de dados (art. 15, inciso III, da LGPD), com a consequente eliminação dos dados cadastrais para os fins especificados (publicidade e *marketing*), na forma do art. 16, *caput*, da LGPD.

**B)** Sim. O operador de dados pessoais responde solidariamente com o controlador de dados pessoais pelos danos causados pelo tratamento quando descumprir as obrigações da legislação de proteção de dados, na forma do art. 42, § 1º, inciso I, da LGPD.

## DISTRIBUIÇÃO DOS PONTOS

| ITEM | PONTUAÇÃO |
|---|---|
| A1. Sim. O consentimento do titular pode ser revogado a qualquer momento mediante manifestação expressa do titular (0,30), na forma do art. 8º, § 5º, da LGPD (0,10). | 0,00/0,30/0,40 |
| A2. Com a revogação do consentimento, opera-se o término do tratamento e a consequente eliminação dos dados pessoais (0,15), na forma do art. 15, inciso III, OU do art. 16, ambos da LGPD (0,10). | 0,00/0,15/0,25 |
| B. Sim. O operador de dados pessoais responde solidariamente com o controlador pelos danos causados quando descumprir as obrigações da legislação de proteção de dados (0,50), conforme o art. 42, § 1º, inciso I, da LGPD (0,10). | 0,00/0,50/0,60 |

## COMENTÁRIOS DOS AUTORES

O examinador trouxe tema específico da responsabilidade pelo tratamento de dados pessoais, objeto de lei especial de aplicação relativamente recente no direito brasileiro, em questão que abordou nas duas perguntas temas de direito material, algo bastante incomum nos exames da OAB. As respostas, contudo, podiam ser encontradas facilmente no texto da lei. Ainda assim, entende-se que o examinador deveria ter abordado o tema de forma mais equilibrada, em questão que versasse conjuntamente elementos processuais, como é de praxe.

A) Para que o tratamento de dados de um titular observe a lei, deve se fundar em uma das bases legais, previstas no art. 7º da LGPD, sendo que na história narrada optou-se pela hipótese do inciso I: "fornecimento de consentimento pelo titular".

Diante do reconhecimento da autodeterminação informativa, é direito do titular a revogação do consentimento dado anteriormente para o tratamento de seus dados, mediante manifestação expressa, por procedimento gratuito e facilitado (art. 8º, § 5º, da LGPD). Uma vez exercido tal direito, configura-se o término do tratamento e eliminação dos dados, nos termos dos arts. 15 e 16 da LGPD.

B) O art. 42 da LGPD trata da responsabilidade pelos danos causados em virtude do tratamento de dados. Em seu § 1º, I, o dispositivo estabelece a solidariedade entre operador e controlador de dados pela indenização dos danos causados pelo tratamento realizado em descumprimento das obrigações da legislação de proteção de dados, o que ocorreu no caso.

## QUESTÃO 4

### ENUNCIADO

Fernanda é dona da loja Obra Mais que vende material de construção. No mês passado ela fez uma venda de R$ 30.000,00 (trinta mil reais) para José, que pagou o material com cheque. No entanto, ao ser descontado, o cheque não foi pago pelo banco por falta de fundos.

A respeito dessa situação, responda aos itens a seguir.

**A) Qual a ação mais célere que Fernanda deve adotar para cobrar o valor devido e qual é seu prazo prescricional? Justifique. (Valor: 0,65)**

**B) Considerando que o único bem localizado para satisfação do débito foi o táxi de José, é possível determinar a penhora do automóvel? Justifique. (Valor: 0,60)**

*Obs.: o(a) examinando(a) deve fundamentar suas respostas. A mera citação do dispositivo legal não confere pontuação.*

## GABARITO DA OAB

A) Fernanda deve ingressar com uma execução de título extrajudicial, por ser o cheque título executivo extrajudicial, na forma do art. 784, inciso I, do CPC, no prazo prescricional máximo de 6 meses, contados da expiração do prazo de apresentação, como determina o art. 59 da Lei n. 7.357/85.

B) Não, pois o táxi é instrumento de trabalho de José, e, na forma do art. 833, inciso V, do CPC, os bens necessários ao exercício da profissão são impenhoráveis.

## DISTRIBUIÇÃO DOS PONTOS

| ITEM | PONTUAÇÃO |
|---|---|
| A1. Fernanda deve ingressar com uma execução de título extrajudicial, por ostentar o cheque tal natureza (0,25), na forma do art. 784, inciso I, do CPC (0,10). | 0,00/0,25/0,35 |
| A2. O prazo prescricional é de 6 meses, contados da expiração do prazo de apresentação (0,20), como determina o art. 59 da Lei n. 7.357/85 (0,10). | 0,00/0,20/0,30 |
| B. Não. O táxi é impenhorável (0,30), por ser o instrumento de trabalho de José (0,20), na forma do art. 833, inciso V, do CPC (0,10). | 0,00/0,30/0,40/ 0,50/0,60 |

## COMENTÁRIOS DOS AUTORES

Curioso que em 2024 a OAB ainda pergunte sobre cheque, um meio de pagamento hoje tão pouco utilizado (ainda que seja utilizado por parte da população), e isso logo após perguntar de LGPD. Havia tempos sem perguntas de cheque.

A) O cheque é título executivo nos termos do art. 784, I, do CPC (inciso que trata dos títulos de crédito). Assim, considerando o inadimplemento de obrigação certa, líquida e exigível consubstanciada em título executivo, a medida mais célere para Fernanda cobrar o valor devido é a propositura de Ação de Execução de título extrajudicial (CPC, arts. 786 e ss.).

Em relação à prescrição, deve-se ter cuidado que, aqui, estamos diante da "prescrição do meio processual para buscar o crédito", e não da prescrição do crédito em si. Isso porque, se o crédito estiver prescrito, não há o que fazer.

Existe, então, a possibilidade de executar, dentro do prazo prescricional. E, após a prescrição da execução, será possível buscar o valor via processo de conhecimento, até que haja a prescrição do crédito.

A prescrição da ação executiva é de 6 meses, contados a partir da expiração do prazo de apresentação. Isso é previsto no art. 59 da Lei n. 7.357/85 (Lei do Cheque).

Existe ainda uma diferença entre o prazo de apresentação, se o cheque é na mesma ou em outra praça (30 ou 60 dias, *vide* art. 33 da Lei n. 7.357/85), mas isso não é enfrentado pela questão.

B) A regra é que todos os bens (presentes e futuros) do devedor se sujeitam à execução (CPC, art. 789). Mas a lei traz exceções à penhorabilidade, em prol da dignidade do devedor. Como exemplo, a impenhorabilidade de instrumentos necessários ao exercício na profissão (CPC, art. 833, V).

Referida previsão se faz necessária, pois se o executado não pode exercer sua profissão, como poderá se sustentar e, até mesmo, pagar o exequente? Assim, um taxista não pode ter seu carro penhorado (instrumento de trabalho nos termos do art. 833, V, do CPC), bem como motorista de aplicativo também não pode ter a penhora de seu veículo.

## 4. 38º Exame de Ordem Unificado/FGV

### QUESTÃO 1

**ENUNCIADO**

Adalberto é dono de uma casa no litoral, onde ele gosta de passar os feriados com a família. Certa vez, ao chegar em sua casa de praia durante o Carnaval, ele avistou Diogo, morador da casa contígua, pulando o muro divisório entre os dois terrenos e deixando para trás sinais claros de vir utilizando reiteradamente a casa de Adalberto, sem qualquer autorização. A mesma cena se repetiu quando Adalberto fo passar férias na casa no mês seguinte, bem como nos feriados da Páscoa e de Tiradentes.

Cansado dessa situação, Adalberto ingressou com ação de manutenção da posse em face de Diogo n final do mês de abril. Instado a se manifestar antes da apreciação do pedido liminar, Diogo limitou-se a alegar que Adalberto não comprovou minimamente nos autos que é o legítimo proprietário d casa. Para piorar a situação, ao visitar novamente a casa no feriado de 1º de maio, Adalberto descobriu que Diogo havia se mudado para lá definitivamente e trocado a fechadura, impedindo seu ingresso no imóvel.

A respeito deste caso, responda aos itens a seguir.

**A) Considerando verdadeira a alegação deduzida por Diogo nos autos, seria esse fundamente bastante para justificar o indeferimento do pedido liminar? Justifique. (Valor: 0,65)**

**B) A natureza da ação proposta por Adalberto impede que o juiz da causa determine liminarmente a imediata reintegração da posse em favor dele? Justifique. (Valor: 0,60)**

*Obs.: o(a) examinando(a) deve fundamentar suas respostas. A mera citação do dispositivo legal não confere pontuação.*

**GABARITO DA OAB**

A) Não. Não obsta à manutenção ou à reintegração na posse a alegação de propriedade, ou de outro direito sobre a coisa, nos termos do art. 1.210, § 2º, do Código Civil. Portanto, não caberia a alegação de que a ausência de comprovação da propriedade de Adalberto sobre a casa impediria a concessão da liminar em seu favor, o que apenas seria exigível em sede de juízo petitório.

B) Não. Embora Adalberto tenha proposto uma ação de manutenção da posse, demanda possessória aplicável às hipóteses de turbação, a configuração superveniente de esbulho possessório não impede, por si só, que o juiz conceda ao autor a tutela adequada (a saber, a reintegração liminar de posse), na medida em que as ações possessórias consideram-se fungíveis entre si, nos termos do art. 554, *caput*, do CPC.

**DISTRIBUIÇÃO DOS PONTOS**

| ITEM | PONTUAÇÃO |
|---|---|
| A. Não. Em ações possessórias não se admite qualquer discussão acerca da titularidade de direitos sobre o bem (0,55), nos termos do art. 1.210, § 2º, do CC (0,10). | 0,00/0,55/0,65 |
| B. Não. Embora a ação de manutenção da posse se destine aos casos de turbação e não de esbulho (0,20), aplica-se a todas as ações possessórias a regra da fungibilidade (0,30), prevista pelo art. 554 do CPC (0,10). | 0,00/0,20/0,30/ 0,40/0,50/0,60 |

**COMENTÁRIOS DOS AUTORES**

A) O fundamento não seria suficiente, pois nas ações possessórias não cabe discussão acerca da propriedade. Portanto, eventual alegação de ausência de comprovação da propriedade não configura óbice ao deferimento da liminar, nos termos do art. 1.210, § 2º, do Código Civil. Além disso, o tema também está previsto no CPC, art. 557.

B) Uma das grandes características processuais das ações possessórias é a fungibilidade. Assim, conforme previsão do art. 554 do CPC, se o autor ajuizar determinada ação possessória e houver a alteração da situação durante a tramitação do processo, desde que provados os fatos, deverá o juiz conceder a proteção possessória adequada. Assim, não há necessidade de novo ajuizamento, devendo o juiz conceder a reintegração, ainda que inicialmente não havia o esbulho.

### QUESTÃO 2

**ENUNCIADO**

A sociedade empresária Edison Instalações celebrou contrato de prestação de serviços com o Shopping Andrade e Nascimento. No referido contrato, restou acordado que a sociedade empresária instalaria um sistema de refrigeração no *shopping* e, em contraprestação, este efetuaria certo pagamento.

Uma vez cumprido o serviço, contudo, o Shopping Andrade e Nascimento se recusou a efetuar o pagamento à sociedade empresária, sob o fundamento de falta de recursos e corte de despesas.

Por essa razão, Edison Instalações ajuizou ação de cobrança em face do *shopping*, tendo seu pedido sido julgado procedente, para condenar o *shopping* a pagar. Na ocasião, a sentença também consignou que o Código de Defesa do Consumidor não se aplicava ao caso concreto, pois a relação travada entre as partes não era de consumo. Em sede de apelação, o Tribunal manteve os termos da sentença e, não interposto recurso por ambas as partes, o acórdão proferido transitou em julgado.

Uma vez instaurado cumprimento de sentença pela sociedade empresária Edison Instalações, nenhum bem do *shopping* foi encontrado para arcar com a dívida.

Em recente diligência extrajudicial, contudo, a referida sociedade descobriu que o Shopping Andrade e Nascimento faz parte de um grupo econômico formado por diversos *shoppings*. Além disso, também se apurou que inexiste separação de fato entre os patrimônios dos *shoppings* pertencentes ao grupo.

Nessa situação hipotética, responda aos itens a seguir.

**A) A sociedade empresária Edison Instalações pode fazer uso de algum instituto jurídico do Direito Civil para atingir os bens dos demais *shoppings* pertencentes ao grupo econômico? Justifique. (Valor: 0,65)**

**B) Qual medida processual cabível pode ser adotada pela sociedade empresária Edison Instalações para atingir os bens dos demais *shoppings* pertencentes ao grupo econômico? Justifique. (Valor: 0,60)**

*Obs.: o(a) examinando(a) deve fundamentar as respostas. A mera citação do dispositivo legal não confere pontuação.*

### GABARITO DA OAB

A) Sim. A sociedade empresária Edison Instalações poderá fazer uso do instituto da desconsideração da personalidade jurídica previsto no art. 50 do CC, a fim de atingir os demais *shoppings* pertencentes ao grupo econômico. A mera existência de grupo econômico não autorizaria a desconsideração da personalidade jurídica (art. 50, § 4º, do CC). Contudo, no caso concreto, foi apurada na diligência extrajudicial realizada que inexiste separação de fato entre os patrimônios dos *shoppings*, ou seja, há confusão patrimonial entre as pessoas jurídicas pertencentes ao grupo (art. 50, *caput* c/c o art. 50, § 2º, do CC). Assim, diante da confusão patrimonial, é possível a desconsideração.

B) A sociedade empresária Edison Instalações poderá requerer a instauração de incidente de desconsideração da personalidade jurídica previsto no art. 133 ou no art. 134, ambos do CPC.

## DISTRIBUIÇÃO DOS PONTOS

| ITEM | PONTUAÇÃO |
|---|---|
| A. Sim, a sociedade empresária Edison Instalações poderá fazer uso do instituto jurídico da desconsideração da personalidade jurídica (0,30), pois, no caso concreto, houve confusão patrimonial, diante da inexistência de separação de fato entre os patrimônios dos *shoppings* (0,25), nos termos do art. 50 do CC (0,10). | 0,00/0,30/ 0,40/0,55/0,65 |
| B. Instauração de incidente de desconsideração da personalidade jurídica (0,50), previsto no art. 133 ou no art. 134, ambos do CPC (0,10). | 0,00/0,50/0,60 |

## COMENTÁRIOS DOS AUTORES

A) O enunciado retrata hipótese em que a Sociedade Empresária Edison Instalações poderá pleitear a aplicação do instituto da desconsideração da personalidade jurídica, visando atingir o patrimônio dos demais *shoppings* pertencentes ao grupo econômico. Considerando que não há relação de consumo, o requerimento do incidente de desconsideração deverá demonstrar o preenchimento dos requisitos legais previstos no art. 50 Código Civil (teoria maior da desconsideração).

No caso, deve ser apontada hipótese de abuso da personalidade jurídica, consistente na manutenção de confusão patrimonial entre as sociedades do referido grupo, conforme apurado na diligência realizada (CC, art. 50, *caput* c/c art. 50, § 2º).

Importante observar que, nos termos do art. 50, § 4º, do CC, a mera existência de grupo econômico não autoriza a desconsideração da personalidade jurídica, sendo necessário demonstrar a presença dos requisitos previstos no *caput* do art. 50 do CC.

B) A Sociedade Empresária Edison Instalações deverá pleitear a instauração, no processo, do "incidente de desconsideração da personalidade jurídica", nos termos dos arts. 133 e seguintes do CPC.

Vale destacar que o IDPJ é cabível em todas as fases do processo de conhecimento, no cumprimento de sentença e na execução de título executivo extrajudicial (CPC, art. 134).

## QUESTÃO 3

### ENUNCIADO

Helena, solteira, não convivente em união estável, sem filhos, maior de idade e com pais já falecidos, elaborou testamento particular, respeitando os limites da legítima, o qual foi lido na presença de três testemunhas, visando trazer disposições *post mortem* sobre a destinação de bens integrantes de seu patrimônio.

Nele, Helena determinou que o imóvel no qual reside terá sua propriedade transferida a Jorge, seu irmão, a título de fideicomisso, até a data em que Felipe, filho de Jorge, com oito anos de idade, venha a atingir a maioridade.

Ainda, seus dois automóveis serão deixados a título de legado em favor da Associação Patinhas do Amor, a qual assumirá o encargo de os utilizar exclusivamente em prol do transporte, recolhimento e cuidado com animais abandonados.

Sobre a hipótese apresentada, responda aos itens a seguir.

**A) Seria válida a substituição fideicomissária estabelecida por Helena? Justifique. (Valor: 0,60)**

**B) A Associação Patinhas do Amor poderá requerer o cumprimento do testamento de Helena em juízo? Justifique. (Valor: 0,65)**

*Obs.: o(a) examinando(a) deve fundamentar as respostas. A mera citação do dispositivo legal não confere pontuação.*

## GABARITO DA OAB

A) Não, a substituição fideicomissária seria inválida, pois o fideicomissário já era nascido quando a disposição testamentária foi realizada, nos termos do art. 1.952, *caput*, do CC.

B) Sim, porque é legatária de Helena, tendo legitimidade ativa concorrente para fazer o requerimento, conforme o art. 737, *caput*, do CPC.

## DISTRIBUIÇÃO DOS PONTOS

| ITEM | PONTUAÇÃO |
|---|---|
| A. Não, a substituição fideicomissária seria inválida, pois o fideicomissário já era nascido quando a disposição testamentária foi realizada (0,50), nos termos do art. 1.952, *caput*, do CC. (0,10). | 0,00/0,50/0,60 |
| B. Sim. A associação tem legitimidade ativa concorrente para fazer o requerimento (0,40), uma vez que é legatária de Helena (0,15), conforme o art. 737, *caput*, do CPC (0,10). | 0,00/0,40/0,50/ 0,55/0,65 |

## COMENTÁRIOS DOS AUTORES

A) Nos termos do art. 1.952 do CPC, a substituição fideicomissária é possível apenas em favor de pessoas não concebidas ao tempo da morte do testador, o que torna inválido o fideicomisso em favor de Felipe, já nascido. Se, ao tempo da morte, o fideicomissário já tiver nascido, ele receberá a propriedade dos bens, e o direito do fiduciário converte-se em usufruto (art. 1.952, parágrafo único).

B) O Legatário, que é um sucessor a título singular, possui legitimidade concorrente a quem estiver na posse e/ou administração do espólio para requerer a abertura do inventário (CPC, art. 616, VI e/ou art. 737). Assim, será possível à associação pleitear tanto o cumprimento do testamento (fase inicial para validar o testamento em juízo), quanto a abertura do inventário.

## QUESTÃO 4

### ENUNCIADO

Gabriel, sendo proprietário de um apartamento, resolveu celebrar com Ana, em janeiro de 2020, contrato de locação de imóvel residencial pelo prazo de 30 (trinta) meses. Para tanto, Ana apresentou como fiador seu amigo Rafael, casado em regime de comunhão parcial de bens com Maria desde o ano de 2010. Na época da formalização do contrato principal (locação) e do acessório (fiança), Maria estava em viagem ao exterior, não tendo participado dos atos praticados por Rafael, seu marido.

Após alguns meses, a inquilina parou de pagar os aluguéis e, depois de diversas tentativas frustradas de reaver os valores inadimplidos de forma amigável, Gabriel ajuizou ação de execução cujo título constitui contrato de locação, figurando como executados Ana, na qualidade de locatária, e Rafael, na qualidade de fiador. Na referida ação de execução, foram opostos Embargos de Terceiros por Maria, que sofreu constrição em seu patrimônio para pagamento da dívida de Ana, alegando a nulidade da fiança prestada por seu marido.

Sobre o caso apresentado, responda aos questionamentos a seguir.

A) Assiste razão à pretensão de Maria? Justifique. (Valor: 0,65)

B) Na eventualidade de o Magistrado acolher o pedido de Maria proferindo decisão favorável e determinando o cancelamento das medidas constritivas sobre o patrimônio objeto dos embargos, qual recurso poderá ser apresentado por Gabriel? Justifique. (Valor: 0,60)

*Obs.: o(a) examinando(a) deve fundamentar as respostas. A mera citação do dispositivo legal não confere pontuação.*

## GABARITO DA OAB

A) Sim, diante da ausência de outorga conjugal, nos termos do art. 1.647, inciso III, do CC, ou na Súmula 332 do STJ.

B) É cabível o recurso de Apelação, nos termos do art. 1.009 do CPC, pois a decisão que julgou os Embargos de Terceiro proposto por Maria tem natureza jurídica de sentença.

## DISTRIBUIÇÃO DOS PONTOS

| ITEM | PONTUAÇÃO |
|---|---|
| A. Sim, diante da ausência de outorga conjugal (0,55), nos termos do art. 1.647, inciso III, do CC, ou na Súmula 332 do STJ (0,10). | 0,00/0,55/0,65 |
| B. É cabível o recurso de Apelação (0,30), nos termos do art. 1.009 do CPC (0,10), pois a decisão que julgou os Embargos de Terceiro proposto por Maria tem natureza jurídica de sentença (0,20). | 0,00/0,30/0,40/0,50/0,60 |

## COMENTÁRIOS DOS AUTORES

A) Nos termos do art. 1647, III, do CC e Súmula 332 do STJ, nenhum cônjuge pode, sem autorização do outro (outorga uxória e outorga marital), prestar fiança ou aval, sob pena de anulabilidade do ato, salvo se o regime entre eles for o da separação absoluta.

Há uma incorreção no gabarito da OAB, uma vez que, nos termos do art. 1.649 do CC, a falta de outorga conjugal torna anulável o ato, mediante pedido do cônjuge que não prestou sua autorização, não havendo nulidade *stricto sensu*, ou absoluta, da fiança prestada. Como é sabido, o legislador guarda regimes diferentes para a nulidade e a anulabilidade.

Oportuno consignar que, a legitimidade do cônjuge para impugnar a ausência de sua anuência contratual encontra previsão no art. 1.645 do CC.

B) A decisão que julga os embargos de terceiro é uma sentença (CPC, art. 203, § 1º), pois esses embargos são uma ação, de modo que julgados, ao final da tramitação em 1º grau, por uma sentença. Assim, cabível o recurso de apelação (CPC, art. 1.009).

Importante consignar que esse recurso, em regra, terá efeito suspensivo, considerando que os embargos de terceiro não estão nas hipóteses do art. 1.012, § 1º, do CPC. Contudo, não terá efeito suspensivo automático a apelação interposta em face da sentença que confirmar a tutela provisória concedida nos termos do art. 678 do CPC, considerando o previsto no CPC, art. 1.012, § 1º, V.

## 5. 37º Exame de Ordem Unificado/FGV

### QUESTÃO 1

**ENUNCIADO**

Adalgisa recebeu atendimento de urgência em um hospital privado, precisando submeter-se a uma cirurgia. Após o procedimento, realizado pelo médico Vitor, ela ficou com uma sequela permanente, consistente na perda parcial de movimento de seu braço esquerdo.

Em decorrência disso, ajuizou ação indenizatória por danos materiais e morais apenas em face do médico. Em contestação, Vitor impugnou especificamente todas as alegações da autora, negando a verificação de quaisquer dos requisitos autorizadores do dever de indenizar.

Instadas as partes a se manifestarem sobre as provas que pretendiam produzir, pugnou Adalgisa pela produção de prova testemunhal e arrolou como testemunhas os membros da equipe médica que participaram da cirurgia, cuja oitiva seria necessária para demonstrar que o réu aparentava ter consumido bebidas alcoólicas pouco antes de ingressar no centro cirúrgico.

Na decisão saneadora, o juiz indeferiu o pedido de prova testemunhal de Adalgisa, por entender que, em se tratando de relação de consumo, a questão fática que a autora pretendia comprovar seria irrelevante para o deslinde da controvérsia.

Nessas circunstâncias, responda aos itens a seguir.

**A) A questão que a autora pretendia comprovar por meio da prova testemunhal é relevante para a configuração do dever de indenizar imputado ao réu? Justifique. (Valor: 0,65)**

**B) Restando irrecorrida a decisão que indeferiu o pedido de prova testemunhal de Adalgisa, restará operada a preclusão quanto a essa questão? Justifique. (Valor: 0,60)**

*Obs.: o(a) examinando(a) deve fundamentar as respostas. A mera citação do dispositivo legal não confere pontuação.*

## GABARITO DA OAB

A) Sim. A alegação de que Vitor teria realizado o procedimento cirúrgico sob efeito de álcool presta-se à caracterização de conduta culposa por parte do médico. O requisito da culpa mostra-se necessário para a configuração do dever de indenizar no presente caso porque, embora a relação entre as partes seja de natureza consumerista, a responsabilidade civil dos médicos sujeita-se ao regime subjetivo, que depende da demonstração de culpa, nos termos do art. 951 do CC e do art. 14, § 4º, do CDC. Portanto, trata-se de questão relevante para a demonstração do direito invocado pela autora.

B) Não. A decisão que indefere o pedido de prova testemunhal não é passível de impugnação pela via do agravo de instrumento. Assim, a questão não se sujeita aos efeitos da preclusão, podendo ser alegada como preliminar em eventual recurso de apelação interposto por Adalgisa ou em contrarrazões, segundo o art. 1.009, § 1º, do CPC.

## DISTRIBUIÇÃO DOS PONTOS

| ITEM | PONTUAÇÃO |
|---|---|
| A. Sim. Adalgisa pretendia demonstrar a culpa de Vitor (0,25), já que os médicos se sujeitam a um regime de responsabilidade civil subjetiva (0,30), nos termos do art. 951 do Código Civil ou do art. 14, § 4º, do CDC (0,10). | 0,00/0,25/0,30/0,35/0,40/0,55/0,65 |
| B. Não. A decisão não está preclusa, pois a questão ainda pode ser suscitada como preliminar em eventual recurso de apelação ou em contrarrazões (0,50), conforme o art. 1.009, § 1º, do CPC (0,10). | 0,00/0,50/0,60 |

## COMENTÁRIOS DOS AUTORES

A) O tema da questão, responsabilidade subjetiva dos profissionais liberais, especificamente dos médicos, é recorrente nas provas de 2ª fase.

Trata-se de uma exceção ao caráter objetivo da responsabilidade dos fornecedores de serviço. O médico, que desenvolve sua atividade como profissional liberal, responde subjetivamente pelos danos causados, ou seja, mediante a verificação de culpa (art. 14, § 4º, do CDC).

Portanto, a responsabilização pelos danos causados à autora dependerá da efetiva demonstração de culpa do causador do dano, sendo relevante a realização da prova pretendida.

Importante mencionar que, no caso do médico, a regra é reforçada no art. 951 do CC, que trata da responsabilidade por danos causados a pacientes em virtude de culpa no exercício de atividade profissional, aceitando a OAB a menção a qualquer dos dois dispositivos na fundamentação legal da resposta.

B) A decisão que julga improcedente o pedido formulado por Lúcia põe fim a fase de conhecimento, razão pela qual nos termos do art. 203, § 1º, do CPC é uma sentença, sendo cabível recurso de apelação, no prazo de 15 (quinze) dias úteis (CPC, art. 1009).

Fixada essa premissa, é de se reconhecer que não haverá preclusão. Isso porque, em face da decisão interlocutória que indeferiu o pedido de prova testemunhal, não cabe o recurso de agravo de instrumento, pois decisão relativa a prova não está prevista no rol do art. 1.015 do CPC.

Assim, não sendo o caso de agravo de instrumento, a parte deverá, nos termos da expressa previsão do art. 1.009, § 1º, do CPC, suscitar a questão em preliminar de apelação ou em contrarrazões.

A questão envolve conhecimento quanto à preclusão da decisão interlocutória, sendo que, na hipótese narrada, não se está diante de uma situação de urgência que demandaria a tentativa imediata de mudança da interlocutória, o que poderia ser feito com base na tese da "taxatividade mitigada", acolhida pelo STJ.

## QUESTÃO 2

### ENUNCIADO

Desde 2010, Rose é proprietária de um terreno de aproximadamente 600 m² na cidade de Niterói/RJ. Apesar de não residir no terreno, mas em Cabo Frio/RJ, Rose sempre exerceu a posse sobre ele.

Contudo, no último ano, Mônica invadiu indevidamente o terreno de Rose e nele construiu uma loja de material de construção.

Apesar de Rose ter tentado resolver a questão de forma amigável, buscando conversar com Mônica para esclarecer que era a proprietária do terreno, tendo inclusive apresentado a escritura pública de compra e venda do imóvel, devidamente registrada no cartório de Registro Geral de Imóveis competente, a última nada fez, ficando clara e inequívoca sua má-fé desde o momento da invasão do terreno.

Sem saída, Rose procura você, como advogado, para ajuizar uma ação de reintegração de posse, para ser reintegrada na posse do imóvel injustamente invadido por Mônica, cumulada com pedido de indenização.

Sobre o caso, responda aos itens a seguir

**A) Rose deverá pagar indenização a Mônica pela construção da loja em seu terreno? Justifique. (Valor: 0,65)**

**B) Na ação de reintegração de posse, Mônica foi citada via Carta Precatória, pois reside na cidade de Cabo Frio/RJ. Quando se inicia o prazo da contestação? Justifique. (Valor: 0,60)**

*Obs.: o(a) examinando(a) deve fundamentar as respostas. A mera citação do dispositivo legal não confere pontuação.*

### GABARITO DA OAB

A) Segundo o que dispõe o art. 1.255 do CC, Mônica não faz jus à indenização pela construção da loja no terreno de Rose, uma vez que exerceu a posse de má-fé.

B) Em caso de citação por carta precatória, deve ser observado se houve a comunicação eletrônica do juízo deprecado ao juízo deprecante quanto à sua efetivação, sendo essa data a do início da contagem do prazo (art. 232 do CPC). Não havendo a comunicação eletrônica, considera-se o dia da juntada da Carta Precatória aos autos de origem devidamente cumprida como o dia do começo do prazo da contestação, nos termos do art. 231, inciso VI, do CPC.

### DISTRIBUIÇÃO DOS PONTOS

| ITEM | PONTUAÇÃO |
|---|---|
| A. Não. Mônica não faz jus à indenização uma vez que exerceu a posse de má-fé (0,55), segundo o art. 1.255 do CC (0,10). | 0,00/0,55/0,65 |
| B. O prazo para contestação inicia-se na data da juntada da Carta Precatória aos autos de origem devidamente cumprida OU da comunicação eletrônica (0,50), nos termos do art. 231, inciso VI, do CPC (0,10). | 0,00/0,50/0,60 |

## COMENTÁRIOS DOS AUTORES

A) Rose é possuidora de má-fé, pois ostenta a posse mesmo ciente da existência de vícios que impedem a aquisição do domínio. Diante disso, nos termos do disposto no art. 1.255 do CC, não terá direito à indenização pela construção realizada no local.

Vale destacar que este tema – indenização por benfeitorias – é bastante frequente em provas de OAB.

B) Na citação por oficial de justiça, o ato será realizado por carta precatória se o réu estiver em comarca distinta daquela em que foi ajuizada a demanda. O enunciado já afirma que houve a precatória.

Assim, resta analisar como se dá o prazo de defesa na precatória, devidamente previsto no CPC. Nessa hipótese, o termo inicial do prazo para o réu contestar será: (i) a data da comunicação eletrônica expedida pelo juízo deprecado ao juízo deprecante, comunicando a efetivação da citação (CPC, art. 232) ou (ii) não havendo a comunicação eletrônica, a data de juntada da carta precatória devidamente cumprida aos autos da ação de origem (CPC, art. 231, IV).

## QUESTÃO 3

### ENUNCIADO

Kátia, residente e domiciliada no município de São José dos Campos, SP, realizou uma obra em sua casa de veraneio no município do Guarujá, SP, que vem gerando goteiras na casa de seu vizinho, Damião. Por diversas vezes, ele procurou Kátia na busca de uma solução, contudo ela permaneceu inerte.

Assim, Damião procura você, como advogado(a), no dia de hoje, seis meses após a conclusão da obra, para propor uma ação com a finalidade de solucionar o problema, ou seja, visando ao fim das goteiras.

Sobre a hipótese narrada, responda aos itens a seguir

**A) Tendo em vista que já transcorreram seis meses após a conclusão da obra, Damião pode exigir que seja realizado o reparo necessário para findar as goteiras em seu imóvel? Justifique. (Valor: 0,60)**

**B) Na eventualidade da propositura de uma ação, ela poderá ser ajuizada na comarca (município) de São José dos Campos? Justifique. (Valor: 0,65)**

*Obs.: o(a) examinando(a) deve fundamentar as respostas. A mera citação do dispositivo legal não confere pontuação.*

### GABARITO DA OAB

A) Sim, como a conclusão deu-se em seis meses, portanto dentro do lapso de ano e dia após a conclusão da obra, o proprietário, Damião, poderá exigir que seja realizado o reparo necessário para eliminar as goteiras de seu imóvel, conforme estabelece o art. 1.302 do Código Civil.

B) Não, pois a ação versa sobre o direito de vizinhança. Portanto, o foro competente é o da situação da coisa, ou seja, a comarca (o município) do Guarujá/SP, sendo considerada como competência absoluta, de acordo com o art. 47, *caput*, do Código de Processo Civil.

### DISTRIBUIÇÃO DOS PONTOS

| ITEM | PONTUAÇÃO |
|---|---|
| A. Sim. A conclusão deu-se em seis meses, portanto dentro do lapso de ano e dia após a conclusão da obra (0,50), conforme estabelece o art. 1.302 do CC (0,10). | 0,00/0,50/0,60 |
| B. Não, pois a ação versa sobre o direito de vizinhança (0,20). O foro competente é o da situação da coisa, ou seja, a comarca de Guarujá/SP (0,20), sendo considerada competência absoluta (0,15), de acordo com o art. 47, *caput*, do CPC (0,10). | 0,00/0,15/0,20/0,30/ 0,40/0,45/0,50/0,55/0,65 |

## COMENTÁRIOS DOS AUTORES

A) Sim, Damião pode exigir o reparo. Isso porque o art. 1.302 do Código Civil confere ao proprietário direito de exigir, no período de ano e dia após a conclusão da obra, que se desfaça janela, sacada, terraço ou goteira sobre o seu imóvel. O prazo tem natureza decadencial, visto que o transcurso do prazo implica a perda do direito a exigir o desfazimento.

B) A ação em questão versa sobre direito de vizinhança e deverá ser proposta na comarca do Guarujá/SP, que é o foro do local da causa. Essa é a previsão do art. 47 do CPC.

Em regra, a competência territorial é relativa. Porém, o art. 47, § 1º do CPC traz uma exceção, ao estabelecer que o autor não poderá optar pelo foro de eleição ou de domicílio do réu se a demanda versar sobre *direito de vizinhança*.

Logo, a demanda deverá ser necessariamente ajuizada no foro do local da coisa, a saber, Guarujá.

O gabarito fez menção a se tratar de incompetência absoluta, pontuando com 0,15 essa resposta. Mas, a rigor, o enunciado NÃO fez a pergunta acerca da espécie de competência, de modo que não nos parece que seja fundamental constar essa informação. Ademais, a resposta oficial fala em competência absoluta com base no art. 47, *caput* – essa informação está errada, pois a exceção está no § 1º. E, lamentavelmente, não houve retificação do gabarito.

## QUESTÃO 4

### ENUNCIADO

Cíntia é associada da Associação Fora da Cela, que inclui, dentre suas atividades institucionais, a defesa da população carcerária.

Recentemente, um jornal de grande circulação publicou reportagem relacionando Cíntia a atos de violência praticados em desfavor de pessoas em situação de rua, o que causou grande comoção. Assim, o presidente da Associação Fora da Cela, sem submeter a decisão à Assembleia-Geral ou à oitiva de Cíntia, determinou sua exclusão sumária do quadro de associados.

Inconformada, Cíntia ajuizou ação de conhecimento em face da Associação Fora da Cela, requerendo, a título de tutela provisória antecipada de urgência incidental, a imediata suspensão da decisão da assembleia que determinara sua exclusão, sustentando que houve violação a seu direito de ampla defesa. A tutela foi concedida pelo juízo, nos termos requeridos.

Sobre o caso apresentado, responda aos questionamentos a seguir

**A) Assiste razão à pretensão de Cíntia? Justifique. (Valor: 0,65)**

**B) A tutela provisória de urgência poderá se tornar estável? Justifique. (Valor: 0,60)**

*Obs.: o(a) examinando(a) deve fundamentar as respostas. A mera citação do dispositivo legal não confere pontuação.*

### GABARITO DA OAB

A) Assiste razão à Cintia, pois a exclusão do associado somente pode ocorrer mediante justa causa, assim reconhecida em procedimento que assegure direito de defesa e de recurso, nos termos previstos no estatuto, conforme o art. 57 do CC.

B) A tutela provisória não poderá se tornar estável, pois somente a tutela provisória concedida em caráter antecedente possui tal aptidão, conforme dispõe o art. 304 do CPC.

### DISTRIBUIÇÃO DOS PONTOS

| ITEM | PONTUAÇÃO |
|---|---|
| A. Sim. A exclusão do associado somente pode ocorrer mediante justa causa, assim reconhecida em procedimento que assegure direito de defesa e de recurso, nos termos previstos no estatuto (0,55), conforme o art. 57 do CC (0,10). | 0,00/0,55/0,65 |

| | |
|---|---|
| B. Não. Somente a tutela provisória concedida em caráter antecedente possui tal aptidão (0,50), conforme dispõe o art. 304 do CPC (0,10). | 0,00/0,50/0,60 |

## COMENTÁRIOS DOS AUTORES

A) Sim, assiste razão à pretensão de Cíntia, vez que o art. 57 do CC prevê que a exclusão do associado deverá observar o procedimento que assegure o direito de defesa e de recurso, nos termos previstos no estatuto da Associação.

Importante observar que o art. 54, II, do CC, dispõe que o estatuto da Associação deverá prever os requisitos para exclusão dos associados, sob pena de nulidade.

B) Apenas a tutela provisória de urgência antecipada pode se tornar estável (CPC, art. 304).

No caso, não se pediu o retorno de Cíntia à associação (isso seria uma tutela satisfativa, portanto antecipada). Mas apenas a suspensão – que é, portanto, uma tutela cautelar (que busca apenas resguardar, evitar o perecimento do direito).

Nos termos do art. 304 do CPC, somente haverá estabilização da tutela antecipada (concedida em caráter antecedente), e não da tutela cautelar. Vale lembrar que a tutela antecipada se tornará estável se da decisão que a conceder não for interposto recurso.

## 6. 36º Exame de Ordem Unificado/FGV

### QUESTÃO 1

**ENUNCIADO**

André ajuizou ação pelo procedimento comum em face do Condomínio do Edifício Lotus, com pedido de tutela provisória da evidência, requerendo a condenação deste a se abster de impedir a utilização de áreas comuns do edifício (piscina e garagem) em razão do inadimplemento de cotas condominiais.

Há tese firmada em sede de incidente de resolução de demandas repetitivas, julgado pelo Tribunal de Justiça ao qual o juízo do feito é vinculado, favorável à pretensão de André, e as alegações de fato formuladas pelo autor estão amparadas exclusivamente em prova documental.

O juízo, antes da citação do Condomínio do Edifício Lotus, concede tutela provisória da evidência em favor de André, nos termos requeridos na petição inicial. O condomínio, regularmente citado, apresentou contestação três dias após o prazo final de sua defesa, requerendo a produção de prova pericial, com vistas a contrapor alegação formulada por André em sua petição inicial.

Na decisão de saneamento e organização do processo, o juízo decretou a revelia do Condomínio do Edifício Lotus, bem como deferiu o pedido de produção de prova pericial. André, então, apresentou pedido de esclarecimento, aduzindo que o réu, por ser revel, não poderia requerer a produção de prova. Responda, de maneira fundamentada, aos itens a seguir.

**A) O condomínio pode impedir a utilização de áreas comuns por condômino inadimplente? Justifique (Valor: 0,65)**

**B) Ao réu revel, mesmo após decretada sua revelia, é lícita a produção de prova? Justifique. (Valor: 0,60)**

*Obs.: o examinando deve fundamentar suas respostas. A mera citação do dispositivo legal não confere pontuação.*

**GABARITO DA OAB**

A) Não. É direito de André usar as áreas comuns do condomínio nos termos do art. 1335, inciso II, do CC.

Cabe ao condomínio exigir do condômino inadimplente apenas o pagamento das cotas condominiais, na forma do art. 1336, § 1º, do CC.

B) Sim, por se tratar de prova contraposta às alegações formuladas pelo autor e por ter se feito representar a tempo de praticar os atos processuais necessários, nos termos do art. 349 do Código de Processo Civil.

## DISTRIBUIÇÃO DOS PONTOS

| ITEM | PONTUAÇÃO |
|---|---|
| A.1. Não. É direito de André usar as áreas comuns do condomínio (0,25). nos termos do art. 1335, inciso II, do CC (0,10). | 0,00/0,25/0,35 |
| A.2. Cabe ao condomínio exigir do condômino inadimplente apenas o pagamento das cotas condominiais (0,20), na forma do art. 1336, § 1º, do CC (0,10). | 0,00/0,20/0,30 |
| B. Sim, por se tratar de prova contraposta às alegações formuladas pelo autor (0,30) e por ter se feito representar a tempo de praticar os atos processuais necessários (0,20), nos termos do art. 349 do CPC (0,10). | 0,00/0,20/0,30/ 0,40/0,50/0,60 |

## COMENTÁRIOS DOS AUTORES

A) O direito do condômino de usar as partes comuns, conforme a sua destinação, está previsto no art. 1.335, II, do CC, e não pode ser afastado ou limitado diante do seu inadimplemento.

B) Conforme previsão do art. 349 do CPC, se o réu, citado, não apresentar contestação no prazo legal, poderá intervir a qualquer tempo no processo, recebendo-o no estado em que se encontra. Assim, mesmo que haja revelia, permite-se ao réu produzir provas que se contraponham às alegações do autor, desde que não tenha encerrado a fase instrutória. Ou seja: a revelia, à luz do CPC, não impede que haja produção de provas pelo réu, se este ingressar no processo a tempo de produzir provas.

## QUESTÃO 2

### ENUNCIADO

Ranieri celebra contrato com Marina, por instrumento particular, por via do qual ambas as partes prometem firmar acordo futuro de permuta de seus respectivos imóveis. Os bens de titularidade dos contraentes estão delineados no acordo, com indicação precisa de suas características, incluindo o número da matrícula imobiliária no Cartório de Registro de Imóveis, bem como o valor de mercado de cada um deles. As partes não previram cláusula de arrependimento. Na data indicada para a celebração da avença definitiva, Ranieri não comparece e informa à parte contrária (Marina) que não tem mais interesse na realização da operação contratual.

Marina notifica Ranieri exigindo a realização do acordo projetado no contrato anterior, indicando prazo derradeiro de 15 (quinze) dias para o cumprimento da obrigação, sob pena de propositura de ação. Ranieri envia contranotificação mantendo a posição segundo a qual se nega a firmar o contrato definitivo de permuta, ao fundamento de que (i) não pode ser obrigado a contratar, levando-se em conta o princípio da liberdade contratual (autonomia privada), motivo pelo qual eventual ação está fadada ao julgamento de improcedência; (ii) o contrato anteriormente firmado possui vício formal, porque não foi realizado por escritura pública; (iii) não há, sequer, direito a perdas e danos, na medida em que Marina não teve qualquer prejuízo com a frustração de suas expectativas.

Marina, assim, propõe ação em face de Ranieri, que contesta com os mesmos argumentos da contranotificação, negando-se a realizar o acordo. Sobre a hipótese apresentada, responda aos itens a seguir.

**A)** Na condição de advogado de Marina, indique os fundamentos para que ela possa exigir o cumprimento da obrigação de contratar. Justifique. (Valor: 0,65)

**B)** Nessa espécie de ação, o juiz tem o poder de, em sentença, substituir a vontade do contraente ou caberia apenas discutir a possibilidade de condenação ao pagamento de indenização de eventuais perdas e danos? Justifique. (Valor: 0,60)

*Obs.: o (a) examinando (a) deve fundamentar suas respostas. A mera citação do dispositivo legal não confere pontuação.*

## GABARITO DA OAB

**A)** A hipótese trata de contrato preliminar, caracterizado como aquele no qual as partes se obrigam a celebrar determinado contrato, dito definitivo, em momento futuro, atraindo o disposto no art. 462 do CC. Segundo o dispositivo legal, o contrato preliminar, exceto quanto à forma, deve conter todos os requisitos essenciais (apenas) do contrato definitivo. No caso do enunciado, verifica-se que o contrato preliminar especificou o tipo do contrato definitivo a ser celebrado (contrato de permuta), delineando os seus elementos essenciais, notadamente naquilo que envolve o seu objeto (especificação dos bens a serem permutados e os seus respectivos valores). Ainda que a forma adotada tenha sido dissonante àquela exigida para o contrato definitivo (escritura pública), o art. 462 adota a liberdade formal para a celebração dos vínculos preliminares, não havendo qualquer vício que possa eivar o contrato de nulidade.

Considerando que a hipótese vertente apresenta um contrato preliminar firme, sem a inclusão de cláusula de arrependimento, Marina pode exigir o cumprimento da obrigação de contratar, na forma do art. 463 do CC.

**B)** Caso a parte demandada se negue a realizar a obrigação de contratar, com a emissão de sua vontade, pode o juiz, esgotado o prazo, substituir a vontade da parte inadimplente, conferindo caráter definitivo ao contrato preliminar, na forma do art. 464 do CC, circunstância na qual a sentença que julgar procedente o pedido, uma vez transitada em julgado, produzirá todos os efeitos da declaração não emitida, na forma do art. 501 do CPC.

As perdas e danos são cabíveis somente em face da impossibilidade do cumprimento da obrigação (o que não é o caso), conforme o art. 464, parte final, do CC, ou se for do interesse da parte credora, dando o contrato preliminar por desfeito e exigindo a tutela indenizatória, na forma do art. 465 do CC. O enunciado, ao contrário, revelou o interesse de Marina em buscar a execução específica da obrigação contida no vínculo preliminar.

## DISTRIBUIÇÃO DOS PONTOS

| ITEM | PONTUAÇÃO |
|---|---|
| A1. Tendo em vista que não se exige no contrato preliminar a simetria de forma em relação ao contrato definitivo (0,25), na forma do art. 462 do CC (0,10); | 0,00/0,25/0,35 |
| A2. E diante da ausência de cláusula de arrependimento, Marina pode exigir o cumprimento forçado da obrigação (0,20), na forma do art. 463 do CC (0,10). | 0,00/0,20/0,30 |
| B. Sim. O juiz pode substituir a vontade da parte inadimplente (0,30), circunstância na qual a sentença que julgar procedente o pedido produzirá todos os efeitos da declaração não emitida (0,20), na forma do art. 501 do CPC ou do art. 464 do CC (0,10). | 0,00/0,20/0,30/ 0,40/0,50/0,60 |

## COMENTÁRIOS DOS AUTORES

**A)** O contrato pactuado entre Marina e Ranieri caracteriza contrato preliminar, que "deve conter todos os requisitos essenciais ao contrato a ser celebrado", salvo quanto à forma (art. 462 do CC). Veja-se que as partes incluíram os requisitos essenciais do contrato de permuta, notadamente o acordo sobre os objetos a serem trocados, com a estipulação dos respectivos valores. A escritura pública, em que pese necessár[ia] para o negócio principal de permuta, a ser celebrado, não é exigível para o acordo preliminar. Além diss[o] não houve a pactuação de direito de arrependimento, assistindo a qualquer das partes o direito de exig[ir] a celebração do definitivo, nos termos do art. 463, do CC.

B) Para algumas situações de direito material, há necessidade de manifestação de vontade das parte[s] para que haja determinado negócio jurídico. Contudo, por vezes, uma das partes não emite a declaraçã[o] nos moldes necessários. Para essas situações, tem-se a possibilidade de uma obrigação de fazer sui gene[-] ris, prevista no art. 501: Se o réu não cumprir a obrigação, a sentença de procedência proferida pelo Pode[r] Judiciário produzirá os "efeitos da declaração não emitida".

No caso, considerando o interesse na execução específica da obrigação contida no vínculo preliminar, nã[o] há que se falar em reparação por perdas e danos, que será cabível em face da impossibilidade do cumpri[-] mento da obrigação, conforme arts. 464 e 465 do CC.

## QUESTÃO 3

### ENUNCIADO

Serafim, viúvo, pai de três filhos, é proprietário de um imóvel residencial e de um automóvel com trê[s] anos de uso. Com o claro propósito de proteção, ele doa, com cláusula de usufruto em seu favor, par[a] sua filha caçula, Júlia, com dezenove anos de idade, o imóvel residencial, que corresponde a novent[a] por cento de todo seu patrimônio.

João, filho mais velho de Serafim, solteiro, sentindo-se preterido, entra em contato com você, n[a] qualidade de advogado(a), para que avalie a possibilidade de ajuizamento de ação judicial.

Sobre a hipótese apresentada, responda aos itens a seguir.

**A) A doação realizada na situação narrada é válida? Justifique. (Valor: 0,60)**

**B) Em caso de ajuizamento da ação, a demanda pode ser ajuizada somente em face de Serafim? Justifique (Valor: 0,65)**

*Obs.: o (a) examinando (a) deve fundamentar suas respostas. A mera citação do dispositivo legal não confere pontuação.*

### GABARITO DA OAB

A) Não. Trata-se de doação inoficiosa, tornando-se nula a parte que excede o que o doador (Serafim), no momento da liberalidade, poderia dispor em testamento, conforme preceitua o art. 549 do Código Civil.

B) Não. Júlia deverá participar da demanda ao lado de Serafim, pois se trata de um litisconsórcio passivo e necessário, de acordo com o art. 114 do Código de Processo Civil.

### DISTRIBUIÇÃO DOS PONTOS

| ITEM | PONTUAÇÃO |
|---|---|
| A. Não. Pois é nula a parte que excede o que o doador (Serafim), no momento da liberalidade, poderia dispor em testamento (0,35), tratando-se de doação inoficiosa (0,15), conforme preceitua o art. 549 do CC (0,10). | 0,00/0,15/0,25/ 0,35/0,45/0,50/0,60 |
| B. Não. Júlia deverá participar da demanda ao lado de Serafim (0,25), pois trata-se de um litisconsórcio passivo e necessário (0,30), de acordo com o art. 114 do CPC (0,10). | 0,00/0,25/0,30/ 0,35/0,40/0,55/0,65 |

### COMENTÁRIOS DOS AUTORES

A) A doação é parcialmente nula, no que ultrapassar aquilo que o doador poderia dispor via testamento, no momento da liberalidade (art. 549 do CC). Em outras palavras, é nula na parte em que atinge a legítima dos herdeiros necessários, por caracterizar doação inoficiosa.

B) A pergunta envolve litisconsórcio, algo que aparece com alguma frequência na 2ª fase. Tendo em vista que a relação jurídica controvertida tem Júlia e Serafim como partícipes, eventual demanda deverá ser proposta em face de ambos, pois trata-se de litisconsórcio passivo e necessário, nos termos do art. 114 do CPC.

## QUESTÃO 4

### ENUNCIADO

Alexandre e Simone são irmãos e figuram como únicos herdeiros em processo de inventário dos bens deixados pela mãe, falecida em 2010. Alexandre vem passando por dificuldades financeiras e, para levantar recursos, decidiu vender sua parte do único imóvel objeto do inventário (três terrenos e uma casa de alvenaria). O imóvel está avaliado em R$ 700.000,00 e Alexandre tem um terceiro interessado na aquisição.

Mesmo sabendo que Simone tem interesse em comprar sua parte da herança, em razão de desavenças familiares, Alexandre prefere vender sua quota para outra pessoa estranha à sucessão.

Sobre a situação hipotética, responda os itens a seguir.

A) Alexandre pode vender a sua quota hereditária para o terceiro interessado? Responda justificadamente indicando os respectivos dispositivos legais. Justifique. (Valor: 0,60)

B) Supondo que após o encerramento do inventário Alexandre e Simone descubram a existência de um terreno que não foi arrolado. O que os herdeiros devem fazer para partilhar esse bem? Justifique (Valor: 0,65)

*Obs.: o (a) examinando (a) deve fundamentar suas respostas. A mera citação do dispositivo legal não confere pontuação.*

### GABARITO DA OAB

A) Como Simone tem interesse em comprar a parte de Alexandre, ele não poderá vender para o terceiro interessado, pois, segundo o art. 1794 do CC, o coerdeiro não poderá ceder a sua quota hereditária a pessoa estranha à sucessão, se outro coerdeiro a quiser, tanto por tanto.

B) Os herdeiros deverão propor a sobrepartilha desse terreno, com base no art. 669, inciso II, ou no art. 670, ambos do CPC.

## DISTRIBUIÇÃO DOS PONTOS

| ITEM | PONTUAÇÃO |
|---|---|
| A. Não. Como Simone tem interesse em comprar a parte de Alexandre, ele não poderá vender para o terceiro interessado (0,20), pois, segundo o art. 1794 do CC (0,10), o coerdeiro não poderá ceder a sua quota hereditária a pessoa estranha à sucessão, se outro coerdeiro a quiser (0,30). | 0,00/0,40/0,50/0,60 |
| B. Os herdeiros deverão propor a sobrepartilha desse terreno (0,55), com base no art. 669, inciso II, ou no art. 670, ambos do CPC (0,10). | 0,00/0,55/0,65 |

## COMENTÁRIOS DOS AUTORES

A) De acordo com o art. 1.794 do CC, há direito de preferência em favor dos coerdeiros, em caso de cessão da quota hereditária, com o pagamento dos valores ofertados por terceiros. Por isso, diante do interesse de Simone, não pode ser feita a venda ao terceiro interessado.

B) Caso, após a realização da partilha, se descubra a existência de novos bens, seja por sonegação, seja por desconhecimento, será realizada a sobrepartilha (art. 2.022 do CC; arts. 669, II, do CPC).

A sobrepartilha pode ser feita pelas mesmas formas pelas quais se faz uma partilha (art. 670 do CPC).

## 7. 35º Exame de Ordem Unificado/FGV

### QUESTÃO 1

**ENUNCIADO**

Rafael, ao chegar com seu filho gravemente doente em um hospital particular, concordou em pagar R$ 200.000,00 (duzentos mil reais), valor muito superior ao ordinariamente praticado, para submetê-lo a uma cirurgia cardíaca, imprescindível à manutenção de sua vida.

Rafael assinou confissão de dívida no valor acordado, mas, ante a ausência de condições financeiras para cumpri-la, desesperado, ligou para você, como advogado(a), para que avaliasse a possibilidade de ajuizamento de ação judicial, tendo em vista que não possuía o valor acima mencionado.

Sobre a situação hipotética apresentada, responda aos itens a seguir.

A) Essa situação caracteriza-se como causa de invalidade do negócio? (Valor: 0,65)

B) Caso Rafael se recuse a efetuar o pagamento, pode ser proposta ação judicial buscando unicamente tutela antecipada que ampare o direito da criança à vida? (Valor: 0,60)

*Obs.: o (a) examinando (a) deve fundamentar suas respostas. A mera citação do dispositivo legal não confere pontuação.*

**GABARITO DA OAB**

A) Sim, é causa de invalidação do negócio jurídico por se caracterizar o estado de perigo, segundo o art. 156 ou art. 171, II, ambos do CC.

B) Sim, ele pode propor a ação unicamente com o pedido de tutela antecipada antecedente, na forma do art. 303 do CPC.

**DISTRIBUIÇÃO DOS PONTOS**

| ITEM | PONTUAÇÃO |
|---|---|
| A. Sim, é causa de invalidação do negócio jurídico por se caracterizar o estado de perigo (0,55), segundo o art. 156 ou art. 171, inciso II, ambos do CC (0,10). | 0,00/0,55/0,65 |
| B. Sim, ele pode propor a ação unicamente com o pedido de tutela antecipada antecedente (0,50), na forma do art. 303 do CPC (0,10). | 0,00/0,50/0,60 |

**COMENTÁRIOS DOS AUTORES**

A) Trata-se de situação clássica de negócio anulável (art. 171, II, do CC) em virtude de estado de perigo na medida em que alguém, pela necessidade de salvar a pessoa de sua família, de grave dano conhecido pela outra parte, assume obrigação excessivamente onerosa (art. 156, do CC).

B) Caso Rafael se recuse a efetuar o pagamento, poderá ser ajuizada ação limitando-se ao requerimento da tutela antecipada e à indicação do pedido de tutela final com a exposição da lide, do direito que se busca realizar e do perigo de dano ou risco ao resultado útil do processo (CPC, art. 303).

## QUESTÃO 2

### ENUNCIADO

José é casado com Marcela, com quem teve 3 filhos. No dia 24 de dezembro de 2018, José saiu de casa, falando que iria comprar vinho para a ceia de Natal, mas nunca mais voltou. Alguns dias depois, Marcela recebeu a notícia que José fugira com sua amante, Kátia.

Marcela, que não possui outro imóvel para morar com seus filhos, permaneceu na residência do casal, um apartamento de 200 m² no bairro do Leblon, na cidade do Rio de Janeiro.

Sobre o caso, responda aos itens a seguir.

**A)** Em relação a usucapião familiar, a hipótese narrada preenche os requisitos para seu deferimento? Justifique. (Valor: 0,65)

**B)** Considere que a ação de usucapião foi julgada procedente e que já transitou em julgado, sendo omissa quanto ao direito dos honorários de sucumbência do advogado de Marcela. Você poderá cobrar os honorários omitidos? (Valor: 0,60)

*Obs.: o (a) examinando (a) deve fundamentar suas respostas. A mera citação do dispositivo legal não confere pontuação.*

### GABARITO DA OAB

**A)** Sim. No caso em questão, quando José abandonou o lar, Marcela e os filhos ficaram residindo no único imóvel de sua propriedade, de forma ininterrupta e sem oposição, localizado em área urbana, com menos de 250 m², por mais de 2 anos, atendendo aos requisitos previstos no art. 1.240-A do CC.

**B)** Sim. Na forma do art. 85, § 18, do CPC, caso a decisão transitada em julgado seja omissa quanto ao direito aos honorários, é cabível ação autônoma para sua definição e cobrança.

### DISTRIBUIÇÃO DOS PONTOS

| ITEM | PONTUAÇÃO |
| --- | --- |
| A. Sim, pois preenchidos os seguintes requisitos do art. 1.240-A do CC (0,10): | 0,00/0,10 |
| A1. Imóvel urbano (0,10). | 0,00/0,10 |
| A2. Com menos de 250 m² (0,10). | 0,00/0,10 |
| A3. Posse exclusiva/moradia por mais de 2 anos de forma ininterrupta e sem oposição (0,15). | 0,00/0,15 |
| A4. Não ser proprietário de outros imóveis (0,10). | 0,00/0,10 |
| A5. Abandono do lar (0,10). | 0,00/0,10 |
| B. Sim. Caso a decisão transitada em julgado seja omissa quanto ao direito aos honorários, é cabível ação autônoma para sua definição e cobrança (0,50), na forma do art. 85, § 18, do CPC (0,10). | 0,00/0,50/0,60 |

### COMENTÁRIOS DOS AUTORES

**A)** Verifica-se o preenchimento dos requisitos da usucapião familiar, presentes no art. 1.240-A, do CC: (i) propriedade em condomínio entre ex-consortes; (ii) abandono do lar por ex-consorte; (iii) posse ininterrupta, exclusiva e sem oposição por ex-consorte, pelo prazo de 2 anos; (iv) uso para moradia; (v) imóvel urbano de até 250 m²; (vi) não ser proprietário de outro imóvel nem ter se beneficiado anteriormente do instituto.

B) Caso a decisão que transitou em julgado seja omissa quanto ao direito dos honorários de sucumbência, o art. 85, § 18 do CPC prevê o cabimento de ação autônoma para sua fixação e posterior cobrança.

O tema foi muito debatido pela jurisprudência, tendo o STJ definido no sentido de não ser possível a propositura de ação para cobrança e execução dos honorários, quando omitidos em decisão transitada em julgado (Súmula 453). Contudo, referido entendimento consolidado foi afastado pela alteração legislativa no art. 85, § 18, do CPC.

Importante mencionar que, conforme previsão do art. 322, § 1º, do CPC, mesmo sem pedido das partes, deve o juiz condenar o vencido ao pagamento de honorários sucumbenciais. Isso porque verbas honorárias compõe o pedido principal, mesmo que não haja menção expressa (trata-se, portanto, de pedido implícito).

## QUESTÃO 3

### ENUNCIADO

Juliana embarcou em um ônibus da empresa ABC Turismo com destino à cidade de São Paulo. O motorista conduzia o veículo em alta velocidade e, em uma curva mais acentuada, o ônibus capotou, deixando vários passageiros feridos – dentre eles Juliana, que sofreu uma violenta queda, que lhe provocou um trauma no punho direito, além de escoriações e hematomas por todo o corpo.

Após recuperar-se do acidente, Juliana procura você, como advogado(a), para propor uma ação indenizatória por danos morais, considerando se tratar de uma relação de consumo.

Sobre a hipótese narrada, responda aos itens a seguir.

**A) A empresa ABC Turismo deve ser responsabilizada pelos danos decorrentes do acidente? Em caso afirmativo, qual seria a natureza da responsabilidade civil da ABC Turismo? (Valor: 0,65)**

**B) Qual o foro competente para processar a ação indenizatória? (Valor: 0,60)**

*Obs.: o (a) examinando (a) deve fundamentar suas respostas. A mera citação do dispositivo legal não confere pontuação.*

### GABARITO DA OAB

A) Sim. O transportador, na forma do art. 734 do CC ou do art. 14, *caput*, do CDC, responde pelos danos causados às pessoas transportadas. A responsabilidade é objetiva, nos termos do art. 14 do CDC, que determina que o fornecedor de serviços responde, independentemente da existência de culpa, pela reparação dos danos causados aos consumidores por defeitos relativos à prestação dos serviços.

B) Em razão de ser ação que envolva acidente de veículos decorrente de uma relação de consumo, A ação indenizatória poderá ser processada no foro do local do fato ou do domicílio de Juliana, como determina o art. 53, V do CPC ou art. 101, inciso I, do CDC.

### DISTRIBUIÇÃO DOS PONTOS

| ITEM | PONTUAÇÃO |
|---|---|
| A. Sim. o transportador responde pelos danos causados às pessoas transportadas (0,25), de forma objetiva ou independentemente de culpa (0,30), na forma do art. 734 do CC ou do art. 14, *caput*, do CDC. (0,10). | 0,00/0,25/0,35/0,40/0,55/0,65 |
| B. A ação indenizatória poderá ser processada no foro do local do fato ou do domicílio de Juliana (0,50), como determina o art. 53, inciso V, do CPC ou art. 101, inciso I, do CDC (0,10). | 0,00/0,50/0,60 |

## COMENTÁRIOS DOS AUTORES

**A)** A empresa responde pelos danos causados aos consumidores em virtude de acidente de consumo sofrido em virtude de defeito na prestação de seus serviços (art. 734, do CC, ou 14, do CDC). Sua responsabilidade é objetiva, ou seja, independente de culpa, nos termos do art. 14, do CDC.

**B)** Conforme previsão do art. 53, inciso V, a ação de reparação de danos sofridos em razão de acidente de veículos poderá ser proposta no domicílio do autor ou do local do fato.

Referida previsão objetivando facilitar o acesso à justiça ao indivíduo que sofreu dano e teve tantas dificuldades, estabelece foros competentes que lhe seriam mais favoráveis.

Há decisão do STJ apontando que esta hipótese de competência decorrente de batida de carro é preferencial em relação ao domicílio do réu.

Por se tratar de relação de consumo, aplicável, também, o art. 101, inciso I do CDC, que por considerar o consumidor parte vulnerável, permite a propositura da ação no domicílio do autor.

## QUESTÃO 4

### ENUNCIADO

Em 2017, ao ter o vínculo de filiação paterna constituído por sentença, em ação de investigação de paternidade, proposta por seu filho Jorge, Antônio foi condenado a pagar alimentos.

A partir de então, Antônio vinha honrando com sua obrigação pontualmente. A sua expectativa era arcar com a obrigação até que seu filho completasse 18 anos, em 21 de dezembro de 2021. Passada a data, Antônio já não realizou mais qualquer pagamento. Jorge terminou o Ensino Médio ao mesmo tempo em que alcançou a maioridade, em dezembro de 2021.

Em junho de 2022, Antônio é citado em execução de alimentos, pelo rito da penhora, recusando-se a pagar o saldo devedor, já acumulado em R$18.000,00 (dezoito mil reais).

Antônio opõe embargos à execução, autuados em apartado, ao argumento principal de que a obrigação alimentar cessou com a maioridade, considerando que, nos meses subsequentes, seu filho já não estava matriculado em qualquer curso, cessando a relação de dependência entre pai e filho. Jorge argumenta, em defesa, que estava se preparando para o vestibular com cursos online, informando que obteve a aprovação recente e já está matriculado no curso de graduação em Engenharia Mecânica, com início em agosto de 2022, sendo devida a obrigação até a conclusão do curso.

Por sua vez, nos autos da execução, Jorge indica o único imóvel residencial de Antônio à penhora, cujo valor é suficiente para pagar os alimentos vencidos e vincendos no curso do processo.

Diante desses fatos, responda aos itens a seguir.

**A)** Caso os embargos à execução sejam julgados improcedentes, o juízo pode determinar a penhora do único imóvel residencial de Antônio? Justifique. (Valor: 0,60)

**B)** Em termos processuais, poderia Antônio cessar o pagamento da obrigação sem prévia autorização judicial? Justifique. (Valor: 0,65)

*Obs.: o (a) examinando (a) deve fundamentar suas respostas. A mera citação do dispositivo legal não confere pontuação.*

### GABARITO DA OAB

**A)** Sim. Em regra, o único imóvel residencial do devedor é qualificado como bem de família, dotado do atributo da impenhorabilidade por dívidas civis, comerciais, fiscais, previdenciária ou de qualquer natureza, por força de lei (art. 1º, *caput*, da Lei n. 8.009/90), salvo se a execução for movida, dentre outras exceções, "pelo credor de pensão alimentícia, resguardados os direitos sobre o bem, do seu coproprietário que, com o devedor, integre união estável ou conjugal, observadas as hipóteses em que ambos responderão pela dívida" (art. 3º, inciso III, da Lei n. 8.009/90). Portanto, ainda que se trate de bem de família, cuida-se de bem passível de penhora.

B) Não. A extinção da obrigação alimentar do filho que alcança a maioridade sempre dependerá de decisão judicial, exarada sob o crivo do contraditório, seja em ação autônoma de exoneração de alimentos, seja por via de pedido formulado nos próprios autos, como bem definido pelo verbete de Súmula 358 do Superior Tribunal de Justiça.

## DISTRIBUIÇÃO DOS PONTOS

| ITEM | PONTUAÇÃO |
| --- | --- |
| A. Sim. A impenhorabilidade do bem de família não é oponível ao credor de obrigação alimentar (0,50), na forma do art. 3º, inciso III, da Lei n. 8.009/90 (0,10). | 0,00/0,50/0,60 |
| B. Não. A extinção da obrigação alimentar do filho que alcança a maioridade depende de decisão judicial (0,40), mediante contraditório, ainda que nos próprios autos (0,15), nos termos do verbete de Súmula 358 do STJ (0,10). | 0,00/0,40/0,50/0,55/0,65 |

## COMENTÁRIOS DOS AUTORES

A) Prevê o art. 1º da Lei n. 8.009/90 que o único imóvel do devedor, utilizado por ele ou sua família como moradia é considerado bem de família. Assim, como regra, não poderá responder qualquer tipo de dívida civil, comercial, fiscal previdenciária ou de outra natureza.

O art. 3º da referida Lei, prevê hipóteses nas quais a impenhorabilidade do único imóvel do devedor não poderá ser oponível, dentre elas está a propositura de ação pelo credor de pensão alimentícia.

Assim, Antônio não poderia alegar a impenhorabilidade de seu único imóvel, tendo em vista que o crédito decorrente de natureza alimentar configura uma exceção à regra do art. 1º da Lei n. 8.009/90 Importante ressaltar que o bem de família é consequência do direito social á moradia, previsto na Constituição Federal (art. 6º). Além disso, privilegia o princípio da dignidade da pessoa humana, ao garantir o patrimônio mínimo ao devedor.

O Código Civil considerada bem de Família o prédio residencial urbano ou rural, com suas pertenças e acessórios, que se destina ao domicílio familiar, podendo abranger, também, valores mobiliários, cuja renda será aplicada na conservação do imóvel ou sustento da família (CC, art. 1712).

B) A obrigação alimentar não cessa automaticamente quando o jovem completa 18 anos, uma vez que não se presume a extinção de sua necessidade. É preciso, pois, decisão judicial, com respeito do contraditório, mediante o ajuizamento de ação de exoneração ou pedido nos próprios autos (Súmula 358, STJ). Na ação será discutida a permanência do binômio necessidade-possibilidade, em que se funda o direito a alimentos, sendo certo que a jurisprudência em geral entende que permanece a necessidade se o jovem continua seus estudos formais após maioridade.

## 8. XXXIV Exame de Ordem Unificado/FGV

### QUESTÃO 1

**ENUNCIADO**

Mário é pai de Julieta – que já alcançou a maioridade, não estuda e vive em união estável com Pedro, com quem tem um filho. Inconformado por ter de pagar alimentos à filha, Mário procura você para, na qualidade de advogado(a), propor uma ação de exoneração de alimentos. Mário afirma que, apesar de estar atravessando uma situação financeira dificílima, continua a pagar os alimentos à filha, mas que deseja, o quanto antes, suspender tais pagamentos, considerando o quadro financeiro por que está passando.

Diante da hipótese apresentada, responda aos itens a seguir.

**A)** Na hipótese de procedência do pedido de exoneração, a partir de quando Mário ficará desobrigado a pagar os alimentos? Se Mário continuar a arcar com tal verba ao longo do processo, os valores pagos deverão ser devolvidos? (Valor: 0,65)

**B)** Qual é o mecanismo processual mais apto a evitar, o mais rápido possível, que Mário deixe de pagar os alimentos que entende indevidos e sob qual fundamento? (Valor: 0,60)

*Obs.: o (a) examinando (a) deve fundamentar suas respostas. A mera citação do dispositivo legal não confere pontuação.*

## GABARITO DA OAB

**A)** Mário fica desobrigado após ser intimado de decisão judicial que determine a exoneração, conforme interpretação do art. 14 da Lei n. 5.478/68, que enuncia que, da sentença, caberá apelação apenas no efeito devolutivo (sem efeito suspensivo). O montante não será devolvido, posto que irrepetível, conforme o verbete sumular n. 621 do STJ.

**B)** A fim de evitar a não restituição dos valores pagos após a citação, Mário deverá requerer tutela de urgência, fundado na probabilidade do direito (sua filha é maior, não estuda e já vive em união estável) e no risco de dano (sua dificílima situação financeira), na forma do art. 300 do CPC.

## DISTRIBUIÇÃO DOS PONTOS

| ITEM | PONTUAÇÃO |
|---|---|
| A1. Mário fica desobrigado após ser intimado de decisão judicial que determine a exoneração (0,30), conforme interpretação do art. 14 da Lei n. 5.478/68 ou conforme o verbete sumular n. 621 do STJ (0,10). | 0,00/0,30/0,40 |
| A2. Não será devolvido, porque o montante pago, após esse marco, é irrepetível (0,15), conforme o verbete sumular n. 621 do STJ (0,10). | 0,00/0,15/0,25 |
| B. Mário poderá requerer tutela de urgência (0,20), haja vista a probabilidade do direito (sua filha é maior, não estuda e já vive em união estável) (0,15) e o risco de dano (sua dificílima situação financeira) (0,15), na forma do art. 300, *caput*, do CPC (0,10). | 0,00/0,20/0,30/0,35/0,45/0,50/0,60 |

## COMENTÁRIOS DOS AUTORES

**A)** Conforme previsão do art. 14 da Lei n. 5.478/68 a apelação interposta em face da decisão que exonera o alimentante do pagamento terá apenas efeito devolutivo. Vale lembrar que, como regra, a apelação é um recurso dotado de efeito suspensivo, salvo exceções, como a do presente caso (CPC, art. 1012).

Assim, após a intimação acerca da referida sentença, Mário ficará desobrigado de pagar alimentos, tendo em vista que eventual recurso de apelação não suspenderá os efeitos da decisão.

Contudo, não terá direito a ressarcimento dos valores já pagos, vez que irrepetíveis (Súmula 621 do STJ).

**B)** A parte poderá pleitear a concessão de tutela provisória de urgência, por meio da qual permite-se a fruição imediata de direitos que seriam obtidos apenas após análise exauriente (completa) do mérito.

A concessão da referida medida dependerá do preenchimento de dois pressupostos cumulativos: (a) a probabilidade do direito e (b) o perigo de dano ou risco ao resultado útil do processo. Referidos requisitos serão analisados de forma sumária, bastando um juízo hipotético, de probabilidade, a respeito da pertinência da pretensão.

Além disso, há uma condição eventual: a reversibilidade da medida (nas hipóteses de pronunciamento judicial satisfativo, como no caso). Contudo, referida condição não constou no gabarito.

## QUESTÃO 2

### ENUNCIADO

Henrique namorou Clara por muitos anos, até que foi surpreendido com o término do relacionamento por Clara. Em ato de revolta, Henrique publica, em sua rede social, imagens e vídeos de cenas de nudez e atos sexuais com Clara, que haviam sido gravados na constância do relacionamento amoroso e com o consentimento de sua então namorada. Henrique tinha a intenção de chantagear Clara, para que ela não prosseguisse com o pedido de término do relacionamento.

A ex-namorada não consentiu a publicação e, visando à remoção imediata do conteúdo, notificou extrajudicialmente a rede social. A notificação foi bem recebida pelos administradores da rede social e continha todos os elementos que permitiam a identificação específica do material apontado como violador da intimidade.

Sobre a hipótese, responda aos itens a seguir.

**A) A rede social é obrigada a retirar de circulação o material apontado como ofensivo? (Valor: 0,60)**

**B) Caso o material postado não tenha sido retirado de circulação voluntariamente, e considerando a urgência da demanda, qual mecanismo judicial pode ser requerido ao juízo competente para proteger, de maneira mais rápida e eficaz, os direitos de Clara e quais seriam seus requisitos legais? (Valor: 0,65)**

*Obs.: o (a) examinando (a) deve fundamentar suas respostas. A mera citação do dispositivo legal não confere pontuação.*

### GABARITO DA OAB

A) O Marco Civil da Internet (Lei n. 12.965/14) institui no art. 19 e no art. 21 a responsabilidade civil dos provedores de aplicação, dando enfoque especial, no art. 21, ao que se denomina pornografia de vingança. O material que veicula pornografia de vingança deve ser removido pelo provedor de aplicações após o recebimento da notificação extrajudicial, conforme previsto no art. 21 da Lei n. 12.965/14, não sendo preciso que a notificação seja necessariamente judicial, diferente do que ocorre para a retirada de circulação de demais conteúdos gerados por terceiros, na forma do art. 19 do Marco Civil da Internet.

B) O caso narrado é hipótese de pornografia de vingança. Deve-se requerer ao juízo competente tutela antecipada de urgência em caráter antecedente, conforme o art. 303 do CPC, sendo requisitos o perigo de dano e a urgência contemporânea à ação ou ação de procedimento comum, com pedido de tutela de urgência antecipada, conforme o art. 300 do CPC, sendo requisitos a probabilidade do direito e o perigo de dano.

### DISTRIBUIÇÃO DOS PONTOS

| ITEM | PONTUAÇÃO |
| --- | --- |
| A. Sim. O material deve ser removido pelo provedor de aplicações após o recebimento da notificação extrajudicial (0,50), conforme previsto no art. 21 da Lei n. 12.965/14 (Marco Civil da Internet) (0,10). | 0,00/0,50/0,60 |
| B. Deve-se requerer, ao juízo competente, tutela de urgência antecipada em caráter antecedente (0,35), conforme o art. 303 do CPC (0,10), sendo requisitos o perigo de dano e a urgência contemporânea à ação (0,20) OU ação de procedimento comum, com pedido de tutela de urgência antecipada (0,35), conforme o art. 300 do CPC (0,10), sendo requisitos a probabilidade do direito e o perigo de dano (0,20). | 0,00/0,30/0,35/0,45/0,55/0,65 |

## COMENTÁRIOS DOS AUTORES

A) De acordo com o art. 21 do Marco Civil da Internet (Lei n. 12.965/2014), será responsabilizado o provedor de aplicações de internet que, uma vez notificado pelo titular do direito, deixe de indisponibilizar materiais contendo cenas de nudez ou de atos sexuais de caráter privado. No dispositivo, não há menção a exigências especiais quanto à notificação, pelo que se entende válida a realização pela via extrajudicial. Em que pese a questão versar sobre lei especial, fora do que se espera da abordagem dos exames de ordem, a resposta poderia ser facilmente encontrada na legislação, cuja consulta é permitida ao examinando.

B) A tutela antecipada antecedente vem prevista para os casos em que a urgência for anterior ou contemporânea à propositura da ação. Nessas hipóteses, a parte poderá apresentar petição inicial limitando-se ao requerimento da tutela antecipada e à indicação do pedido de tutela final com a exposição da lide, do direito que se busca realizar e do perigo de dano ou risco ao resultado útil do processo (CPC, art. 303).

Por outro lado, nada impede que o autor ajuíze ação pelo procedimento comum, pleiteando na própria petição inicial a tutela de urgência antecipada (CPC, art. 300). Para concessão da medida, exige-se o preenchimento de dois pressupostos cumulativos: (a) a probabilidade do direito e (b) o perigo de dano ou risco ao resultado útil do processo.

Como já mencionado na questão anterior, há, também uma condição eventual: a reversibilidade da medida. Contudo, o gabarito nada mencionou com relação a esse ponto.

## QUESTÃO 3

### ENUNCIADO

Em 5 de fevereiro de 2017, Anderson trafegava em alta velocidade pela via pública com sua motocicleta quando, perdendo controle do veículo, saiu da pista e colidiu contra a porta frontal da casa de Alcides. A colisão não apenas destruiu a porta como também causou um abalo estrutural na fachada da casa, cujos reparos foram extremamente custosos para Alcides. Aborrecido com o acontecimento, Alcides permaneceu muito tempo recusando-se a pensar novamente no acontecido. Em 28 de janeiro de 2020, porém, aconselhado por um advogado, Alcides ingressou com uma ação judicial em face de Anderson, reclamando o prejuízo financeiro sofrido. Em 28 de maio de 2020, foi proferido, pelo juízo competente, o despacho de citação do réu, tendo a citação ocorrido em 5 de junho de 2020.

A respeito desse caso, responda aos itens a seguir.

A) A pretensão de Alcides ainda era exigível ao tempo do ajuizamento da ação? Justifique. (Valor: 0,65)

B) Tendo em vista a data em que foi proferido, o despacho de citação teve o efeito de interrupção do prazo prescricional em favor do autor? Justifique. (Valor: 0,60)

*Obs.: o (a) examinando (a) deve fundamentar suas respostas. A mera citação do dispositivo legal não confere pontuação.*

### GABARITO DA OAB

A) Sim. A pretensão deduzida por Alcides tem, por fundamento, a prática de ilícito extracontratual por parte de Anderson. Assim, aplica-se ao caso o prazo prescricional previsto pelo art. 206, § 3º, inciso V, do CC, para as pretensões oriundas da responsabilidade civil. Como a ação foi ajuizada antes do decurso do prazo de três anos, a contar da data em que provocado o dano, a pretensão de Alcides ainda era plenamente exigível.

B) Sim. Embora proferido após o decurso do prazo de três anos, a contar do surgimento da pretensão autoral, o despacho de citação teve o condão de provocar a interrupção do prazo prescricional em favor do autor, porque, uma vez ultimada a citação do réu, o efeito interruptivo da prescrição retroage à data de propositura da ação, nos termos do art. 240, § 1º, do CPC. Portanto, no caso em tela, operou-se a interrupção da prescrição em favor de Alcides.

## DISTRIBUIÇÃO DOS PONTOS

| ITEM | PONTUAÇÃO |
|---|---|
| A1. Sim, pois a pretensão deduzida por Alcides fundamenta-se em responsabilidade civil aquiliana (0,25). | 0,00/0,25 |
| A2. Sendo aplicável a ela o prazo trienal (0,30) previsto pelo art. 206, § 3º, inciso V, do CC (0,10). | 0,00/0,30/0,40 |
| B. Sim, pois o efeito interruptivo do despacho de citação retroage à data de propositura da ação (0,30) desde que tenha ocorrido a citação do réu (0,20), nos termos do art. 240, § 1º, do CPC (0,10). | 0,00/0,20/0,30/0,40/0,50/0,60 |

## COMENTÁRIOS DOS AUTORES

A) A pretensão ainda era exigível, visto que o prazo de prescrição da pretensão reparatória (responsabilidade civil em virtude da prática de ilícito extracontratual) é de 3 anos (art. 206, § 3º, V, do CC), ainda não alcançados em 28 de janeiro de 2020.

B) No CPC73 a interrupção da prescrição era efeito material atribuído à citação válida, que não se verificava quando o ato era defeituoso. O CPC atual, em reprodução ao art. 202, I do CC, estabelece que a interrupção da prescrição ocorrerá com o despacho liminar positivo, que determina a citação do réu.

Nota-se que qualquer outro despacho, como o que ordena a emenda da petição inicial, não produz tal efeito.

Como regra, a interrupção da prescrição retroagirá à data da propositura da ação, no protocolo da petição inicial (CPC, art. 312), salvo se o autor não tomar todas as medidas necessárias (dentre as quais: recolhimento das custas, indicação de endereço do réu, citação do litisconsórcio necessário) no prazo de 10 dias para viabilizar a citação.

Isso porque, o autor não poderá ser prejudicado pela demora imputável ao serviço judiciário (CPC, art. 240, § 3º).

## QUESTÃO 4

### ENUNCIADO

Ricardo comprou de Wagner um pequeno imóvel residencial no centro da cidade, objetivando locar o bem a terceiros e fazer dele uma fonte de renda. Poucos meses após a compra, Ricardo celebrou seu primeiro contrato de locação do imóvel, com o inquilino Tiago, pelo prazo determinado de um ano. Nesse mesmo dia, Ricardo foi citado em ação judicial movida contra ele por Valéria. Na ação, a autora reivindica o imóvel (do qual afirma ser a legítima proprietária) e demonstra, já no acervo probatório acostado à petição inicial, que Wagner fraudou documentos para se fazer passar por dono do bem. A surpresa Ricardo foi enorme, pois jamais suspeitara de qualquer irregularidade na contratação com Wagner.

**A) Caso venha a perder o imóvel em favor de Valéria, quais valores pode Ricardo exigir de Wagner e a que título? Justifique. (Valor: 0,65)**

**B) Pode Ricardo exigir de Wagner tais valores no âmbito da própria ação movida por Valéria? Justifique. (Valor: 0,60)**

*Obs.: o (a) examinando (a) deve fundamentar suas respostas. A mera citação do dispositivo legal não confere pontuação.*

**GABARITO DA OAB**

**A)** Caso venha a sofrer a evicção do imóvel, Ricardo faz jus não apenas à restituição do preço pago pela coisa, mas também à indenização dos lucros cessantes referentes aos aluguéis, que obteria de Tiago pelo prazo de um ano e que deixou de auferir em decorrência da perda da coisa, das despesas de contrato, custas judiciais e honorários advocatícios, conforme o art. 450 do CC.

**B)** Sim. Faculta-se a Ricardo promover a denunciação da lide a Wagner, alienante imediato do bem, para exercer os direitos que da evicção lhe resultam, nos termos do art. 125 inciso I do CPC.

**DISTRIBUIÇÃO DOS PONTOS**

| ITEM | PONTUAÇÃO |
| --- | --- |
| A1. A hipótese é de evicção (0,15), que garante a Ricardo o direito à restituição do preço pago pelo imóvel (0,10), nos termos do art. 450, do CC (0,10). | 0,00/0,15/0,25/0,35 |
| A2. E também dos lucros cessantes relativos aos aluguéis que deixará de auferir (0,10). | 0,00/0,10 |
| A3. Despesas de contratos (0,10). | 0,00/0,10 |
| A4. Custas judiciais e honorários advocatícios (0,10). | 0,00/0,10 |
| B. Sim. Ricardo poderá denunciar a lide (0,30), a Wagner, alienante imediato para exercer os direitos decorrentes da evicção (0,20), nos termos do art. 125 inciso I do CPC (0,10). | 0,00/0,30/0,40/0,50/0,60 |

**COMENTÁRIOS DOS AUTORES**

**A)** Eventual perda do bem em virtude de decisão judicial na ação movida por Valéria configurará evicção. Neste caso, além da restituição integral do preço, Ricardo terá direito, nos termos do ar. 450, do CC, I – à indenização dos frutos que tiver sido obrigado a restituir – no caso os aluguéis que deixará de perceber de Tiago; II – à indenização pelas despesas dos contratos e pelos prejuízos que diretamente resultarem da evicção; III – às custas judiciais e aos honorários do advogado por ele constituído.

**B)** Outra questão envolvendo intervenção de terceiros. A denunciação da lide é o meio processual para fazer que terceiro venha a litigar em conjunto com o denunciante e, se houver condenação desde o denunciado irá ressarcir o prejuízo do denunciante (CPC, art. 125).

Trata-se, portanto, de ação de regresso, que tramita em conjunto com a ação principal.

## 9. XXXIII Exame de Ordem Unificado/FGV

### QUESTÃO 1

**ENUNCIADO**

Carlos, sócio da sociedade empresária Tecnologia da Comunicação Ltda., negocia com Bárbara, sócia do Hotel Contemporâneo Inc., a implantação de sistema de Internet sem fio avançado na rede de hotéis, assim como o desenvolvimento de um aplicativo multifuncional. Toda a negociação é realizada via *e-mail*, após contato inicial em uma feira de *startup*.

Após várias tratativas, no dia 31/12/2019, às 15h36min, Bárbara envia, por *e-mail*, a proposta definitiva de remuneração, com a delimitação dos serviços oferecidos e pagamento de R$ 300.000,00 por ano de contrato. Carlos, que estava de férias, tomou conhecimento da proposta ao olhar os *e-mails* em seu telefone celular, enviando o aceite, no dia 01/01/2020, à 01h14min. Bárbara, diante disso, faz o depósito imediato, via TED bancária, da primeira anualidade, nas horas iniciais da manhã do dia 02/01/2020. Passadas as festividades, na tarde do dia 02/01/2020, às 15h30mi[n] Carlos relê seus *e-mails* e percebe, com mais atenção, que ele havia entendido errado a proposta d[e] remuneração, compreendendo equivocadamente que ocorreria pagamentos mensais de R[$] 300.000,00, ao invés da proposta de remuneração anual. De súbito, Carlos realiza uma ligação par[a] Bárbara e pede para ela desconsiderar a aceitação enviada, pois estava arrependido e preferir[ia] estudar melhor a proposta, antecipando desde já que a recusaria naqueles termos. Bárbara, entã[o] afirma que diante da comunicação escrita, via eletrônica, considerou o contrato como celebrad[o] dando início à execução, informando inclusive que já realizou o pagamento. Carlos se prontifica [a] devolver o depósito. Diante deste impasse, Bárbara consulta você, como advogado(a), para orient[á]-la acerca do caso e da viabilidade de propor uma ação que vise a exigir de Carlos a prestação do[s] serviços delineados na proposta.

**A) O contrato pode ser considerado como celebrado? Justifique. (Valor: 0,65)**

**B) Independentemente da questão de direito material, é cabível o ajuizamento de ação monitó[ó]ria? Justifique. (Valor: 0,60)**

*Obs.: o(a) examinando(a) deve fundamentar as respostas. A mera citação do dispositivo legal nã[o] confere pontuação.*

## GABARITO DA OAB

**A)** Sim. A negociação realizada por correio eletrônico (e-mail) é qualificada como "entre ausentes", dian[te] da ausência de interatividade imediata entre os interlocutores, aplicando-se o disposto no art. 434 d[o] Código Civil, que consagra a "teoria da expedição" como regra, ressalvando as exceções dos incisos I, I[I] e III do aludido artigo. Na hipótese vertente, contudo, a comunicação telefônica, um (1) dia após a aceita[ção] e em momento posterior ao pagamento da prestação da parte contrária, não pode ser considerad[a] como retratação eficaz, consubstanciada no art. 433 c/c. o art. 434, inciso I, do Código Civil. Portanto, segue-se a regra segundo a qual "os contratos entre ausentes tornam-se perfeitos desde que a aceitação é expedida."

**B)** Sim. Considerando que a troca de *e-mails*, em que constam a proposta e a aceitação expressa, deve ser considerada como prova escrita, a ação monitória pode ser proposta por aquele que afirmar, com base em prova escrita sem eficácia de título executivo, ter direito de exigir do devedor capaz o adimplemento d[e] obrigação de fazer, nos moldes do art. 700, inciso III, do CPC.

## DISTRIBUIÇÃO DOS PONTOS

| ITEM | PONTUAÇÃO |
|---|---|
| A. Sim. Os contratos entre ausentes consideram-se celebrados desde que a aceitação é expedida, não havendo retratação legítima por parte do aceitante/oblato (0,55), na forma do art. 434, *caput*, do CC (0,10). | 0,00/0,55/0,65 |
| B. Sim. Em havendo prova escrita, a ação monitória é adequada para o credor exigir do devedor o adimplemento da obrigação de fazer (0,50), na forma do art. 700, inciso III, do CPC (0,10). | 0,00/0,50/0,60 |

## COMENTÁRIOS DOS AUTORES

**A)** O contrato se considera aperfeiçoado no momento em que a aceitação é expedida, desde que chegue ao proponente no prazo convencionado e não chegue retratação antes daquela, nos termos dos art. 433 c/c art. 434 do CC. Assim, como a retratação, por via telefônica, é feita um dia após a aceitação e após o início da execução do contrato, com o pagamento da remuneração, não há que se falar em eficácia.

**B)** Ação monitória é procedimento mais célere para os casos em que o autor dispõe de prova escrita sem eficácia de título executivo, que traduz a obrigação de (i) pagar quantia, (ii) entregar coisa móvel ou imóvel ou (iii) adimplir obrigação de fazer ou não fazer.

No presente caso, os e-mails são considerados prova escrita apta a instruir a ação monitória, conforme disposto no art. 700, inciso III, do CPC.

## QUESTÃO 2

### ENUNCIADO

Após áspera discussão, cujo tema central era um assunto banal, Pedro foi agredido por João. A agressão lhe causou lesões graves, o que, embora não tenha caracterizado dano estético, impediu que ele exercesse sua atividade laboral (motorista particular) durante o período de 12 meses, 3 dos quais permaneceu internado em hospital particular.

Pedro, já recuperado, não consegue trabalhar com a mesma eficiência de antes, o que reduziu sua renda mensal. Mas, como ele necessita de medicação de forma habitual, seus gastos aumentaram, e, para agravar sua situação, não há previsão de término do tratamento. Além disso, já tendo gasto todas as suas economias, Pedro precisa quitar a dívida referente à internação, uma vez que não possui plano de saúde.

Diante de tais circunstâncias, Pedro procura um advogado, que o orienta a pleitear judicialmente reparação por danos materiais (que, segundo o causídico, se resumiria ao valor da dívida com o hospital e aos recursos necessários ao tratamento e à compra da medicação habitual pelo autor) e morais em face de João.

Deduzidas as pretensões em Juízo, após o transcurso regular do feito, o pedido relacionado aos danos morais é julgado procedente, fixando-se a título de compensação o valor de R$ 20.000,00 (vinte mil reais). Já o pedido referente aos danos materiais é julgado procedente, mas sem a fixação de valor reparatório (quantia ilíquida), ressaltando o magistrado, na sentença, que o montante devido seria objeto de futura liquidação. Nenhuma das partes recorreu, tendo a sentença transitado em julgado.

Premido pela necessidade imediata, Pedro pergunta a seu patrono se poderia desde logo iniciar a execução do julgado em relação à quantia já fixada (danos morais). Após consultar o Código de Processo Civil, o advogado responde que, sendo a liquidação de sentença uma etapa autônoma e necessária, deveria ser aguardada a definição de todos os valores devidos antes de se iniciar a fase de cumprimento de sentença, que deve ser una.

Diante de tais circunstâncias, responda aos itens a seguir.

**A) Em relação ao dano material, além das despesas com internação, tratamento e medicação, poderia ser incluído algum outro valor de reparação na composição da indenização? Qual? (Valor:0,60)**

**B) A resposta dada pelo advogado à indagação de Pedro está correta, ou haveria alguma medida ou requerimento processual capaz de conferir maior celeridade à cobrança da parcela indenizatória já definida (compensação por danos morais)? (Valor: 0,65)**

*Obs.: o(a) examinando(a) deve fundamentar as respostas. A mera citação do dispositivo legal não confere pontuação.*

### GABARITO DA OAB

A questão trata dos temas responsabilidade civil (Direito Civil) e liquidação de sentença (Direito Processual Civil).

**A)** Sim. A indenização, além das despesas do tratamento e lucros cessantes até ao fim da convalescença, poderia incluir pensão correspondente à importância do trabalho para o qual o autor se inabilitou, ou da depreciação que ele sofreu, nos termos do art. 950 do Código Civil. **B)** A resposta do advogado está incorreta, pois seria possível iniciar desde logo a execução do julgado (fase de cumprimento de sentença) em relação à quantia líquida (compensação por danos morais). A solução do caso está prevista expressamente no art. 509, § 1º, do Código de Processo Civil, in verbis: quando na sentença houver uma parte líquida e outra ilíquida, ao credor é lícito promover simultaneamente a execução daquela e, em autos apartados, a liquidação desta.

## DISTRIBUIÇÃO DOS PONTOS

| ITEM | PONTUAÇÃO |
|---|---|
| A. Sim. A indenização, além das despesas do tratamento e lucros cessantes até o fim da convalescença, poderia incluir pensão correspondente à importância do trabalho para o qual se inabilitou o autor, ou da depreciação que ele sofreu (0,50), nos termos do art. 950 do CC (0,10). | 0,00/0,50/0,60 |
| B. Não. A resposta do advogado está incorreta, pois seria possível iniciar desde logo a execução do julgado (fase de cumprimento de sentença) em relação à quantia líquida (0,55), por força do art. 509, § 1º, do CPC (0,10). | 0,00/0,55/0,65 |

## COMENTÁRIOS DOS AUTORES

A) O pedido de Pedro podia ter incluído a indenização por lucros cessantes, tendo em vista o período que Pedro ficou completamente impossibilitado de exercer suas atividades laborais, com base no art. 402, do CC, bem como pensão que compense a redução posterior de sua renda, em face da perda de eficiência no trabalho, com base no art. 950, do CC. Apesar de não previsto no espelho de resposta, o pedido de compensação da perda de renda também encontra fundamento nos lucros cessantes do art. 402, do CC.

B) Quando na mesma decisão houver uma parte líquida e outra ilíquida, é possível dar andamento ao feito em relação aos dois capítulos da decisão, simultaneamente (CPC, art. 509, § 2º).

Em relação à parte ilíquida, será possível o início do cumprimento de sentença e, no tocante a parte ilíquida, será possível iniciar a fase de liquidação (que deverá tramitar em autos apartados para não prejudicar o cumprimento em relação à parte líquida.

## QUESTÃO 3

### ENUNCIADO

Mariana e Leonardo foram casados, pelo regime da comunhão parcial de bens, durante 10 anos. Desde o início do casamento, Leonardo sempre apresentou comportamento explosivo, e, por diversas ocasiões, agrediu sua esposa de forma verbal e física. Durante o casamento, o casal adquiriu um apartamento, um carro, dois terrenos, e Mariana herdou uma casa de praia do seu pai.

Mariana, em determinado dia, arma-se de coragem, vai à delegacia e denuncia Leonardo por violência doméstica. Em seguida, com medo do ex-marido, Mariana deixa seu apartamento no Rio de Janeiro e se muda para o interior do estado, para a cidade de Cabo Frio.

Com base em tais fatos, responda, fundamentadamente, aos itens a seguir.

**A) Indique como se dará a partilha dos bens, mencionando se algum bem deverá ser excluído. (Valor: 0,65)**

**B) Onde deve ser ajuizada a ação de divórcio do casal? (Valor: 0,60)**

*Obs.: o(a) examinando(a) deve fundamentar as respostas. A mera citação do dispositivo legal não confere pontuação.*

## GABARITO DA OAB

A) No regime da comunhão parcial de bens, os bens que o casal conquistou durante o casamento são divididos de forma igualitária, nos termos do art. 1.658 do CC. Entretanto, a casa de praia herdada por Mariana deve ser excluída da partilha, pois os bens recebidos por sucessão excluem-se da comunhão, na forma do art. 1.659, inciso I, do CC.

B) A ação de divórcio deverá ser ajuizada na cidade de Cabo Frio, pois, nos termos do art. 53, inciso I, alínea d, do CPC, na ação de divórcio é competente o foro do domicílio da vítima de violência doméstica.

## DISTRIBUIÇÃO DOS PONTOS

| ITEM | PONTUAÇÃO |
|---|---|
| A. No regime da comunhão parcial de bens, os bens que o casal conquistou durante o casamento são divididos de forma igualitária (0,20), nos termos do art. 1.658 do CC (0,10). A casa de praia herdada por Mariana deve ser excluída da partilha, pois os bens recebidos por sucessão excluem-se da comunhão (0,25), na forma do art. 1.659, inciso I, do CC (0,10). | 0,00/0,20/0,25/0,30/0,35/0,45/0,55/0,65 |
| B. O foro da comarca de Cabo Frio é o competente para processar a ação de divórcio (0,20), porque na ação de divórcio é competente o foro do domicílio da vítima de violência doméstica (0,30), nos termos do Artigo 53, inciso I, alínea d, do CPC (0,10). | 0,00/0,20/0,30/0,40/0,50/0,60 |

## COMENTÁRIOS DOS AUTORES

A) A partilha contemplará os bens adquiridos onerosamente na constância do casamento (art. 1.658 ou art. 1.660, I, ambos do CC): apartamento, carro e dois terrenos. Cada cônjuge fará jus à metade de tais bens comuns. O bem herdado compõe o patrimônio particular e não partilhável de Mariana, nos termos do art. 1659, I, do CC.

B) Prevê o art. 53, inciso I, alínea "d", do CPC que quando houver vítima de violência doméstica, o seu domicílio será competente para propositura de ação de divórcio em face de seu cônjuge. Referida alínea foi incluída em 2019, com base na Lei Maria da Penha (Lei n. 11.340/2006).

Ressalta-se que, não poderá o autor optar livremente por qualquer dos foros previstos, de forma subsidiária, no art. 53, inciso I.

## QUESTÃO 4

### ENUNCIADO

Fernando foi casado durante 25 anos com Rose. Como fruto do casamento nasceram Antônio, hoje, com 23 anos, e Eliza, com 18 anos. Como o casamento não ia bem, o casal optou pelo divórcio. Antônio, filho mais velho do casal, não aceitou a separação e se revoltou contra o pai, culpando-o pela situação. Em uma das discussões com o pai, Antônio se exaltou e o agrediu com socos e pontapés, deixando-o com vários hematomas no corpo.

Depois do ocorrido, Fernando decide romper o relacionamento com Antônio e fazer um testamento com o objetivo de deserdá-lo.

Sobre a hipótese, responda aos itens a seguir.

A) Fernando pode deserdar o filho? Justifique. (Valor: 0,60)

B) Fernando veio a falecer antes de realizar o testamento e seus únicos herdeiros legais são Antônio e Eliza. Os irmãos não querem brigar, estão em consenso e querem realizar o inventário do pai. É possível realizar o procedimento em cartório? Justifique. (Valor: 0,65)

*Obs.: o(a) examinando(a) deve fundamentar as respostas. A mera citação do dispositivo legal não confere pontuação.*

## GABARITO DA OAB

A) Sim. A ofensa física autoriza a deserdação do descendente por seu ascendente, nos termos do art. 1.962, inciso I, do CC.

B) Sim. Sendo todos os interessados capazes e concordes com os seus termos, o inventário e a partilha podem ser realizados por escritura pública, nos termos do art. 610, § 1º, do CPC.

## DISTRIBUIÇÃO DOS PONTOS

| ITEM | PONTUAÇÃO |
| --- | --- |
| A. Sim. A ofensa física autoriza a deserdação do descendente por seu ascendente (0,50), nos termos do art. 1.962, inciso I, do CC (0,10). | 0,00/0,50/0,60 |
| B. Sim. Sendo os interessados capazes e concordes com seus termos (0,55), nos termos do art. 610, § 1º, do CPC (0,10). | 0,00/0,55/0,65 |

## COMENTÁRIOS DOS AUTORES

A) Antônio pode deserdar o filho, na medida em que a ofensa física autoriza o ascendente a privar seu herdeiro legítimo (descendente) da legítima, nos termos do art. 1962, I, do CC.

B) Existem duas modalidades de inventário e partilha: o judicial e o extrajudicial. A segunda (extrajudicial) somente será cabível nas condições do art. 610, § 1º do CPC. Já o primeiro (judicial) é cabível ainda que os interessados possam se valer, também do inventário extrajudicial.

Os interessados poderão optar pelo inventário e partilha extrajudicial, por meio de escritura pública (que constituíra título hábil pra o registro imobiliário e registro de titularidade de outros bens) desde que (i) todos sejam capazes e concordes, (ii) estejam assistidos de advogado ou defensor público e que (iii) não haja testamento a ser cumprido.

## 10. XXXII Exame de Ordem Unificado/FGV

### QUESTÃO 1

**ENUNCIADO**

José estava caminhando em um parque em uma noite chuvosa, quando o empregado da sociedade empresária contratada para realizar o serviço de jardinagem do local perdeu o controle do cortador de grama e acabou por decepar parte do pé de José. Percebendo-se culpado, o empregado evadiu-se do local.

José foi socorrido por Marcos e Maria, ambos com cerca de 80 anos, únicas testemunhas do ocorrido, que o levaram ao hospital. Em razão da chuva torrencial e do frio que fazia naquela noite, Marcos e Maria contraíram uma forte pneumonia e os médicos consideraram que ambos sofriam grave risco de vida. Após ter recebido alta médica, José procura seu advogado, desejando obter uma indenização pelos danos experimentados.

Com base em tais fatos, responda, fundamentadamente, às indagações a seguir.

**A)** A sociedade empresária de jardinagem pode ser civilmente responsabilizada pelos danos praticados pelo seu empregado? Caso afirmativa a resposta, qual seria a natureza da responsabilidade civil da referida sociedade empresária? (Valor: 0,65)

**B)** Considerando o iminente risco de óbito de Marcos e Maria, existe algum mecanismo processual que permita a preservação da prova que poderia ser futuramente produzida por José? (Valor: 0,60)

*Obs.: o(a) examinando(a) deve fundamentar as respostas. A mera citação do dispositivo legal não confere pontuação.*

## GABARITO DA OAB

A) O empregador é responsável pela reparação civil decorrente de atos praticados por seus empregados, no exercício do trabalho que lhes competir ou em razão dele, de acordo com o art. 932, inciso III, do CC. A sociedade empresária responde objetivamente, independentemente de culpa, nos termos do art. 933 do CC, OU nos termos do art. 14 do CDC, considerando que a vítima pode ser considerada consumidora por equiparação do serviço prestado, conforme art. 17 do CDC.

B) O art. 381, inciso I, do CPC, prevê a admissibilidade da produção antecipada de prova quando houver fundado receio de que venha a tornar-se impossível ou muito difícil a verificação de certos fatos na pendência da ação. Portanto, considerando o risco iminente de óbito das duas únicas testemunhas do episódio, José poderá valer-se da produção antecipada de prova.

## DISTRIBUIÇÃO DOS PONTOS

| ITEM | PONTUAÇÃO |
| --- | --- |
| A1. Sim, o empregador é responsável pela reparação civil decorrente de atos praticados por seus empregados, no exercício do trabalho que lhes compete ou em razão dele (0,25), de acordo com o art. 932, inciso III, do CC (0,10). | 0,00/0,25/0,35 |
| A2. A sociedade empresária responde objetivamente (0,20), nos termos do art. 933 do CC (0,10), OU nos termos do art. 14 e/ou art. 17 do CDC, pois a vítima pode ser considerada consumidor por equiparação do serviço prestado (0,10). | 0,00/0,65/0,75 |
| B. Sim, considerando o fundado receio de que venha a tornar-se impossível a verificação de certos fatos na pendência da ação, diante do risco iminente de óbito das duas únicas testemunhas (0,20), José poderá valer-se da produção antecipada de prova (0,30), nos termos do art. 381, inciso I, do CPC (0,10). | 0,00/0,20/0,30/ 0,40/0,50/0,60 |

## COMENTÁRIOS DOS AUTORES

A) Nos termos do art. 932, III, do CC, os empregadores são responsáveis pelos danos causados pelos empregados no exercício do trabalho que lhes competir. A responsabilidade do empregador será objetiva (art. 933, do CC), mediante da demonstração de culpa do empregado.

Cabe também a alegação de que José é consumidor por equiparação (art. 17, do CDC), como vítima do evento, respondendo a sociedade empresária, independentemente de culpa, pela reparação dos danos causados aos consumidores por defeitos relativos à prestação dos serviços (art. 14, do CC).

B) A questão não apresenta maiores dificuldades. A produção antecipada de prova será cabível sempre que existir receio de que venha a tornar-se impossível ou muito difícil a análise de fatos em futura ação. Isso porque, no procedimento comum, a instrução probatória ocorrerá em momento avançado da demanda.

## QUESTÃO 2

### ENUNCIADO

Marcos é casado sob regime de comunhão parcial de bens com Amália. Em virtude de desavenças n[o] relacionamento, o casal acabou se distanciando. Com o iminente fim da relação conjugal, Amáli[a] descobriu que Marcos estava prestes a realizar a doação de um automóvel adquirido onerosament[e] por ambos na constância do casamento. Tendo justo motivo para discordar da doação, Amália procu[-]rou seu advogado e ingressou com pedido de tutela cautelar antecedente, com o objetivo de evitar [a] realização do negócio. A tutela cautelar foi concedida em 12/04/2019, porém, em razão da desídia d[a] autora, não foi efetivada. Nos mesmos autos, foi formulado o pedido principal em 19/06/2019, reque[-]rendo que fosse declarada a impossibilidade da doação.

Tendo em vista o caso exposto, responda aos itens a seguir.

**A) A eficácia da tutela cautelar concedida deve ser mantida? (Valor: 0,60)**

**B) Caso a doação venha a ser efetivada, ela é válida? (Valor: 0,65)**

*Obs.: o(a) examinando(a) deve fundamentar as respostas. A mera citação do dispositivo legal nã[o] confere pontuação.*

### GABARITO DA OAB

A) A tutela cautelar concedida perderá a eficácia, eis que não foi efetivada no prazo de 30 (trinta) dias po[r] desídia da autora, conforme determina o art. 309, inciso II, do CPC.

B) Não. A doação é anulável, na forma do art. 1.649 do CC, em razão da ausência de autorização do outr[o] cônjuge (outorga conjugal), nos termos do art. 1647, inciso IV, do CC. Nenhum dos cônjuges pode fazer doação de bens comuns ou que possam integrar futura meação, como ocorre no caso descrito, eis que o bem foi adquirido na constância do casamento.

### DISTRIBUIÇÃO DOS PONTOS

| ITEM | PONTUAÇÃO |
|---|---|
| A. Não. A tutela cautelar concedida perderá a eficácia, eis que não foi efetivada no prazo de 30 (trinta) dias (0,50), conforme determina o art. 309, inciso II, do CPC (0,10). | 0,00/0,50/0,60 |
| B. Não. A doação seria inválida, anulável, eis que nenhum dos cônjuges pode, sem a autorização do outro, fazer doação de bens comuns ou que possam integrar futura meação (0,55), de acordo com o art. 1.647, inciso IV, ou art. 1.649, ambos do CC (0,10). | 0,00/0,55/0,65 |

### COMENTÁRIOS DOS AUTORES

A) Dispõe o art. 309, II do CPC que, cessará a eficácia da tutela concedida se deferida liminarmente (ou seja, de modo antecipado) ou ao final, mas não for efetivada em por culpa do requerente, dentro do prazo de 30 dias (na hipótese, por exemplo, em que o autor não fornece meio suficientes para o cumprimento: não recolhe as custas, não fornece as cópias necessárias para o mandado).

B) A doação é anulável, pela falta de anuência do cônjuge, Amália, visto que se refere a bem adquirido onerosamente na constância do casamento e, portanto, componente do patrimônio comum do casal (art. 1.647, IV, do CC). A falta da autorização, não suprida pelo juiz, permite que o cônjuge preterido pleiteie a anulação do ato, no prazo decadencial de dois anos, contados do término da sociedade conjugal (art. 1.649, do CC). A questão do prazo decadencial não foi abordada na questão, mas poderia ter sido, em uma variação da abordagem pelo examinador.

## QUESTÃO 3

**ENUNCIADO**

Augusto celebrou com o Banco Mais Dinheiro contrato de empréstimo, tendo Miguel, seu irmão, atuado na condição de fiador com solidariedade.

Augusto e Miguel, considerando o elevado valor dos reajustes aplicados, ajuizaram ação em face da instituição financeira, questionando os critérios matemáticos utilizados para a atualização da quantia devida. Miguel pleiteou, ainda, a extinção da fiança, sob a alegação de que o réu havia concedido moratória a Augusto, sem o seu consentimento.

Na contestação apresentada, o banco opôs-se à extinção da fiança, unicamente sob a alegação de que a responsabilidade dos devedores era solidária. Afirmou, ainda, não ter provas a produzir quanto ao ponto.

Quanto ao excesso de cobrança alegado, sustentou estarem certos os valores cobrados e requereu a produção de prova pericial para demonstrar o alegado.

Sobre tais fatos, responda aos itens a seguir.

**A) Em relação à extinção da fiança, deve ser acolhida a alegação de Miguel ou a do Banco Mais Dinheiro? Justifique. (Valor: 0,65)**

**B) O juiz poderá examinar o pedido de extinção da fiança antes da produção de prova pericial contábil? Justifique. (Valor: 0,60)**

*Obs.: o(a) examinando(a) deve fundamentar as respostas. A mera citação do dispositivo legal não confere pontuação.*

**GABARITO DA OAB**

A) Sim. A alegação de Miguel deve ser acolhida, uma vez que a fiança se extingue se for concedida moratória ao devedor sem o seu consentimento, ainda que a responsabilidade seja solidária, nos termos do art. 838, inciso I, do CC.

B) Sim, o juiz poderá decidir parcialmente o mérito, julgando desde logo o pedido de extinção da fiança, nos termos do art. 356, inciso II, do CPC, já que esse pedido está em condições de imediato julgamento.

**DISTRIBUIÇÃO DOS PONTOS**

| ITEM | PONTUAÇÃO |
|---|---|
| A. A alegação de Miguel deve ser acolhida, uma vez que a fiança se extingue se for concedida moratória ao devedor sem o seu consentimento (0,40), ainda que a responsabilidade seja solidária (0,15), nos termos do art. 838, inciso I, do CC (0,10). | 0,00/0,40 0,50/0,55/0,65 |
| B. Sim, o juiz poderá decidir parcialmente o mérito (0,30), julgando desde logo o pedido de extinção da fiança, já que esse pedido está em condições de imediato julgamento (0,20), nos termos do art. 356, inciso II, do CPC (0,10). | 0,00/0,20/0,30/ 0,40/0,50/0,60 |

**COMENTÁRIOS DOS AUTORES**

A) A pactuação de fiança com solidariedade traz por efeito o afastamento da alegação do benefício de ordem pelo fiador, nos termos do art. 828, II, do CC. Não libera o credor de obter a anuência do fiador para a concessão de moratória ao devedor, sob pena de se considerar o fiador, ainda que solidário, desobrigado (art. 838, I, do CC).

B) No Código anterior não havia o instituto do julgamento antecipado parcial do mérito. Atualmente permite o art. 356, II, do CPC o julgamento antecipado de um dos pedidos, se houver condições de imediato julgamento, nos termos do art. 355.

## QUESTÃO 4

### ENUNCIADO

Jane ajuizou ação em face de Cisforme Ltda. pleiteando indenização por danos morais e materiais. Na petição inicial, Jane informa que seu marido, Winston, falecido há dois anos, e cujo inventário já foi concluído e encerrado, foi modelo fotográfico e que o réu vem se utilizando da imagem dele, sem qualquer autorização, para fazer publicidade de seus produtos.

Em contestação, Cisforme Ltda. suscita preliminar de ilegitimidade da parte autora, pois alega que a ação deveria ter sido ajuizada pelo espólio do falecido, e não por sua esposa em nome próprio. No mérito, Cisforme Ltda. alega a ausência de prova de prejuízo material ou moral decorrente da exposição da imagem do falecido. Sobre o caso, responda aos itens a seguir.

A) A alegação preliminar de ilegitimidade deve ser acolhida? Justifique. (Valor: 0,65)

B) A alegação de mérito referente à ausência de prova de prejuízo deve ser acolhida? Justifique. (Valor: 0,60)

*Obs.: o(a) examinando(a) deve fundamentar as respostas. A mera citação do dispositivo legal não confere pontuação.*

### GABARITO DA OAB

A) Não. Trata-se da violação de direito da personalidade (imagem) de pessoa falecida. Com relação à alegação preliminar, o Código Civil atribui legitimação ao cônjuge sobrevivente (art. 12, parágrafo único, e art. 20, parágrafo único).

B) Não. Com relação à alegação de mérito, a indenização por dano moral decorrente da violação do direito à imagem prescinde de prova de prejuízo (Súmula 403 do STJ).

### DISTRIBUIÇÃO DOS PONTOS

| ITEM | PONTUAÇÃO |
|---|---|
| A. Não. O cônjuge tem legitimidade para requerer indenização por lesão a direito da personalidade de morto (0,55), de acordo com o art. 12, parágrafo único, do CC ou art. 20, parágrafo único do CC ou Súmula 642 do STJ (0,10). | 0,00/0,55/0,65 |
| B. Não. A indenização por lesão a direito à imagem, em publicação com fins comerciais, independe de prova de prejuízo (0,50), de acordo com a Súmula 403 do STJ (0,10). | 0,00/0,50/0,60 |

### COMENTÁRIOS DOS AUTORES

Trata-se de rara questão em que ambas as perguntas se referem a conteúdos de direito civil.

A) Não há ilegitimidade, uma vez que há lesão a direito da personalidade de pessoa falecida – no caso, o direito à imagem –, e o legislador prevê em relação à tutela dos direitos da personalidade em geral (art. 12, parágrafo único, do CC), e do direito à imagem em específico (art. 20, parágrafo único, do CC), a legitimação do cônjuge sobrevivente para requerer a reparação dos danos sofridos. O examinando também poderia fundamentar sua resposta com base na Súmula 642, do STJ, que estabelece que os herdeiros tem legitimidade para ajuizar ou prosseguir a ação indenizatória de danos morais em lugar do titular.

B) A utilização não consentida da imagem gera dano moral in re ipsa, não dependendo de prova dos prejuízos, nos termos da Súmula 403, do STJ.

## 11. XXXI Exame de Ordem Unificado/FGV

### QUESTÃO 1

**ENUNCIADO**

Lúcia é viúva, mãe de 5 filhos pequenos e está desempregada. Sem ter onde morar e sem ser proprietária de outro imóvel, adentra, sem violência, à vista de todos, um terreno de 100 m2, vazio e aparentemente abandonado na zona rural de Campo Grande/MS, em 20/01/2013. Com a ajuda de amigos, constrói um pequeno cômodo e começa a plantar para garantir a subsistência da família. Depois de alguns bons resultados na colheita, passa a vender o excedente da sua produção, fazendo da agricultura sua fonte de renda.

Em 20/02/2019, Lúcia procura orientação jurídica especializada para saber dos seus direitos sobre o imóvel que ocupa, sem oposição, desde 2013. Ao conversar com Cristina, advogada sensibilizada com sua luta, Lúcia é informada que tem direito de pleitear a usucapião do imóvel, cujo pedido judicial é distribuído em 20/03/2019, acompanhado das certidões de cartórios de registros de imóveis, que efetivamente provam não ser proprietária de outro imóvel.

Cristóvão, inscrito no registro como proprietário do terreno, é regularmente citado e oferece contestação, na qual alega que Lúcia deixou de fazer prova da não titularidade de outro imóvel, o que demandaria a anexação de certidões negativas de todos os registros públicos do país. Ao julgar o pedido, o Juízo julga improcedente o pedido de Lúcia, corroborando integralmente o entendimento esboçado na contestação por Cristóvão.

Diante do caso narrado, responda aos itens a seguir.

**A) Cristina orientou corretamente Lúcia acerca da usucapião? (Valor: 0.50)**

**B) Qual a medida processual cabível contra a decisão proferida em desfavor de Lúcia? Sob qual fundamento? (Valor: 0,75)**

*Obs.: o(a) examinando(a) deve fundamentar as respostas. A mera citação do dispositivo legal não confere pontuação.*

**GABARITO DA OAB**

A) Sim. Considerando os termos indicados na questão, Lúcia está apta a pleitear a aquisição da propriedade pela usucapião na modalidade especial rural, prevista no art. 1.239 do CC.

B) Deve interpor o recurso de apelação previsto no art. 1.009, *caput*, do CPC.

**DISTRIBUIÇÃO DOS PONTOS**

| ITEM | PONTUAÇÃO |
|---|---|
| A. Sim, pode pleitear a aquisição da propriedade pela usucapião especial rural (0,40), nos termos do art. 1.239 do CC (0,10). | 0,00/0,40/0,50 |
| B. Deve interpor o Recurso de Apelação (0,65), na forma do art. 1.009, *caput*, do CPC (0,10). | 0,00/0,65/0,75 |

**COMENTÁRIOS DOS AUTORES**

A) A orientação da advogada foi adequada, uma vez que Lúcia preenche os requisitos para a aquisição da propriedade pela usucapião na modalidade especial rural, previstos no art. 1.239, do CC: ocupação pelo prazo mínimo de 5 anos; imóvel de até 50 hectares, em área rural; uso para moradia e trabalho; não se proprietário de outro bem imóvel urbano ou rural.

B) A decisão que julga improcedente o pedido formulado por Lúcia põe fim a fase de conhecimento, razão pela qual nos termos do art. 203, § 1º do CPC é uma sentença, sendo cabível recurso de apelação, no prazo de 15 (quinze) dias úteis (CPC, art. 1009).

## QUESTÃO 2

### ENUNCIADO

Joana, completamente apaixonada pelo seu namorado Antônio, com quem divide sua residência há anos, descobre que está grávida deste. Ao dar a notícia a Antônio, este avisa que não assumirá o filho. Joana consulta um advogado que afirma seu direito à percepção de alimentos durante a gestação.

Na sequência, Antônio e Joana celebram um acordo extrajudicial, por escrito, para o pagamento de R$ 1.000,00 mensais, a tal título.

Sobre a hipótese apresentada, responda aos itens a seguir.

A) A orientação dada pelo advogado a Joana está correta? (Valor: 0,55)

B) Caso o acordo não seja cumprido, há a possibilidade de sua execução? É possível a prisão de Antônio se não pagar a dívida? (Valor: 0,70)

*Obs.: o(a) examinando(a) deve fundamentar as respostas. A mera citação do dispositivo legal não confere pontuação.*

### GABARITO DA OAB

A) Sim. Joana tem direito a alimentos gravídicos, de acordo com o art. 1º ou art. 6º da Lei n. 11.804/08.

B) Sim. É possível a execução de alimentos por título extrajudicial, na forma do art. 911 do CPC. É possível a prisão de Antônio, pois esta é aplicável se o executado não pagar a dívida, na forma do art. 911 e do art. 528, § 3º, ambos do CPC.

### DISTRIBUIÇÃO DOS PONTOS

| ITEM | PONTUAÇÃO |
|---|---|
| A. Sim. Joana tem direito a alimentos gravídicos (0,45), de acordo com o art. 1º ou art. 6º, ambos da Lei n. 11.804/08 (0,10). | 0,00/0,45/0,55 |
| B1. Sim. A execução de alimentos por título extrajudicial é possível (0,20), na forma do art. 911, *caput*, do CPC (0,10). | 0,00/0,20/0,30 |
| B2. A prisão de Antônio é possível, pois ela é aplicável se o executado não pagar a dívida (0,30), na forma do art. 911, parágrafo único, e do art. 528, § 3º, ambos do CPC (0,10). | 0,00/0,30/0,40 |

### COMENTÁRIOS DOS AUTORES

A) A orientação está correta, visto que os arts. 1º e 6º, da Lei n. 11.804/2008 estabelecem a possibilidade de a gestante exigir do pretenso pai a prestação de alimentos gravídicos, diante de indícios da existência de filiação, para ajudá-la no custeio das despesas adicionais do período de gravidez.

B) Tratando-se de título extrajudicial é possível adotar dois procedimentos distintos: (i) execução de alimentos, fundada em título executivo extrajudicial, sob pena de prisão, para débitos recentes (CPC, arts. 911 e 912 e art. 528, § 3º) ou; (ii) execução de alimentos, fundada em título executivo extrajudicial, sob pena de penhora, para débitos pretéritos (CPC, art. 913):

Importante mencionar que, no caso de alimentos pretéritos (aqueles que venceram previamente às três últimas prestações anteriores ao ajuizamento da demanda) a única opção do exequente será requerer a expropriação de bens.

# OAB Esquematizado 2ª Fase – Civil    473

Nada impede que o exequente opte pelas duas execuções (prisão civil para os alimentos vencidos nos últimos 3 meses) e outra, em que pleiteia a expropriação de bens.

Além disso, caso a medida coercitiva de prisão seja frustrada, o exequente poderá requer, também, a expropriação de bens.

## QUESTÃO 3

### ENUNCIADO

Em 30/6/2019, Marcelo ajuizou, com fundamento no art. 700 e seguintes do Código de Processo Civil, ação monitória contra Rafael, visando satisfazer crédito no valor de R$ 100.000,00, oriundo de confissão de dívida celebrada pelas partes, em 01/01/2014.

Após ser devidamente citado, Rafael opôs embargos monitórios, nos quais sustentou, preliminarmente, a prescrição da dívida. No mérito, defendeu, com base em farta prova documental, que tinha realizado o pagamento de 50% (cinquenta por cento) do crédito cobrado por Marcelo, razão pela qual haveria excesso na execução.

Após a apresentação de réplica, o MM. Juízo da Vara Cível da Comarca da Capital do Rio de Janeiro proferiu decisão na qual rejeitou a preliminar de prescrição arguida por Rafael e intimou as partes a informarem as provas que pretendiam produzir.

Com base nesse cenário, responda aos itens a seguir.

**A) O MM. Juízo da Vara Cível da Comarca da Capital do Rio de Janeiro acertou em rejeitar a preliminar arguida em contestação? (Valor: 0,60)**

**B) Qual é o recurso cabível contra a parcela da decisão que rejeitou a preliminar de prescrição? (Valor: 0,65)**

*Obs.: o(a) examinando(a) deve fundamentar as respostas. A mera citação do dispositivo legal não confere pontuação.*

### GABARITO DA OAB

A) Não. Tendo em vista que o contrato de confissão de dívida foi celebrado em 01/01/2014, Marcelo, por força do art. 206, § 5º, do CC, tinha cinco anos para realizar a cobrança do crédito. Assim, tendo em vista que a demanda monitória foi ajuizada em 30/6/2019, constata se a prescrição da pretensão da dívida.

B) O recurso cabível é o Agravo de Instrumento. O art. 487, inciso II, do CPC, dispõe que "haverá resolução de mérito quando o juiz: (...) decidir, de ofício ou a requerimento, sobre a ocorrência de decadência ou prescrição". Assim, a parcela da decisão que rejeitou a preliminar de prescrição suscitada por Rafael versa sobre o mérito do processo. Por esse motivo, o recurso cabível contra essa parcela da decisão é o Agravo de Instrumento, na forma do art. 1.015, inciso II, do CPC, o qual prevê que "cabe agravo de instrumento contra as decisões interlocutórias que versarem sobre: (...) mérito do processo".

### DISTRIBUIÇÃO DOS PONTOS

| ITEM | PONTUAÇÃO |
| --- | --- |
| A. Não, pois a pretensão da dívida cobrada estava prescrita (0,30) por ultrapassar o prazo de cinco anos (0,20), na forma do art. 206, § 5º, do CC (0,10). | 0,00/0,30/0,40/0,50/0,60 |
| B1. O Agravo de Instrumento é o recurso cabível (0,20), por força do art. 1.015, inciso II, ou art. 354, parágrafo único, ambos do CPC (0,10). | 0,00/0,20/0,30 |

| (ITEM ANULADO) | 0,00/0,25/0,35 |
| --- | --- |
| B2. A decisão que aprecia a alegação de prescrição resolve o mérito do processo (0,25), na forma do art. 487, inciso II, do CPC (0,10). | |

## COMENTÁRIOS DOS AUTORES

A) A prescrição da pretensão de cobrança de dívidas líquidas constantes de instrumento público ou particular se dá no prazo de 5 anos, nos termos do art. 206, §5º, I, do CC. Tendo o acordo de confissão de dívida sido celebrado em 01/01/2014, e não havendo qualquer informação no enunciado que permita apontar a ocorrência de suspensão ou interrupção da fluência do prazo prescricional, verifica-se que er 30/06/2019, quando do ajuizamento da ação, o prazo prescricional já havia se consumado, estando errado o juiz em rejeitar a preliminar de prescrição.

B) Novamente uma questão que trata do cabimento do agravo. A decisão que rejeita a preliminar de prescrição é interlocutória que, nos termos do art. 487, II do CPC, versa sobre o mérito, sendo o recurso cabível o agravo de instrumento (CPC, arts. 1.015, II e 354, § único). O prazo do agravo é de 15 dias (CPC art. 1.003, § 5º).

Não constou no gabarito o art. 356, § 5º, que prevê o cabimento do agravo de instrumento em face da decisão que julga parcialmente o mérito da demanda.

## QUESTÃO 4

### ENUNCIADO

Davi foi locatário de um imóvel residencial de propriedade de Ricardo. A locação, por prazo determinado, era garantida por Lucas, que prestara fiança a Ricardo, resguardado seu benefício de ordem.

Finda a locação, Lucas ficou sabendo que Davi havia deixado de pagar os aluguéis referentes aos dois últimos meses de permanência no imóvel. Preocupado com as consequências do suposto descumprimento de Davi, Lucas procurou Ricardo e realizou o pagamento dos dois aluguéis, tendo o locador dado plena quitação a ele.

Tempos depois, como Davi se recusava a reembolsar Lucas pelos valores pagos, este ingressou com ação de cobrança em face daquele. Na ação, porém, Davi alegou, em contestação, que pagara em dia todos os aluguéis devidos a Ricardo, de modo que Lucas nada deveria ter pago ao locador sem tê-lo consultado. Davi ainda informou ao juiz da causa que já havia ajuizado uma ação declaratória de inexistência de débito em face de

Ricardo, a qual ainda estava pendente de julgamento, tramitando perante juízo de outra comarca.

A respeito do caso narrado, responda aos itens a seguir.

**A) O argumento apresentado por Davi, se vier a ser comprovado, é suficiente para eximi-lo de reembolsar Lucas pelos valores pagos a Ricardo? Justifique. (Valor: 0,65)**

**B) Diante da necessidade de apurar se o valor dos dois aluguéis era ou não devido por Davi a Ricardo, à luz da informação da propositura de ação declaratória de inexistência de débito, qual providência deve ser adotada pelo juízo da ação de cobrança? Justifique. (Valor: 0,60)**

*Obs.: o(a) examinando(a) deve fundamentar as respostas. A mera citação do dispositivo legal não confere pontuação.*

### GABARITO DA OAB

A) Sim. Lucas atuou, no presente caso, como terceiro interessado, na medida em que realizou pagamento de dívida pela qual poderia vir a ser juridicamente responsabilizado em caso de inadimplemento pelo devedor principal (Davi). Portanto, Lucas realizou pagamento com sub-rogação, nos termos do art. 346, inciso III, do Código Civil. Embora tal modalidade de pagamento justifique que o terceiro se sub-rogue nos direitos do credor em face do devedor principal, o art. 306 do Código Civil determina que o pagamento feito por terceiro com desconhecimento do devedor não obriga a reembolsar aquele que pagou, se o devedor tinha meios de ilidir a ação. Portanto, se restar comprovado que Davi nada mais devia a Ricardo, por já ter quitado integralmente o débito anterior, tal argumento é suficiente para eximí-lo de reembolsar as despesas de Lucas.

B) A declaração de inexistência de débito discutida na ação movida por Davi em face de Ricardo consiste em uma questão prejudicial externa da ação de cobrança movida por Lucas. Não se tratando de hipótese de conexão ou de continência, incumbe ao juízo da ação de cobrança suspender o processo enquanto pendente de julgamento a ação declaratória, nos termos do art. 313, inciso V, alínea a, do CPC, que determina o sobrestamento do feito quando a sentença de mérito depender do julgamento de outra causa ou da declaração de existência ou de inexistência de relação jurídica que constitua o objeto principal de outro processo pendente.

## DISTRIBUIÇÃO DOS PONTOS

| ITEM | PONTUAÇÃO |
| --- | --- |
| A. Sim, Davi não é obrigado a reembolsar Lucas se provar que, não tendo tomado conhecimento do pagamento, tinha meios para ilidir a cobrança (0,55), nos termos do art. 306 do Código Civil (0,10). | 0,00/0,55/0,65 |
| B. Deverá determinar a suspensão do processo enquanto pendente de julgamento a ação declaratória de inexistência de débito (0,50), nos termos do art. 313, inciso V, alínea a, do CPC (0,10). | 0,00/0,50/0,60 |

## COMENTÁRIOS DOS AUTORES

A) O fiador é terceiro interessado no pagamento da dívida, visto que pode ser por ela cobrado, assistindo-lhe o direito de pagá-la para obter a sua extinção, caso em que se sub-roga nos direitos do credor, conforme o art. 346, III, do CC. Contudo, o locatário Davi ficará dispensado de reembolsar ao fiador as quantias por este pagas, caso demonstre a inexistência do débito pago, já que o locatário teria meios para ilidir a cobrança das quantias e o pagamento fora feito com seu desconhecimento, nos termos do art. 306, do CC.

B) Questão prejudicial pode ser compreendida como a questão de mérito (e não processual – portanto, não se confunde com preliminar), anterior a questão debatida nos autos. Assim, por razão lógica, necessário que haja previamente a solução questão prejudicial para, somente depois, existir a solução da questão principal (CPC, art.313, V, alínea "a").

Diante disso, percebe-se que, verificando a existência de questão prejudicial externa, será determinada a suspensão do processo em que há necessidade de decisão quanto ao referido ponto (que é a questão principal do outro processo).

## 12. XXX Exame de Ordem Unificado/FGV

### QUESTÃO 1

**ENUNCIADO**

Os amigos Gilberto, Tarcísio e Lúcia decidem comprar um pequeno sítio no interior de Minas Gerais, com o objetivo de iniciarem juntos um negócio de produção de queijos artesanais. Após a compra do imóvel, mas antes do início da produção, Tarcísio vende a sua fração ideal para uma amiga de infância, Marta, pois descobre que sua mãe está severamente doente e, morando sozinha em Portugal, precisa agora da ajuda dele durante seu tratamento. Lúcia só toma conhecimento da venda após a sua concretização, e fica profundamente irritada por não ter tido a oportunidade de fazer uma oferta pela parte de Tarcísio.

Ao procurar um amigo, ela é informada de que a venda realizada por Tarcísio não pode ser desfeita porque, segundo a orientação dada, o direito de preferência de Lúcia só existiria caso a fração ideal tivesse sido vendida para Gilberto, o que não ocorreu.

Inconformada com a interpretação feita pelo amigo, Lúcia procura sua orientação para obter uma segunda opinião sobre o caso.

**A) A orientação dada pelo amigo está correta? (Valor: 0,60)**

**B) O que Lúcia deve fazer para defender o que julga ser seu direito? (Valor: 0,65)**

*Obs.: o examinando deve fundamentar suas respostas. A mera citação do dispositivo legal não confere pontuação.*

## GABARITO DA OAB

A) Não. Tendo o negócio sido realizado perante um terceiro estranho ao condomínio, Tarcísio estava obrigado a oferecer sua fração ideal para Lúcia e Gilberto, para que eles pudessem exercer a preferência, se quisessem, conforme o disposto no art. 504 do CC.

B) Lúcia deve propor ação objetivando a adjudicação da fração ideal mediante o depósito do preço, no prazo de 180 dias, sob pena de decadência.

## DISTRIBUIÇÃO DOS PONTOS

| ITEM | PONTUAÇÃO |
|---|---|
| A. Não. Tendo o negócio sido realizado perante um terceiro estranho ao condomínio (0,15), Tarcísio está obrigado a oferecer sua fração ideal para os demais condôminos, para que eles possam exercer a preferência, se quiserem (0,35), conforme o disposto no art. 504 do CC (0,10). | 0,00/0,15/0,35/0,45/0,50/0,60 |
| B. Lúcia deve propor ação objetivando adjudicação da fração ideal OU haver para si a fração ideal vendida (0,35), mediante o depósito do preço (0,20), no prazo de 180 dias (0,10). | 0,00/0,35/0,45/0,55/0,65 |

## COMENTÁRIOS DOS AUTORES

A) A orientação do amigo está incorreta, pois, nos termos do art. 504, o condômino tem direito de preferência na aquisição da parte do outro condômino, caso esta seja oferecida a estranhos, ou seja, terceiros que não fazem parte do condomínio. Neste caso, o desrespeito ao direito permite ao condômino o ajuizamento de ação de preempção para exercê-lo, e não meramente o pedido de satisfação de perdas e danos, como o legislador estabelece para outras hipóteses de preterição.

O gabarito inicialmente publicado apresentava equívocos, pois indicava que se tratava de hipótese taxativamente estabelecida pelo legislador como de nulidade (art. 166, VII) e que a ação cabível seria a de anulação. Foi corretamente retificado, uma vez que confundia os tipos de invalidade, e, no caso, a doutrina afirma haver ineficácia da alienação contra os demais condôminos.

B) Deve ser ajuizada uma ação de conhecimento, a tramitar pelo procedimento comum, para que se busque a preferência (o nome "ação de preempção ou preferência" acaba sendo secundário, pois o que importa é a causa de pedir ou pedido – e isso, felizmente, constou do gabarito oficial da OAB). Deverá essa demanda seguir o art. 319 e será possível pleitear tutela de urgência (isso não constou do gabarito).

A OAB incluiu na resposta o prazo de 180 dias, porém na verdade ele não está na pergunta. Portanto, poderia ser discutido em recurso, se necessário.

## QUESTÃO 2

**ENUNCIADO**

Ademar adquiriu um aparelho televisor de última geração da marca Negativa em uma loja da rede Casas Rio Grande, especializada em eletroeletrônicos. Tão logo chegou à sua residência, ligou o aparelho na tomada e foi surpreendido com uma forte fumaça vinda do interior do produto, que, logo em seguida, explodiu, causando-lhe queimaduras severas e, ao final, um dano estético permanente.

Inconformado, Ademar ajuizou uma ação indenizatória em face da Negativa Eletrônicos Ltda. e das Casas Rio Grande Ltda., em litisconsórcio passivo. A primeira ré permaneceu revel, ao passo que a segunda ré negou, em contestação, a existência de qualquer defeito no produto.

Diante do caso narrado, responda aos itens a seguir.

**A)** Existe responsabilidade solidária entre as Casas Rio Grande e a Negativa Eletrônicos pelo dever de indenizar o autor? (Valor: 0,55)

**B)** A defesa apresentada pelas Casas Rio Grande pode beneficiar a primeira ré, a despeito de esta ter permanecido revel? (Valor: 0,70)

*Obs.: o examinando deve fundamentar suas respostas. A mera citação do dispositivo legal não confere pontuação.*

## GABARITO DA OAB

**A)** Embora o Código de Defesa do Consumidor crie um sistema amplo de responsabilidade solidária entre fornecedores pelos danos oriundos de fatos do produto, como no presente caso, a responsabilidade dos comerciantes segue um regime próprio. Quanto a estes, apenas haverá responsabilidade solidária em relação aos demais fornecedores nas hipóteses previstas pelo art. 13 do CDC, o que não ocorreu na hipótese em exame. Portanto, não há solidariedade entre a comerciante (Casas Rio Grande) e a fabricante (Negativa) pelos danos sofridos pelo autor.

**B)** Sim. Embora as rés não se encontrem em litisconsórcio unitário, a contestação da comerciante (Casas Rio Grande) poderá beneficiar a fabricante (Negativa) no que tange ao fato comum alegado – inexistência de qualquer defeito no produto – nos termos do art. 345, I, do CPC.

## DISTRIBUIÇÃO DOS PONTOS

| ITEM | PONTUAÇÃO |
|---|---|
| A. Não. As Casas Rio Grande, na condição de comerciante (0,25), apenas responde solidariamente aos demais fornecedores em casos específicos (0,20), previstos pelo art. 13 do CDC (0,10). | 0,00/0,20/0,25/0,30/ 0,35/0,45/0,55 |
| B. Sim. A contestação da comerciante (*Casas Rio Grande*) pode beneficiar a fabricante (*Negativa*) no que tange ao fato comum alegado – inexistência de qualquer defeito no produto (0,60), nos termos do art. 345, I, do CPC (0,10). | 0,00/0,60/0,70 |

## COMENTÁRIOS DOS AUTORES

**A)** A questão demandava atenção especial, pois exigia o apontamento de uma das exceções à regra geral da solidariedade entre todos os fornecedores, conforme previsão do art. 13 do CDC.

**B)** O gabarito acima reproduzido não foi o inicialmente apresentado (a resposta inicial foi no sentido de não ser possível que a defesa de um dos réus beneficie o outro, ao argumento de não ser litisconsórcio unitário). Mas, felizmente, o erro da OAB foi corrigido.

Aponta o art. 344 do CPC que: "Se o réu não contestar a ação, será considerado revel e presumir-se-ão verdadeiras as alegações de fato formuladas pelo autor".

Contudo, nem sempre haverá a presunção de veracidade, pois o art. 345 traz algumas hipóteses em que não há o efeito da revelia, dentre as quais, no início: "havendo pluralidade de réus, algum deles contesta a ação". Vale destacar que isso ocorre se o argumento do réu que contestar for pertinente para a defesa do réu que não contestar.

A resposta inicial da OAB estava errada pois: (i) as defesas podem ser comuns (não sabemos isso, o enunciado não diz) e (ii) o próprio art. 117 diz que os atos não podem prejudicar, mas "poderão BENEFICIAR" os outros.

## QUESTÃO 3

### ENUNCIADO

Eliana, 21 anos, é filha de Leonora, solteira, e foi criada apenas pela mãe. Até 2018, a jovem não conhecia nenhuma informação sobre seu pai biológico. Porém, em dezembro daquele ano, Leonora revelou à sua filha que Jaime era seu pai.

Diante desta situação, Eliana procurou Jaime a fim de estabelecer um diálogo amigável, na esperança do reconhecimento espontâneo de paternidade por ele. Porém, Jaime alegou que Leonora havia se enganado na informação que transmitira à filha e recusou-se não só a efetuar o reconhecimento, mas também afirmou que se negaria a realizar exame de DNA em qualquer hipótese.

Após Jaime adotar essa postura, Leonora ajuizou uma Ação de Investigação de Paternidade e Jaime foi citado, pessoalmente, recebendo o mandado de citação sem cópia da petição inicial do processo. Em contestação, alegou nulidade da citação pela ausência da petição inicial e aduziu sua irretratável recusa na realização do exame de DNA.

Diante da situação apresentada, responda aos itens a seguir.

**A) É de se considerar nula a citação? (Valor: 0,70)**

**B) Qual o efeito da recusa para a realização do exame? (Valor: 0,55)**

*Obs.: o examinando deve fundamentar suas respostas. A mera citação do dispositivo legal não confere pontuação.*

### GABARITO DA OAB

A) Não. Trata-se de ação de filiação, classificada como ação de família, na forma do art. 693 do CPC. Por tal razão, o mandado de citação deverá estar desacompanhado de cópia da petição inicial, conforme o art. 695 do CPC.

B) O efeito será o de aplicação da presunção relativa de paternidade, apreciada com o restante do conjunto probatório juntado a ação de investigação, conforme resta disposto na Súmula 301 do STJ ("Em ação investigatória, a recusa do suposto pai a submeter-se ao exame de DNA induz presunção *juris tantum* de paternidade"), no art. 2º-A, parágrafo único, da Lei n. 8.560/92 (A recusa do réu em se submeter ao exame de código genético – DNA gerará a presunção da paternidade, a ser apreciada em conjunto com o contexto probatório), ou no art. 232 do CC.

### DISTRIBUIÇÃO DOS PONTOS

| ITEM | PONTUAÇÃO |
|---|---|
| A. Não. O mandado de citação não deverá estar acompanhado de cópia da petição inicial (0,40), nos termos do art. 695, parágrafo 1º, do CPC (0,10), por se tratar de ação de família (0,20). | 0,00/0,40/0,50/0,60/0,70 |

**OAB ESQUEMATIZADO 2ª FASE – CIVIL** 479

| | |
|---|---|
| B. Haverá presunção de paternidade (0,45), conforme a Súmula 301 do STJ **OU** o art. 2º-A, parágrafo único, da Lei n. 8.560/92 **OU** o art. 232 do CC (0,10). | 0,00/0,45/0,55 |

## COMENTÁRIOS DOS AUTORES

Esta questão traz um erro crasso em seu enunciado, mas a banca examinadora optou pela não anulação. O enunciado apresenta situação em que Leonora ajuíza ação de investigação de paternidade contra Jaime, em nome de sua filha Eliana, 21 anos. Não há evidência de hipótese de incapacidade da filha, vigorando a presunção de sua capacidade, nos termos da lei. O enunciado narra, assim, a propositura de uma ação por parte ilegítima, já que, sendo Eliana plenamente capaz, não cabe a atuação da mãe como sua representante no processo.

Leonor não pode pleitear a tutela em nome da filha, uma vez que a ação de investigação de paternidade, espécie do gênero ações de estado, tem natureza personalíssima, conforme se confirma no art. 27 do ECA. A ilegitimidade da mãe poderia ter sido objeto de pergunta.

A) A pergunta envolve uma inovação do CPC/2015. Prevê o atual Código, expressamente, que as ações de família não serão acompanhadas pela petição inicial (a finalidade disso seria estimular a realização de acordos).

É a previsão do CPC, art. 695, § 1º: "O mandado de citação conterá apenas os dados necessários à audiência e deverá estar desacompanhado de cópia da petição inicial, assegurado ao réu o direito de examinar seu conteúdo a qualquer tempo".

B) A não realização do exame gerará a presunção de que o réu é pai. Isso é a firme posição da jurisprudência (Súmula 301/STJ) e chegou a ser positivado na lei da investigação de paternidade (Lei n. 8.560/92, art. 20-A: "Na ação de investigação de paternidade, todos os meios legais, bem como os moralmente legítimos, serão hábeis para provar a verdade dos fatos. Parágrafo único. A recusa do réu em se submeter ao exame de código genético – DNA gerará a presunção da paternidade, a ser apreciada em conjunto com o contexto probatório"), além da previsão geral do art. 232 do CC.

No mais, muito bom que a banca tenha indicado "ou" entre os fundamentos (isso nem sempre ocorre).

Poderia ser mencionado ainda que a revelia não gera a presunção de paternidade (CPC, art. 345, II), mas a ausência ao exame, sim (isso não constou do gabarito oficial).

## QUESTÃO 4

### ENUNCIADO

Helena, em virtude de dificuldades financeiras, contraiu empréstimo, em 01/06/2013, com o banco Tudo Azul S/A, mediante contrato assinado por duas testemunhas.

Alcançada a data do vencimento em 27/01/2014, o pagamento não foi realizado, o que levou o credor a ajuizar ação de execução por título extrajudicial, em 25/01/2019.

Distribuída a ação, o despacho de citação ocorreu em 01/02/2019, tendo Helena, nos embargos à execução apresentados, alegado a ocorrência de prescrição.

Sobre tais fatos, responda aos itens a seguir, desconsiderando qualquer feriado estadual ou municipal.

**A) Qual o prazo prescricional para cobrança da dívida em tela? (Valor: 0,50)**

**B) Deve ser acolhida a alegação de prescrição? Por quê? (Valor: 0,75)**

*Obs.: o examinando deve fundamentar suas respostas. A mera citação do dispositivo legal não confere pontuação.*

## GABARITO DA OAB

A) O prazo prescricional é de cinco anos OU o termo final do prazo prescricional é 27/01/2019, nos termos do art. 206, § 5º, inciso I, do Código Civil.

B) Não. O despacho de citação interrompe a prescrição, retroagindo à data de propositura da ação, ocorrida dentro do prazo prescricional, conforme o art. 802 do Código de Processo Civil.

## DISTRIBUIÇÃO DOS PONTOS

| ITEM | PONTUAÇÃO |
|---|---|
| A. O prazo prescricional é de cinco anos OU o termo final do prazo prescricional é 27/01/2019 (0,40), conforme o art. 206, § 5º, inciso I, do Código Civil (0,10). | 0,00/0,40/0,50 |
| B. Não. O despacho de citação interrompe a prescrição (0,30), retroagindo à data de propositura da ação (0,35), conforme o art. 802 do Código de Processo Civil (0,10). | 0,00/0,30/0,40/0,65/0,75 |

## COMENTÁRIOS DOS AUTORES

A) A questão aborda tema recorrente nas provas de 2ª fase: prazos prescricionais e aplicação de causas de interrupção. O prazo prescricional para a cobrança da dívida, que é líquida e constante de instrumento particular, é de 5 anos, contados do vencimento, nos termos do art. art. 205, § 5º, I, CC.

B) O prazo de 5 anos do vencimento da dívida seria em 27-1-2019. Segundo o art. 202, I, do CC, dá-se a interrupção do prazo prescricional pelo despacho que ordena a citação. O ajuizamento foi antes do prazo, mas o despacho da citação foi depois. Assim, o que ocorre?

A questão é solucionada pelo art. 240, § 1º: "A interrupção da prescrição, operada pelo despacho que ordena a citação, ainda que proferido por juízo incompetente, retroagirá à data de propositura da ação".

Vale destacar que o gabarito oficial não citou esse artigo (que está na Parte Geral – e se aplica a todos os processos e procedimentos), mas o art. 802, específico do processo de execução. Qualquer dos artigos é correto (mesmo que não conste do gabarito oficial o art. 240).

## 13. XXIX Exame de Ordem Unificado/FGV

### QUESTÃO 1

**ENUNCIADO**

Roberto está interessado em adquirir um carro novo, mas constata que os juros associados aos financiamentos bancários estão muito além da sua capacidade de pagamento. Sendo assim, ele recorre ao seu melhor amigo, Lúcio, um pequeno comerciante. Lúcio e Roberto celebram, então, um contrato de mútuo, no valor de R$ 10.000,00, sem prazo expresso de vencimento. Com esse dinheiro, Roberto compra, na mesma data, o tão desejado automóvel.

Passados 20 (vinte) dias, Lúcio toma conhecimento de que Roberto perdeu sua única fonte de renda e observa que o amigo começa a se desfazer imediatamente de todos os seus bens. Sabendo disso, Lúcio procura Roberto, no intuito de conversar e dele exigir alguma espécie de garantia do pagamento do empréstimo. Roberto, porém, mostra-se extremamente ofendido com essa requisição e se recusa a atender ao pedido de Lúcio, alegando que o contrato não alcançou seu termo final. Lúcio, então, muito nervoso, procura o seu escritório de advocacia, na esperança de que você forneça alguma solução.

Com base nesse cenário, responda aos itens a seguir.

**A) A obrigação estava vencida na data em que Lúcio entrou em contato com Roberto? Lúcio poderia ter exigido a apresentação de garantia por parte de Roberto? (Valor: 0,80)**

**B) Qual espécie de tutela poderia ser requerida por Lúcio para evitar a frustração do processo judicial? (Valor: 0,45)**

*Obs.: o(a) examinando(a) deve fundamentar suas respostas. A mera citação do dispositivo legal não confere pontuação.*

## GABARITO DA OAB

A) Nos termos do art. 592, inciso II, do CC, não havendo previsão expressa, o prazo do mútuo de dinheiro será de pelo menos trinta dias. Desta forma, a obrigação não estava vencida quando Lúcio entrou em contato com Roberto. No entanto, diante da notória mudança na situação econômica de Roberto, o art. 590 do CC admite que Lúcio exija dele alguma garantia da restituição do valor emprestado, mesmo antes do vencimento da obrigação.

B) Lúcio poderia requerer uma tutela provisória de urgência cautelar em caráter antecedente, nos termos do art. 301 do CPC OU do art. 305 do CPC, para assegurar a concretização do seu direito à restituição do valor devido.

## DISTRIBUIÇÃO DOS PONTOS

| ITEM | PONTUAÇÃO |
|---|---|
| A1. Não. Na ausência de previsão expressa no contrato, o prazo do mútuo de dinheiro será de pelo menos 30 dias (0,30), nos termos do art. 592, inciso II, do CC (0,10). | 0,00/0,30/0,40 |
| A2. Sim. Considerando a notória mudança na situação econômica de Roberto, Lúcio poderia ter exigido a garantia da restituição do valor emprestado mesmo antes do vencimento (0,30), nos termos do art. 590 do CC (0,10). | 0,00/0,30/0,40 |
| B. Lúcio poderia requerer uma tutela provisória de urgência cautelar (0,20), em caráter antecedente (0,15), nos termos do art. 301 do CPC **OU** do art. 305 do CPC (0,10). | 0,00/0,20/0,30/0,35/0,45 |

## COMENTÁRIOS DOS AUTORES

A) Questão simples, que exige mera análise de texto de lei, em relação ao dispositivo que estabelece prazos subsidiários para o mútuo (art. 592 do CC) e ao dispositivo que permite ao credor exigir garantia de restituição em caso de notória mudança da situação econômica do mutuário (art. 590 do CC).

Na OAB, é frequente a elaboração de mais uma pergunta ou tema para análise dentro do mesmo item, razão pela qual o gabarito se divide em A1, A2 etc. O examinando pode discorrer sobre todos os temas na mesma resposta, sem fracionamento, mas deve atentar para que todos sejam devidamente abordados, com os fundamentos respectivos.

B) Deve-se buscar uma medida judicial para evitar a dilapidação do patrimônio do devedor.

A maneira de fazer isso é por uma tutela de urgência cautelar (art. 301 – arresto ou outra medida constritiva), mediante a presença dos requisitos para a concessão da tutela de urgência (art. 300).

O gabarito oficial menciona ainda o art. 305, que é mais genérico.

Alguns candidatos indicaram apenas "tutela de urgência" (resposta incompleta) ou "tutela de urgência antecipada", mas a situação é para resguardar, portanto adequado o uso da cautelar.

## QUESTÃO 2

### ENUNCIADO

Augusto dirige seu automóvel muito acima do limite de velocidade, quando foi surpreendido por Lúcia, que, naquele momento, atravessava a rua. Não conseguindo frear a tempo, Augusto atropelou Lúcia, causando-lhe graves fraturas.

Após meses em recuperação, Lúcia, que não permaneceu com nenhuma sequela física, ingresso com ação indenizatória por danos materiais e morais em face de Augusto. Este, porém, pretend alegar, em sua defesa, que Lúcia também foi responsável pelo acidente, pois atravessou a via públic falando distraidamente ao celular e desrespeitando uma placa que expressamente proibia a travessi de pedestres no local.

A partir do caso narrado, responda aos itens a seguir.

**A) Augusto poderá eximir-se do dever de indenizar, invocando a conduta negligente de Lúcia (Valor: 0,65)**

**B) Caso Augusto, em contestação, deixe de alegar os fatos concorrentes da vítima, poderá fazê-lo posteriormente? (Valor: 0,60)**

*Obs.: o(a) examinando(a) deve fundamentar suas respostas. A mera citação do dispositivo legal não confere pontuação.*

## GABARITO DA OAB

A) Não, pois o fato concorrente da vítima não interrompe a cadeia causal de produção do dano, apenas interferindo na possível redução do montante indenizatório a ser imposto ao autor do dano, nos termos do art. 945 do CC.

B) Não, tendo em vista a verificação de preclusão consumativa, prevista pelo art. 342 e seus incisos do CPC. Não se trata de fatos supervenientes, cognoscíveis de ofício ou cuja alegação posterior seja expressamente autorizada por lei.

## DISTRIBUIÇÃO DOS PONTOS

| ITEM | PONTUAÇÃO |
|---|---|
| A. Não. O fato **OU** culpa concorrente da vítima apenas interfere sobre a quantificação da indenização (0,55), nos termos do art. 945 do CC (0,10). | 0,00/0,55/0,65 |
| B. Não, tendo em vista a verificação da preclusão consumativa **OU** porque não se trata de fatos supervenientes, cognoscíveis de ofício ou cuja alegação posterior seja expressamente autorizada por lei (0,50), nos termos do art. 342 do CPC (0,10). | 0,00/0,50/0,60 |

## COMENTÁRIOS DOS AUTORES

A) A questão demanda que o examinando faça a distinção entre os institutos da culpa exclusiva e da culpa concorrente. A primeira geraria exclusão do nexo causal, e consequentemente, exclusão da responsabilidade. No caso, contudo, ocorre culpa concorrente, na medida em que Augusto alega que Lúcia também foi responsável pelo acidente, assumindo sua parcela de contribuição para o resultado danoso. Mantém-se, pois, o dever de indenizar, apenas reduzindo-se o valor, conforme a contribuição de cada um dos agentes (art. 945 do CC).

B) Toda a matéria de defesa deve ser apresentada em contestação, sob pena de preclusão. É o princípio da eventualidade (CPC, art. 341). Essa a resposta mais lógica para a pergunta.

O art. 341 é complementado pelo art. 342 – que foi o único artigo mencionado no gabarito oficial. De qualquer forma, seja pelo art. 341 ou 342 (ou ambos, claro), a resposta estaria correta.

## QUESTÃO 3

**ENUNCIADO**

Sofia era casada no regime da separação de bens com Ricardo há 30 anos, quando se divorciaram. Sofia era dona de casa e estava se recuperando de uma doença grave quando do divórcio. Ricardo, contudo, se negava a prover, consensualmente, alimentos a Sofia, alegando que ela tem curso superior e pode trabalhar para se sustentar. Sofia afirma que tem 55 anos, está doente e nunca exerceu a profissão, pois Ricardo mantinha sua necessidade material.

Diante desse quadro, Sofia procura auxílio jurídico e seu advogado ajuíza ação de alimentos. A este respeito, responda aos itens a seguir.

**A) Sofia faz jus a alimentos a serem prestados por Ricardo? (Valor: 0,60)**

**B) Negado o pedido de alimentos provisórios, qual o recurso cabível? (Valor: 0,65)**

*Obs.: o(a) examinando(a) deve fundamentar suas respostas. A mera citação do dispositivo legal não confere pontuação.*

**GABARITO DA OAB**

A) Segundo o art. 1.694 do CC, os cônjuges ou companheiros podem pedir uns aos outros os alimentos de que necessitem para viver de modo compatível com sua condição social. Desse modo, cabe o pedido de alimentos entre cônjuges, observado o binômio necessidade-possibilidade, conforme o art. 1.694, § 1º, do CC. No caso apresentado, há necessidade, na medida em que Sofia não trabalha há 30 anos e está doente, bem como há possibilidade, porque Ricardo era seu provedor, de modo que está caracterizada a dependência econômica.

B) Cabe o recurso de Agravo de Instrumento, por se tratar de decisão interlocutória, pois não põe fim à fase cognitiva do processo ou extingue a execução, como define o art. 203, § 2º, do CPC, que versa sobre tutela provisória, como prevê o art. 1.015, inciso I, do CPC.

**DISTRIBUIÇÃO DOS PONTOS**

| ITEM | PONTUAÇÃO |
|---|---|
| A. Sim. Ante a necessidade de Sofia, são devidos alimentos (0,50), conforme o art. 1.694, *caput*, do CC (0,10). | 0,00/0,50/0,60 |
| B. Agravo de Instrumento (0,40), por se tratar de decisão interlocutória que versa sobre tutela provisória (0,15), conforme prevê o art. 1.015, inciso I, do CPC (0,10). | 0,00/0,40/0,50/0,55/0,65 |

**COMENTÁRIOS DOS AUTORES**

A) Alimentos são tema muito recorrente em 2ª fase, tanto na peça quanto nas questões! São devidos alimentos entre cônjuges, uma vez preenchidos os requisitos dos arts. 1.694 e 1.695 do CC: o famoso binômio necessidade-possibilidade. A necessidade de Sofia é patente em virtude de seu estado de saúde, idade, e dificuldade de se restabelecer no mercado de trabalho. Ricardo sempre a sustentou, o que evidencia que tem recursos disponíveis para tanto.

Veja-se, contudo, que a questão traz uma situação em que, por exceção, a jurisprudência estabelece alimentos em caráter permanente em favor de cônjuge. Fora das circunstâncias especiais de saúde, idade e não inserção no mercado de trabalho, os julgados estabelecem tão somente alimentos compensatórios, por prazo razoável para que o ex-cônjuge restabeleça sua vida profissional e capacidade de autossustento.

B) A decisão que nega alimentos provisórios é interlocutória, sendo o recurso cabível agravo de instrumento – e existe previsão expressa no rol do art. 1.015, pois se trata de uma liminar/tutela provisória (CPC, art. 1.015, I).

Pergunta sem maiores dificuldades ou polêmicas – o único ponto a destacar é que o gabarito mencionou o art. 203, § 2º (dispositivo que define o que seja uma interlocutória), mas não a distribuição dos pontos. Ou seja, isso era desnecessário e mostra que, muitas vezes, não há maiores cuidados da OAB ao elaborar o gabarito (infelizmente...). Por outro lado, mostra que não há necessidade, muitas vezes, de dar tanta atenção aos detalhes do gabarito.

## QUESTÃO 4

### ENUNCIADO

José, em 01/03/2019, ajuizou ação de reintegração de posse com pedido de tutela antecipada em face de Paulo, alegando que este último invadira um imóvel de sua propriedade de 200 metros quadrados, situado em área urbana. Embora a petição inicial não estivesse devidamente instruída com os documentos comprobatórios, o juiz deferiu, antes mesmo de ouvir o réu, o pedido de antecipação de tutela, determinando a expedição do mandado liminar de reintegração.

Surpreendido com o ajuizamento da ação e com a decisão proferida pelo juiz, Paulo procura você, como advogado(a), para defendê-lo na ação, afirmando que exerce posse contínua e pacífica sobre o imóvel, desde 01/03/2017, utilizando o bem para sua moradia, já que não possui qualquer outra propriedade imóvel. Afirma, ainda, que passou a habitar o imóvel após a morte de seu pai, que lá também residia sem qualquer turbação ou esbulho, exercendo posse contínua e pacífica sobre o bem desde 01/03/2013.

Com base em tais fatos, responda, fundamentadamente, às indagações a seguir.

**A) O que o(a) advogado(a) de Paulo deverá alegar, como principal matéria de defesa para obter a improcedência dos pedidos deduzidos por José, na ação de reintegração de posse? (Valor: 0,65)**

**B) Qual recurso o(a) advogado(a) de Paulo deverá interpor para pleitear a reforma da decisão que deferiu o pedido de antecipação de tutela? Qual é o prazo que deverá ser observado para a interposição desse recurso? (Valor: 0,60)**

*Obs.: o(a) examinando(a) deve fundamentar suas respostas. A mera citação do dispositivo legal não confere pontuação.*

### GABARITO DA OAB

A) A principal matéria de defesa a ser alegada pelo advogado será a usucapião especial urbana. Isso porque, na forma do art. 1.243 do CC, o tempo de posse de Paulo sobre o bem é acrescido pelo período de tempo em que seu pai residiu no imóvel. Assim, Paulo atende a todos os requisitos exigidos pelo art. 1.240 do CC, pelo art. 183 da CRFB/88 e pelo art. 9º da Lei n. 10.257/2001, que disciplinam a usucapião especial urbana, possuindo, como sua, área urbana de até duzentos e cinquenta metros quadrados, por mais de cinco anos ininterruptos, utilizando-a para sua moradia, não sendo proprietário de qualquer outro imóvel.

B) Considerando que a decisão proferida pelo Juiz versa sobre o deferimento de tutela provisória, o recurso cabível é o agravo de instrumento, nos termos do art. 1.015, inciso I, do CPC, sendo que o prazo para sua interposição será de 15 (quinze) dias, consoante dispõe o art. 1.003, § 5º, do CPC.

## DISTRIBUIÇÃO DOS PONTOS

| ITEM | PONTUAÇÃO |
|---|---|
| A. Usucapião especial urbana (0,25), segundo o art. 1.240 do CC **OU** o art. 183 da CRFB/88 **OU** o art. 9º da Lei n. 10.257/2001 (0,10), pois possui como sua a área urbana de até 250 m2, por mais de cinco anos ininterruptos, utilizando-a para sua moradia, não sendo proprietário de qualquer outro imóvel (0,30). | 0,00/0,25/0,30/0,35/ 0,40/0,55/0,65 |
| B1. Agravo de instrumento (0,25), nos termos do art. 1.015, inciso I, do CPC (0,10). | 0,00/0,25/0,35 |
| B2. O prazo para sua interposição será de 15 dias úteis (0,15), consoante o art. 1.003, § 5º, do CPC (0,10). | 0,00/0,15/0,25 |

## COMENTÁRIOS DOS AUTORES

A) A resposta do gabarito indicava a alegação como defesa da usucapião especial urbana, com base no art. 1.240 do CC, uma vez que presentes todos os seus requisitos. Era importante analisar a união de posses (arts. 1.207 ou 1.243 do CC), com a soma do tempo da posse exercido por Paulo com o tempo anteriormente exercido por seu pai, a fim de se alcançar o prazo de 5 anos exigido pela lei. O gabarito oficial, contudo, não pontuou esta análise e apontamento do dispositivo.

Também seria possível a alegação de que a ação ajuizada por José era de posse velha, não cabendo a concessão da liminar. A banca, contudo, ignorou essa possibilidade, o que poderia ser discutido em recurso.

B) Novamente uma questão que trata do cabimento do agravo (mostrando como as questões se repetem – algumas vezes até no mesmo exame, o que não deveria ocorrer).

A decisão que defere a liminar é interlocutória, sendo o recurso cabível o agravo de instrumento – e existe previsão expressa no rol do art. 1.015 (CPC, art. 1.015, I). O prazo do agravo é de 15 dias (CPC, art. 1.003, § 5º).

# Referências

BARBOSA MOREIRA, José Carlos. *O novo processo civil brasileiro*. 29. ed. Rio de Janeiro: Forense, 2012.

BENJAMIN, Antônio Herman V.; MARQUES, Cláudia Lima; BESSA, Leonardo Roscoe. *Manual de direito do consumidor*. 9. ed. São Paulo: Revista dos Tribunais, 2021.

CAVALIERI Filho, Sergio. *Programa de responsabilidade civil*. 15. ed. São Paulo: Atlas, 2021.

DELLORE, Luiz; DUARTE, Zulmar; GAJARDONI, Fernando; ROQUE; Andre. *Comentários ao CPC*. 5. ed. Rio de Janeiro: Forense, 2022.

DELLORE, Luiz; et alii. *CPC na Jurisprudência*. 3. ed. Indaiatuba: Foco, 2023.

GOMES, Orlando. *Direitos reais*. 21. ed. Rio de Janeiro: Forense: 2012.

GONÇALVES, Carlos Roberto. *Direito civil brasileiro*. São Paulo: Saraiva, 2022. v. 7.

GONÇALVES, Carlos Roberto. *Direito civil esquematizado*. São Paulo: Saraiva, 2022. v. 3.

LENZA, Pedro (coord) *et alii*. *OAB esquematizado*: 1ª fase. 11. ed. São Paulo: Saraiva, 2024.

MONTANS, Renato. *Manual de direito processual civil*. 9. ed. São Paulo: Saraiva, 2024.

PEREIRA, Caio Mário da Silva. *Instituições de direito civil*. Rio de Janeiro: Forense, 2022. v. 6.

RODRIGUES, Silvio. *Direito civil*. São Paulo: Saraiva, 2003. v. 7.

ROSENVALD, Nelson; FARIAS, Cristiano Chaves de. *Curso de direito civil*. Salvador: JusPodivm, 2022. 7. v.

SALLES, Sérgio Luiz Monteiro. *Breviário teórico e prático de direito processual civil*. São Paulo: Malheiros, 1993.

TARTUCE, Fernanda; DELLORE, Luiz. *Manual de prática civil*. 19. ed. São Paulo: Método, 2024.

VILLELA, João Baptista. Do fato ao negócio: em busca da precisão conceitual. *In*: *Estudos em homenagem ao Professor Washington de Barros Monteiro*. São Paulo: Saraiva, 1982.